이사벨라 버드 비숍의 황금 반도

THE GOLDEN CHERSONESE
AND THE WAY THITHER

저자 • 이사벨라 L. 버드 비숍(Isabella Lucy Bird Bishop, 1831~1904)

1894년 동학혁명기의 조선을 찾아『조선과 그 이웃 나라들』을 쓴 19세기 영국 빅토리아 시대를 대표하는 여행가이자 작가다. 1892년 영국 왕립지리학회 최초의 여성 회원이 되었으며, 인도와 중국에서 의료 선교를 펼치기도 했다. 미국, 호주, 하와이, 일본, 중국, 인도, 티베트, 페르시아, 모로코 등을 두루 여행하며 지금도 읽히는 여행기를 많이 남겼다. 황금 반도 여행에서 돌아와 1881년 존 비숍과 결혼한 까닭에 이 책 편지의 발신인은 이사벨라 루시 버드(I.L.B.)로, 저자명은 이사벨라 L. 버드 비숍으로 되어 있다.

역자 • 유병선

경향신문에서 기자로 일했고, 국제부장과 논설위원을 지냈다. 서울대학교 동양사학과를 졸업하고 고려대학교에서 동남아시아 역사를 공부했다.『보노보 혁명』,『고장 난 자본주의에서 행복을 작당하는 법』 등을 썼고,『뉴 캐피털리즘』,『무취미의 권유』 등을 번역했다.

THE GOLDEN CHERSONESE AND THE WAY THITHER

이사벨라 버드 비숍의 황금 반도

찍은 날 2017년 2월 17일 • **펴낸 날** 2017년 2월 27일
지은이 이사벨라 L. 버드 비숍 • **옮긴이** 유병선 • **펴낸이** 김상동 • **펴낸 곳** 경북대학교출판부
출판등록 1973년 10월 10일 ㉣97호 • **주소** 대구광역시 북구 대학로 80
전화 053-950-6741~3 • **팩스** 053-953-4692 • **이메일** press@knu.ac.kr
홈페이지 http://knupress.com
ISBN 978-89-7180-455-1 93840
* 정가는 뒤표지에 있습니다. 파본은 바꾸어 드립니다.

황금반도

이사벨라 버드 비숍의

THE GOLDEN CHERSONESE AND THE WAY THITHER

지은이
이사벨라 L. 버드 비숍
옮긴이
유병선

경북대학교출판부

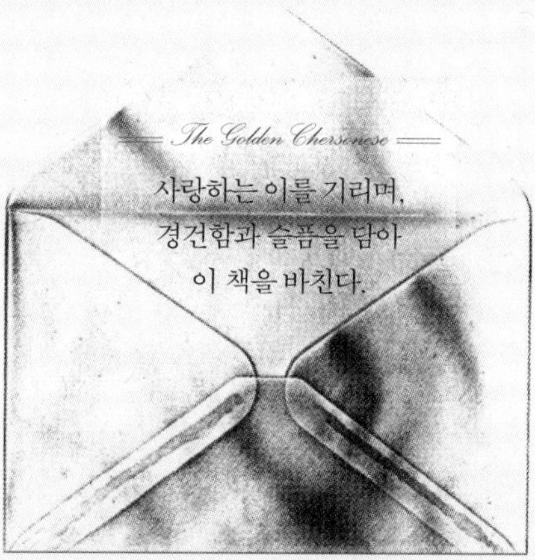
The Golden Chersonese
사랑하는 이를 기리며,
경건함과 슬픔을 담아
이 책을 바친다.

일러두기

* 이 책은 *The Golden Chersonese And The Way Thither*(New York: C. P. Putnam's Son, 1883)를 저본으로 했다.
* 저자의 주와 부록은 역자의 주와 구분해 〔원주〕로 표시했다. 나머지 주는 모두 독자의 이해를 돕기 위해 역자가 단 것이다.
* 본문의 삽화는 모두 저본에 실린 것이다.
* 본문의 지명과 인명은 가능한 한 오늘날 현지 발음에 가깝게 하되, 경음은 격음으로 표기했다.
* 저자의 긴 문장은 가능한 한 짧은 문장으로 바꿔 옮겼다.

머리말

나는 오랜 극동 여행을 마감하며, 1879년에 둘러본 지역의 여행기를 책으로 펴낸다. 앞서 일본 여행기『일본 미답의 길』에 보내 준 독자와 비평가의 후의에 심심한 감사를 전하면서 이번 책도 너그러운 마음으로 읽어 주기를 당부한다. 이 책의 출간은 나의 하나뿐인 사랑스런 여동생[1]이 세상을 떠난 비통함 속에서 진행됐다. 서둘러 저 세상으로 간 동생은 이 책에 담긴 편지의 수신인이자, 뜨거운 관심과 유능하고 사려 깊은 비평을 통해 내 여행기가 책으로 나올 수 있도록 수고를 아끼지 않은 동지였다.

이 책의 제목 '황금 반도Golden Chersonese'도 동생이 원했던 거다. 이는 다소 과한 제목일 수 있는데, 이 책은 반도의 서안西岸만을 다룬다는 사실을 미리 밝혀 둔다. 그럴 수밖에 없는 데는 반도의 내륙 지역이 유럽인에 의해 탐사되지 않아 거의 알려지지 않았다는 사정이 있다. 반도의 절반에 해당하는 이들 지역은 최신판 지도에서조차 해안선만 표시될 정도로 미지의 세계다. 그럼에도 이렇게 책으로 펴내는 것은 아름답지만 여행자의 발길이 거의 닿지 않은 이 지역을 대중들이 이해하는 데 조금이라도 도움이 되고픈 충정 어린 바람에서다. 사실 황금 반도는 학식 있는 사람들조차 말레이 제도Malay Archipelago[2]와 헷갈려 할 정도로 아주 생소한 곳이다. 그러나 이 반도는 지금 영국이 실질적으로 지배하는 곳이며, 영국 자본과 기업에게 기회의 땅이 될 잠재력이 큰 지역이기도 하다.

책의 앞부분에 다소 길게 쓴 서론과 중간에 삽입한 숭에이 우종, 슬랑오르, 페락에 관한 글들은 여행 현장에서 스케치하듯 윤곽만을 잡아 빠르게 써 내려간 편지들보다 내실 있는 정보를 담고 있다. 이를 통해 편지의 내용이 좀 더 지적이고 쓸모 있게 보완될 수 있기를 기대한다.[3] 도미니크 데일리[4]가 만든 지도는 가장 최근에 이뤄진 조사를 반영하고 있는데, 영국 왕립지리학회의 허락을 얻어 이 책에 싣게 됐다.

나의 이번 여행은 식민 당국이 공식 후원했고, 현지 관리들도 관저에서 나를 후하게 접대했다. 하여 내게 후의를 베푼 이들을 위해 이 점만은 밝히고자 한다. 나는 거리낌 없고 우호적인 대화가 오갈 때조차, 관리들이 사견을 말할 수 있는 어떤 주제에 대해서도 그들이 자신의 입장을 드러내지 않도록 조심스럽게 제지했다. 물론 예외적으로 두세 번 그들의 말을 인용하긴 했다. 하지만 이 책에 언급된 견해는 옳든 그르든 모두 나의 생각이며, 그 책임은 전적으로 내게 있다.

이 책의 여기저기에서 개인적인 느낌을 거칠게 기술한 것이 있더라도 말레이 반도의 친구들이 너그럽게 용서해 주리라 믿는다. 아울러 주의를 많이 기울이기는 했지만, 혹여 있을지 모를 실수도 그들이 관용을 보일 것이란 점 또한 한 치의 의심도 없다.

내 여동생에게 편지를 쓰면서 나는 두 가지에 집중했다. 첫째는 무엇보다도 정확하게 기술하는 것이었고, 그다음으로 내가 본 것을 그도 머릿속에서 그려 볼 수 있도록 하는 것이었다. 하지만 일부 유럽인 거주자들의 진술과 나의 관찰 사이에 분명히 상충되는 바가 있었다는 점은 차치하더라도, 나는 날이면 날마다 소크라테스의 말에 담긴 진실을 곱씹어 보지 않을 도리가 없었다. "몸은 배우는 데 방해가 되고, 보고 들은 것은 믿을 수 없다."[5]는 경구를 말이다.

이 책의 주요 내용은 내가 여행 현장에서 실제로 부친 편지로 이뤄졌다. 출간 과정에서 사실 확인을 하면서 몇 가지 누락된 부분을 보완하거나 오류를 바로잡기만 했을 뿐, 애초의 편지를 거의 그대로 살렸다. 비록 중국 광저우와 베트남의 사이공이 여행자들로 붐비는 곳이기는 하지만, 광저우에서 감옥과 처형장을 찾아가고 사이공에서 안남인,[6] 즉 베트남인 마을을 둘러본 까닭은, 내가 관심 있어 하는 것이 무엇인지를 독자들에게 전달하고 싶어서였다.

나는 어떤 문학적 치장도 허락하지 않는 '편지'가 저자와 독자 모두에게 썩 만족스러운 글쓰기는 아니라는 점을 잘 알고 있다. 저자는 예술적 각색이나 문학의 장점을 희생해야 하고, 독자는 지나치게 되풀이되는 세부 묘사에 "너무 어수선하네."라며 넌더리를 칠 수도 있기 때문이다. 하지만 전체로 보아 약점이 있더라도 여행 현장에서 쓴 편지야말로 독자에게 여행자와 함께 여행한다는 기분을 만끽하게 해 주는 최선의 방식일 수 있다. 그런 생생함을 간직한 편지의 원본에서 독자들은 여행자가 느낀 여행지의 첫인상을 고스란히 공유할 수 있다는 게 나의 지론이다. 사족 같은 변명을 덧붙이며, 나는 날로 늘어나는 여행문학의 서가에 이 작은 책 한 권을 추가한다.

1883년 2월

I. L. B.

/ 목 차 /

머리말 _7

서론 황금 반도에 관한 브리핑 /17

황금 반도 - 말라카 정복 - 해협식민지 - 반도의 지형 - 미지의 땅 - 계절풍 - 반도의 산물 - 거대한 흡혈귀 - 짐승과 파충류 - 해충과 익충 - 뭍과 물의 새들 - 말레이 이민의 역사 - 원시 부족과 문명인 - 카피르족 - 사망족과 오랑 우탕 - 자쿤족의 특징 - 바바와 신커 - 말레이인의 얼굴 - 언어와 문학 - 말레이 시와 음악 - 말레이 천문학 - 교육과 법 - 말레이 스포츠 - 집안 풍습 - 무기 - 노예제와 채무노예 - 식민지 정부 - "아는 게 없다"

편지 *1* /44

증기선 볼가 호 - 어둠 속의 항해 - 홍콩의 첫인상 - 불타는 홍콩 - 이재민의 무표정 - 화재 재발 - 움츠러든 활력

편지 *2* /51

상쾌한 날씨 - 돌에 갇힌 열병 세균 - '피진' 잉글리시 - 홍콩 항 - 홍콩의 번영 - 날뛰는 범죄 집단 - 주위를 둘러보라!

편지 *3* /58

증기선 킨키앙 호 - 광저우의 첫인상 - 샤미엔 섬(沙面島) - 광저우의 영어 - 만주인의 도시 - 배수구와 바리케이드 - 광저우의 밤 - 그림 같은 도시 - 섬뜩한 선물 - 동양의 매력 - 재판정

편지 *4* /69

죽음도 불사하는 믿음 - '서양 귀신' - 정크와 보트 - 중국인의 사치품 - 물 위에 떠 있는 광저우 - 야외에서의 점심 - 빛과 색 - 평범한 실망 - 거리의 풍경과 소리 - 거리의 의상 - 음식과 식당 - 혼례 - 사원과 예배 - 전족(纏足)

↣ **편지 4** (계속) /84

난하이(南海) 현 감옥 - 칼을 쓰는 형벌 - 범죄와 비참함 - 생일 잔치 - 수감자와 포로 - 감옥의 사망률 - 잔인함과 사악함 - 지현(知縣) 아문의 현관 - 판관의 자리 - 법정의 풍경 - 늙은 원고 - 형구 - 고문에 의한 심문

↣ **편지 4** (계속) /98

광저우의 '코벤트 가든' - 형 집행 준비 - 사형 과정 - '피밭' - '십자가에서의 죽음' - 공정한 비교

↣ **편지 5** /104

포르투갈인 선교사 - 중국식 병원 - 중국식 진통제 - 수술과 약제 - 환기와 청결 - 중국인의 '애프터눈 티' - 새로운 영감

↣ **편지 6** /111

메콩 강 - 사이공의 야망 - 프랑스 식민지의 대도시 - 사이공에서 유럽인의 일상 - 인도차이나의 중국인 마을 - 초퀴안에서 '애프터눈 티' - 베트남인의 의복 - 베트남인의 강 위의 삶 - 뭍과 물을 오가며 사는 사람들 - 성공하지 못한 식민지 - 교지(交趾) - 기독교를 박해한 세 황제 - 사이공

↣ **편지 7** /125

열대의 아름다움 - 싱가포르의 환대 - 적도 위의 대도시 - 의미 없는 존재들 - 싱가포르의 성장 - 징세청부제 - 대화의 소재 - 번쩍거리는 '야만의 황금' - 다중언어사회 - 평범한 사람들 - 아시아의 신비 - 그림 같은 동양 - 싱가포르의 변화

↣ **편지 8** /138

세인트 앤드루 성당 - 싱가포르 항의 전경 - 중국인의 식민지 - 말라카의 첫인상 - '메말라 가는' 도시

↣ **편지 9** /143

말라카 총독 - 단란한 가정 - 낡은 스타듀이스 - 장엄한 건축물 - 끝없는 낮잠 - 열대의 꿈 - 중국인 가옥 - 중국인의 부와 지배력 - 아편 징세청부제 - 말라카의 정글 - 무슬림의 묘지 - 말레이 촌락 - 말레이인의 특성 - 복장과 장식 - 종교적 완고함과 메카 순례 - 말레이 물소

편지 *10* /159

중세에 머물러 있는 말라카 - 호랑이 이야기 - 중국인의 축제 - 황금과 보석 - 광채의 무게 - 새해맞이 - 시에드 압둘라흐만 - 술타나 - 황폐한 도시 - 프란시스 하비에르 - 쇠뿔도 단김에 - 여행 계획

숭에이 우종에 관하여 /171

말레이 반도의 수수께끼 - 숭에이 우종 - 말레이 연방 - 시에드 압둘라흐만 - 숭에이 우종의 재정수입 - 풍경와 산물 - 새로운 다투 클라나 - 이중 지배

편지 *11* /178

맹그로브 습지 - 정글에 사는 사람들 - 슴팡 경찰서 - 악어 사냥 - 링기 강 - 침울한 표정의 군중 - 퍼르마탕 파시르에서의 교착 - 엄청난 장애

편지 *12* /186

한 위대한 예언자의 무덤 - 종신형 - 병약한 여행자 - 우리의 작은 배 - 정글의 밤 - 한밤의 경이 - 1월의 페락 정글 - 정글의 찬란함 - 역동과 고요 - 불편한 밤 - 약소한 식사 - 빈랑 씹기 - 참담한 실망감 - 라사의 경찰서

편지 *13* /202

문명의 부속물 - 집사 바부 - 캡틴 머레이의 성격 - 구현된 정부 - 중국인 주석 광산 - 중국인 도박장 - 카피탄 차이나 - 춘절 축제 - 형평법 - 법정 - 스람방 감옥 - 플랜테이션 힐 - 거대한 모닥불 - 개미의 세계 - 개미의 장례 - 플랜테이션 힐의 밤 - 로이드의 피살 - 중국인의 용춤 - 말레이 왕자의 궁 - 다투 반다르의 거소 - 거대한 유혹 - 귀로 - 추모의 글

슬랑오르에 관하여 /225

슬랑오르 - 슬랑오르의 역량 - 천연자원 - 슬랑오르의 무법 상태 - 영국의 슬랑오르 개입 - 희망적 전망

편지 *14* /231

증기선 레인보우 호 - 말라카의 황혼 - 밤바다 - 클랑의 주재관저 - 인간의 '친척' - 클랑의 쇠퇴 - 탁월한 중국인 지도자 얍아로이 - 장대한 중국식 야외극 - '외톨이 코끼리'의 행패 - "코브라다! 코브라!"

편지 *14* (계속) /241

요트 위에서 본 말라카 해협 – 열대의 꿈 – 라자 무다 – 호랑이 이야기 – 흥분 – "이 크리스, 사람 먹었어" – 술탄궁 – 국가위원회 – 술탄의 수행원들 – '하렘의 빛' – 술탄의 선물

편지 *15* /253

외줄모기(tiger mosquito) – 성가신 곤충들 – 어떤 하지의 운명 – 말레이의 관습 – 맹세와 거짓말 – 가짜 경보

편지 *16* /259

요트 여행 – 슬랑오르의 파괴 – 개흙 위의 생물들 – 장독(瘴毒) – 낙후된 지역 – '끝내주는' 아침 – 부랑자들 – 치안 책임자

편지 *17* /268

딘딩 제도 – 팡코르 섬의 비극 – 열대의 일출 – 로빈슨 총독의 이임 – 일사병 – 클링 미인 – 질문과 답변 – 조지타운의 시장 – 중국인의 일취월장 – 페낭의 산물 – 후추 농사

페락에 관하여 /280

페락의 경계와 하천 – 주석 광산 – 과일과 야채 – 사탕야자 – 페락의 교역 – 커피의 미래 – 희망적 전망 – 중국인의 곤경 – 라룻의 중국인 분쟁 – 팡코르 조약 – '작은 전쟁' – 페락의 안정 – 주재관과 부주재관

편지 *18* /291

프로빈스 웰즐리 – 물소 – 찬란한 밤 – 페락의 관리들 – 우중충한 습지 – 길들여진 코끼리 – 간결한 표현법 – 타이핑의 주재관 사무소 – 술탄 압둘라의 어린 왕자들 – 중국인의 주석 광산촌 – 무장 경찰 – 악어의 희생자 – 스윈번 소령 – 라룻에서의 만찬 – 아침의 찬가

편지 *19* /307

라룻의 중국인 – 벌레잡이통풀 – 중국인의 환대 – 시크교도 미인

➣ **편지** *20* /312

새로운 환경 - 흥분시키는 정글 - 여름, 여름, 여름 그리고 여름 - 신경초(神經草) - 캄퐁 마탕의 연꽃 호수 - 코끼리의 추악함 - 말레이인 마후트 - 새로운 경험 - 가축 - 말레이인의 환대 - 땅 위의 거머리들 - 두려운 즐거움 - 첫 코끼리 타기와 그 결말 - 쿠알라 캉사르

➣ **편지** *20* (계속) /327

어리둥절 - 기이한 만찬 - 마흐무드와 에블리스 - 재미와 재롱 - 마흐무드의 익살 - 시적인 열대의 삶 - 촌락의 일상 - 이슬람 사원의 관리들 - 어떤 무슬림의 장례식 - 술탄의 코끼리 - 페락 강에서의 수영 - 캄퐁 코토라마 - 해적의 소굴 - 라자 드리스

➣ **편지** *20* (계속) /344

유쾌한 환영식 - 통렬한 굴욕 - 영국인 주재관 - 일상의 방문자들 - 라자 드리스 - 술 취한 유인원 - 결혼식 - 결혼식 피로연 - 말레이인 아이들 - 라자 무다 유수프 - 쓸쓸한 장례식 - 매혹적인 친교 - 코코넛 따는 원숭이 - 큰푸른목도리꿩 - 아편 폐인 - 코뿔소의 뿔 - 코끼리 길들이기 - 이슬람의 영향 - 쇠약해지는 인종

➣ **편지** *21* /363

말레이 반도의 내륙 - 말레이의 허수아비들 - 벼농사 - 우울한 풍경 - 사악한 주술 - 경보 - 위기의 가능성 - 인내와 친절 - 사내들의 수다

➣ **편지** *22* /372

유쾌한 조랑말 타기 - 아침의 찬가 - 부킷 버라핏 협로 - 또 다시 '가식의 세계'로! - 악령 - 말레이의 귀신 이야기 - 아목 광란 - 아목 광란자의 질주 - 아목의 기원 - 페락 정글의 공터 - 채무노예제 - 달아난 세 노예의 운명 - 무슬림의 기도 - 거머리 같은 삶 - 말레이 속담 - 만인산(萬人傘)

➣ **편지** *23* /389

살인 갱단 - 말레이인의 별명 붙이기 - 박해받은 아기 - 황금 반도를 떠나며

미주 _ 393

역자 후기 _ 442

서론

황금 반도에 관한 브리핑

Introductory Chapter

중국의 광저우와 베트남의 사이공에 대한 내용이 이 책의 앞부분을 차지하지만, 그 지역은 여행자들이 워낙 붐비는 곳이라 여기에서 별도로 더 설명하지는 않겠다.

하지만 '황금 반도'는 여전히 미지의 땅이다. 이곳을 드나드는 유럽 증기선들의 해도海圖에 황금 반도의 표식이 있는 것도 아니다. 그저 광활하고 말라리아가 창궐하는 적도의 정글이라거나, 문명화가 덜 되고 신뢰할 수 없는 이슬람교도들이 띄엄띄엄 살고 있는 지역쯤으로 여겨질 뿐이다. 사실 나도 이곳을 방문하기 전까지 다른 사람들처럼 이곳에 대해 잘 알지 못했다. 게다가 반도 지역에 대한 믿을 만한 정보도 별로 없었다. 지금은 절판된 책이나 영국 왕립아시아학회 해협 지부 회보,[7] 식민지 정부의 보고서 등에 여기저기 흩어져 있을 뿐이었다. 이런 까닭에 말레이 반도에서 쓴 편지를 책으로 엮으면서, 나는 독자의 이해를 돕기 위한 간추린 정보를 서론으로 대신하는 데 대해 그다지 죄책감을 느끼지 않는다. 이 지역에 대해 익숙한 독자라면 서론을 건너뛰어도 무방하다.

프톨레마이오스[8]의 '아우레아 케르소네수스Aurea Chersonesus', 존 밀턴[9]의 '골든 커소니즈Golden Chersonese', 오늘날의 '말레이 반도' 등은 모두 고대사에서 어떤 합당한 근거도 찾을 수 없는 용어다. 말레이 반도에 있는 '오피르Ophir 산'과 '솔로몬의 오피르'[10]가 동일한 것인지를 둘러싼 논쟁이 있어왔지만, 이렇다 할 소득 없이 흐지부지되었다. 대大 플리니우스[11]가 말라카 해협을 지칭한 것으로 여겨지는 암시 또한 너무 모호하다.

이 지역은 1513년 포르투갈에 의해 재발견되었다고 하는 편이 온당하겠다. 포르투갈 왕 마누엘 1세[12]가 교황에게 보낸 서한에서 이 지역에 대한 최초의 확정적인 진술이 등장한다. 마누엘 왕은 당시의 고루하고 과장된 표현으로 작성한 이 서한에서 장군 아폰수 드 알부케르크[13]가 인도를 정복하고 난 뒤, '아우레아 케르소네수스'로 배를 몰아갔는데, 현지인들은 그곳을 말라카로 불렀다고 기술했다. 아울러 그는 알부케르크가 말라카라는 도시를 점령해 약탈하고, 그곳을 지키던 무어인(무슬림)을 살육했으며, 금과 진주, 각종 보석과 향신료가 넘쳐 나는 2500여 채의 가옥을 파괴하였을 뿐 아니라 이슬람 사원이 있던 자리에 두께 4.5미터에 달하는 방벽으로 요새를 만들었다고 덧붙였다. 당시 코끼리를 타고 전쟁을 벌였던 말라카 왕은 심하게 다쳐 달아났다. 예전에 무어인에게 말라카를 찬탈당했던 태국의 왕은 포르투갈의 승전 소식을 듣고 새로운 정복자에게 황금 잔과 카벙클,[14] 금을 상감한 검을 보냈다. 포르투갈의 말라카 정복은 십자가가 초승달을 이긴 위대한 승전보로 기록됐다. 이로써 서기 1600년 무렵까지 말라카 해협의 모든 상권은 포르투갈이 장악했다.

당시 이 지역에 남아 있던 이슬람 혹은 말레이 왕국 가운데, 수마트라 북단의 아체Aceh가 세력이 가장 강했다. 위세를 떨치던 아체의 왕은 해군력을 동원해 몇 차례 포르투갈의 말라카 요새를 점령할 수 있었다. 당시의 연대기에는 "아체는 유럽의 군함보다 더 큰 함선 100척을 포함해 500척이 넘는 함대를 꾸리고, 왕명을 따르는 병력 6000여 명을 동원했다."라고 기록되어 있다. 이 연대기에서 말레이 반도의 왕국인 조호르Johor와 페락Perak이 처음으로 언급되는데, 페락은 매우 강력하고 부유한 술탄국으로 기술됐다.

이슬람에 대해 가차 없는 성전聖戰을 벌이는 바람에 포르투갈은 말라카 인근의 모든 말레이 술탄국들을 적으로 만들었다. 1641년에 말라카 해협의 주도권은 포르투갈에서 네덜란드로 넘어갔다. 포르투갈과 달리 네덜란드는 종교적 관용을 내세워 점령지의 현지인과 갈등을 줄이는 정책을 폈다. 그 덕에 네덜란드는 말레이 왕실과도 우호적인 관계를 유지했고, 이를 바탕으로 유리한 통상조약을 맺었다.

한편 1668년 프랑스 파리에서 말레이 반도의 지도가 제작됐다. 당시 태국 왕실 주재 프랑스 대사의 구술을 바탕으로 상당히 정확한 말레이 반도의 해안 지도가 작성된 것이다. 그런데 이는 참으로 이상한 일이다. 프랑스는 영국 동인도회사가 1786년 페낭을 확보한 것을 시작으로, 1800년 프로빈스 웰즐리, 1819년 싱가포르,[15] 1824년 말라카를 수중에 넣기까지 말레이 반도와 인근 도서에 대해 어떤 이해관계도 없던 터였다. 영국이 확보한 작지만 중요한 이들 식민지는 1867년 동인도회사 관할에서 영국 왕실 직할 식민지로 바뀌며 단일 정부 아래 통합되었다. 이들은 해협식민지Straits Settlements로 알려졌는데, 영국이 극동에서 확보한 가장 가치 있는 식민지로 평가받는다. 비록 이들 식민지는 아주 작은 섬과 말레이 반도 해안의 좁은 지역에 국한되지만, 이곳의 인구는 1881년 인구조사 결과를 기준으로 42만 2000명이 넘고, 1880년 수출입 총액은 3235만 3000파운드에 달했다!

해안선을 따라 거의 640킬로미터에 걸쳐 산재한 작은 영국의 영토 말고도, 말레이 반도의 서안에는 커다Kedah, 페락Perak, 슬랑오르Selangor, 숭에이 우종Sungei Ujong 등 말레이 술탄국들이 있다. 커다를 제외한 세 곳은 영국의 '보호령'에 편입됐다. 아울러 반도의 동쪽에는 또 다른 말레이 술탄국인 파타니Patani, 클란탄Kelantan, 트렝가누Terengganu, 파항Pahang이 있으며, 반도의 남단에 조호르Johor가 있다. 거의 알려진 바 없는 반도 내륙의 가운데에 네그리 슴빌란Negri Sembilan[16]이 있는데, 소왕국 8개(이전에는 9개)의 연합체다. 정확한 통계 자료는 없지만, 반도의 말레이 왕국들의 전체 인구는 일부 원시 부족과 중국인 이주민을 포함해 31만 명으로 추산된다. 인구밀도로 보면 1제곱마일당 9명이 채 안 된다. 이에 비해 영국 해협식민지의 인구 밀도는 1제곱마일당 420명에 달한다.

말레이 반도는 남북의 총길이가 1287킬로미터며, 동서의 폭은 좁은 곳이 96킬로미터고 넓은 곳이 241킬로미터에 이른다. 남북으로 북위 13도 5분~북위 1도 41분에 걸쳐 있다. 반도의 북부는 운하 건설이 검토되고 있는 크라 지협地峽에서부터 거의 정북에서 정남 방향으로 240킬로미터에 이르는 지역이다. 북부의 인구는 말레이인이 산삼Sansam이라 부르는, 타이인과 말레이인 혼혈이 주를 이룬다. 북부 국경을 이루는 크라 지협은 태국의 영토다. 북부와 동부에 있는 커다, 파타니, 클란탄, 파항, 트링가누는 태국의 주권을 인정해 조공하는데, 태국은 말레이 반도의 모든 술탄국을 봉국으로 간주해 일정한 간격으로 공물貢物을 요구해 왔다. 크라 지협에서 태국과 육로로 이어진 것을 제외하면, 말레이 반도는 동쪽으로 중국해와 태국만, 남쪽과 서쪽으로 말라카 해협과 벵골 만 등 3면이 바다로 둘러싸여 있다. 말레이 반도의 육지 면적은 영국과 비슷할 것으로 추정되지만, 말레이 술탄국의 영토는 6만 1150제곱마일에 지나지 않는다. 이는 인도네시아 자바 면적의 절반 크기다.

말레이 반도의 지형에 대한 정보가 부족하지만, 페락에서부터 반도의 중부에 걸쳐 최고 해발 2450미터에 달하는 화강암 산들로 이뤄진 티티왕사Titiwangsa 산맥이 반도를 동서로 양분하는 대간을 이루며, 여기서 다시 작은 산맥들이 가지를 친다. 대간의 동서 양편에 발달한 충적 평야는 밀림으로 덮여 있어 산과 다를 바 없다. 비록 말라카에 온천이 있기는 하지만 화산의 흔적은 없다. 하천의 수는 많지만, 460킬로미터에 달하는 파항Pahang 강을 제외하곤, 규모가 작으며 바닥이 평평한 평저선이 아니고선 하구에서 상류로 배가 다닐 수 없다. 말레이 반도에 호수는 거의 없는 것 같다.

일반적으로 지질은 화강암 기반 위에 사암과 라테라이트,[17] 점토질함철

암[18]으로 덮여 있는 구조다. 북부의 경우 화강암 위에 석회석이 표층을 이룬다. 철광석은 전 지역에서 발견되는데, 지리학자 로건[19]은 말레이 반도의 철광석에 철이 60퍼센트 함유되어 있다고 했다. 그러나 말레이인이 광석 속에 들어 있는 금속을 거들떠보지 않는 바람에 이곳의 철광석은 싱가포르에서 도로 포장용 석재로 허비되고 있다! 황금은 전 시대에 걸쳐 채굴되었으며, 예전에는 상당한 양이었다고 하지만 요즘의 금 생산량은 연간 538킬로그램 정도다. 말레이 반도 서안의 술탄국들에서 세계 최대의 주석 매장량이 확인됐다. 주로 하천 바닥을 긁어 채굴하는 '하천 주석' 광산만 있을 뿐, 암반에서 광맥을 찾는 채광은 이뤄지지 않는다.

도미니크 데일리가 최근 조사를 바탕으로 작도하고, 1882년 왕립지리학회에서 출판한 지도는 말레이 반도 전체의 절반이 넘는 광대한 지역이 미탐사 지역으로 남아 있음을 여실히 보여 준다. 지도를 만들기 위해 대단히 수고로운 탐사를 한 데일리는 "우리는 이들 지역의 내부 통치, 지리, 금속 채광, 지질 등을 아는 게 없다."며 "지금이 19세기인데도, 자원이 풍부하고 영국 식민지에 인접한 왕국에 대해 여전히 깜깜하다."고 덧붙인다. "우리가 바늘을 꽂기만 하면, 실은 반드시 딸려 온다."는 데일리의 말은 이 지역이 영국인의 통과를 허용하기만 한다면, 영국이 이곳을 합병하는 것은 자연스런 귀결일 것임을 의미한다. 이는 그가 내지 탐사를 위해 반도의 중부 네그리 슴빌란에서 더 들어가지 못하고 발길을 돌린 이유를 설명해 준다.

이곳의 기후는, 적도에 인접해 있어 응당 그러리라고 여겨지듯 덥고 습하지만, 희한하게도 원주민은 물론이고 유럽인에게도 쾌적한 편이다. 게다가 말레이 반도는 거의 섬처럼 고립되어 있다. 온통 빽빽한 숲으로 뒤덮여 있는데, 바다에서부터 내륙으로 80킬로미터 이상 밀림이 이어지기도 한다. 저지대의 습지에서 야영하는 유럽인이 걸리기 쉬운 말라리아를 제외하면 특별한 풍토병도 없다.

지역별 연평균 기온은 해수면 고도를 기준으로 페락의 북쪽 경계 근처인 북위 5도 15분에서 섭씨 26.7도를 기록하며, 수은주는 이를 기준으로 약 10도 안팎으로 움직인다. 북위 2도 14분의 말라카에선 섭씨 26.7도에 편차는 약 8.4도, 북위 1도 17분인 싱가포르는 섭씨 27.8도에 편차는 약 13.2도이다. 덥다는 사실은 부인할 수 없지만, 번갈아 부는 육풍과 해풍이 더위를 씻어 줘 비가 그친 직후를 제외하면 결코 못 견딜 정도는 아니다. 온도계의 눈금도 인도, 일본, 미국이나 여느 온대 지역의 한여름처럼 푹푹 찌는 불볕더위로까지 치솟지 않는다.

강우량은 연평균 2790밀리미터 정도로 과하지 않다. 장마와 같은 우기도 없다. 사실 비는 일 년 내내 적당히 내린다. 더위를 식혀 주는 소나기가 3일 이상 내리지 않는 경우는 거의 없다. 매우 드문 일이지만, 이곳에선 열흘 동안 비가 내리지 않으면 '가뭄'이라고 얘기한다. 실제 이 지역에 두 개의 계절을 만드는 건 '몬순',[20] 즉 계절풍이다. 많은 사람들이 '태풍'이라는 말 때문에 오해하기도 하지만, 몬순은 폭풍이 아니라 일정 기간 한 방향으로만 부는 바람을 뜻한다. 말레이 반도의 경우 6개월간 북동풍이 분다. 이때 정크선을 타고 왔던 중국인은 남으로 내려간다. 바람이 남서풍으로 바뀌는 반년 동안에는 아랍과 인도의 상인들이 범선을 타고 말레이 반도를 찾는다. 10월부터 4월까지 북동풍이 불 때 날씨는 쾌적하다. 남서풍이 부는 동안에는 천둥, 번개를 동반한 폭우가 쏟아지기도 한다. 말레이 반도 중앙에 있는 산맥이 북동과 남서로 바뀌어 부는 계절풍의 피해를 최소화해 준다. 수마트라 섬의 대간인 바리산 산맥Bukit Barisan은 인도양에서 불어오는 남서계절풍의 바람막이가 되고, 말레이 반도의 티니왕사 산맥은 북동 계절풍의 영향을 완화한다.

계절풍과 달리 반도의 어디서나 일 년 내내 거의 매일 예외 없이 나타나는 기후 현상은 뭍에서 바다로 부는 육풍과 바다에서 육지로 부는 해풍이 부드럽게 교대하며, 바람이 바뀌는 사이에 바람 한 점 없는 무풍의 시간이 끼어 있다는 것이다. 물론 남서 계절풍이 부는 여름에는 한두 시간 무섭게 쏟아지는 스콜, 즉 열대성 소나기 때문에 반도의 서안 지역에서는 이따금 육풍과 해풍의 교대가 방해받기도 하는데, 이를 '수마트란스Sumatrans'라고 한다. 말레이 반도의 경우, 맹렬한 폭풍을 일으키는 열대성 저기압 허리케인이 닥쳤다거나 지진이 일어나는 일은 없는 것으로 알려져 있다. 청명한 밤마다 이슬이 흠뻑 내린다.

말레이 반도는 멋진 적도의 땅이다. 강우도 넉넉하고 일조량도 풍부해 최상품의 열대 산물을 무수하게 길러 낸다. 이 땅에서만 나는 특산물도 적지 않다. 하지만 이 지역 식물의 식생에 대한 정보는 불완전하기 짝이 없다. 숲에는 집을 지을 목재로 매우 쓸모 있는 나무나, 단단하고 광택이 나며 무늬목으로 쓰기에 나뭇결이 일품인 나무도 많다. 이곳 숲의 특산품으로는 등나무를 엮어 짠 라탄 가구와, 등나무 줄기로 만든 지팡이 '말라카 케인',[21] 구타페르카[22]가 유명하다. 구타페르카는 경제적으로 쓰임새가 광범위한데, 수액의 활용가치가 확인된 1843년 이전까지만 해도 말레이인은 구타페르카를 고작 말채찍이나 칼의 손잡이를 만드는 데 썼다고 한다.

향료도 풍부하다. 야생 육두구 나무는 이 지역이 원산지다. 요즘 육두구가 상업적으로 재배되기도 하고, 꽃봉오리가 값비싼 향료로 쓰이는 정향나무 재배도 활발하며, 후추도 많이 생산된다. 비록 경작지가 넓지는 않지만 재배되는 품종은 다양하다. 밭벼와 논벼, 타피오카, 감비아, 사탕수수, 커피, 얌, 고구마, 코코넛, 사고야자, 면화, 차, 신코나,[23] 인도고무나무, 남색 염료의 재료인 인디고 등이 있다. 하지만 이곳에서 질 좋은 곡물이 나오지 않는 것을 보아 토양이 기름지다고 하기는 힘들 것 같다. 유럽인이 즐겨 먹는 채소류 재배도 대체로 잘되지 않는다. 유럽인은 이곳에선 음식에 대한 보수적인 태도를 포기해야만 한다. 감자가 먹고 싶다면 얌이나 식용 아룸Arum,

고구마로 대신할 수밖에 없다. 완두콩이나 강낭콩, 아티초크[24]나 브로콜리에 대한 향수는 수박과 오이로 달래야 한다. 중국인이 볼품없는 무와 상추를 재배하기는 한다. 언젠가 고산지가 상업용 채소밭으로 바뀌는 날이 올지도 모르겠다. 하지만 과일만큼은 싱싱하고 가짓수도 엄청나다. 그리고 무엇보다 달고 맛있다. 이 풍성한 과일 가운데 원주민은 두리안을 으뜸으로 꼽고, 유럽인은 망고스틴을 최고로 친다.

반도 지역의 동물상은 대단히 다채롭고 풍부하다. 사실 내륙의 밀림에는 야생 동물만 서식하며, 선사시대의 괴물처럼 보이는 큰 덩치에 가죽이 두꺼운 후피厚皮 동물이 전 지역을 아무런 방해도 받지 않은 채 어슬렁거린다. 이곳에 서식하는 후피 동물에는 코끼리와 외뿔코뿔소, 말레이맥,[25] 멧돼지 등이 있다. 말레이인은 후피 동물의 고기를 먹으려 하지 않지만, 숲에 사는 원시 부족에게 후피 동물은 중요한 단백질 공급원이다.

사람처럼 발바닥을 땅에 붙이고 걷는 척행蹠行 동물 가운데 이 지역을 대표하는 것은 표정이 슬퍼 보이는 작은 곰[26]이다. 이곳에는 네 발 가진 영장류의 종이 다양하다. 원숭이 9종류, 유인원 1종류, 여우원숭이 1종류가 있는데, 이들은 빛이 비치면 손으로 눈을 가린다.

지행성趾行性[27] 포유류 가운데는 수달, 사향고양이류,[28] 말레이 호랑이, 빛을 받으면 윤기 나는 검정색 모피가 특징적인 살쾡이, 표범 등 너덧 종이 있다. 이 밖에도 고양잇과 동물이 아주 많다.

반추 동물에는 네 종의 사슴이 있는데, 두 종은 산토끼보다 작고 하나는 엘크만큼이나 덩치가 크다. 야생 염소는 수마트라 영양과 흡사하고, 가축용 염소는 순하고 자그마하다. 털이 거의 없고 회색이나 분홍색을 띤 물소는 중국과 인도의 물소보다 덩치가 크다. 다리가 짧은 가축용 소와 두 종류의 들소가 있지만 흔하지는 않다.

박쥐의 종류는 그리 많지 않다. 흡혈박쥐는 무리를 지어 높이 날며, 과일

농사에 큰 해를 입힌다. 흔히 '날여우flying fox'로 알려진 과일박쥐는 모습이 아주 흥미로운데, 실제로는 흰개미 떼에게 먹히기도 한다. 과일이 한창 익을 무렵이면 과일박쥐 떼가 수마트라에서 폭이 60킬로미터 남짓한 말라카 해협을 건너 반도로 날아든다. 과일박쥐의 날개 힘은 대단하다. 나는 증기선 네바다 호에서 생포한 과일박쥐를 본 적이 있다. 뭍에서 67킬로미터 떨어진 해상에서 붙잡힌 이 과일박쥐는 날개를 완전히 펼치자 그 길이가 1.5미터나 됐다. 날개는 칠흑 같은 검은 막으로 이뤄져 있고, 각 날개의 끝에는 윤기 있는 날카로운 발톱이 한 개씩 달려 있다. 발에 있는 다섯 개의 검은 발톱으로 숲속의 나무에 거꾸로 매달린다. 몸집은 아주 큰 들쥐의 두 배 가까이 되며, 검은색 털로 덮여 있고, 머리와 목에는 붉은 여우 같은 털이 나 있다. 이 녀석의 얼굴은 뾰족하며, 코와 눈은 새까맣고, 표정은 악의가 없어 보인다. 떠돌이 습성을 지닌 식용 박쥐도 발견된다.

이곳의 당나귀는 수마트라에서 건너왔다. 호주에서 들여온 말도 있지만 흔히 볼 수 있는 건 아니다.

집에서 기르는 고양이는 꼬리의 절반이 덫에 걸려 잘려 나간 것처럼 보인다. 말레이인이 키우는 개는 유럽의 개와 사뭇 다르다. 다리가 껑충하게 길고 얼굴은 못생겼으며, 주인의 보살핌을 받지 못한 채 길거리를 떠도는 아시아의 개와 비슷하다.

족제비, 다람쥐, 긴털족제비, 고슴도치 등 소형 포유류가 다수 서식한다. 인어로 알려지기도 한, 뭍과 물을 오가며 사는 해우海牛는 몸길이가 2~2.4미터고, 머리는 마치 코 없는 코끼리와 흡사하며, 몸통과 꼬리는 물고기 형상이다. 수마트라와 말레이의 얕은 바다에서 자주 볼 수 있는 해우의 고기는 말레이 술탄과 라자의 궁중 식탁에서 아주 귀한 음식으로 대접받는다. 이들 말고도 작은 짐승의 종류가 많다.

불행하게도 파충류는 너무 많다. 말레이 연구자인 존 크로퍼드[29]에 따르면 비단뱀에서 코브라까지 40종의 뱀이 있으며, 무수한 악어가 강가에 떼지어 있다. 다양한 종의 이구아나와 도마뱀은 물론 웃는 개구리marsh-flog와 청개구리가 지천이다. 말거머리처럼 덩치 큰 해충도 있고, 전갈과 지네도 많다. 개미의 종류도 워낙 다양한데, 개중에는 몸길이가 거의 5센티미터나 되는 섬뜩한 모양의 검정 개미도 있고, 물리면 수술용 겸자鉗子에 잘못 집혔을 때만큼이나 고통스러운 커다란 붉은 개미도 있다. 이들 개미 가운데 흰개미는 포름산으로 집의 나무기둥을 망가뜨린다.

목수딱정벌레carpenter beetle라는 부지런한 곤충도 있는데, 이 녀석들은 나무로 된 건물이면 어디든 파고들어 가는 바람에 마른썩음병만큼이나 목재에 해롭다. 벌은 꿀벌, 말벌, 덩치가 큰 호박벌 등이 있다. 게다가 아직 분류가 되지는 않았지만, 말레이 반도에만 서식하는 끔찍한 해충 가운데 어떤 것은 쏘이거나 물리면 건장한 사내도 엉엉 울게 만들 정도로 극심한 고통을 주기도 한다. 하지만 이들 해충 가운데서도 최악은 단연 모기다. 이곳에 살면서 전갈이나 지네, 거머리, 병정개미 따위와 마주치지 않고 며칠을 보낼 수는 있다. 하지만 모기의 공격만큼은 절대 피할 수 없다. 모기는 물이 풍부한 적도 지대의 저주다. 밤에 달려드는 모기만 있는 게 아니다. 커다란 몸통에 줄무늬가 있는 '외줄모기tiger mosquito'는 피에 굶주려 낮에도 달려드는 통에 훨씬 끔찍하다.

사람에게 해를 끼치지 않는 곤충도 언급하지 않을 수 없는데, 매미는 숲을 유쾌한 소음으로 가득 채운다. 다양한 크기와 빛깔의 메뚜기, 거미, 파리, 잠자리가 숲속 가득하다. 나비와 나방은 덥고 습기 찬 정글 속의 햇살이 비치는 개방지에서 빼어난 아름다움을 자랑한다. 그 빛깔과 자태의 찬란함과 다양함은 꽃을 무색하게 한다. 아틀라스 나방Atlas moth은 날개를 펼치면 24~30센티미터나 된다. 가랑잎벌레도 매혹적이고, 깜깜하고 바람 없는 밤에 맹그로브 습지 위를 파도처럼 우아하게 나는 반딧불이의 아름다움이란 형언할 수조차 없다.

새들을 보자. 수도 많고 생김새도 아름답다. 정글 속 개방지에선 태양새와 벌새가 깃의 아름다움을 경쟁한다. 커다란 덩치에 빛나는 푸른색 깃으로 치장한 물총새는 강변에 생기를 불어넣는다. 산호색 부리와 연한 녹색 깃을 가진 잉꼬의 울음소리가 숲을 울린다. 크고 묵직한 부리를 가진 코뿔새는 부리가 거추장스러운 듯 나뭇가지 사이를 뛰어다니는데, 걸음걸이의 엉거주춤함에 견줄 것은 큰코뿔새 말고는 없다. 눈부신 꼬리와, 보는 각도에 따라 푸른색에서 녹색으로 색깔이 변하는 깃을 목에 두른 자바 공작은 정글 위를 위엄 있게 비행한다. 이 밖에도 숲에는 꽁지깃에 눈알 무늬가 있는 꿩, 용감한 수컷 멧닭을 비롯해, 석양 무렵부터 날갯짓을 하며, 꽁지깃의 끝에 눈동자 무늬가 있어 그리스 신화의 "백 개의 눈"을 가진 거인 아르고스의 이름을 딴 푸른목도리꿩argus pheasant 등이 있다.

뉴볼드[30]에 따르면, 세상에서 가장 아름다운 새로 알려진 극락조 가운데 두 종Paradisea regia and Paradisea gularis은 말레이 반도가 원산지다.[31] 아름다운 깃과 날개를 자랑하는 새로는 우아한 진홍색 깃의 페르감pergam, 눈썹꿩, 공작꿩, 청색의 자고새, 다양한 종의 앵무새, 다양한 크기의 녹색 비둘기, 딱따구리 등이 꼽힌다. 이 밖에 송골매와 '유령 새'라는 부엉이, 울음소리가 멋진 떼까치, 황새, 딱새, 비둘기와 바다제비도 있다. 바다제비는 해안의 섬에 해초로 둥지를 트는데, 이 둥지가 값비싼 요리인 제비집 수프의 재료다.

물새는 또 어떤가. 알락해오라기, 흰눈썹뜸부기, 들오리, 쇠오리, 도요새를 비롯해, 흔히 볼 수 있는 회색 깃의 물떼새와 매추라기 등이 벌판과 갈대밭, 강둑을 따라 떼 지어 날며 장관을 연출한다.

해안의 바다거북은 등껍질이 딱딱하며, 습지를 좋아하는 민물거북은 바다거북보다 등껍질이 덜 딱딱한 대신 훨씬 민첩하다. 민물 어류는 수도 많지 않고 맛도 별로다. 하지만 바다 생선은 말레이인과 중국인 모두에게 훌륭한 먹을거리다. 해안에서 만들어진 건어나 염장한 젓갈류는 일품이다.

해협식민지에 거주하는 유럽인은 숭어의 일종인 노랑촉수를 즐겨 먹으며, 병어를 넙치보다 더 선호한다. 가재의 일종인 크레이피시crayfish와 게, 보리새우, 작은 새우 등의 갑각류도 식탁에 자주 오른다. 가자미류의 일종인 참서대, 농어, 귀상어, 검은색·분홍색·노란색 줄무늬가 있는 여러 생선, 그리고 새조개와 맛조개, 킹크랩 등도 즐겨 먹는다. 물고기의 아름다운 유영을 즐기는 이들이라면, 색깔 고운 이곳의 열대어에 만족하고도 남을 테다. 대형 해파리 무리가 얕은 바다의 햇살을 받으며 산호초 사이를 때론 쏜살처럼 날아가고 때론 미끄러지듯 활강한다. 산호의 가지마다 보석처럼 붙어 있는 말미잘, 불가사리, 해면 등 고착성 수생 동물의 무지갯빛 촉수들이 물결을 따라 이리저리 일렁인다. 몸을 잔뜩 구부리고 산호 동굴로 숨어들어가는 바다뱀도 보인다.

말레이 반도의 자연은 너무나 황홀하고 너무나 장엄하다. 그리고 너무나 많은 생물을 기른다. 내가 이 서론에서 사람에 대한 설명을 자연의 뒷자리에 배치한 것은 그 때문이다. 황금 반도는 전체 면적으로는 잉글랜드, 스코틀랜드, 웨일스를 한데 묶은 그레이트브리튼과 비슷하다. 그러나 총인구는 75만 명에 불과하며, 말레이인은 그 절반에도 못 미친다. 거대한 전쟁이나 가마득히 소급되는 역사는 물론 가치 있는 문학, 위풍당당한 유적, 야만의 광채barbaric splendor 등 학자든 관광객이든 이곳으로 끌어들일 만한 그 무엇도 이 황금 반도에는 없다.

말레이인은 쇠꼬챙이처럼 길게 뻗은 이 반도의 원주민이 아니다. 그렇다고 그들은 정복자도 아니다. 이 반도로 이주한 이민자에 지나지 않는다. 주로 전승에 근거를 두는 말레이 역사에서는 12세기 중엽 수마트라의 말레이인이 말레이 반도의 남단으로 건너와 거주하기 시작했다고 한다. 그리고 이들 이민자의 후손이 한 세기 뒤 말라카와 다른 해안 지역에 정착했다고 덧붙인다. 전승에 따르면, 반도의 내륙에 사람이 살게 된 것은 나중에 수마트라에서 또 한차례 이주의 물결이 있었기 때문이다. 그 이주민 지도자는 추종자들과 함께 원주민을 아내로 맞았다. 말레이인이 지금의 네그리 슴빌란 지역으로까지 파고들자 원주민 부락은 정글과 산속 더 깊숙한 곳으로 밀려나게 됐다.

하지만 정확히 말하자면, 말레이인에 의한 말레이 반도의 정복 내지 문명화는 역사의 문제가 아니다. 그리고 말레이 인종의 기원과 그 초기의 역사도 어느 정도 합리적인 가정의 문제에 지나지 않는다. 그러나 수마트라가 말레이인의 조상이 살던 곳이며, 높이 3000미터의 산으로 둘러싸인 미낭카바우의 아름다운 계곡이 말레이 초기 문명의 모태였다는 가정은 정당하다. 말레이 반도에서 역사적으로 의미 있는 말레이인 '식민' 왕국은 말라카와 조호르가 유일하다. 이곳에서 포르투갈의 진출과 더불어 믿을 만한 말레이의 역사가 시작된다. 수마트라 말레이족의 이슬람 개종은 주로 아랍과의 상업 교류를 통해 이뤄졌다. 그리고 그 과정은 폭력에 의한 것이 아니라 완만하고 점진적이었으며, 13세기에 시작된 것으로 여겨진다.

'원시 부족'의 인구는 적게는 8000명에서 많게는 1만 1000명으로 추산되며, 여전히 반도에 거주하는 것으로 확인되고 있다. 설혹 그들이 반도의 원주민이 아니라는 연구 결과가 나오더라도, 그들이 초기 말레이인 이주자들이 건너 왔을 때 이미 이곳에 살고 있었던 부족과 같은 종족이라는 사실만큼은 의심의 여지가 없다.

이들 부족을 가리켜 말레이인은 종종 "이 땅의 사람들"이란 의미로 '오랑 베누아Orang Benua'라 하거나 '오랑 우탕Orang Outang'이라고 부른다. 오랑 우탕은 보르네오에 서식하는 대형 유인원 오랑우탄과 마찬가지로 숲의 사람이라는 뜻이다. 이 책에 수록된 삽화는 내지에 사는 오랑 우탕의 모습을 충실하게 보여 준다. 원시 부족에 관한 일부 기술들이 편차를 보이기는 하지만, 이들이 두 부류의 인종으로 나뉠 수 있다는 점에는 이견이 없다. 하나는 말레이인이 사망족Samangs이라고 하는, 아프리카 흑인보다는 덜 검고 키가 작은 아시아계 니그로, 즉 니그리토Negrito다. 다른 하나는 종종 자쿤족Jakuns이라 불리고, 페락에서는 사케이Sakei라고 부르기도 하는 오랑 베누아다. 말레이인은 이를 구분하지 않고 싸잡아 신을 믿지 않는 사람들이라는 뜻에서 카피르족Kafirs이라고 부르기도 한다. 말레이인이 이들 원시 부족 앞에 모습을 드러내는 건 이들에게 부역을 부과하거나 정글을 베어 버리게 하거나, 이들이 채취한 구타페르카를 얻으려 할 때다. 말레이인은 이들의 어린이를 유괴하기도 한다. 어린이 유괴는 끔찍한 말레이 관습인데, 적어도 페락에서는 이런 악습에 철퇴를 가했으면 하는 바람이다.

사망족의 신체적 특징을 보면, 키는 말레이인과 별 차이가 없지만 머리카락은 길고 곧은 말레이인과 달리 짧고 곱슬머리다. 그렇다고 아프리카 흑인의 머리처럼 똘똘 말리지는 않는다. 피부색은 검은색에 가까운 짙은 갈색이다. 코는 납작한 편이고, 이마는 뒤로 젖혀졌으며, 입술은 두껍다. 누추하지만 이동하기 쉽게 나뭇가지와 잎으로 움막을 짓고, 정글의 새와 짐승, 뿌리와 과일을 먹고 산다. 반라로 사는 이들은 빵나무속Artocarpus 나무의 속껍질로 가리개를 만들어 국부만 가린다. 사망족은 사냥 전문가다. 이들은 고유의 사냥술로 코끼리와 '숨어 사는 코뿔소'도 잡는다. 이들은 여러 부족으로 나뉘고, 각 부족은 가부장제를 기반으로 족장이 다스린다. 사망족도 관습과 신앙이 있기야 하겠지만 알려진 게 거의 없다. 이들은 낯가림이 아주 심하며, 다른 종족과는 담을 쌓고 지낸다. 사망족은 태양을 숭배하는 것으로 추정된다.

오랑 베누아나 오랑 우탕은 사케이족이나 자쿤족이라고도 불리며, 서로 다른 이름을 가진 여러 부족으로 이뤄져 있다. 이들은 북부의 술탄국 커다에서 남쪽의 포인트 로마니아[32]까지 말레이 반도의 한가운데를 북에서 남으로 관통하는 산맥의 숲속 여기저기에 흩어져 산다.[33] 외모와 피부색은 말레이인과 매우 흡사하다. 게다가 이들의 방언과 순수 말레이어는 친연성이 아주 강하다. 이들은 아주 맑고 표현이 풍부한 눈을 지녔으며, 눈과 눈이 이루는 각도는 몽골족과 다르다. 이마는 뒤로 젖혀졌다기보다는 낮은 편이다. 입은 크고 입술이 넓적하다. 얼굴 아랫부분이 앞으로 튀어나왔다. 코는 작고 콧구멍은 옆으로 퍼졌으며 광대가 튀어나왔다. 머리카락은 본디 검은색이지만, 종종 햇볕에 노출된 탓에 적갈색이나 황갈색을 띠기도 한다. 그들에게 강한 햇볕을 막아 주는 건 머리카락밖에 없다. 머리숱은 아주 많고, 머릿결은 뻣뻣하며 돌돌 말리지는 않지만 곱슬머리다. 가슴이 넓고 팔다리의 근육이 잘 발달되어 있다. 키는 말레이인보다 많이 작다. 일부 부족의 경우 남자는 146센티미터, 여자는 134센티미터를 넘지 않는다.

이들 부족의 복장이라고 해야 나무껍질로 가리개를 만들어 허리에 두르는 게 고작이다. 주거의 경우, 어떤 부족은 기둥 몇 개로 세워진 아주 원시적인 움막에서 지내며, "나무의 사람들"로 불리는 부족들은 기단을 만들고 그 위에 천막을 치고 산다. 이 천막은 주로 나뭇가지들로 지탱되며 높이가 6~9미터나 된다. 데일리에 따르면, 원시 부족은 집단생활을 하며 한곳에 오래 머물지 않는데, 이는 말레이인이 들이닥쳐 부녀자와 아이들을 유괴할 것을 두려워하기 때문이라고 한다. 이들은 낯선 사람들이 다가오면 달아난다. 대체로 이들은 정착 생활을 하지 않으며, 짐승과 물고기를 잡고 정글의 과일을 따 먹으며 산다. 여러 부족으로 나뉘어 있고, 연장자가 부족의 지도자가 된다. 이들은 태양을 경배하지만 종교적 숭배의 형식을 취하지는 않으며, 극히 초보적인 종교 관념조차 없는 것 같다.

이들에겐 숨피탄Sumpitan이란 무기가 있는데, 대롱 같은 관을 입에 대고 독을 묻힌 화살을 불어서 발사하는 취관吹管의 일종이다. 탄생, 혼인, 사망에 대한 의례는 없다. 사이어스[34]에 따르면, 이들은 일부일처제며 부부 금실이 아주 좋다. 이들은 감정적으로 두려움에 가장 크게 동요한다. 아주 소심하고 조심성 많은 이들 부족은 종종 구타페르카를 수확해 특정한 나무 아래에 두고 자리를 뜨곤 한다. 구타페르카를 사겠다고 한 외부 상인들과 마주치지 않으려는 이유에서다. 한편 맥스웰[35]에 따르면, 이들이 말레이인과 멀리 떨어져 사는 이유는 말레이인이 그들을 경멸하는 것이 싫어서라고 한다.

"신민臣民"을 뜻하는 '라예트'[36] 또는 "바다의 사람들"이란 뜻의 '오랑 라웃Orang Laut'은 해안과 작은 섬 근처의 배 위에서 배를 만들거나 그물을 손질하며 생활한다. 이들은 담마검[37]과 나무 기름을 추출하기 위해 뭍으로 나올 때는 땅 위에 임시 거처를 만든다. 이들은 피부가 더 검고 몸을 옷으로 덜 가린다는 점 말고는 말레이인과 크게 구분되지 않는다. 그런데도 말레이인은 이들을 열등한 종족이라고 깔본다. 이들은 종교적 이유와 무관하게 악령이 인간의 삶에 영향을 끼친다고 믿는다. 그래서 때로 악령을 달래는 진혼제를 올리곤 한다. 대부분이 무슬림인데도 그렇다. 전적으로 고기잡이에 의존해 생활하며, 천성적으로 가만히 있지를 못하고 통제받는 것을 참지 못한다. 하지만 여느 원시 부족들과 달리 열성적으로 음악을 즐기고, 손재주가 아주 뛰어나며, 배를 만드는 기술은 발군이다.

중국인은 말레이 반도와 싱가포르, 페낭에 총 24만 명이 거주하는 것으로 조사됐다. 중국에서 곧바로 건너오는 노동자들이 늘어나면서 중국인 이주자 수는 급증세를 보인다. 말레이 반도의 자원은 바로 이들 중국인의 자본과 기업과 근면함으로 개발되고 있다. 중국인이 언제부터 이곳에 살게 됐는지는 정확치 않지만, 지금부터 300년도 더 전에 포르투갈인이 점령할 당시 말라카에 이미 중국인이 있었다. 중국인이 페낭과 싱가포르에 정착한 지도 벌써 93년, 63년이나 된다.[38] 꽤나 시간이 흘렀지만 이곳의 중국인은 여자의 발을 전족纏足하는 야만적인 관행만 버렸을 뿐, 관습과 복장, 습관에서 중국 광저우廣州나 샤먼廈門에 사는 동포와 하나도 다르지 않다. 중국인 상당수는 기독교로 개종하면서도 변발과 전통 복식은 바꾸지 않는다. 이곳의 중국인 사회는 말라카 해협에서 출생한 중국인을 바바Baba[39]라 하고, 중국에서 태어나 이주한 사람을 신커Sinkeh[40]로 구분한다. 영국의 영토에서 태어난, 여왕의 신민이라는 자긍심을 갖고 있는 바바는 신커를 무척이나 경멸한다. 중국인은 말라카 해협의 상권을 상당 부분 장악할 것으로 보인다.

말레이인은 말레이 반도는 물론 보르네오에서 수마트라에 이르는 거의 모든 해안 지역에 고루 분포한다. 이들은 대부분 말레이어를 구사하며, 무슬림이고, 아랍 문자를 쓴다. 피부색은 밝은 올리브색이 도는 붉은 갈색이다. 머리카락은 예외 없이 검은색의 거친 직모다. 얼굴과 몸에는 털이 별로 없다. 얼굴은 넓고 약간 평평한 편이고 광대가 발달했다. 입은 크고 입술은 얇다. 턱이 잘 발달했고 이마는 낮다. 눈동자는 검다. 눈꼬리가 약간 치켜 올라갔지만, 중국인만큼은 아니다. 코는 작은 편이나 콧구멍이 크고 들창코다. 키는 일률적이지 않지만, 유럽인 평균 신장에는 미치지 못한다. 신체는 유연하면서도 탄탄하다. 가슴은 넓고, 손은 작고 섬세하며, 발은 발등이 두껍지 않고 크기도 작다. 남자는 잘생긴 편이 아니고, 여자는 정말이지 못생겼다. 남자든 여자든 말레이인은 젊어서부터 나이 들어 보인다.

말레이인이 머지않아 문명인과 어울려 살게 될 것이란 점은 의심의 여지가 없다. 이들이 사는 집은 우아하고 아늑한 편이다. 토산품이나 외국에서 수입한 옷으로 잘 갖춰 입는다. 정착 농경 생활을 하며, 금속 공예에 재주가 있다. 특히 날이 물결 모양인 말레이 전통 검 크리스kris을 만드는 데 뛰어나다. 상류층은 어느 정도 교육을 받으며, 수입된 것이긴 하지만 문학도 있다. 여러 세기에 걸쳐 나름의 통치 제도를 구축해 왔고, 토지법과 해상법도 갖추고 있는 것으로 보아 적어도 이론상으로는 상당한 정도로 계몽되었다고 할 수 있다.

말레이인의 종교와 법, 관습과 도덕은 통합되어 있다. 엄격한 무슬림이지만, 교육받지 못한 사람들은 코란을 따르면서 전통과 미신도 믿는다. 말레이인이라면 누구나 메카 순례를 열망한다. 이들은 오래된 숭배 관행을 따르고 라마단 금식을 지키며, 구슬 묵주를 차고 시간을 지켜 바닥에 머리를 조아리며 촌락의 종교적 안녕을 기도한다. 어린아이들에게 할례를 행하고, 출생과 혼인의 종교적 의례 때 물소를 희생으로 바친다. 곳곳에 이슬람 사원을 세우고, 메카를 성스러운 도시로 삼으며, 아랍인 이슬람 교사들의 가르침에 따라 코란을 신앙과 실천의 규범으로 삼는다.

말레이어의 기원에 대해 많은 연구가 진행되었지만, 수마트라의 미낭카바우 고대 제국보다 시대가 더 올라가는 믿을 만한 근거는 아직 없다. 이슬람의 영향으로 아랍 어휘가 말레이어에 상당수 유입되었으며, 아랍 문자로 기록된다. 박학다식한 학자 크로퍼드는 현대 말레이어가 어원별로 원시 말레이어 27퍼센트, 폴리네시아어 50퍼센트, 산스크리트어 16퍼센트, 아랍어 5퍼센트, 그 밖의 외래어 2퍼센트로 이루어져 있다고 분석했다. 그는 종교와 관련된 모든 문학은 아랍어의 영향이 압도적이라고 평가했다. 말레이어는 영국 해협식민지의 공용어며, 항구에서는 포르투갈어와 네덜란드어에서 비롯된 많은 어휘들이 말레이어와 섞여 쓰인다.

말레이인에게 토착 문학이 있다고 말하기는 힘들다. 왜냐하면 거의 모든 문학 작품들이 페르시아와 태국, 아라비아와 자바에서 온 것이기 때문이다. 하지만 말레이인에게도 『히카야트 항투아*Hikayat Hang Tuah*』[41]라는, 말레이어로 쓰인 유명한 서사시가 있다. 말레이인은 저녁 기도가 끝난 뒤 마을에 모여 동네 이야기꾼들이 들려주는 항투아 이야기에 귀를 기울이곤 한다. 말레이의 역사가들은 하나같이 이슬람 전래 이후의 시대를 서술했으며, 이들이 쓴 역사는 신뢰할 만한 것이 별로 없다는 말을 듣는다. 술탄국들은 저마다의 왕국 역사를 미신적인 이유에서 일반인들의 눈에 띄지 않게 간수하고 있다. 하지만 술탄국의 역사는 술탄의 족보에 가깝지 역사라 할 만한 것이 못 된다.

그러나 말레이어로 된 역사서라 할 만한 서사문학[42]은 있다. 수마트라의 미낭카바우 말레이 제국이 창건된 서기 1021년부터 시작해 조호르 제국의 성립과 1511년 포르투갈의 알부케르크가 말라카 왕국을 점령하기까지 600년의 역사를 다룬 책이다. 라이덴[43] 박사는 이 책이 영어로 번역할 만한 가치가 있다고 생각했다.

도덕에 관한 말레이어 책들은 주로 아랍과 페르시아의 원전에서 발췌한 경구들로 이뤄져 있다. 아랍에서 들여오는 대부분의 종교 서적들은 앞머리에 으레 코란이 나오고, 기도문 모음과 무슬림에게 요구되는 종교적 의무에 대한 지침들이 이어진다. 아랍 경전에서 발췌한 내용에 말레이인 하지들이 유식하게 주석을 얹는다. 이들 책에서 눈여겨봐야 할 대목은 말레이인이 기독교와의 성전에서 옹골찬 전위로 표현되며, 기독교의 모든 선교 공세를 성공적으로 저지해 왔다는 내용이 강조되고 있다는 점이다.

말레이인은 시詩를 다루는 재주를 타고났다. 연애시가 많은데, 아주 단순하지만 자연스럽고, 흥겨운 은유가 풍부하며, 운율도 부드럽고 음악적이라는 특징이 있다. 그들은 이런 시를 귀에 익은 가락에 실어 노래하기를 즐긴다. 말레이인이 시에 친숙할 수밖에 없는 이유다. 말레이 음악은 중국이나 일본의 그것처럼 애절하지는 않지만, 구성지고 단조로운 5음계의 장송곡풍이어서 유럽인의 귀를 즐겁게 하지는 못한다. 이들은 악기 중에서 바이올린처럼 생긴 현악기[44]를 으뜸으로 친다. 기타[45]도 있고, 대나무 관악기인 플레절렛[46]과 피리[47]를 비롯해 금속이나 나무로 된 타악기도 널리 쓰인다.

말레이인에겐 산수를 위한 연산 체계가 없고, 고등 수학에는 완전히 무지하다. 이들은 1000 이상의 수를 세는 고유의 단위가 없어 인도에서 차용

해 쓴다. 수를 세는 방식은 일본 에조蝦夷의 아이누와 같다.[48]

말레이의 의학도 아랍에 뿌리를 두고 있는데, 불가사의하고 신비주의적인 요소가 다분하다. 인간은 네 가지 요소와 네 가지 정수精髓로 이뤄졌으며, 체질과 기질도 황도 12궁[49]이나 태양계 7개 행성의 움직임에 연관되는 것으로 여기는 등 사람과 자연의 불가사의한 동조 현상을 과장한다. 의사에 해당하는 하킴hakim이 치료에 성공하려면 위의 네 가지 요소 사이에서 힘의 균형을 유지하는 원칙에 충실해야 하며, 이를 위해 섭생의 조절이 가장 중요하다고 강조한다.

말레이인에겐 천문학이 없다. 아랍을 통해 전래된 천동설에 근거한 보잘것없는 우주관을 제외한다면 말이다. 뉴볼드는 꼼꼼히 사료를 훑었지만, 말레이어로 천문을 논한 글을 발견하지 못했다고 했다. 해몽이나 점성술, 주문呪文, 길조와 흉조 판별법, 예언, 부적, 사랑의 묘약, 멀리 떨어진 사람을 해치는 마술이나 비결 등을 다룬, 아랍어와 힌디어 문헌들만 확인됐을 뿐이란 것이다. 말레이인은 태양력을 알면서도 태음력을 채택한다. 그래서 달력에는 세 가지 방식이 쓰인다. 예컨대 태음력이 기본이지만, 태양력처럼 한 달을 7일 1주로 나누되, 이를 다시 이슬람 안식일[50]에 맞추는 것이다. 말레이인은 세상이 타원형의 구체이며, 축을 중심으로 1년에 네 번 자전하고, 태양이 지구 주위를 공전하는 불타는 구체라고 여긴다. 큰 뱀이 해나 달을 삼켜 일식과 월식이 일어난다고 믿는 이들이 대다수다. 그래서 일식과 월식 때 큰 소리로 애도한다.

한편 이곳 사람들은 거리를 재는 방식이 독특해 이방인이 헷갈리기 쉽다. 페락의 지도를 만든 데일리가 내륙으로 탐사를 떠나려 할 때였다. 목적지까지 거리가 얼마인지를 묻자 말레이인은 이렇게 대답했다고 한다. "이 산에서 총을 쏘면 총소리가 들리는 거리", "머리를 감고 떠나면 머리가 마르기 전에 도착할 거리"라고 말이다. 걸어서 며칠 걸린다고도 하지만, 빈랑[51]을 몇 번 씹을 수 있는 거리로 표현하기도 한다. 시간도 숫자로 정확하게 나타내지 않고 두루뭉술하게 표현한다. 닭이 울 때라고 하면, 새벽일 수도 있지만 오후 1시나 자정일 수도 있다. 오전 9시는 말레이어로 '풀려난 강철'이란 의미의 레파스 바자Lepas Baja라고 하는데, 이는 해가 높이 뜨면 일을 시킬 수 없어 소에 씌웠던 쟁기를 벗겨 주어야 할 때라는 뜻이다. 테타바웨Tetabawe는 오후 6시를 가리킨다. 조용하던 새가 해 진 뒤 시끄럽게 울어 대는 데서 비롯됐다. 이슬람 전통에 따라 말레이인에게 하루의 시작은 해가 지고 난 뒤부터다.

말레이인에게는 여전히 해양민족의 피가 흐른다. 이들은 아주 뛰어난 뱃사람이며 배를 만드는 데도 능숙하다. 말레이인은 수백 년에 걸쳐 아시아의 동서 교역을 아랍인과 양분했고, 말레이어 항해 용어들이 뉴기니아에서 테나세림 해안에 이르는 넓은 지역에서 쓰인다. 그런데도 말레이인은 정작 항해를 과학적으로 이해하지는 못했다. 이들은 계절풍을 보고 돛을 펴거나 닻을 내리고, 섬에서 섬으로 이동하며 아시아의 해안을 따라 항해한다. 만약 해안에서 멀리 떨어져 배 위에서 육지가 보이지 않을 때면 나침반으로 방향을 잡지 않는다. 나침반이 없거나, 나침반을 다룰 줄 몰라서가 아니다. 눈에 익은 암초나, 지나며 언뜻 보았던 곳, 풍향, 플레이아데스성단Pleiades star cluster의 별자리를 보고 방향을 가늠하는 게 이들에겐 더 익숙하기 때문이다.

말레이인은 지리, 건축, 회화, 조각은 물론 기계에도 무지하다. 게다가 이들은 더 이상 아랍어 문헌을 말레이어로 번역하지도 않고, 말레이어 문학작품을 창작하지도 않는다. 오래전에 번역되어 전래된 법과 도덕, 과학을 새롭게 연구하는 일도 거의 없다. 교육은 너무 퇴보했다. 최근 술탄국 커다가 교육의 중요성에 눈을 뜨기 시작한 정도다. 학교가 있어도 교육방식은 고루하다. 아이들이 알아듣지도 못할 말로 코란의 경구나 기도문을 반복해서 주입하는 게 고작이다.

법률은 어떨까? 싱가포르의 건설자인 스탬퍼드 래플스[52]는 공식 긴급전문에서 "잘 정의되고 보편적으로 인지되는 법률 체계를 원하는 것보다 더 결정적으로 말레이의 특성을 훼손하는 건 없다."고 적시한 바 있다. 말레이에는 여러 법률을 짜깁기한 법전도 있으며, 거의 모든 술탄국마다 독자의 법률이 어떤 식으로든 존재한다. 해사海事와 토지에 관한 법도 있다. 하지만 말레이에선 선악을 떠나 관습이 성문법에 우선한다. 페락과 슬랑오르, 숭에이 우종의 경우, 영국법의 일부 조항을 잘못 이해해 적용함으로써 상황이 복잡해지기도 한다. 법의 "찬란한 불확실성"[53]의 예시로서 말레이 반도보다 더 적합한 곳을 찾기는 힘들다. 말레이인은 형법과 민법, 부족 체제, 경계 표시에 의한 토지분할 규정뿐만 아니라, 법을 따르기보다 법이 사람을 따르게 하는 술탄의 통치 방식도 황금의 섬, 즉 미앙카바우 제국의 전통에서 기원한다고 확언한다. 이러한 짜깁기식 법률은 코란에 충실해야 한다는 이슬람 근본주의자와 관습을 중시하는 전통주의자 사이에 논쟁의 불씨가 된다. 심지어 유혈 충돌이 벌어지기도 한다. 말레이인이 말레이 술탄국에서 해협식민지로 이주하는 원인으로, 평등한 권리와 소유권을 보장하는 영국 법 체계의 이점을 간과할 수는 없다. 말레이인이 통치하고 중국인이 말레이인과 어울려 사는 말레이 술탄국에서, 말레이인의 인구밀도는 1제곱마일당 4명인 반면, 영국이 지배하는 해협식민지에서 말레이인의 인구밀도는 1제곱마일당 125명에 달한다. 이들은 말레이 술탄국에서 해협식민지로 피신한 것이며, 영국의 법 제도 아래서 경제활동을 보호받고자 하는 것이다!

말레이의 가장 대중적인 스포츠로는 닭싸움鬪鷄을 꼽을 수 있는데, 문학적으로도 품격 있게 다뤄질 정도다. 물론 호랑이싸움이나 소싸움이 닭싸움보다 장관이기는 하지만, 비용이 만만치 않아 자주 열리진 않는다. 닭싸움이 열리면 커다란 도박판도 벌어진다. 닭싸움이 이웃과 부족 간에 끔찍한 반목의 빌미가 되기도 한다. 싸움닭들은 다리에 날카롭게 날을 세운 금속 박차를 달고 날개를 한껏 펄럭이며 싸운다. 용맹하고 독이 바짝 오른 싸움닭들은 죽을 때까지 포기할 줄 모른다. 젊은 남자들은 버드나무 가지로 만든 공을 차는 세팍타크로를 즐긴다. 직업적인 무희도 있지만, 사교적인 여흥에서 춤은 그다지 선호되지 않는다. 아이들은 어릴 때는 여러 유치한 놀이를 하지만, 조금 크면 놀이를 즐기지 않는다. 상류층은 수수께끼 풀이나 스무고개 따위로 여가를 보낸다. 체스를 하는 이도 많기는 하지만, 중국인 이민자들이 카드와 주사위 던지기 게임들을 들여온 뒤 도박 부작용이 우려되면서 보다 건전한 놀이로 대체되고 있다.

여느 이슬람 문화에서와 마찬가지로 말레이인의 혼인 풍습도 일부다처제를 따른다. 말레이인은 스스로 자랑스럽게 여기는 것을 지키려 애를 쓴다. 여성은 머리에 베일을 쓰는데, 심한 경우 눈만 빼고 온몸을 가리기도 한다.[54] 말레이인은 대체로 다감하며 애정이 넘친다. 하층민의 가정은 화목하다. 이들이 사는 집에 관해서는 본문의 편지에서 상술하기로 한다. 가난한 이들은 주로 쌀밥과 소금에 절인 생선, 카레, 옥수수, 사탕수수, 바나나, 과일, 음료이면서 끼니도 되는 코코넛 밀크 등을 먹는다. 빈랑 씹기나 담배는 호사스런 기호품이다. 이슬람은 술을 금하지만, 말레이인은 공작야자[55] 열매에 구멍을 내고 수액을 발효한 술을 마신다. 가정용품 가운데 물통이나 주전자는 양철로 만든 것이 많다. 빗자루와 잠자리용 매트, 대나무나 갈대로 엮은 바구니 등은 말레이인 가정 어디서나 볼 수 있다. 집집마다 쇠로 된 조리용 팬과, 코코넛 껍질을 반으로 잘라 손잡이를 붙인 국자를 쓴다. 커다란 야자껍질에 야자유를 채우고 심지에 불을 붙인 등잔으로 밤을 밝힌다. 접시나 식기를 갖출 수 없는 가난한 이들은 나뭇잎에 음식을 담아 먹지만, 가장의 식사만큼은 도자기 그릇에 담는다.

말레이인의 무기로 가장 널리 알려진 것은 크리스다. 불꽃 모양으로 물결치는 듯한 날이 양쪽으로 나 있는 검劍인데, 살상용이라기보다는 의례용에 가깝다. 일상에선 크고 묵직한 칼인 파랑parang이 널리 쓰인다. 예리한 금속 날을 가진 창도 있다. 페락 전쟁[56]에서 많은 영국인 병사들이 이 창에 목숨을 잃었다. 총포로는 화승총과, 총부리가 넓은 구식 총인 나팔총, 방책 방어에 쓰는 길고 무거운 청동제 대포인 릴라스lelahs 따위가 있다. 총포용 화약은 자체 제작하며, 화약통은 대나무처럼 속이 빈 나무줄기로 만든다.

말레이인은 일본인처럼 편지 예절이 아주 엄격하다. 편지의 본문은 반드시 6개의 문단이어야 하고, 글씨도 아주 공들여 써야 한다. 이 때문에 편지를 쓰는 이의 모습은 시인이나 문인을 방불케 한다. 편지지와 봉투 사용에도 격식이 있다. 편지를 쓰는 이의 지위에 따라 몇 장을 쓸지, 편지지와 봉투를 무슨 색깔로 할지가 결정된다. 세세한 것에서 조금이라도 어긋남이 있으면 받는 이는 모욕감을 느낀다. 이처럼 말레이인의 엄격한 편지 예절을 유럽인이 무심결에 어긴다면 자칫 목숨을 잃을 수도 있다.

통치 체계는 왕국마다 미묘한 차이를 보이기는 하지만, 전반적으로 절대군주제라 하겠다. 이슬람 국가에서 인민은 어떤 지배자도 빼앗을 수 없는 특정 권리를 보장받는데, 그 권리를 어디까지 인정할 것인지, 그리고 지배자가 개인의 권리를 얼마나 내세우는지에 따라 군주제의 양상이 다르다. 군주는 술탄sultan,[57] 라자raja,[58] 마하라자maharaja, 다투datu[59] 등 여러 명칭으로 불린다. 하지만 말레이의 군주들은 왕국 내 여러 지역의 수장chief을 압도적으로 장악하지는 못했다. 지금도 영국의 보호령에 편입되지 않은 말레이 술탄국의 상황이 그러하다. 지역 수장들은 관할지에 독자적인 징세권을 행사하며, 인민을 가혹하게 수탈한다. 농민들이 수장의 가렴주구를 견지지 못해 땅을 버리고 떠나면, 그 땅을 몰수하기도 한다. 관할지역의 모든 성인 남자는 언제든 징집되는 병역 말고도 한 해 노동 일수의 4분의 1을 지역 수장을 위해 부역해야 한다.

전통적인 노예제도 있지만, 빚을 갚을 때까지 채무자를 노예로 부리는 채무노예debt bondage 제도가 거의 모든 말레이 술탄국에서 지금도 시행된다. 최근 슬랑오르와 숭에이 우종만이 노예제와 채무노예제를 폐지했을 뿐이다. 페락도 노예제 폐지에 동참해야 할 것이다. 왕족들은 손쉽게 노예를 조달한다. 예컨대 왕자가 아무 집에나 자신의 크리스를 지닌 전령을 보내기만 하면 된다. 전령을 맞은 그 집의 가장은 군말 없이 자녀 중 한 명을 노예로 내주어야 한다. 빚으로 인한 채무노예제의 경우 정도의 차이는 있지만, 모든 계급에서 만연한다. 특히 말레이 반도의 여성들에게 깊은 모멸감을 주는 것이 바로 채무노예제다. 사치를 부리거나 운이 나쁘거나 도박에 손을 대거나 해 작은 빚이라도 지게 된다면 누구를 불문하고 채권자는 채무자를 붙잡아 노예로 부릴 수 있는 것이다. 채무는 남자와 여자, 어린이를 가리지 않으며, 심지어 아직 태어나지 않은 자식과 그 미래의 후손에게까지 이어져, 빚을 다 갚을 때까지 노예로 살아야 한다.

대부분 술탄국에는 술탄을 보좌하는 관료가 있다. 최고위층 귀족인 븐다하라Bendahara[60]는 수석 재상이자, 행정의 최고 책임자며, 농민과 농업을 관장하는 등 왕국의 재정을 총괄한다. 고위 관료인 트뭉공Temenggong은 주로 사법과 치안을 책임진다. 통상 술탄의 왕위는 혈통으로 승계되며, 대체로 부계로 세습된다. 모계 혈통을 따르기도 하는데, 이 경우 술탄의 여자 형제의 아들이 왕위를 잇는다. 이와 달리 지역의 수장들이 술탄이나 라자를 선출하는 경우도 있다.

말레이 반도에서 술탄의 지배 체제가 본질적으로 사악하다고 할 수는 없으며, 이곳 실정에 맞게 변용된 것으로 해석될 수 있겠다. 그러나 어떤 사악함이 있다면, 그것은 논리의 문제라기보다는 논리와 모순되는 실행에서 비롯된다. 말레이 술탄국들은 분명 여러 경로로 그 모순의 수렁에 빠졌다.

문제는 백성을 억누르고, 그들의 고혈을 빨아 빈둥거리며 호의호식하는 술탄과 왕족 및 그 자녀들로 이뤄진 소수의 특권층에 있다. 대체로 말레이의 주권은 술탄에 수직적으로 종속되지 않은 봉건 영주, 즉 지역 수장들에게 있다고밖에 볼 수 없다. 심지어 마을의 촌장들조차 징세권은 물론 사법권까지 독자적으로 행사한다. 체계적인 노동을 싫어하는 유목적 농경 관행 때문이기도 하지만, 불안정한 농민들은 토지의 경계와 경작 기간에 명확한 기준이 없어 점점 더 빈곤해지고 있다. 이런 상황에서 이슬람 교리는 주로 현실을 고착시키고, 인민의 반감을 억제하는 쪽으로만 영향력을 행사한다. 종교가, 가뜩이나 약한 말레이 인민이 그저 서서히 스러지도록 치명적인 소외를 부추기고 있는 것이다.

앤드루 클라크 경[61]은 1873년 해협식민지 총독에 임명되자, 영국 왕립지리학회 도서관으로 가 사서를 찾았다. 그가 부임해야 할 지역의 지도나 정보를 얻고자 해서였다. 하지만 사서는 클라크에게 도서관의 문서보관소에는 말레이 반도 지역에 관해서는 아무리 사소한 것일지라도 제공할 정보가 "하나도 없다."고 공손하게 말했다. 그 이후 영국은 말레이 왕국 세 곳을 보호령으로 취했고, 페락 전쟁을 통해 몇 가지 난제도 처리했다. 그러나 데일리는 1883년 5월 페락을 중심으로 말레이 반도 일부를 탐사해 작도한 지도를 왕립지리학회에 제출하면서, 영국이 말레이 반도의 절반에 관해 확인한 것이라곤 "단지 해안선의 위치뿐!"이라고 탄식했다. 중국해에 연한 말레이 반도 동쪽의 술탄국에 관해선 아는 것이 거의 없으며, 동부와 내륙 지대는 여전히 탐험가에게 미답未踏의 땅으로 남아 있다.

이 책에 실린 편지 가운데 중국과 사이공에서 쓴 것들 다음에 이어지는 편지들은 말라카 해협의 해협식민지와, 1874년 이래 영국의 보호령이 된 말레이 왕국인 페락, 슬랑오르, 숭에이 우종에 관한 것이다. 이 서론에서 다룬 간략한 설명은 매우 불완전할 수밖에 없다. 왜냐하면 이들 지역을 돌며 내가 질문을 던지면 이 지역에 정통한 사람들조차 "모른다."고 답하기 일쑤였기 때문이다. 이 글에서 내가 위안을 얻는 대목은 독자들이 말라카에 막 첫발을 디뎠을 때의 나보다는 좀 더 나은 입장일 수 있으리라는 점이다. 이제부터 나는 아름답지만 알려지지 않은 말레이 반도의 일부 지역으로 독자들을 안내하고자 한다. 말라카 해협의 빛나는 바다를 건너고 **황금 반도**의 정글 속으로 들어갔던 내 여행의 기록들을 독자들이여, 부디 인내심을 갖고 읽어 주기 바란다.

I.L.B.

Letter 1

중국 해상, 증기선 '볼가' 호
1878년 크리스마스 이브

19일 요코하마 항을 떠날 때 미시시피 베이[62]의 보랏빛 숲 너머로 석양에 붉게 물든 후지산의 눈 덮인 정상이 우뚝했다. 그로부터 3일 뒤, 나는 겨울 바다가 부딪혀 부서지는 암벽 해안을 뒤로 하고 일본 영해를 벗어났다.

홍콩, 빅토리아의 주교궁
12월 27일

홍콩으로 가는 뱃길에 대해서는 딱히 쓸 말이 없다. 증기선 볼가 호는 참담하다. 들어가 쉴 곳도 마땅찮고, 걸터앉을 곳이라곤 우중충한 식당의 식탁에 딸린 긴 의자가 고작이다. 내가 보기에 선장은 괜찮은 사람 같다. 고트족과 반달족, 훈족과 서고트족[63]이 하나로 합쳐진 인상이다. 볼가 호의 실내는 눅눅하고 어둡고 더럽고 낡고 추웠다. 스팀 난방이 작동하지 않았다. 굴뚝에서 연기가 새어나와 보일러를 가동할 수 없었던 것이다. 등잔도 없고, 양초조차 아까운지 뜨문뜨문했다. 승무원의 행색은 추레하다. 자신의 일에 열의도 없고, 승객을 대하는 태도도 우호적이지 않다. 음식은 기름 범벅에다 지저분했고, 그마저도 먹을 게 부족했다. 식탁보가 꾸깃꾸깃했음은 두말할 나위도 없다. 프랑스인 네 명과 일본인 두 명 등 외국인 남자 승객 여섯이 식탁에 있었는데, 모두 외투를 겹으로 걸치고 털목도리에다 모자까지 쓴 채 식사를 했다. 내가 묵은 숙녀용 1등 객실 '살롱 데 담므salon de dames'는 넓었다. 이 객실 전속의 여자 승무원은 아주 유능하긴 하지만 약간 정신줄을 놓은 듯해 보인다.

항해가 시작되고 첫 이틀 동안 나는 오후 네 시면 자리에 누웠다. 갑판은 물보라와 진눈깨비, 눈보라와 한겨울 칼바람이 쉴 새 없이 휘몰아쳤고, 식당은 어둡고 눅눅했던 탓이다. 사흘째 되던 날도 돌풍에 가까운 바람이 불었고 파도도 높았다. 5일 뒤 홍콩에 도착할 때까지 악천후는 이어졌다. 이렇게 춥고 어둡고 시끄럽고, 승무원조차 걸음을 옮기지 못할 정도로 배가 몹시 흔들리는 항해 내내 나는 객실 침대에 누울 수밖에 없었다. 그 바람에 등짝이 아파 고생을 했지만 말이다.[64] 너무 깜깜해 읽고 쓰기는커녕 아무것도 할 수 없는 것도 고통스러웠지만, 침대가 배의 진행 방향과 직각을 이루며 가로로 놓여 있어 배가 좌우로 흔들릴 때마다 몸이 위아래로 쏠리는 바람에, 나는 밤낮으로 온 힘을 다해 침대의 난간을 붙잡고 있어야만 했다. 밀린 편지와 바느질을 '해치웠어야' 했던 그 한 주일은 아무것도 못한 채 내 인생에서 덧없이 지나가 버리고 말았다. 매일 어둡고 폭풍 치는 태평양의 한가운데에서 일출의 장쾌함도 없이 날이 밝았다가 석양의 황홀함도 없이 어둠이 깔린 일주일이었다. 실로 되돌릴 수도 없는, 수치스러운 상실이 아닐 수 없다.

이 배에선 "예스"와 "노" 이외의 영어를 하는 사람은 아무도 없어 보였다. 여승무원이 지난밤 악천후 때문에 객실에서 꼼짝없이 갇혀 있었다고 내게 말을 걸면서, '슬프다'란 프랑스어 "트리스테triste, 트리스테"와 "온 몸이 상처투성이bruises!"를 입에 올렸다. 영어도 모르는 그의 입에서 프랑스어가 튀어나오는 상황에서 나는 아무런 말도 할 수 없었다.

배가 동아시아 대륙으로 다가가자 바람은 여전히 거세게 불었지만 눈보라는 그쳤다. 보통 해안은 여행자를 실망시킨다. 그런데 이번에는 달랐다. 홍콩의 해안은 내가 기대했던 것 이상이었다. 게다가 내가 어릴 적부터 동경해 마지않던 신비의 대륙 아시아의 해안, 현무암 바위가 위풍당당하게 치솟은, 바로 그런 곳이었다. 좁은 수로를 끼고 바위가 그대로 드러난 섬들, 장엄하며 가파른 절벽, 바위를 때리는 세찬 파도, 사람의 발길을 허락하지 않는 황량함, 소용돌이치는 듯한 돛대들, 바닷새들의 새된 울음소리, 그리고 선미를 껑충하게 높이고 세 겹의 누런 삼각돛을 활짝 편 중국 정크선들이 높은 파도 위로 잠깐씩 모습을 드러냈다가 이내 사라지곤 하는, 그런 해안이 내 눈앞에 펼쳐진 것이다.

산처럼 솟은 섬들 사이를 지나는가 싶더니 배는 이내 좁고 그림 같은 수로를 따라 홍콩의 외항에 들어섰다. 한쪽으론 뜨거운 햇볕에 타들어 가는 홍콩의 산들이 우뚝하고, 반대쪽엔 대륙의 암벽이 한층 더 붉은빛을 띤다. 대륙 쪽 해안엔 아담한 만마다 작은 배들이 정박해 있다. 돌로 된 오두막들이 옹이종기 모여 있지만, 나무도 없고 농사의 흔적도 보이지 않는다. 사람이 살지 않는 것처럼 보였다. 내가 탄 배가 북회귀선[65]에 들어섰건만 날씨는 여전히 추웠고 비바람도 거셌다. 그 탓에 갑판의 식당 창문 사이로 중국 대륙의 해안을 보는 걸로 만족해야 될 것 같았다.

그런데 다른 수로를 끼고 돌자 곧바로 홍콩의 내항이 나타났고, 계절은 갑자기 여름으로 바뀌었다. 푸르스름하고 옅은 안개가 녹음이 우거진 홍콩의 산들을 살짝 가렸어도 맑은 하늘, 푸른 바다, 뜨거운 태양, 시원한 바람은 영락없는 여름의 그것이다. 영국 식민지인 홍콩 섬의 수도이자, 흔히들 그냥 홍콩이라 부르는 빅토리아의 모습은 장관이다. 지중해의 지브롤터를 떠올리게 하지만, 그보다 몇 배는 더 근사하다. 바다에서 불쑥 솟은 해발 550미터의 빅토리아 피크가 야트막한 구름들을 거느리며 산의 경사면에 자리 잡은 이 장대한 화강암의 도시를 굽어본다. 도시의 빽빽한 녹음과 열대 정원들, 야자수와 바나나가 드리운 짙은 그늘, 도로를 따라 이어진 가로수는 메마르고 붉은 흙과 풀 한 포기 자라지 않는 바위투성이의 해안 풍경과 뚜렷하게 대비된다. 그 암벽 해안의 풍경은 영국이 1843년 할양[66]받기 이전 홍콩 섬의 모습을 보여 주는 듯하다.

도시를 가릴 정도로 항구를 가득 메운 돛대의 숲은 홍콩의 상업적 중요성을 웅변했다. 항구에는 'P&O'[67]와 'M. M.'[68]의 증기선을 비롯해, 온갖 국적의 전함들과 낮은 선체에 커다란 돛을 단 쾌속범선, 군수물자 보급선과 병원선, 대형 선단을 이룬 어선들이 항구에 닻을 내리고 있다. 영국 성공회와 로마 가톨릭의 성당, 주교궁과 세인트 폴 대학, 높은 상업용 빌딩이 들어선 상가, 커다란 설탕공장, 언덕에 계단식으로 늘어선 집, 층을 이룬 포대, 정부청사, 돌로 쌓은 거대한 부두 등이 갑자기 시야에 들어왔다. 그 너머로 산들바람을 받으며 영국 국기가 펄럭였다.

그런데 이내 짙은 연기가 소용돌이치며 산자락의 낮은 경사면과 도시를 온통 시커멓게 뒤덮었다. 갑작스런 광경이었다. 내가 탄 배가 닻을 내리자 종소리와 북소리가 요란해지더니 "도시가 위험에 빠졌다."는 웅성거림이 들려왔다. 나를 마중 나온 이는 아무도 없었다. 중국인 소형 보트 몇 척과 M. M.사의 대리인이 탄 론치선[69] 한 척이 허둥대며 우리 배로 다가왔다. 내가 뭍에 오르는 방법을 묻자 M. M.사 대리인은 이렇게 대답했다. "상륙할 필요 없습니다. 도시의 절반이 불에 탔고, 지금도 불타고 있어요. 더구나 러브호텔이든 비즈니스호텔이든 빈방이 없답니다. 해서 우리는 이 배 위에 임시 숙소를 만들려 합니다." 그의 공손한 답변에도 불구하고, 나는 뭍에 오르겠다며 론치선에 올랐다. 하지만 그러고도 뭍에 오르기까지 우리는 항구에 겹겹이 정박해 있던 소형 보트 8척을 걸어서 가로질러야 했다. 이들 보트에는 화재로 인한 이재민으로 보이는 부녀자와 아이들이 있었고, 불난 집에서 하나라도 건지려 허겁지겁 들고나온 온갖 살림살이로 발 디딜 틈이 없었다. 그 와중에 영국 성공회 주교궁은 화마의 불길을 면했다는 얘기가 들렸다. 해서 나는 그 북새통을 벗어나려 두 개의 대나무 장대 위에 의자를 얹은 가마에 올라탔다. 나를 태운 두 명의 비쩍 마른 중국인 가마꾼은 이탈리아의 바렌나[70]만큼이나 가파른 거리를 비척거리며 달렸다.

거리는 아수라장이었다. 화재를 피하려 길가에 꺼내 놓은 온갖 세간과 상점의 물품들, 귀중한 책이며 골동품, 침대와 그림, 옷가지, 거울 등으로 도로가 막혔다. 남자들은 가까스로 건진 살림살이를 끌고 불길을 피해 언덕을 오르고, 여자들은 어린아이들을 등에 업고 옆구리에 끼고 피난길에 나섰다. 관리들은 연기로 시커멓게 그을린 채 소방 호스를 들고 진화 작업을 벌였다. 군인들도 거리의 피난 인파가 우왕좌왕하지 않도록 질서 유지에 나서고 치안이 위험한 구역을 순찰했다. 헤네시[71] 홍콩 총독은 진홍색 옷을 입은 가마꾼 네 명이 멘 관용 가마에 올라타고 현장에서 동분서주했다. 보험회사 직원들도 만반의 준비를 하고 부지런히 뛰어다녔다. 잡다한 인종들이 이리 뛰고 저리 달렸다. 요란한 폭발음이 잇따랐고, 불난 집의 벽이 무너져 내렸다. 가톨릭 성당에서 구조와 기도를 요청하며 연타하는 종소리가 긴박한 분위기를 한층 고조시켰다. 이런 와중에도 기골이 장대하고 거무스름한 얼굴에 커다란 심홍색 터번을 두른 인도 펀자브 출신의 시크교도 경비병들은 제자리에서 미동도 하지 않았다. 눈앞에서 난리가 벌이지는데도 심오한 동양적 평정심(혹은 냉담함)을 유지하고 있었던 것이다.

가마꾼은 꽉 막힌 길을 요리조리 뚫으며 높은 층계를 뛰어올라 주교궁의 정원에 나를 내려 주었다. 하지만 그림 같은 주교궁의 정원도 중국인 이재민들의 피난처로 바뀌었다. 화재가 발생하자 영국 성공회 홍콩 교구의 버든 주교[72] 내외는 이 아름다운 정원을 가난한 이재민들에게 내주었던 것이다. 정원만이 아니다. 주교궁 아래층의 남는 공간도 이재민들에게 개방했다. 화마에 집을 잃고 세간 보따리 가운데 넋을 잃고 주저앉아 있는 중국인 여인들의 모습이 가슴을 아리게 했다. 지붕이 덮인 넓은 주교궁의 회랑에도 만약의 사태에 대비해 피난 준비를 마친 주교 내외의 귀중품 보따리가 쌓여 있었다. 나도 짐을 풀지 말고 여행복인 채로 대기하라는 말을 들었다.

나는 주교와 함께 언덕 아래로 내려가 불길이 잡힌 지역을 둘러봤다. 집을 잃은 이재민들이 가재도구 사이에 웅크리고 있었다. 도시 곳곳에선 불길이 여전했고, 시커먼 연기가 피어올랐다. 가옥의 벽이 무너지면서 벽돌들이 거리로 흩어졌고, 소방 호스의 물줄기가 쓰러진 채 연기가 피어오르는 목재 더미 위로 뿌려졌다. 가로변의 전신주는 전소되거나 거의 숯이 된 채 녹아 내린 전선과 뒤엉켰다. 홍콩은 백인 이외의 주민이 15만 2000명이 넘는다. 화마 속에서 이들이 만들어 내는 소음은 상상을 초월했다. 아시아인 군중이 평상시에도 바벨탑[73]을 방불케 하는 소음을 낸다는 사실을 모른다면, 지금 같은 특별한 상황에서 인간의 목구멍에서 이처럼 귀청을 찢는 소리가 나올 수 있다는 것을 짐작조차 하기 힘들 것이다.

여러 나라에서 온 불한당 800여 명이 수감되어 있는 감옥도 화마에서 자유롭지 못했다. 수인들을 안전한 곳으로 이송하기 위해 각각 실탄 10발씩을 장전한 군인 100명이 탈주자에게 무차별 사격을 가할 태세를 갖추고 경계를 서고 있다. 어디서나 그렇지만 홍콩에선 범죄자와 죄수에 관한 공포가 남다른데, 이는 결코 비이성적인 게 아니다. 왜냐하면 홍콩의 지리적 위치도 그러하거니와 자유와 안전을 보장하는 영국법 체계가 헤네시 총독의 이민 장려책과 맞물려 유럽과 아시아의 불한당은 물론이고, 광저우와 기타 중국 도시의 인간쓰레기 수천 명을 홍콩으로 흘러들어 오게 하기 때문이다. 이러한 도시의 찌꺼기를 거르는 장치가 거대한 빅토리아 감옥인 것이다.

내가 화재 현장에서 주교궁으로 돌아와 막 짐을 풀었을 때였다. 화염이 다시 치솟았다. 노을에 비친 화마는 실로 끔찍했다. 화염의 혓바닥이 이 집 저 집을 핥았다. 불이 붙은 곳마다 불기둥이 올랐다. 불꽃을 따라 폭발이 잇따랐고, 파라핀을 먹인 목재와 온갖 불붙은 파편들이 공중으로 날아올랐다가 이 불운한 도시 위로 다시 떨어졌다. 고삐 풀린 불길과 거대한 연기 기둥과 불똥들이 형언할 수 없는 소음과 뒤엉켜 주교궁을 향해 다가왔다. 주교궁의 창틀에까지 불똥이 튀었다. 강한 바람도 불길을 거들었다. 주교궁의 안전을 장담할 수 없게 되자, 중요 문서들을 성당으로 옮겼다. 이곳에 와 있던 이재민들도 가재도구를 챙겨 언덕 위로 피신했다. 바로 그때였다. 바람의 방향이 갑자기 바뀌었다. 떠돌던 거대한 화염도 피해가 덜한 쪽으로 향했다. 마침내 불길이 다시 잡혔고, 주교궁도 무사했다. 나는 정오에 배에서 내린 뒤 밤 10시가 되어서야 식탁에 앉을 수 있었다.

개인적 재앙은 물론 재난을 당한 이들을 향한 연민으로 홍콩 사람들은 심란했다. 이 때문에 이틀간 모든 연회와 야외 행사가 취소됐다. 오늘 아침에는 신문조차 배달되지 않았다. 다시금 해군과 시크교도 경비병들이 밤낮으로 거리 순찰을 강화했다. 약탈의 조짐이 있었기 때문이다. 홍콩에는 약탈당할 만한 곳이 무척이나 많다.

I.L.B.

Letter 2

빅토리아 주교궁
1878년 12월 29일

나는 빅토리아를 좋아할뿐더러 감탄해 마지않는다. 안개로 우중충하고 거친 파도로 시끄러웠던 태평양과 한겨울 일본의 무채색에서, 북풍에 부서지는 밝고 푸른 바다와 구릉 위로 태양이 이글거리는 아시아 대륙으로 온 것만으로도 더없이 유쾌하다. 아시아 대륙의 구릉들은 이른 아침의 붉은빛에서 한낮의 태양 아래 더 붉어졌다가 장엄한 석양엔 루비의 심홍색을 거쳐 시나브로 자수정빛 옅은 안개로 덮이며 보랏빛 열대의 어둠 속으로 잠긴다. 높은 언덕 위로 펼쳐진 탁 트인 열대의 밤하늘엔 폭죽이 터지듯 별들이 쏟아진다. 적나라하게 모습을 드러내지는 않지만, 여기에는 내가 사랑하는 아주 많은 것들이 있다. 바나나와 포인세티아, 파파야, 나무고사리, 덴드로븀, 트라세나, 주홍색의 시계꽃, 얽혀살다 스스로 주인이 되는 교살목絞殺木 반얀나무, 대추야자, 사고야자, 여행자야자, 그리고 무수한 교목과 관목 등 이루 헤아릴 수 없을 정도다. 불타는 태양이 낳고 세심한 비와 바람이 어루만져 키운, 무엇보다도 이국적인 이 열대의 자식들 말이다.

겨울 날씨가 무척이나 쾌적하다. 지난 석 달 동안 비 한 방울 내리지 않았고, 앞으로 두 달 더 그러하리라 한다. 하늘엔 구름 한 점 없고, 건조한 대기는 상쾌하다. 밤에는 불을 떼야 할 정도로 쌀쌀하다. 햇살은 뜨겁지만 그늘에 들어서면 기온이 섭씨 16도를 넘지 않는다. 대낮에도 가을 옷으로 지낼 수 있고, 운동하기에 더없이 쾌적하다. 밤이 되면 아주 높은 곳이라도 수은주가 섭씨 4.5도 아래로 떨어지진 않는다. 물론 청명한 하늘과 시원하고 건조한 대기, 비가 내리지 않는 다섯 달의 건기를 근거로 이곳의 날씨가 좋다고 할 수는 없다. 만약 내가 넉 달 전 우기에 이곳에 왔더라면 전혀 다른 편지를 썼을지 누가 알겠는가.

우기의 날씨는 낮이든 밤이든 수은주가 섭씨 27도에서 32도 사이에 머문다. 낮게 깔린 비구름이 빅토리아 피크의 정상에 걸쳐 있다. 모든 것이 습기로 눅눅하다. 비는 쉬지 않고 억수로 쏟아지고, 햇살이 비치면 뜨거운 수증기로 후끈후끈하다. 사람들은 축축 늘어지고 비실거리며, 물건들도 흐물흐물하고 곰팡내가 진동한다. 곤충들은 제 세상을 만나 극성이고, 하루 종일 습기 속에서 한증을 한 사람들의 몸은 천근만근 무겁다. 하지만 이런 홍콩도 잠시 머무르는 사람들의 건강엔 그리 나쁘지 않다.

이곳에는 풍토병인 열병fever과 관련해 특이한 일이 있다. 동굴이나 바위 위에서 열병을 떠올리는 사람은 없을 것이다. 그런데 열병의 병원균이 아주 오래전에 바위 속에 갇혀 있었던 것이 아닌가 하는 생각이 든다. 이상하게도 채석장에서 돌을 캐거나 암반을 뚫거나, 혹은 어떤 식으로든 바위에 충격을 가할 때마다 이 도시에 열병이 창궐하기 때문이다.

빅토리아는 아름다운 도시다. 이탈리아의 항구도시 제노바[74]를 떠올리게 한다. 빅토리아의 도로가 너무 가파르고, 일부는 계단으로 되어 있어 바퀴 달린 탈것으로는 오르기 힘들다는 점만 빼면 말이다. 양쪽 가로수의 나뭇잎이 아치를 이룬 홍콩의 도로는 마치 색감도 풍부하고 그늘도 깊은 주랑柱廊 같다. 높다란 집들은 녹색의 발코니를 덩굴식물의 꽃으로 장식한다. 시가의 좁은 길에는 고유의 민족의상을 입은 다양한 인종이 오고 간다. 포르투갈인 사제와 수녀의 행렬도 보인다. 빅토리아가 지닌 이 모든 삶의 다채로움은 푸른 하늘과 빛나는 태양 아래서 제노바를 완전히 압도한다.

주교궁은 위풍당당하며 넓고 쾌적하다. 버든 주교가 관할하는 주교궁은 주교의 관저 일부를 제외하면 대부분 세인트 폴 대학의 캠퍼스로 쓰인다. 아름다운 정원은 부드럽게 기복이 있고, 현관을 장식한 포인세티아는 마치 불붙은 듯하다. 이곳엔 시중드는 여자가 없다. 모든 가사일을 중국인 남자들이 만족스럽게 처리한다. 중국인 남자들은 시중을 들 때, 사발을 엎어 놓은 것 같은 챙 없는 모자인 두개모頭蓋帽를 착용하고, 변발辮髮을 반드시 뒤로 늘어뜨려야 한다. 두개모를 쓰지 않는 건 무례한 행동일 뿐이지만, 변발을 머리에 둘둘 만 채 시중드는 것은 엄청난 모욕을 주는 거란다!

피진 영어[75]는 귀에 거슬린다. 품위 있는 사람들이 피진 영어를 하는 건 스스로 품격을 떨어뜨리는 일이다. 일반적으로 '피진'은 영어 'business'를 의미한다. "마이 피진"이라고 하면 이곳에선 어김없이 "마이 워크my work"로 이해한다. 영어를 구사하는 이 지역의 모든 사람들이 지위 고하를 막론하고 이처럼 유치한 말로 중국인과 소통하고 있다는 건 어이없다.

예컨대 난롯불을 주문한다 치면, 피진 영어로 "파이어 마키, 촙 촙 히어, 마키 파이어 넘버 원Fire Makee, chop chop here, makee fire number one"[76]이라고 한다. 촙은 '빨리', 넘버 원은 '좋은' 또는 '최고'를 뜻한다. 부재중에 누군가가 찾아왔었다는 걸 주인에게 알릴 경우, 시종은 피진 영어로 "원 피시 매니 히어 스피크 미시One piecey manee here speak missey"[77]라고 말한다. 이에 방문객이 누구냐고 물으면, 시종은 "노 사베No sabe"[78]라거나 "넘버 원, 팅크Number one, tink"라고 답한다. "넘버 원, 팅크"는 방문객을 '어떤 신사라고 생각한다'는 뜻이다.

일본인이 예의 바르고 친절하다면, 홍콩 상점의 부유한 중국인 상인들은 온화하고 상냥하며 정중하다. 하지만 중국인은 대체로 무관심하며 세련되지 못하고 무뚝뚝하다. 상대를 무례하게 째려보거나, 길에서 상대의 어깨를 밀치며 지나가기 일쑤다. 피진 영어로 소리치는 중국인에게서 매력을 느낄 수는 없는 노릇이다. 게다가 중국인은 우리 백인을 오랑캐라거나 서양 귀신洋鬼子이라 부르는 못된 습성이 있다. 나는 여기에 와서 그 말뜻을 알고 난 뒤, 거리에서 여러 번 그 소리를 들었다. 버든 주교는, 초기에 주교가 중국말을 알아듣지 못한다고 여긴 중국인 시종들이 주교 앞에서 주교 내외 이야기를 하면서 늘 이 고약한 말을 썼다는 일화도 들려줬다.

빅토리아는 잘 알려져 있는 곳이어서 이곳의 일상을 세세하게 언급하지는 않겠다. 예컨대 중국인 내부의 파벌, 한없는 환대, 사치스런 생활상, 반목, 활력, 피크닉, 구기 스포츠, 용선龍船 경주, 경마, 만찬, 잔디 코트에서의 테니스 파티, 연극 동아리, 애프터눈 티[79] 등 즐기기 위해서든 돈벌이를 위해서든 이곳에 사는 사람들이 피할 수 없는 일련의 작은 소동에 대해 말이다. 대신 나는 극동Far East[80]에서 영국의 가장 중요한 식민지로 자리 잡은 이 괄목할 만한 도시 홍콩에 관한 사실만 쓰려 한다.

영국과 전신망으로 단단하게 연결되어 있는 홍콩에는 최고의 회사들과 영국 문명의 호화로움이 넘쳐난다. 군인과 선원 등 7000명의 백인을 포함해 홍콩의 주민은 모두 16만 명이다. 동방에서 가장 인상적인 항구도시인 이 영국 식민지의 역사는 40년에 불과하다. 난징조약南京條約에 따라 홍콩 섬이 영국에 정식 할양된 것은 1843년이지만, 실제 점령된 때는 1841년이다. 홍콩 섬은 중국 남동해안의 주강珠江 하구에 있는 여러 섬들 가운데 하나다. 길이 17.7킬로미터에 폭은 좁은 곳이 3.2킬로미터, 넓은 곳이라야 8킬로미터를 넘지 않는다. 면적은 75.1제곱킬로미터다. 광저우에서 145킬로미터 떨어져 있다. 이 지역에는 '해적 섬들'이 많은데, 홍콩도 그중 한 곳이었다. 이 때문에 식민 당국은 홍콩을 점령하고 나서 곧바로 인근에 출몰하는 해적의 소탕을 최우선 과제로 삼았다. 홍콩은 북위 22도, 동경 114도로 북회귀선 바로 아래에 위치한다. 홍콩 섬과 대륙 사이의 좁은 해협 레이위에먼鯉魚門[81]은 그 폭이 800미터에 지나지 않는다. 주룽九龍 반도는 본디 불모의 땅이었지만, 홍콩 사람들이 일찍부터 주거지로 눈독을 들여 왔던 곳으로, 1861년 영국

에 할양됐다.[82]

홍콩 섬은 그림 같은 전경을 자랑한다. 26제곱킬로미터에 달하는 넓은 빅토리아 항구가 있고, 해안까지 뻗어 내려온 해발 1200~1500미터의 높고 웅장한 산들이 항구를 병풍처럼 두른다. 해안선을 따라 시가가 6.5킬로미터나 펼쳐진 거대한 빅토리아에는 화강암과 벽돌로 지은 건물만 6000채에 달한다. 이 섬에서 가장 높은 곳에 빅토리아 피크가 자리하고, 그 아래로 녹음이 우거진 가파른 경사면을 따라 부자 상인들과 식민지 관리들의 호화로운 저택과 큼직한 방갈로들이 서로 더 높은 곳을 차지하려 경쟁이라도 하듯 들어서 있다. 연평균 강우량이 2000밀리미터를 넘지 않지만, 여름은 불쾌할 정도로 습하다. 홍콩의 한여름은 적도 바로 위에 있는 싱가포르보다도 더 덥다.

아무것도 생산하지 못하는 이 작은 섬이 영국의 여러 식민지 중에서 가장 중요한 곳으로 부상한 이유는 무엇일까. 가장 큰 이유는 좋은 항구를 가진 빅토리아가 대중국 교역을 위한 거대한 상관商館이라는 점이다. 아울러 극동에서 영국의 국익을 보장하기 위해 필수적인 육해군의 기지로서도 더할 나위 없는 곳이다. 홍콩은 교역 거점과 해군 기지로서 수에즈 운하의 종점이라고 해도 과언이 아니다. 홍콩 항을 드나드는 영국과 외국의 배들이 실어 나르는 수출입 물량이 연평균 200만 톤에 달한다는 사실이 믿어지는가? 그리고 중국 본토와 홍콩을 오가며 교역하는 지역 선박은 어림잡아 5만 2000척에 달한다. 이를 합칠 경우 홍콩 항구의 연평균 총 선적 물량은 350만 톤에 달하는 것으로 추산된다. 홍콩의 수출입 선적 물량이 싱가포르보다 50만 톤이나 많다는 사실이 놀랍지 않은가? 게다가 이 수치는 중국 연안에서뿐 아니라 태국과 일본, 인도차이나에서 매일 홍콩으로 밀려드는 현지의 소형 교역선 수천 척의 교역 물량은 포함하지 않은 것이다.

'P&O', 'M. M.', '퍼시픽메일',[83] '아시아호주메일',[84] '우편기선미쓰비시회사'[85] 등의 모든 대륙 간 우편 증기선 정기 노선이 홍콩을 경유한다. 게다가 영국, 미국, 독일과 아시아를 오가는 대륙 간 증기 화물선을 비롯해 중국인과 영국인 소유의 지역 노선 선박도 홍콩 항으로 몰려든다. 쾌속 범선 clipper이 운항되고는 있지만, 중국해를 항해하기가 위험하기도 할뿐더러 증기선의 속도에서 밀리면서 점차 도태되는 추세다.

차와 비단 무역은 빅토리아의 기업들이 거의 완전히 장악하고 있다. 아편, 설탕, 밀가루, 소금, 도자기, 기름, 호박琥珀, 면직물, 샌들우드, 상아, 베텔, 채소류, 가축, 화강암 석재 등의 교역도 홍콩을 중심으로 이뤄진다. 다소 식상하기는 하지만, '상업 중심지emporium of commerce'란 수식어만큼 홍콩에 어울리는 것도 드물다.

빅토리아 항은 배를 건조하고 수리하기 위한 선거船渠, dock 다섯 개와 선가대船架臺, slip 세 개를 갖추고 있다. 군함이든 상선이든 모두 이곳에서 수리와 정비가 가능하다.

전보통신 시스템이 홍콩을 모든 문명 세계와 이어 준다. 이로 인해 홍콩의 교역은 한층 뜨거워지고 있다.

홍콩에 주둔하는 군대의 규모가 상당하다. 홍콩은 군대 유지비로 매년 영국에 2만 파운드를 지불한다. 유럽인 110명을 포함한 경찰관의 수도 650명에 달한다. 홍콩이란 다인종 사회에 섞여 있는 불한당의 준동을 그나마 지금만큼이라도 억제하는 것은 군대와 경찰 덕분이라 하겠다. 그럼에도 불안을 느끼는 홍콩의 외국인 부자들은 안전을 위해 야간에 집을 지키는 사설 경비원을 고용해 공공 치안의 허점을 보완한다. 빅토리아에서 범죄 집단이 대단히 극성을 부린다는 점만은 부인할 수 없다. 그 이유가 범죄에 대한 처벌이 부적절하고 무분별하게 관대한 탓인지, 혹은 영국 국기國旗[86]가 특별한 범죄자 집단을 감싸기 때문인지에 대해 한낱 이방인인 내가 무어라 말할 처지는 아니지만……. 내가 광저우의 거대한 중국인 감옥을 방문했을 때 죄수들은 일제히 "홍콩에서 영국 감옥에 갇히고 싶다."고 아우성을 쳤다. 빅토리아 감옥을 직접 보고 나서 광저우 감옥의 죄수들의 외침이 적어도 터무니없지는 않다는 생각이 들었다는 것만 언급하겠다.

홍콩은 영국 직할 식민지로서 일반적인 식민지 통치 체제를 갖추고 있다. 총독이 식민지 정부를 대표하고, 입법의회가 정부를 보좌한다. 입법의회는 총독이 당연직 의장이 되며, 최고 대법관, 식민장관, 검찰총장, 재무장관 등 식민지 관료를 비롯해 홍콩 총독이 추천하고 영국 여왕이 임명하는 4명의 민간 위원으로 구성된다.

홍콩의 인구 분포를 보면 아시아계의 다양한 인종이 압도적인 우위를 차지한다. 이 때문에 생기는 난제도 적지 않다. 절대 다수를 차지하는 중국인은 가증스런 노예제를 관습이란 이름으로 용인한다. 이를 영국의 법률로 징벌하거나 금지하기란 쉽지 않다. 또 다른 인구 문제는 남녀 성비가 너무 불균형하다는 점이다. 이곳은 남성이 지나치게 많은 사회다. 유럽인의 경우 남자와 여자의 성비가 무려 6:1이나 되며, 아시아계는 남자가 여자보다 2.5배 가까이 많다.

빅토리아는 자유항[87]인 까닭에 수입과 수출의 물량으로 그 가치를 따지는 것은 무의미하다. 오히려 항구 자체의 가치를 따지는 게 옳다. 항구를 가득 메운 상인, 온갖 나라에서 몰려든 장인匠人, 붐비는 부두, 밤낮으로 화물을 싣고 부리는 무수한 거룻배, 인파로 넘쳐 나는 상가와 근사한 상점, 차와 비단 등 아시아의 값비싼 상품을 쌓아 놓은 거대한 창고, 그리고 산의 경사면을 따라 층을 이루며 들어선 부호들의 호사스런 저택. 이것들을 그저 "둘러보라Circumspice".[88] 이 모든 것이 통계보다 훨씬 가치 있다!

I. L. B.

Letter 3

증기선 '킨키앙' 호
1878년 12월 30일

얼마 전 이곳에서 벌어진 해적 사건이 영국에서도 떠들썩했던 줄로 안다. 중국 해적들이 홍콩의 강을 오가는 여객선에 삼등칸 승객으로 가장해 승선한 뒤 배를 나포하고 선원들을 학살한 사건 말이다. 나는 홍콩에서 광저우로 가려고, 미국 선적의 대형 증기 여객선 킨키앙 호에 올랐다. 이중 갑판을 한 이 흰색 여객선에 유럽인 승객이라곤 나 말고 달랑 한 명뿐이다. 이등칸 승객 450명은 파시교도[89] 몇 명을 제외하면 모두 중국인이다. 중국인 승객들은 모두 말쑥하게 차려입고, 거의 대부분이 담배를 피우며, 일등 객실용 식당의 갑판 위에 앉거나 누워 있다. 삼등칸에는 중국인 남자 승객 1500명이 들어찼다. 이들은 참 시끄럽다. 언어는 불협화음 같다. 모르긴 해도 하층민 남자들의 목소리가 거칠고 귀에 거슬린다는 점만은 분명하다. 이들 1500명이 마치 한꺼번에 소리라도 지르는 듯, 갑판 승강구를 타고 올라오는 삼등 객실의 소음은 끔찍하다. 이처럼 시끄러운 중국인 승객들은 아래 삼등칸에 사실상 감금되어 있다. 육중한 쇠창살이 자물쇠로 채워져 있는 삼등칸 출입구마다 누가 낌새만 보이면 총을 쏠 준비가 되어 있는 완전무장한 유럽인이 한 명씩 보초를 선다. 일등 객실용 식당의 총기 거치대에는 총검이 꽂힌 소총 여섯 정과 리볼버 네 자루가 있는데, 배가 출발하자 경비원 한 명이 조심스럽게 총검의 칼집을 벗기고 소총에 탄환을 장전했다.

광저우
1879년 1월 1일

주강을 따라 홍콩에서 광저우로 가는 150킬로미터의 뱃길에서 이렇다 할 흥밋거리는 찾지 못했다. 홍콩을 벗어나자 지형이 바뀌며 해수면 높이의 평야가 펼쳐졌다. 거의 온통 벼논이다. 논두렁 사이에 드문드문 서 있는 바나나의 잎들은 쉴 새 없이 불어 대는 해풍으로 넝마처럼 갈라졌다. 황푸黃浦는 마카오처럼 쇠락했다. 덩그렇게 솟은 큰 탑 하나가 이곳이 한때 번성한 항구였음을 알려 줄 뿐이다. 내가 탄 증기선은 황푸에서 소형 선박 세 척 분량의 중국인 승객을 내려놓고 한 시간을 더 달려 광저우 입구에 이르렀다. 대형 범선인 정크선과 소형 범선 삼판,[90] 집배house boat, 슬리퍼 보트[91] 등을 피하느라 부두에 정박하기까지 30분도 더 걸렸다. 만약 광저우에 대한 기대치가 높았더라면 실망이 이만저만하지 않았을 터였다. 왜냐하면 유속이 빠르고 파도가 철썩이며 다리가 세워지기에는 너무 넓은 강을 제외하면, 평지에 들어선 광저우는 도시 안팎에 눈길을 끌 만한 것이 하나도 없었기 때문이다.

멀리 보이는 백운산白雲山[92]은 연녹색 하늘 바탕에 자수정색 보랏빛 물을 들인 듯 서 있다. 백운산 부근의 바위 구릉들이 햇빛을 받아 붉은빛을 띤다. 수많은 범선과 돛에 가려 주강에서 광저우의 전경을 볼 수는 없다. 하지만 한눈에 내려다볼 수 있는 높은 곳에서 바라본다고 한들 광저우의 풍경이 인상적이라고 하기도 힘들다. 도로는 좁고 광장이나 공원은 별로 없이 집들이 빽빽하게 들어차 있다. 이 좁은 곳에 150만 명이 산다는 사실이 믿기지 않는다. 강에서 보든 전망 좋은 곳에서 보든 광저우의 전경은 일본의 도쿄보다도 훨씬 못하다. 평지의 단조로운 스카이라인 위로 솟아 있는 것들이 일부 있기는 하지만, 그것들조차 눈길을 끌 만한 것은 아니다. 탄환타워[93]처럼 생긴 탑이 두세 개 보인다. 미완성이기는 하나 두 개의 첨탑을 가진 대형 가톨릭 성당도 있고, 구층탑도 있기는 하다. 그러나 주강에서 바라보건대 광저우에서 가장 두드러진 건축물은 전당포의 '창고'[94]들이다. 회색 벽돌을 정사각형으로 높다랗게 쌓아 올린 이 창고들이 도시를 호령하듯 솟아 있다. 전당포는 광저우의 사회적 경제에서 매우 중요한 역할을 담당한다. 이는 고리대업자라는 부끄러운 모습을 숨기기라도 하듯 황금색의 공 세 개를 어긋나게 배치한 전당포의 상징만 내건 채 뒷골목에 문을 열고 있는 영국의 전당포들과는 사뭇 다른 모습이다.

강 한쪽의 예전 외국 상관商館이 있던 자리에 외국인 주거지로 보이는 건물들이 있다. 그러나 이것 또한 광저우의 다른 건물들과 마찬가지로 배와 돛에 가려 보이지 않는다. 주강은 범선의 숲이자, 배의 도시이며, 물 위에 떠 있는 광저우의 교외다. 사실 범선과 작은 배들이야말로 내가 광저우에서 받은 가장 강렬한 첫인상이다. 내가 이곳에 막 도착해서 성급하게도 광저우를 보잘 것 없는 도시라고 속단했던 것도 이 때문이다. 드넓은 주강의 양편은 물론 주강으로 통하는 거미줄 같은 수로를 따라 이어지는 물길에는 어디든 크고 작은 배들이 붐빈다.

무수한 배들이야말로 이 불가사의한 도시에서도 가장 불가사의한 것이다. 내가 탄 증기선과 부두 사이에도 배들이 붐볐다. 증기선 킨키앙 호가 정박하고 승객 2000명이 하선했을 즈음 나는 마중 나온 매크릴 스미스를 만났다. 나를 이곳에 초대한 그는 가마를 준비했다. 두 명의 가마꾼은 대나무 가마에 나를 태우고 폭이 2미터 남짓하고 지붕이 덮인 상가를 따라 군중 사이를 헤치며 샤미엔[95]으로 향했다. 샤미엔은 주강 강변의 개흙을 매립해 만들어진 섬으로, 외국인 거주 지역이다. 이곳의 주민은 대부분 선교사와 그 가족이며, 옛 상관 건물 아래 지역에 모여 산다.

나는 샤미엔의 자딘 매터슨사[96] 소유의 아름다운 집에 여장을 풀었다. 이 섬의 한쪽으로는 주강이 빠르게 흐르고, 다른 쪽에는 좁은 운하가 있다. 이 운하에는 고물과 이물을 빈틈없이 이어 정박한 집배들이 가득한데, 많은 사람들이 그 배 위에서 살아간다. 광저우에서 이 섬으로 드나들려면 철문이 있는 돌다리를 통과해야만 한다. 상업적으로 본다면 이곳은 광저우에서 교역이 매우 활발한 곳 가운데 하나다. 그러나 비단과 차 등 주요 상품의 모든 거래는 자딘 매터슨, 덴츠,[97] 디콘스[98] 등 유명 회사들의 사무실 안에서 조용하게 이뤄진다. 돌이나 벽돌로 지어졌고, 근사한 열대 정원을 가진 이들 회사 건물은 담이나 철제 장식 울타리 또는 대나무 산울타리로 둘러쳐져 있으며, 밖에 아무런 간판도 없다. 격리되고 배타적인 이 외국인 거주지에서는 운하 건너 광저우의 번잡한 사정에 대해 잘 알지도 못할뿐더러 그다지 알려고도 하지 않는다. 이곳에는 영국의 생활 방식이 거의 그대로 재현되어 있다. 게다가 어떤 경로로든 샤미엔 안으로 들어온 모든 이방인에게 무한한 환대를 보인다. 섬 둘레에 높은 제방을 쌓고, 그 위에 넓은 콘크리트 보도를 냈다. 2.2킬로미터나 되는 제방 길에 반얀나무가 짙은 그늘을 드리운다. 제방 안의 거리는 평탄하며 잔디가 잘 손질되어 있다. 반얀나무 가로수가 늘어선 콘크리트 보도가 교차하고, 부자 상인들의 열대 정원은 다채롭다.

이곳의 거주민은 영국인과 프랑스인, 독일인 등 모두 45명이다. 전보통신이 보급되면서 교역만 혜택을 본 게 아니다. 이곳에 머물던 무역회사의 중역들이 본국으로 돌아가서도 사무를 볼 수 있게 되었다. 그 바람에 이곳에는 영국에 있는 중역의 지시를 받아 일을 처리할 수 있는 하위 임원이나 중견 사원만 남게 됐다. 대가족이 거주하던 커다란 저택은 젊은 독신자들의 숙소로 바뀌었다. 샤미엔 섬에는 깔끔한 영국 성공회 교회를 비롯해 클럽 하우스, 독서 클럽, 잔디 테니스장, 크로케[99] 구장, 춤을 추거나 강연과 연극을 할 수 있는 아담한 강당도 있다. 바퀴 달려 굴러다니는 것들 중 유모차보다 큰 것이라곤 없는 이곳은 조용하기만 하다. 시내로 들어가려면 가마를 불러 타고 철교를 건너거나, 근사한 자가용 보트를 타고 강을 따라 내려가거나 해야 한다. 운동이 필요하다면, 제방을 따라 걷거나 테니스나 크로케를 즐기면 된다. 이 섬의 기후는 정말 쾌적하다. 한여름의 무더위도 강바람이 씻어 주어 일 년 내내 여기에 머물러도 좋을 듯싶다. 그런데 1월인데도 이곳의 영국인 아이들은 왠지 안색이 창백하고 축 늘어져 있다.

광저우
1월 4일

내가 광저우에 대해 소상하게 글로 옮긴다면, 아마도 이 편지는 그레이 부주교[100]가 쓴 아취 있고 매혹적인 책 『광저우 산책』만큼 두꺼워질지도 모른다. 하지만 난 그럴 시간이 없어, 주의 깊게 관찰한 두세 가지와 도시의 구성 및 관리에 대해 간략하게 언급하는 걸로 만족할 수밖에 없다. 내가 광저우를 제대로 이해할 수 있다면, 그리고 그것을 이 편지에 욱여넣을 수만 있다면, 도시의 이야기부터 하는 게 순서겠다.

오층탑[101]이나 도시 한가운데 솟아 있는 전당포의 옥상에서 내려다보면, 광저우는 높은 성벽에 둘러싸인 것처럼 보인다. 그 성벽 너머로 교외의 마을이 여기저기에 산재하는데, 넉넉해 보이는 마을도 있지만 아주 남루한 마을도 있다. 주강은 인구도 많고 중요한 교외와 그렇지 않은 지역을 양분한다. 도시의 한가운데에 만주족의 주거지,[102] 즉 내성內城이 자리한다. 이곳은 2만 명의 군인이 주둔하는 만주족의 군사 식민지인 셈이다. 둥글게 성곽으로 둘러쳐져 있는 내성에 만주족 장군의 아문衙門과 유럽 열강의 영사관들이 있다. 광저우의 다른 지역에 비해 내성은 나무가 더 많고 건물은 덜 빽빽하다.

높은 곳에서 내려와 도시 속으로 들어가면, 어디를 가든 높다란 석조 주택과 벽돌 주택이 빽빽하게 들어선 미로 같은 좁은 길과 붐비는 사람들을 마주하게 된다. 노폭은 1.5~1.8미터에 불과하다. 도로 양편 건물의 처마와 처마 사이에 얇은 판을 덮거나 두툼한 천을 씌워 놓았다. 그 덕에 길 위에 그늘이 드리워지고, 틈새로 파고든 햇살이 상점의 간판과 현수막 위에 반짝인다. 그 아래로 분주하고, 다채로운 의상을 걸친 인파가 강물처럼 흐른다.

시가의 모든 길은 수레가 다니지 못하는 전용 보도며, 넓은 화강암 석판으로 포장되어 있다. 그 석판 아래로 빗물을 흘려보내는 하수구가 있고, 이를 통해 하수는 6개의 대형 지하수로를 거쳐 도시를 교차 관통하는 4개의 개천으로 연결된다. 광저우에 내리는 빗물은 이렇게 주강으로 빠지도록 설계된 것이다. 이들 기간 하수로는 전통적으로 지방관이 감독하며, 매년 가을마다 일제 대청소를 한다. 반면 소형 하수도의 경우 지방관의 지시에 따라 하수관이 지나가는 도로의 '주민위원회'가 자비로 청소를 한다. 청나라의 본받을 만한 다른 법률과 마찬가지로, 치수와 관련된 오랜 전통의 위생 관련 법률은 실제론 제대로 지켜지지 않는다고 한다. 그런데도 광저우의 위생 상태는 매우 양호하며, 어떤 종류의 치명적인 돌림병도 거의 발생하지 않는다. 이는 광저우 시 당국의 철저한 위생 감시 때문이라기보다는 도심의 생활 쓰레기를 매일 수거한 뒤 교외로 하치해, 농장의 비료로 쓰거나 매립하는 탁월한 쓰레기 처리 방식에서 비롯된 것이 아닐까 생각된다.

도로마다 오래된 관문이 있어 밤 9시면 육중한 대문이 닫히고, 통행을 막는 방책이 세워진다. 일단 도로가 봉쇄되면 경비원들이 허락하지 않는 한 통과할 수 없다. 관문이 닫히면서 도로 위의 번잡함도 끝난다. 밤 10시의 광저우는 서로 통과할 수 없는 관문과 관문 사이의 작은 구역들로 나뉘고, 죽은 자들의 도시처럼 된다. 관문마다 해당 구역의 주민위원회가 야간 경비원을 선임하고 급료도 지불한다. 경비원들은 단복을 입고는 있지만 행색이 남루하고 얼이 빠진 듯해 보인다. 나는 밤에 졸고 있는 경비원을 두 번이나 목격했다. 주요 간선 도로의 경우 대나무를 연결해 주택의 지붕보다 높게 세운 망루가 있고, 경비원들은 망루 꼭대기의 거적을 두른 움막에서 경비를 선다. 야간 경비원들은 무장도적 떼뿐만 아니라 화재에 특별히 주의한다. 북과 꽹과리를 들고 야간 통금시간을 알리는 경비원들은 불이 나면 쉴 새 없이 징을 울려 화재 발생 사실을 알린다. 주요 간선 도로마다 길을 덮고 있는 화강암 석판 아래에 아주 커다란 우물이 있는데, 인근의 벽에 그 정확한 위치가 표시되어 있다. 빗물을 저장하는 지하 저수지인 이 우물은 화재가 발생했을 때에만 개봉된다.

도로의 경비원 말고도 군대 조직인 1100명의 보안대가 신도시와 그 교외의 치안을 담당한다. 아울러 총독의 부대라고 불리는 약 1000명의 수비대가 도성의 대문 밖과 성내 주요 가옥들의 야간 경비를 맡는다. 내성의 모든 관문 경계는 만주족 수비대의 소관이다. 광저우는 36개의 구역으로 나뉘고, 여름에는 12명의 장교가 관할하지만, 지금처럼 강도와 도둑이 준동하기 쉬운 겨울에는 담당 장교가 늘어난다. 장교들은 수하의 부하들을 이끌고 자기 관할 구역의 모든 도로를 일정한 간격으로 밤새 순찰한다. 무장한 야간 경비 부대는 범죄자를 겁주려는 것인지, 자신들의 위용을 과시하기 위해서인지 알 수는 없어도 순찰을 돌며 낡은 화승총과 진걸총[103]을 발사하곤 한다. 대단히 철저하게 이뤄지는 야간 순찰 덕에 화재와 강도 발생은 크게 억제된다. "광저우만큼 안전"하다는 표현이 근거 없는 빈말이 아님을 이곳에 와서 알았다.

밤에 통행이 금지된 거리에는 으스스한 정적이 감돈다. 하루는 H 부인과 내가 친구 집에서 돌아오는 길에 수행원도 없이 한밤중에 텅 빈 거리를 배회한 적이 있다. 우리는 관문을 열고 방책을 터 달라며 경비원을 깨웠다. 하지만 경비원들은 깊은 잠에 빠져 있을 뿐이었다. 하는 수 없이 강변으로 내려와 보트를 불렀고, 그 보트는 택시처럼 우리를 집 앞까지 태워다 줬다.

이곳에서는 흔히 있는 일이라고 한다.

상가에서 주택과 상점의 지붕은 전부는 아닐지라도 거의가 제각각이다. 주택에서도 직선을 찾아보기 힘들었다. 이상한 원인이 이상한 결과를 낳는다. 모든 중국인 주택은 풍수風水의 원리에 따라 지어지는데, 풍수는 직선을 허용하지 않는다. 만약 집을 지으면서 풍수가의 권고를 따르지 않으면, 불경한 집주인이 화를 입게 된다고 한다.

광저우에는 공원이 별로 없다. 그리고 공공장소라고 해도 조각상이 아니라 벽돌이나 붉은 사암, 회색의 화강암으로 된 비석을 세워 놓기 일쑤다. 이들 비석에는 주로 선업을 쌓은 남녀나, 효행이 뛰어난 자손들을 기리는 비문이 적혀 있다. 이런 기념물은 민간인이 세우는 것이지만, 때로 황실의 칙령으로 공적비가 세워지기도 한다.

공공건물과 사원은 현관에 걸린 거대한 현판과 달리, 말로 표현하기 힘들 정도로 엉망이다. 이들은 서서히, 그러나 분명하게 쇠락하고 있다. 이는 내가 일찍이 본 적이 없는 화려함을 자랑하는 광저우의 상점이나 상가와 뚜렷하게 대비된다. 상가의 상점마다 내건 간판은 대부분 세로로 긴 형태며, 황금색 한자漢子로 상호가 적혀 있다. 좁은 도로 위의 얼기설기한 지붕 사이로 햇살이 흘러들며 간판에 부딪혀 반짝이는 모습은 환상적이다. 상점의 내부를 보자. 높다란 천장에 유리등이 걸려 있고, 문마다 커다란 등롱燈籠이 매달려 있다. 밝은색으로 채색된 등에는 행복을 상징하는 한자나 새, 나비, 꽃, 풍경화 등으로 장식된다. 정문에서 마주 보이는 상점의 벽은 예외 없이 건물의 수호신을 모시는 공간이다. 수호신을 형상화한 커다란 프레스코화가 있거나 걸개그림이 걸려 있다. 붉은 벽지 위에 수호신의 이름을 쓰기도 하고, 모든 신들을 뜻하는 선仙이란 글자를 써 넣기도 한다. 그 아래에 신을 위한 제단을 둔다. 이상이 거리에서 들여다본 상점 안의 모습이다. 상점마다 바깥의 벽감壁龕에 향불을 피워, 상가 전체가 향 사르는 냄새로 가득하다.

물건을 사고파는 상점과 교역소가 들어선 상가도 있지만, 주택가도 있다. 하지만 주택가에 있는 가장 근사한 집조차 나 같은 구경꾼의 눈에는 누추하게만 보인다. 눈에 띄는 것은 높다랗고 흐릿한 색의 돌로 된 현관과, 대리석으로 바닥과 등받이를 댄 흑단 의자가 고작인 까닭이다. 한구석에 커다란 관棺이 놓여 있는 집을 심심찮게 볼 수 있는데, 이는 늙은 부모를 위한 자식들의 선물이라고 한다! 저택의 커다란 현관 앞에는 문을 여닫는 문지기가 있다. 대문 안쪽에 마당과 정원을 두는데, 통상 중국인 저택에는 6~7개의 정원이 주랑, 거실, 주방, 접견실마다 딸려 있다. 건물 뒤편에는 기암괴석과 연못, 나무 분재, 탑과 다리 모형 등으로 장식하고 화초를 키우는 후원을 둔다.

가난한 이들이 사는 동네의 집들은 지붕이 낮고, 방이라고 해야 두세 개가 고작이며, 어둡고 누추하다. 알록달록한 가게들이 들어선 상가가 그림같이 화려한 것과 대조적으로 주택가는 남루하고 보잘 것 없다.

지금까지 이 오래된 도시의 골격이라고 할 만한 것에 대해 대충 살펴봤다. 광저우의 역사는 기원전 4세기까지 소급된다. 당시 진흙과 대나무 울타리만 있었던 이곳은 '남무성南武城'이란 이름으로 알려졌고, 나중에는 '양성羊城'으로 불렸다.[104] 현재 광저우가 지닌 중요성은 그 어느 때보다 막중하다 하겠다. 부의 견고함과 번영의 지속성이란 관점에서 나를 매혹시킨 도시는 영국의 런던 말고는 광저우가 유일하다.

나는 광저우에 대한 경탄과 찬사를 멈출 수가 없다. 잠자는 시간조차 아까울 정도다. 이곳에서의 일주일이 반나절처럼 지나갔다. 나는 광저우의 매력에 대해, 그리고 중국인 특유의 저력과 중요성에 대해 매 순간 새삼 감동한다. 광저우는 생동감과 다채로움, 신선함과 역동성으로 나를 매료시킨다. 오늘 나는 마차를 타고 광저우 시내와 주변을 30킬로미터나 돌아다녔다. 넋을 잃고 광저우의 매력에 빠져들었다. 한번 입을 대면 "이내 갈증에 목말라한다."는 진정한 오리엔탈리즘Orientalism의 물을 마시고 만 것이다. 내가 일행과 더불어 한낮에 진해루, 즉 광저우 외성의 한 귀퉁이에 있는 오층탑에서 만주족의 도시인 내성을 처음 내려다본 이후 사람들로 붐비는 광저우에 머문 지도 일주일이 지났다. 그동안 나는 태양이 구름 한 점 없는 하늘에 그대로 정지해 있기를 기도했다. 그리고 뜨겁지 않은 이 멋진 햇살을, 좁은 도로 위에 펼쳐지는 다채로움을, 어둠 속에서조차 황금색 옷감과 자수에 반사되던 햇빛의 반짝거림을, 머리 위로 푸른 하늘이 좁은 띠처럼 보이고 그 아래 그늘에서 바쁘게 걸음을 옮기는 군중을, 화려한 혼례 행렬과 즐거워하던 "신랑의 소리, 신부의 소리"[105]를, 금빛 찬란한 관리의 가마들을, 소리꾼들이 비탄의 곡소리를 내던 장례 행렬을, 만주족의 도시인 광저우의 내성을, 푸른 하늘 아래 붉은색을 띤 도성 밖 언덕 위 죽은 자들의 도시인 공동묘지를, 핏물 웅덩이와 참수斬首되어 나뒹구는 머리를, 골고다 언덕의 수치를 되풀이하는 처형장의 십자가를, "토기장이의 밭"[106]을, 불가사의한 강물 위의 삶들을, 그리고 전통 정장을 하고도 부지런하고 분주하게 시가를 누비는 군중과 비로소 안식에 이른 죽음을 기려 걸어 놓은 파란색 만장들을, 이 모든 것을 꿈으로 꿀 수 있게 되기를 빌고 또 빌었다.

덧붙여 나는 불교사원과 유교사당에 관해, 유명한 '버들 무늬'[107]의 원조인 사원의 정원에 관해, 의료 선교에 필적할 만한 대형 무료 진료소에 관해, 14~17세기에 나환자와 버려진 아이들, 시각장애인, 노인을 나라가 돌본다는 고귀한 취지로 생겨났지만 이후 관료들의 탐욕과 부패로 타락해 버린 각종 돌봄 시설에 관해, '거지들의 광장'[108]과 거지들의 관행에 관해, 무역과 광채를 발하는 상점들에 관해, 중국 고유의 방식이자 유일한 관리 등용문인 과거 시험을 위해 1만 1673명이 한꺼번에 시험을 볼 수 있는 거대한 과거 시험장에 관해서도 이야기하고 싶은 마음이 굴뚝같다. 그러면 광저우 이야기로 책 한 권은 족히 쓸 수 있을 것이다. 그런데 그걸 그레이 부주교가 이미 썼다!

I. L. B.

Letter 4

광저우, B.C.헨리 목사의 집
1879년 1월 6일

나는 이곳에 머문 일주일 동안 쉬지 않고 발품을 팔며 광저우 탐사에 몰두했다. 광저우 그 자체라고 할 수 있는 도심에 들어서서 첫눈에 들어온 것은 기독교 난민들이었다. 광저우에서 150킬로미터 떨어진 마을에서 기독교도에 대한 가혹한 유혈 박해[109]를 피해 온 노인과 여자와 아이들이 이곳의 독일 선교회가 마련해 준 난민촌에 머물렀다. 해거름 무렵이었다. 난민촌에서 신앙을 지키기 위해 많은 것을 희생하고 끔찍한 공포를 견디는 이 가련한 기독교도가 중국어로 찬송가를 부르고 성경을 낭송했다. 이들이 살던 곳에선 이런 일이 있었다고 한다. 마을의 부자 기독교인이 교회를 세우고자 했고, 지난주 그 일에 착수했을 때였다. 지역 관헌들의 사주를 받은 군중이 그 부자와 다른 네 명의 교인을 억류했다. 이들은 군중의 치도곤에도 불구하고, 예수를 부정하라고 강요하는 집요한 추궁에 입을 굳게 닫고 굴하지 않았다. 성난 군중은 기름을 먹인 솜뭉치를 그 부자 기독교도의 몸에 감고 십자가에 매달아 불을 붙였다. 몸서리쳐지는 어떤 고문도 그의 일편단심을 깨뜨릴 수 없었다. 다른 네 명도 사지를 절단하고 몸뚱이를 십자가에 못 박아 불태웠다고 한다.

이런 끔찍한 기독교 박해는 광저우와 홍콩의 외국인들을 공포로 몰아넣었으며, 외국인 선교사들과 중국인 기독교도의 깊은 연민을 자아냈다. "신앙을 위해 죽음도 불사하는" 영웅주의와 고통에 대해, 모든 개신교 선교회는 이들의 희생이 "고결한 순교자의 군대"를 이룬다는 믿음으로 마음 깊이 공감했다. 중국에는 로마 가톨릭 신자가 75만 명에 이르는 것으로 추산됐다. 이들 대부분이 3~4대에 걸친 신앙인이며, 중국 내지에는 모든 주민이 기독교도인 마을도 있다고 한다. 포르투갈과 프랑스의 선교회 목사들은 중국에서 평생 현지인과 똑같이 일하고 입고 먹고 사는 헌신을 함으로써 중국인에게 두터운 신뢰를 받는다.

이들 중국인 기독교 난민들이 순교의 영광과 고난에 직면한 모습을, 그리고 순교의 정신이 사람들을 "십자가에 매달리는 죽음도 불사하는 순종"으로 이끄는 광경을 이토록 가까이에서 지켜보는 일은 무척이나 흥미로웠다. 걸어 놓은 지 꽤 되어 보이는 플래카드에는 성탄절에 중국인 기독교도를 무차별 학살하자는 구호가 적혀 있다. 이런 구호들은 어김없이 "서양 귀신番鬼"[110]이란 말과 함께 "중국 사회의 안녕과 순수성을 지키기 위해 이를 어지럽히는 기독교도를 처단해야 한다."는 살벌한 주장을 담고 있었다. 그 내용 중에는 "서양 귀신들은 어찌나 사악한지 개돼지조차 그들의 육신을 먹으려 하지 않는다."는 것도 있다.

중국어를 자유롭게 구사하며 두려움 없이 선교 활동을 펼치고 있는 헨리 목사 내외는 이러한 광저우의 반외세, 반기독교의 정서에 익숙하다. 내가 본 모든 지역 중에서 광저우만큼 흥미롭고 환상적이며 압도적으로 나를 매혹시키는 곳은 없었다. 내가 왜 이토록 광저우에 깊이 빠졌는지 묻는다면 아직은 그 이유를 딱 꼬집어 말할 수 없다. 하지만 "죽기 전에 광저우를 보라."는 말만큼은 할 수 있을 것 같다. 나는 가능한 한 광저우 시가의 다채로운 모습을 보는 것만으로 만족하려 한다. 거리를 가득 메운 군중과 그 행렬, 그들이 쏟아 내는 소음, 그리고 땅 위의 일상과는 너무나 다르고 변화무쌍한 강 위의 삶에 관해서 말이다. 배들의 생김새나 색깔은 고운 종이에 잘 그려 낼 수 있을지 몰라도, 수천 척의 배들이 돛을 펼치고 물을 가르는 광경은 필설로는 도저히 옮길 수 없다.

강에는 수많은 정크선[111]이 떠 있다. 정크선의 뱃머리 양편에는 커다란 눈이 그려져 있다. "이 눈이 없으면 배가 길을 찾지 못한다."[112]고 한다. 그 눈의 가운데 뚫린 구멍으로는 흡사 이빨을 드러내고 웃기라도 하듯 6파운드 대포[113]가 달려 있다. 정크의 측면에는 열 개의 대포가 장착되며, 높이 솟은 선미의 예스럽게 장식된 넓은 사각형 갑판에 두 대의 대포가 더 있다. 이처럼 정크선이 중무장을 하는 명목상의 이유는 해적의 공격을 막는 것이지만, 실질적으로는 중국인이 축하할 만한 일이 있을 때마다 요란하게 축포를 쏘기 위함이다.

과연 배가 움직이기나 할까 싶을 정도로 다루기 힘들어 보이는 정크선은 영국식의 엄격한 해상 규율에 익숙한 사람들에겐 실로 충격적이라고 할 정도로 시끄럽고 무질서한 모습으로 운항된다. 배 뒤에는 2미터나 되는 키가 튀어나와 있고, 통나무 기둥으로 된 돛대에는 커다란 돛이 걸려 있다. 고풍스런 배 모양과 알록달록한 색깔, 격자와 조각으로 장식된 정크선은 물 위에 떠 있는 어떤 배도 따라올 수 없는 눈요깃거리를 제공한다.

강과 운하의 복잡한 수로를 통해 사람들을 실어 나르는 '여객 정크선'도 있는데, 이들은 운항 구역에 따라 고유의 돛과 돛대 모양을 하고 있어 처음 접하는 사람이라도 한눈에 알아볼 수 있다. 여객선들은 바람이 좋으면 돛을 펴고 나아가지만, 그렇지 못할 땐 커다란 노를 저어 운항한다. 배의 양 옆에 별도의 발판을 두어 여기서 좌우 각각 여섯 명이 커다란 노를 젓는다. 여객선에는 언제나 인산인해를 이루는 승객들을 통제하고, 언제 어디서 들이닥칠지 모르는 해적들에 '즉각 대처'하기 위해 35명에서 50명의 선원이 탑승한다.

샤미엔 섬에서 얼마 떨어지지 않은 강변에 집배들이 줄지어 정박해 있다. 2층짜리 대형 집배의 경우 높이가 2미터가 넘는 현관문이 늘 열려 있고,

현관은 잘 조각된 나무 장식들로 치장되었다. 집배의 내부는 중국적 사치의 극치를 보여 준다. 조상을 모시는 제단이 화려한 장식을 뽐내고, 형형색색의 등롱이 빼곡하다. 이들 대부분은 지붕에 화단을 만들어 '꽃 배'라고도 불린다. 하지만 대형 집배들은 워낙 시끄러워 주위의 평판이 나쁘다.

집배는 크고 호사스런 것 말고도 다양하다. 방 세 개짜리 아담한 집배에서 사람들은 여름철 더위를 피한다. 녹색과 금색으로 번쩍이는 '예식장 배'도 있다. 혼례를 치르는 이 배는 화려한 나무 장식과 깃발은 물론 온갖 종류의 상서로운 상징들로 꾸며진다. 강을 오가는 정크선도 뱃머리엔 예의 커다란 눈 장식을 하고, 선미를 화려하게 조각한다. 오리를 키우는 '오리 배'는 오리 울음소리로 시끄럽고, '화원 배'에선 화초와 꽃을 판다. 2층짜리 배의 측면에 유리로 커다랗게 창을 낸 '선상 호텔'에선 밤마다 환하게 불을 밝히고 요란한 여흥이 펼쳐진다. 금색으로 치장한 '식당 배'에선 쉴 새 없이 징소리가 울린다. 세탁을 해 주는 배도 있고, 물 위에서 생활하는 사람들을 위해 갖가지 상품을 판매하는 선상 상점도 있다. 바람과 물길을 따라 여러 지역에서 각양각색의 배들이 몰려든다. 이러한 배들 가운데 가장 특이한 모습으로 눈에 띄는 배는 단연 '슬리퍼 보트slipper boat'이다. 소형 평저선의 앞부분에 지붕을 씌워 마치 커다란 신발 같은 괴이쩍은 모양이다. 선미에서 사공이 노를 젓는 이 배는 커다란 배들 사이를 요리조리 잘도 빠져나간다.

집배들이 하나의 도시를 이루고 있는 모습은 광저우의 매우 경이로운 광경 중 하나다. 물 위를 떠다니기도 하고 머물러 있기도 하는 이들 집배 위에서 살아가는 사람이 무려 25만 명에 달한다. 이들은 사실상 물 위에서 나서 물 위에서 죽는다. 집배에서 살아가는 사람들은 뭍에 사는 사람들과 확연히 구분되는 종족이기도 하다. 뭍에 사는 광저우 사람들은 집배에서 사는 이들을 뜨내기나 천민으로 여겨 얕잡아 본다. 집배의 규모나 형상은 다양하다. 어떤 것은 둥근 대나무 지붕 하나를 얹은 것도 있고, 어떤 것은 높이가 다른 이중 지붕을 얹기도 한다. 수천 척에 달하는 슬리퍼 보트도 집배의 일종이다. 이들 집배는 강변이나 운하를 따라 서로의 뱃머리와 뱃꼬리를 묶어 정박한 채 활기 넘치고 그림 같은 물 위의 도시를 만든다.

운하를 따라 정박한 배의 대부분은 수상 상점이며, 거래도 활발하다. 이들 배는 배의 한쪽에 점포를 열고, 다른 쪽은 주거용으로 활용하는 주상복합형이다. 슬리퍼 보트의 길이는 4.5~6미터에 불과하고 폭은 길이에 따라 제한될 수밖에 없는데, 여기서 살아가는 사람들의 생활공간이 아주 협소하리란 건 상상하기 어렵지 않다. 하지만 이 배에는 어린 자녀를 둔 핵가족만 거주하는 게 아니다. 부부가 출가한 아들 내외와 손자, 연로한 부모까지 모시고 4대가 함께 살기도 한다!

배의 대나무 지붕은 접는 망원경처럼 안으로 접었다 펼 수 있다. 실내 공간은 칸막이로 나뉘어 있다. 크기를 불문하고 모든 집배는 뱃머리에 조상신을 모시는 작은 제단을 둔다. 이 때문에 집배가 정박한 강 위로 어둠이 내리면, 수천 척 배의 제단에 밝힌 향불이 "반딧불이의 불빛보다도 더 붉고 애잔한 미광微光으로 물 위를 수놓고, 그 위로 안개 같은 향 연기가 퍼진다.

뭍에 사는 가난한 이들의 집이 남루한 것과 달리, 집배는 깔끔하기 이를 데 없다. 좁은 공간을 알뜰살뜰하게 활용한다. 서양의 소형 요트보다도 공간 활용이 훨씬 정교하다.

남자들은 낮에는 항구에서 일하러 뭍에 오르지만, 여자들은 좀처럼 배를 떠나지 않는다. 집배의 여성들은 '가사'만 도맡는 게 아니다. 종일 밤낮없이 물길 위를 떠돌며, 뭍에 볼일이 있는 사람이나 이동해야 할 짐과 상품들을 실어 나르며 돈을 번다. 집배에 사는 여성들은 남자만큼 건장하면서 용모도 곱고 표정도 밝다. 이들은 배의 앞뒤에서 능숙하게 노를 저어 집배를 움직인다. 물 위에 떠서 사는 이 우아한 여성들은 결코 시끄럽지도 않을 뿐더러 전족도 하지 않는다.

집배에서 사는 여성들은 짙은 갈색이나 푸른색의 면직물 옷을 입는데, 통이 넓은 바지와 짧고 헐렁한 소매에 칼라가 목까지 올라오는 윗옷을 걸친다. 커다란 발은 맨발이며, 머리는 곱게 빗어 넘겨 뒤로 쪽을 튼다. 하나같이 옥 목걸이를 한다. 통상 이 여성들은 슬리퍼 보트 위에서 요리나 바느질 등 집안일을 하는데, 낯선 이가 인사를 건네기라도 하면 이들은 마치 등에 업힌 아이가 놀라기라도 한 듯이 황급히 노를 저어 그 자리를 피한다. 집배의 여성들은 금색과 청색의 비단실로 수를 놓은 진홍색 포대기로 어린 아이를 등에 업는다. 아직까지 물 위에 사는 사람들은 아무도 기독교를 받아들이지 않고 있다. 이들의 기원과 관습에 대해 거의 알려진 바가 없지만, 도덕 수준은 낮다고 하겠다. 지금은 덜하지만, 예전에 영아 살해가 흔할 때에는 이들의 삶터인 강물은 갓 태어난 여자아이들을 손쉽게 버리는 무덤이기도 했다.

나는 오후 한나절을 이들 배 위에서 홀로 보낸 적이 있다. 운하를 따라 들어가거나 물 위의 시가를 가로지르기도 하고, 물길을 가로막는 커다란 정크선과 여객선을 향해 가볍게 투덜거리기도 하면서 나는 물 위의 다채로운 일상에 흠뻑 빠졌더랬다.

하루는 네 명의 가마꾼이 메는 가마에 올라 광저우의 이곳저곳을 30킬로미터나 돌아다녔다. 나의 여정에 스미스 형제가 동행했다. 활력을 불어넣는 광저우의 겨울 날씨를 만끽할 수 있었다. 이곳에서 이동을 하려면 걷거나 가마를 타야 한다. 가마꾼들에게 한 사람의 체중이 감당할 수 없을 정도는 아니지만, 그들 대부분이 가마를 메는 어깨에 골육종을 앓고 있다는 걸 알면서 가마에 오르기란 여간 마음 무거운 일이 아니다.

우리 일행은 점심 식사를 하기 위해 오층탑 인근 반얀나무가 그늘을 드리운 탁 트인 곳에 자리를 잡았다. 광저우 도성의 북동쪽 높은 곳에 위치한 이 탑 위에서 아래를 굽어보며 우리는 잠시 잊고 있었던 사실을 확인했다. 만주족이 지배하는 청 왕조의 실체를 말이다. 만주족이 거주하는 내성에는 팔기八旗 부대가 주둔하고, 광둥성의 최고 책임자인 순무巡撫의 아문衙門[114]과 외국 영사관저, 그리고 순수 혈통 만주인의 집이 있다. 광저우의 중핵에 해당하는 이곳의 외국인 거리는 좁고 불결하다. 이곳의 집들은 정원이 좁고 거의 평평하게 기와를 얹어 낮고 볼품없다. 극동의 양식이라기보다 서양식에 더 가깝다. 만주족의 생김새는 한족과 그다지 차이가 없다. 한족에 견줘 얼굴이 다소 못생겼고 키가 작은 정도다. 만주족 여성은 세 가지 귀걸이를 하며, 여간해선 내성 바깥으로 나가지 않는 것 같다. 지금껏 광저우를 돌아다니면서 본 만주족 여성보다 훨씬 많은 이들을 이날 하루 내성의 한 도로에서 마주했을 정도니까.

도성 위에서 바라본 광저우 전경은 아름답다. 적어도 내 눈에는 그렇다. 지붕을 다섯 겹으로 쌓아 올린 오층탑은 짙은 붉은빛이다. 오래된 회색빛 성곽이 도시를 둘러싸고, 오르락내리락 이어진 성곽의 중간중간에 망루와 요새가 보인다. 내성의 아래에는 '화탑花塔'[115]과 이슬람 사원들, 반얀나무의 밝은 녹음과 우아한 대나무 숲이 자리한다. 도성 밖으로 백운산과 인근 산기슭의 공동묘지가 보인다. 붉은색, 분홍색, 오렌지색의 무덤들이 옅은 푸른빛 하늘과 조화를 이룬다. 눈부시지는 않지만 다채롭고, 뜨겁지 않은 햇살이 은은한 달빛 같은 열대 겨울의 찬란함 아래 이 모든 것들이 펼쳐져 있다. 이토록 생생함이 넘치는 광저우의 빛과 색깔을 보며 영국의 칙칙한 회색과 빈약한 녹색에 대한 모든 기억을 삭제하라! 빛깔은 음악이자 활력이다. 너무도 오랫동안 빛과 색채에 결핍됐던 나는 지금 풍요를 만끽하고 있다.

도성의 성곽은 오래됐지만 잘 만들어졌다. 너비와 높이가 각각 6미터나 되며 성곽 위엔 걸을 수 있는 널찍한 길이 나 있고, 성곽 바깥쪽으론 궁수들이 활을 쏘는 높은 사대射臺가 돌출해 있다. 도성은 지면을 따라 굴곡을 보이지만, 높이 차이는 10미터를 넘지 않는다. 성곽을 따라 군데군데 망루들이 그림처럼 솟아 있다. 고사리가 뒤덮은 성벽을 보수할 생각은 없는 모양이다. 붉은색이 선명한 '오층탑'은 광저우 전경에서 가장 두드러지는 구조물이다. 구름 한 점 없이 청명한 한낮에 오층탑의 그늘이 드리운 야외의 돌 식탁에 둘러앉았을 때, 우리 일행은 광저우 내성이 보여 준 오리엔탈리즘의 정수를 만끽하고 말았다. 그러니까 보는 이를 단박에 포로로 만들어 버리며, 마치 야자나 바나나를 처음 보았을 때처럼 예전에는 인식하지 못했던 어떤 갈망을 충족시키는 그 불가사의한 오리엔탈리즘 말이다. 그 바람에 우리는 배가 고프다는 세속의 감각마저 마비되어 있었다.

우리는 미국인인 스미스 형제의 말마따나 상쾌한 공기만 마시며 다섯 시간 동안 정신을 단련했던 것이다. 하지만 정신적 오리엔탈리즘이 물리적 배고픔을 채워 주지는 못했다. 나는 점심 때가 한참 지나서야 요기를 해야겠다는 생각을 했다. 그런데 나온 요리는 여간 실망스럽지 않았다. 우리 일행이 세 명인데 요리사가 2인분의 요리만 내놓은 건 그렇다 치더라도, 닭 요리는 고기가 너무 설익어 먹을 수가 없었던 거다. 우리가 개고기라도 좋다며 허겁지겁하거나 다른 중국 식당으로 달려갈 정도로 허기졌던 것은 아니지만, 적어도 나를 초대한 스미스 형제는 꽤나 배가 고팠던 모양이다. 그들은 바나나가 '신들의 음식'일 뿐만 아니라 사람에게도 훌륭한 요깃거리가 된다는 걸 몰랐던 것이다.[116]

우리가 그 식당에서 맛없는 음식을 앞에 놓고 사실상 끼니를 거를 때였다. 물소 두 마리가 우리 곁에 다가왔다. 뿔은 위로 휘었고 주둥이는 사슴처럼 튀어나온 데다 코끼리처럼 털이 거의 없는 짙은 회색의 이 볼썽사나운 녀석들은 우리를 빤히 쳐다봤다. 만주족 남자가 달려와 쫓아내고서야 녀석들은 자리를 떴다. 물을 좋아하고 코끼리처럼 진흙 목욕을 즐기는 이 물소가 중국 소의 조상이다. 예의 바른 중국인 소년 두 명이 우리 곁에 앉았다.

스미스는 그들을 상대로 중국어 회화 연습을 할 요량으로 말을 걸었다. 한 중국인 남자가 달려와 성을 내며 아이들을 쫓아낼 때까지 몇 마디가 오갔지만, 우리가 알아들은 건 당시 광둥 지역에서 서양인을 야만족으로 폄하하는 "판구이番鬼, Barbarian Devils"라는 말뿐이었다. 그렇다고 광저우 사람들이 무례한 건 결코 아니다. 대체로 거리에서는 중국인 여성을 잘 볼 수 없다. 그러나 외국인 여성이 광저우 거리를 혼자 활보하더라도 모욕이나 신변의 위협을 당할 염려는 없다. 나는 이곳 거리에서 남자는 50만 명쯤 봤지만, 여자는 채 90명도 못 봤다. 그나마도 길거리를 다니는 여자들은 가난한 하층민뿐이다. 중산층이나 상류층 여성들은 인도의 여성만큼이나 은둔적이어서, 어쩌다 거리에 나서더라도 사방이 막혀 있고 창문에 커튼이 드리워진 가마에 몸을 숨긴다.

우리 일행은 광저우의 내성과 부자 상인들이 사는 부촌의 감흥 없는 그저 그런 거리를 벗어나 상가에서 몇 시간을 보냈다. 말이 상가지 사실상 하나의 거대한 장터였다. 이른 아침부터 밤까지 남성적 활력이 넘쳐 났다. 도로라고 해 봐야 가장 넓은 곳이 2.4미터에 불과하다. 그 좁은 길에 그냥 지나가는 사람, 어슬렁거리는 사람, 노점에서 선 채로 음식을 먹거나 차를 마시는 사람, 물건을 파는 행상인들이 뒤섞여 북적이며, 서로의 어깨를 밀고 밀리는 긴 행렬을 이룬다. 이 북적이는 거리에서 건장한 남자들 사이를 비집고 지나갈 때면, 값비싼 비단옷을 차려입은 이들이 실로 괴이쩍은 존재로 느껴진다. 이들은 길을 비키라고 악다구니를 쓰며 어마어마한 소리를 질러댄다. 이렇게 서로 앞을 다투는 군중도 붉은색 제복을 입은 4~8명의 하인을 앞세우고 호사스런 가마가 행차하면 길을 내준다. 그 가마 위에는 뚱뚱한 관리가 기대어 앉아 군중을 내려다보며 자신이 상류층의 대표인 양 거드름을 피운다. 가마 위의 관리는 글을 읽거나 뭔가에 몰두한 채, 나를 그토록 매료시킨 거리의 군중과 화려함에는 눈길도 주지 않는다.

거리의 군중은 관리의 행차가 지나가면 다시 서로 어깨를 밀치다가 또 다른 행차가 있으면 다시 갈라진다. 내가 타고 있는 것처럼 대나무 기둥 위에 의자만 있는 가마가 지나가거나, 하층민이 누군가의 주검을 담은 통나무 같은 관을 메고 달려간다거나, 대나무 기둥에 매달아 무거운 짐을 옮기는 짐꾼들이 비명에 가까운 끔찍한 소리를 지를 때나, 노래와 풍악의 혼례 행렬이나, 눈물과 통곡의 장례 행렬이 있을 때마다 좁은 거리의 군중은 비켜서 길을 내주기를 반복한다. 거리의 사람들은 누구라 할 것 없이 목으로 낼 수 있는 최고로 큰 소리를 질러 댄다. 가마꾼과 짐꾼뿐 아니라, 거리 곳곳의 걸인들조차 한 푼을 구걸하기 위해 두 개의 징을 마주치며 소음 경쟁에 동참한다.

이 좁은 거리에서 색깔의 반란이 일어난다. 집들은 도로를 마주한 채 높이 솟아 있다. 섬세하게 조각되고 금칠을 한 뾰족한 지붕과 처마에는 조개껍질을 반듯하게 자른 타일을 붙였는데, 타일에 반사된 햇빛이 옅게 비친다. 도로 양편의 집들 위로 걸쳐 놓은 나무나 천막의 틈을 비집고 햇살이 흘러든다. 상가의 모든 가게마다 2개씩 걸어 놓은 간판이 그늘에도 볕이 들게 한다. 2~3미터 길이의 상점 간판들이 햇빛 반사경 역할을 하는 것이다. 간판의 바탕색은 적색이 가장 많고 검은색이나 황금색, 귤색도 있다. 적색과 검은색 바탕엔 금색으로, 금색과 귤색 바탕엔 검은색으로 커다란 글자를 새긴다. 상가엔 간판만 걸려 있는 게 아니다. 각종 깃발과 꽃줄 장식, 상을 당한 집에서 100일간 걸어 놓는 연푸른색의 만장도 상가의 일부다. 이러한 모든 것들이 한데 어울려 광저우 도심의 상가는 내가 일찍이 본 적 없는 장관을 연출한다.

상가의 좁은 길을 가득 메운 군중은 하나같이 옷을 갖춰 입고 있다. 그렇다. 그냥 옷을 걸치는 게 아니라 정장을 말이다! 중국식 원피스인 길고 낙낙한 파오袍는 밝은 청색이 많다. 심지어 일꾼들조차 일을 하지 않을 땐 파오를 걸친다. 중·상류층의 경우 골이진 고급 비단에 진한 색감의 비단 띠를 둘러 더 호사스러울 뿐이다. 파오 위엔 청색이나 암갈색의 브로케이드[117]나 비단 퀼트 조끼를 걸친다. 그다지 선호하지는 않지만 브로케이드나 새틴 바지를 입기도 한다. 목이 긴 흰색 양말을 신고, 흰색의 두툼한 바닥에 검정 새틴으로 된 카누 모양의 비단 신발을 신는다. 변발을 한 남자들은 항상 면도한 머리에 검은색 새틴으로 된 두개모를 쓴다. 허리춤까지 내려오는 변발은 뒤로 땋아 끝을 비단 끈으로 묶는다. 여기에 더 호사를 부린다면, 모피를 두르거나 퀼트나 브로케이드 견직물 덧옷을 걸친다. 이렇게 값비싼 옷을 갖춰 입고 광저우의 상가를 활보하는 건장한 남자들은 상점 점원들이거나 기껏해야 소상인일 뿐이다. 관료나 부자 상인들은 땅을 밟는 법이 없다.

상점들은 춘절春節의 긴 연휴를 앞두고 소비자의 마음을 더 혹하게 만들 온갖 상품을 가득 진열해 놓고 있다. 1월 21일부터 춘절이 시작되면, 이 혼잡한 광저우의 상가는 일제히 철시撤市한다. 부자 상인들은 누가 상점 문을 더 오래 닫는가를 두고 서로 경쟁한다. 춘절에 두 달씩 가게를 닫기도 하는데, 오래 닫을수록 그 상점과 주인의 평판은 높아진다.

상가는 특정 상품을 파는 상점들이 한곳에 모여 있다. 가령 '옥공예 거리'는 옥 제품을 만들어 파는 상점들의 거리다. 옥은 대단히 귀한 보석으로 꼽히는데, 최상품 옥을 장인의 솜씨로 만든 목걸이는 한 개에 600파운드나 한다. 장례용 관만 파는 거리도 있고, 값싼 접이식 탁자에서부터 팔걸이와 등받이가 있는 고급 의자와 화려하게 조각한 흑단 의자, 값비싼 침대까지 온갖 가구를 취급하는 가구 거리도 있다. 도자기 상가, 도서 상가, 비단 상가도 있고, 귀금속 상가에선 장인들의 섬세한 금은 세공 솜씨를 직접 볼 수도 있다. 중고 옷을 전문으로 파는 상가도 있는데, 이곳에선 값비싼 비단옷들이 거저나 다름없는 헐값에 팔린다. 이처럼 거리마다 발산되는 특유의 빛깔과 잘 차려입은 행인들이 장관을 연출하고, 광저우의 상가에는 풍요로움과 다채로움이 흘러넘친다.

우리는 '보신탕 집'에도 가 봤다. 식당에는 값비싼 옷을 입은 남자들이 개와 고양이 고기로 만든 맛깔스런 요리를 먹고 있었다. 광저우에는 푸줏간과 생선 가게가 수천 개쯤 있다. 푸줏간의 경우 가게 앞에는 내장을 발라내고 소금으로 절인 수백 마리의 오리 고기가 줄지어 걸려 있다. 통째로 구운 돼지를 다양한 크기로 잘라 팔기도 하고, 물론 생고기도 판다. 송아지 고기, 개와 고양이 고기도 있는데, 모두 껍질이 벗겨진 채 진열되어 있어 무슨 고기인지는 꼬리의 생김새로 구분할 수 있다. 나는 무엇으로 만든 건지도 모른 채 제비집 수프도 먹어 봤다. 아주 맛있기는 했지만, 재료인 바다제비집을 멀리 수마트라에서 수입해야 하는 까닭에 값이 비싸다. 부자들만이 사치를 부리며 먹을 수 있는 요리다. 생선을 파는 어물전은 따로 무리 지어 있다. 생선을 토막 내고 피투성인 채로 진열해 놓고 있어 보기에 역겹다. 누에의 번데기도 끓여 파는데, 털 없는 애벌레처럼 보이지만 맛은 아주 좋다고 한다.

우리 일행이 방문한 한 아문의 현관에는 진홍색 띠가 걸려 있었다. 진홍색은 관리의 색이자 혼례의 색이도 하다. 문 안쪽에는 혼례 하객들을 위한 혼례복이 걸려 있는데, 오글오글 골이 지게 짠 진홍색 비단에 화려하게 수를 놓았다. 잠시 뒤 거리에선 온통 진홍색의 혼례 행렬이 시작됐다. 맨 앞에 진홍색 혼례복을 입은 한 무리의 남자들이 저마다 신부의 아버지와 할아버지의 학위[118]를 과시하는 진홍색 깃발을 들고 행진했다. 이어 금색으로 화려하게 장식된 10개의 천막이 뒤따랐다. 하인들이 기둥을 어깨로 받치고 이동하는 천막들 안에는 혼례 선물이 가득했다. 이어 신부가 탄 가마가 신랑의 집으로 향했다. 15센티미터 정도의 깊은 부조로 조각되고 금색과 청색 물감이 칠해진 화려한 신부 가마는 아무도 안을 볼 수 없도록 창을 가렸다. 진홍색 예복을 갖춰 입은 남자들이 신랑의 학위를 보여 주는 깃발을 들고 신부 가마를 뒤따랐고, 취주악대가 행렬의 대미를 장식했다. 이상이 외래 문물을 접하면서도 바뀌지 않은 채 수천 년을 이어 온 중국 전통 혼례 행렬의 모습이다.

거리에는 걸인도 많다. '걸인의 광장'[119]과 '거지 왕초'도 있다. 일종의 걸인 동업조합인 개방丐幇은 가입비가 무려 1파운드나 된다. 상점주들은 거리의 걸인들에게 수입의 일정 부분을 주도록 법으로 정해져 있다. 혼례식이 있거나 축제가 벌어질 때면 주최 측은 행사 중에 하객을 괴롭히지 말아 달라며 거지 왕초에게 일종의 수수료를 낸다. 걸인들은 보통 두 개의 징을 두드려 끔찍한 소음을 낸다. 샤미엔 섬 다리에 있는 한 걸인은 앞이마에 뿔 같은 혹이 나 있는데, 그 혹을 땅바닥에 박으며 둔탁한 소리를 내기도 한다.

광저우의 사원들은 어떨까. 앞서 일본에서 정갈하고 아름다우며 잘 손질된 불교 사찰들을 본 나로서는 광저우의 불교 사찰에서 실망하지 않을 수 없었다. 일본인들은 사찰의 아름다움을 섬세하게 보전할뿐더러 신실한 불교도도 아주 많다. 하지만 중국은 반反종교적이다. 말하자면 무신교의 나라거나 회의론자의 나라인 것이다. 그게 아니라면 중국인은 불경한 미신의 노예에 지나지 않는다. 나는 사찰을 걸으면서, 참배를 올리는 중국인 남성을 단 한 명도 구경할 수 없었다. 그리고 눈을 즐겁게 해 줄 그 어떤 것도 보질 못했다.

유림들이 특별한 날 공자의 위패 앞에서 절을 올리는 곳인 공자 사당孔廟은 문이 닫혀 있다. 사당의 정원에는 잡초만 무성하다. 불교 사찰들은 안과 밖 가릴 것 없이 흉측하다. 붉은 벽돌 벽은 곳곳이 허물어지고 바닥은 벽돌 가루들로 너저분하다. 사찰의 조상들도 끔찍하고 조야하다. 우리는 불교 사원에 속한 커다란 승방僧房도 여러 곳 둘러봤지만 지저분하긴 마찬가지였다. 한 승방의 정원에는 신성한 물고기와 거북이 산다는 연못과, 신성한 돼지를 키우는 돼지우리도 있었다. 불교 승려들이 추구하는 신성함이란 이렇듯 기괴한 집착에 지나지 않았다.

연수사延壽寺, Temple of Longevity라고도 하고 경내에 여섯 그루의 버드나무가 있다 하여 육용사六鎔寺란 이름을 얻은 사찰에서는 이런 일도 있었다. 지저분하고 품위 없는 승려들이 갑자기 우리 일행에게 다가왔다. 그중 한 명에게 가벼운 '성의'를 표했는데도 그들은 큼샤kum-sha,[120] 즉 뒷돈을 강요하며 우리를 에워쌌고, 나와 동행한 스미스 형제는 곤경을 벗어나기 위해 완력까지 써야 했다. 광저우 수호신을 모신 성황묘城隍廟는 '공포의 사원Temple of Horrors'[121]이란 별명으로 불린다. 경내에는 쇠창살이 쳐진 감방 같은 방들이 둘러쳐져 있다. 그 안에는 인체 크기의 채색된 목재 조각상들이 있는데, 끔찍한 고통을 형상화한 이들 조각상은 어떤 죄를 범했을 때 국법에 따라 어떻게 처벌되는지를 생생하게 보여 준다.[122] 이 공포의 사원에서는 늘 한 무리의 점쟁이들이 진을 치고, 야바위꾼들이 야바위판을 벌인다.

사찰이나 사당마다 경내에는 작은 사원들이 있지만, 사람의 발길이 닿지 않는 곳이 대부분이며, 인적이 있든 없든 돌보지 않아 지저분하기는 마찬가지다. 우리가 관찰한 바로는 사원에서 참배를 올리는 건 오로지 여자다. 성심으로 기도를 올리는 여성들은 아이의 병을 하루빨리 낫게 해 주기를, 아들을 점지해 주기를, 혹은 남편의 바람기를 잠재워 주기를 간절히 바랄지 모른다. 참배를 위해서는 여러 번 머리를 조아리고, 많은 향을 바치고, 신과 조상에게 황금의 제물이 전해지도록 넓적한 금박 종이를 태워야 한다. 극빈층 여성들로 북적이는 작은 사원들도 있는데, 그곳에서 기도를 올리는 여인들의 절박하고도 진지한 표정은 보는 이의 마음을 짠하게 만든다. 우상을 향해 경배하는 행위는 언제나 비극적이다. 하지만 중국에서 몽마夢魔처럼 웅크린 채 무신론자와 이교도를 응징하는 것은 우상 숭배가 아니라 조상 숭배며, 점성술사와 풍수가의 독재다.

나는 중국인 하층 여성의 얼굴을 좋아한다. 그들은 강인하고 친절하다. 어떤 형태로든 인체를 왜곡하지 않으면서 활동하기 편하게 옷차림을 한 여성을 보는 건 언제나 즐거운 일이다. 거리에서 전족을 한 여성은 좀체 볼 수 없다. 스미스 부인의 바느질을 돕는 하인이 전족을 하고 있어, 나는 그녀의 신발을 얻었다. 그 신발은 생후 넉 달 된 영국 갓난아이의 발에나 맞을 크기다! 스미스네 집사는 일곱 살 난 딸이 전족을 시작했다고 말했다. 그 아이는 나중에 부자 남편을 얻을 희망으로 용감하게 발을 망가뜨리는 고문을 참아 낸다는 것이다. 전족으로 크기가 완전히 줄어든 발은 길이가 7센티미터도 안 된다. 하지만 고통을 받는 어린 딸의 어머니는 의기양양하게 이렇게 속삭인다. 중국 여자들이 겪는 전족의 고통은 서양 여자들이 코르셋으로 몸을 조이는 고통에 비하면 아무것도 아니라고 말이다! 단지 아름다운 외모를 위해 신체를 기형적으로 만든다는 발상은 이들 동양의 여성들에겐 역겨운 것일 뿐 아니라 납득할 수도 없는 일이다. 이들이 발을 꺾어 전족을 하는 데는 다른 동기가 있는 것이다.

Letter
4
(계속)

어제 우리 일행은 옥공예 거리를 비롯해 보석 거리, 마구馬具 거리, 악기 거리, 모피 거리 등을 둘러본 뒤 사패루四牌樓[123]에서 행로를 바꿔 작고 지저분한 광장으로 향했다. 이 광장의 한쪽엔 검은색으로 커다란 짐승을 그린 벽돌 벽이 있고, 그 건너편에는 광저우 부廣州府의 절반을 관할하는 난하이 현南海縣[124]의 아문이 있다. 아문의 현관으로 이어진 광장의 양편에는 죗값을 치르는 수형자들로 우글거린다. 덥수룩한 수염에 누더기를 걸친, 비참하고 불결한 인간 군상이다. 발목에는 차꼬가 채워졌고, 자물쇠를 걸어 목을 묶은 쇠사슬의 끝에는 커다란 돌이나 쇠뭉치가 달려 있다. 차꼬로 인해 발목에 깊은 골이 팬 수형자 두세 명이 광장 한구석의 남루한 매트 위에 짐짝처럼 누웠고, 일부는 돌 위에 앉아 있었다. 멍하니 있거나 안절부절못하는 그들 대부분은 무거운 차꼬를 끌며 이리저리 움직였고, 그럴 때마다 철컹거리는 쇳소리가 났다.

이 가련한 무리는 가벼운 절도죄로 처벌을 받고 있는 중이다. 광장에서 행인들의 비난과 모욕을 받도록 하는 처벌인 것이다. 이들은 13킬로그램짜리 장방형 형구刑具인 커다란 나무칼枷을 목에 차고 돌 위에 앉아 있거나 무릎을 구부려 팔로 몸을 지탱한다. 대단히 악의적으로 만들어진 이 칼을 찬 채로는 손이 입에 닿지 않아 스스로는 음식을 먹을 수 없다. 이 때문에 동네 꼬마들은 막대기에 음식을 매달아 이들의 입 근처로 가져갔다가, 먹을

라치면 잡아채며 놀리곤 한다. 무거운 차꼬와 칼을 차고 웃음거리가 되는 수모는 그렇다 치더라도 수형자를 가장 고통스럽게 하는 건 배고픔과 목마름이다. 경범죄에 대해서도 이처럼 가혹한 처벌이 내려진다. 분명 "사악한 자의 길은 험하니라."[125]

가마꾼들이 나를 난하이 현 아문의 현관 앞에 내려 줬다. 거기에는 무거운 형구를 끄는 가련한 수형자들 말고도 더럽고 시끄러운 걸인들, 야바위꾼들, 점쟁이들, 정의의 전도사들로 북적였다. 그리고 재판을 주관하는 지현이 앉을 자리와 중죄인을 처형할 교수대도 보였다. 아문의 정원을 지나 조금 내려가자 통나무 문으로 막힌 좁은 통로가 나왔다. 문 위에는 아가리를 벌린 채 눈을 부릅뜬 호랑이 머리가 조각되어 있다. 안으로 들어가는 입구 근처에 마련된 제단은 향불에 그을렸고 그 아래엔 재가 수북했다. 제단 위에 화강암으로 조각된 호랑이상도 시커멓게 그을음에 절어 있다. 호랑이는 중국에서 은혜를 아는 신성한 존재로 여겨지는데, 이곳 수인들에겐 감옥[126]의 수호자로 숭배된다. 감옥의 간수들은 이 신령한 호랑이상 앞에 밤낮으로 향을 바치고 참배하며, 안전을 기원한다.

제단 곁에는 간수실이 있다. 어두침침하고 더럽고 형언할 수 없는 절망감이 짓누르는 곳이다. 간수 두 명이 침상에 누워 아편을 빨고 있다. 우리 일행은 거기서 간수장을 만났다. 그는 외모로 보나 행동거지와 차림새로 보나 내가 이제껏 본 중국인 가운데 가장 구역질나는 인간이었다. 그는 솔기가 헤지고 군데군데 덧댄 낡은 갈색 비단 관복을 입고 있었는데, 1년 동안 벗지 않은 듯 꼬질꼬질했다. 감옥 열쇠를 본능적으로 움켜쥐고 있는 그의 비쩍 마른 손은 더럽고, 손톱은 짐승의 발톱처럼 길게 휘었다. 어떤 범죄자도 범접하기 힘들 정도로 험악한 얼굴에는 집착과 탐욕의 주름이 가득했고, 아편에 전 기색이 역력했다. 이 비열한 인간은 돈으로 간수장의 자리를 샀을 것이다. 그리고 몇 해 뒤 은퇴할 땐 한밑천 단단히 챙겨 떠날 테다. 죄수와 그 친지들을 협박하고 고문해서 뇌물을 긁어모으고, 수감자의 급식을 중간에서 가로채는 방식으로 말이다.[127]

내가 알기로 높은 벽으로 둘러싸인 난하이 현 감옥은 6개의 수감동이 있고, 동마다 감방이 4개씩 있다. 각 동은 이웃한 동과 벽을 공유하며, 외부의 좁은 통로를 통해 서로 연결된다. 악귀 같은 — 중국의 관습이 그렇게 만들었을 테지만 — 간수장이 나무 출입문의 자물쇠를 풀고 수감동 한 곳으로 우리를 들여보내 줬다. 대충 포장된 안마당은 가로 7미터, 세로 15미터의 넓이였다. 우리 일행만 들어가고 간수장은 열쇠 꾸러미를 짤랑거리며 수감동 입구에 서 있었다.

만약 범죄와 악행, 절망과 고통, 불결과 잔혹이 지상에 지옥을 만들 수 있다면, 바로 여기가 그곳이다. 이 음울한 감옥의 출입구에 걸 만한 경구로 "여기로 들어오는 자, 누구든 희망을 버릴지어다."[128]가 제격일 듯싶다.

동마다 네 개씩 있는 감방은 각각 뒤쪽에 높은 벽이 있고, 안마당 쪽은 바닥에서 지붕까지 통나무를 이중으로 세운 창살로 되어 있다. 낡고 더러운 통나무 창살의 좁은 틈새로 햇빛과 바람이 통한다. 감방의 바닥은 화강암 판재로 덮여 있지만 불결하기가 돼지우리 같았다. 감방에는 안마당 쪽으로 난 통나무 창살을 따라 튼튼한 침상이 놓여 있다. 바닥이 철망으로 된 그 침상 위에 수감자들이 걸터앉거나 눕는다.

수감동마다 제단이 있어, 죄인의 사악함을 씻어 주고 회개시켜 주는 신통력을 지녔다는 신상을 안치한다. 이 부질없는 신의 탄신일에 수형자들은 성대한 제를 올려야 한다. 그 비용은 명목상 간수들의 주머니에서 나오지만, 실상은 수감자들에게 할당된 급식을 중간에서 갈취한 돈이다. 수감자들은 먹을 물만 제공될 뿐이어서 몸을 씻을 엄두도 내지 못한다. 그나마 식수통은 분뇨통 옆에 있고, 물은 보름에 한 번 갈아 줄 뿐이다. 수감자 한 명에게 하루 급식으로 쌀 900그램씩 배당되지만, 간수의 농간으로 그 절반

밖에 제공되지 않는다.

우리 일행이 수감동 앞마당으로 들어서자, 감방으로 연결된 컴컴한 통로에서 50~60명의 수인들이 무거운 쇠사슬을 끌며 몰려나왔다. 시체 같은 얼굴을 한 수인들은 머리카락이 엉클어져 떡이 되었고, 누더기 같은 옷은 때가 꼬질꼬질했다. 신체 곳곳에 고문의 흔적이 보였고, 눈엔 핏발이 섰다. 입술은 부풀어 피가 났고, 피부는 부스럼과 종기로 가득했다. 이런 수인들이 우리를 둘러싼 것이다. 나는 오금이 저릴 정도는 아니어도 공포를 느끼며 그들을 헤치고 감방 안으로 들어갔다. 수인들은 더 가까이 다가와 우리를 압박하며 알아들을 수 없는 괴성을 질러 대더니, 마침내 한목소리로 "큼샤"를 외치기 시작했다. 뒷돈을 찔러주는 선심을 보이라는 거였다. 이들은 살아 있는 인간이라기보다 악귀처럼 보였다. 범죄와 절망과 잔혹함 탓에 악귀로 타락한 수인들의 처지는 실로 비참했다.

바깥의 날씨는 청명하고 상쾌했지만 감방 속은 딴판이었다. 음습함과 더러움, 해충과 악취, 쓰레기로 가득한 그곳의 참담함은 필설로 옮길 수 없을 정도다. 거기서 굶주리고 비참하기 이를 데 없는, 아무런 이유도 없이 가해지는 숱한 잔혹 행위를 감내하는 수인들이 끝 모를 절망의 늪으로 빠져들고 있었다. 누구는 재판을 거쳐서, 누구는 재판도 없이 수감됐다. 사형선고를 받은 자, 유죄 판결을 받은 자, 무고한(?) 자, 살인자와 해적, 채무자와 좀도둑이 뒤섞여 있다. 이들에겐 감옥 가까이에 있는 법정에 서서 고문에 의한 심문의 공포를 견디거나, 감옥에서 얼마간 떨어져 있는 사형장으로 끌려가는 것 말고는 이곳을 벗어날 희망이 없다.

이곳 수인들의 비참함보다 더 가증스런 광경을 지상에서 다시 볼 수는 없을 것이다. 무거운 차꼬가 그들의 목과 발목의 생살 속으로 파고든다(뼈가 드러난 상처에 벌레가 우글거리고 종창이 생겼다면, 거기엔 아직 파고들 피부가 남아 있다는 것을 의미할 뿐이다). 감옥 밖의 사람들은 윗머리를 말끔하게 면도

하고 변발을 가지런하게 땋았지만, 감옥 안의 사람들은 머리카락이 멋대로 자라나 덥수룩하게 덩어리져 있다. 손톱과 발톱은 길게 자라 끝이 부러지고, 핏기 없는 얼굴엔 굶주린 기색이 역력하다. 그런 인간 군상이 우리를 향해 "큼샤! 큼샤!"를 외친 것이다. 쇠스랑을 철컥거리며 우리에게 온 이들 가운데 한 수인은 급식으로 나온 밥이 너무 적어 "더러운 물로 주린 배를 채워야 한다."고 했고, 어떤 이는 "홍콩의 영국식 감옥에 갇히고 싶다."며 새된 소리를 질렀다. 그러자 수인들이 이렇게 합창했다. "홍콩의 영국식 감옥은 생선과 채소도 나오고, 우리보다 밥도 더 많이 주고, 목욕도 할 수 있고, 침대도 더 푹신하다더라. 영국 여왕의 감옥이 백번 낫다!"고.

큼샤를 외치는 소리가 커졌지만, 수백 명에게 선심을 베풀 처지가 아니었던 우리 일행은 그들을 힘들게 물리치고 좁은 문으로 빠져나왔다. 수인들의 저주가 우리 뒤통수에 쏟아졌다. 차꼬의 쇠스랑이 부딪치는 무거운 쇳소리와 귀청이 찢어질 듯한 소음 속에 "서양 귀신"이란 외침이 섞였다. 우리는 수감동의 좁은 문을 통해 햇살과 자유의 품으로 되돌아왔고, 수인들과 그곳의 비참함은 그 문 너머에 갇혔다.

우리는 다른 수감동 세 곳도 들어가 봤지만, 공포로 술렁이고 고통이 넘쳐 나기는 마찬가지였다. 규모가 작은 여자 수감동에는 15명이 갇혀 있었는데, 열악하기는 오십보백보였다. 개중에는 피부병에 걸려 성한 데가 없는 어린아이를 안고 있는 어머니 수인들도 보였다. 몇몇은 납치 죄목으로 붙잡혀 왔다고 하고, 범죄를 저지른 친지를 대신해 인질로 갇히게 됐다는 이도 여럿이었다. 아무 죄도 없는 사람이 가족이나 지인이 지은 죄로 감옥살이를 하는 까닭은 범죄자의 일족을 대신 벌할 수 있는 연좌제를 법으로 허용하기 때문이다. 이들은 범인이 붙잡혀 재판을 받을 때까지 몇 달이고 몇 년이고, 심지어 평생 동안 옥살이를 한다. 여자 수인 두 명은 20년째 옥살이를 한다고 했다.

이곳에는 일종의 독방 같은 것도 있다. 감옥의 담 아래에 오두막이 여러 채 모여 있는데, 간수들에게 뇌물을 줄 여력이 있는 수인들이 이 오두막 한 채를 혼자 쓰며 호사를 부린다. 또한 각 동마다 중범죄자인데도 차꼬를 차지 않은 기결수가 한 명씩 있다. 이들은 뇌물을 바쳤거나 모범수라는 구실로 수인을 감시하거나 간수에게 동료의 동향을 보고하는 역할을 한다. 이들은 수감동의 책임 간수들과 짬짜미해 신참 수인을 괴롭혀 돈을 뜯어낸다. 이 신참 신고식에서 목숨을 잃는 자도 적지 않다.

감옥의 벽 바깥으로 크지 않은 둥근 구멍이 나 있다. 옥중에서 사망한 수인의 시체를 감옥 밖으로 내보내는 구멍이다. 악행을 저지른 불의한 자가 '정의의 문'을 욕되게 할 수 없다는 이유에서, 수인은 죽어서도 정문이 아닌 개구멍을 통해서만 감옥을 벗어날 수 있는 것이다. 감옥 밖에는 임시 시체보관소로 쓰이는 오두막이 있다. 개구멍으로 밀려 나온 죄수의 주검은 무덤을 파는 '저주 받은 일꾼'에 의해 '저주 받은 땅'에 묻힐 때까지 거기에 머문다.

감옥의 수감자 사망률은 높다. 열악한 환경과 그로 인한 질병, 반복되는 고문이 수시로 수감자의 목숨을 앗아 간다. 이뿐만이 아니다. 더운 날씨에다 어둡고 악취 나는 감방에는 돌림병이 자주 창궐한다. 돌림병으로 수인들이 몰살되다시피 하는 경우도 있는데, 한 달 새 400명이 돌림병으로 숨지기도 했다. 사형 선고를 받거나 간수에게 더 이상 뇌물을 바칠 수 없어 이곳 감옥에서 생을 마감하는 수인은 연간 500명에 이른단다. 게다가 굶어 죽거나 고문을 못 견뎌 목숨을 잃는 자도 한 해에 250명쯤 된다. 때론 한 시간 동안 죄인 100명이 참수되는 일도 있다. 광둥성 차원의 재판과 형 집행 권한을 가진 순무가 외유 등으로 자리를 비우기 앞서, 서둘러 무더기로 처리하는 이러한 집단 처형은 드문 일이 아니라고 한다.

피고에 대한 재판이 열리거나 처형일이 다가오면, 수감자의 친지, 원고와 증인들이 난하이 현 감옥 앞에 떼로 몰려들어 집단 청원을 한다. 이런 일이 한 달씩 이어질 때도 있다. 하지만 그 사이에 순무나 지현이 이들에게 공표할 만한 아무런 조치도 취하지 않는다면, 간수에게 뒷돈을 찔러줄 여력이 없는 가난한 이들은 집단 청원을 오래 지속하기 힘들다.

밤에 수인들은 양손을 목 근처에서 쇠사슬로 묶인 채 잠을 잔다. 이들은 낮에도 한 손만 움직일 수 있다. 그런 수인들의 모습이 얼간이처럼 보였던 걸로 기억된다. 우리 일행이 수감동의 출입문 밖으로 나올 때, 앞서 언급한 간수장은 손톱이 길게 자라 휘었고 손등이 깡마른 누런 손을 모아 쥐고 우리가 주기로 한 뒷돈을 두고 투덜거리고 있었다. 침대에 누워 아편을 빨아 대고 있을 수감동의 간수들이 다가와 뒷돈을 나눠 먹자고 하지나 않을까 몹시 안절부절못하면서…….

이번에 내가 광저우의 감옥을 볼 수 있도록 솜씨 있게 일을 봐준 미국인 선교사 헨리[129]는 언제나 평화의 복음과 인간에 대한 선의로 충만한 듯하다. "포로에게 자유를 선포하고, 갇힌 사람에게 석방을 선언"[130]하기 위해 이 땅에 온 예수가 이곳에서 널리 알려지고 받아들여지게 된다면, 그리고 형언할 수 없는 공포로 점철된 난하이 현 감옥에도 주님의 말씀이 전파될 수만 있다면, 지상의 모든 지하 감옥과 정신병동은 사라질지도 모르겠다.

하지만 그렇게 끝날 일이 아니다. 심리가 열리는 법정은 감옥에서 그리 멀지 않다. 감옥의 정문인 '정의의 문'을 빠져나온 우리 일행은 야바위꾼과 점쟁이들로 북적이는 아문의 넓은 정원을 가로질렀다. 그러자 대문 양편에 커다란 인물 그림이 걸려 있고, 붉은색 관직 표식을 한 남자들이 지키고 있는 현관이 나타났다. 광저우에서 순무 다음의 권력자이자 난하이 현을 책임지는 지방관인 지현의 관저 정문이었다.

현관은 빌라도 총독[131]이나 헤롯 1세[132]의 궁전을 연상케 했다. 관용 가마가 줄지어 있고, 붉은색 관모를 쓴 관리와 하인들, 민간 순시꾼들과 남루

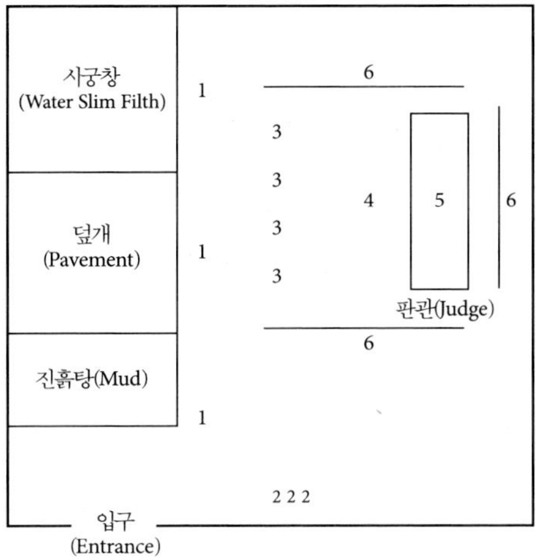

〈삽화: 난하이 현 법정 배치도〉

한 평민들로 북적였다. 이들 중 한 명이 우리의 길 안내를 맡았는데, 그에게 뒷돈을 찔러줬음은 물론이다. 그는 휘장이 드리운 문을 통하지 않고, 샛길로 빠져 둥근 벽돌 터널로 우리를 안내했다. 그 터널의 끝은 난하이 현 감옥의 수감자들이 이제나저제나 서기를 고대하는 법정, 즉 지현의 집무실인 정당正堂 앞으로 이어졌다. 눈앞에 펼쳐진 광경이 신경을 곤두서게 했다. 재판을 받으려고 이 공포의 방에 들어서는 피고들처럼 나도 온몸이 떨렸다.

간추려 보자면, 법정은 정사각형의 강당으로, 정원으로 향한 쪽은 벽이 없이 외부로 열려 있다. 가운데 세 개의 기둥이 지붕을 받친다. 내가 그린 법정 배치도를 보자. '1'은 세 개의 기둥이며, 그림 아래의 '2'는 벽을 따라 나란히 배치된 고문 도구다. '3'은 네 명의 피고를 가리킨다. 이들은 재판받는 내내 무거운 쇠사슬에 묶인 채 무릎을 꿇고 머리를 앞으로 숙이되, 이마를 바닥에서 3센티미터쯤 떨어뜨려야 한다. 이마를 바닥에 대지 못하게 하는 건 재판정에서 행해지는 고문 가운데 아주 가벼운 것에 속한다. 피고는 숙인 몸을 어디에도 기댈 수 없는 상황에서 무릎의 맨살을 거친 모래 바닥에 댄 채 꼼짝하지 않고 꿇어앉는 고문 속에서 재판을 받는다.[133] '4'는 민사 소송의 원고석인데, 아주 노쇠한 노인이 꿇어앉아 있다. '6'은 일종의 방청객의 자리로, 공증인, 하인, 참관인, 하급의 법정 관리인 등이 선다. 그림에서 '5'로 표시된 것은 붉은색의 낡은 천이 덮인 탁자로, 열쇠와 탄원서, 공책, 붓과 먹, 관인 등이 놓인다. 탁자 위에는 작은 컵들도 있는데, 거기에는 형량이 표시된 대나무 표찰이 들어 있다. 매질을 가하는 태형笞刑이나 장형杖刑이 선고될 경우, 특정 등급의 표찰을 바닥에 던져 그에 해당하는 형을 집행한다.[134]

직사각형 탁자의 왼쪽에 등받이가 높고 팔걸이가 달린 흑단 의자가 있고, 거기에 피고의 생사여탈권을 쥔 남자가 앉는다. 이 법정의 판관判官이다. 정면이 아니라 측면을 향해 앉아 피고와 눈을 맞추는 법이 없는 그가 이 법정에서 의자에 앉은 유일한 인물이라는 건 두말하면 잔소리다.[135] 그는 젊었다. 용모도 수려하고 혈색이 좋았으며, 아주 지적이었다. 다른 자리에서 만났더라면 그에게 호감을 가지고도 남았으리라. 그는 검은색 새틴 모자를 쓰고, 수를 놓은 청색의 비단 파오를 입었는데, 파오의 길이가 길어 청색 비단 바지를 거의 가렸다. 그 위에 흰 담비 모피로 안감을 댄 짙은 청색의 새틴 망토를 걸쳤다.

그는 재판 내내 냉정하고도 오만한 표정을 견지했다. 뭔가에 짜증이 나는 듯 이따금 얼굴이 붉어질 때도 있었다. 그는 난하이 현의 수장인 지현이며,[136] 지배계급인 신사紳士로서 학식과 인문 소양도 풍부하다. 권좌와 권력을 양손에 쥐고 있는 것이다. 그의 판결이 재심리되거나 베이징의 황제에게 항소될 위험성은 거의 없다고 봐야 한다.[137] 그는 큰 소리로 매우 빠르고 또박또박하게 말했다. 종종 성마르게 발로 바닥을 치기도 했다. 그가 하는 말은 표준 중국어다.[138] 광둥어를 쓰는 피고들이 알아듣거나 말거나 괘념치 않았다. 피고에게 심문할 때는 그의 왼편에 서 있는 통역관에게 통역을 시켰다. 잘 차려입고 나이 지긋한 통역관은 금목걸이에 달린 상아 빗으로, 숱도 별로 없는 회색빛 구레나룻을 습관처럼 빗질하곤 했다.

우리 일행은 법정에서 탁자 양쪽에 마련된 방청객 공간에 자리를 잡았는데, 우리 뒤로 공증인과 진홍색 관모를 쓴 수행원들, 일반 백성과 아이들이 서 있다. 비록 지붕이 높고 한쪽 벽면이 개방되어 있었지만, 법정은 누추하고 더럽다. 포장된 바닥은 금이 가고 깨졌으며, 빗자루를 구경도 못한 듯하다. 구석엔 사금파리와 각종 쓰레기가 쌓여 있고, 성한 곳이 없는 화분들이 아무렇게나 놓여 있다. 법정이라기보다 화원의 어수선한 헛간이 아닌가 하는 착각이 들 정도다.

세 개의 기둥엔 중국 고전의 경구들이 새겨져 있었는데, 자비를 권하는 내용도 있다. 하지만 한쪽 벽을 따라 도열한 각종 형구刑具는 자비와 거리가 멀다. 매질을 가하는 형벌에 쓰이는 크기가 다른 대나무 막대를 비롯해 형구는 다양했다. 나는 그것을 보고 식겁하며 몸서리를 치지 않을 수 없었다. 고문에 의한 심문에 그 형구들이 동원되기 때문이다. 추궁하는 자가 듣고자 하는 대답을 가장 빠르게 얻어 내는 방식인 고문이 범죄자뿐 아니라 증인들이 보는 가운데 노골적으로 자행되는 것이다.

벽이 없는 쪽 법정 구내에는 가운데만 뚜껑을 씌운 큰 웅덩이가 있다. 한쪽 웅덩이는 내가 본 그 어떤 시궁창보다도 끔찍했다. 유럽의 가장 불결한 도시의 가장 참담한 빈민가에조차 이렇게 악취를 풍기는 곳이 있을까 싶다. 눈으로 보기에도 구역질 나지만, 바깥에서 흘러드는 맑은 공기에 섞여 실내로 퍼진 웅덩이의 악취는 정신을 잃게 만들 정도였다. 이런 시궁창이 지현이 앉은 자리에서 불과 9미터도 떨어지지 않은 코앞에 방치되어 있다.

우리 일행이 법정으로 들어온 입구는 감옥으로 직행하는 통로와도 이어지는데, 그 입구의 옆쪽에 녹색의 곤죽 같은 웅덩이가 또 있다. 그 웅덩이 뒤로 무거운 돌을 매단 쇠사슬에 발목이 묶인 수형자들과 법정 경비들이 어슬렁거렸다. 푸른 하늘엔 구름 한 점 없고, 태양은 '정의와 불의'를 가리지 않고 비췄다.

민사 소송은 제법 시간을 끌더니 휴정이 선언됐다. 늙은 원고가 너무 오래 꿇어앉아 있어 탈진하는 바람에 남자 두 명의 부축을 받아 법정을 벗어났다. 그때 어떤 남자가 원고 자리에 무릎을 꿇고 소장을 제출하자 판관은 이를 즉석에서 받아들이는 '재량'을 발휘했다. 그러자 경비가 포승을 한 수감자 한 명을 끌고 나왔다. 목에 차꼬를 차고 쇠사슬 끝에 무거운 돌을 매단 그 수인은 앞서의 피고들과 마찬가지로 무릎을 꿇고 이마가 바닥에 닿을 만큼 머리를 조아렸다.

법정에서 몇 마디 말이 오가더니 열쇠 꾸러미를 차고 있던 한 소년이 피고 쪽으로 다가갔다. 녹슨 자물쇠를 열기 위해 약간의 소동을 벌인 끝에 그 피고의 목에서 차꼬가 풀렸다. 석방된 것이다. 그는 들어올 때 목으로 끌었던 무거운 돌을 손으로 끌며 법정을 벗어났다. 선처를 부탁하는 탄원을 공식 절차대로 제출한 그에게 무죄 방면하는 판결이 내려진 것을 보고 나는 한 줄기 자비의 서광이 비친 것으로 여겨 반겼다. 하지만 지현의 이 판결도 그 피고의 친척이 뒷돈을 찔러준 결과였다는 얘기를 나중에 들었다. 탄원서가 판관의 탁자 위에 놓일 수 있기까지 관리 네 명의 선의를 돈으로 사야 했다는 것이다.

우리가 법정에 들어간 지 한 시간 반 이상 지났다. 무거운 쇠사슬에 묶인 네 명의 피고는 거친 모래 위에 맨살로 무릎을 꿇고 두 시간이나 고문을 당한 셈이다. 나는 그들을 아주 가까이에서 지켜봤다. 피고의 옷자락이 내 발 끝에 닿을 정도의 거리였다. 그들의 숨소리까지 들렸다. 처음엔 거칠던 숨소리가 점차 신음 소리로 바뀌었다. 오후의 청량한 바람이 불어왔지만, 고통을 견뎌야 하는 그들의 이마에선 연신 땀이 흘러내려 거친 모래를 적셨다. 그들의 앙상한 뼈대가 땀에 젖은 옷 위에 그대로 드러났다.

법정에는 피고를 위한 변호사도 증인도 없었다. 판관은 성마르게 발로 바닥을 두드리며 오로지 "네 죄를 네가 알렸다."라고 추궁했다. 이들 네 명의 피고는 흉기를 소지한 강도죄로 기소됐다. 모두 범죄 사실을 자백한 것으로 되어 있지만, 재판정에선 두 명만 유죄를 시인했다. 그리고 유죄를 시인한 두 명만 아편쟁이 간수들의 자비밖에 기대할 것이 없는 감옥으로 되돌아갔다. 아마도 친지들의 도움으로 뒷돈을 쓸 여력이 있는 한 이들은 점점 더 강해지는 고문을 견디며 감옥과 법정을 오가는 일을 반복할지 모른다. 더 이상 뇌물을 바치지 못하는 처지가 되면, 이들은 악질 강도를 사형에 처하는 국법에 따라 참수형에 처해지고 말 것이다.

정해진 재판 절차도 없고, 피고의 변호도 허용되지 않는다. 무슨 죄목으로 기소되었는지, 그리고 수감자가 뇌물로 재판에 어떤 영향을 줄 수 있는지에 따라 죄 지은 자가 풀려나기도 하고 죄 없는 자가 죄인이 되기도 한다. 이런 사법 체계에서 수감자들이 하늘 아래 기댈 언덕이라곤 판관의 정의밖에 없다. 나는 이 가증스런 법정에서 온갖 고문을 당한 가련한 사람들을 지켜보면서 떨리는 마음을 진정할 수 없었다. 이들 피고는 물론 같은 처지의 많은 이들이 지상의 판관보다 더 전능한 존재 앞에서, 그리고 이 땅의 중재자들보다 더 훌륭한 자의 변호를 받으며 재판받을 수 있었으면 하는 바람만 간절했다.

고문이 실제 중국 국법에서 허용되는지는 분명치 않다. 하지만 고문은 형 집행 절차를 가장 신속하게 처리하는 방법으로서 모든 중국 지방관들에 의해 거의 모든 경우에 자행되고 있다. 고문의 가장 강력한 변수가 뇌물이라는 점은 의심의 여지가 없다. 난하이 현 법정의 벽에는 약식 처형에 쓰이는 형구들이 보인다. 손가락을 짓누르는 형구인 가운데 홈이 파인 세 장의 판자도 있고, 태장형에 쓰이는 무게가 다른 대나무 곤장들도 있다.

죄의 추궁, 즉 자백을 강요하는 불법적인 방법으로 널리 통용되는 수법은 다양하다. 앞서 언급한 대로 재판 내내 거친 모래 위에 무릎 꿇리고 이마를 바닥에서 3센티미터 떼어 고개를 숙이게 하는 것도 그중 하나다. 무지막지한 손가락으로 귀를 비틀거나 수감자를 의자에 꿇어앉힌 채 주리를 틀기도 한다. 두툼한 막대로 입술을 곤죽이 되게 때리는 고문도 있는데, 앞서 감옥에서 본 수감자들의 입술이 부풀어 피가 흐르는 것은 이 때문이다. 엄지손가락으로 봉에 매달리게 하거나, 손을 무릎 아래의 봉에 묶어 놓고 오랜 시간 몸을 굽히게 하는 고문도 있다. 손가락을 사이에 끼워 조이는 수유手紐를 쓰기도 하고, 팔이나 어깨를 탈구시키기도 한다. 유리 가루와 소금, 모래를 뿌린 바닥에 살갗이 벗겨지도록 무릎 꿇리는 고문도 있다. 이 밖에도 아주 많은데, 어느 것 하나 악마적 천재성의 산물이 아닌 것이 없다. 대나무, 등나무, 곤봉으로 때리거나, 끝에 매듭을 지은 채찍을 휘두르는 건 자백을 강요하는 지극히 일상적인 고문에 지나지 않는다. 이런 고문으로 사람이 죽으면, 지현은 죄인이 질병으로 사망했다고 상부에 보고하면 그만이다. 아주 드문 일이기는 하지만, 어떤 빌미로 의문사의 사인이 문제가 될 조짐이 보일 경우, 관리들이 사망자의 친지에게 뒷돈을 주어 입막음하기도 한다.

수인들의 목에 채워지는 칼은 또 어떤가. 칼을 찬 사람이 제대로 먹을 수 있고 뙤약볕을 피해 그늘에서 쉴 수만 있다면, 칼을 찬다는 건 잔혹한 형벌이라기보다 그저 불명예스러운 것에 지나지 않을지 모른다.

흉기를 소지한 강도, 살인강도, 노상강도,[139] 방화, 해적 등의 범죄를 저지른 자는 사형에 처하도록 되어 있는데, 이런 죄를 저지르다 현장에서 붙잡히면 재판 없이 처형되기도 한다. 범죄자를 처형하는 일이 흔하기는 하지만, 어떤 범죄에 어떤 처벌이 적법하게 적용되는지는 결코 분명하지 않다.[140]

우리가 법정을 떠날 때 재판을 받을 피고 네 명이 새로 들어왔다. 그들 가운데 두 명은 무슨 죄라도 저질렀을 법하게 인상이 험악했다. 우리는 감옥의 정문인 '정의의 문'을 빠져나와 아문의 정원 밖으로 나왔다. 거기에는 들어갈 때 보았던 경범죄인들이 여전히 무거운 돌을 매단 쇠사슬을 끌거나, 통증에 시달리며 그늘에 누워 있었다. 석양이 모든 것들을 붉게 물들였다. 그러나 광저우의 찬란함은 시나브로 사라지고, 대기는 저주로 무겁게 가라앉은 듯했다.

Letter 4 (계속)

사실 나는 광저우의 감옥을 보기 이틀 전에 처형장을 먼저 봤다. 사형과 처형장에 관해서는 이 편지에서 따로 설명하려 한다.

처형장으로 향하면서 우리는 과일 시장을 지났다. 광저우의 '코벤트 가든'[141] 이라고 할 수 있는 이곳은 향기를 뿜으며 수북하게 쌓여 있는 제철 과일을 비롯해 온갖 과일들로 넘쳐 났다. 오렌지, 포멜로,[142] 사과, 시트론,[143] 바나나, 로즈애플,[144] 파인애플, 커스터드애플,[145] 배, 모과, 구아바,[146] 카람볼라,[147] 감, 비파,[148] 석류, 포도, 수박, 머스크멜론, 배, 살구, 자두, 망고, 오디, 대추야자, 코코넛, 올리브, 호두, 밤, 리치, 파파야 등 없는 게 없다. 향기 가득한 과일 시장 인근에는 비린내 물씬한 염장 생선을 파는 어시장이 있다. 우리는 야자나무 잎으로 그럴듯한 우비를 만들어 파는 공방 거리를 지나 처형장 마타우馬頭, Ma Tau에 이르렀다.

말 머리라는 뜻의 마타우는 막다른 곳으로, 길 끝에 넓은 공간이 펼쳐져 있다. 수만 명이 처형된 이곳은 '피밭'이면서 동시에 도자기로 가득 찬 '토기장이의 밭'[149]이다. 중국인이 통이나 대야 대신 사용하는 커다란 항아리들이 빚어지거나 건조되는 도자기 야적장인 것이다. 오전 한나절에만 100명 이상이 참수되기도 하는 처형장 마타우는 평상시엔 도자기로 가득하다. 당국이 형 집행을 고지하면, 사형수의 수에 따라 처형에 필요한 공간만큼 도자기들이 길옆으로 치워진다.

도자기들이 치워져 마타우에 길이 열리고 구경꾼이 몰려드는 모습은 장관이다. 남쪽 벽에는 사형수를 매달 수 있는 십자가 형틀이 다섯 개 있고, 동쪽 벽면 아래의 커다란 토기에는 생석회가 가득 담겨 있다. 참수형을 당한 뒤 나무 끝에 매달렸던 사형수의 머리는 이 생석회 통에 담겨 살이 녹고 뼈만 남게 된다. 이 해골에선 정의라는 이름으로 행해진 최후의 비극을 신성한 것으로 만들어 줄 그 어떤 장엄함이나 예의의 흔적도 찾아 볼 수 없다.

사형 판결이 내려지자마자 곧바로 처형장으로 보내지는 경우도 있지만, 통상 사형수들은 무작정 감옥에서 대기하기 일쑤다. 언제 누가 처형될지는 관리가 형 집행일과 해당 사형수의 이름이 적힌 판을 들고 감옥을 방문할 때 비로소 알 수 있다. 호명된 사형수들은 각각 바구니같이 생긴 곳에 앉혀지고, 그 속에 실린 채 감옥 문을 지나 아문의 정원으로 옮겨진다. 그곳에서 광둥성 순무나 양광 총독을 대리하는 관리가 해당 사형수의 이름과 죄목 등을 확인하는 절차를 거친다. 이 과정에서 죄인의 친지들이, 혹은 지인이 없을 땐 간수들이 사형수에게 저승길 음식으로 돼지비계 한 덩어리와 삼수Saam-su라는 독한 술 한 잔을 부어 준다. 이와 함께 자극제로 알려진 빈랑 열매 몇 조각도 쥐어 준다.

짧은 절차가 끝나고 사형수들은 판결을 내린 지현 앞에 서게 되는데, 이날 지현은 집무실이 아니라 현관 앞에 앉는다. 그 자리에서 사형수가 자신의 이름을 대면, 이름과 죄명, 사형 방법이 적힌 표식을 대나무 조각에 붙여 그의 머리에 묶는다. 이와 함께 이름과 출신 감옥을 적은 또 다른 작은 나무 표지를 사형수의 목 뒤에 매단다.

처형은 통상 한 번에 여러 명의 사형수가 뚜껑 없는 바구니에 실려 형장에 도착하면서 시작된다. 행렬은 망나니인 회자수劊子手들이 앞장서고, 그 뒤를 이어 사형수와 군인들, 그리고 지현의 수행원들이 처형을 주관하는 난하이 지현의 의례용 의자를 들고 뒤를 따른다. 또 하나의 귀빈을 위한 의자가 준비되는데, 형 집행이 모두 끝나고 나서 광저우의 다섯 수호성인에게 올릴 의례를 주재하는 관리를 위한 것이다. 광저우의 다섯 성인은 형장 인근의 작은 사원에 봉헌되어 있으며, 목이 잘린 사형수의 영혼이 형 집행에 관여한 모든 이들에게 품고 있을지도 모를 복수와 원한의 감정을 누그러뜨리는 힘을 지녔다고 한다. 행렬은 황제의 칙령을 받든다는 의미로 '성지聖旨'라 쓰인 황색 깃발을 든 의전관이 말을 타고 들어오는 것으로 끝난다. 형 집행에 없어서는 안 될뿐더러, 지방관이 회자수에게 내린 참수 명령을 정당화해 주는 장치가 바로 이 황색 깃발이다.

지방관 또는 그의 대행자가 붉은 천을 씌운 탁자 앞에 앉아 모든 준비가 완료되었다는 말을 들으면, 형을 집행하라는 명을 내린다. 바구니에 실려 처형장에 도착한 뒤 진흙탕이나 핏물 웅덩이, 흙바닥 어디에든 인정사정없이 내팽개쳐진 사형수들은 줄을 맞춰 무릎을 꿇는다. 긴 손잡이 끝에 칼날이 달린 언월도偃月刀를 든 회자수들은 사형수의 목을 하나씩 단칼에 벤다. 회자수 곁에는 여분의 칼을 든 조수가 있어, 칼이 무뎌졌다 싶으면 이내 새 것으로 바꿔 준다.

중국인 사형수들은 보통 자신의 죽음 앞에서 대단히 담담하다고들 한다. 하지만 극도의 공포감에 부들부들 떨거나, "살려 달라!"며 비명을 지르는 이도 적지 않다. 죄인의 목이 떨어지면 곧바로 천민 일꾼들이 나서서 몸뚱이만 수습해 나무 궤짝에 넣는다. 머리 없는 시신들은 '만인갱萬人坑'[150]이라 불리는 도성 밖 공동묘지에 묻히게 된다. 이 형장에서 15명이나 20명, 35명의 목을 한꺼번에 참수하는 건 결코 드문 일이 아니다. 감옥을 대대적으로 비워야 할 때나, 반란이 일어났다거나, 혹은 해적들이 무더기로 붙잡혔다거나 하면 처형자의 숫자는 훨씬 크게 불어난다. 상하이에 있는 벌컬리 존슨이란 내 친구는 오전 한나절에 100명이 참수되는 현장을 목격했노라고 말한다.

중국인 죄수들이 자신의 죽음을 이처럼 담담하게 혹은 마치 남의 일인 듯 받아들이는 이유는 뭘까? 미국인 선교사인 헨리의 설명은 이렇다. 그들은 굶주림과 고문으로 이미 죽음을 맛볼 정도로 영혼이 닳아 버렸다는 것이다. 그중 일부는 감옥을 떠날 때 들이킨 삼수라는 독주로 정신이 몽롱해졌기 때문일지도 모른다. 또 다른 이유도 있을 수 있다. 예컨대 부자 친척을 둔 재수 좋은 사형수들이 자기 대신 형장에 세울 사람을 돈으로 사는 경우다. 날품을 파는 가난한 천민은 죽음을 대신하는 대가로 미리 100달러를 받고는, 일주일 동안 그 돈을 이승에서의 마지막 유흥비로 써 버린다고 한다. 이런 사정이라면 처형 당일에는 독주와 아편에 취해 죽음의 공포조차 느끼지 못할 수도 있겠다.

우리 일행은 아겔다마,[151] 그 피밭의 섭리를 더 깊이 따져 보는 대신 처형의 현장인 '토기장이의 밭' 한가운데로 걸음을 옮겼다. 먼지를 뒤집어쓴 큼직한 피 웅덩이가 햇빛을 받아 색이 거무튀튀하게 변했다. 곳곳에 피 웅덩이들이 널렸고, 한 곳에 5개의 피 웅덩이가 모여 있기도 했다. 형장 가까이에 있던 토기 위엔 피가 튀었고, 바닥에 떨어진 핏물은 메마른 흙 속으로 스며들었다. 마주 보이는 벽에는 여기저기에 피로 얼룩진 조잡한 십자가 하나가 걸려 있다. 십자가 밑의 흙바닥은 핏빛으로 물들었고, 사형수에게서 떨어져 나온 신체 일부 위로 허접한 거적이 덮였다. 거기서 좀 떨어진 곳에 이가 붙어 있는 턱뼈가 보였다. 이는 개들이 거적을 헤집고 사체를 물어뜯은 흔적임이 분명했다. 다른 네 개의 십자가 아래에는 참수된 머리들이 나뒹굴었다. 목이 잘린 머리 더미에서 죽은 자의 부릅뜬 눈동자와 마주쳤다. 그 광경은 지금까지도 나를 전율케 한다. 앞뒤로 죄수의 이름과 난하이 감옥을 명기한 작은 나무 표식 하나가 피를 뒤집어쓴 채 피 웅덩이 옆에 놓여 있었다. 나는 형장의 기억을 간직하고자 그 나무 표식을 집어 들었다. 회자수의 칼날이 표식의 끈을 자를 때 그것을 매달고 있던 사형수의 목도 단박에 떨어져 나갔을 테다. 소름 끼치는 처형장엔 피비린내가 진동했다.

형장에서 본 가장 낯설고 전율케 하는 광경은 이 신성하지 않은 장소에 걸려 있는 십자가였다. 그것은 승리와 희망의 상징이 아니었다. 가장 저급한 파렴치함과 타락의 상징이자, 가장 사악한 자가 맞이할 수 있는 가장 사악한 죽음의 상징일 뿐이었다. 그 십자가는 서양에서 지난 천 년 동안 찬양되고 미화된 방식대로 4.5~6미터 높이로 견고하고 기품 있게 만들어진 것도 아니었다. 다듬지 않은 나무 기둥을 대충 십자가 형태로 만든 조잡한 형틀에 지나지 않았다. 높이도 2.4미터에 불과하고, 건장한 남자라면 어깨에 메고 끌지 못할 만큼 무거워 보이지도 않았다. 그것은 성 바오로가 십자가에 못 박힌 예수를 보고 "죽기까지 순종하셨으니, 곧 십자가에 죽기까지 하셨습니다."[152]라고 했을 때의 그 모습, 골고다 언덕에서 고함치던 예루살렘 군중의 머리 위로 약간 솟아 보였던 그 십자가와 대단히 흡사했다. 광저우 형장의 십자가에는 단칼이 아니라 고통스럽게 서서히 죽어 마땅하다고 간주되는 불한당이 매달린다는 게 다를 뿐이다. 십자가형의 사형수들은 단단히 포박되어 숨이 끊어질 때까지 날카로운 칼로 온몸을 난도질당한다. 물론 사형수의 부자 친척에게서 뒷돈을 받는다면, 회자수가 단칼에 죽여 고통을 줄여 주는 선심을 베풀 여지는 있다.

처형장에 관한 사실은 어떤 미사여구도 필요치 않다. 가장 노골적으로 진술되었을 때 가장 효과적이기 때문이다. 나는 난하이 현 감옥을 떠날 때처럼 "모든 포로와 갇힌 사람을 위해 우리가 주님께 간구하노니 우리의 말을 들으소서."라는 연도連禱[153]를 올리며 형장을 벗어났다. 물론 나는 이 기도에 새로운 의미를 담았다. 정의를 집행하고 죄인을 처벌하는 문제에 관한 한 오늘날 영국인과 미국인의 손은 더럽지 않을지 모른다. 하지만 기독교를 멀리하는 중국인이 다른 나라 사람들보다 죄가 더 많다는 식으로 종교적 편견을 가질 필요는 없다. 왜냐하면 예전에 연도의 간절한 기도문을 만든 기독교 사제들은 난하이 현 감옥보다 더 참혹한 지하 감옥의 실상을 잘 알고 있었고, 여성에게도 가해졌던 끔찍한 고문은 물론, 판사와 간수의 손에 피고들이 뇌물로 바친 금이 쥐어져 있다는 사실 또한 모르지 않았기 때문이다. 명백한 것은 유럽의 기독교 문명이 수 세기에 걸쳐 무신경하게 자행했던 야만이 오늘날 광저우에서 저질러지고 있다는 사실이다.

I. L. B.

Letter 5

홍콩
1879년 1월 10일

새해라는 것을 느끼지 못한 채 며칠이 훌쩍 지나갔다. 맑은 하늘 아래 모든 문과 창문을 활짝 열어젖혔다. 달력을 보지 않았다면 지금을 한여름으로 여길 뻔했다. 아, 나는 칙칙한 하늘과 희미한 햇살, 잿빛과 누런빛의 음산하고 무미건조한 영국의 겨울 대신 홍콩의 이 푸르고 햇볕 쨍쨍한 창공이 너무나 좋다.

나는 지난 월요일에 증기선 킨키앙 호를 타고 광저우를 떠났다. 그 배에는 중국인 승객 2000명과 포르투갈 선교회 신부 두 명이 동승했다. 중국식 옷을 입은 포르투갈 신부들은 포르투갈 말을 하지 않았더라면 알아채지 못할 정도로 중국인과 구분이 되지 않았다. 기품 있는 그 사제들의 얼굴에는 고귀한 일에 헌신한다는 확신이 뚜렷했다. 창Tchang이란 이름의 한 증기선에는 여느 배와 다른 점이 있었다. 이 배는 삼등 선실의 쇠창살 문 앞에 권총과 칼을 찬 경비병을 세우는 대신 각 출입구마다 소방 호스처럼 생긴 대형 파이프를 설치했다. 만약의 사태가 벌어지면 강한 압력으로 뜨거운 물을 쏠 요량인 것이다. 킨키앙 호가 부두에 닿자 곧바로 배 밑의 활어조活魚槽에서 둥근 그물이 올라오더니 약 500마리의 커다란 생선을 작은 어선에 옮겨 실었다. 홍콩의 어물전으로 가게 될 생선들이다.

나는 일정을 바꿔, 홍콩의 안락함과 시끌벅적함을 마다하고, 오후에 빅토리아 감옥을 보기로 한 약속도 취소한 채 존 포프 헤네시 홍콩 총독과 함께 중국식 병원을 방문했다.

우리 일행은 총독 관저에서 출발했다. 나는 총독과 함께, 진홍색 옷을 입은 가마꾼 6명이 메는 가마에 타고, 진홍색 터번을 두른 시크교도 당번병들의 수행을 받으며, 중국인 상인들이 세운 중국식 병원 퉁와의원[154]을 '국빈 방문State Visit'[155]했다. 병원 설립에 참여한 중국인 상인들은 연간 1만 6000홍콩달러의 병원 운영비를 지원하고 있다. 한방에 기초한 이 병원은 약의 조제나 치료에서 서양식 의료법을 채택하지 않는다. 이 병원은 별도의 무료 진료소도 운영하는데, 하루 평균 120명의 환자가 방문한다. 중국인은 정신질환이 적은 것으로 알려져 있지만, 이 병원은 후원에 정신병동도 뒀다.

퉁와의원은 여러 채의 2층짜리 병동들로 이뤄져 있는데, 화강암으로 지어진 건물의 각 면마다 커다란 창을 두었다. 중심부의 높다란 건물은 이사들의 회의실과 의사 6명의 숙소, 그리고 병원 행정을 보는 원무실로 쓰인다. 이 병원의 본관인 셈이다. 높은 담으로 둘러쳐진 구내의 정원은 잘 손질되어 있다. 병원 본관의 현관은 바닥을 가로 3.6미터, 세로 0.9미터 크기의 화강암 판재로 마감했다. 병원 이사들과 이사회 의장, 의사 6명 등 병원 관계자들이 현관 계단 아래에서 우리를 영접했다. 통역은 홍콩에서 제일 잘 나가는 중국인 변호사 응초이[156]가 맡았다. 런던의 링컨스 인 법학원[157]에서 수학한 응초이의 영어는 유창했다. 응초이는 홍콩에서 총독과 화인사회의 가교 역할을 하는 인물로, 중국인에 관한 모든 사안에서 총독에게 그 누구보다 강력한 영향력을 행사하는 인물로 알려져 있다. 우리를 영접한 중국인 신사들은 부자답게 모두 골이 지게 짠 비단과 화려하게 수를 놓은 브로케이드로 잘 차려입었다. 덧대고 솜을 누빈 옷을 입고 있기는 했지만, 이들은 상당히 비대했다.

굵은 기둥이 높은 지붕을 떠받치고 있는 이사 회의실은 기품 있고 근사했다. 한쪽은 정원을 향해 개방되어 있다. 가운데에 최고급 흑단 탁자가 놓였고, 의장이 앉는 왕좌와 같은 커다란 의자를 중심으로 양쪽에 여섯 개씩 이사들의 흑단 의자가 배치됐다.

퉁와의원 이사회 의장과 12명의 이사, 6명의 뚱뚱한 의사, 통역자 응초이, 홍콩 총독, 영국 성공회 빅토리아 교구의 주교, 그리고 나를 포함해 모두 23명이 병원을 시찰했다. 하지만 이 병원의 환자들은 우리가 전혀 달갑지 않다는 듯 아주 냉담했다.

이곳에선 신체 부위를 절단하는 수술은 하지 않는데, 암이나 종양을 제거하는 외과적 처치는 한다. 의사들은 질문에 기꺼이 응대했지만, 모든 질문에 대해 그런 건 아니었다. 내가 그들이 처방하는 약의 조제법과 성분을 묻자, 그들은 한참 뜸을 들이다가 공개할 수 없다고 답했다. 이곳에서는 외과 수술 때 마취를 위해 클로로포름을 사용하지 않는다. 의사들은 환자를 깊은 잠에 빠뜨리는 그들만의 약제가 있다고 말했다. 일종의 수면 마취를 통해 환자는 아무런 통증을 느끼지 않으며, 수술이 끝나고 한두 시간 뒤에 두통이나 구토 증세 없이 말끔하게 깨어날 수 있다는 것이다! 이에 대해 통역자인 응초이가 의사들의 말을 적극적으로 옹호했다. 한 의사는 수면 마취 약제라며 내게 짙은 갈색 가루가 든 약병을 보여 주면서도, 약의 재료와 성분에 대해서는 함구했다. 이러한 약의 조제법은 여러 가지가 있으며, 그는 자신의 스승에게서 비방秘方을 전수傳受했다고만 말했다. 그 약은 코를 강하게 자극했으며, 향료의 냄새도 약간 났다.

퉁와의원에서는 수술과 약제에서 서양의학의 영향을 일절 배제하고, 전래의 중의학 전통을 따른다. 우리는 최근 암 절제 수술을 받은 한 여성 환자를 보았다. 내 소견으론 아직 수술 자리가 아물지 않아 보였다. 그런데 의사들은 그녀의 수술 절개 부위에 사향[158]과 라드,[159] 용연향龍涎香[160]을 도포하고, 기름 먹인 종이로 덮는 처치만 했다. 우리가 본 또 다른 환자의 경우, 대나무 조각이 발을 관통하는 바람에 염증이 무릎까지 번졌는데, 퉁퉁

붓고 시커멓게 된 상처 부위에 사향과 호랑이 기름을 바르는 것이 고작이었다. 살이 썩어 발이 거의 떨어져 나갈 지경인 남자 환자의 경우, 사향을 기름에 섞은 짙은 색의 연고를 상처에 바르고 붕대로 감았을 뿐이다. 모든 환자의 상처 부위는 아주 불결했다. 이 의원의 외과술에는 환부를 씻어 내는 과정이 아예 없었다.

남자라는 이유로 홍콩 총독과 주교의 출입이 허용되지 않은 여자 병동은 대단히 청결하고 안락해 보였다. 그런데 한 여성 환자는 단말마의 고통을 호소하는데도 아무런 처지를 받지 못했다. 이 병원은 염증 질환에 대해 피를 뽑거나, 거머리로 사혈瀉血하거나, 물집을 터뜨리거나 하지 않으며, 통증을 유발하는 자극과는 다른 자극을 가해 진통 효과를 내는 반대자극제count irritant도 사용하지 않았다. 대신 이곳에서는 코뿔소 뿔 가루, 햇볕에 말린 호랑이 피, 호랑이 간 가루, 거미 눈 등 여러 가지 기괴한 약제를 처방한다. 서양에서는 해열제나 강장제로 키니네를 쓰지만, 여기서는 오로지 인삼만을 쓴다. 일본에서도 약으로 널리 쓰이는 그 인삼 말이다. 진단에는 대체로 맥을 짚는 진맥診脈과 혀의 상태를 살피는 설진舌診이 활용된다.

퉁와의원 입원 환자의 사망률은 대단히 높다. 그러나 그것이 이 병원의 치료 특성 때문은 아니다. 홍콩에 아무런 연고도 없는 중국인이 손을 쓸 수도 없을 정도로 상태가 심각해진 뒤에 이 병원을 찾는 일이 많기 때문이다. 치료를 기대하기보다는 시신이라도 멀리 떨어진 고향으로 보내 주길 바라는 심정으로 입원하는 말기 환자들이 많은 것이다. 입원 환자 가운데는 배가 난파되어 크게 다친 선원 15명이 있었는데, 성한 곳이 없는 그들은 인간 다움의 범위를 넘어선 것처럼 보였다.

나는 병실을 둘러본 뒤 부속 시설로 향했다. 약제실에서는 남자 여섯 명이 첩약을 조제하고 있었는데, 첩약은 '화학적 부엌', 즉 탕전실湯煎室에서 달여진다. 탕전실에서는 흰 옷을 입은 사람 여덟 명이 150개의 화로에서 끓고 있는 150개의 약탕기를 관리했다. 환자용 급식을 마련하는 부엌은 넓고 깨끗하다. 나는 시신을 임시로 안치하는 영안실도 홀로 둘러봤다. 천민인 염장이 말고는 중국인이 들어가기 꺼려하는 어두컴컴한 영안실도 청결했다.

이 병원이 청결과 환기에 기울이는 정성은 각별하다. 마른 황토가 탈취제로 쓰이며, 혹여 나쁜 냄새가 난다 싶으면 샌들우드를 태운다. 이곳에서는 소독을 위해 살균제를 쓰지 않는데, 아마도 그 사용법을 모르는 것 같다. 환자들은 등을 대고 누워 있으며, 창문에서 1.5미터 떨어진 병상은 볕이 잘 든다. 위아래로 나 있는 모든 창문은 열려 있어 공기의 순환이 완벽하다. 말로 옮기기 힘들 정도의 환자들 상태를 고려한다면, 나쁜 냄새도 없고 청결한 병실의 환경은 특기할 만했다. 퉁와의원은 알코올이 함유된 약제를 일절 쓰지 않는 엄격한 금주禁酒 원칙을 고수했다.

어제 본 바 120개의 병상을 갖춘 이 병원에는 75명이 입원 중이었다. 이들은 병원에 올 때부터 상태가 심각했든, 아니면 치료로 인해 악화되었든 대부분 병세가 위중했다. 이 병원은 장점이 많다. 병실과 병상의 인간적인 배치, 환자의 안락함을 위한 배려, 환기와 완벽한 청결 등이 그렇다. 그러나 기본 의료 시스템은 대단히 시대에 뒤떨어진 돌팔이 의술을 채택하고 있다. 감염으로 다리가 썩고, 괴저로 발이 떨어져 나가는 이곳 환자들의 끔찍한 상태를 생각하면, 나는 이 중의원을 인정한다고 공표하는 것이나 다를 바 없는 이번 헤네시 총독의 '국빈 방문'이 과연 옳은 결정이라고 할 수 있을지 의문이다.

나와 총독은 두 시간에 걸친 시찰을 마치고 이사 회의실로 안내됐다. 우리는 그곳에서 총독의 부인인 헤네시 여사와 합류해 이사들과 애프터눈 티를 즐겼다. 한데 오후의 차라니, 중국인이 수시로 차를 마시지 않는 적이 있기나 한가? 흑단 탁자 위에는 중국인 귀부인들이 장기로 삼는 사탕절임 과일이 기괴할 정도로 수북하게 놓여 있다. 우리 일행이 의장 오른편 의례용 의자에 앉고, 반들반들한 얼굴에 뚱뚱한 몸집의 이사들이 우리와 마주 보고 자리했다. 녹색 용 문양이 있는 백자 찻잔에 향기가 예사롭지 않은 좋은 차가 나왔다. 총독은 병원에 의례적인 감사를 전했고, 이를 응초이가 받아 아첨에 가까운 말로 통역했다. 이사회 의장이 총독에게 감사의 답사를 하면서 동양식의 '듣기 좋은 소리'가 이어졌다.

이처럼 의례적인 자리라면 찻잔을 두 손으로 모아쥐고 적당한 높이로 올린 뒤 참석자들을 향해 가볍게 목례를 하면서, 찻잔이나 술잔에 빠지지 않는 행복을 뜻하는 글자인 '복'을 비는 축원을 하는 게 중국의 상례다. 예컨대 "동해 같은 만복이 깃들기를"[161]이라고 하거나 다산多産을 축원하기도 한다. 그런데 중국인이 헤네시 여사나 나에게는 깍듯하게 예우하면서도 자신의 아내를 가리켜 '집사람家里那介'이라고 비하하는 것은 이상하다.

앞이 툭 터진 넓은 거실에는 석재 바닥과 많은 기둥들, 잘 차려입은 이사들과 푸른 파오를 걸친 수행원들이 있고, 햇빛 밝은 거리에는 정장을 갖춰 입은 행인들이 북적이며, 진홍색 터번의 시크교도 당번병들이 꼼짝 않고 자리를 지키고 있는 광경은 실로 매력적인 동양의Oriental 풍경이 아닐 수 없다.

내 취향과 관심사가 문명文明이라면, 나는 아름다움과 활력, 색채와 완벽한 겨울 날씨, 환대와 매력적인 사람들, 그리고 국가와 교회와 사회 사이에 내가 알지 못하는 어떤 불화는 없는지, 있다면 그 이유는 뭔지 따위를 알아보기 위해 홍콩의 빅토리아 시가를 배회해야 마땅할 테다. 하지만 나에게는 야생의 피가 흐른다. 나는 야생에 안달 나 있다. 그리고 언제나 내 마음속엔 북해 너머 황무지 숲 언저리의 그 사랑스런 작은 집에 대한 기억이 길잡이별처럼 빛난다. 동양의 이 매혹적인 문명 세계의 현란한 햇살과 빛깔을 뚫고서…….

나는 오늘 홍콩 법무장관 대행 프랜시스 스노든[162]의 집에서 점심을 먹었다. 그는 나더러 귀국하는 길에 말라카에 꼭 가 보라고 했다. '황금 반도'에 갈 생각은 꿈에도 하지 못했던 터였다. 하지만 적도 인근에 관한 스노든의 설명에 나는 크게 고무됐다. 게다가 그가 내게 여행에 참고하라며 뉴볼드가 쓴 『말라카』를 빌려주고, 해협식민지의 총독과 식민장관에게 보내는 서한까지 건넸다. 그때 내 다음 편지가 부쳐질 곳은 싱가포르로 정해졌다!

I. L. B.

Letter 6

중국 해상, 증기선 '신드' 호
1879년 1월

나는 프랑스 해운회사인 M. M.사의 최고급 증기선에 올랐다. 갑판이 고풍스런 프리깃함[163]을 닮은 이 배는 모든 면에서 완벽했다. 날씨도 더없이 좋고, 바다는 작은 돛단배도 거뜬히 항해할 정도로 잔잔하다. 문제는 더위다. 시간이 지날수록 열기가 더해진다. 아니, 더 이상 더울 수 없을 정도로 달아오르고 있다고 하는 편이 낫겠다! 식사 시간에는 천장에 매다는 커다란 부채인 푼카punkah가 쉴 새 없이 펄럭인다. 식사 때가 아니라도 누군가 글을 쓰려 식당에 앉기라도 하면, 어디선가 푼카꾼punkah-wallah이 살그머니 나타나 부채질을 한다. 하지만 이 배는 사이공에서 모기라는 불청객을 태우고 말았다. 밤마다 모기의 등쌀에 잠을 설쳐 낮에는 기진맥진한다.

나는 사이공에서 보낸 24시간이 단조로운 이번 항해에서 파격이었다는 점을 전적으로 수긍한다. 그러나 다른 승객 대부분은 너무 더워 배 밖을 나갈 엄두도 내지 못하겠다고 볼멘소리를 한다. 그렇다. 수은주는 섭씨 33.3도에서 요지부동이다!

어제 이야기다. 날이 밝자 내가 탄 배는 메콩 강의 지류를 따라 코친차이나의 내지로 들어갔다. 강은 흙탕이고, 강변에는 3미터가 넘는 짙은 녹색의 니파야자나무[164]가 빽빽했다. 줄기가 없이 잎이 곧바로 뻗는 니파야자나무들은 마치 강바닥에서 솟아올라 줄기가 물에 잠긴 것처럼 보인다. 증기선의 높은 갑판 아래로 광대한 충적평야가 펼쳐진다. 수면과 잇닿은 벼논과 무성한 정글이 섞여 있는 모습이다. 열기를 머금은 짙은 안개가 장미꽃처럼 겹겹이 피어오른다. 배 위에서 본 코친차이나[165]의 강변 마을들은 한결같았다. 강 위에 기둥을 박고 널빤지를 깐 뒤, 그 위에 야자나무 잎으로 지붕을 얹어 통풍이 잘되게 나무로 지은 수상가옥水上家屋이 옹기종기 모여 마을을 이룬다. 수상가옥마다 기둥 아래에 배가 묶여 있다. 이곳의 사람들은 물과 뭍을 오가는 양서류의 삶을 사는 것처럼 보인다. 남자들은 널빤지 마당에 누워 담배를 피우고, 여자들은 아침밥을 지었다. 어린아이들은 방 밖으로 기어 나오지만, 본능인지 널빤지 끝에서 강물 아래로 떨어지는 법이 없다. 수상가옥의 원주민들은 큰 입과 불쑥한 광대뼈 등 몽골인의 특색을 보이지만, 키는 작고 피부색은 까무잡잡했다. 이들의 태도며, 통나무를 대충 다듬어 지은 집이며, 전체적으로 느껴지는 마을의 황량함 등으로 미루어, 나는 이들이 게으른 인종일뿐더러 언젠가는 악착같고 부지런한 중국인에게 밀려날 것이라는 인상을 받았다.

장대한 메콩 강(캄보디아 강)을 72킬로미터 거슬러 올라, 니파야자가 강변을 따라 빽빽한 충적평야와 장관을 이룬 광대한 벼논의 풍경이 식상해질 즈음 우리는 제2의 싱가포르가 되겠다는 무모한 야심을 지닌 사이공에 도착했다! 나는 배 위에서 사이공에 대해 뭐라도 알아보려 애를 썼다. 하지만 헛일이었다. 내가 물어봐도 사람들은, 사이공은 프랑스 선적의 우편 증기선이 기착하는 항구라고, 세계에서 가장 더운 도시 중 하나라고 답했다. 그러면서도 그들은 내게 새로운 사실을 전해 주기라도 하는 듯이, 혹은 이것만 알면 충분하다는 듯이 생각했던 모양이다! 나는 그런 뻔한 정보를 원한 게 아니다! 그들이 사이공에 대해 내가 모르는 뭔가를 알고 있었다면, 내가 아무리 둔하다 한들 그 낌새를 놓쳤을 리 만무하다.

우리 배가 정박하자 항구 주변이 시끌벅적해졌다. 작은 수마트라산 당나귀가 끌고, 인도 남부 출신 클링인[166]이 모는 개리gharrie, 그러니까 바퀴에

스프링 완충 장치가 달려 있는 이륜마차들이 부두에 몰려들었다. 그런데 그 마차를 타고 항구로 온 사람은 아무도 없었다. 나는 동승객들이 모두 더위를 못 이겨 배로 돌아간 뒤 주변을 한두 시간 이리저리 돌아다녔다. 배로 돌아왔을 때 노을이 깔린 항구는 휑했다. 그렇다. 해가 졌는데도 수은주는 섭씨 32.2도를 넘었다!

사실 사이공에 관해 아무런 사전 지식도 없었던 나는 갑자기 상당한 규모의 도시가 눈앞에 펼쳐지는 바람에 적잖게 놀랐다. 도시는 광활하게 뻗어 나갔고, 열대의 녹음이 짙었다. 강변을 따라 카페와 무역회사들이 길게 늘어섰고, 그 사이로 각국의 영사관 깃발과 프랑스 식민지 정부의 공관이 보였다. 강변 너머로 도로와 상점, 지붕을 얹은 대형 시장, 교회, 수녀회가 자리했다.

메콩 강은 구불구불하고 때로 강폭이 좁아지기도 하지만, 지류인 돈나이 Donnai 강(사이공 강)을 따라 사이공 위쪽으로까지도 대형 선박이 운항할 수 있다. 내가 탑승한 신드 호가 그랬듯이 대형 증기선들이 커다란 나무들이 그늘을 드리운 사이공의 부두에 접안한다. 사이공의 부두에는 갑판이 세 개 있는 구형 프랑스 병원선을 비롯해, 두 척의 철선, 몇 척의 증기선, 대형 범선들이 닻을 내리고 있었다. 하지만 분주한 모습은 보이지 않았고, 사람들도 모두가 어슬렁거릴 뿐이었다.

승객들이 모두 배로 돌아간 뒤, 나는 홀로 강변을 걸으며 코친차이나, 즉 캄보디아를 실감해 보려 했다. 그러나 기대는 어긋났다. 헐렁한 면바지를 입은 중국인이 광저우에서 그랬던 것처럼 제 동네인 듯 행세했고, 중국에서 하던 모든 일들을 여기서도 그대로 하고 있었다. 카페의 나무 그늘 아래 라운지에는 프랑스인, 스페인인, 독일인이 탁자에 다리를 걸쳐 놓고는 담배를 피거나 꾸벅꾸벅 졸고 있다. 사파리 모자[167]를 쓴 리넨 정장의 남자들이 말 두 마리가 끄는 부기buggie나 한 마리가 끄는 개리garrie 등의 2인승

경마차를 타고 이리저리 오가고, 프랑스인 경찰과 군인은 그저 길 위를 어슬렁거릴 뿐이다. 이 땅의 원주민은 그림자도 보이지 않는다! 그러다 잠시 뒤 갑자기 유럽인마저 자취를 감춘다! 시에스타, 실내로 들어가 블라인드를 내린 채 낮잠에 드는 시간이다. 모두가 낮잠에 빠진 사이공은 중국인과 비쩍 마른 개들의 도시가 된다. 그러다 선심이라도 쓰듯 수은주가 28.8도로 떨어지면서 열기가 다소 가시면, 군악대가 연주를 시작하고 낮잠에서 깬 유럽인은 아침에 그랬듯이 다시 카페에 모여 담배를 피거나, 당구를 치거나, 카드를 돌리거나, 쑥향이 나는 독주 압생트absinth를 홀짝거린다. 그리고 모기 떼가 달려들고 저녁을 먹는다. 저녁 식사를 끝낸 유럽인은 자정까지 카드 파티를 즐긴다고 한다.

내가 눈으로 보고 풍문으로 들은바, 사이공에 거주하는 유럽인의 일상은 다음과 같다. 오전 6시부터 9시 30분까지 말레이식 셔츠인 '바주baju'와 파자마 바람으로 담배를 피며 업무를 처리한다. 그러고 나서 화장실서 볼일도 보고 몸도 씻은 뒤 보르도 포도주를 곁들인 카레로 아침을 먹는다. 간단하게 점심을 때울 때까지 다시 잠자거나 담배 피거나 빈둥거린다. 점심 식사 후 가벼운 산책을 하고 나서는 연주, 당구, 카드, 압생트, 흡연으로 시간을 보내다 저녁을 먹는다. 이후 잠자리에 들 때까지 카드 파티나 식민 당국이 마련한 여흥을 즐긴다.

나는 안내인을 마다하고 사이공을 홀로 걸었다. 거리엔 카페와 과일 시장, 바자, 군부대도 있고, 호랑이 우리가 있는 식물원 겸 동물원도 보였다. 커다란 가로수가 줄지어 있는 넓고 평탄한 도심 대로를 벗어나자 교외로 통하는 도로가 수 킬로미터나 곧게 이어졌다. 도심 외곽에 파리의 사치품으로 치장한 부유한 유럽인의 근사한 방갈로들이 보였다. 아름다운 수녀원에선 현지의 아이들을 가르치는 수녀들이 나를 반갑게 맞아 줬다. 나는 개리를 타고 도시 외곽으로 향했다. 곧은 도로가 끝나면서 선인장 울타리가 양쪽으로 높게 둘러쳐진 좁은 길들이 미로처럼 뒤엉킨 곳으로 들어갔다. 초퀴안Choquan이라는 베트남인 마을이었다. 이곳의 모든 집들은 가시 돋친 선인장 울타리 속에 숨어 있는 것처럼 보였다. 높게 자라는 선인장 때문에 울타리 안의 사생활이 완벽하게 보장될 듯했다. 집집마다 마당에는 포멜로 나무, 오렌지나무, 대나무가 그늘을 드리운다.

선인장 틈새로 집 안을 들여다보다 가시에 찔려 상처가 났지만, 나는 울타리 속이 궁금해 배길 수가 없었다. 이곳 가난한 이들의 집은 대충 손질된 나무판자나 대나무로 뼈대를 삼고 야자나무 잎을 엮어 지붕을 얹었다. 베란다가 깊고, 매트가 깔린 넓은 평상에는 궁금증을 자아내는 원통형 대나무 베개들[168]이 놓여 있다. 남자들은 의복이라고 부르기도 민망한 옷을 걸치고 담배를 피거나 빈랑을 씹었다. 두툼한 헝겊 바구니에 싸인 찻주전자가 어김없이 평상 위 한 자리를 차지한다.

부유층의 집들은 사정이 다르다. 지면에서 1미터 높이로 벽돌을 쌓고 그 위에 조각 장식한 나무 기둥을 세워 집을 짓는다. 지붕은 경사면을 가파르게 하고 대부분 기와를 얹었다. 처마는 베란다까지 가리도록 길게 늘어뜨렸다. 내가 초퀴안에서 선인장에 찔려 가며 부잣집들을 들여다보고 있을 때였다. 한 남자가 비쩍 마르고 볼품없는 개들과 함께 나타났다. 개들이 사납게 짖어 대더니 어느 틈엔가 달려들어 발을 물었다. 주인이 소리치며 말렸지만, 녀석들은 몽둥이에 맞고서야 내게서 떨어졌다. 몇 마리는 깨갱거리며 물러났고, 두 마리는 다리를 다친 듯 절름거렸다. 그 사내는 코코넛 한 개를 내게 건넸고, 내가 목이 마르다는 몸짓을 하자 허둥대며 들어갔다 나오더니 나를 집 안으로 들어오라고 했다. 이 무슨 전화위복이란 말인가!

나는 높이가 3미터는 족히 되는 선인장 울타리 안으로 들어갔다. 자갈이 깔린 마당이 있고, 그 위에 말끔한 집이 자리했다. 건기로 메마른 땅에 코코스야자나무[169]와 바나나, 빵나무, 파파야나무가 그늘을 드리웠다. 돌 의자가 있는 대문간 양편으로 베란다를 배치했다. 대문과 창문의 틀에는 문짝 대신 커튼의 일종인 포르티에르[170]를 달았고, 사다리가 계단을 대신했다. 집 안은 아주 어둡고, 여러 개의 공간으로 나뉘어 있다. 내가 집 안으로 들어가자 마치 박쥐가 날아가듯 어둠 속에서 뭔가가 휙휙 지나갔다. 자세히 보니 그 움직임의 정체는 20명쯤 되는 이 집의 여성과 어린아이들이었다. 그들은 무관심한 눈빛으로 나를 쳐다봤다.

수은주가 섭씨 33.3도라는 사실을 잊지 마시라. 식구들과 있는 방 안에서 여성은 속치마나 헐렁한 바지만 걸치고, 아이들은 거의 벌거숭이며, 남자는 아랫도리만 가리고 있다고 해서 흉볼 일이 아니다! 잠시 뒤 실내의 어두움이 눈에 익자 방 한쪽에서 담배를 피고 있는 호호백발의 할머니도 눈에 띄었다. 여자아이 두 명이 부채를 부치고 있었는데, 내 생각으로 이 아이들은 집에서 부리는 노예가 아닐까 싶다. 열린 창가에 한 젊은 여성이 누워 있고, 다른 여성 두 명이 잘 빗질 않아 엉클어진 그녀의 무성한 머리카락 사이에서 머릿니를 잡고 있다. 바닥에는 자리와 대나무 베개가 깔려 있었는데, 내가 불쑥 나타나는 바람에 시에스타를 즐기던 이 집 사람들은 화들짝 놀라 단잠에서 깨어난 모양이다.

이 집에서 가장 중요한 공간으로 여겨지는 방이 하나 눈에 띄었다. 바다 풍경을 그린 중국화로 장식된 벽면에 성모 마리아와 예수의 벽화가 두 점 있었다. 조악한 십자가도 있는 것으로 미루어 로마 가톨릭을 믿는 가정으로 짐작됐다. 방 안의 의자 위엔 찻주전자 두 개가 놓여 있다. 바닥의 광주리에 포멜로가 담겨 있고, 또 다른 의자에는 붉은 빛깔의 도기에 노란 바나나가 수북했다. 벽에는 초승달 모양의 낫과 총 한 자루, 멍에가 걸려 있다. 이 방의 바닥 한가운데에 구멍이 뚫려 있는데, 다른 두 방도 그러했다. 이 구멍으로 집 안의 온갖 쓰레기를 손쉽게 아래로 버리는 것이다. 한 여자가 코코넛을 내오더니 호리병박에 야자유를 부어 주었고, 주인 남자는 바나나

한 접시를 건넸다. 이렇게 뜻밖의 행운으로 나는 미식을 즐기며 코친차이나를 실감할 수 있었다! 이 집 사람들은 인정이 넘쳤다. 게다가 보답으로 25센트를 주었지만 끝내 마다한 그들은 외려 바나나 한 보자기를 내게 주었다. 나는 바나나는 사양하고 보자기만 받았다.

말끔하게 자갈을 깐 마당, 미장을 한 벽면, 깔끔한 기와지붕, 격자 장식, 황금색으로 중국 고전의 경구가 적혀 있는 문설주 위의 현판(나는 한자를 익히는 중이다), 넓은 부지 등으로 보아 이 가정은 베트남 상류층으로 짐작된다. 물론 결점도 있다. 방바닥의 구멍으로 버린 쓰레기를 치우지 않아 악취가 풍겼고, 실내 공기는 탁하며 집 안이 해충으로 들끓는 데다, 사람들이 몸을 씻지 않는다는 점이 그렇다.

나는 그 집 식구들과 작별 인사를 했다. 대문을 나선 지 2분도 채 안 돼 길을 잃고 말았다. 선인장 울타리들 사이의 좁은 미로에 나 홀로 남겨진 것이다. 야자나무와 바나나, 각종 덩굴과 난, 크고 작은 고사리류로 뒤덮인 꽃나무들을 따라 마을길이 어지럽게 얽혔다. 나는 다시 선인장 울타리가 있는 주택가로 들어섰다. 거기에는 까무잡잡하고 작은 아이들이 거의 벌거벗은 채 먼지 구덩이에서 뛰놀았다. 그늘 아래에는 그 또래의 아이들 몇몇이 담배를 물고, 볼을 뾜록하게 만들었다 내뿜는 담배 연기를 보며 노닥거렸다.

나는 흙먼지 길 위에 난 내 발자국을 보고 발길을 돌려, 한쪽으로 대나무 울타리가 있고 다른 쪽에는 벼논이 펼쳐진 길을 따라 걸었다. 벼논의 가장자리에 분홍색 수련이 피어 있는 곤죽 같은 연못이 있고, 그곳에서 연분홍색의 커다란 물소들이 시끄러운 소리를 내며 물놀이를 즐겼다. 물소들은 그렇게 온몸에 진흙을 뒤집어써 모기가 달라붙지 못하게 한다.

이리저리 낯선 길을 헤맨 끝에 나는 촐렌Cholen[171]이라는 원주민 마을에 이르렀다. 사이공까지는, 누구는 5킬로미터 가면 된다 하고 누구는 13킬로미터나 남았다고도 한다. 이 끔찍한 더위 속에 너무 오래 걸어 파김치가 된 나는 길가의 그늘 아래 나무 그루터기에 걸터앉아 복잡하게 얽힌 개미의 길과 베트남인의 길에 대해 생각했다. 갈색 피부의 통통한 아이들은 태어나서 한 번도 씻은 적이 없는 듯하다. 모든 사정을 종합해 보건대 이 아이들은 죽을 때까지 씻을 것 같지 않다. 그런 아이들이 무관심한 눈빛으로 낯선 이방인인 내가 나무 아래 쉬고 있는 모습을 조용히 지켜보았다. 이 벌거벗은 아이들은 골격이 단단했고 놀랍게도 피부병은 없었다. 몽골계 인종의 얼굴은 어릴 적엔 보기 좋다. 한 무리의 집 나온 개들이 길 위를 미친 듯이 몰려다니는 바람에 나는 먼지를 뒤집어써야 했다(그나저나 코친차이나에선 광견병을 모른다고 들었다).

거기서 나는 프랑스 포병대도 보았다. 군인들이 모자를 벗어 내게 깍듯하게 인사를 건넸다. 장 보러 나온 한 무리의 소녀도 지나갔다. 옷차림은 중국인과 흡사했는데, 머리에 논non이라 하는 베트남 전통 고깔모자를 썼다. 마른 나뭇잎을 엮어 만든 모자는 높이 15센티미터에 지름이 60센티미터나 됐다. 소녀들은 예쁘게 걸었고, 즐거워 보였다. 빈 소달구지들이 길게 열을 지어 지나갔다. 물소 두 마리가 끄는데, 윤활유를 바르지 않아 수레바퀴에서 귀에 거슬리는 소리가 났다. 달구지들은 앞뒤로 밧줄을 이어 놓아 수레꾼 혼자서 11대를 몰기도 한다. 수레꾼들은 거의 벌거벗다시피 했는데, 내가 앞서 말한 것을 기억해야 한다. 바로 더위다. 수은주가 섭씨 30도를 넘었다. 이들은 지름이 거의 1미터 가까운 고깔모자로 뜨거운 햇볕을 가리고 비도 피한다. 이 모자는 머리에 쓰지 않을 땐 목에 걸어 등 뒤로 맨다.

힘들게 당도한 촐렌은 베트남인 촌락이었지만, 중국인이 마을을 장악한 듯 보였다. 중국인 상가와 사원, 도박장, 유흥장 등 어디를 가나 중국인다운 부지런함과 장사 수완이 물씬했다. 나는 어렵사리 길을 더듬은 끝에 그토록 보고 싶었던 진짜 베트남인 마을을 찾았다. 메콩 강인지 그 지류인지 분명치는 않지만 강변의 그 마을은 작은 수상가옥들의 집단 부락이었다. 모두가 그런 건 아니었지만, 내가 지나치며 보아 온 동네와 별반 다르지 않았다. 이곳을 한 시간여 둘러보았다. 가로 2.1미터, 세로 1.8미터의 3.78제곱미터, 약 1.15평 남짓한 작은 집이 대부분이었다. 이처럼 원시적이고 당장이라도 무너질 것 같은 주거를 나는 일찌기 본 적이 없다. 이곳 수상가옥은 일본에서 본 아이누 움막보다도 못했다. 아이누의 삶이 더 곤궁하기는 했어도 그들의 움막이 이 수상가옥보다는 더 튼튼하고 미적美的이라 하겠다. 수상가옥은 한바탕 돌풍만 불어도 쓰러져 그 안의 사람들이 강물 속에 처박히고 말 것처럼 보였다. 물론 이 수상가옥에도 미덕은 있다. 누구나 손쉽게 자기 집을 지을 수 있어 셋집을 전전하지 않아도 된다는 점, 완벽한 하수 시설을 갖추고 있다는 점, 물을 긷는 수고를 하지 않아도 된다는 점, 언제나 낚시를 할 수 있다는 점, 파충류가 범접할 수 없다는 점, 그리고 문만 나서면 바로 강이란 고속도로로 이어진다는 점 등이다.

작은 수상가옥들은 강물에 나무 기둥을 박고, 수면에서 약 2미터 높이에 널빤지를 격자로 깔아 바닥을 만든 뒤 그 위에 벽을 세우고 야자나무 잎으로 지붕을 얹는다. 폭이 30센티미터 정도 되는 널빤지가 뭍으로 향하는 통로다. 이들 수상가옥은 코코넛 껍질의 섬유질로 만든 튼튼한 밧줄로 서로 묶여 있다. 이곳의 평균 크기 수상가옥 한 채 값을 영국 화폐로 환산하면 11실링[172]쯤 된다. 집집마다 통나무 속을 파내어 만든 카누가 기둥에 묶여 있어, 언제든 맘만 먹으면 뛰어내려 가 물길 닿는 곳이면 어디든 갈 수 있다.

나는 이 낯선 수상가옥 두 채에 직접 들어가 봤다. 좁은 널빤지 통로를 지날 땐 어찔했다. 밑으로 강물이 훤히 보이는 널빤지 바닥을 굽이 있는 신발로 걷기란 쉽지 않았다. 두 채 모두 살림살이는 비참했지만, 햇볕과 비만 피할 수 있으면 족한 이들이 사는 데는 큰 불편이 없어 보였다. 남정네는 반바지 차림이었고, 여인네는 목까지 올라오는 헐렁한 면직 옷을 걸쳤으며, 아이들은 벌거숭이였다. 두 집 모두 남정네들은 널빤지 마당에 걸터앉아 낚싯대를 드리우고 저녁거리를 준비 중이었다. 한 집에선 밥을 짓는 여인이 보였다. 두 집 모두 쌀과 바나나, 고구마를 저장하는 곳간을 뒀다. 바닥에 까는 잠자리 말고는 이렇다 할 가구가 없다. 살림살이는 거친 도기 냄비, 붉은색 도기 항아리, 호리병 몇 개가 고작이다. 한 집의 벽에는 십자가가 걸려 있다. 다른 집 서까래에 걸려 있는 나무 조각은 쌀가마 위에 앉아 한 손에 나무 막대를 들고 웃고 있는 남자를 형상화한 것인데, 일본에서 부귀영화를 가져다주는 신으로 알려진 다이코쿠大黑[173]를 본뜬 듯했다. 이곳 사람들 역시 잘 씻지 않는다. 다행히 강바람과 통풍 덕에 집 안은 악취가 심하지 않다. 강물이 훤히 내려다보이는 널빤지 바닥의 틈새로 먼지나 오물이 그대로 버려진다. 이곳 사람들은 세속에 무관심해 보였는데, 영국인의 기준으로 본다면 게으른 거였다. 하지만 나는 한 푼이라도 더 부를 쌓으려 아등바등하는 모습에 신물이 나 있고, 이렇듯 세상 물정에 초연한 사람들을 힐난할 생각은 없다. 이들이 빚을 지지도 않고, 도둑질도 하지 않으며, 그래서 자기보다 못한 사람에게 자선을 베풀 필요도 없는 삶을 지속하기만 한다면 말이다.

물과 뭍의 경계에 사는 수상가옥 동네 아래로 늘 물 위에 떠서 생활하는 선상가옥의 마을이 넓게 펼쳐졌다. 강변에 수백 척의 집배가 정박해 있다. 광저우의 집배에 견줘 아주 궁색하지만, 그 수는 훨씬 많다. 나뭇잎으로 지붕을 이은 집배에는 한 세대 이상이 산다. 가구나 가재도구가 들어설 자리가 없음은 물론이다. 아이들이 좁은 공간에 북적대지만, 모두 건강해 보이고, 눈병이나 피부병을 앓는 아이도 보이지 않는다. 몇몇 집배에는 가톨릭 성화聖畫가 보이고, 십자가를 걸어 놓은 집배도 두세 척 눈에 띈다. 이곳에서 홀로 돌아다니는 내게 어떤 식으로든 위해를 가하거나 무례한 행동을 하는 이를 단 한 번도 보질 못했다. 이곳 사람들의 행동거지는 격식을 따지는 공손함과 문명화된 호기심은 없지만, 일본인 못지않게 점잖고 얌전했다.

나는 보고 싶었던 것을 보았다. 그러나 배로 돌아왔을 땐 몸도 마음도 지쳤다. 발이 아팠다. 개에게 물린 상처가 욱신거리는 데다 물집까지 생기는 바람에 장화를 벗고 수건으로 발을 감은 채 마차가 있는 큰길까지 한참을 걸었던 터다. 흙먼지에 발이 푹푹 빠져 걸음을 옮기기가 쉽지 않았다. 게다가 곧고 평탄한 도로는 지루하기 짝이 없었다. 간신히 걸음을 옮기다가도 소달구지 행렬이 지나가면 길 가장자리로 비켜서야 했다. 잠깐 뜸하다 싶으면 다시금 삐걱거리는 소달구지 소리와 함께 먼지가 풀썩거렸다. 다리를 끌다시피 한 탓에 4.8킬로미터를 걷는 데 무려 2시간 반이나 걸렸다.

촐렌에서 1.6킬로미터 떨어진 곳에 특별한 묘지가 있었다. 넓이가 무려 51제곱킬로미터에 달한다고 한다(?). 수많은 망자들이 묻힌 그곳은 잡초가 무성하고 이끼가 무덤을 뒤덮어 쓸쓸하기가 이를 데 없었다. 그 묘지는 궁정 점술가들의 권고에 따라 수백 년 전 캄보디아 왕들의 묘지로 간택된 것이라 한다. 묘지 인근으로 전보통신 전선이 길게 뻗어 있어 구시대와 신시대의 조우를 보는 듯하다.

지쳐 천천히 걷고 있는 내 곁으로 한 젊은 프랑스 포병 장교가 다가왔다. 그는 보폭을 줄이며, 내가 빈 마차를 만나 올라탈 때까지 함께 걸어 줬다. 그는 내게 웅변조로 사이공의 비참함을 들려줬다. 사이공은 군사적 요충이자 (비교적) 가까이 있는 프랑스 식민지 누벨칼레도니[174]로 보내질 죄수들을 수용하는 곳이기도 하다. 대단위 보병과 포병 부대가 상주하기는 하지만, 사이공 기지는 병들었다고 했다. 병력의 40퍼센트가 풍토병에 걸려 병상에 누워 있고, 우편 증기선이 사이공에 들를 때마다 중도에 의가사 제대하는 많은 병사들이 본국으로 송환되고 있다. 이 때문에 주둔 병력을 자주 교체해야 하고, 따라서 사이공 기지를 유지하기 위해서는 비용이 아주 많이 든다는 것이다.

프랑스는 식민지 경영에 성공하지 못한 것처럼 보인다. 베트남 응우옌 왕조 남부의 6개 주로 이뤄진 이곳 프랑스의 코친차이나 식민지는 1874년 프랑스에 할양됐다. 하지만 현재 이곳의 유럽인 상주인구는 1만 2000명을 밑돌며, 그마저도 군인과 공무원이 대부분이다. 식민지 정부는 총독과 총독을 보좌하는 자문 위원회로 구성된다. 식민지 인구는 캄보디아인 8만 2000명과 중국인 4만 명을 포함해 모두 150만 명에 달한다. 나와 함께 길을 걸어 준 젊은 프랑스인 포병 장교를 비롯해 프랑스인 수녀와, 내가 들른 상점의 국적을 알 수 없는 무역업자 등이 해 준 말을 종합해 보자면, 프랑스는 식민지의 번영을 증진하고 현지인들의 선의를 보장하기 위해 최선을 다하고는 있다. 프랑스는 이곳에서 토착 영주들이 가혹하게 부과했던 토지세를 낮추고, 원주민 촌락의 안전을 보장하며, 무역에 종사하는 법인과 개인의 권리도 존중하는 일련의 조치를 취하기도 한다. 그러나 위에서 말한 나의 정보원들은 이곳 식민지가 프랑스에 큰 이득을 안겨 주기는커녕 해마다 막대한 손실을 가져다준다고 확신하며, 식민지 사람들 가운데 중국인만이 가치 있는 존재라고 여겼다. 비록 신체적으로는 캄보디아인이 더 크고 우수하지만, 6개 주에서 캄보디아인을 정복했다는 점[175]에서 베트남인이 캄보디아인보다 훨씬 우월하다는 게 내 정보원들의 생각이었다.

나는 성인 베트남인이 흉하다고 말한 적은 없다. 지금부터 2000년 전 중국인들은 베트남인을 가리켜 교지交趾[176]라 했다는 글을 어디선가 읽은 적이 있다. 교지의 '지趾'는 "커다란 엄지발가락"이란 의미다. 그 때문에 나는 일부러 이들의 맨발을 유심히 살펴봤다. 성인뿐 아니라 아이들도 엄지발가락이 여느 발가락과 멀찍이 떨어져 있을 뿐 엄지발가락이 유난히 크지는 않다는 것을 눈으로 확인하고는, 교지라는 선입견으로 인해 베트남인의 엄지발가락 크기가 비정상이라는 잘못된 인상을 갖게 됐음을 알았다. 남자들은 특별히 엉덩이가 넓적하며, 걸을 때 우스꽝스럽게 어기적거린다. 이런 걸음걸이는 일부러 그러는 게 아니라 신체의 해부학적인 원인에서 비롯된 것이 분명하다. 골격은 단단하지만 뻣뻣한 신체는 볼품없다. 짧은 목, 처진 어깨, 넓적한 얼굴과 낮은 코, 큰 입과 두꺼운 입술, 툭 튀어나온 광대뼈, 꺼진 앞이마, 정수리 부위가 평평한 두상, 단단하고 두꺼운 피부 등이 그렇다. 이 모든 것들을 한마디로 정리하면 "뼈와 가죽뿐"이라 하겠다. 짙은 황갈색의 피부는 윤기가 전혀 없다. 남자와 여자 모두 키가 작다. 빈랑 열매를 늘 씹는 탓에 이는 검고, 빈랑 열매의 붉은 즙이 입가로 흐르면 마치 피를 흘리는 것처럼 보인다. 비록 활력이 넘치지는 않지만 이들은 건강해 보이며, 대가족을 이루고 산다. 숲 가까이에 사는 이들은 '숲 열병'을 앓곤 하는데, 이 병은 그들에게는 크게 위험하지 않지만 유럽인에게는 치명적이다.

나는 돌아오는 길에 아주 아름다운 수녀원에서 잠시 쉬었다. 매우 정숙하고 표정이 밝은 수녀들이 더없는 환대를 베풀었다. 이곳의 수녀들은 베트남 여성들과 어울려 노동하며, 현지 소녀들을 위한 학교를 운영한다. 프랑스 군대는 기후와 풍토병 때문에 사이공에서 2년만 머무르지만, 이 신앙심 깊은 수녀들은 병원도 없는 이곳 수녀원에서 생을 마칠 때까지 머문다. 수녀원 예배당에서 본 여러 가지 일들은 선교사들과 개종자들이 보이는 '죽기까지 충성'을 떠올리게 한다. 19세기에 들어서만도 베트남의 세 명의 왕[177]이 서로 경쟁이라도 하듯 유럽인, 현지인을 가리지 않고 선교사들을 모조리 살해하며 기독교도를 박해했다. 1841년 왕[178]은 모든 선교사를 익사시키라는 칙령을 내렸고, 1851년 그 뒤를 이은 왕[179]은 선교사를 숨겨 주는 자는 누구를 막론하고 신체를 반으로 자르는 극형에 처하라고 명했다. 이러한 칙령에 따른 끔찍하고 피비린내 나는 기독교 탄압은 프랑스가 베트남 응우옌 왕실에 기독교를 관용하도록 압력을 행사할 때까지 이어졌다. 수녀들은 이곳 기독교도를 7000명으로 추산하며, 프랑스의 보호령인 캄보디아는 물론 코친차이나에서도 기독교의 미래가 밝다고 내다봤다.

나는 프랑스 식민지 코친차이나를 부러워하지는 않는다. 나의 세 명의 정보원에 따르면, 유럽인은 이곳의 기후에 결코 적응할 수 없으며, 백인 아이들 대부분은 태어나 얼마 살지 못하고 죽는다고 했다. 바닷가와 강변에는 심각한 열병이 창궐하며, 유럽인에게 치명적인 이질은 전역에서 골칫거리다. 이곳은 평균기온이 섭씨 28.3도고, 습도도 대단히 높다. 밤에도 낮의 열기가 수그러들지 않는 열대야로 잠을 이루기 힘들다.[180]

수녀원을 나와 마차에 올라타자, 마부는 나를 예의 '관광객 코스'로 안내했다. 아시아 타운에는 힌두, 말레이, 타갈, 중국인 상인들이 다수의 베트남인과 섞여 산다. 깊은 잠에 빠진 듯, 혹은 죽어 버리기라도 한 듯 조용한 유럽인 이주자들의 동네도, 중국인과 인도인이 열대 과일과 허접한 프랑스제 상품을 파느라 시끌벅적한 시장도, 정부 타운 혹은 관가라고 불리는 곳도 둘러봤다. 그러다 날이 저물어 항구로 돌아왔고, 어둠 덕에 나는 발을 보자기로 동여맨 모습을 숨길 수 있었다. 어둠이 석양을 밀어내고 있었지만 더위는 여전히 끔찍했고, 모기 떼는 이미 증기선을 점령했다. 지친 심신을 편히 쉰다는 건 물 건너 간 일이었다. 증기선이 닻을 올리고 니파야자나무가 늘어선 사이공의 돈나이 강을 내려간다는 사실만으로도 나는 기뻤다. 메콩 강 하구의 맹그로브 숲을 빠져나온 신드 호는 카프생자크[181]를 돌아 중국해로 들어섰다.

I. L. B.

Letter 7

싱가포르
1879년 1월 19일

덥다. 정말이지 덥다. 그렇다고 푹푹 찌는 그런 더위는 아니다. 향기가 진하고 빛깔이 선명한 모든 열대 과일이 이곳에 있다. 과일은 이 땅의 습기와 열기를 빨아들여 흘러넘치는 과즙을 만들고, 작열하는 적도의 햇빛을 포획해 진동하는 향기로 바꾼다. 수레를 하나 가득 메운 바나나와 파인애플, '숫송아지의 심장'이라는 별명의 커스터드애플 등 황금색과 녹색의 과일들이 주체할 수 없는 향기를 발산한다. 이뿐 아니다. 수정처럼 맑고 따뜻한 바다는 그야말로 보물이다. 쥘 베른[182]의 소설을 읽은 뒤 꿈꾸었던 바로 그런 바다다. 검은 피부의 사내들이 흰 터빈을 쓰고 반바지 차림으로 노를 젓는 커다란 카누들이 내가 탄 배 주위에 떠 있다. 산호초는 연녹색의 깊고 맑은 바닷속에 누워 있는 듯하다. 백설 같은 흰색, 붉은색, 분홍색, 보라색의 알록달록한 가지가 고사리처럼 뻗어 난 산호숲에서 물고기들이 마치 요정이 날아다니듯 '살아 있는 불빛'을 반짝인다. 연한 장미색과 무지개색의 멋진 조개들도 자태를 뽐낸다. 이 모든 것들이 쉼 없이 약동한다. 그 어떤 모자람도 희미함도 창백함도 이곳의 일은 아니다.

나는 부두에서 싱가포르까지 3.2킬로미터를 마차로 달렸다. 극동의 황인종과 무덤덤한 풍경을 보아 온 내 눈앞에 매 순간 경이로운 신세계가 펼쳐졌다. 강렬한 열대의 그것이었다. 맹그로브 숲, 코코스야자, 바나나, 대추야자, 사고야자, 여행자야자, 나무고사리, 인도고무나무, 망고, 커스터드애플,

잭프루트, 두리안, 라임, 석류, 파인애플, 그리고 형형색색의 난초와 꽃을 피우는 온갖 덩굴들까지. 빨리 끝없이 자라는 식물은 무성하다 못해 숨이 막힐 지경이다. 생동하는 녹색에는 봄날의 담록淡綠과 여름의 벽록碧綠, 야자나무 솜털의 유록柳綠이 뒤엉켜 있다. 이 녹색들이 밤이면 소나기와 이슬에 젖고 낮이면 뜨거운 햇볕을 쐬며 날마다 찬란함을 더한다. 그리고 온갖 원숭이들과 빛나는 깃을 자랑하는 새들이 그 녹색의 밀림 속을 누빈다. 이곳에선 인간과 정글의 끝없는 전투가 벌어진다. 정글은 싱가포르의 해안까지 뻗쳐 있다.

나는 나무 그늘 아래 객실이 띄엄띄엄 떨어져 있고 개미가 들끓는 호텔에 묵었다. 아침 식사를 막 끝냈을 때 해협식민지 식민장관 세실 스미스[183]가 그의 아내와 함께 호텔로 찾아와 친절하고도 사려 깊게 향후 계획을 알려 줬다. 그리고 잠시 뒤 소개장도 받은 바 없는 생면부지의 한 사내가 오더니 내 짐을 챙겨 나를 자신의 저택으로 데려갔다. 싱가포르의 유럽인 저택은 대체로 비슷하다. 그 사내의 집도 아주 깊숙한 베란다와 곳곳에 푼카가 달린 천장 높은 거실, 유리가 없는 창, 벽돌 바닥, 햇빛과 파리를 막기 위한 블라인드와 대나무 발(대나무를 가늘게 쪼개 엮은 블라인드) 등을 갖췄다. 적도의 열기는 "살가죽을 벗겨 내고"[184] 싶은 생각이 간절하게 만들기도 하지만, 일본의 눅눅한 한여름처럼 사람을 지치게 만들지는 않는다.

예상에 없었기도 하거니와, 급조된 말레이 반도의 술탄국 탐사가 과연 제대로 되기나 할지 걱정이 앞선다. 서로 다른 이들이 잡아 놓은 일정들이 잘 맞아떨어질 것 같지도 않다. 탐사는 마치 이루어질 것 같지 않은 미래의 일처럼 느껴졌다. 그런데 어제 나를 자신의 집으로 데려온 그 사내가 사무실에서 내게 짤막한 '통보'를 했다. 중국인 소유의 증기선 한 척이 오늘내일 말라카로 떠나는데, 그 배를 탈 것인지 내 의향을 묻는 거였다. 가부를 결정하기 위해 내게 주어진 시간은 달랑 5분. 주저 없이 가기로 결심했다. 나는 문명으로부터의 탈주가 가능할 때 망설인 적이 없다. 여행 경비와 소개장을 제때 받을 수만 있다면 떠나겠다고 회신을 하고, 세실 스미스의 집에서 저녁 식사를 했다. 그들과의 저녁 식사 자리는 유쾌했다. 지적인 분위기여서 문명이라는 것이 그렇게 참을 수 없는 것만은 아니라는 생각이 들었다. 필요한 편지와 소개장, 이번 탐사를 위한 여러 가지 안내 정보를 얻은 나는 밤 10시 반이 넘어서야 숙소로 돌아왔다. 밤하늘에는 성운 사이로 별이 총총했다. 금가루를 뿌리고 금을 상감한 일본 칠기를 보는 듯했다. 습하고 더운 대기에는 꽃향기가 진동했다.

싱가포르는 영국 해협식민지의 수도이자 총독 관저가 있는 곳이다. 상업적으로는 물론이고 군사적으로도 중요해 수비대와 방어 시설을 갖추고 군함들도 수시로 순시한다. 중국계가 절대 다수를 차지하는 시끌벅적한 다인종 이민자 사회에 '영국의 북소리'가 질서를 부여한다. 해협식민지 총독은 영국의 직할 식민지인 말라카와 페낭의 부총독들을 지휘하며, 영국의 보호령인 숭에이 우종, 슬랑오르, 페락 등 말레이 반도의 왕국 세 곳도 관할한다. 이들 보호령을 사실상 통치하는 영국 주재관Resident[185]도 해협식민지 총독의 영향권 아래 있기 때문이다.

혹여 이 편지에서 싱가포르에 대한 설명이 너무 소략하다고 느낀다면, 그것은 두 가지 이유에서다. 하나는 이미 잘 알려진 이 도시에 대해 미주알고주알 더 첨언하고 싶은 마음이 별로 없다는 점이다. 다른 이유는 나의 관심이 사람을 압도하는 녹음과 만화경 같은 빛깔들, 다수를 차지하는 중국계, 넘쳐 나는 환대에 온통 쏠려 있기 때문이다.

나는 이곳이 섬이라는 사실을 거의 깨닫지 못한다. 해안까지 숲이 뒤덮고 있기도 하거니와, 길이 43킬로미터, 너비 22킬로미터의 싱가포르 섬 남쪽 끝에 도시 싱가포르가 자리 잡고 있기 때문이기도 하다. 싱가포르에서 남쪽 110킬로미터 아래로 적도가 지나간다. 그런데도 사람의 건강을 해칠 정도로 덥지는 않다! 전체적으로 야트막하고 기복도 심하지 않다. 섬의 가장 높은 곳인 부킷 티모르Bukit Timor, 즉 주석 언덕은 해발 158미터에 불과하다. 이곳의 가장 심각한 문제는 호환虎患이라 한다. 해마다 300명 가까이가 호랑이에 물려 목숨을 잃는다. 사냥으로 호랑이를 멸종시켰다고 해도 이내 다시 출몰한다. 호랑이들이 말레이 반도 남단의 술탄국 조호르에서 좁은 해협을 헤엄쳐 싱가포르로 건너오기 때문이란다. 홀로 작업하는 중국계 노동자들이 주로 호랑이의 습격을 당하는 탓에 적어도 신문 지상에서는 호환이 끔찍한 일로 다뤄진다. 거북도 아주 흔해 이곳에선 거북탕이 값비싼 요리가 아니며, 거북 고기를 파는 고깃간이 흔하다.

비가 자주 온다. 공식적으로 강우 일수는 연간 200일이라고 하지만, 비가 오지 않는 날이 없다고 봐야 한다! 강우량은 연간 2200밀리미터로 많은 편이 아니다. 이곳의 짙은 녹음을 적시는 것은 대기 속의 풍부한 습기다. 싱가포르엔 물론 계절이 없다. 더위의 정도만 다를 뿐인데, 수은주는 평균 섭씨 26.6도에서 28.8도 사이에 머문다. 기온이 많이 떨어져 봤자 21.7도고, 많이 올라 봤자 32도 정도다. 이곳 사람들은 말레이식 돗자리 위에 맨살이 들러붙지 않게 해 주는 시원한 자리를 깔고 잠을 자지만, 어떤 이들은 맨 돗자리 위에서 자기도 한다. 밤새 푼카의 부채질 아래서 호사롭게 자는 이들도 있다. 부드러운 해풍과 육풍이 밤낮으로 바뀌어 불어 더위를 다소 씻어 주기는 한다. 하지만 숨 쉬기조차 힘든 이곳의 찜통더위 속에 있자니 동북아시아의 세찬 바람이 이내 그리워진다.

군사 기지로 군함이 늘 드나드는 싱가포르는 변화가 많은 사회다. 해협 식민지 정부의 관리들은 공직자 사회를 형성할 정도로 수가 많다. 영국인과 독일인, 프랑스인, 미국인 무역상들이 하나의 계층을 이룬다. 넘쳐 나는 유흥과 환락이 이곳의 생활을 참을 수 없게 만들기도 한다. 내가 보기에, 이러한 열대 식민지에서 살아가는 여성 대부분은 귀국할 날만 손꼽아 기다리며 하루하루를 견디고 있다! 유흥과 환락에 젖은 사내들과 달리 여인네들에게 이곳은 지겹고 무의미하다. 그들에겐 삶은 없고 단지 생존만 있을 뿐이다.

내가 관찰한바, 싱가포르에 거주하는 유럽인의 활력을 보여 주는 징표는 편지 쓰는 일이다. 그들은 마치 사활이 걸린 듯 몰두한다. 요청이나 초대를 하면, 이곳에서는 이런 답변이 돌아오기 일쑤다. "어쩌지요. 오늘 편지 부치는 날이잖아요. 아시죠?"라거나, "편지 쓰는 중입니다.", "써야 할 편지가 산더미처럼 밀렸네요.", "편지를 부치기 전까진 꼼짝할 수 없답니다." 등의 답변 말이다. 가히 필사적이다. 심지어 평범한 영국 여인들조차 '고국의 친구들'에게 편지 쓰기에 여념이 없을 정도다. 싱가포르의 유럽인이 편지 쓰기에 몰두하고, 우체국 마감 전에 편지를 부치려 달려가는 야단법석을 1년에 한두 번 하는 일로 생각하면 오산이다. 이는 거의 매주 벌어지는 싱가포르의 일상이다! 우편 증기선을 통해 배달되는 유럽의 우편물을 받는 일도 이곳 사람들을 흥분시킨다. 그 우편물에 실린 정부 정책이나 업계의 소식은 이미 4주 전에 전보를 받아 알고 있는 건데도 그렇다.

미국인은 샌프란시스코[186]의 급속한 발전을 자랑하고, 영국 왕실은 호주의 멜버른[187]이 그에 못지않다고 말한다. 하지만 자랑하자고 들면, 싱가포르를 빼놓을 수 없다. 1818년만 해도 이 섬은 원시림에 뒤덮여 있었고, 강어귀에 어부와 해적 몇 명이 고작이었다. 1819년 스탬퍼드 래플스 경의 혜안으로 이 섬은 자유항이 됐고, 1824년 영국 동인도회사가 조호르 술탄으로부터 이 섬을 공식적으로 할양받았다. 1867년에는 영국 왕실의 직할 식민지로 바뀌었으며, 말라카·페낭을 아우르는 해협식민지의 수도가 됐다.

홍콩의 빅토리아와 마찬가지로, 싱가포르도 자유항이다. 이곳을 드나드는 무역선이나 상인들은 세관의 번거로운 통관 절차를 걱정하지 않아도 된다. 선박에 부과되는 세금이라고는 등대 유지비 명목으로 걷는 화물 톤당 1.5퍼센트의 항구세가 전부다. 싱가포르의 수출 품목만 봐도 이곳이 얼마나 무역이 활발한지를 알 수 있다. 설탕, 후추, 주석, 너트멕, 메이스, 사고, 타피오카, 쌀, 소가죽, 쇠뿔, 라탄 가구, 구타페르카, 인도 고무, 감비아, 담마검, 커피, 염색 재료, 담배 등이 싱가포르에서 교역된다. 적토로 되어 있어 비옥해 보이기는 하지만, 싱가포르의 산물은 후추와 감비아[188]가 고작이다. 그런데도 이처럼 다양한 물품이 수출된다는 것은 이곳이 바로 거대한 중계 무역항entrepot, 즉 교역의 거점이라는 뜻이다.[189]

관세를 물리지 않는 탓에 싱가포르의 고민은 식민지 정부의 세원을 어떻게 확보할 것인가다. 부족한 세수를 메우기 위해 싱가포르 식민 당국은 인지세와 토지세를 부과하는 한편, 아편과 술 등 특정 소비재의 거래에 전매제를 실시하고 그 전매권을 민간에 판매하는 방식을 취한다. 이처럼 개인, 특히 중국인에게 전매권을 팔고, 전매권을 확보한 개인이 정부를 대신해 소비세를 납부하는 방식을 '징세청부제revenue farming'라 한다. 싱가포르 식민 당국에게는 징세청부제 수입이 인지세나 토지세보다 훨씬 중요하다. 어쩌면 영국에선 적도 인근의 남쪽에도 '징세청부인farmer'이 있다는 소리를 듣는 게 어리둥절할 수도 있겠다.[190] 싱가포르 식민지 정부는 연간 50만 파운드의 세수를 확보하고, 10만 파운드의 재정 적자를 냈는데, 이는 젊은 식민지로서는 나쁜 실적이라 할 수 없다.

해협식민지 항구들이 번성하면서 자유 무역업자만 혜택을 본 게 아니다. 자유항 덕분에 캔버스 롤 배낭[191]과 글래드스톤 가방[192]만 든 나와 같은 여행자들도 세관의 짐 검사를 위해 빳빳한 가죽 끈을 풀었다 묶었다 하는 수고를 덜 수 있게 되었다. 세관원이 아무리 친절하다고 해도 통관 절차라는 건 언제나 사람을 지치게 만든다.

싱가포르의 공무원 집단은 상당히 크다. 식민지 정부가 자체적으로 모든 일을 처리할 수 있는 직할 식민지는 관리들에게 천국이나 다름없다. 아울러 동아시아의 영국 식민지 관리들의 품성, 즉 명예심과 정의로운 단결심, 자신이 관할하는 다양한 인종으로 구성된 주민의 안녕을 보장하고 좋은 정부를 만들겠다는 뚜렷한 책임감 등은 식민지 의회 못지않게 식민지 정부를 훌륭하게 견제하는 요인으로 보인다.

해협식민지 정부는 총독 윌리엄 로빈슨 경[193](1884년 현재는 F. A. 웰드 경) 아래에 8명으로 구성된 집행위원회, 9명의 관료와 6명의 민간인으로 구성된 입법위원회를 각각 두고 있다. 의회격인 입법위원회에는 싱가포르에서 가장 부유하고 공적 의식이 충만한 중국계 저명인사 미스터 홤포아 Mr. Whampoa[194]도 민간인 위원으로 활동한다. 행정은 총독 직속의 장관과 차관이 관할한다. 행정부에는 식민부를 중심으로 중국인 호민관서,[195] 토지, 출판, 재무, 우정, 공공사업 조사, 해양, 법무, 검찰, 지방,[196] 경찰, 종교, 교육, 의료, 형무소 등을 관장하는 부처가 있다.

활력 넘치고 변화가 심한 싱가포르에도 보고 또 봐 편지나 우편물이 너덜너덜해지고, 새로운 군함의 입항이나 외국 왕자의 방문과 같은 귀가 솔깃해지는 사건도 없고, 미스터 홤포아와 조호르 마하라자의 환영 만찬 가십도 시큰둥해질 때가 있다. 이럴 때 싱가포르 관가官街의 인사 뒷얘기가 사교계의 입방아에 오른다. 아무개가 승진할 것인지, 한다면 언제쯤일지, 누가 귀국하게 될지, 아무개는 월급을 얼마나 저축했는지, 자질이 더 뛰어난 그이 대신 저이가 슬랑오르나 페락으로 가게 된 데에는 어떤 입김이 작용했는지, 아무개가 대행을 맡을지 맡지 않을지, 아무개가 1~2년 휴가를 떠나게 될지, 아무개가 비운 자리를 누가 메우게 될지 아니면 그 자리를 없앨지 등등 끝도 없는 관측들로 웅성거린다. 이런 쑥덕거림이 여느 곳과 마찬가지로 유럽인의 사업을 혁명적으로 바꿔 놓은 전보통신만큼이나 완벽하게 싱가포르의 사회를 촘촘하게 휘감고 있다.

싱가포르 섬은 싱가포르 시만큼 흥미진진하지는 않다. 후추와 감비아 플랜테이션이 확장되면서 빽빽한 밀림이 사라지고 있다. 농원의 노동자는 물론 밀림의 벌목공도 중국인이다. 이곳의 체감 온습도는 큐 왕립식물원[197]에서 가장 덥고 습한 열대 온실보다 더하다. 게다가 무더위를 좋아하는 온갖 곤충이 들끓는다. 사람에게 주는 피해 정도로 보자면 모기가 첫째고 그 다음이 개미다. 야자나무와 낙엽과 나무껍질 더미는 개미 애벌레가 자라기에 최적의 환경을 제공한다. 식생은 풍부하며, 거대한 숲의 나무들이 빚어내는 어두침침한 녹색의 그늘 속에는 온갖 고사리류와 칼라듐,[198] 기생 식물들이 자란다. 길을 뚫고 지속적으로 관리하지 않으면 등나무 덩굴 탓에 밀림으로 들어갈 엄두도 내지 못한다.

내가 본 싱가포르 섬은 식민장관의 관저에서 하루를 보내고 길을 걷거나 마차를 타고 둘러본 게 전부다. 도시의 거리는 다양한 민속의상이 빚어내는 알록달록한 색채로 가득하다. 이 거리에선 식민지를 통치하는 백인이 아무런 우위도 드러내지 못한다. 꼴사납고 우아함이라곤 눈곱만큼도 없는 서양식 정장을 입은 백인 남자들과, 유쾌하지도 예술적이지도 않은 백인 여자들은 이곳에서 영국의 칙칙하고 창백한 거리 풍경을 떠올리게 할 뿐이다. 레반트[199]에서 중국까지를 아우르는 동양의 전통의상들이 거리에 가득하다. 새틴과 브로케이드 같은 비단이나 흰색 모슬린으로 만든 외투를 걸치고 붉은빛이 도는 '바버릭 골드'의 황금으로 멋을 부린다. 순백의 파시교도, 짙은 색의 고급 비단을 걸친 유대인과 아랍인, 진홍색과 흰색 옷으로 치장한 클링인, 커다란 흰색 터번에다 흰색의 긴 바지와 휘장을 걸치고 심홍색 비단 허리띠를 두른 인도 뭄바이 출신 상인들, 스커트처럼 허리에 두르는 전통의상 사롱sarong을 걸친 말레이인, 큰 키에 순백의 마드라스 모슬린 옷을 입고 고전적인 휘장을 걸쳐 거대한 석상처럼 보이는 풍채 좋은 시크교도가 뒤섞여 있다. 여기에 푸른색이나 갈색 무명옷을 입은 쿨리에서, 거품처럼 오글오글하게 짠 실크 크레이프와 값비싼 브로케이드로 멋을 부린 부자 상인에 이르기까지 다양한 계층의 중국인이 환상적인 섞임의 거리 풍경을 빚어낸다.

이곳 싱가포르에서 영국인은 식민지의 지배자로서 권세는 누리지만, 수적으로 미미할뿐더러 시각적으로 아무런 감흥도 주지 못한다는 점이 명약관화하다. 싱가포르 전체 인구 13만 9000명 가운데 8만 6000명이 중국인이다. 중국인은 다수일뿐더러 싱가포르를 중국인의 도시로 여기게 할 만큼 부유하고 중요한 존재다. 영국이 싱가포르를 점령한 이래 말레이 반도에서 건너온 말레이인이 2만 2000명에 이른다. 말레이인은 뛰어난 뱃사공과 어부며, 싱가포르 경찰의 중추기도 하다. 영국의 지배를 선호하는 파시교도 상인들은 동아시아의 다른 교역 도시에서와 마찬가지로 이곳에서도 존경받는 상인 계급으로 자리 잡았다. 자바 출신 이민자들은 적지 않은 수가 시종이나 선원으로 일한다. 일부 자영업자나 상점 점원의 대부분은 말라카에서 건너온 포르투갈인이다. 보르네오, 수마트라, 셀레베스, 발리 등 말레이 제도의 여러 섬 출신 이민자들도 싱가포르 다인종 사회에 섞여 있다. 세탁업자나 마부는 주로 인도 벵골 출신 이주자들이다. 유대인과 아랍인은 장사 수완과 축재에 능하며, 어디서나 그렇듯이 영악하고 약삭빠르다는 점에서 중국인에 필적할 만한 유일한 존재다. 싱가포르로 몰려와 다양한 국적의 이민자들과 어울려 사는 인도인 1만 2000명 가운데, 인도 남동부 코로만델 해안Coromandel coast에서 이주한 클링인은 수도 많고 중국인 다음으로 눈에 띄는 동양인이다. 영국 식민 당국은 클링 여성 이민을 제한하지 않고 있어, 거리의 군중 속에서 외모도 출중하고 베일도 쓰지 않은 클링 미인들을 자주 만날 수 있다.[200]

클링인은 활동적이고 부지런하다. 그러나 이들은 싱가포르 다인종 이민 사회에서 두각을 나타내는 중국인만큼 재빠르게 기회를 포착하는 기질을 타고나지는 못한 것 같다. 이곳의 말레이인과 클링인은 상인으로서나 경제적·사회적으로나 성공하진 못했다. 클링인은 주로 멋쟁이 뱃사공, 개리의 마부, 소액을 빌려주고 비싼 이자를 물리는 고리대업자, 과일 장수, 구멍가게 주인, '전보' 배달꾼 등 그들의 평범한 능력에 맞는 유용한 일을 수행한다. 이들은 세상이 정상적으로 굴러가는 한 결코 남을 해코지할 사람은 아니라는 평을 듣는다. 클링인은 주먹다짐을 하거나 패거리를 짓지 않으며, 경찰과 대치하는 법도 없다. 하지만 이들은 매우 시끄럽고 살벌하게 말싸움을 벌이며, 입에서 튀어나오는 욕설의 가짓수가 이루 헤아릴 수 없을 정도라고 한다. 클링 남자들의 외모는 대단히 근사하다. 몸이 유연하고 활동적이며, 가볍게 옷을 걸쳤을 때 맵시가 정말 볼만하다.

클링 여성은 대체로 아름다운데, 얼굴도 얼굴이지만 몸매와 행동거지가 그렇게 우아할 수 없다. 나는 클링 여성들의 감히 흉내 낼 수도 없는 우아한 몸짓을 넋을 잃고 바라보느라 시간 가는 줄 몰랐다. 클링 여성은 달걀형 얼굴에 앞이마가 낮고, 눈동자는 검고 맑으며 코는 오뚝하다. 단지 누구나 하고 있는 보석 코걸이는 눈에 거슬린다. 이들의 입술은 풍만하지만, 너무 두껍지도 거칠지도 않다. 자그마한 머리는 가늘고 긴 목과 절묘하게 어울린다. 작은 두 귀에 두세 개의 고리 모양 귀걸이를 한다. 윤기가 흐르고 구불구불한 검은 머리카락은 앞이마 쪽으로 낮게 흘리고 뒤로 묶어 그리스식 매듭을 짓는다.

클링 여성이 입는 옷, 그러니까 천을 주름 지게 몸에 두른 드레이퍼리는 신비 그 자체라 하겠다. 재단과 재봉을 하지 않고도 신체를 완벽하게 감쌀 뿐만 아니라 우아한 행동거지에 아무런 방해도 주지 않기 때문이다. 9미터 길이의 부드러운 흰색 모슬린이나 붉은색 천으로 가슴과 다리를 절묘하게 감싼 뒤 솜씨 있게 허리에 묶는 방식이다. 한쪽 어깨와 팔은 드러내는 게 보통이다. 클링 여성의 복장에서 서양 복식 기준으로 속옷이라고 부르는 부분은 짧으며 — 속옷이란 말은 드레이퍼리의 우아함을 폄하하는 말이기도 한데 — 이 때문에 잘록하고 둥근 발목과 높은 발등, 작은 발이 잘 드러난다. 클링 여성은 키가 크고 화살처럼 꼿꼿하며 팔다리가 길고 통통하다. 용모는 수수하고 소심해 보이지만, 걸음걸이는 움직이는 시詩라고 해도 과언이 아니다. 그녀들은 앞서 언급한 드레이퍼리를 두르고 빚은 것 같은 몸매와 우아하면서도 편안한 자태로 길 위를 미끄러지듯 걷는다. 짙은 색 항아리를 머리에 이고 정교한 조각 같은 팔을 들어 아름다운 손으로 가볍게 받친, 훤칠하고 우아한 클링 여인은 하나의 아름다운 오브젝트object이자, 고전적 형식미와 동작의 우아미와 예술적 색채미가 한데 어우러진 열대 태양의 피조물이라고밖에 달리 말할 길이 없다. 나는 클링 여성들이 운동과 일에 치여 백짓장처럼 창백한 유럽인 여성을 보며 과연 무슨 생각을 할지 궁금하기만 하다. 높이 추켜올린 머리와 주름 장식으로 멋을 부렸지만 우아함이라곤 찾아볼 수 없고, 높은 굽에 꽉 끼는 부츠를 신고 고통스럽게 뒤뚱거리며, 일본 술병처럼 몸매를 왜곡하고 열대 기후에 전혀 적합하지도 않은 옷을 입고서는, 움직임도 어색할뿐더러 건강과 편안함과 아름다움을 스스로 희생시키는 유럽인 여성들이 클링 여성들의 눈에 어떻게 비치겠냐는 말이다.

싱가포르 거리의 모든 것들이 경탄을 자아낸다. 사람들이 동양적 삶의 일부라고도 하고, 내가 폴리네시아에서 직접 보기도 했던 빈둥거림이랄지 속세를 초월한 듯한 태도를 이곳에서는 찾아볼 수 없다. 피부색이 황색이든 갈색이든 황갈색이든, 까무잡잡하든 새까맣든 이곳 남자들은 누구나 한 푼이라도 더 벌기 위해 안간힘을 쓴다. 이들은 바쁘고 부지런하고 근검하고 분투하고, 저마다의 신앙에 관계없이 복을 가져다준다는 신 다이코쿠大黑를 떠받든다. 이러한 역동성과 민첩성과 성실성에도 불구하고, 중국인을 제외한 다른 이민자들의 움직임은 우아하고 부드러우며 있는 듯 없는 듯하다. 이들의 까무잡잡한 얼굴에선 표정이 읽히지 않는다. 황소의 그것처럼 이들도 검고 맑은 눈동자를 지녔지만, 그 속이 들여다보이지 않는 것이다. 이를 아시아인의 신비라고 해 두자.

싱가포르에서 지루하고 하품 나오게 만드는 게 있다면, 그건 바로 유럽인이다. 그들은 상점 주위에서 북적이지 않는다. 사무실의 블라인드 뒤에 파묻혀 있거나 포장마차를 타고 거리를 돌아다니는 유럽 상인은 거의 찾아볼 수 없다. 유럽인의 방갈로는 대부분 시가에서 멀찍이 떨어진 숲속에 자리 잡고 있는데, 활력도 없고 덩그러니 넓기만 하다. 그 저택에서 유럽인 여자들은 날이 갈수록 창백해지며, 삶의 의욕을 반쯤 잃어버린 채 언제 어디서나 나타나 부채질을 하는 푼카꾼들 덕에 간신히 연명하고 있다. 편지 쓰기가 이 여인들의 유일한 활동이자, 유일한 낙이다. 유럽 여인들은 특정 시간이면 마차를 타고 뻔한 길을 달린다. 일주하는 데 마차로 두 시간쯤 걸리는 해안가 산책로esplanade를 따라 도는 게 보통이다. 이 시간이면 산책로에는 두 줄로 나란히 마주 보고 달리는 화려한 마차들이 꼬리에 꼬리를 문다. 마차의 수와 탑승한 여인들의 사치는 깜짝 놀랄 만한 수준이다. 그런데도 사람들은 싱가포르의 행운과 부는 이제부터가 시작이라고들 말한다! 시간을 죽이는 일은 일상적인 마차 산책만 있는 게 아니다. 유럽인 여성들과 관리들, 무직無職이라 해야 마땅할 유럽인 남자들은 팀파니를 두드리거나 춤을 추거나 잔디 테니스를 즐기거나 하며 다양한 방식으로 시간을 보낸다. 수은주가 섭씨 26.6도를 가리키는 곳에서 말이다! 게다가 말레이 반도 남단의 작은 술탄국인 조호르의 마하라자Maharaja[201]가 주최하는 파티도 있다. 영국에 충성을 다하고 영국 정부의 총애를 받는 조호르의 마하라자는 싱가포르에 거처를 뒀는데, 그가 주최하는 성대한 파티와 만찬은 싱가포르 사교계의 주요 관심사다.

온갖 인종들이 뒤섞인 싱가포르의 풍경 중에서도 압권은 원주민 거리고, 거기서도 무엇보다 흥미로운 건 개방된 점포들이 끝없이 줄지어 있는 바자bazzar다. 상점들은 보도 쪽으로 길게 차양이나 발을 쳐 대낮에도 어둑한 석양의 분위기를 연출한다. 그늘진 골목길 같은 상가를 따라 파는 자와 사는 자의 무리가 흥정을 벌인다. 중국인 점원들은 그들이 받고자 하는 가격에서 약간만 더 올려 부르지만, 클링인은 언제나 두 배로 불러 놓고 흥정을 시작한다. 시장의 번잡함과 소음은 대단하다. 연신 울리는 종소리와 빠르게 둥둥거리는 북소리가 여러 인종들의 강렬한 고함과 뒤섞인다. 이 거대한 도시는 그렇게 이교도[202]의 도시가 된다. 중국인 사당, 힌두 사원, 이슬람 모스크가 서로 잇닿아 있다. 힌두 사원의 형언하기 힘든 왁자지껄함과 중국인 사당의 소음이 뒤엉키고, 그 사이로 이슬람 사원의 첨탑minaret에선 마호메트의 소명과 유일신에 대한 믿음을 고백하는 기도 시간임을 알리는 새된 외침이 터져 나온다.

이처럼 거대하고 복잡하고 다채롭고 분주하고 다양한 동양 인종을 한 가지 관념觀念, idea로 설명할 수 있다면 얼마나 좋을까만, 그건 가당치도 않은 일이다. 클링인과 중국인의 오래된 장터, 우무에서부터 물·야채·수프·과일·튀긴 생선까지 이고 지고 악다구니를 쓰며 파는 행상들, 일자리를 얻고자 웅성거리는 쿨리와 뱃사공과 마부의 무리, 교외의 말레이 캄퐁과 중국인 촌락, 유럽 여인네들이 애지중지하는 섬세한 레이스나 속이 비치는 얇은 비단과 정교한 주름 장식 따위를 수백 명의 벵골 출신 빨래꾼들이 거대한 돌판 위에서 무자비하게 두드려 빠는 세탁장, 쉴 새 없이 윙윙거리며 돌아가는 공장, 싱가포르를 중국인의 도시로 변모시켜 가는 못 말릴 중국인 등에 대해서 말이다. 갑작스럽지만 이만 줄이겠다. 더 지체하다가는 이번 증기 우편선에 이 편지를 부치지 못하기 때문이다.

I. L. B.

Letter 8

말라카, 증기선 '레인보우' 호
1879년 1월 20일

나는 어제 세인트 앤드루 성당의 미사에 참석했다. 근사한 식민지풍의 이 성당은 바다에 접한 숲속 넓은 초지 위에 아담하게 자리 잡았다. 제단 뒤쪽 둥근 지붕의 반원형 애프스apse에만 스테인드글라스로 창을 내고, 옆면 벽의 채광용 창을 비롯한 다른 창문은 유럽의 집들과 달리 유리를 쓰지 않고 나무 블라인드로 처리했다. 성당 천장에 설치된 32개의 푼카를 움직이는 건 인도인 이주자들이다. 이들 푼카꾼 가운데 나폴리박물관의 헤르메스 동상[203]을 꼭 닮은 이가 성당 바깥에 쭈그리고 앉아 있었다. 미사는 간결했고 음악도 훌륭했다. 그런데 '테 데움Te Deum'을 찬송할 때였다. "왕 되신 주께 영광 돌리세."가 울려 퍼지는 대목에서, 대부분 독실한 무슬림인 푼카꾼들의 구릿빛 얼굴이 내 눈에 들어왔다. 나는 19세기에야 이곳에 기독교가 전래되었다는 사실을 새삼 실감할 수밖에 없었다. 신학박사 학위를 가진 스리랑카 출신 신부의 강론이 이어졌다. 성찬 예배에 들어가려 할 때 우리 일행은 성당을 빠져나와야 했다. 레인보우 호가 곧 출항한다는 거였다. 우리는 멋진 클링 뱃사공 여섯 명이 노를 젓는 보트를 타고 레인보우 호에 승선했다.

레인보우 호는 소형 증기선이다. 선장은 포르투갈인과 말레이인 혼혈이고, 승무원과 승객은 모두 중국인이었다. 기관사는 웨일스 출신으로 친절했다. 신사도를 내세우는 그는 "나는 가족이 있는 남자로, 숙녀를 편하게 모시는 것보다 더한 기쁨은 없답니다."라며 내게 안락한 항해를 약속했다. 레인보우 호에서 내가 정말이지 약소하게라도 안락함을 누릴 수 있었다면, 그것은 전적으로 기관사의 호의 덕이다. 아담한 선교船橋에서 출항을 기다리는 시간은 지루하진 않았다. 배 위에서 바라다보이는 싱가포르 항구의 풍경이 근사했다. 검정색 선체의 둔중한 증기선들이 유럽에서 싣고 온 물품을 작은 배에 하역했다. 말레이 쾌속 범선인 프라후prahu는 크기는 달라도 모양은 한결같았는데, 이물과 고물이 모두 뾰족하고 이물에는 광저우와 코친차이나의 범선처럼 눈동자가 그려져 있다. 프라후들은 몸체에 비해 커다란 돛이 힘겨운 듯 뒤뚱거렸다. 나룻배들은 조각 같은 클링 미남 사공들이 노를 젓는다. 홍해에 면한 사우디아라비아의 항구 제다Jeddah에서 출발한 증기선에서는 민속의상을 잘 갖춰 입은 메카 순례자 600명이 하선했다. 항구의 어떤 보트에는 순백의 모슬린 옷을 우아하게 걸치고 심홍색 터번을 두른 남자들이 탔다. 푸른색 우산을 활짝 펼친 어떤 보트에는 이마에 카스트의 상징을 새긴 브라만이 가득했다. 이 모든 것들이 해안을 따라 코코스야자나무가 무성한 황금의 베일 속으로 향했다.

레인보우 호는 강한 뒷바람을 받으며 오후 4시에 출항했다. 숲이 우거진 작은 섬들을 지나자 말라카 해협으로 들어섰다. 바다는 너무나 잔잔했다. 후끈거리고 파도조차 일지 않는 바다 위로 화염 같은 태양이 내리쬐었다. 꼭대기 조종실에 나와 선장, 기관사를 위한 저녁상이 차려졌고, 근사한 카레 요리가 나왔다. 식사를 마치자 기관사는 나를 아래 객실로 안내했는데, 도저히 잠을 잘 수 있는 환경이 아니었다. 침상이 몹시 불결하고 비좁은데다 커다란 바퀴벌레까지 우글거렸고 수은주는 섭씨 31도를 가리켰다. 보다 못한 기관사는 객실 밖 선교에 매트를 깔고 베개를 가져다줬다. 친절한 기관사는 현지인 아내와 17살과 16살 아이가 있으며, 월급은 35파운드라고 했다. 그는 내게 성냥갑을 건네주며 "밤새 무슨 일이 있으면 언제든 기관실 천창天窓에다 '기관사'라고 소리만 치시라."는 위안의 말을 남기고 아래층으로 내려갔다. 여행 중에 기관사 같은 동향 사람을 만나면 언제나 마음이 푸근해진다.

레인보우 호는 말라카 해협에서 중국인의 영향력이 날로 커져 가고 있음을 방증하는 것 중 하나다. 이 배의 선주와 승무원 모두 중국인이다. 변발을 하고 흰색 면바지에 요대를 두른 날씬한 중국인 청년이 내 배표를 점검했다. 선실도 중국인이 독차지했다. 갑판에는 페락의 주석 광산에서 한밑천 잡으려는 쿨리, 즉 중국인 노동자들로 가득하다. 이들은 야위고 누렇고 차림새도 볼품없다. 아편을 피며 환각에 빠져 있다. 변발을 머리 위로 감아 올렸고 헐렁한 푸른색 면바지를 입었다. 이 배는 싱가포르 항에 들어와서도 닻을 내리지 않았는데, 쿨리들 때문이었다. 그들이 막무가내로 배에 오르려 하고, 이를 막으려 해도 소용이 없는 탓에 즉각 출항 태세를 갖추는 것만이 유일한 방법이었던 것이다. 선주는 아편과 같은 마약의 선내 반입을 금지하고, 선장과 선원에게 단속 권한을 준다. 그렇지 않았다가는 쿨리들이 아편을 너무 많이 가지고 들어오게 되고 자칫 배를 잃을 수도 있기 때문이다.

이 배에서 나는 유일한 유럽인이며 홍일점이다. 그래도 갑판 위에서 잔잔한 밤바다의 부드러운 해풍을 즐기며 편하게 밤을 보냈다. 총총한 별들 중에서 남십자성을 찾다가 잠이 들었는데, 이른 새벽에 험악한 얼굴의 중국인이 소리치는 바람에 잠을 깼다. 처음엔 내게 무슨 억하심정이라도 있나 싶었지만, 갑판 청소를 해야 한다고 소리치는 것임을 알고는 바닥에 깐 매트를 벤치로 옮겨 한잠 더 잤다. 배가 예정보다 6시간 이르게 말라카에 도착했고, 닻 내리는 소리가 다시 잠을 깨웠다.

배 위에서 본 말라카의 첫인상은 아주 흥미로웠다. 동아시아에서 가장 오래된 유럽인 도시의 하나인 말라카는 포르투갈인에 의해 건설되어 네덜란드인의 손에 넘어갔다가 지금은 영국의 관할 아래 있지만, 실질적 지배자는 중국인이다. 길게 형성된 만을 따라 코코스야자나무가 숲을 이루고, 그 숲 위로 구릉이, 구릉 너머 오른쪽으로 산맥이 이어진다. 거기가 황금이 넘쳐 난다는 오피르 산Mt. Ophir이라고 한다. 많은 사람들이 생각하듯, 성경 속의 오피르와 황금의 땅이라는 '황금 반도'가 과연 여기인 걸까? 항구의 남쪽으로는 짙은 녹음이 우거진 작은 섬들이 늘어서 있다. 눈앞에 모습을 드러낸 도시는 고색창연하다. 집들은 낮고, 지붕엔 붉은색 기와를 얹었다. 대부분 주상가옥 형태인 집들이 어수선하게 늘어서 있고, 그 주변으로 숲에 파묻힌 거대한 방갈로들도 보인다. 도시 한가운데의 언덕 꼭대기엔 극동에서 가장 오래된 기독교 교회가 아닐까 싶은 성당의 폐허가 있다. 그 성당 아래로 밝은 빛의 풀밭이 있고, 경사면을 따라 해안까지 야자나무와 레몬색을 띤 선명한 신록의 나무들이 무성한 숲을 이룬다. 언덕 뒤쪽으로 야트막한 붉은색 지붕들이 어렴풋이 보인다. 구시가의 양쪽 가장자리를 차지한 방갈로의 뾰족한 지붕이 코코스야자나무 사이로 머리를 내밀고 있다. 얕은 바다로 길게 뻗은 잔교棧橋, jetty는 예전의 활력을 잃은 모습이다. 정박한 배라곤 중국 정크선 몇 척이 고작이다. 잔교 너머로 작은 배를 타고 어망을 살피는 말레이 어부들이 보인다. 바다에는 잔물결조차 일지 않는다. 회색 구름이 밀려나고, 야자나무의 노란 솜털도 정지해 있다. 고요하고 눅진하고 꽃향기 가득한 열기 속에 바다와 하늘과 도시가 모두 잠든 듯하다.

말라카, 스타듀이스[204]
오후 4시

레인보우 호는 지금 엉성한 말레이 돛단배들에 포위당한 형국이다. 그런데 승무원들은 소리만 질러 댈 뿐 코빼기도 보이지 않는다. 어렵사리 승무원 중 한 명을 물색해 말라카 총독[205]에게 내 명함과 소개장을 전달하게 했다. 그로부터 한 시간쯤 뒤 선장이 내게 이르기를, 말라카 총독은 통상 월요일 아침 일찍 이틀 일정으로 지방에 내려간단다. 조짐이 불길했다. 게다가 곧이어 선장과 기관사가 뭍으로 가는 바람에 나는 말 한마디 통하지 않는 중국인과 말레이인 사이에 홀로 남겨졌다. 숨 막히는 더위와 엄습하는 불안과 더해 가는 허기 속에서 세 시간이 흘렀다. 배가 고파 죽을 지경이었고, 아무도 가지 않을 길을 탐사하겠다고 즉흥적으로 내린 결정이 너무 성급했던 게 아니었을까 하는 의심이 스멀스멀 올라오던 참이었다. 그때 유럽식 보트 한 척이 나타났다. 수병들이 절도 있게 노를 젓는 그 보트엔 말레이인 경관 6명이 정렬했고, 꾸밈없는 표정에 구레나룻을 한 영국인이 키를 잡고 있었다. 뱃머리에는 흰색 옷에 주홍색과 황금색 장식의 모자를 쓰고 현장懸章을 단 시종 두 명도 보였다. 레인보우 호의 옆면에 다가온 그 배에서 흰색 군복을 입은 한 사내가 올라왔다. 이름은 빅스Biggs, 직책은 군목軍牧. 그는 자리를 비운 말라카 총독을 대신해 나를 영접 나왔노라고 했다. 승무원을 통해 전달한 내 명함을 받고 곧바로 달려왔다는 말도 덧붙였다. 군목 빅스는 내 숙소를 스타듀이스에 잡아 놨다며, 이번 탐사에 대한 나의 불안감을 덜어 줬다.

나는 일행과 함께 말라카 도심 언덕 아래의 근사한 해변에 발을 디뎠다. 융단 같은 잔디 해변 위로 나무 그늘이 짙었다. '화염火焰' 또는 '숲의 불꽃poincinia regia'으로 불리는 해변의 꽃나무들은 나무줄기가 온통 고사리류로 뒤덮인 채 환상적인 꽃을 가득 피웠다. 그러나 정지되어 있고 무덥고 졸리고 꿈결 같은 열대의 말라카는 케케묵고 '한물간' 도시로 보인다. 전혀 영국적이지 않다. 정말이지 슬리피 할로[206] 그 자체다.

I.L.B.

Letter 9

말라카, 스타듀이스
1879년 1월 21~23일

이 장대하고 오래된 스타듀이스와 구세계의 적막함, 그리고 아취雅趣 물씬한 이곳의 삶은 필경 꿈결처럼 사라지고 말 테지만, 그리 된다 해도 나는 여기서 보낸 시간을 낙원Elysium[207]에서의 한때로 기억할 것이다. 한데 모름지기 낙원이라면 모기는 없어야 하지 않을까. 피에 굶주려 때와 장소를 가리지 않고 덤벼드는 녀석들, 질병을 옮기고 잠을 방해하는 이 한밤의 불청객들이 이곳 생활을 견디기 힘들게 만든다. 중국인 시종이 부주의하게도 그만 내 모기장 안으로 모기 몇 마리를 들여보내고 말았다. 모기는 한 마리만 있어도 잠을 포기해야 하는데 말이다. 밤새 모기들이 나를 못살게 한다.

내가 묵는 객실은 네덜란드풍이다. 바닥은 붉은색 네덜란드 타일이 깔렸고, 벽은 푸른색이다. 천장의 서까래는 흰색으로 칠해졌고, 문과 창문에는 롤 블라인드[208]가 달렸다. 고풍스러운 침대는 터무니없이 높다. 전체적으로 조용하며 유령이라도 튀어나올 분위기다. 짐을 풀고 나서 군목 빅스 내외와 점심을 했다. 나는 찬송가학hymnology에 조예가 깊은 빅스와 이내 격의 없이 편하게 이야기하는 사이가 됐다. 빅스 부인은 시간과 정성을 들여 어린 포르투갈인 소녀들을 가르치고 직업 훈련을 시킨다. 말라카 총독 관저를 오가려면 빅스네 방갈로를 지나쳐야 했는데, 그때마다 대문을 활짝 열어 놓은 그의 집이 덫처럼 내 발길을 잡았다.

몇 해 전에 부임한 말라카 총독 쇼[209]는 마음이 따뜻하고 솔직하고 유쾌하고 지적이며 남자다운 좋은 사람이다. 아일랜드 출신의 해군 장교인 그는 말라카의 이익을 위해 헌신했다. 배려심이 넘치고 상대를 푸근하게 하는 기질을 타고났으며, 말라카 주민들의 행복과 안녕에 비상한 관심을 기울였다. 나는 말라카에 도착해 몇 시간 지나지 않아서 그가 말라카라는 사랑스런 집의 등불과도 같은 존재라는 사실을 목격했다.[210] 그는 단호함이 요구되는 상황에서는 즉각적이고 명확한 결단을 내리지만, 일상적인 상황에서는 더없이 부드럽고 강한 부성애를 보인다. 그래서 말라카의 중국인은 그를 '아버지'라고 부르고, 말레이인은 쇼가 관장하는 영국의 통치를 '정의의 지배'로 받아들인다. 아내와 두 딸을 둔 쇼의 가정은 아주 단란하고 화목하다. 조용하고 평화로운 그네들의 삶은 내게 보통의 여행자들이 경험할 수 없는 각별한 기회를 제공했다. 나는 짧은 말라카 체류 중에 쇼의 가족과 막역한 친구가 됐다.

내가 말라카에 머무는 동안 대부분의 시간을 보낸 총독 관저는 안락하고 아담하다. 베란다가 거실보다 훨씬 넓다. 덩굴식물과 난이 꽃줄 장식을 이룬 베란다 앞쪽에는 말레이인 헌병 두 명이 늘 경비를 선다. 무뚝뚝하지만 잘생긴 벵골 출신 인도인 헌병 두 명도 배속되어 있다. 흰색 바지와 짧은 윗옷에 금색 줄무늬가 있는 진홍색 실크 휘장을 두르고, 진홍색과 금색으로 된 모자를 쓴 이들의 모습은 관저의 또 다른 볼거리라 하겠다. 이들 벵골인 가운데 한 명은 1회 여행 경비만 40파운드나 하는 메카 순례를 두 번이나 다녀온 독실한 무슬림이다. 그는 금요일이면 메카 순례를 다녀온 무슬림만 입을 수 있는 값비싼 하지 복장을 하고 출근한다. 그가 하지 차림으로 길거리에 나서면 순례를 하지 못한 무슬림은 그에게 고개를 숙여 절을 한다. 총독 관저에서는 애초부터 나의 말레이 술탄국 방문 계획을 탐탁지 않아 한다는 인상을 줬다.

총독 관저는 총독 가족이 생활하기에도 좁은 탓에 나는 오래전 네덜란드 식민지 시대에 만들어진 스타듀이스에 묵게 됐다. 예전 네덜란드의 말라카 총독 집무실이자 관저였던 스타듀이스는 나처럼 홀로 다니는 여행객이 묵기에 적합한 곳은 아니다. 너무 적적할뿐더러, 예전의 위풍당당함은 사라지고 음산한 느낌을 주기 때문이다. 스타듀이스에 대한 내 소감을 굳이 말하자면, 잘나가던 시절의 네덜란드인이 보여 준 엄격한 아름다움과 장대한 형식미가 주는 감동보다, 길고 어두운 밤에 살금살금 걷는 말레이인이나 좀도둑질하는 중국인을 마주칠 것만 같은 으스스한 느낌이 더 강한 곳이라 하겠다. 도심 한가운데의 언덕 경사면에 자리한 스타듀이스는 말라카에서 가장 눈에 띄는 건물이다. 지금은 재무부와 우정청 등의 식민지 정부 청사로 쓰인다. 이곳에는 대형 연회장은 물론 영국 해협식민지의 총독이나 대법관 등 고위 공직자들을 위한 스위트룸과 대형 응접실도 있다. 스타듀이스는 경사면을 따라 층수가 다른데, 언덕 쪽을 향한 건물의 상단은 1층에 불과하지만, 경사면 아래 시가 쪽의 하단은 3층 또는 4층이다. 위쪽 1층짜리 건물은 네덜란드풍 정원을 향해 3면이 원형으로 되어 있다. 기울어진 베란다 아래의 복도는 건물 구석구석으로 이어진다. 해안 쪽에서 멋진 계단을 따라 오르면 언덕 꼭대기에 있는 성당 아래의 잔디밭이 나오는데, 거기에 말라카 총독과 군목의 관저가 있다. 스테파노티스Stephanotis, 시계꽃, 월하향tuberose, 알라만다Allamanda, 부겐빌레아Bougainvillea 등 덩굴식물들이 어떤 것이든 감고 오르며 화려하게 꽃을 피운다. 그렇게 밤공기는 꽃향기로 가득 찬다.

내가 묵는 방은 한쪽으로는 베란다 아래의 층계로 이어지고, 다른 쪽으로는 여느 방들로 통하는 복도와 계단이 나온다. 창문은 바깥 복도 쪽으로 열린다. 말레이 반도에 있는 유럽인 저택들과 흡사하게 이곳도 침실에서 아랫방이 계단으로 연결된다. 다소 섬뜩한 느낌을 주는 벽돌 바닥의 아랫방에는 커다랗고 껑충한 중국 상하이산 도기 욕조가 있다. 하지만 내 경험에 비춰 그 욕조에 몸을 담그는 일은 없을 것이다. 더위 속에서 땀 흘려 가며 큼직한 바가지로 물을 퍼서 그 커다란 욕조에 물을 채울 수야 있다손 치더라도, 기온이 섭씨 28도인데 물 온도가 26.5도인 욕조에 몸을 담그고 싶겠는가 말이다.

이 웅장한 숙소의 가장 고약한 점은 오후 4시 이후엔 나 말고 아무도 없는 빈집이 된다는 것이다. 모든 문과 창문을 단단히 닫아걸었는데도, 어딘가 비밀 통로라도 있는지 내 방에 쥐도 새도 모르게 불쑥 들어오곤 하는 중국인 쿨리 한 명을 예외로 한다면……. 그렇다고 안전하지 않은 건 아니다. 말레이인 헌병 두 명이 밤새 일정한 간격으로 베란다 바깥을 순찰한다. 게다가 아래층엔 말라카 정부의 재무부 금고가 있어서 이를 영국인 경비병들이 지키고 있다. 나는 경비병들의 군화 발자국 소리를 상상하며 불안한 마음을 진정했다. 이른 아침마다 나는 말라카 총독의 잘생긴 집사를 보며 눈을 뜬다. 무슬림인 그는 말끔한 흰색 모슬린 옷과 붉은색 두건을 쓰고 쟁반에 차와 바나나를 담아 내 방으로 가져온다. 내 방에 연기처럼 들어오는 그 중국인 쿨리는 가정부처럼 내 시중을 드는데, 서로 말은 통하지 않지만 손짓, 발짓으로 소통은 된다.

모기들은 여기서도 극성이다. 녹색의 잔디밭, 잔잔한 바다, 해변을 따라 미동도 않는 코코스야자나무들, 좁은 시내와 다리, 도심의 예스러운 붉은 기와지붕. 스타듀이스에서 바라본 말라카의 전경은 참으로 매혹적이고 조화롭다. 그런데 이처럼 꿈속 같은 날을 한 달 내내 보내게 된다면 어떤 기분일까 하는 생각이 내 머릿속에서 떠나질 않는다. 아마도 나는 차라리 지진이나 토네이도, 혹은 뭔가 시끌벅적한 종류의 삐걱거림과 불화가 생겼으면 하고 바라지 않을까 싶다. 그렇지 않고서는 무더위와 꽃향기와 정적靜寂이 작당한 이 꿈에서 영영 깨어날 수 없을 것 같기 때문이다.

이곳에선 글을 쓸 시간이 너무 부족하다. 밤은 모기의 등쌀에 짧기만 하

〈삽화: 모깃불〉

다. 낮 시간의 일정을 마치고 저녁 식사까지 두 시간가량 쉴 요량으로 숙소에 돌아오면, 그 순간부터 모기 떼가 필사적으로 달려든다. 내가 말라카의 특징을 윤곽밖에 못 보여 준다면, 그건 순전히 모기 탓이다. 말이 나온 김에 이 말만은 꼭 하고 넘어가야겠다. 말라카는 특징이 없는 것이 특징이다! 이곳은 무덥고 정지되어 있고 꿈속 같은 '언제나 오후'인 땅이다. 모든 존재가 축 늘어져 있다. 무역은 보이지 않는 곳에서 진행된다. 교역은 해안에서 한참 먼 바다에서 이뤄진다. 영국과 프랑스의 우편 증기선들은 말라카 해협 한가운데 정박할 뿐 말라카 항구로 들어오지 않는다. 이곳에는 정치가 없다. 범죄도 거의 없어, 영자 신문에 범죄 기사는 두 줄도 채 되지 않는다. 현재의 역사로 기록될 만한 아무것도 벌어지지 않는 것이다. 말라카 총독은 7년이나 바뀌지 않았다. 군인들은 잠든 도심보다 더 깊은 잠에 빠진 외딴 부대에서 식물처럼 무위도식한다. 중국 증기선 두 척이 말라카 항구에 기항하지만 우편물을 싣고 올 때를 제외하곤, 이곳에 거주하는 소수의 영국인은 배가 들어오는지 나가는지 도통 관심이 없다. 뜨거운 햇볕 아래 눕기, 굼벵이처럼 움직이는 황소들 앞에서 느리게 걷기, 난간에 기댄 채 다리 아래를 멍하니 바라보기 따위가 말레이인이 말라카 도심에서 시간을 보내는 방식이다. 말레이인의 이런 움직임이야말로 이들에게 역동성이 결핍되어 있음을 한층 또렷하게 보여 준다.

포르투갈이 말라카를 지배했던 성 프란시스코 하비에르[211] 시대의 빛나는 과거를 기억하는 포르투갈인 혼혈들은 창문의 블라인드 뒤에서 깊은 낮잠에 빠진 것처럼 보인다. 나는 활동적인 헌병 지휘관 헤이워드와, 규칙적인 산책으로 건강을 유지하는 군목 빅스 말고는 거리에서 영국인을 본 적이 없다. 포르투갈과 네덜란드의 말라카 지배는 끝났고, 그 흔적만이 남아 있을 뿐이다. 포르투갈이 남긴 주요한 기념물이 폐허가 된 성당과 혼혈이라면, 스타듀이스와 정면이 평평한 교회 건물은 네덜란드의 유산이다.

오후에는 거의 어김없이 뇌우雷雨와도 같은 폭우가 쏟아진다. 한차례 짧은 폭우가 지나가면 총독이 탄 마차가 진홍색 복장을 한 시종들의 수행을 받으며 사고야자나무들이 줄지어 선 말라카의 거리를 천천히 돈다. 총독의 마차 행렬은 일상의 단조로움을 깨는 유럽인 나름의 파격인 셈이다. 거리엔 아무런 특색이 없다. 말라카는 작은 배들로 붐비는 좁은 수로를 사이에 두고 두 지역으로 나뉘는데, 그 양쪽을 잇는 멋진 다리도 있고, 스타듀이스 다음으로 눈길을 끄는 근사한 시계탑(다리와 탑 모두 부유한 중국인 상인들이 세웠다)도 있지만 말이다. 집들을 뒤덮은 나무와 덩굴과 과일은 연중 꽃 피고 열매 맺는다. 묵은 잎사귀 옆에 새잎이 나고 새순이 돋고 꽃이 피고 열매가 맺는 이 모든 것이 한꺼번에 일어난다. 온도계는 거의 섭씨 26도 이하로 떨어지지도, 29도 이상 오르지도 않는다. 해풍과 육풍이 정해진 시간에 정기적으로 방향을 바꾸지만 너무 부드러워 바람이 부는지조차 느끼기 힘들다. 밤은 너무나 고요하고, 낮은 감흥 없는 꿈속 같다. 내가 이곳에 온 이래로 잎사귀 한 장 흔들리지 않았고, 새 한 마리 노래하지 않았다. 바닷물은 무기력하고 소리 없는 잔물결만 일으키며 밀려왔다 밀려가기만 했다.

배들은 멀리 얕은 바다 위에서 유령처럼 맴돌다 사라지고, 더 먼 바다의 수평선에선 바다와 하늘의 경계가 사라진다. 오피르 산 위의 짙은 구름은 움직임을 멈췄다. 고요하고 눅진하고 꽃향기 그윽한 밤의 적막을 깨는 것이라곤 모기들의 성가신 앵앵거림과 보초병들의 야경 도는 소리뿐이다. 그러나 자연만은 낮의 폭우와 밤의 습기로 나무와 풀을 키우느라 늘 분주하다. 도끼와 낫이 없다면 말라카는 이내 정글로 돌아가고 말 테다. 그렇다고 자연이 일상의 고요함을 깨뜨리는 것도 아니다. 비록 내가 말라카를 무한하고 몽환적이고 특색 없고 게으르고 적막하다고 설명했지만, 말라카는 무척이나 매혹적인 도시다. 중국의 광저우 말고는 세상의 그 어떤 도시도 말라카만큼 또렷한 인상을 남기지 못할 것이다. 비록 그것이 꽃향기 그윽한 열대에서의 한바탕 꿈에 지나지 않을지라도 말이다.

어제 빅스 부인은 나를 마차에 태워 말라카 도심과 주변을 구경시켜 줬다. 날씨는 쾌청했고, 말라카는 매 순간 점점 더 나를 매료시켰다. 나는 7년 전 하와이 오아후[212] 섬의 산 정상에서 석양의 해가 황금빛 바다로 빨려 들어가는 광경을 보고 난 이래, 열대를 향한 동경은 끝난 줄로만 알았다. 그런데 아니었다. 나는 지금 말라카에서 다시 열대의 꿈을 꾸고 있다.

마차를 타고 좁은 개천 위의 다리를 가로질러, 다채롭고 그림 같은 거리를 지나 해변과 나란히 형성된 말라카의 중심가를 둘러봤다. 해변 쪽으로 집들이 늘어서 있는데, 각각 방이 서너 개씩이고 붉은색 기와를 얹은 이 집들은 서로 벽을 맞대고 있다. 집들은 도로에서 해안 쪽으로 길쭉한 직사각형이다. 도로에서 맨 뒤쪽은 바다에 박은 말뚝 위에 세워지는 게 보통이다. 이들 집은 앞쪽의 방 세 개 사이에 중정中庭을 둔다. 입구가 있는 도로 쪽의 방문은 항상 열려 있는데, 안을 들여다보면 이곳에 사는 이들의 물질문명 수준이 얼마나 높은지가 고스란히 드러난다. 천장은 높고, 문과 마주 보는 곳에 정갈한 제단이 위치한다. 벽면엔 화려한 조각으로 한껏 멋을 낸 커다란 흑단 탁자가 놓여 있고, 좌판과 등받이가 대리석인 값비싼 흑단 의자들도 보인다. 일본 가케모노掛物와 같은 그림 족자가 벽에 걸려 있으며, 흑단 협탁 위에는 값비싼 청동기와 도자기가 올려져 있다. 날이 저물어 집집마다 8~10개의 커다란 등롱에 불을 밝힌 모습은 실로 장관이다. 이런 집에는 말라카의 중국인 중산층 상인들이 산다.

여기서 분명한 사실 하나를 밝히고 넘어가야겠다. 말라카가 실질적으로는 중국인의 도시라는 사실을 말이다. 앞서 언급했듯이 네덜란드인은 이곳에 족적을 거의 남기지 않았다. 포르투갈인은 게으르고 대부분 가난해 고려할 가치도 없다. 게다가 현지인과의 혼혈로 신분이 낮아진 포르투갈인 후예들은 말라카에서 아무런 영향력도 없을뿐더러 인구도 정체되어 있다. 말라카의 포르투갈인이 사는 볼품없는 집들은 리스본의 그것과 다를 바 없다. 영국인도 식민지 정부의 행정에 관한 것 말고는 이곳에서 존재감이 없다. 말라카에서 중국인, 포르투갈인, 혼혈인, 말레이인 등 다양한 인종과 유교, 불교, 도교, 기독교, 이슬람교 등 여러 종교가 기묘하게 뒤섞여 '위대한 평온을 구가'할 수 있는 것이 전적으로 영국의 공정한 통치 때문이라고 하더라도 사정이 달라지지 않는다.[213]

말라카 주민의 대다수는 중국인이다. 게다가 북동 계절풍이 부는 지금 항구에는 돛을 편 중국 정크선으로 붐빈다. 앞서 언급했듯이 화상華商, 즉 중국인 상인들은 말라카 해협의 연안 무역을 수중에 넣었을 뿐만 아니라 말라카의 교역마저 장악한 상태다. 내가 듣기로 영국인 상인 가운데 말라카에 상주하는 이는 없다. 그러나 말라카의 화상들은 재산을 모아 중국으로 되돌아가지 않으며, 코코스야자나무 숲이 우거진 커다란 방갈로와 멋진 집을 짓거나 구입하고, 중국에 있는 부인과 가족을 데려와 말라카에 뿌리를 내린다. 말라카 교외에 있는 거대 농원의 주인은 대부분 중국인이다. 이들은 죽어서 인근 야산의 명당에 마련된 중국인 묘지의 왕릉 같은 무덤에 묻힌다. 말라카 화상들은 오후가 되면 교외의 방갈로로 마차를 몰아간다. 거기서 아편을 피우고 도박판을 벌이는 것이다. 다이아몬드, 진주, 사파이어, 루비, 에메랄드 등의 보석을 믿기 힘들 정도로 쌓아 놓고 있는 것도 화상들이다. 이들은 말라카를 사랑하며, 자기들이야말로 지금의 아름다운 말라카를 만든 주역이라는 자부심이 강하다. 말라카의 중국인은 광저우 부자들이 사는 방식을 따른다. 하지만 두 곳 부호들의 부에 관한 생각은 다르다. 중국 부자들이 있는 체를 하지 않으려는 반면, 말라카의 부호들은 영국 식민지의 보호 아래 부의 과시를 영예로 여긴다. 말라카에서 최상층 중국인 부자들은 높은 담으로 둘러싸인 궁궐 같은 저택을 소유하고, 자유롭게 '좋은 시간'을 보낸다. 반면 중국인 부자들이 거느린 처첩들은 후원의 한 귀퉁이에서 은둔 생활을 한다.

중국인이 말라카에 가져온 것은 부지런한 습성과 신용거래의 특성만이 아니다. 도박과 아편도 그들과 함께 말라카로 건너왔다. 인도에서 중국으로 수출되는 전체 아편의 7분의 1이 해협식민지에서 소비된다. 말라카 식민정부는 아편 징세청부제를 통해 정부 세원의 상당 부분을 충당한다. '아편 파머', 즉 식민지 정부로부터 아편 거래의 독점권을 확보한 중국인은 그 대가로 하루에 약 50파운드로 계산한 전매료를 정부에 낸다.[214] 이 대목에서 짚고 넘어가야 할 것이 있다. 아편을 피우는 모든 사람이 우리가 알고 있는 아편 중독자는 아니라는 점이다. 저녁 식사를 마치고 느긋하게 파이프를 빠는 아편 흡연자와, 광저우에서 보았듯이 아편굴에서 환각에 빠진 불행한 아편 노예는 분명히 다르다. 영국에서 애주가와 알코올 중독자를 구분하듯이 말이다.

말라카에서는 노예제가 허용되지 않는다. 이웃 말레이 술탄국에서 자유를 얻고자 도망 온 말레이 노예들은 말라카의 영국 국기 아래에서 보호받는다. 하지만 중국인 상인들의 집에서 가사 일을 돕는 많은 여성들은 비록 하인이란 이름으로 불리지만, 중국에서 돈에 팔려 온 사실상의 준노예bondage라 할 수 있다. 팔려 온 준노예를 제외하면, 이곳 중국인은 영국의 식민지 지배에 없어서는 안 될 가치 있는 존재다. 중국인 상류층은 공적 의식과 준법정신이 투철할뿐더러 영국 지배에 대한 강력한 지지기반이기도 하다.

나는 생선과 과일, 현지에서 만들어진 조잡한 도기를 파는 곳 말고는 말라카에서 이렇다 할 상점을 보지 못했다. 그러나 이곳의 다인종 사회가 필요로 하는 물품의 대부분은 바자에서 구입할 수 있다는 건 분명한 사실이다. 우리 일행이 마차로 도심을 벗어나자 집들은 작아지고, 나무는 더 빽빽해졌다. 교외에도 이슬람 사원은 여기저기에 있다. 마차로 좀 더 나아간 우리는 코코스야자나무와 아레카야자나무, 사고야자나무가 울창한 숲속으로 들어갔다. 무덥고 적막한 저녁의 숲속은 장엄하면서도 압도적인 느낌을 준다. 숲에서 본 모든 것들이 새로웠다. 코코스야자나무만 해도 그렇다. 끝없이 돋아난 무성한 잎줄기가 짙은 그늘을 드리우며 군락을 이룬 이곳의 코코스야자나무는 깃꼴 잎줄기를 늘어뜨리며 띄엄띄엄 자라는 산호섬 해안의 그것과 같은 나무라고 보기 힘들다. 숲 사이에서 악어가 당장이라도 튀어나올 것 같은 좁은 개천의 흙탕물이 이리저리 얽히며 흐른다. 카누로 이 개천을 따라 숲속으로 들어갈 수 있다. 물길을 따라 줄기 없는 니파야자나무가 빽빽하게 자라 숲 그늘은 더 짙어진다. 니파야자나무의 커다란 잎은 길이가 6~6.6미터나 되는데, 이곳 사람들은 이 잎을 엮어 지붕을 얹는다.

땅이 무른 마찻길이 엄청난 크기의 나무들 사이로 나 있고, 길 양편의 거목들은 달콤한 향기를 풍기는 노란색 꽃을 가득 피웠다. 사탕수수 군락을 지나면 야자나무 군락이 나오고, 갑자기 파인애플 정글이 나타난다. 굵은 전선 같은 줄기가 얽히고설킨 거대한 리아나 덩굴에는 찻잔만 한 붉은색 꽃이 만발했다. 길과 밀림의 경계를 이루는 장대한 가로수들은 줄기와 가지를 난을 비롯한 각종 착생식물에게 내준다. 나무 위에 뿌리를 내리는 착색식물 가운데 '성령의 꽃'[215]이란 난도 보인다. 이 사랑스럽고 우아한 난은 가운데 꽃잎이 날아가는 비둘기 모양을 닮은 데다, 꽃이 핀 지 하루 만에 지지만 아주 고운 향을 남긴다고 하여 성령의 꽃이란 별명을 얻었다.

길을 따라 나무들이 바뀐다. 가을에 꽃을 피우는 난[216]에서 떨어져 나온 잎들이 길 위에 흩어져 있다. 죽은 나무들은 그 위에 돋아난 다양한 고사리류로 인해 아름답게 환생한 것처럼 보인다. 고사리류 가운데 아스플레니움 니두스Asplenium nidus의 엽상체는 길이가 1.2미터까지 멋지게 자란다. 콩과 나무인 타마린드와 미모사는 우아한 깃꼴 잎사귀를 자랑하고, 바나나는 거대한 잎을 펼쳐 황금색 열매를 맺는다. 가늘고 곧은 줄기를 뻗으며 무리지어 자라는 베텔야자나무, 즉 아레카야자나무의 우아함은 커다란 코코스야자나무를 볼품없게 만들 정도다. 구타페르카와 인도고무나무 등 꽃을 피우지 않고 열매를 맺는 다양한 무화과나무들은 앞은 반들반들한 짙은 녹색이고 뒤는 부드러운 갈색인 잎사귀로 숲을 한층 어둡게 한다. 무성하게 가지를 뻗는 캐슈애플과 캐슈나무,[217] 아름다운 빵나무 열매와 녹색의 칸탈루페 멜론, 거대한 야크jak와 두리안 등 50여 종의 과일이 이 숲에서 자란다. 이 모든 것이 열기와 습기가 만든 열대의 자식들이다. 과일은 봄이 영원하리라는 약속이자 끝나지 않는 여름의 성취며, 연중 꽃을 피우는 아름다움이자 어김없이 열매를 맺는 관대함의 증거다. 숲의 바닥에는 곰팡이와 이끼, 고사리, 덩굴식물, 백합, 니봉야자나무,[218] 갈대, 볏과식물, 등나무가 뿌리를 내린다. 무성하고 넉넉한 덤불 속에는 크고 작은 파충류들이 북적이고, 인간과 짐승에게는 끔찍한 일이지만, 모기의 알들이 시시각각으로 부화한다.

밀림을 지나다 보면 이따금씩 나무가 없는 자그마한 공터가 나타난다. 공동묘지다. 무덤마다 앞쪽에 체스 판의 졸처럼 생긴 석물을 세우고, 아름다운 꽃을 피우는 플루메리아[219]를 심었다. 스리랑카 불교도는 '사원의 꽃'이라 하고, 말레이 무슬림은 '무덤의 꽃'이라고 부르는 플루메리아 꽃이 무덤 위에 천상의 향기를 뿌린다. 죽은 자들은 밀림에 홀로 누워 있지만, 산 자들이 찾아오지 못할 만큼 멀리 떨어져 있지는 않다.

말레이 반도의 말라카를 기술하면서 내가 지금까지 이 땅의 사람들에 대해 한마디도 하지 않았다는 사실에 고개를 갸웃할 수도 있겠다. 반도의 이름이 그들에게서 생겨났고, 영국에게 적지 않은 피를 흘리게 만들고 상당한 비용도 지불하게 했지만, 여전히 관계가 결코 만족스럽지 않은 이 땅의 사람들, 게다가 실질적인 원주민이 아니면서도 수백 년에 걸쳐 살아왔다는 이유로 이 땅의 주인이라는 정당성을 주장하는 사람들에 대해서 말이다. 진실을 말하자면, 나는 영국의 지배를 비롯해 네덜란드가 통치했던 흔적들과 프란시스코 하비에르의 영광을 기억하는 조용하고 게으른 포르투갈인, 수적으로도 우위를 점하며 성공했고 거대한 부를 쌓은 중국인에 집중하느라 말레이인에 대해서는 까맣게 잊고 있었다. 물론 스타듀이스에서 미끄러지듯 소리 없이 걸어와 내게 애프터눈 티를 가져다준 검은 피부의 헌병이 말레이인임을 몰랐던 것은 아니다! 통상 크리스kris라는 단검과 특유의 '아목의 광란'[220]으로 기억되는 말레이인에게로 눈을 돌려 보기로 하자.

장대한 코코스야자나무 숲은 결코 한적하지 않다. 왜냐하면 그곳에는 캄퐁kampong, 즉 말레이 촌락이 자리하고 있기 때문이다. 말라카 교외에 볼품없는 이슬람 사원을 세우고 살기는 하지만, 기본적으로 말레이인은 도시의 삶에서 벗어나 밀림 속이나 강물 위에서 자유롭게 사는 것을 선호한다. 말라카 인근에도 밀림의 짙은 그늘 속 여기저기에 캄퐁이 흩어져 있다. 촌락이라고 하지만, 집과 집은 붙어 있지 않고 멀찍하게 떨어져 있다. 부자든 가난뱅이든 집의 구조는 다르지 않다. 평평한 나무판자와 야자나무 잎을 엮어 집을 짓는다. 지붕은 높고 경사가 가파르며, 처마는 길다. 지면에 말뚝을 박아 1.5~3미터 높이에 나무판자를 걸쳐 바닥을 만들고, 그 위에 나무 벽을 세우고 지붕을 얹는 게 일반적인 주택 건축 방식이다. 가난한 이들의 집은 사다리를 세워 두고, 부자들은 계단을 만들 뿐이다. 일반적으로 집 안에는 잠자리용 매트와는 별도로 나무판자 바닥 위 여기저기에 방석 같은 매트가 놓여 있다. 방 안의 나무판자 바닥은 틈 사이로 아래가 훤히 보여 유럽인에게는 생소하지만, 여러 이점이 있다. 예컨대 환기에 좋고, 각종 생활 쓰레기를 처리하기에도 간편하다. 게다가 저녁마다 바닥 아래에서 모깃불을 피우면 집 안의 모기를 쫓을 수 있다. 이들은 긴팔원숭이의 일종인 바분baboon을 길들여 코코스야자나무 꼭대기에 매달린 코코넛을 따 오게 한다.

말레이인의 일상은 외부인의 눈에 이상하게 보일 정도로 무덤덤하다. 사내들은 낚시나 사냥 말고는 애써 뭔가를 하려 들지 않는다. 벼논을 갖고 있다면 쟁기질을 하는 게 고작이다. 이들은 조용하며 온순하지만, 질투와 의심이 많다고도 하고, 배신을 잘하는 신뢰할 수 없는 사람이라고 말하는 이들도 있다. 대부분 완고한 무슬림이다. 여성은 키가 매우 작고, 살림살이를 아주 야무지게 하며, 갈대와 야자나무 잎으로 돗자리와 바구니를 짠다. 이들은 목에서 발목까지 가리는 면이나 비단으로 된 옷을 입는다. 남자들은 집 안에서 거의 벌거벗다시피 지내지만 보통은 사롱sarong 차림을 한다. 사롱은 넓은 헝겊으로 꽉 조이게 두르고 허리춤에 매우 정교하게 매듭을 하는 일종의 스커트다. 일반적인 의미에서 말레이인은 문명을 등진 미개인이 아니다. 그들만의 완결적인 문명과 코란에서 차용한 법률 체계를 갖고 있다.

말레이인의 피부는 진한 갈색이고, 앞이마는 낮은 편이며, 눈동자는 검고 표현이 풍부하다. 광대뼈가 불룩하고, 코는 납작하며, 콧구멍은 넓적하다. 두꺼운 입술과 큰 입을 지녔다. 머리카락은 윤기 있는 흑발의 직모며, 여자들은 평범한 매듭으로 머리 뒤에 쪽을 튼다. 내 주관적인 생각을 말하자면, 이곳 사람들은 남녀 모두 지독하게 못생겼다. 그리고 내가 빅스 부인과 함께 만났던 사람들이 그랬듯이, 이들은 유럽인과 있을 때면 우호적인 분위기에서조차 상대방이 머쓱해질 정도로 냉담하고 초연한 태도를 보인다.

이곳의 여자들은 생선을 손질하거나 쌀을 찧거나 하면서 집 안에서 빈둥거린다. 이들은 돈벌이를 위한 노동에 관심이 없다. 옷을 사는 데 필요한 돈을 마련하려면 돗자리를 짜서 팔거나 숲의 과일을 따다 팔면 될 일이기 때문이다. 여자들은 허리춤에서 발목까지 내려오는 긴 사롱은 입는다. 면으로 된 사롱을 많이 입으며, 앞면에 가는 체크 무늬가 있는 붉은색을 선호한다. 사롱 위에 소매가 헐렁하고 무릎까지 내려오는 케바야kebaya[221]라는 블라우스를 걸친다. 케바야는 앞쪽에 브로치처럼 생긴 걸쇠로 옷을 여민다. 걸쇠로는 금과 은이 많이 쓰이고, 때로는 다이아몬드로 장식하기도 한다. 여성들은 머리에 금이나 은으로 된 핀을 꽂는다. 하의인 사롱의 경우도 허리춤에 매듭을 하거나, 커다란 걸쇠로 고정한다. 정교한 수공예 장신구를 사롱의 걸쇠로 쓰는데, 가난한 이들은 은으로 된 것, 부자들은 금에 다이아몬드나 루비를 박은 것을 착용한다. 남자들의 사롱은 여성의 그것과 달리 길어 봐야 무릎까지여서, 사롱 안에 헐렁한 바지를 입는다. 남자들은 바주baju라는 소매가 짧은 상의를 걸친다. 바주는 섬세하게 수를 놓거나 해 화려하게 꾸미는 게 보통이다. 바주의 깃 양쪽에 장식용 작은 단추를 다는데, 나는 다이아몬드 박은 단추를 20개나 달고 있는 말레이인을 본 적도 있다! 이렇게 아래위로 전통 복장을 하고, 머리엔 터번을 쓰거나 붉은색 스카프를 두건처럼 둘러 매듭을 한다.

숲속 캄퐁에서 뛰어노는 말레이인 아이들은 무척 귀엽다. 사내아이들은 활동하기 편한 차림을 한다. 캄퐁의 집들은 그림 같으며, 부자들의 집은 멋지다. 이들은 "하늘에 있는 것이나 땅에 있는 것이나 어떤 것이든 그 모양을 본떠서 우상을 만들지 말라."[222]는 이슬람의 가르침에 따라 집 안 장식을 엄격하게 자제한다. 그렇지만 정교하게 조각한 아라베스크 무늬나,

서까래 아래에 새긴 아랍 문자로 된 코란의 경구들은 대단히 장식적이다. 캄퐁은 규모가 작으며, 말레이인은 군집群集 성향이 아주 약하다. 그런데도 이들은 행복하게 살며, 가족에 대한 애착이 상당히 강하다고 한다. 말레이인을 좋아하는 말라카 총독 쇼가 말레이인에 대해 평가한 것을 요약하면 이렇다. 말레이인은 순수하고 점잖으며, 소박하고 친절하지만, 거짓말을 하고 '명예'에 너무나 민감해 피로써만 모욕을 씻어 낼 수 있다고 믿는다는 것이다. 말레이인은 여성의 외부 노출을 극도로 꺼리며, 평범한 상황에서 유럽 사람이 말레이인 여성에게 사소한 친절을 보이는 것조차 끔찍한 모욕으로 여긴다. 여성들은 멀리서 남자가 보이면 허겁지겁 얼굴부터 가린다.

말라카 변두리에 첨탑이 한 개인 커다란 이슬람 사원이 있다. 우리가 마차로 5킬로미터를 달리는 동안에도 곳곳에 산재한 작은 모스크들이 보였다. 아무리 규모가 작아도 모스크가 없는 캄퐁은 거의 없다. 말레이인은 독실하면서도, 상당 부분 무지하고 광적인 무슬림이다. 내가 확신하는바, 매우 신뢰받는 영국인이라고 해도 말레이인으로부터 "이슬람을 믿지 않는 개"[223]라는 평가를 약간 면한 정도에 지나지 않는다. 실제로 말레이인 사회는 코란의 율법이 지배한다. 기도를 주관하는 이슬람 지도자이자 코란의 해석자인 이맘Imam이 형평법[224]에 어긋나는 결정을 내리지 않는 한(이런 경우는 매우 드물다), 영국 치안판사는 이맘의 결정을 존중한다. 사실 말레이 반도에선 민사 사건엔 이슬람의 율법과 관습법이 적용되며, 이슬람의 이맘이 조언자로서 영국인 판사를 보좌한다.

말레이인은 법률을 적용하는 방식과, 법으로 인권과 재산권을 보장하는 영국의 지배를 대단히 선호한다. 이를 통해 위험 부담 없이 재산을 취득할 수 있고, 말라카 시가에서 강도나 강탈 걱정 없이 값비싼 보석을 몸에 두르고 다닐 수 있기 때문이다. 물론 그렇다고 말레이인이 영국인을 좋아한다는 것은 결코 아니다. 검은 피부의 동양인과 영국인 사이의 화친 조약이 피부색보다 더 중시되는지 미심쩍기 때문이다. 분명 말레이인은 토착 군주들에게 착취당하는 것보다 영국의 지배 아래에서 세금이 공평하게 부과되고, 안전이 보장되는 것을 선호할 가능성이 크다. 그러나 영국인은 그들을 이해하지 못하며, 그들도 영국인을 이해하지 못한다. 어쩌다 이슬람을 믿게 된 이곳에서 말레이인이 영국에 우호적이라는 사실만으로 말레이인을 향한 영국인의 경멸과 혐오의 깊은 골이 메워질 수는 없다. 말레이 무슬림이 무엇보다 하고 싶어 하는 것은 메카 순례다. 많은 말레이인이 비용이 많이 드는데도 순례를 두 번은 하며, 심지어 세 번이나 하기도 한다. 머리에서 발끝까지 흰옷을 입고, 눈만 내놓은 채 베일로 얼굴을 가린 여성 세 명이 우리 일행 앞을 지나갔다. 이들은 메카 순례를 마치고 막 돌아오는 길이었다.

숙소로 돌아오는 길에 날이 저물었다. 어둠은 마차 밖의 풍경을 한층 돋보이게 했다. 말레이인의 집 밑에서 모깃불의 불빛이 반짝였다. 쓰임새가 다양한 커다란 회색 — 회색이라고 쓰긴 했지만 분홍색에 가깝다 — 물소들은 가죽이 얇고 무척이나 민감해서 모기의 등쌀에 여간 시달리지 않는다. 모깃불이 켜지면 이 영악한 짐승들은 바람이 불어 가는 쪽으로 눕거나 서서 연기를 쐰다. 붉은 사롱 차림에 스카프를 머리에 두른 말레이인과 귀여운 갈색의 벌거숭이 아이들이 모깃불 근처를 어슬렁거렸다. 중국인의 등잔과 등롱도 보이고 음악 소리도 들린다. 마침내 마차는 세련되고 밝은 총독 관저에 도착했고, 나는 밤 10시에 세 명의 가마꾼이 메는 가마를 타고, 아무도 없는 쓸쓸한 스타듀이스로 돌아왔다.

I. L. B.

Letter 10

말라카, 스타듀이스
1879년 1월 23일

말라카는 날이 갈수록 점점 더 나를 매혹시킨다. 무엇보다도 말라카에는 중세의 분위기medievalism가 물씬하다. 근대 세계의 소음은 이곳에서 아련한 메아리에 지나지 않는다. 깊은 잠에 빠진 말라카는 꿈조차 꾸지 않는 듯하지만, 이곳에서 실제 벌어지는 일들은 어릴 적 읽었던 책 속에서 막 튀어나온 듯하다. 호랑이 이야기를 해 보자. 장대한 줄무늬가 있는 호랑이 사체 한 구가 소달구지에 실려 왔다. 마부는 호랑이 값으로 15달러를 부르며, 호랑이 발톱을 내게 주었다. 모피가 근사한 이 호랑이는 도심에서 불과 10킬로미터 떨어진 곳에서 덫에 걸렸고, 숨이 끊어진 지 얼마 되지 않은 듯 사체는 채 경직되지도 않았다. 무시무시한 머리와, 달구지 끝에 늘어진 섬뜩한 앞발은 죽었는데도 함부로 대하기 힘든 호랑이의 위용을 그대로 보여 준다. 코뿔소 한 마리의 값도 호랑이와 같은 15달러를 호가한다. 악어와 보아 뱀은 5달러씩에 팔린다.

최근에는 새벽 5시에 검은색 호랑이(팬더?) 한 마리가 말라카 중심 도로로 뛰어들어 중국인 한 명을 갈기갈기 찢어 죽이는 일이 벌어졌다. 출동한 경찰들이 두려움에 머뭇거리자 이 녀석은 창문을 통해 집 안으로 뛰어 들어갔다. 소문은 들불처럼 번졌고, 겁에 질린 말라카 주민들은 저마다 문을 꽁꽁 걸어 잠갔다. 용감한 말레이인 순경 한 명이 호랑이가 뛰어든 집으로 들어갔다. 하지만 외려 이 맹수는 그 순경을 공격해 벽으로 몰아세웠다. 맙

소사! 그것을 본 백인 순경은 달아나고 말았다. 세 번째로 말레이인 순경이 목숨을 걸고 호랑이 곁으로 다가가 총을 쏘고 총 개머리로 녀석의 머리통을 가격했다. 마침내 호랑이는 첫 번째 말레이인 순경을 놓아 주곤 자신을 공격한 다른 말레이인 순경 쪽으로 몸을 돌렸다. 하마터면 그 순경은 죽어 쓰러지는 호랑이에 깔릴 뻔했다. 호랑이에게 공격을 당한 첫 번째 순경은 곧바로 병원으로 실려 갔지만, 사지가 거의 마비되어 누군가의 신세를 지며 여생을 보내게 됐다. 그를 구한 말레이인 순경은 특진을 하고 연금도 받게 됐다.

얼마 전 말라카 총독은 살아 있는 호랑이 새끼 한 마리를 얻었다. 그는 '메카 순례를 두 번 다녀온 하지'이자 총독 관저의 집사인 바부Babu에게, 호랑이 새끼를 영국으로 보낼 터이니 그동안 우리에 가둬 창고에 두라고 명령했다. 그런데 바부는 호랑이 우리를 부엌에 두었고, 다음 날 아침 부엌에는 망가진 우리 잔해와 부엌문이 부서진 흔적만 남아 있었다. 호랑이 새끼가 달아난 것이다! 말라카는 다시 공포의 도가니에 빠졌다. 사람들은 문을 닫아 걸고, 문 밖 출입할 엄두도 내지 못했다. 경찰은 물론 영국 수비대까지 동원돼 새끼 호랑이 수색에 나섰다. 호랑이 새끼가 정글로 되돌아갔을 것이라 믿고 공포가 가라앉기까지는 며칠이 걸렸다.

어제는 열대의 뇌우가 혼을 쏙 빼놓을 정도로 몰아쳤다. 그때 나는 스타듀이스에 홀로 있었다. 양동이로 퍼붓듯 비가 쏟아졌고, "손으로 더듬어야 다닐 수 있을 만큼 짙은 어둠"[225] 속에서 순수한 푸른빛 번개가 잇달아 내리쳤다. 200년의 이야기를 간직한 스타듀이스에는 장엄한 무엇이 있다. 바다를 향해 가파르게 경사진 매끈한 잔디 위로 '숲의 불꽃'으로 불리는 근사한 불꽃나무[226]가 활짝 꽃을 피웠다. 일본의 군중과 중국의 어수선한 소음을 겪은 내게 말라카는 모처럼의 휴식과 같다! 말레이인의 느릿느릿한 움직임을 예외로 친다면, 언덕 아래로 보이는 다채로우면서도 꿈길 같은 오후의 나른함은 요지부동이다. 이곳에는 어떤 서두름도, 어떤 시끄러움도 없다.

이렇게 쓰고 보니 내가 한 치 앞도 내다보지 못한 꼴이 됐다! 뇌우가 몰아친 이튿날은 중국인의 음력 설날인 춘절春節의 전야, 즉 섣달그믐이었다. 말라카 총독 쇼는 이날 오후 7시부터 자정까지 불꽃놀이를 허용했다. '불꽃놀이'이란 말은 너무나 후한 표현이다. 그 소음이란 형언할 수 없을 정도다. 나만 홀로인 적막강산의 스타듀이스에도 폭죽 터지는 소리가 들려왔다. 소음과 함께 빨강, 파랑, 심홍, 황록의 짧은 섬광들이 말라카 하늘을 수놓았다. 그 불꽃 아래로 말라카의 개천, 붉은색 기와를 얹은 뾰족한 지붕과 발코니, 아취가 물씬한 돌출부를 가진 푸른색과 노란색의 집들이 어둠 속에서 아름다운 모습을 드러냈다. 온통 불꽃과 연기로 휩싸인 거리에서는 다양한 폭죽들[227]이 한꺼번에 수백 개씩 발사됐고, 대포와 포총들이 연신 불을 뿜었다. 징소리, 북소리가 끊임없이 울렸다. 천지를 진동시키는 이날의 소음과 불꽃은 한 해가 저무는 마지막 날, 도시에 최후의 일격을 가하기 위한 예행연습일 뿐이었다.

새벽 1시, 화려하게 치장한 모든 집들이 일제히 불을 환히 밝혔고, 중국인은 그들의 새해가 시작됐음을 외쳤다. 아침 6시가 되자 다시 시끄러워졌다. 이날 아침 식사를 마친 말라카 총독은 마차를 타고 말라카의 화상 지도자들을 공식 방문했다. 총독은 그들과 덕담을 나누고, 방문하는 집마다 케이크 두 접시와 사탕절임 과일 열두 접시, 녹차(파운드당 25센트에서 45센트나 하는 고가품)와 라인 강변의 좋은 포도로 담근 샴페인을 돌렸다! 오전 11시가 되자 모든 중국인 아이들이 수레를 타고 나타났는데, 그 수레는 양쪽 끝이 위로 치솟은 배 모양을 하고, 적색과 황색 칠을 하고 흰색의 술 장식을 단 차양이 씌워져 있었다. 하인들이 이 수레를 끄는데, 부자들의 경우 각각의 수레마다 여러 명의 하인들이 줄지어 따른다. 이는 아득한 전설의 시대에나 봄 직한 광경이다. 이러한 화려함 중에서도 백미는 기품과 거드름을 겸비한 중국인 아이들이다. 동양의 모든 부富가 그들에게 퍼부어진 듯하다. 머리에는 다이아몬드가 박힌 금관을 쓰고, 몸에는 금실로 수를 놓고 진주를 실로 꿰맨 비단옷을 걸쳤으며, 발에는 다이아몬드가 박히고 황금이 덧씌워진 비단신을 신었다!

아침에 부유한 화상의 어린 자녀 네 명이 중국인과 말레이인 하인의 시중을 받으며 총독 부인에게 새해 인사를 왔다. 둘은 대여섯 살쯤 되어 보이고, 다른 두 아이는 더 어렸다. 이들의 차림새를 글로 적는다면, 혹여 독자들은 소설 속 이야기라고 느낄지 모르겠다. 계집아이는 고운 새틴의 황금색 주름치마를 입었다. 치마의 앞쪽과 뒤쪽 주름은 폭이 넓고, 양옆의 주름은 좁다. 치마에는 푸른색 비단실로 음영이 지게 수를 놓은 꽃이 가득했다. 그 위로 새틴에 수를 놓고 마름모꼴 세 줄짜리 장식 띠 모양을 한 어깨걸이를 했다. 이 소녀는 머리에 검은색 벨벳 바탕의 화관花冠을 썼다. 화관의 꼭대기에는 투명한 다이아몬드로 된 깃 모양 장식이 달렸는데, 그 가운데에 박힌 다이아몬드는 크기가 6펜스짜리 동전만 했다. 화관을 빼곡하게 장식한 보석들이 푸른색 광채를 발산했다. 붉은빛이 도는 말레이산 황금에 다이아몬드를 박아 정교하게 세공한 용龍이 화관의 앞면을 장식했다.

내가 과장법으로 허풍을 떤다고 여길지도 모르겠다. 하지만 지금 묘사하고 있는 그 중국인 소녀의 목에는 하나같이 아름다운 목걸이가 7개나 걸려 있다. 모두 깎은 면이 뒤로 가도록 가공해 광택이 뛰어난 보석들은 장인의 세공 솜씨가 곁들여져 여간 곱지 않다. 첫 번째 목걸이는 다이아몬드를 장미꽃과 초승달 모양으로 세공했는데, 크고 작은 다이아몬드 어느 것 하나 휘도輝度가 높지 않은 것이 없었다. 두 번째 에메랄드 목걸이의 경우, 큰 에메랄드의 크기가 도토리만 했다. 옥에 티라면 가운데 구멍을 뚫어 보석의 가치를 떨어뜨렸다는 점이다. 세 번째는 진주 목걸이고, 네 번째는 붉은색 황금을 속이 빈 구슬처럼 세공해 광채가 화염과 같은 금구슬 목걸이다. 다섯 번째는 사파이어와 다이아몬드 목걸이고, 여섯 번째는 금줄에 펜던트를 단 금목걸인데, 가는 금실로 물고기 모양을 한 펜던트에도 다이아몬드가 박혀 있다. 마지막 일곱 번째는 굵은 사슬 모양의 금목걸이로, 소녀의 가늘고 연약한 목이 과연 그 무게를 감당할 수 있을지 걱정될 정도다. 황금 사슬 목걸이 끝에는 방패 모양의 금패가 달려 있는데, 금패의 앞면은 루비로 아이의 한자 이름을 새기고, 그 주위에 다이아몬드로 물고기와 꽃을 장식했으며, 뒷면에는 루비에 신상을 새겼다. 게다가 그 아이의 귀에는 커다란 다이아몬드 귀걸이가 걸렸고, 팔목에는 묵직한 황금 팔찌가 감겨 있다.

솜털이 뽀송뽀송한 이 어린 소녀가 치장한 보석과 금붙이는 아무리 적게 잡아도 4만 달러[228]는 된다. 얌전하고 수줍음 타는 소녀는 조용하고 우아한 걸음으로 우리에게 다가와 애교 있게 악수를 했다. 함께 온 그녀의 세 동생들도 황금과 다이아몬드로 온몸을 치장하고, 우리에게 악수를 청했다. 바닥에 사탕절임 자두가 떨어져 있는 것을 보고 그 소녀가 집으려 허리를 숙이자 화관을 수놓고 있던 다이아몬드 하나가 바닥에 떨어졌다. 이들을 수행하는 하인들이 마치 늘 있는 일이라는 듯 떨어진 보석들을 집어 챙겼다. 그녀가 움직일 때마다 다이아몬드에서 푸른빛이 번쩍거렸다. 이 네 명의 아이들에 이어 말라카 최고 부자의 아이들이 총독 관저를 찾아왔다. 그런데 이 아이들은 엄마를 잃고 삼년상을 치르는 중인 탓에 푸른색과 흰색의 수수한 옷차림이었고, 장신구도 은에다 아름다운 사파이어와 다이아몬드를 세공한 것이 고작이었다.

중국인의 춘절은 태양력을 따르는 영국과 달리 새해 첫날이 정해져 있지 않을뿐더러 당일로 끝나지도 않는다. 중국 광저우에서는 한 달 전부터 춘절 준비를 하며, 일본에서는 새해맞이를 9주 전부터 시작한다. 태음력을 따르는 춘절은 '움직이는 명절'이다. 기독교의 점성술로 본다면 춘절은 태양이 물병자리의 15도에 위치할 때에 초승달이 가장 가까이 있는 날로 정해진다. 그래서 올해 설날은 1월 21일이다. 새해맞이가 시작되면 물건 값이 이전보다 훨씬 싸진다. 상인들이 손해를 보더라도 재고를 떨어 현금을 확보하려 하기 때문이다. 이곳에서는 외상 거래를 했다면 섣달그믐까지 모두 변제해야만 한다. 그렇게 하지 못한 사람은 더 이상 외상 거래를 할 수 없으며, 문 앞에 '돈 떼어먹은 자'라는 표식이 내걸리는 수모를 당한다. 이곳의 중국인 사회에선 춘절 전까지 빚을 갚지 못한 경우 채무가 소멸되는 모양이다. 물론 채권자가 그믐날 밤새 채무자를 찾아다녔다면, 새해 첫날의 해가 뜨고 나서 한 시간 동안 채권 추심이 유효하다고는 한다. 날이 밝고 나서도 채권자의 손에 등롱이 들려 있다면 말이다!

설 명절은 보름간 계속된다. 축제와 공연이 줄을 잇는다. 사람들의 한결같은 새해 소망은 근심 걱정 없이 사업이 술술 풀려 나가는 것이다. 관리들도 연휴에 들어가며, 한 달 동안은 거의 공무도 보지 않는다. 음력으로 섣달 스무날에는 모든 집과 사원이 새해맞이 대청소를 한다. 가진 자든 못 가진 자든 금실로 짠 천과 자수 비단, 생화나 조화, 족자, 행운의 부적, 반짝이는 종이 띠, 황금색 종이 꽃다발로 집 단장에 정성을 쏟는다. 심지어 가진 것 없는 일꾼들조차 들꽃이라도 꺾어 새해맞이 치장을 한다. 명절 기간에는 밤낮 없이 조상들의 제단에 향을 피우고 불을 밝힌다. 쉴 새 없이 징이 울리고, 포총이 축포를 쏘아 댄다. 집집마다 악령을 쫓는다며 연발 폭죽을 걸어 놓고 터뜨린다. 가족 잔치가 지루하다 싶을 정도로 이어진다. 조왕신竈王神에게 제를 올리고, 사원에 공양하며, 춘절 축제 기간 내내 등롱을 든 행렬이 거리를 가득 메운다. 산 자에게 선물을 하고, 죽은 자에게 제물을 바치며, 가난한 자는 굶는다. 집과 절에서 잔치가 벌어진다는 걸 알리는 전령꾼들이 징을 두드리며 거리를 돌 때 소음은 극에 달한다. 보름간의 춘절 축제가 끝나면 새해맞이의 요란한 장식들이 사라지고, 과도하게 흥청망청했던 중국인은 다시금 침착하고 부지런해지며, 검소한 일상으로 돌아간다.

총독 관저에서 호사스런 부잣집 중국인 아이들이 자리를 뜨자, 검은 피부에 잘 차려입은 인물이 등장했다. 아름다운 하지 복장을 한 관저 시종의 우두머리인 집사 바부였다. 그는 검은색 신발을 신고, 발목에 단단히 대님을 맨 흰색의 긴 바지를 입었다. 고운 아마포로 된 상의는 바지가 거의 덮일 정도로 길었고, 허리에 오렌지색 비단 띠를 둘렀다. 그 위에 짙은 녹색 바탕에 같은 색조로 수를 놓은 짧은 비단 재킷과 순백색의 가운을 덧입었다. 두 번이나 순례를 다녀온 권위와 근엄한 표정, 도도한 기품이 물씬 풍기는 이 근사한 무슬림이 저녁 만찬 때 "이교도의 개들"을 시중들고, 스타듀이스에서 아침마다 내 방에 차와 바나나를 가져오는 품위 없는 일을 한다는 사실이 믿겨지지 않는다!

집사 바부가 숭에이 우종을 실질적으로 지배하는 다투 클라나[229]인 시에드 압둘라흐만이 왔노라고 알렸다. 시에드 압둘라흐만은 정실 아내와 12명 딸 가운데 가장 아끼는 딸 한 명과 함께 왔다. 이미 우리를 경호해 줄 말라카 치안 책임자 헤이워드와 함께 숭에이 우종으로 떠나기로 결정된 상황에서 나는 군주가 없는 숭에이 우종으로 가게 된 형국이었다. 시에드 압둘라흐만이 말라카를 찾은 이유는 불만 사안을 논의하기 위해서였다. 그간 영국에 협조적이었으며, 현지 주재관인 캡틴 머레이나 말라카 총독과도 우호적이었던 그였다. 관저에서 총독과 다투 클라나가 대화할 때 집사 바부가 통역을 맡았다. 그런데 말레이 말을 알아듣는 총독 부인이 내게 귀띔하기로, 바부가 대화 내용을 충실하게 통역하기보다는 숭에이 우종으로 떠날 나에 관한 여러 가지 요구 사항을 말했다는 것이다! 어찌됐든 시에드 압둘라흐만은 정중하게 동양적 격식을 다하며 숭에이 우종에 있는 다투 클라나 궁의 열쇠를 내게 주었다.

영국 관리들은 시에드 압둘라흐만이 독실한 무슬림이기는 하지만 계몽 군주라고 평가했다. 그의 차림새는 곁에서 통역을 하는 바부에 견줘 지극히 평범했다. 스카프를 끝이 뾰족하게 매듭지은 말레이식 두건을 한 그는 위에는 브로케이드 바주를 걸치고, 아래에는 짙은 색의 마닐라식 사롱을 입었다. 붉은 줄무늬의 중국제 새틴 바지에 보석이 박힌 금실 끈으로 된 샌들을 신었다. 그의 아내는 평범한 외모에 나이가 들어 보였지만 표정은 아주 밝았다. 머리에 검은색 베일을 쓴 그녀는 다이아몬드 단추가 세 개 달린 케바야를 입었다. 밝은 표정의 어린 딸은 황금 별 장식이 달린 녹색 베일을 머리에 쓰고, 정교하게 세공한 붉은빛 금 장신구로 치장했다. 시에드 압둘라흐만은 막 도착해 옷도 갈아입지 못하고 여행복 차림으로 관저를 방문한 것에 대해 양해를 구했다. 그가 총독 관저를 나설 때, 그의 아내와 딸은 부드러운 비단 덮개로 얼굴을 가렸다.

영국 식민지 말라카에 말레이인 6700명이 거주한다. 그 수는 꾸준히 늘고 있다. 빚을 지면 노예가 되는 채무노예제를 시행하는 말레이 술탄국에서 도망 오는 이들이 적지 않을뿐더러 영국식 통치가 더 안전하다고 여기는 말레이인이 말라카로 이주하기 때문이다.

경찰은 말레이인으로 충원되는데, 말레이인은 준군사적 임무를 수행하기 위한 특별한 자질을 타고난 것처럼 보인다. 말라카, 숭에이 우종, 슬랑오르의 치안을 말레이인이 맡을 뿐만 아니라 스리랑카에서도 말레이인 순경들은 좋은 평판을 얻은 바 있다. 비록 그렇다고는 하나, 영국 지배지의 경찰이 된 극히 일부를 제외하면, 말레이인 대부분은 숲속의 캄퐁에서 느긋하고 간섭받지 않는 삶을 선호한다.

말라카의 상업이 쇠락했다는 사실은 매우 흥미롭다.[230] 예전 한때는 길에 상인 50여 명이 모여 있는 일이 흔했다 한다. 인도의 고아에서 프란시스 하비에르 신부를 호위해 이곳 말라카에 포르투갈 함대가 주둔하기도 했다. 지금의 말라카 상황을 본다면, 오피르 산의 붉은빛이 도는 황금을 가득 실은 포르투갈 범선들이 이 잔잔한 바다를 가득 메웠던 옛날을 누가 떠올릴 수 있겠는가! 요즘은 중국 정크선, 말레이의 소형 범선 프라후, 몇 척의 중국인 소유 증기선, 말레이 술탄국에서 온 증기 추진 론치선과 두 척의 유럽 우편 증기선만 말라카 항구를 드나든다. 이곳에는 신문은 물론 은행도, 호텔도, 상주하는 영국인 상인도 없다. 포르투갈인 혼혈들은 일반적으로 말하자면 포르투갈의 후예라며 콧대는 높지만, 천성이 게으른 현지인들과 피를 섞으면서 기질이 게으른 쪽으로 동화되어 점점 열등해졌다. 말레이인이 몽상 속에서 밀림 생활을 하고 있는 사이에 이곳은 2만 명에 달하는 중국인의 차지가 됐다.

말라카의 위대했던 한때의 기억이 이곳 사람들에겐 지워지지 않는다. 1511년 말라카를 점령했던 포르투갈 군인 알부케르크의 영웅적 원정을 읊은 서사시 「루시아드Lusiad」의 다음과 같은 시 구절이 다시금 입에 오른다.

> 동쪽으로 멀지 않은 곳에 아름다운 말라카가 있네,
> 아침 하늘이 말라카의 숲을 껴안는다.
> 말라카의 멋진 아들들이
> 자바 섬의 전선에서 용맹으로 맞서고,
> 묵직한 활통엔 독화살 가득하지만,
> 향료 숲과 황금 광산의 말라카에서
> 위대한 알부케르크, 불굴의 투지로 승리하리니.

하지만 냉정하게 보건대, 알부케르크와 포르투갈의 후예들 대부분은 17세기 미국 연안의 스페인 식민지를 약탈했던 해적 버커니어buccaneer[231]와 다를 바 없다.

나는 이보다는 당시 아시아 최대의 상업도시였던 말라카에서 "대죄大罪를 지은 자들을 위해 기도하라."고 외치면서 종을 울리고 대로를 걷던 프란시스코 하비에르 신부를 떠올린다. 당시 번잡한 거리를 지나던 유대인과 투르크인과 이교도와 이단자들이 술에 취해 약탈하던 알부케르크의 병사들보다 더 나빴겠는가. 오늘날 포르투갈 후예들의 전승에 따르며, 하비에르 신부의 성령에 힘입어 말라카 거리에서 나쁜 말과 행동이 자취를 감췄으며, 공공장소에는 작은 제단이 마련되어 있어 아이들이 그 주위를 돌며 예수를 찬송하고, 행인들은 지나가며 경건하게 머리를 조아렸다고 한다. 말라카 언덕 꼭대기의 성당은 비록 지붕도 없는 폐허가 되어 버렸지만, 말라카에서 유일하게 멀리서도 눈길을 사로잡는 건축물이다. 그 일부는 세속적이고 비종교적인 영국이 지배하면서 해사海事나 등대 관련 물품을 보관하는 창고로 쓰이고 있다. 하비에르는 그 성당에서 자주 기도를 올렸고, 그곳에 머물기를 좋아했다. 오늘날 성당의 벽은 겨우살이 같은 기생식물이 뒤덮고 있고, 많은 주교와 신부들이 엎드렸던 성당의 바닥에는 무성한 잡초 사이로 뱀과 도마뱀이 기어 다닌다. 하비에르 신부를 존경하는 도시 말라카에서 그를 기억하게 하는 곳은 한때 장엄했지만 지금은 볼품없어진 성당의 폐허가 유일하다. 하비에르는 말라카에서 죽기를 바랐으며(실제로 이곳으로 오던 중 사망했다), 이 성당에 묻혔다.[232] 노란색 밧줄을 따라 성당 폐허가 있는 언덕 위 풀밭으로 오르는 모든 말라카 주민들의 손에는 작은 양초가 들려 있다. 이 성당의 폐허는 인도의 고아에 있는 하비에르의 장대한 영묘靈廟[233]와 대비된다. 그곳에서 하비에르의 유골은 금은으로 장식된 관 속에 안전하게 안치되어 있다.

포르투갈인이 해적과 다를 바 없다면, 포르투갈인을 말라카에서 밀어낸 네덜란드인은 명예를 거들떠보지도 않는, 인색하고 돈만 아는 떠돌이 장사치보다 나을 게 없다 하겠다. 네덜란드인은 이곳에서 피만 빨았을 뿐 아무런 보상도 하지 않았다. 나는 해적 같은 포르투갈인과 떠돌이 장사치 같은 네덜란드인이 모두 물러나게 된 것을 말라카는 다행으로 여겨야 한다고 생각한다. 영국은 말라카를 1795년에 점유했다가 1818년 네덜란드에 되돌려줬다. 1824년 영국-네덜란드 조약을 통해 영국은 수마트라의 영국 식민지 벤쿨렌Bencoolen을 네덜란드에 내주는 대신 말라카를 얻었다.[234] 이 조약으로 네덜란드는 말레이 반도에 어떤 식민지도 갖지 않으며 내정 간섭도 하지 않기로 했다. 포르투갈이 건설한 언덕 위의 성당 '노트르 담 델 몬테Notre Dame del Monte'는 비록 폐허가 되었다고 해도, 나중에 대대적으로 수리를 했어도 기본적으로 밋밋하고 단조롭고 평범하고 무표정하고 지루한 네덜란드의 시청보다는 훨씬 흥미로운 유적이다. 홀로 우뚝한 스타듀이스엔 장사꾼의 냄새가 물씬하다. 뚱뚱한 시장市長과, 뻣뻣한 공단 드레스를 입고 허리 아래를 나무 후프로 부풀린 채 새침 떠는 시장 부인을 연상케 한다. 지금의 말라카에는 네덜란드의 영향이 하나도 남아 있지 않다. 왜냐하면 네덜란드는 오로지 향료와 사고야자와 타피오카와 후추 무역에만 관심이 있었기 때문이다.

다양한 인종이 섞여 살다 보니 때로 희한한 일들도 벌어진다. 내가 묵는 스타듀이스에서는 누가 나타날지 아무도 모른다. 말레이인이거나 포르투갈인, 중국인 혹은 마드라스[235] 출신의 인도인일 수도 있다. 어제 아침의 일이다. 6시에 언제나처럼 중국인 일꾼이 내 방에 기척도 없이 들어왔다. 그는 뭐라고 중얼거리더니 내가 알아듣지 못하자 통역을 해 줄 포르투갈인을 데리고 왔다. 7시에는 마드라스 출신 집사 바부가 바나나 쟁반을 받쳐 들고 나타났고, 그 뒤에 빨간색 사롱은 입은 말레이인 두 명이 들어오더니 아주 느린 동작으로 옷장에서 내 옷을 솔질했다. 내가 미처 잠자리를 벗어나기도 전에 네 인종의 남자 시종이 내 방을 찾은 것이다! 여느 중국인 노동자들처럼 갈색의 무명 셔츠와 바지를 입고 내 방에 수시로 드나드는 중국인 시종은 시중드는 솜씨가 형편없는 것도 모자라, 나를 아주 성가시게 한다. 내 방문이 제대로 잠기지 않는 탓도 있겠지만, 그는 내가 잠옷 바람으로 글을 쓰는 아침에 소리도 없이 들어와서는 침대를 정리하고 모기를 잡는다. 그리고는 옷장에서 가운을 하나하나 가리키며 나를 빤히 쳐다본다. 내가 눈짓으로 어느 하나를 고르면, 그것을 집어 들고 가져온다. 내가 문을 가리키며 "나가!"라고 큰 소리를 지른다고 해도 그를 쫓아낼 수 없다. 내가 잠옷을 벗어 그가 갖다 준 가운으로 마지못해 갈아입을 때까지는…….

이틀 전 말라카 총독 쇼는 "쇠뿔도 단김에 빼자."며 나에게 숭에이 우종으로 갈 채비를 하라고 말했다. 어제는 총독이 나더러 이번 여정에 자기 두 딸을 동행하게 하려는데 돌봐 주겠냐고 물었다. 그때 바부가 끼어들며 "어린 숙녀들이 간다면, 나도 간다."고 말했다. 우리 일행의 경호는 치안 책임자 헤이워드가 맡기로 했다. 나의 이번 탐사는 말라카의 좁은 유럽인 사교계에서 대단한 관심사로 떠올랐다. 우리가 갈 숭에이 우종은 '미지의 땅'으로 여겨지고 있다. 말라카 총독조차 한 번도 방문해 보지 못한 곳이다. 나는 호랑이와 악어와 야생 코끼리와 미개인이 사는 지역으로 어린 두 딸을 보내기로 한 총독의 믿음과 결정을 두고 뒤에서 수군거리거나 의심하는 사람이 없기만을 바랐다! 스타듀이스 아래의 개천에는 아담한 크기의 증기추진 론치선 '무스미Moosmee' 호가 내일 아침 일찍 출항을 앞두고 정박해 있다. 사실 이번 여정에서 최대의 위험 요소가 바로 이 론치선이다. 말라카 총독 쇼의 전령은 특별한 손님을 맞을 준비를 당부하는 전갈을 들고 숭에이 우종의 영국인 주재관을 향해 벌써 길을 떠났다.

I.L.B.

숭에이 우종에 관하여

나는 싱가포르에 오기 전만 해도 숭에이 우종이란 이름을 들어 보지 못했다. 아마도 많은 이들이 나와 다르지 않을 테다. 남단의 조호르에서 북단 커다에 이르는 말레이 반도는 복잡한 퍼즐과도 같다. 싱가포르, 말라카, 페낭, 프로빈스 웰즐리는 영국의 식민지고, 숭에이 우종, 슬랑오르, 페락은 영국의 보호령이며, 커다, 파타니, 트렝가누, 클란탄, 파항, 조호르 등은 독립적인 말레이 술탄국이다.[236] 보호령에 포함되지 않은 말레이 술탄국들은 대부분 라자들과 추종자들의 야심과 질시로 인한 분쟁으로 거의 무정부 상태다. 독립적인 말레이 술탄국들은 보호령의 왕국들이 이전에 그랬던 것처럼 사사건건 해협식민지 정부의 발목을 잡으며, 말라카 해협에서 영국이 통상권을 확대하는 데 심각한 걸림돌이 되고 있다.

1874년 해협식민지 총독 앤드루 클라크 경은 페락과 슬랑오르, 숭에이 우종에 영국인 주재관Resident이 상주하는 주재관제를 시행했다. 이들 주재관은 본디 징세와 일반적인 행정에 관해 현지 수장에게 자문을 해 주는 고문관 역할을 하였으나, 점차 시간이 흐르면서 그들의 역할은 고문에서 실질적인 통치로 바뀌게 된다. 영국 정부가 임명한 관리인 주재관들은 관할 왕국에 관해 해협식민지 정부에 연례 보고서를 제출하고, 이를 바탕으로 해협식민지는 영국의 식민부에 보고한다. 주재관이 감당해야 할 업무는 상당한 편이다.

숭에이 우종의 영토를 정확하게 확정하기란 쉬운 일이 아니다. 경계를 둘러싼 논란이 여전한 데다 탐사된 지역은 동쪽 경계 일부에 불과하다. 숭에이 우종은 내륙에 위치하며, 링기Linggi 강을 통해서만 바다로 연결된다. 북쪽으론 보호령인 슬랑오르와 국경을 맞대고, 동쪽으로는 '독립' 소왕국인 룸보우Lumbow, 조홀Johol, 모아르Moar, 스리 메난티Sri Menanti, 젤라이Jelai와 접경한다. 하류에서 슬랑오르와 말라카의 경계를 이루는 링기 강은 상류에서 강줄기가 나뉘면서 오른쪽으로 숭에이 우종과 룸보우의 경계를 흐른다. 숭에이 우종의 면적은 약 1100제곱킬로미터를 넘지 않을 것 같다.

숭에이 우종과 인근 소국들의 말레이인은 수마트라 미낭카바우 제국의 직접적인 후예들로 여겨진다. 미낭카바우가 말레이 반도를 점령하면서 당시 정글에서 생활하며 낮은 문명 단계에 머물렀던 원주민인 자쿤족, 오랑 부킷, 오랑 우탕, 사망족, 베시식족Besisik, 오랑 라웃 등을 내지로 밀어냈다. 현 단계에서 이 지역 말레이인에 관한 가장 신뢰할 만한 정보에 따르면, 12세기 수마트라의 수장이 무리를 이끌고 말라카로 건너왔을 때 이곳의 원주민은 "나무의 사람들"이라는 자쿤족뿐이었다. 수마트라에서 건너온 이들이 자쿤족 여성과 혼인을 하고, 이들의 후예가 숭에이 우종, 룸보우로 흩어져 살게 됐다. 이들과 더불어 고대 어식민족魚食民族, Ichthyophagi으로 여겨지는 "바다의 사람들"인 오랑 라웃과 해안 언덕의 숲에서 생활하는 "숲의 사람들"인 오랑 우탕이 섞여 살았다.

이 지역에서 인종 간 혼혈들이 급속히 증가하면서 각각의 수장이 지배하는 9개의 소국으로 나뉘게 되고, 이들 소국은 말라카 술탄의 지배 아래 놓였다. 포르투갈에 의해 말라카 왕국이 멸망한 뒤 이들 9개 소국은 조호르 술탄의 종주권을 인정하고 조공을 바쳤다. '네그리 슴빌란'이라고 불리는 이들 9개 소국 연방은 17세기와 18세기에 네덜란드와 여러 조약을 맺었지만, 만성적인 내정 불안에 시달렸다. 네덜란드의 지원을 업고 네그리 슴빌란을 1인 지배 체제로 바꾸려 하자 숭에이 우종, 룸보우, 조홀, 스리 메난티 등 네 곳이 불만을 드러냈다. 이들 네 소국은 자신들의 뿌리인 수마트라로 사람을 보내 미낭카바우 제국의 왕족 혈통을 지닌 왕자를 찾아 불러들였다.[237] 오랜 내분 끝에 이들 네 개 소국의 수장들은 미낭카바우 출신 왕자를 왕으로 앉혀 새로운 왕조를 열었다. 네 개 소국의 수장들이 위원회를 구성해 왕을 보좌했지만, 내분에 시달리던 끝에 1832년 왕조가 막을 내리고 숭에이 우종의 실질적 군주인 다투 클라나가 권력을 잡았다. 하지만 이웃한 룸보우를 비롯해 내부의 적대 세력과 갈등을 겪던 다투 클라나는 취약한 지배권을 강화하기 위해 영국에 보호를 요청했다.

일련의 협상이 진행되었고, 다투 클라나는 영국 국기와 주재관을 수용하는 대신 숭에이 우종의 지배권을 확립하는 데 성공했다. 하지만 그는 자신의 지배권을 지키기 위해 영국의 개입을 초래했다는 점에서 이웃한 소국과 숭에이 우종 내부의 실망한 신민으로부터 신망을 얻지 못했다. 이러한 갈등은 마침내 인근 소국의 '작은 전쟁'[238]으로 비화했다. 이 전쟁에서 숭에이 우종의 공격 부대는 소수의 영국인 군인과 말레이인 헌병, 싱가포르에서 모집되어 드 폰테인de Fontaine 대위의 지휘를 받은 80여 명의 아랍인 파견대로 구성됐다. 적이 분명치 않았던 이 전쟁에서 영국의 참전 병력 가운데 8명이 숨지고 23명이 부상했다. 영국은 방책 여러 곳을 점령하고 60~80명의 말레이인을 사살했으며, 점령지를 불태우는 전과를 올렸다. 이로써 마침내 숭에이 우종의 다투 클라나인 시에드 압둘라흐만의 취약한 권위가 안정되었다. 영국의 개입으로 지배권을 강화한 시에드 압둘라흐만을 5년간 곁에서 지켜본 숭에이 우종의 영국 초대 주재관 패트릭 머레이Patrick James Murry는 1880년에 이런 기록을 남겼다. "협정 이행에 충실한 그는 영국 정부의 선의를 확보했다. 그는 매사에 분명하고 솔직하며, 매우 자비로워 숭에이 우종의 말레이인은 물론 이곳의 중국인 등 거의 모든 신민의 사랑과 존경을 얻고 있다. 만약 그에게 흠결이 있다면 인간 본성의 선함을 믿는 나약함일 테며, 그로 인해 종종 곤란을 겪었다."

소국 숭에이 우종의 인구는 1832년 말레이인 3200명, 중국인 400명에 불과했으나 내가 방문한 1879년 인구가 1만 2000여 명으로 크게 늘었다. 유럽인 3명과 소수의 클링인을 제외하면, 말레이인이 2000명인 데 비해 중국인은 1만 명에 달했다. 이곳의 수출품은 주석이 가장 큰 비중을 차지하며, 내지의 원주민들이 채집하는 구타페르카, 점차 비중이 늘어날 것으로 보이는 커피를 비롯해 쇠가죽, 담마검, 가루gharroo 등이다. 1879년 총 수출액은 8만 1976파운드며, 이 가운데 주석이 8만 1451파운드를 차지했다. 수입은 수출의 절반 정도에 지나지 않는데, 쌀이 1만 8150파운드로 가장 많고, 아편이 1만 4448파운드로 그 뒤를 잇는다. 이어 식용유, 중국산 담배, 설탕, 절인 생선 순이며, 돼지도 수입된다! 물론 수입품의 80퍼센트를 중국인이 소비한다. 중국인들은 여느 곳에서와 마찬가지로 여기서도 중국에서 하던 그대로 입고 먹고 즐기고 자는 방식을 고집하며, 중국 본토와 잘 조직된 그들만의 교역망을 갖추고 있다. 이곳에서 중국인 인구가 급증하면서 이득을 보는 건 영국이 아니라 중국인 상인들이다. 중국산 담배, 돼지, 돼지기름, 양파, 콩, 면류, 절인 야채, 차, 폭죽, 향, 성냥, 중국식 양초, 중국식 의류, 중국식 우산 등 다양하고도 소소한 물품들이 죄다 중국에서 수입된다.

숭에이 우종은 앞서 언급한 전쟁을 치르는 과정에서 생긴 1만 파운드의 부채를 분할 상환 중이다. 이 때문에 재정이 쪼들려 도로 건설 등 필요한 사업들이 지체되고 있다. 전쟁 부채 1만 파운드는 이미 6000파운드를 상환하고 남은 금액이며, 이와 별도로 영국 주둔군의 식량과 말의 사료 등의 경비도 부담해야 한다. 이 밖에도 도로와 교량 건설비도 있고, 징세권을 잃어 수입이 없어진 라자들에게 보조금도 지급해야 하는 등 체제 유지에 소요되는 비용도 상당하다. 세금을 걷는 원천은 광범위한데, 이들 가운데 상당 부분은 공적인 관심을 기울인다면, 전면 폐지가 가능한 것들이다. 수출 관세는 숭에이 우종의 대표 수출품인 주석과 구타페르카에만 과세된다. 주요 수입 관세는 아편에 관한 것으로 1879년에만 4182파운드가 걷혔다. 이는 전체 세수의 4분의 1에 해당한다. 이러한 유익하고 점증하는 재정수입 말고도, 1879년에만 '징세청부제'를 통해 3074파운드나 걷혔다. 징세청부제는 '대지의 고마운 산물'과 무관한 도박, 식용유, 소금, 아편, 복권 등의 상행위에 세금을 걷는 가장 무해한 방식이다! 달리 말해, 징세청부제는 전매제를 전제로 하고, 경매에 부쳐 가장 높은 입찰 금액을 제시한 응찰자에게 일정 기간 전매권을 판매해 재정수입으로 삼는 방식이다. 전매 품목 가운데 도박이 정부는 물론 징세 도급인에게도 가장 수익이 짭짤하다!

이곳에서 수형 시설과 의료 시설의 유지 비용은 아주 미미하다. 이는 감옥과 관련해서는 중국인에 관한 일을 자체적으로 처리하는 '카피탄 차이나 Capitan China'[239] 제도 덕이며, 병원과 관련해서는 이곳의 날씨가 쾌적하기 때문이다. 헌병대는 유럽인 지휘관 한 명과 월급 45실링을 받는 말레이인 순경 94명, 그리고 말레이인 장교 12명으로 구성된다. 그런데 한 가지 일에 고착되는 것을 싫어하는 속성을 지닌 말레이인은 헌병 계약 기간이 끝나면 연장 계약을 잘 하지 않는다. 그래서 숭에이 우종에서도 페락에서 하는 것처럼, 인도에서 시크교도를 데려다 무장 경찰로 삼는 방안을 검토하고 있다.

말레이 반도의 다른 곳과 마찬가지로 숭에이 우종도 거의가 밀림 지대인데, 최근 타피오카, 감비아, 커피 등의 플랜테이션이 생겨나면서 숲이 줄어드는 추세다. 이곳의 밀림은 가히 장관이다. 언덕에서 내려다보이는 전경은 말로 옮기기 힘들 정도다. 이곳의 기후는 이상하다 싶을 정도로 건강에 좋다. 후추, 커피, 타피오카, 신코나, 토근[240] 등의 재배는 성공적이다. 원주민들은 화전火田 농법과 동물 배설물을 넣지 않은 채 나뭇잎만 썩힌 부엽토를 거름으로 쓰는 경작 방식을 선호한다.

강우량은 연평균 2500밀리미터로 추정되며, 기온이 측정된 이래 수은주는 최저 섭씨 20도, 최고 33.3도 사이를 오간다. 강물은 탁하고 흐름이 느리다. 질척하고 악어들이 우글대는 하구의 맹그로브 숲에서 내지로 들어갈수록 해발 고도가 점차 높아지는데, 산이라고 할 수는 없는 구릉의 정상에 이르기까지 거대한 밀림이다. 석회암이 갈라진 틈으로 맑은 냇물이 흐르고 공기는 더없이 깨끗하며 밤은 시원하고 상쾌하다. 주석이 이곳의 최대 광물 자원이며, 주석 광산은 오래전부터 중국인 노동자의 일터였다.

영국 주재관은 본디 자문에 응하는 고문관顧問官이었지만, 사실상 이 소국을 통치한다. 이러한 역할 변화에 영국이나 숭에이 우종이나 서로 불만이 없는 것 같다. 어쨌든 말레이 군주가 통치하는 인근 소국이 여전히 내분에 시달리는 것과 달리 숭에이 우종은 전쟁 이래 내정을 안정시키는 데 성공했다. 최근 말레이 술탄국과 소국의 왕족들은 영국의 보호령이 되면서 주권과 안정을 맞바꾼 숭에이 우종의 사례를 예의 주시한다. 자칫 영국의 개입을 초래하고 영국이 주는 '생활 보조금'에 의존하는 명목상의 군주로 전락하지나 않을까 하는 두려움에 예전과는 달리 정치적 내분과 인민에 대한 수탈을 자제하는 분위기다. 내가 숭에이 우종을 방문하고 나서, 다투 클라나인 시에드 압둘라흐만이 메카 순례를 마치고 돌아오는 길에 사우디아라비아의 제다 인근에서 이질로 사망했다. 그를 수행한 여섯 명 가운데 세 명도 비운을 당했다. 다투 클라나의 승계는 순조로웠지만, 새로운 지도자의 통치하에서 시에드 압둘라흐만이 바랐던 숭에이 우종의 번영이 지속될 수 있을지는 속단하기 이르다. 최근의 공식 성명으로 판단컨대, 숭에이 우종의 돌아가는 사정은 예전만큼 만족스럽진 못하다. 아편 수입이 큰 폭으로 증가했다. 쟁기를 끌어야 하는 물소들이 돌림병으로 떼죽음을 당하면서 벼농사가 엉망이 됐고, 부족한 식량마저 쥐 떼들의 먹이가 되고 말았다. 이 때문에 말레이인은 자신의 경작권을 스스로 포기하는 결연한 저항을 하고 있다.

새로운 다투 클라나는 전혀 신망을 얻지 못하고 있다. 성격이 물러 터져 골치 아픈 문제를 해결하는 데 아무런 영향력도 기대하기 힘들다. 반면 다투 클라나의 경쟁자인 다투 반다르(내 편지에서 언급된다)는 상당한 영향력을 행사하면서 사사건건 어깃장을 놓는다. 그는 토지를 무상으로 나눠 주는 문제를 두고도 주재관의 모든 제안에 반대로 일관한다. 돌림병으로 소들이 떼죽음을 당하면서 주요한 운송 수단인 소달구지도 차질이 빚어졌다. 채굴한 주석을 운반하기 위해 필수적인 링기 강의 수위가 너무 낮아져 뱃길 또한 제 역할을 하지 못하는 형편이다. 이 바람에 일자리를 잃은 밀림의 노동자들은 말라카로 되돌아가고 있다. 주재관의 보고서는 토지 문제에서 말레이의 관습법과 영국의 개입을 둘러싼 갈등 등 영국과 말레이 수장의 '이중 통치' 방식에 따른 끔찍한 곤경을 생생하게 보여 준다. 하지만 독립을 유지하려는 숭에이 우종 등 다른 영국의 보호령은 영국의 군사적 우위를 충분히 알고 있는 상황이어서, 안전과 정의를 보장해 주는 지금의 주재관 제도를 파기하려 하지는 않을 것으로 보인다.

Letter 11

말레이 반도, 숭에이 우종 다투 클라나의 영지
승팡 경찰서
(로보체나 강과 링기 강이 합류하는 지점에서)
1879년 1월 24일 오후 1시, 섭씨 31도

우리 일행은 삭구[241]도 없고 운항하기나 할지 의문이 드는 증기 추진 소형 론치선 '무스미'에 올라 아침 7시 말라카를 떠났다. 야자나무가 빽빽한 누런 해안을 따라 시속 8킬로미터로 느리게 몇 시간을 달린 끝에 바람 한 점 없는 찜통 같은 바다를 벗어났다. 링기 강의 긴 맹그로브 숲을 어렵사리 통과한 우리 배는 로보체나Loboh-Chena 강과 만나는 지점에 정박했다. 나머지 여정을 위해서는 수위가 높아질 때까지 기다려야 했기 때문이다.

우리 배가 정박한 곳은 코코스야자나무와 바나나, 관목들이 밀림을 이룬 작은 섬의 곶이었다. 곶 양쪽의 개천을 따라 맹그로브가 무성했다. 맹그로브 숲을 이렇게 가까이서 보기는 이번이 처음이다. 말레이어로 망이-망이mangi-mangi인 맹그로브나무(학명 리조페라 망길*Rhizophera mangil*)의 겉모습은 전혀 아름답지 않다. 맹그로브 숲은 조수에 따라 바닷물이 드나드는 해안에 수 킬로미터에 걸쳐 빽빽하고 두꺼운 띠를 이룬다. 12~15미터까지 자라는 맹그로브나무들은 거의 해수면 높이에서 짙은 녹음을 드리운다. 뿌리는 개흙 위로 1.5미터 높이 솟아 있어, 간조 때 바닷물이 밀려나면 모습을 드러냈다가 만조가 되면 물속에 잠긴다. 나무줄기에서 아래로 곧바로 뻗는 맹그로브의 뿌리는 게나 갑각류의 안식처다. 물새들도 빽빽한 뿌리 사이를 유령처럼 드나든다. 악어와 모기도 이곳에서 산란한다. 통상 맹그로브 숲

일대는 모기가 많아 말라리아가 극성이지만, 말레이 반도에서는 그렇지 않다. 맹그로브나무의 열매는 가지에 매달려 있는 상태에서 뿌리가 씨껍질을 뚫고 빠르게 아래로 자라난다. 그 열매가 아래로 떨어지면, 곧바로 개흙 속으로 뿌리를 뻗게 된다. 목재로서는 아무 쓸모도 없는 맹그로브의 번식을 위해 자연은 너무 많은 수고를 하는 셈이다. 그런데 괴이쩍게도 맹그로브나무의 열매는 달고 맛있다. 과즙은 술을 담글 수도 있다. 그러나 내게 맹그로브 숲은 그저 사악한 불가사의에 지나지 않는다.[242]

정글이 끝없이 펼쳐져 있다. 유럽인이 아무도 들어가 본 적이 없으니 이 정글이 얼마나 깊은지 누가 알겠는가? 정글 너머로 밀림에 뒤덮인 룸보우산Rumbow hills이 솟아 있다. 수목이 무성해 볕도 잘 들지 않는 밀림 속에는 코끼리와 하마, 호랑이, 흑표범, 멧돼지, 표범 따위의 맹수가 우글거린다. 물론 야수들도 뜨거운 한낮에는 보금자리에서 잠을 잔다. 극락조[243]의 원산지기도 한 이곳 밀림에는 아주 아름다운 큰푸른목도리꿩[244]도 유령처럼 홀연 모습을 드러냈다가 사라지곤 한다. 닭의 조상 격인 멋진 반탐닭bantam fowl도 이곳 숲속을 뛰어다닌다. 코브라, 비단뱀, 보아뱀, 독사 등 적어도 14종의 뱀이 한적하고 음습한 곳에 무리 지어 똬리를 틀고 있다. 크고 작은 원숭이와 날다람쥐, 이구아나, 도마뱀, 공작, 개구리, 바다거북, 민물거북, 악어는 물론이고 드물게 맥貊도 보인다. 돼지사슴, 얼룩사슴도 그리 멀지 않은 숲속에 있을 것이다. 내 생각에, 얕은 흙탕물의 작은 냇물들이 모여들고 맹그로브 숲 너머로는 범접할 수 없는 밀림이 펼쳐지는 이 지역의 식생은 아프리카 서부와 아주 흡사할 것 같다.

우리가 정박해 있는 이곳 밀림은 걸어서는 300미터도 앞으로 나아갈 수 없다. 영국 식민지인 말라카의 영역을 벗어난 이곳은 1875년의 '말레이 분쟁Malay disturbances' 이후 영국에 할양되면서 슴팡 경찰서가 들어섰다. 니파야자 잎으로 엮은 아탑 지붕에 방이 네 개인 슴팡 경찰서 건물은 지상에서 상당히 높은 곳에 지어져 — 아마도 맹그로브나무에서 아이디어를 얻은 것 같다 — 사다리를 타고 올라야 한다. 말레이인 순경 네 명과 경장警長 한 명이 3년 전부터 이곳에 상주하며 해적 행위를 감시하고 있다. 해적 행위Piracy란 잔혹 행위, 피비린내 나는 공격, 검은 깃발, 무자비함 등을 연상시키는 추악한 말이다. 그러나 이곳 강변에서 빈번했다고 하는 해적 행위는 적어도 영국 식민 당국의 해석으로 보자면, 세금을 걷는 특별한 방식이라 할 수 있다. 강의 영주river raja에게 대가를 지불하지 않고는 어떤 배도 링기 강을 오갈 수 없도록 하는 것이 이곳 해적 행위의 요체다.

우리의 가련한 론치선은 코코스야자나무에 묶인 채 영국 해군 예비함 깃발blue ensign을 펄럭이고, 말레이인 순경이 쓴 모자에는 영국 제국의 왕관 문장이 새겨져 있다. 북해의 짙은 안개가 덮인 런던에서 멀리 떨어져 적도의 정글 속에서 마주하는 영국 해군 깃발과 영국 제국의 문장은 이 작은 섬의 권위를 얼마간 애처롭게 드러내는 것이긴 하지만, 적어도 지금 이 순간만큼은 영국 지배의 안전과 정의를 상징하기도 한다.

우리가 이곳에 정박한 이래 이 강을 지나간 건 통나무 속을 파내 만든 카누 두세 척이 전부다. 내륙으로 강을 거슬러 올라가는 카누에서 원주민으로 보이는 네 명의 사내가 힘차게 노를 저었다. 강을 내려오는 카누는 넓적한 돛이 달려 있고, 노도 한 명만 젓는다. 너무나 덥고 너무나 조용하다. 소리라고는 야자나무 잎의 바스락거림과 매미 울음뿐이다.

이 엉성한 경찰서에서 타밀족과 아랍인 두 명이 눈에 띄었다. 그런데 서류상으로는 아랍인으로만 적혀 있었다. 우리 일행이 경찰서에 앉아 위대한 음료인 신선한 코코넛 밀크를 마시려 할 때였다. 말레이인 한 명이 사다리를 타고 올라와 우리를 지나쳤다. 이는 내가 지금까지 지켜본 말레이인 가운데 가장 민첩하고 재빠른 몸놀림이었다. 호랑이 눈처럼 한껏 치켜뜬 그의 눈은 벽에 걸려 있는 장총에 고정됐고, 벽으로 달려간 그는 총을 집어 들고 다시 재빨리 우리를 지나갔다. 나는 그 말레이인이 경찰서로 뛰어들기 조금 전에 아목amok이라고 외치는 소리를 들었고, 아목 광란자를 벽에 고정시키는 끝이 두 갈래인 쇠스랑도 보았던 터였다. 순간적으로 나는 경찰서로 뛰어들었던 그 말레이인이 '아목 광란자'라고 생각했다. 그런데 그게 아니었다. 그는 우리 탐사대의 경호를 맡은 헤이워드에게로 뛰어갔고, 나도 그의 뒤를 쫓았다. 거기선 커다란 악어 한 마리가 제방을 넘어 강물로 달아났다. 헤이워드는 남아 있던 다른 악어 한 마리를 겨냥해 총을 쏘았다. 치명상을 입은 듯 몸을 꿈틀대더니 먼저 달아난 녀석처럼 강물 속으로 뛰어들었다. 총 맞은 악어가 흘린 피가 흙탕의 강물 위로 멀리까지 퍼졌다.

숭에이 우종, 퍼르마탕 파시르의 경찰서
1월 24일 오후 5시

우리는 지금 숭에이 우종의 다투 클라나이자, 영국에 우호적인 군주인 시에드 압둘라흐만의 영지에 도착했다. 이곳 순경들의 모자에는 영국 제국의 왕관이 아니라 초승달과 별의 문장이 새겨져 있다.

여기까지 여정의 우여곡절은 우리가 예상했던 것을 뛰어넘는다. 바라는 대로 이뤄진 건 하나도 없다. 생각해 보라. 우리 일행에는 말라카 총독의 눈에 넣어도 아프지 않을 두 딸이 있다. 그런데 이들은 여행 왕초보인 데다, 이처럼 '거칠기 짝이 없는 여행'에는 전혀 어울리지 않았다. 가뜩이나 두 딸 중 하나가 뜨거운 직사광선에 노출되어 일사병에 걸렸고, 애처롭게도 밤새 앓는 소리를 했던 탓에 우리는 밖에서 밤을 새워야만 했다.

우리는 오후 2시에 슴팡을 출발했다. 일사병에 걸린 총독의 딸은 숙소에서 보트까지 간신히 걸음을 옮겼다. 하지만 태양은 눈곱만큼의 자비도 없는 듯했다. 구리를 씌운 뱃전은 손을 댈 수 없을 정도로 뜨거웠다. 슴팡을 지나자 강은 폭도 좁아지고 깊이도 얕아졌다. 우리 배의 움직임은 더

느려졌고, 수심을 재는 일이 더 잦아졌으며, 개흙 위로 배를 끌어야 하는 일도 생겼다. 우리는 진흙 위에서 햇볕을 쬐며 잠자는 커다란 악어를 보았다. 그 녀석의 아가리는 몸길이의 3분의 1은 되어 보였다. 우리 배가 요란한 엔진 소음을 내면서 지나가는데도 그 녀석은 잠에서 깨지 않았다. 우리가 총을 장전하고 그 녀석 가까이로 갔을 때였다. 총은 말라카 총독 관저의 집사 바부의 손에 들려 있었다. 평소엔 거들먹거리며 호전적인 것처럼 행세하던 바부는 정작 표적을 앞에 두자 방아쇠를 당기지 못할 정도로 겁에 질려 벌벌 떨었다. 마침 잠자던 악어가 눈을 떴고, 무시무시하고 울퉁불퉁한 악어의 등껍질이 물속으로 사라졌다. 악어가 놀라 물로 뛰어드는 바람에 우리 배의 선미에 흙탕물이 튀겼다. 이 일이 있고 나서부터 우리는 홀로 또는 무리를 지어 있는 악어를 봐도 시큰둥했다.

이처럼 살인적인 햇볕 아래서는 뭔가에 지속적으로 흥미를 갖는다는 게 쉽지 않은 일이다. 대화도 마찬가지다. 오전에는 시끌벅적하던 이야기도 해가 중천에 뜨면 사라진다. 불과 증기와 태양이 삼중으로 달구는 증기 론치선 안의 열기는 실로 끔찍하다. 나는 스코틀랜드의 멀Mull 섬[245]과 설원, 찬서리 내리는 겨울밤의 별빛을 떠올리며 더위를 잊어 보려 했지만 헛수고였다. 실로 장엄하다고밖에 달리 할 말이 없는 오후였다. 태양은 눈 한 번 깜박거리는 일도 없이 우리의 침묵 파티를 노려보았다. 이따금 정적을 깨는 악어와 물짐승들의 자맥질이 있기는 했지만, 좁고 뿌연 강도 우리처럼 침묵했다. 강의 양편을 담처럼 두른 맹그로브 숲과 니파야자나무 숲에도, 물총새 떼의 푸른 비행에도, 덩굴식물들이 꽃줄을 두른 장대한 거목들을 따라 굽어 흐르는 강물 위에도, 형형색색의 나뭇잎에도, 날렵한 깃꼴 잎이 풍성한 야자나무에도, 빛나는 색감을 뽐내는 거대한 열매들에도, 나무들마다 피운 아름다운 꽃들 위에도, 숲에 환상적인 꽃줄을 늘어뜨리며 왁스를 바른 듯 반들거리는 호야 카르노사[246]와 각종 덩굴식물들의 잎사귀에도 열대의 태양은 내리쬔다. 그렇게 밀림의 모든 것들은 연중 쉬지 않고 성장하며, 적도의 토양은 활력을 얻는다.

우리는 배 위에서 거의 한 시간 동안 카누에 웅크리고 낚시를 하는 '비非문명인savage'을 이따금 본 것 말고는 사람 그림자도 보질 못했다. 그러다 갑자기 정글을 말끔하게 밀어내고 거대한 코코스야자나무가 줄지어 서 있는 마을이 나타났다. 퍼르마탕 파시르였다. 규모가 제법 크고 이슬람 사원도 있는 말레이인과 중국인의 촌락이었다. 강 양편으로 수상가옥과 아탑으로 지붕과 벽을 세운 크고 작은 배들, 그리고 지붕을 씌운 부두, 인적을 피해 약간 후미진 강변에 마련된 목욕간도 보였다.

어제 말라카에서 숭에이 우종의 주재관에게 전령을 보냈다는 통보를 받고 나서 이곳에 도착하기 전까지만 해도 우리는 앞으로의 여정이 순조롭게 진행될 걸로 기대했다. 우리는 퍼르마탕 파시르에서 내려 가마를 타고 10킬로미터의 정글을 통과한 뒤 마차를 타고 숭에이 우종의 주재관저에 늦어도 밤 9시면 도착할 계획이었다. 승팡에 도착해서도 헤이워드는 카누 편으로 퍼르마탕 파시르에 전령을 보내, 주재관에게 우리의 계획을 알려 줄 또 다른 전령을 보내라고도 했던 참이다. 하지만 말이다.

"생쥐와 인간이 아무리 정교한 계획을 세우더라도, 그 계획은 종종 빗나간다."[247]

아마도 우리가 보낸 전령은 자신의 임무가 퍼르마탕 파시르의 모든 남자들, 그러니까 근엄한 표정과 냉담한 태도의 군중을 부두로 불러 모으는 것으로 알았던 모양이다. 우리 배가 도착하자 지붕을 씌운 부두에는 한 무리의 무슬림이 운집했다. 그들은 짧은 바주와 흰색의 긴 바지, 세로 주름이 없는 킬트와 같은 붉은색 사롱의 정장 차림이었다. 사내아이들은 은으로 된 아랫도리 가리개와 은팔찌만 했다. 그들은 얼굴을 베일로 가리지 않은 백인 여성들을 조용히 지켜볼 뿐이었지만, 필경 우리를 인정하지 않는다는 것을 표정에서 알 수 있었다.

수위가 낮아 아주 어렵게 부두에 배를 대고 내리자 숭에이 우종의 말레이인 순경 두 명이 우리를 마중했다. 이곳에 도착하기 전까지만 해도 숭에이 우종의 주재관 머레이가 사람을 보내지 않더라도 우리 스스로 알아서 할 수 있으리라 생각했더랬다. 그러나 마중 나온 순경들은 우리의 근거 없는 자신감에 찬물을 끼얹었다. 우리는 경찰서까지 두 순경의 호위를 받아야 했다. 도로변에는 화려하게 꾸민 중국인 상점이 줄지어 있었다. 상가와 떨어진 거리에 있는 말레이인 주택가의 집들은 저마다 울타리를 둘렀고, 모래를 뿌려 단정하게 가꾼 정원에 코코스야자나무와 바나나잎이 그늘을 드리웠다. 모래를 뿌려 다진 마을 골목길들도 매우 깨끗하다. 툭 터진 넓은 공터가 나왔고 경관 숙소가 눈에 들어왔다. 우리는 마침내 쉴 수 있는 곳을 찾았다는 안도감에 기뻤다. 햇볕이 여전히 뜨거웠던 탓이다. 경관 숙소는 전형적인 말레이 주상가옥 형태였지만 훨씬 높았다. 오르려면 적어도 계단이 8개는 있어야 할 높이인데도, 사다리에는 가로대가 달랑 세 개밖에 없다. 나는 목이 긴 부츠를 신고 힘겹게 그 사다리를 올라야 했다! 아탑 지붕은 뾰족하고 경사가 가파르다. 그 아래 넓은 베란다의 가장자리에 말레이인 순경들의 낮고 딱딱한 침대가 있고, 침대 위에는 붉은색 비단으로 된 양쪽 둥근 면에 금색 비단실로 수를 놓은 원통형 말레이 베개가 놓여 있다.

경관 숙소에는 베란다 말고도 탁자 하나와 의자 네 개가 놓일 수 있는 작은 내실이 있다. 내실은 벽에 장총과 크리스와 수갑이 걸려 있고, 그래픽으로 숫자를 새긴 '샘 슬릭'의 시계[248]와 엉뚱하다 싶게도 이스탄불 풍경을 묘사한 터키 그림이 함께 있어 뒤죽박죽이라는 느낌을 준다. 메카 순례를 두 번이나 다녀온 바부는 여정을 시작한 이래 총독 관저에 있을 때와 마찬가지로 우리 일행의 매사를(비록 대단히 제한적이기는 하지만) 아주 성심껏 돌봐 준다. 오는 도중 악어를 쏘지 못하는 바람에 헤이워드가 겁쟁이라고 놀려 시무룩해지기도 했던 그가 예전의 활력을 되찾고는 우리더러 제대로 된 만찬을 먹어 보겠냐며 귀가 쫑긋해지는 제안을 했다! 저녁 식사 때 순경 한 명이 신선한 코코넛 밀크를 우리에게 내왔고, 다른 순경은 밖에서 작은 푼카를 당기며 더위를 식혀 줬고, 또 다른 순경 두 명은 우리 일행을 위해 보초를 섰다. 이 숙소에 말레이인 순경 11명이 거주한다. 높게 지은 이 숙소 아래에 포탄을 장전한 소구경 포 4대가 설치되어 있다. 숙소 밖에 징을 매달아 놓고 순경들이 시간마다 울린다.

오면서 듣기로, 이곳 사람들은 밤에 얕고 물살이 빠른 상류로 올라가기를 꺼린다고 한다. 경찰서의 경장은 우리를 가마에 태워 정글을 통과하려는 말레이인은 아무도 없을 것이라고 했다. 이유인즉, 나무들이 쓰러져 길을 막고 있고, 곳곳에 위험한 늪이 도사리고 있으며, 밀림을 휘젓고 다니는 호랑이가 습격하지는 않더라도 이글거리는 호랑이의 눈을 보지 말라는 보장이 없고, 설령 돈을 받고 우리를 가마에 태우더라도 도중에 '유령새(부엉이)'를 보았다며 우리를 내팽개치고 달아날 것이라는 얘기다. 용감한 무슬림인 경장은 또 다른 이유도 덧붙였다. 자신은 헤이워드가 뭐라 하든 상관하지 않을 것이며, "여자들을 위해서 일하지는 않을 것"이라고 단언했다. 그 순간 우리 모두는 얼어붙고 말았다. 가장 큰 이유는 일사병에 걸린 총독의 어린 딸로 인한 걱정과 불안 때문이었다. 배 위에서 뜨거운 햇볕에 노출되는 바람에 소녀는 고열과 끔찍한 두통으로 기진맥진한 채 온몸을 웅크리고 침대에 누워 있다. 그녀는 더는 움직일 수 없다고 말한다. 마침내 그녀의 병세를 염려해 노련한 헤이워드가 결단을 내렸다. 가능한 모든 운송 수단을 강구해 그녀를 말라카로 돌려보내 당장 치료를 받게 하기로 말이다. 나는 이제껏 거치적거리는 것 없이 홀가분하게 여행을 해 왔다. 지금 이 순간 내가 이 아름다운 소녀를 거치적거리는 존재로 느낀다면, 이는 그녀를 배신하는 걸까?

I.L.B.

Letter 12

숭에이 우종, 세람방의 영국 주재관저
1879년 1월 26일

편지의 발신 날짜만 봐도 우리가 그간 겪은 곤경을 짐작할 줄로 안다. 글머리를 또 날씨로 시작해 보자. 그늘진 실내인데도 수은주는 섭씨 30.5도를 가리킨다. 나 홀로 여행자의 자유로움에 대해 찬반양론을 들은 뒤에 나는 이곳의 유명한 한 하지의 무덤을 찾아갔다. 이곳 순경의 말에 따르면, 무덤의 주인은 링기 강을 거슬러 올라가다 살해당한 '위대한 예언자'였다고 한다. 서양식 교회 뒤뜰의 묘지처럼 그 무덤도 봉분을 했다. 무덤가 네 모서리마다 기둥을 세워 그 위에 기름 단지를 올려놓았고, 그 바깥으로 또 기둥을 세워 지붕을 씌우고 옆면 둘레에 갈대로 짠 발을 커튼처럼 드리웠다.

퍼르마탕 파시르는 부유한 촌락으로 보인다. 이곳의 중국인은 중국에서처럼 열심히 일하고 근검절약하며, 자신의 부귀영달 말고는 안중에 없는 듯하다. 중국인 이주자들은 이 지역의 자원 개발에서 없어서는 안 될 존재며, 자신들의 부를 빠르고 안전하게 불릴 수만 있다면 영국이든 아니든 어떤 지배자와도 잘 지낸다.

말레이 향촌에는 펑훌루penghulu라는 향장鄕長이 있고, 40가구 이상 되는 마을마다 크든 작든 이슬람 사원이 있다. 비록 이슬람교가 사제의 필요성을 인정하지는 않지만 말레이 촌락의 이슬람 사원은 관리가 관할한다. 웃통을 벗은 말레이 남자가 앞만 보며 카누의 노를 젓고 피부마저 검다면,

그를 미개인이라 부르기 쉽다. 그러나 말레이인더러 미개인이라고 하는 건 그들을 모욕하는 일이다. 실제 말레이인은 미개인이 아니다. 그들만의 복잡한 문명과 예절과 법률을 갖고 있다. 그들은 대부분 유일신을 따르는 독실한 신앙인이며, 품위 있는 복식 문화와 사생활을 보호하는 안락한 주거 문화를 가졌다. 나야 난롯가에 둘러앉아 두런두런 이야기 나누는 영국식 가정의 단란함에 익숙하지만, 이곳 열대에서 그런 식의 단란함은 기대할 수 없다. 일부다처제를 허용한다고 해도 보통의 말레이인은 그럴 만한 경제적 여유가 없다. 각자의 형편에 맞게 가정생활을 영위하는 것이다. 신체 노출과 남녀혼욕을 즐기는 일본인의 목욕 문화와 달리 말레이인은 타인의 눈길이 닿지 않는 강변에서 호젓하게 목욕을 한다. 강변의 목욕탕은 한 번에 한 사람씩 이용하는데, 목욕탕 울타리에 사롱이 걸려 있으면 누군가가 사용 중이라는 표시다.

집사 바부가 신선한 코코넛으로 만든 카레와 훌륭한 수프로 흡족한 밥상을 차렸다. 늘 화사하던 복장이 평범해졌다는 것 말고는 바부의 진심 어린 시중은 말라카 총독 관저에서 하던 그대로였다. 이곳에 도착해 우리의 여정은 진퇴양란의 '수렁'[249]에 빠졌지만, 헤이워드가 말레이인의 특성을 잘 활용해 곤경을 벗어났다. 내막은 이렇다. 헤이워드는 사람을 보내 다른 뱃사공들 모르게 뱃사공 한 명을 데려와서는, 밤에 우리를 강 상류까지 배로 데려다 주는 문제를 동료들과 잘 상의해 보라고 일렀다. 얼마 뒤 그 뱃사공이 잔뜩 화가 난 채 돌아와서, 그 말을 꺼냈더니 마을 사람들은 우리 일행이 밤에 배를 몰아 강을 거슬러 올라가게 해서는 안 된다며 자기를 공격했다고 불평했다. 그가 공격당했다는 말을 듣고 말레이인 순경이 내려가 마을 사람들의 분쟁에 개입하게 된 것이다.[250] 이렇게 배편을 마련하는 난제를 풀었지만, 결정적인 한 가지가 남았다. 일사병이 심각한 말라카 총독의 어린 딸이 움직일 수 없다며 이곳 경찰서에 남겠다고 한 것이다. 그녀와 많은 얘기를 나눈 나와 헤이워드는 우리가 들것에 실어 옮기는 한이 있더라도 그녀를 데리고 가야만 한다고 합의했다. 병세가 더 심해져 숭에이 우종의 주재관저에서 내가 그녀를 돌보는 한이 있더라도, 아픈 소녀를 낯선 경찰서 베란다에 홀로 두고 우리만 떠날 수는 없는 노릇이었다!

헤이워드는 용감하고 인품도 훌륭하며, 산전수전을 다 겪었다. 그는 이 지역을 탐사한 최초의 유럽인이며, 숭에이 우종 내전 땐 영국군을 안내하고 주민의 무장해제를 이끌었다. 그런 헤이워드도 어린 총독의 두 딸 걱정에 여간 난감해하질 않았다. 연방 "아이쿠" 하는 탄식을 내뱉던 그는 "만에 하나 이 소녀에게 무슨 일이 생기기라도 한다면, 전 도저히 감당할 수 없을 겁니다. 어린 자매는 앞으로의 우리 일정이 얼마나 험할지 모릅니다. 이들을 데리고 오지 말았어야 해요."라며 후회했다. 딱딱한 침대에 축 늘어진 채 끙끙 앓고 있는 소녀를 보며 나 역시 그런 생각을 했다. 물론 두 소녀에 대한 책임감으로 보자면 나보다는 헤이워드가 훨씬 더 무겁게 느끼고 있었을 것이다. 아픈 소녀를 데려가기로 했지만, 헤이워드는 내심 '거치적거리는 것 없이' 맘 편하게 여행하던 기억을 더듬고 있는 게 분명했다. 나도 마찬가지였다. 게다가 우리에게는 말 그대로 거치적거리는 것이 한 가지 더 있었다. 바로 두 소녀의 커다란 여행 트렁크였다! 지난 24일 아침 말라카를 떠날 때 네 명이 노를 젓는 카누에 실어 따로 보냈던 짐이 우리가 막 출발하려는 참에 도착한 것이다!

헤이워드는 출발 직전 일사병을 앓는 총독의 딸에게 위스키 두 숟가락을 먹였다. 이는 진통 효과를 기대한 것이기는 하지만, 자칫 해가 지면 짙은 장독瘴毒[251]이 올라오고 해가 뜨면 찜통더위가 이어지는 정글에서 잠들게 할 수도 있는 위험을 감수한 처방이었다. 우리 일행 7명은 불안한 마음을 안고 길을 나섰다. 헤이워드가 야자나무의 잎줄기를 단단히 묶고 그 끝에 불이 잘 붙는 수지인 담마검을 적신 횃불을 들고 선두에 섰다. 순경이 그 뒤를 따르고, 아픈 총독의 딸이 나와 그의 언니의 부축을 받으며 힘겹게 발걸음을 옮겼다. 우리 뒤에 충성스런 집사 바부와 우리 짐을 나르는 순경들이 말없이 느리게 걸었다. 맨 뒤에 횃불을 든 사공들이 따랐고, 우리가 지난 자리에 횃불의 불똥들이 떨어졌다. 우리 일행은 탐사단이라기보다 장례 행렬에 가까웠다. 밤의 정글 속을 1킬로미터쯤 기어가듯 걸은 우리 일행은 강이 크게 굽어 흐르는 곳에서 나무다리를 건너 우리가 타고 갈 배가 있는 부두로 나아갔다.

이 낯선 곳에서 맞이한 숲속의 밤은 야생의 신비로 가득했다. 반딧불이의 희미한 녹색 불빛 물결, 부두의 기둥 위에서 춤추듯 흔들리는 횃불의 벌건 불꽃들, 가마득하게 치솟은 정글의 나무들, 빠르게 흐르는 강물, 그리고 웃통을 벗은 뱃사공들의 검고 유연한 몸매까지 신비감을 더했다.

우리는 바닥이 평평한 말레이의 전통 평저선 프라후에 올라탔다. 길이 7미터, 너비 2미터의 프라후는 뱃머리에서부터 선미까지 격자 모양으로 엮어 짠 대나무 바닥이 깔려 있고, 배 가운데에는 길이 2미터 정도의 아치형 아탑 지붕이 씌워져 있었다. 배 뒤에서 사공 한 명이 느슨하게 묶은 넓적한 노로 방향을 잡고, 다른 세 명이 뱃머리에서 긴 장대를 강바닥에 찔러 넣은 뒤 선미 쪽으로 걸어가며 장대를 미는 방식을 반복해 물살이 빠른 강을 거슬러 올랐다. 링기 강 상류로 가는 모든 배는 이처럼 수고로운 과정을 피할 수 없다. 물살이 워낙 빠르기 때문인데, 일본인은 '급류'라고 불렀을 테다. 빠른 물살 덕에 사공들은 상류에서 채굴한 주석 원석을 싣고 내려갈 때는 배가 강변으로 쏠리거나 얕은 곳에 좌초하지 않도록 조종할 때 말고는 힘들게 장대를 밀 일이 없다. 우리가 탄 이 프라후는 이곳 환경에 최적화됐다는 점에서 토착적이다.

무척이나 더운 이 '황금 반도'에는 우리를 물고 쏘는 것들이 우글거린다. 내가 싱가포르에 도착한 이래 밤에도 기온이 섭씨 27도 아래로 내려간 적이 없었지만 실내에서는 그리 덥다는 느낌을 받지 않았다. 하지만 이곳 밀림의 밤은 끔찍했다. 한낮에 이글거리던 태양의 열기가 고스란히 남아 있는 상태에서 모기 떼가 달려들면 정말 대책이 없다. 좁은 대나무 바닥에 눕지도 못하고 다닥다닥 붙어 앉은 우리를 모기 떼가 못살게 굴었다. 정글의 모기들이 모처럼 백인의 피로 잔치를 벌이려 작정이라도 한 듯 우리 네 명에게 집중적으로 달려드는 모습은 헛웃음이 나올 정도였다. 그나마 다행이라면, 뱃머리에 매단 횃불 덕에 배의 뒤에 탄 우리 쪽으로 연기가 날려 모기를 쫓을 수 있었다는 점이다. 횃불이 모깃불 역할을 하지 않았다면, 나는 '모기 열병' 그러니까 말라리아로 몸져눕고 말았을지 모른다.

나는 일사병을 앓는 소녀 곁을 지키며 지붕이 있는 곳의 바닥에 담요를 깔고 앉았다. 링기 강을 배로 거슬러 오르기는 처음인 헤이워드는 뱃전에 앉아 한시도 한눈을 팔지 않았다. 바부는 인도산 방수포로 온몸을 감쌌고, 순경들은 뱃머리에서 부동자세로 밤을 지새웠다. 이렇게 우리 일행은 퍼르마탕 마시르를 떠나 정글의 강을 18시간 동안 말없이 거슬러 올랐다. 사공들은 46.7킬로미터나 되는 물길을 거슬러 쉬지 않고 장대를 밀고 또 밀었다.

링기 강은 물길이 구불구불한 전형적인 사행천蛇行川이다. 이곳 뱃사람들은 물길이 구비치는 횟수로 거리를 잰다. 목적지까지 얼마나 더 가야 하느냐고 묻는다면, 그들은 몇 시간 더 가야 한다고 하는 게 아니라, 몇 번 더 돌아야 한다고 답한다.

강물 위에서 우리는 입을 굳게 다문 채 뱃머리에 매단 횃불의 불빛이 닿지 않는 칠흑 같은 어둠 속으로 나아갔다. 밀림 사이로 이따금 별이 쏟아지는 밤하늘이 드러나면 주위를 둘러싼 나무들의 윤곽을 가늠할 따름이었다. 깜깜한 밀림 속의 강을 10시간 거슬러 오르면서, 오른편을 봐도 왼편을 봐도, 앞을 봐도 뒤를 봐도, 위를 봐도 온통 나무뿐이었다. 심지어 아래를 봐도 강물에 떠내려가거나 물 밑에 가라앉은 통나무 천지였다. 밤의 밀림은 말 그대로 적요寂寥했다. 나무 잎사귀 하나 흔들리지 않았고, 무섭도록 조용했다. 나는 이러한 고요함이 흔들리지 말기를 바랐다. 물론 소음도 있다. 평생 잊기 힘든 그런 시끄러움이 간헐적으로 고요를 깼다. 어디에선가 길고 새된 울음이 여러 차례 터져 나왔다. 마치 호주인이 멀리서 외치는 "쿠이"[252]라는 소리와 흡사했다. 말레이 반도 내륙 오지에 사는 자쿤족, 즉 '숲의 사람(오랑 우탕)'이 내는 소리를 닮았다고도 하는 그 소리의 주인공은 거대한 야생 조류인 큰푸른목도리꿩이다. 증기선의 기적소리 같은 큰 원숭이들의 울음도 멀리서 들린다. 날카로운 소리도, 귀에 거슬리는 쉰 소리도, 새된 울음소리도, 목구멍 깊은 곳에서 울리는 포효도 있다. 정글의 깊은 숲속 어딘가에서 야수들이 지르는 울음들은 구약성경의 시편을 떠올리게 한다. "주님께서 어둠을 드리우시니, 밤이 됩니다. 숲속의 모든 짐승들은 이때부터 움직입니다."[253] 그 울음들은 깊은 밤 숲속 어딘가에서 쫓고 쫓기는, 잡아먹고 잡아먹히는 삶과 죽음의 소동이 벌어지고 있다는 의미다. 때로 깊은 적막을 깨고 거대한 무언가가 물에 뛰어드는 소리가 들리고, 배에 흙탕물이 튀기도 했다. 당시 나는 악어들이 물에 뛰어드는 소리라고 생각했는데, 나중에 숭에이 우종의 주재관 머레이가 해 준 설명은 달랐다. 함께 물을 먹던 코끼리 무리에서 분란이 벌어져 생긴 소리라는 거였다. 밀림은 우리가 미처 알지 못하는 짐승과 파충류와 곤충의 세계를 깊이 감춰 두고 있다. 그래서 밀림은 불가사의하고 낯설고 무수한 소리들로 웅성거리지만, 또한 고요한 것이다.

갑자기 판번개[254]가 쳤다. 푸른색 빛이 어둠을 밀어내는 찰나刹那였다. 우리가 거스르는 강의 양편엔 30~45미터 높이로 자란 거목의 가지들이 서로 맞닿아 하늘을 가리고 있다. 강물은 소용돌이치며 빠르게 흐른다. 나뭇가지와 잘 익은 코코넛과, 덩굴식물의 열매가 강 위로 떨어지며 왕관 모양의 물방울이 튄다. 우리 머리 위로 오렌지색 과일들이 주렁주렁하다. 거대한 통나무들이 떠내려온다. 유연하면서도 강인한 우리의 사공들은 유목流木에 부딪히지 않으려 촉각이 곤두서 있다. 뜬눈으로 밤을 새운 집사 바부의 흰색 터번은 미동도 없다. 이 모든 것이 찰나의 번갯불과 함께 시야에 들어왔다. 그리고 이내 어둠에 묻혔다.

퍼르마탕 파시르에서부터 상류 쪽으로 링기 강은 만곡彎曲이 몹시 심하고, 물살도 빠르다. 강폭이 9~12미터에 불과한 링기 강은 정글을 통과해 상류 내륙에 이르는 유일한 통로다. 나도 그랬지만, 혹여 이곳 정글을 키 작은 나무들이 우거진 보통의 밀림쯤으로 생각한다면 곤란하다. 이 지역의 정글에는 엄청난 크기의 거목들이 군락을 이룬다. 거목들은 대부분 거대한 기둥 아래에 곁뿌리들이 버팀목처럼 나 있는데, 그 곁뿌리의 틈새에 성인 남자 30명은 너끈히 들어갈 수 있을 정도다. 높이 자라는 거목의 꼭대기 가지에는 새들의 배설물에서 발아한 다른 나무들이 자란다. 거목의 어깨 위에 자리 잡은 나무들은 높이 자라기도 하거니와 30~45미터 아래 땅바닥까지 지름 5~15센티미터나 되는 뿌리를 뻗는다. 범선의 돛에 매달린 로프를 연상케 하는 이 뿌리들이 거목의 기둥 주위에 띠 모양을 이룬다.

거목의 아래엔 중간 높이의 나무들이 찬란하게 뒤엉킨다. 코코스야자, 사고야자, 아레카야자, 사탕야자, 니파/니봉야자 등 야자나무를 비롯하여, 4.5~6미터까지 자라는 나무고사리, 빵나무, 흑단, 담마나무, 인도고무나무, 구타페르카, 카유푸트,[255] 바나나, 우파스나무,[256] 판야나무[257] 등이 아름다운 꽃을 피운다. 그러나 이곳 정글의 나무들은 아직 식물학 연구의 바깥에 머물고 있다. 춤파카,[258] 카무닝,[259] 마르보우marbow, 세움seum, 다답dadap과 같은 나무는 나도 현지인들이 부르는 이름밖에 모른다. 이들 가운데 가장 사랑스러운 나무로는 자작나무처럼 우아한 수형을 자랑하는 뽕나무과 무화과나무속의 와링한waringhan 나무[260]가 으뜸이다. 이들 교목 아래에는 거대한 고사리류와 각종 난초, 그리고 진하고 달콤한 향기의 꽃을 피우는 관목들이 밀림의 바닥을 가득 채운다. 아, 나의 독자들이 이 모든 것들을 직접 보아야 하는데! 밀림의 모든 게 너무나 경이롭다. 글로 옮길 수 있는 것이 아니다. 나의 문재文才로는 어림도 없는 일이다. 찰스 다윈[261]은 열대 지역(그리고 그런 열대)을 방문한다는 건 새로운 행성을 방문하는 것과 마찬가지라고 참으로 적절한 비유를 든 바 있다. 이 새로운 경이의 세계는 무척이나 매혹적이고, 애타게 하며, 흠뻑 빠져들게 만드는 까닭에 나를 절망하게 한다. 왜냐하면 나는 내가 본 것을 독자들도 볼 수 있게 할 재간이 없기 때문이다! 자연의 풍요와 상하常夏의 더위 속에서 나는 지금이 1월이라는 사실을 실감하지 못한다. 지금 영국에는 서리 내린 땅 위에서 나무와 풀들이 시든 채 삭풍을 맞고, 앙상한 가지와 엉성한 솔잎의 소나무들이 겨울밤 차가운 별빛 아래 흔들리고 있을 테다.

그렇지만 다시 정글 이야기를 해 보자. 강의 양쪽에 굵은 대나무들이 깃꼴

〈삽화: 박쥐란(elk-horn fern)〉

잎을 두른 채 높다랗게 솟아 있다. 뒤로는 '말라카 지팡이'로 유명한 말라카 등나무들이 기거나 타고 오르며 30~60미터에 달하는 질긴 덩굴로 주변의 나무들을 뜨개질하듯 엮는다. 곁에는 고사리와 부처손,[262] 석송[263] 등의 양치식물이 갈색-진홍색, 녹색-진홍색, 황금색 반점의 진홍색으로 치장한 더 딱딱한 잎사귀 식물과 뒤섞여, 아름다운 자태를 뽐낼 공간을 차지하려 치열한 자리다툼을 벌인다. 교목, 관목 할 것 없이 나무마다에는 덩굴식물과 양치류, 난초가 붙어 자란다. 개중에는 엄청난 덩치를 자랑하는 박쥐란[264]과 윤기 있는 잎사귀가 1.5미터까지 뻗는 아스플레니움 니두스[265]도 보인다. 나뭇가지에는 온갖 난은 물론 호야, 얌,[266] 파란 꽃을 피우는 툰베르지아,[267] 바닐라(?)[268] 등 다양한 덩굴식물이 뒤엉켜 나무줄기가 보이지 않을 정도다. 나무의 양분을 빨아 먹는 기생식물도 수를 헤아리기 힘든데, 흥미로운 건 기생식물이 마치 착생식물[269]의 공중 뿌리와 같은 것을 가지 사이로 늘어뜨리고 있다는 점이다.

큰 범선의 돛대만큼 굵은 나뭇가지들이 강을 가로지르고 있다. 이 가지를 따라 덩굴식물이 자라 꽃을 피우고 붉은빛의 탐스런 열매를 맺는다. 여기에 아름다운 바닐라와 호야가 더해져 마치 가지 위에 화환을 얹은 듯하다. 하나의 줄기로 주변의 여러 나무를 칭칭 감아 오르는 거대한 리아나[270]는 불꽃 같은 붉은 얼룩이 있는 짙은 녹색의 잎사귀 사이로 오렌지색과 주홍색 꽃을 무더기로 피운다. 교묘하게 다른 나무에 의지해 30미터 이상 뻗어 올라가는 욕심꾸러기 덩굴식물은 왜 저런 수고를 할까 싶은 생각이 들 정도로 까마득한 높이에 짙은 붉은색 꽃을 피워 꽃줄을 연출한다.

정글의 모든 것을 하나하나 묘사한다는 건 부질없는 일이다. 적도의 정글을 실감하려면 활력과 정적이 어우러진 경이로움을 직접 눈으로 보고 느껴야만 한다. 바람조차 멈춘, 덥고 습기 가득한 부동不動의 밀림은 장엄하게 꽃을 피우는 나무들, 희미한 빛 속에 반짝이는 녹색의 잎사귀, 이것과

〈삽화: 대호접란[271]〉

저것을 나눌 수 없는 얽힘, 나비와 나방들, 맑고도 걸쭉한 새들의 지저귐, 도마뱀과 날다람쥐, 이 모든 것들을 품고 있다. 다종다양한 원숭이 가운데 어떤 녀석은 앉아 있고, 어떤 녀석은 팔과 꼬리로 나뭇가지에 매달리고, 어떤 녀석은 이 나무 저 나무로 뛰어다닌다. 어떤 녀석은 잔뜩 얼굴을 찡그리고, 어떤 녀석들은 흥분해 악다구니를 쓰며 서로 과일을 집어 던진다. 맹그로브 숲 아래 개흙에는 무시무시한 악어들이 먹잇감을 노리고 있다. 어둠이 밀려나는 새벽녘 링기 강의 풍경은 이랬다. 그런데 이상하게 들릴지 모르지만, 나는 아침이 찾아든 이 열대의 밀림 속에서 기생꽃[272]의 환영을 보았다. 내가 너[273]와 함께 스코틀랜드 캐니치 계곡Glen Cannich의 이끼 낀 언덕에서 처음 보았던 바로 그 꽃 말이다!

정글 속에서 새벽을 맞으며 깜빡할 뻔한 게 있다. 해 뜨기 직전에 밤은 더 어둡고 더 신비롭다는 걸, 그리고 별빛은 이 두터운 밀림을 뚫지 못하며, 숲속 여기저기에 도깨비불처럼 희미한 녹색 빛을 발하는 발광균류[274]나 어쩌다 치는 푸른빛의 판번개는 그저 어둠을 더 장엄하게 할 뿐이라는 사실이 그것이다. 가장 어둡다는 여명黎明 직전에 보이는 것이라곤 시커먼 강물뿐이다. 10미터 앞에 어떤 장애물이 있는지도 알 수 없다. 커다란 유목들이 무섭게 배에 부딪힌다. 강 위로 낮게 뻗은 나뭇가지를 만나면 아래로 어렵게 빠져나가야 하고, 물에 잠긴 나뭇가지가 있으면 타고 넘어야 했다. 배의 지붕은 나뭇가지들에 연신 긁힌다. 장애물을 용케 넘었다 싶으면 또 다른 장애물이 나타난다. 우리의 노련한 사공들은 경계를 늦추지 않고 연신 "자가Jaga! 자가!(조심! 조심!)"를 외쳤다. 그래도 유목이 부딪히거나 나뭇가지에 배가 긁히는 오싹한 소리는 감내해야만 했다.

아픈 총독의 딸은 힘든 밤을 보냈다. 출발 전 먹은 위스키 덕에 그녀는 지독한 두통에서는 벗어났지만, 공포의 포로가 되고 말았다. 유목이 배를 산산조각 내는 건 아닐까, 강을 가로지르는 나뭇가지들이 배의 지붕을 날려 버리지나 않을까, 커다란 나무가 쓰러져 우리를 덮치지나 않을까, 장애물을 넘기 위해 물속으로 뛰어들곤 하는 사공들이 악어에게 잡아먹히지나 않을까, 사공들이 뱃전에서 "리모우Rimou!(호랑이!)"라고 외칠 때마다 호랑이의 이글거리는 눈동자와 마주치는 건 아닐까 등등의 걱정과 두려움에 휩싸였다. 하기야 그녀만 그런 공포를 느낀 건 아니었다. 우리 일행은 뭔 일이 있거나 있을 듯싶을 때마다, 자기들은 자지 못하는데 태평하게 자는 모습이 야속했던지 나를 흔들어 깨웠다. 하지만 여행의 산전수전을 다 겪어 덤덤해진 나는 깨우거나 말거나 잠을 잤다.

짙은 안개 속에서 날이 밝았고, 해가 뜨자 안개는 마술처럼 흩어졌다. 커다란 해는 수평선에서 빠르게 솟아오르자마자 무자비하게 뜨거움을 쏘아 댔고, 정글은 순식간에 소란해졌다. 매미들이 온 세상의 베틀에서 나는 소리를 다 모아 놓은 듯 귀가 먹먹할 정도로 일제히 울어대다 멈추기를 반복했다. 곤충들이 왱왱거리고, 별의별 새소리가 정글을 울렸다. 꼬리 없는 원숭이인 영장류는 묵직한 소리로, 원숭이는 경박스런 지껄임으로 아침을 반긴다. 온갖 소음으로 시끄러웠지만, 숲은 정지 화면과도 같았다. 이따금 농익은 과일들이 떨어져 강물을 튀길 뿐이다. 나무 위의 원숭이 무리 중에서 호기심을 주체하지 못한 녀석들은 '원숭이 밧줄'이라고 하는 덩굴을 타고 우리 배 위에까지 내려와서는 지붕을 두드리며 장난을 쳤다. 영락없는 개구쟁이 악동의 모습이다.

날이 밝자 우리는 소다수와 바나나로 요기를 했고, 바부는 메카를 향해 기도를 올렸다. 사공들은 아침 식사로 소금에 절인 생선과 '블라찬'[275]으로 양념한 카레를 준비했다. 말레이인은 모든 음식에 블라찬을 넣어 요리를 하는데, 발효 냄새가 강해 두리안이나 풍미가 강한 치즈를 즐기지 않는 보통의 유럽인은 가까이하기 쉽지 않다. 말레이인은 발효한 새우를 맨발로 밟아 짓이기고 소금으로 간을 해 블라찬을 만든다. 사공들이 아침을 만들면서 넣은 블라찬 냄새가 배 뒤까지 밀려왔다. 배를 강 위에 고정시킨 사공들은 강물에 입을 헹구고 손을 씻은 뒤 손가락으로 아침을 먹었다. 안쓰러운 우리의 사공들! 이들은 12시간이나 쉬지 않고 강을 거슬러 배를 몰았다.

아침 식사를 마친 사공 가운데 한 명이 빈랑 씹을 준비를 했다. 나는 이제껏 자제해 왔지만, 말레이 반도에서 일상적인 빈랑 씹기의 혐오스러운 관습에 대해 언급해야겠다. 베텔넛, 즉 빈랑자檳榔子는 일본인의 담배나 중국인의 아편만큼이나 말레이인에게 필수품이다. 빈랑 씹기는 보기에 역겹다. 붉은 즙이 나오는 빈랑을 한 입 물고 이야기하면 마치 입이 피로 가득 찬

것처럼 보이기 십상이다. 이곳 사람들은 뜨겁고 습한 기후 때문에 자극제를 찾게 된다고 말한다. 열대의 환경이 그러한 것은 사실이다. 나는 이 지역을 다니면서 심신이 지친 사내들이 활력을 불어넣어 줄 자극제를 찾지 않는 걸 본 적이 없다. 이슬람을 믿는 말레이인은 남자, 여자 할 것 없이 코란의 가르침에 따라 음주가 허용되지 않는다. 이들은 빈랑으로 그 욕구를 채우는 것이다.

빈랑 씹기에는 사전 준비와 절차가 필요하다. 베텔넛은 수형이 수려한 아레카야자나무의 열매다. 6년생부터 해마다 100여 개의 열매를 맺는데, 길이가 1~2센티미터인 육두구와 비슷한 크기의 열매가 노란 섬유질 껍질에 싸여 포도송이처럼 무리 지어 열린다. 베텔넛과 시리[276] 잎, 그리고 촉촉하게 적신 석회가 베텔 씹기의 기본 재료다. 좀 더 호사스럽게 즐기려면 향료로 만든 반죽을 첨가할 수 있다. 놋그릇에 담은 고운 석회를 시리의 잎에 바르고, 그 위에 갈색의 향료 반죽을 소량 얹은 뒤, 베텔넛을 넣어 시리 잎으로 감싸 씹는다. 씹다 보면 자연스럽게 침을 뱉게 된다. 빈랑을 씹으면 이가 검게 변색된다. 나도 베텔넛을 맛본 적이 있는데, 혓바닥에 따끔거리는 자극이 있다는 것 말고는 썩 내키는 열매는 아니었다. 빈랑을 씹는 말레이인은 이가 흰 사람을 짐승처럼 여긴다.

아침 8시 30분인데도 열기가 장난이 아니다. 그늘의 기온이 섭씨 30.5도다. 게다가 우리 일행은 좁은 배 위에서 쪼그린 채 그 더위를 감내해야 했다. 오전 9시, 링기 강 위에서 14시간을 보낸 우리 앞에 작은 공터가 나타났다. 거기에 흰색 리넨을 걸치고 얼굴에 표정이 다 드러나는 구릿빛의 사내가 우리를 향해 소리쳤다. 우리를 영접 나온 숭에이 우종의 영국 주재관 머레이[277] 대위였다. 머레이를 보면서 우리가 기대한 것은 두 필의 말이 끄는 마차와 아침 식사였다. 그가 배에서 내려 뙤약볕 아래 서 있는 우리를, 정글에 도로를 내기 위해 고용된 중국인 쿨리들의 숙소 그늘로 안내할 때만 해도 기대가 이뤄질 줄로만 알았다. 우리는 쿨리들이 잠자고 수다를 떠는 긴 평상 위에 걸터앉았다. 그런데 아침 식사는 도무지 나올 기미가 보이지 않았다. 그제서야 우리는 알았다. 말라카에서 전령 편에 보낸 총독의 전갈을 머레이가 아직 받지 못했을 뿐만 아니라, 오늘 새벽 1시까지 도착하도록 퍼르마탕 파시르에서 보낸 통지도 아침 8시나 돼서야 전달되었다는 사실을 말이다. 그 때문에 머레이는 우리를 태울 마차를 준비할 겨를도 없이 늪지를 전속력으로 말을 달려 간신히 우리를 마중 나온 것이다. 아침 식사로 허기를 달래려던 우리의 기대는 웃통을 벗은 중국인이 가져다준 더운

〈삽화: 아레카야자나무〉

차 한 잔과 함께 사라졌다. 더 고약한 것은 마차가 준비되지 못해 우리는 다시 배에 올라타 좁은 급류를 4시간이나 더 거슬러 올라가야 했다는 점이다. 물길이 사나워 사공들은 바닥에 걸린 배를 끌어내기 위해 수시로 강물에 뛰어들어야 했다.

우리가 작은 촌락 니오토Nioto에 도착하자 머레이가 다시 우리를 맞았다. 그곳에는 도로가 깔렸고, 마차도 두 대 있었다. 어떤 중국인이 보냈다는 그 마차는 밧줄로 주요 부위를 칭칭 감은 낡은 것이었다. 내가 마차 한 대를 몰았다. 고삐 끈이 너무 짧은 탓에 나는 마부석의 끄트머리에 간신히 엉덩이를 걸쳤다. 채찍 또한 짧아 조랑말에 닿지도 않았다. 중국인 마을을 지날 때 순경들이 우리에게 코코넛 밀크를 가져다줬다. 그렇게 한참을 가는데, 갑자기 조랑말이 움직이려 하지 않았다. 결국 말레이인 마부가 조랑말을 끌고, 우리는 달군 쇠솥 같은 한낮의 고갯길을 걸어서 넘어야 했다. 규모가 큰 중국인 촌락 라사Rassa에 이르러서야 말 잘 듣는 작은 수마트라산 조랑말을 구했다. 우리가 타피오카 경작을 위해 대충 닦은 울퉁불퉁한 길을 통과해 주재관저에 도착한 시간은 오후 4시였다. 퍼르마탕 파시르에서 이곳까지 96킬로미터를 오는 데 무려 33시간이나 걸렸다.

주재관저는 주석 채굴로 파헤쳐진 계곡 한가운데의 경사진 언덕 위에 있고, 그 언덕 아래로 중국인 촌락 스람방Serambang이 보였다. 계곡을 둘러싼 산들 가운데 해발 1000미터는 족히 되어 보이는 것도 있다. 숭에이 우종과 북쪽 경계를 맞댄 술탄국 슬랑오르로 이어지는 이 계곡의 물빛은 마치 코발트 물감을 풀어 놓은 것 같다. 그 사이사이로 맑은 냇물이 흰색 띠를 이루며 흐른다. 주재관저는 아탑으로 지붕을 한 두 채의 방갈로가 베란다를 통해 연결되어 있는 구조다. 아래에 정원을 만들고 잔디밭도 가꿨는데, 주재관 머레이는 다투 클라나의 어린 딸에게 테니스를 가르친다고 한다. 산들바람이 영국 국기를 펄럭이게 하며 오후의 더위를 식혀 줬다.

〈삽화: 라사의 경찰서〉

당장 절실한 건 배를 채우는 것, 그다음이 목욕과 수면이었다. 우리는 오후 7시 30분에 저녁을 먹고 곯아떨어져 10시간 넘게 잤다.

I. L. B.

Letter 13

숭에이 우종의 주재관저
1879년 1월 30일

이곳에 온 지도 나흘이 됐다. 한낮의 햇볕은 너무 뜨거워 걸어 다니는 사람을 보면 경이로울 정도다. 그러나 밤은 그렇지 않다. 수은주가 섭씨 26도 아래로 내려가지 않는데도 선선하고 상쾌하다. 연중 강우량이 2500밀리미터에 달하지만 땅도 대기도 건조하기 때문이다. 아탑으로 지붕을 한 나무 방갈로도 덥기야 하지만 통풍이 잘 된다. 일행 중에서 나만 밤에 독방을 쓰는데, 거대한 미로 같은 스타듀이스의 밤처럼 적적하지는 않다. 우리를 지켜 주기 위해 초병 한 명이 배치되었고, 방갈로 사다리 아래에서 불도그 한 마리도 망을 본다. "못 믿을 말레이인"이라고들 하지만, 실상 말레이인은 어떤 위협도 주지 않는다. 말레이 정글 한복판에서 문명의 이기들을 본다는 건 참으로 호기심을 자극하는 일이다. 밤을 새워 링기 강을 거슬러 오른 탓인지 이곳은 실제보다 문명에서 훨씬 더 떨어져 있다는 느낌을 준다. 우리와 말라카의 거리는 약 100킬로미터에 불과하다.

관저의 거실에는 훌륭한 피아노 한 대와 고상한 장식품들, 책, 선물 받은 도자기를 비롯해 회랑에 당구대까지 갖춰져 있다. 독신자도 지낼 만해 보인다. 주방은 무척 깔끔한데, 바깥으로 통하는 문이 나 있고 붉은색 타일의 바닥에 짙은 색의 무광택 나무로 벽을 마감했다. 식탁 한가운데에 꽃을 담아 두는 수반이 있다. 고급스런 크리스털 메뉴 카드가 드레스덴 자기[278] 받침대 위에 놓여 있고, 그리스 조각을 본뜬 네 개의 파로스 자기[279]

도 보인다. 파인애플, 스위트 그라나딜라granadilla,[280] 바나나, 석류, 가시 여지[281] 등도 식탁 장식으로 놓여 있다.

요리는 우리 입맛에 맞춰 나름대로 공을 들였다. 하지만 쇠고기나 양고기 등의 정육이 귀해, 무슨 고기가 들어갔는지 알면 차마 입에 대기 힘든 요리가 많다. 매끼 카레가 나오는데, 카레 가루를 쓰는 게 아니라 갈아 낸 코코넛 과육에 코코넛 밀크를 부어 걸쭉하게 한 뒤 신선한 향료를 첨가해 만든다. 바다거북을 수조에 기르면서 필요할 때마다 거북 수프, 거북 스튜, 거북 카레, 거북 커틀릿 등으로 내온다. 정말이지 우리는 이곳에서 거북 고기를 물리도록 먹었다. 닭고기 요리도 매끼 빠지지 않았지만, 하나같이 향신료 양념이 강하다. 첫날에는 코끼리 코로 만든 스튜가 식탁에 올랐는데, 맛은 쇠고기와 비슷했다.

언제 어디서나 정장을 갖춰 입는 바부는 이곳에서도 우리의 시중을 도맡았고, 그 덕에 우리를 초대한 주재관 머레이는 많은 수고를 덜었다. 바부는 주방 조리대에서 고기를 썰면서도 이곳 시종들을 큰 소리로 나무라곤 한다. 심지어 '그의 어린 숙녀'에게 이곳의 시종들이 뭐라도 할라치면 바부가 나서서 무안할 정도로 거칠게 밀쳐 냈다. 그 바람에 주재관저의 집사는 설 자리를 잃었다. 바부는 우리 일행이 묵는 모든 방을 손수 정리하고 옷을 챙기는 등 가능한 한 이곳 주재관저를 말라카 총독 관저처럼 바꾸려 했다. 여기선 저녁이 준비됐다는 신호로 종을 울리는 대신 나팔의 일종인 뷰글[282]을 분다.

이곳에선 욕실을 침실 아래에 둔다. 침실 바닥에 구멍을 내고, 벽돌 바닥의 넓은 욕실을 사다리로 오르내린다. 침실 바닥의 구멍은 위로 여닫는 뚜껑을 덮어 두는 게 보통인데, 구멍 위에 소파를 놓아 두고 쿠션을 들어냈다 덮었다 하며 욕실로 내려가기도 한다. 내가 묵는 방의 한가운데에도 욕실로 통하는 구멍이 있다. 열대에서 목욕은 사치가 아니라 필수다. 더위를 씻고자 하루에 네댓 번 목욕하는 일이 다반사다. 바부는 날마다 우리 베개 밑에 혹시 독사나 지네, 전갈 따위가 없는지 살핀다. 어느 방이나 지네가 돌아다녔다.

우리를 초대한 머레이를 소개하는 걸 깜빡했다. 그는 4년 전 숭에이 우종의 다투 클라나가 영국의 주재관 제도를 수용하기로 할 때 주재관으로 임명됐다. 머레이는 비록 말레이어를 구사하지는 못하지만, 마치 자신의 영지인 양 숭에이 우종을 위해 헌신하고 있다. 38살의 현역 해군 장교인 그는 모험적인 아프리카 여행자기도 하다. 키는 크지도 작지도 않으며, 볕에 그을린 피부는 구릿빛이다. 그와의 대화는 뚝뚝 끊기곤 했는데, 이는 말벗도 없는 텅 빈 관저에서 혼자 살면서 생긴 버릇이리라. 그는 인간 혐오[283]를 가장 경계한다고 밝혔다. 자신은 사람을 신뢰하며, 모든 이에게 무엇이 최선일까를 항상 생각한다는 것이다. 짜증을 낼 때는 성마른 모습도 보이지만, 천성이 온화하고 친절하다. 무척 무뚝뚝하고 고상함과 거리가 있는 그는 문명의 때가 묻지 않은 야생의 자연 속에서 행복감을 느낀다고 강조했다. 머레이는 중국인과 말레이인에게 호감을 갖고 있으면서도 그들의 지나친 의례나 겸양을 몹시 못마땅해한다. 그가 아주 사려 깊은 신사라는 점에는 의심의 여지가 없다. 하지만 내가 보기에, 간교한 술책까지는 아니더라도 상당한 책략이 요구되는 직무를 수행하기에 결코 적합한 인물은 아니다. 그런 그가 주재관이라는 중책을 맡게 됐다는 사실은 평소 내가 품어 왔던 생각을 떠올리게 했다. 그러니까 영국인 또는 우리 유럽인이 동양인을 대할 때 그들의 방식을 존중한다면 그들이 우리보다 나은 점을 어렵지 않게 발견할 수 있다는 점, 그리고 정직이야말로 최선의 정책이라는 진리를 머레이에게서 새삼 확인한 것이다.

머레이는 관저에 경호원을 두지 않고 혼자 지낸다. 밤이든 낮이든 가리지 않고 수행원 없이 사람들을 만난다. 격식 따위는 건너뛰고 단도직입한다. 낯선 곳을 떠도는 여행자들이 그러하듯, 머레이 또한 상당한 정도의 실용적인 의술을 익혀 이곳 사람들에게 베풀기를 즐긴다. 시도 때도 없이 아픈 사람들이 그를 찾는 건 그래서다. 정식 의사의 진단이 필요하면 말라카까지 가야만 한다. 이웃 술탄국에서도 아픈 사람들이 찾아올 정도로 그는 평판이 좋다. 사실 이 지역에서는 아이들의 감염병인 푸루puru[284] 말고는 심각한 질병이 드물다. 오늘에만도 마치 천연두를 앓는 것처럼 머리와 온몸에 종창이 난 푸루 환자 두 명이 머레이를 찾았다. 이곳 사람들은 종창이 가라앉으려면 1년은 족히 걸린다고 여긴다. 그러나 머레이는 요오드화칼륨과 요오드팅크로 며칠 만에 푸루 환자를 치료한다. 간단한 처방으로도 종창을 빠르게 없앨 수 있다고 그는 강조한다.

주재관 머레이는 숭에이 우종 '형평법정'[285]의 판사이자 경찰총장, 재무장관, 국세청장[286]이며, 무역위원과 노동위원을 겸한다. 이 외에도 내가 모르는 무수한 직무를 맡고 있다. 사실상 "그가 곧 정부"인 셈이다. 숭에이 우종의 다투 클라나는 사형 선고를 내리거나 그 밖의 한두 가지 중대사에 관한 최종 승인 권한만 가질 뿐이다. 주재관의 권한은 오로지 그 자신의 명예와 양식에 달려 있는 문제다. 주재관이 기대에 못 미칠 경우 해협식민지 총독이나 영국 식민부 장관으로부터 문책을 당하게 된다. 머레이는 대단히 훌륭한 인물이고, 자신의 작은 왕국을 깊이 이해하고 있으며, 현지인들에게서 두루 존경과 신뢰를 받고 있는 것 같다.

일요일 아침 우리 일행은 영국 성공회 방식으로 주일 예배를 올렸다. 영국인이 아닌 회중으로는 호주 출신의 도로 건설업자 부부가 유일했다. 오후가 되어 섭씨 30도에 육박하는 더위 속에서 우리 일행은 중국인 촌락 스람방을 찾았다.

숭에이 우종의 대표 산물은 주석이다. 최근 인근의 말레이 술탄국들이 세계 최대 주석 생산지로 부상하기 전까지만 해도 말레이 주석의 주요 산지는 숭에이 우종이었다. 그런데 흔히 이야기하듯이 주석 광산이 별도로 있는 건 아니다. 숭에이 우종은 1879년 한 해에 8만 1400파운드어치의 주석을 수출해 5800파운드의 세금을 거둬들였는데, 이는 모두 노령화된 산맥의 암설[287]에서 채취한 것이다. 이 암설을 호주나 캘리포니아에서 사금을 채취하는 방식과 마찬가지로 강물에 흘려보내면서 주석 원광을 골라낸다. 새로운 쓰임새가 생겨나면서 주석 수요가 늘고 있지만, 숭에이 우종의 주석 매장량을 보건대 앞으로 수 세대에 걸쳐 채굴할 수 있을 것으로 보인다. 말레이 술탄국들에 중국인 이주자들이 몰리는 주요 원인이 바로 이 주석 광산이다. 중국인은 주석을 채취하고 재련하는 일에서 두각을 나타낸다. 숭에이 우종의 중국인 주석 광산 노동자는 1828년 1000명에서 지금은 1만 명으로 열 배나 늘었다. 1828년 중국인 노동자들은 말레이인에 의해 대량 학살[288]되는 비극을 겪기도 했지만, 지금은 영국의 보호 아래 그럴 걱정을 덜었다.

이곳에서도 중국인은 춘절 연휴를 즐기고 있다. 많은 중국인이 거리를 활보하고, 집집마다 새해맞이 치장을 했다. 말레이인의 집과 집 사이는 떨어져 있지만, 중국인은 집을 서로 잇대어 짓는다. 그래서 중국인 촌락에는 집들 사이로 도로가 나고 광장도 생긴다. 나름의 화재 대비책도 있다. 지붕은 아탑으로 하면서도 벽은 벽돌로 세운다. 한 집에 불이 나면 불길이 나뭇잎을 엮어 만든 이웃집 아탑 지붕만 태우고 지붕 아래의 벽돌로 지은 상점을 겸한 주택[289]은 화마를 비껴 가도록 한 것이다. 대체로 실내가 어두운 상점에는 중국산 제품을 비롯해 중국인 노동자들이 즐겨 찾는 음식과 폭죽, 주석 채취 도구, 등유 등 다양한 상품이 진열된다. 개중에는 규모가 상당히 큰 상점도 있다. 한 상점에서는 12명의 점원이 웃통을 벗은 채 헐렁한 면바지만 걸치고 둥근 중국식 식탁에 둘러앉아 식사를 했다. 식탁에는 17가지의 다양한 수프와 스튜가 놓여 있었는데, 예사롭지 않았다. 짐작건대 그 요리들 가운데 상당수는 영국인이 혐오할 만한 것일 테다.

중국인의 작은 사당도 둘러봤다. 신상 뒤에 커다란 우산 두 개를 뒀는데, 붉은색 비단에 금실과 비단실로 공들여 수를 놓은 우산 장식은 천박해 보였다. 이 마을의 중국인은 광저우를 떠올리게 한다. 차이라면 이곳 중국인의 차림새가 광저우처럼 다채롭지 않다는 점이다. 게다가 이곳 중국인은 아무도 — 지도자인 '카피탄'은 예외지만 — 변발한 머리에 검정색 새틴 두개모를 쓰지 않았다. 중국인들은 머리를 면도하고 뒷머리만 길러 뒤로 땋는 변발을 하기에, 두개모를 쓰지 않고 맨머리를 드러낸 모습은 아주 흉해 보인다. 변발은 통상 비단이나 면을 꼬아 만든 실을 머리카락과 함께 땋곤 하는데, 상을 당한 경우엔 파란색, 경사가 있을 땐 붉은색 실을 섞는다. 이곳에선 길고 멋스러운 파오를 입은 중국인을 찾아볼 수 없다. 부자들도 바지 위에 짧은 셔츠 같은 흰색의 얇은 비단옷을 걸칠 뿐이다. 가난한 이들은 웃통을 벗은 채 파란색 헐렁한 면바지만 입어 피골이 상접한 여윈 신체가 더 두드러진다. 몇몇 부자 상인들이 우리 일행을 자신의 상점으로 불러 샴페인을 내놓는 등 호의를 보였지만, 차 말고는 모두 사양했다. 중국인은 아주 두툼하게 솜을 넣고 누빈 보온 주머니에 따뜻한 찻주전자를 넣어 두고 언제 어디서나 차를 마셨다. 이들의 보온 주머니는 영국에서 '노르웨이 주방'이라고 알려진 것과 닮았다.

마을 한가운데에는 측면을 개방한 채 커다란 지붕을 씌워 마치 장터처럼 보이는 건물이 있다. 도박장이다. 이곳에는 밤낮없이 사람들로 붐빈다. 도박 테이블 주위에는 수백 명의 가난한 중국인이 겹겹으로 둘러서서 구경한다. 주사위의 예상 숫자에 돈을 건 도박판을 숨죽여 지켜보며, 도박꾼들이 돈을 딸 때마다 마치 제 일인 양 흥분하는 구경꾼들의 모습은 서글픔을 자아낸다. 아마도 나와 말라카 총독의 두 딸이 이곳 중국인 도박장 안으로 걸어 들어간 최초의 유럽인 여자일 것이다. 그런데도 도박꾼들은 도박판에 정신이 팔려 우리에겐 눈길 한번 주지 않았다. 이곳에도 언제나 홀짝거릴 수 있는 차가 준비되어 있다. 영국 식민 당국은 경매를 통해 숭에이 우종의 '도박 팜gambling farm' 독점권을 판매해 연간 900파운드를 세금으로 거둔다. 이는 '도박 파머farmer'들이 도박장 독점 운영을 통해 얼마나 많은 이윤을 챙기는지를 가늠해 볼 수 있게 해 준다.

술집도 서너 개 있다. 술 징세청부제로 숭에이 우종이 한 해 걷는 수입이 700파운드나 된다. 그런데 길거리에 술에 취한 중국인은 보이지 않는다. 넋이 나간 표정에 뼈만 앙상한 아편 중독자들은 몇 명 눈에 띄었다. 이곳 중국인 주석 노동자들은 모두 매일 밤 아편 세 모금을 빤다. 주석을 캐는 남자들의 마을인 탓에 이곳은 여자가 매우 귀하다. 그래도 중국인 부자들은 처첩을 여럿 거느린다.

숭에이 우종에는 신작로를 내는 작업이 한창이다. 중국인이 이런 기회를 놓칠 리 만무하다. 말 한 마리가 끄는 이륜마차 부기buggie, 두 마리가 끄는 이륜마차 개리gharrie, 두 마리 이상이 끄는 사륜마차 왜건wagon 등 다양한 마차를 제작한다. 말은 수마트라의 조랑말을 수입하는데, 중국인 부자들이 이 마차를 타고 다닌다. 중국인은 영국 식민 당국이 그들더러 이래라 저래라 할 일이 거의 없는 이주민 자치 사회를 형성하고 있다. 중국인은 노동력도 균질하며, 다른 인종보다 더 근면하고 더 검소하다. 게다가 알코올 중독자가 거의 없으며, 이 끔찍한 열대의 더위를 무탈하게 견뎌낸다. 그래서 영국인이 굶어 죽을 수도 있는 곳에서 이들은 잘 적응하며 재산을 모은다. 거대한 이주민 사회를 이룬 중국인은 모두가 다양한 콩시[290]나 비밀결사[291]에 소속되어 있다. 이 때문에 중국인 사회의 다양한 조직들이 특정 지도자를 카피탄 차이나로 인정하지 않는다면, 숭에이 우종 전체가 혼란에 처할 위험이 다분하다. 카피탄은 질서 유지에 기여하며, 지금까지 건전한 영향력을 행사해 온 것으로 알려졌다. 이들은 영국 지배하에서 재산권을 보장받는 대신 숭에이 우종의 이해가 걸린 모든 사안에서 영국 주재관과 긴밀하게 협력한다. 이들 카피탄이 어떻게 선출되고, 어떤 식으로 권한을 행사하는지는 중국인 사회 내부에서 정해질 뿐 외부에 알려진 것이 거의 없다. 대부분 중국 남부의 광둥성과 푸젠성에서 이주한 이곳의 이주민 사회는 중국인이라는 큰 틀의 소속감보다는 출신 지역의 지연이나 성씨의 혈연을 더 중시하며, 저마다의 콩시나 비밀결사 등 방파幇派에 더 강한 유대감을 갖고 있는 것으로 보인다. 중국인 사회 내부의 방파 분쟁은 영국 식민 당국을 골머리 앓게 만든다. 이 지역 중국인도 카피탄 차이나를 중심으로 이주민 사회를 형성했지만, 내부는 분열되어 있다. 지연과 혈연에 따라 모여 살며, 장을 볼 때도 도박을 할 때도 끼리끼리 한다. 이곳의 중국인은 도로를 마주 보고 두 개의 국민으로 나누어져 있는 셈이다.

우리는 춘절 하례를 겸해 말레이인 통역을 대동하고 중국인 카피탄의 집을 방문했다. 카피탄은 호의와 격식을 갖춰 우리를 맞았다. 중국인 가정이면 어디에나 있는 술과 차와 사탕절임 과일 등을 접대했다. 카피탄의 집은 재산과 부에 비해 아주 누추했다. 거실이 흙바닥인 곳도 있다. 예의 바르고 귀염성 있는 아이들은 수수한 옷을 입고 금과 다이아몬드로 치장을 했다. 한 카피탄의 집에서는 예쁘장한 어린 소녀가 차와 떡을 돌렸고, 심지어 걸음마도 떼지 못한 젖먹이까지 나와 우리와 악수하기도 했다. 중국인 가정에서 인상적인 대목은 예의범절이 굉장히 깍듯하다는 점이다. 특히 효孝, 즉 자식의 부모 공경을 도덕의 토대로 여긴다. 예의 바른 아이들은 낯을 가리지도, 그렇다고 나대지도 않는 중용中庸의 그것이었다. 아이들은 하나같이 다이아몬드를 박아 아주 아름답게 왕관처럼 세공한 짙은 붉은빛의 금제 족두리簇頭里를 썼다. 이 귀여운 소녀들도 12살이 되면 관습대로 바깥출입이 엄격하게 제한되고, 혼례를 올리기 전까지는 아버지 이외의 외간 남자에게 모습을 드러내지 못하게 될 것이다.

카피탄은 우리 일행을 배웅하면서 통역자를 통해 영국의 통치에 만족하고 있다는 말을 덧붙였다. 나와 헤이워드는 통역자와 함께 분위기나 살필 요량으로 중국인 도박장 중 한 곳을 찾았다. 그곳은 언제나처럼 사람들로 붐볐다. 한쪽 귀퉁이에서는 여러 명의 이발사가 머리 손질을 해 줬다. 변발의 중국인은 늘 머리털과 수염을 말끔하게 면도하지만, 결코 제 손으로 깎는 법이 없다. 상투를 없애고 머리를 박박 미는 것은 본디 중국을 정복한 만주족이 한족에게 복종의 의미로 강요한 것인데, 지금은 완전히 중국인의 관습으로 자리 잡았다. 감옥에 갇힌 죄수들은 면도를 하지 못해 머리털이 자라면 깊은 수치심을 느낀다고 한다. 중국인 쿨리들은 일을 할 때엔 길이가 1.5미터까지 자란 변발을 머리 위로 감아올리지만, 평소에는 늘어뜨린다. 만약 변발을 늘어뜨리지 않은 모습을 보인다면, 주인일지라도 하인에게 비난을 들을 각오를 해야 한다. 옆면이 터져 있어 행인을 유혹하는 도박장에는 여러 개의 도박 테이블마다 잘 차려입은 도박꾼들이 앉았고, 그 뒤로 웃통을 벗은 쿨리 구경꾼들이 빙 둘러서서 까치발을 하고 앞사람의 어깨 너머로 도박판을 지켜본다. 예상 숫자에 돈을 건 도박꾼들이 주사위가 들어 있는 놋 상자의 뚜껑이 서서히 열리는 모습을 숨죽여 지켜보는 광경은 측은해 보이기까지 한다. 도박꾼들은 돈을 따든 잃든 무덤덤한 표정이다. 중국인 주석 노동자들은 열심히 일하고, 아주 절약하며 산다. 그러나 요즘 이들의 사정이 영 좋지 않다. 최근 호주에서 거대한 주석 광산이 발견되면서 국제 주석 가격이 반 토막 났기 때문이다.

나는 헤이워드와 함께 법원도 방문했다. 법정은 널찍했다. 벽면은 희고 바닥엔 붉은색 타일이 깔렸다. 단상 위에 판사석과 경찰 조서 등의 자료를 얹어 놓은 탁자가 있다. 재판석을 마주 보고 방청객과 피고의 친지들이 앉을 긴 의자가 세 줄 놓여 있고, 천장의 푼카가 계속 펄럭인다. 법원 서기와 중국 남부의 6개 방언을 구사하는 중국인 통역관, 그리고 중국어를 영어로 옮기는 말레이인 통역관이 배석했다. 판사는 말레이어를 모르기 때문에 재판의 정의는 법원 관리들이 얼마나 성실하게 임무를 수행하는지에 달렸다. 나는 이 법정에서 법의 심판이라는 재판의 존엄성이 유지된다고는 말하지 못하겠다. 그러나 비록 죄인을 풀어 줄지언정, 단 한 명의 무고한 사람도 억울한 죄인으로 만들지 않겠다는 판사의 판결 의도만큼은 분명하다 하겠다. 때로 숭에이 우종의 권력 서열 2위인 다투 반다르와 영국인 주재관이 재판을 참관하기도 한다.

방청석은 대부분 중국인 차지며, 경관들이 법정 치안을 맡는다. 재판이 길어지면 방청객들은 마치 자기 일인 양 안절부절못하는 모습을 보인다. 나는 한 시간 동안 어떤 중국인이 남의 돼지를 훔친 절도 사건의 재판을 꼼꼼하게 지켜봤다. 판사도, 참관인인 영국 주재관도 사법적 결론을 내리지 못했고, 피고는 결국 무죄로 풀려났다. 그가 돼지를 훔쳤는데도 말이다! 나는 동양의 법정에서, 그것도 중국인 비밀결사 회원들이 방청석을 가득 메운 이곳에서 과연 진실 규명이 가능하기나 할까 하는 의구심을 떨칠 수 없다. 이어 밤중에 누군가를 공격한 혐의를 받는 형사 피고인의 심리가 진행됐는데, 판사는 진실 규명에 애를 먹었다. 결국 유죄는 인정됐지만, 주간에는 도로 공사 노역에 참가할 수 있는 감옥에 수감되는 쪽으로 피고에게 유리한 판결이 내려졌다.

이슬람을 믿는 말레이인은 대부분 코란의 율법에 따라 재판을 받지만, 중국인은 형평법으로 다뤄진다. 따라서 심문은 단순하다. "피고가 유죄인가, 무죄인가?"를 따지고, 죄를 지었으면 처벌을 받고, 아니면 무죄 방면된다. 이 법정에선 공판을 연기하거나, 재판의 목적을 왜곡하는 사법적인 기교가 끼어들 여지가 없다. 이곳에서 가장 흔한 범죄는 절도다. 지난해 모두 114명의 피의자가 유죄 확정 판결을 받았다. 중국인 이주자가 총 1만 2000명에 달한다는 점을 감안하면 유죄가 인정된 범죄 발생률은 1퍼센트도 채

안 된다. 싱가포르와 말라카에서 20년간 범죄 수사를 해 온 헤이워드는 이곳 법정의 재판이 너무 형편없이 진행된다며 방청하는 내내 볼멘소리를 했다. 하지만 이곳의 사법 체계가 엉성하기는 해도, 유무죄를 법정에서 가린다는 사실만큼은 부인할 수 없다. 영국 주재관 머레이는 양심적이며 인품도 매우 훌륭하고, 주민들의 신망도 얻고 있다. 그가 경호원도 없이 이곳 거리를 활보할 수 있다는 게 그 방증이다.

감옥은 법원에서 그리 멀지 않은 언덕 위에 자리했다. 가로 30미터, 세로 9미터 크기의 콘크리트 건물에 감방이 6개 있다. 교도관 1명, 간수 1명, 감시원 8명이 근무한다. 건강이 양호한 죄수는 도로 건설이나 기타 공공 공사에 노역한다. 이곳에는 근대 문명의 산물인 청소 마차가 매일 아침 마을을 도는데, 수감자들은 청소부로도 일할 수 있다! 식사는 죄수 1인당 매일 4펜스어치의 밥과 염장 생선이 제공된다. 노역을 하는 죄수는 하루 일당으로 2.5펜스를 받는데, 이것으로 물건을 사기도 하고, 형기를 마치고 출옥할 때를 대비해 저축을 하기도 한다. 병약한 수인들은 감옥 내에서 가벼운 일을 담당한다. 지난해 숭에이 우종의 다투 클라나는 살인자 1명의 사형을 승인했다. 중국 광저우의 난하이 현에서 끔찍한 감옥을 목격하고 나서는 감옥을 방문하지 않았는데, 이곳 감옥의 상황은 난하이 현에 비해 다소 위안이 된다.

촌락을 둘러본 뒤 우리 일행은 늦은 오후, 5.5킬로미터 떨어진 산 위에 있는 주재관의 별장 구경에 나섰다. 몸이 불편한 말라카 총독의 작은딸은 네 명의 가마꾼이 메는 가마에 타고, 총독의 큰딸과 주재관 머레이, 우리 탐사대의 경호원인 헤이워드는 걸었다. 나는 호주산 목동 안장을 얹은 수마트라산 조랑말을 탔는데, 이 영리한 짐승은 가파른 정글의 고갯길은 물론이고 막바지에 200개가 넘는 계단도 아주 요령 있게 올랐다. 열대 정글의 매력은 몇 걸음 옮길 때마다 새로운 것이 나타나고, 해발 고도가 30미터 높아질 때마다 새로운 식생이 펼쳐진다는 점이다. 실로 엄청난 숲이 이어졌다.

곧고 매끈하게 뻗어 오른 거대한 나무들은 30미터쯤 높이에서 가지를 펼쳤고, 그 가지에 난초와 덩굴식물이 자리를 잡았다. 뜨거운 햇볕이 쏟아지는 그 높은 곳의 잎과 꽃은 아래에선 보이지 않는다. 하지만 정글의 아래에도 화려한 식생이 펼쳐진다. 나는 붉은색의 아주 커다란 나팔꽃과 마치 거인국의 인동덩굴꽃[292]을 닮은 심홍색의 커다란 꽃도 보았다. 붉은색 고추잠자리를 크게 확대한 것 같은 꽃도 있고, 노란색 밀랍으로 커다랗게 빚은 장미를 닮은 어떤 꽃은 천상의 전령이 내려오기라도 하듯 서서히 녹아내리며 "인적 없는 대기에 꽃향기를 허비(?)"[293]한다.

열대 정글 속에서는 정작 덩굴식물의 꽃을 보기 힘들어 실망스럽기도 하다. 꽃나무와 덩굴식물의 찬란한 꽃을 보려면 정글 속이 아니라 높은 곳에 올라 아래를 내려다보는 수밖에 없다. 일본의 숲속에는 엉성한 잡초들만 무성했지만, 열대의 숲에 자라는 풀은 무엇 하나 버릴 것 없이 다양한 모양과 빛깔로 우리 눈을 즐겁게 해 준다. 그러나 그 모든 아름다움에는 우리를 죽음에 이르게 할 수도 있는 위험이 도사리고 있음을 잊지 말아야 한다. 잎사귀가 왁스를 바른 듯 아름답게 반짝이는 바닐라 등의 덩굴식물이 정글의 나무 기둥과 줄기를 감고 있다.

산 정상에 오르자 주재관이 '플랜테이션 힐Plantation Hill'이라고 이름 붙인 개방지가 눈에 들어왔고, 거기에 주재관의 아담한 통나무 별장이 나타났다. 말레이 전통의 주상건물인 이 별장에는 방이 두 개뿐이고, 그 주위에 사다리로 오를 수 있는 넓은 베란다가 있다. 경사면을 잘라 만든 작은 조리실이 따로 있는데, 그 아래에 사방을 아탑으로 가리고 나무통을 둔 욕실이 보인다. 나무를 잘라 낸 언덕의 가장자리 아래로는 급경사였고, 추락 방지를 위한 대나무 레일이 설치됐다. 별장 터의 경사면에는 리베리카 커피,[294] 차, 신코나, 토근과 양배추 등을 재배했다. 머레이는 숭에이 우종에서 커피 재배의 장래성이 밝다고 보았다.

어디를 둘러봐도 정말 전망 좋은 별장이었다. 북으로는 숲 그늘이 만든 푸른색 수해樹海가 펼쳐졌다. 남으로는 우리가 거슬러 올라온 링기 강의 물줄기가 선명하다. 군데군데 숲을 밀어낸 타피오카 농원과 계곡의 벼논, 주석 광산은 물론 중국인 촌락 스람방의 전경까지 고스란히 시야에 들어왔다. 서쪽으로 고개를 돌리면 햇빛을 반사하는 바다가 보인다. 이곳은 지긋지긋한 모기에서 해방된 곳이다. 그 덕에 밖에서 밤 늦게까지 환담을 나눌 수 있는 호사를 누렸다. 노을을 드리우며 떨어지는 해는 피투성이 같기도 하고 벌건 화롯불 같기도 하다. 이런 석양은 열대가 아니면 볼 수 없는 장관이다. 보랏빛 노을이 뭍으로 파도처럼 밀려오고, 멀리 수마트라 해안은 마치 화염 속의 자줏빛 구름 같다.

저녁 만찬은 근사했다. 후식으로 커피도 나왔다. 나무통 하나 달랑 놓인 허접한 목욕탕이지만, 가마꾼과 수행원 등 11명이 땀을 씻기엔 부족함이 없었다. 어둠이 내리자 중국인 수행원들이 어마어마한 크기의 모닥불을 피웠다. 통나무에다 불이 잘 붙는 담마검 수지를 잔뜩 넣어 불을 밝혔는데, 그런 모닥불은 난생 처음이었다. 불빛이 온 산을 밝혔고, 모닥불에 드러난 별장의 모습은 말 그대로 그림 같았다.

나는 저녁 식사 전에 개미들을 관찰했다. 별장 근처 커다란 나무 아래에 개미언덕이라고까지는 할 수 없지만, 구멍이 두 개인 개미굴이 있었다. 개미굴 구멍으로 큰 개미 수천 마리가 폭 9센티미터로 종대를 이뤄 쉴 새 없이 행진했다. '사열'하는 군대처럼 27마리씩 종대로 대오를 이뤄 울퉁불퉁한 바닥과 작은 나무줄기를 타고 넘었다. 그 개미 대오의 옆으로, 몸집이 더 큰 개미들이 행진하며 마치 장교가 명령을 내리기라도 하듯 이따금 뒤를 돌아보기도 했다. 존 러벅 경[295]이 이 광경을 보았다면 개미들의 대화를 통역해 주었을 것을!

행진하는 개미들은 저마다 적당한 크기의 노란색 덩어리를 물어 날랐다.

또 다른 개미들의 행렬도 있다. 두 개의 개미굴 가운데 아래 구멍에서 나오는 개미의 대오는 앞에서 언급한 행렬 규모의 반밖에 되지 않았다. 이로 미루어 덩어리를 물고 개미굴로 들어간 개미의 일부는 굴에 남아 저장 작업을 하는 것이 아닐까 추측해 본다. 출구에서 18마리씩 줄지어 나오는 개미 행렬도 질서정연했다. 나무 기둥의 겉껍질이 벗겨진 자리에 개미들이 새카맣게 몰려 있다. 이들은 달콤한 수액이 풍부한 속껍질을 조금씩 벗겨 냈다. 그런데 이상하게 들릴지 모르지만, 일개미보다 덩치도 크고 턱도 커다란 붉은색 개미들이 나무의 속껍질을 벗겨 내는 작업을 담당했다. 나무줄기 위에서 작업하는 큰 개미들이 속껍질을 벗겨 낸 자리가 지름 1.35미터에 달했다. 이들이 벗겨 낸 속껍질을 아래로 조금씩 떨어뜨리면, 나무 밑에 모여 있는 개미들이 이를 잘게 자르는 절단 작업을 맡았다. 때론 개미 서너 마리가 달라붙어 운반하기 좋은 크기로 만들기도 했다. 이처럼 많은 무리의 개미가 공동의 목적을 위해 정연한 대오를 이루고 협동하는 광경은 실로 장엄했다.

석양의 노을이 밀려들자 나무 기둥에서 속껍질 채취 작업을 하던 붉은색 큰 개미들이 작업 시간이 끝났다고 판단했는지, 하던 일을 중단했다. 이는 아래에 있는 운반 개미들에게 굴로 돌아가라는 신호였다. 속껍질 채취 개미들은 운반 개미들을 밀쳐 내며 나무 기둥을 타고 내려왔는데, 그 행동이 아주 거칠어 보였다. 이어 속껍질 채취 개미들은 일종의 산개대형散開隊形[296]의 대오를 이뤄 개미굴 입구로 행진했고, 나무줄기를 타고 올라오던 운반개미들과 마주쳤다. 두 개미 대오가 충돌하면서 잠깐 우왕좌왕하는 혼란이 빚어졌는데, 개미들은 마치 공격을 받기라도 한 것처럼 스스로 뒤로 물러섰다. 그런데 이런 혼돈이 일상적인 것이라면, 도대체 왜 속껍질 채취 개미 부대는 혼란을 자초했을까? 그리고 지휘관 개미는 왜 이런 혼란을 야기한 뒤에야 대오를 정비해 개미굴로 돌아간 걸까? 작은 운반 개미들은 덩치가 더 큰 속껍질 채취 개미의 노예인 걸까? 개미의 세계는 알 수가 없다! 하지만 속껍질 채취 개미들이 흩어진 행렬을 바로잡아 행진을 시작하자 다시금 질서가 잡혔고, 운반 개미들은 뒤에서 따르며 나무를 내려왔다. 이렇게 개미들은 어둠이 내리기 전에 죽은 개미 한 마리를 제외하곤 모두 개미굴로 무사히 돌아갔다.

굴로 돌아간 개미들이 동료 개미 한 마리가 없는 것을 확인하자, 한 마리 붉은 개미(감히 이렇게 말해도 될까?)의 '지휘' 아래 여섯 마리가 굴 밖으로 나오더니 나무 위에서의 혼란 중에 떨어져 죽은 개미 주위에서 잠깐 뭔가를 논의하는 듯했다. 1~2분 뒤쯤 세 마리가 죽은 개미를 끌고, 나머지 네 마리는 장례 행렬을 이루듯 뒤를 따라갔다. 개미들은 1.5미터쯤 떨어진 곳으로 사체를 옮긴 뒤 나뭇잎을 그 위에 덮고는 개미굴로 되돌아갔다. 그 모습에 나는 매혹됐다. 그런데 곧바로 주재관 머레이가 다가오더니 개미굴 구멍을 뭉개 버렸다. 하지만 개미들은 밤새 비상 작업을 벌여 개미굴의 출입구를 재건했고, 날이 밝자 아무 일도 없었다는 듯이 예의 나무기둥의 속껍질 벗기는 작업을 시작했다.

나는 목재를 망가뜨리는 해충인 흰개미의 생태도 들여다볼 수 있는 흥미진진한 기회를 얻었다. 연한 담황색을 띤 커다란 흰개미가 별장 근처에 아주 많았다. 흰개미는 끈적끈적한 액을 분비해 나무 기둥에 모래 터널을 만들고, 그 아래에서 나무속으로 깊은 홈을 파낸다. 이런 방식으로 모래 터널을 나무 위까지 확장한다. 내가 전날 오후에 흰개미가 만든 모래 터널을 5센티미터쯤 망가뜨렸는데, 다음 날 아침에 살펴봤더니 멀쩡하게 복원되어 있었다. 이곳에는 아주 다양한 개미들이 서식한다. 원주민이 발견한 '병정개미'는 몸길이가 2.5센티미터가 넘고 턱이 무시무시하다. 물리면 통증이 이만저만이 아닐 것이다. 그런데 거인 병정개미가 무리를 지어 행진하는 것은 보지 못했다.

산꼭대기에 어둠이 찾아들자 작은 불빛이 여기저기로 움직이기 시작했다.

어떤 것은 별똥별처럼 높은 곳에서 떨어지기도 했지만, 대부분은 지상의 덤불 사이에서 물결치듯 느리게 움직였다. 반딧불이의 옅은 푸른색 불빛은 눈부신 사파이어를 연상케 한다. 덩치가 커다란 나무 귀뚜라미는 내가 생전 처음 들어보는 아주 익살스런 소리로 한동안 울었다. 얼마나 시끄럽던지 우리의 목소리를 죄다 덮어 버렸다. 울음소리만 듣고 짐작한다면 그 녀석의 덩치는 큰 독수리만 해야 마땅하다.

이 별장은 잠 잘 공간이 협소하다. 무장한 머레이와 헤이워드는 베란다에 자리를 폈고, 말라카 총독의 두 딸은 방 안의 침대를 차지했다. 나는 그 방 밖에서 탁자를 치운 뒤 해먹을 걸고 누웠다. 바깥 사다리 아래에 있는 불도그는 이따금씩 으르렁거리며 야경꾼 노릇을 톡톡히 했다. 11명의 수행원들은 별장 아래 공간에 잠자리를 마련했는데, 모닥불을 너무 크게 만드는 바람에 그들 중 2명은 날이 밝을 때까지 불을 돌봐야 했다. 해먹은 아주 안락했지만, 나는 잠들 수 없었다. 숲은 별나고 부산한 소음들로 가득했다. 때로 '유령새'가 울고, 들짐승의 길고 낮고 구슬픈 소리가 숲을 울렸다.

잠을 못 이룬 것은 소음 때문만이 아니었다. 영국 식민지 말라카의 백인들은 최근 딘딩에서 일어난 참사[297]로 여간 뒤숭숭하지 않다. 딘딩의 영국인 치안 책임자 로이드가 중국인에 의해 끔찍하게 살해되고, 로이드의 아내와 로이드를 방문한 이니스 부인이 가까스로 화를 면한 사건이 벌어졌다. 나는 로이드 사건을 외면할 수 없었고, 혹여 불만을 품은 누군가에 의해 숭에이 우종의 주재관 머레이도 참변을 당할지 모른다는 불안감으로 뒤척이던 참이었다. 그때 해먹을 묶어 둔 머리 쪽 문이 갑자기 열리는 바람에 해먹이 처지면서 나는 바닥에 떨어지고 말았다. 해먹의 끈을 단단히 묶지 않은 탓에 벌어진 일이었다. 한 시간쯤 뒤 나는 다리 쪽에 묶었던 해먹의 끈도 풀어 버리고 맨바닥에 몸을 뉘었다. 이내 작은 개미 떼가 내 몸을 점령했다.

꼭두새벽부터 숲속의 유인원들은 "후~ 후이~" 하는 구성진 울음으로 동료를 불러냈다. 어스름한 여명 속에서 길이가 1.2미터는 족히 되는 이구아나 한 마리가 착생식물을 잔뜩 짊어진 나무 밑을 조용히 지나는 게 보였다. 말라카의 쇼 총독은 일전에 말라카의 한 이슬람 사원의 이맘에게 악어의 알을 구해 달라고 부탁한 적이 있었는데, 그 이맘의 말에 따르면, 알에서 부화한 어린 악어가 바다로 나가면 악어가 되고, 강으로 가면 이구아나가 된다는 거였다. 날이 밝자 커피와 바나나로 요기를 하고 우리 일행은 산꼭대기의 주재관 별장을 떠났다. 내려오는 길에 사고도 있었지만, 우리는 해가 중천에 이를 즈음에 스람방에 도착했다. 헤이워드가 재빨리 사고를 수습한 덕분이었다. 헤이워드가 대처하지 못할 상황은 거의 없을 거라는 생각이 들었다. 정말이지 헤이워드는 도대체 그가 가진 능력이 어디까지인지 확인해 보고 싶을 정도로 웅숭깊은 내공의 소유자다. 그의 이마엔 창에 찔린 흉터가 있다. 머레이의 말에 따르면, 헤이워드가 무장한 60명과 대치한 적이 있고, 그때 무고한 사람들을 피신시키는 과정에서 생긴 흉터라고 한다. 지금도 그는 말라카 총독이 부탁한 아름다운 두 소녀의 안전을 보살펴야 하는 무거운 짐을 지고 있다. 하지만 외려 그런 부담을 즐기고 있는 듯한 그는 우리 일행 중 그 누구도 곤경에 처하는 일을 결코 좌시하지 않을 게 분명하다.

우리가 주재관저로 돌아오고 나서 곧바로 깃발과 선향線香을 든 중국인 연희패가 중국 전통 공연을 선보이기 위해 우리를 찾아왔다. 먼저 선보인 공연은 용춤이었다. 거대한 용의 탈을 쓴 채 발길질을 하고 뛰고 기며 고함을 질러 대는 용춤은 고대의 신화를 볼품없게 재현한 것이었다. 이어서 무술 공연이 이어졌는데, 창과 방패, 도끼 등을 들고 전투하는 광경을 묘사했다. 북을 연신 두드리며 진행된 공연은 여간 소란하지 않았고, 내 눈에는 악령 숭배의 주신제酒神祭로 보였다. 나는 중국 전통 복장을 한 카피탄 차이나와 주재관저의 베란다에 나란히 앉아 공연을 지켜봤다.

내가 중국인 이야기는 많이 하면서 정작 이 땅의 명목상 주인인 말레이인에 대해서는 너무 적게 이야기한다고 생각할지 모르겠다. 실제로 이곳에서 중국어는 도처에서 들리지만, 말레이어는 어디에서도 듣기 힘들다. 말레이인을 보려면 일부러 찾아다녀야 한다. 중국인이 전체 주민의 20퍼센트에 불과한데도 그렇다. 이곳에서 모든 법은 숭에이 우종의 말레이 군주인 다투 클라나의 이름으로 집행된다. 말레이인이 소유한 토지는 측량되고 등기권리증이 교부되며, 1에이커당 연간 2실링의 토지세가 부과된다. 주석과 같은 특정 상품의 교역에는 수출 관세가 부과되며, 하천은 세금 없이 운항할 수 있다. 빚 때문에 노예가 되는 채무노예는 말레이 술탄국의 고질적인 문젠데, 주재관 머레이가 다투 클라나를 잘 설득해 폐지되었다. 숭에이 우종의 모든 주민은 자유인의 지위와 권리를 확보하게 된 것이다. 단지 나와 우리 일행에게 아쉬운 대목은 숭에이 우종의 다투 클라나이자 계몽군주인 사드 압둘라흐만이 말라카에 머물고 있어 지금 여기서는 볼 수 없다는 점이다. 아래의 삽화는 다투 클라나 딸의 혼례식 장면이다. 앞에 보이는 물소는 영국 해협식민지의 총독이 다투 클라나에게 보낸 결혼 선물이다. 물소가 쓰고 있는

〈삽화: 해협식민지 총독이 다투 클라나에게 보낸 결혼 선물〉

덮개에는 금과 진주, 보석이 화려하게 장식되어 있다.

우리 일행은 어제 캄퐁 맘부Kampong Mambu라는 말레이 촌락을 찾았다. 숭에이 우종에서 다투 클라나에 이어 권력 서열 2위의 직위인 다투 반다르Datu Bandar를 비공식 방문하기 위해서였다. 다투 반다르의 거처는 기둥을 높이 세운 세 채의 주상가옥으로 이뤄져 있다. 경내에는 무덤이 있고, 봉분 위에는 플루메리아의 흰 꽃잎이 떨어져 수북하게 쌓였다. 여느 말레이 주택과 마찬가지로 울타리를 높게 세우고 코코스야자 등 키 큰 나무를 심었으며, 정원은 모래로 단정하게 가꿨다. 다투 반다르의 여러 부인들은 별도의 울타리를 친 후원의 거소에 머문다. 붉은색 터번을 쓰고 바주와 사롱을 갖춰 입은 수려한 용모의 사내가 우리를 영접했다. 다투 반다르의 비서였다. 이어 영민해 보이는 다투 반다르가 나와 호의를 담아 악수를 청하며 우리 일행을 반겼다. 다투 반다르는 자신의 영지를 개간하고 상업 작물을 재배하는 등 일하는 귀족의 모습을 솔선하는 인물이다. 이번 방문은 사전에 예고하지 않고 불쑥 찾아간 것이었다. 그는 체크무늬 셔츠와 붉은색 체크무늬 사롱만 걸친 평상복 차림으로 우리를 맞았다. 그를 보며 천박함이란 정말이지 서양인의 질병이라는 생각을 하지 않을 수 없었다. 근대화에 나선 일본에도 서양의 천박함이 전염되고 있다고 해도 그렇다. 다투 반다르, 이 동양인 귀족은 평상복 차림으로 서양 손님을 맞는 데 아무런 거리낌도 없이 가파른 사다리를 타고 오르며 우리를 그의 거처로 안내했다. 그리고는 몸에 밴 자연스러운 권위로 대단히 예의 바르면서도 편안하게 우리를 대했다.

다투 반다르의 관저는 참으로 내 맘에 쏙 들었다. 군더더기 없이 잘 정돈되어 있을뿐더러 기품도 당당했다. 사다리를 타고 오르자 고운 자리가 깔린 긴 회랑이 나왔다. 회랑을 따라 방으로 연결되는데, 입구에는 금실로 수를 놓은 비단 장식 아래로 흰색 꽃무늬가 새겨진 포르티에르portiere, 즉 문짝 대용 커튼이 걸려 있다. 그 안으로 아주 아담한 작은 방이 있고, 꽃무늬 포르티에르가 있는 두 개의 출입구가 나왔다. 하나는 우리가 보지 못한 방의 입구였고, 다른 하나는 다른 방으로 연결되는 대나무 격자의 통로였다. 이런 통로로 뒤편의 작은 방들과 이어지도록 하는 게 말레이 상류층 가옥의 기본 구조다. 음식을 나르는 등 소소한 가사일이 이 통로를 따라 이뤄진다. 이는 여성들의 통로기도 하다. 다투 반다르의 집무실은 약간 어두우면서도 시원했다. 벽은 짙은 붉은색 나무 판재로 되어 있고, 바닥까지 내려오는 긴 창문을 하나만 뒀으며, 창틀과 창살도 벽의 판재와 같은 목재를 썼다. 방에는 멋진 장식장 세 개와 금실로 수를 놓은 진홍색 벽걸이가 있다. 아랍어로 된 코란의 경구를 흑단 액자에 새겨 입구에 걸었다. 우상 숭배를 금지하는 이슬람 율법에 따라 피조물의 형상을 본뜬 장식물은 없었지만, 천장에는 아라베스크 문양을 새겼다. 장식장 이외의 가구로는, 몸을 눕힐 수 있는 팔걸이 없는 긴 소파, 여러 개의 흑단 의자, 노란색 보를 덮은 원탁, 진홍색 비단에 황금색 꽃을 수놓은 벽걸이와 작은 탁자가 전부였다. 바닥에는 골이 고운 자리 위에 채도가 낮은 색상으로 아름답게 무늬를 새긴 인도산 카펫을 깔았다. 다투 반다르의 집무실은 전체적으로 호화로우면서도 탄탄하게 조화를 이룬 전형적인 말레이 양식이었다. 이곳의 아름다움을 본다면, 어두운 공간에서 연상되는 것이라곤 오래된 스테인드글라스를 통해 침침한 빛줄기가 들어오는 성당뿐이라는 얘기는 할 수 없을 테다.

다투 반다르의 형과 삼촌이 찾아왔다. 잘생긴 다투 반다르의 형은 지적인 분위기가 물씬한 하지다. 8년간 메카에 머물며 새로운 이슬람 사상을 연구했다는 그는 이를 위해 비용이 수천 달러나 들었다며, "우리가 메카를 순례하는 것은 오로지 종교적 목적 때문이지, 교역을 위한 건 결코 아니다."고 말했다. 말레이인은 결코 잘생긴 사람들이 아니지만, 붉은색 옷과 터번을 한 다투 반다르의 형과 삼촌만큼은 예외적으로 용모가 아주 수려했다. 그들은 우리를 무척 품위 있게 환대했다. 무슬림은 통상 술을 입에 대지 않지만, 부유한 이들은 서양인 또는 기독교인 손님 접대를 위해 술을 보관한다. 이들도 우리에게 실로 그 유혹을 뿌리치기 힘든 좋은 샴페인 한 잔을 권했다. 우리가 술을 사양하자, 우유와 함께 향이 짙은 맛있는 커피를 내놓았다. 보통으로 우려낸 홍차보다 빛깔은 더 옅은데 향은 정말 진했다. 이 커피는 커피나무의 잎을 볶아 만든 것이라며, 커피 원두는 죄다 수출한다고 했다. 우리 주위에 예쁜 아이들이 모여들었다. 다투 반다르는 이 아이들이 세 명의 아내에게서 난 자식들이라고 일러 줬는데, 정실 자식과 첩실 자식 사이에 차별은 없는 듯했다.

이들은 '알라를 믿지 않는 개들'에 지나지 않는 우리와 하고픈 이야기가 많았고, 우리를 놓아주지 않았다. 이슬람 세계에서는 우리도 알라를 믿지 않는 개들로 여겨진다는 생각 때문에 나는 무슬림과 있으면서 늘 꺼림칙한 기분을 느낀다. 일전에 말라카 총독 쇼는 말레이인이 중국인을 향해 활을 쏘는 건 부당하다고 강조한 적이 있다. 이에 중국인을 향한 공격을 관행처럼 여기는 어떤 말레이인은 "중국인을 쏘면 왜 안 되는가? 그들은 알라를 믿지 않는데……."라고 대답했다 한다. 지배받는 다수가 지배자에게 이처럼 속내를 대놓고 말하는 것은 대단히 무례한 행동이기는 하다. 그러나 나는 말레이인이 이슬람교도가 아닌 유럽인을 마음속으로는 이미 유죄로 평결하고 있다는 걸 의심하지 않는다.

주재관 머레이는 위신과 체면을 중시하는 동양인의 방식을 경멸하는 태도를 보인다. 그런 그가 주재관으로서 정직성과 업무의 탁월성을 입증하려면, 말레이인이든 중국인이든 이곳의 주민들에게서 인간적인 존경과 사랑을 받는 것 말고 달리 방법이 없을 것이다. 뱃사람처럼 활달하면서도 때론 퉁명스럽기 짝이 없는 머레이의 태도를 두고 나는 여러 번 충고를 했다. 품위와 교양을 갖추고 우리와 많은 이야기를 나눈 다투 반다르나 그의 형제, 삼촌과는 달리 이곳의 말레이인 대부분은 알라를 믿지 않는 이방인에게 여전히 강한 적대감을 갖고 있기 때문이다.

우리 일행은 밤이 깊어서야 주재관저로 돌아왔다. 바다거북 수프와 송아지고기 맛이 나는 바다거북 스테이크로 저녁을 먹었다. 그리고 〈올드랭사인〉을 부르며 석별의 정을 나눴다. 무뚝뚝한 주재관 머레이는 눈물을 훔쳤고, 우리는 내일 아침 일찍 떠날 채비를 했다.

말라카, 스타듀이스

우리 일행은 날이 밝기 전에 주재관 머레이와 함께 마차를 타고 스람방을 떠났다. 우리가 탄 마차는 이곳 중국인 지도자 카피탄에게서 빌린 것이다. 역참에서 말을 바꾸고 장대한 밀림을 통과해 늪지대까지 달렸다. 그곳에는 안장을 얹은 조랑말 세 마리와 가마 두 대가 대기했다. 무릎까지 빠지고 짙은 녹음으로 어두침침한 정글을 통과했고, 야자나무가 우거진 말레이 촌락들을 지나쳤다. 마침내 영국의 공원들처럼 여우 털 같은 풀밭이 펼쳐진 강변이 나왔다. 태양이 중천에서 이글거릴 즈음에 우리 일행은 링기 경찰서에 도착했다. 총검까지 꽂은 소총으로 무장한 경찰관들이 마중을 나왔다. 숭에이 우종으로 강을 거스르기 위해 한밤중에 배에 올랐던 그곳에 되돌아온 것이다. 우리는 링기 경찰서 베란다에서 저녁 식사를 했다. 강물의 수위가 낮아 더 올라오지 못한 증기 론치선은 슴팡에 대기했고, 그곳까지는 사공 네 명이 노를 젓는 말레이 배를 탔다. 슴팡에서 이번 여정의 초청자이자 그 누구보다 친절하고 훌륭한 인물과 작별을 했다. 숭에이 우종의 주재관 머레이는 눈물을 떨궜다. 머레이는 권총과 장총, 그리고 애견 불도그와 함께 강을 거슬러 주재관저가 있는 스람방의 방갈로로 되돌아갔다. 그가 자신을 유배시킨 그곳으로 말이다.[298]

어둠이 짙게 깔리고 나서 숲 사이로 밝은 불빛이 비치는 해안에 이르렀다. 우리는 길이가 240미터나 되는 말라카 부두에 상륙했다. 부두에는 경위

두 명과 순경들이 나와 우리를 맞았다. 우리의 이번 탐사는 말라카의 유럽인 사회에서 꽤나 화제가 되었다고 한다. 말라카 총독관저에선 우리의 귀환을 뜨겁게 반겼다. 하지만 총독은 자신의 불찰을 용서할 수 없다며 미안한 마음을 숨기지 않았다. 숭에이 우종의 주재관 머레이가 우리 일행을 태워 갈 운송 수단을 마련하도록 제때 기별을 넣지 못한 점, 너무 서두르느라 출발할 때 먹을거리를 넉넉하게 챙겨 주지 못한 점이 다 자기 탓이라는 거였다. 그런 총독에게 나는 이번 여정이 얼마나 값진 것이었는지를 되풀이해 강조했다. 링기 강을 한밤중에 배로 거슬러 올라간 것은 그 무엇과도 바꿀 수 없는 소중한 경험이었다는 것을 총독도 알아주기 바랐다.

I. L. B.

슬랑오르에 관하여[299]

슬랑오르Selangor는 북위 2도 34분~3도 42분에 위치한 작은 말레이 술탄국이다. 194킬로미터의 해안선이 말라카 해협에 면해 있다. 북쪽으로 페락, 남으로는 숭에이 우종, 동쪽으로는 네그리 슴빌란 및 파항과 경계를 이룬다. 이곳에는 동부의 산맥에서 발원한 슬랑오르 강,[300] 클랑Klang 강, 랑앗Langat 강이 흐른다. 인구에 대한 정확한 통계는 없는데, 슬랑오르의 두 번째 영국인 주재관 윌리엄 더글러스William Bloomfield Douglas는 1876년 현재 중국인 1만 5000명과 말레이인 2000~3000명이 거주하는 것으로 추산했다. 더글러스가 추산한 말레이인 인구와 1000명의 원주민은 실제보다 부풀려진 것으로 보인다.

슬랑오르 국부의 원천은 무궁무진한 주석이다. 말레이 반도는 석회암으로 이뤄진 티티왕사 산맥이 북에서 남으로 가로지르는데, 가장 높은 산은 해발 2183미터에 달한다. 이 산맥이 풍화되면서 슬랑오르의 여러 강을 따라 얕게는 10센티미터에서 깊게는 3미터 두께로 퇴적층을 형성한다. 이 퇴적물 속에 주석 원광이 포함되어 있다. 퇴적층에 포함된 주석 원광의 매장 규모는 무궁무진하지만, 주석 광맥은 아직 발견되지 않았다. 슬랑오르 술탄국의 왕도王都 쿠알라룸푸르 인근에 있는 암파그난Ampagnan 주석광의 경우, 중국인 노동자 1000명이 재련된 흰색 주석을 기준으로 연간 453.6톤을 채광한다. 노동자 한 명당 연간 무게로는 453.6킬로그램, 그러니까 영국 화폐로 35파운드어치를 캐내는 셈이다. 풍부한 주석 매장량이 노동력을 끌어들이는 주요인인 까닭에 슬랑오르의 중국인 노동자 수는 주석 시세의 등락에 따라 늘거나 줄어든다. 주석을 수출하면서 거둬들인 관세가 슬랑오르 술탄국의 재정을 뒷받침한다.

이곳의 해안 저지대를 뒤덮고 있는 맹그로브 늪지에는 청니青泥[301]와 중식토重植土[302]가 많이 쌓여 있다. 물만 빼면 사탕수수 재배지로 아주 적합한 조건을 갖추고 있는 것이다. 티티왕사 대간에서 갈라져 나온 작은 산맥의 계곡에서는 논벼를, 구릉에서는 밭벼를 재배한다. 타피오카, 담배, 후추, 감비아 등은 산과 계곡 사이의 중간 지대에서 재배되고, 사고야자나무는 습지에서 잘 자란다. 높은 산들은 원시림으로 덮여 있으며, 말레이인은 고산 지역으로 들어가지 않는다. 해발 고도 750~1000미터의 고지는 아라비카 커피와 신코나, 차를 재배하기에 적합한 것으로 여겨진다. 그러나 노동력이 부족하다는 게 이곳의 치명적인 약점이다. 산간 내지의 토양은 밝은 붉은색과 노란색의 점토질로 이뤄져 있다. 이는 암석의 풍화 작용이 그리 오래되지 않았다는 것을 의미한다. 이런 점토질 태토 위에 20~30센티미터 두께로 분변토가 덮여 있다. 이 지역은 가뭄이 없다. 연평균 강우량은 3300밀리미터며, 연중 고르게 비를 뿌린다. 풍토병이라고 할 것이 없는 이곳의 기후는 덥고 습하기는 해도 비교적 건강에 양호한 편이다. 이곳에선 1에이커당 8실링에 토지를 매입할 수 있으며, 일정 기간 거치 후에 땅값을 지불하는 방식으로 거래된다.

페락과 마찬가지로 슬랑오르에는 높이가 240~300미터나 되는 석회암 돌산이 군데군데 섬처럼 솟아 있어 독특한 풍광을 연출한다. 바투Batu[303]에는 종유석과 석순이 장관을 이루는 거대한 석회암 동굴이 있다. 이들 가운데 한 곳의 돔은 바닥에서 천장까지의 높이가 108미터나 된다. 이들 동굴은 경제적 가치가 크다. 수천 톤에 달하는 박쥐 배설물이 퇴적되어 있기 때문이다. 이는 장차 농원주들에게 구아노[304]만큼이나 가치 있는 비료가 될 것으로 보인다. 해안 지역과 화강암·석회암 산악 지역 사이의 토양은 붉은색 점토와 사암, 셰일, 화강석과 장석질 암석으로 이뤄져 있고, 지표면의 붉은색 진흙에는 라테라이트 퇴적물이 풍부하다. 강을 낀 계곡에는 충적토가 두껍게 형성되어 있다.

슬랑오르의 잠재력이 대단하다는 점에는 이론이 없다. 땅도 비옥하고 기후도 좋은 이곳은 토지법 개정으로 땅을 99년간 고정 지대로 장기 임차할 수 있는 길이 열렸다. 노동력 부족에 대한 만족할 만한 해법만 마련된다면 농장 개발이 촉진될 것으로 보인다. 슬랑오르는 세 개의 주요 하천인 슬랑오르 강, 클랑 강, 랑앗 강을 따라 세 개의 디스트릭트[305]가 형성되어 있다.

슬랑오르의 실질적 최고 통치자였던 술탄은 현재 명목상의 군주로 전락했다. 슬랑오르 술탄 왕정은 오랜 혼란을 겪었고, 16세기 유럽과 접촉한 이래 내분이 끊이지 않았다. 슬랑오르의 강과 내륙 수로에 해적이 출몰하고, 강의 영주들이 말라카 해협의 소규모 무역선을 약탈해 왔다는 것은 의심의 여지가 없는 사실로 보인다.

슬랑오르는 이른 시기의 말레이 기록에는 등장하지 않는다. 말레이 반도에서 오늘날 슬랑오르 지역에는 "주석의 땅"을 뜻하는 '네그리 칼랑Negri Calang'이 있었고, 인구가 희박한 네그리 칼랑은 말라카 왕국의 속국이었다. 슬랑오르 인구는 대부분 18세기에 이주한 부기스족Bugis의 후예들이다. 당시 네덜란드의 식민 지배에 강한 불만을 품고 있던 술라웨시 고아Goa[306]의 부기스족 왕족이 무리를 이끌고 슬랑오르에 정착해 부기스족 왕조를 열었다.[307] 2대 술탄 이브라힘Sultan Ibrahim Shah은 네덜란드가 지배하던 말라카를 침공해 교외 지역을 약탈하고 불태우며 기세를 올렸지만, 네덜란드 함대의 공격으로 말라카 점령의 꿈을 이루지 못했다. 그는 네덜란드의 슬랑오르 요새 수비대를 야간에 기습 공격해 중화기와 군수품을 약탈하기도 했지만, 결국에는 무력에 굴복해 약탈한 것을 모두 배상하고, 네덜란드 동인도회사의 종주권을 인정했다. 이후 술탄 이브라힘은 당시 말레이 반도로 남하하던 태국으로 화살을 돌렸고, 페락에서 태국 세력을 밀어내는 데 중요한 역할을 했다.

술탄 이브라힘이 1826년 사망하고 왕위가 서자庶子에게 넘어갔는데,[308] 3대 술탄 무하마드는 통치 수완도 모자라고, 백성에게도 가혹했다. 게다가 배다른 형제들의 가렴주구苛斂誅求까지 더해지면서 슬랑오르는 쇠퇴의 길을 걸었다. 1833년 링기 강의 중심 도시인 쿠알라 링기Kuala Linggi의 영국군 요새 책임자였던 뉴볼드는 이들 슬랑오르 부기스족 왕자들의 악행을 직접 눈으로 보았다. 이들은 해적이자 강도였으며, 제멋대로 가난한 말레이인의 고혈을 짜냈다. 뉴볼드에 따르면, 이 무렵 쿠알라 링기의 모든 주민이 가혹한 수탈을 피해 말라카로 야반도주했다. 노예와 채무노예 문제도 심각했다. 슬랑오르의 말레이인 인구가 2000~3000명으로 줄어든 데는 이러한 요인들이 복합적으로 작용했을 것이다.

슬랑오르의 최근 역사에서 주목할 만한 유일한 사건이라면 툰쿠 부수Tunku Busu[309] 피살 사건이다. 태자가 없었던 술탄 무하마드가 세상을 떠날 경우, 널리 신망이 두터웠던 툰쿠 부수가 왕위를 승계할 것으로 기대를 모았다. 루콧 지역의 주석광에 400명의 중국인 노동자를 고용하고 있던 툰쿠 부수는 채취한 주석의 10퍼센트를 술탄에게 세금으로 바치도록 하는 결정을 내렸다. 슬랑오르의 국익을 위한 그의 주석세 부과 결정이 불행의 씨앗이었다. 1834년 9월 비 내리는 밤에 중국인 노동자들이 봉기해 툰쿠 부수의 궁을 불태우고, 툰쿠 부수와 일족을 무참하게 학살했다. 툰쿠 부수의 부인과 자녀는 달아나려다 붙잡혀 불구덩이 속에 던져졌다. 이때 중국인 노동자들은 여자들의 귀금속 장신구를 제외하고도 3500파운드어치를 약탈한 것으로 추산됐다. 이 끔찍한 사건은 영국 식민지 말라카의 중국인 상인들이 전적으로 계획하고 지시하지는 않았다 하더라도 배후에서 부추겼기에 벌어진 것으로 여겨진다. 계몽적인 툰쿠 부수의 죽음으로 슬랑오르가 말레이 술탄의 통치하에서 번영할 수 있는 희망은 사라지고 말았다.

1867년부터 1873년까지 슬랑오르의 상황은 한층 악화됐다. 파벌 간의 내전으로 가뜩이나 부족한 슬랑오르의 인구는 격감했다. 전란 속에서 사망자가 늘기도 했지만, 말레이인 농민들이 땅을 버리고 이웃 지역으로 대거 도주한 탓이다. 살육과 약탈이 이어졌다. 해협식민지의 식민부 차관 스웨트넘은 당시 슬랑오르에서 스무 살 이상의 남자치고 한 명 이상을 죽이지 않은 자가 없고, 타인에게 살상 무기를 휘두르는 걸 겁내는 여성도 없다는 말이 결코 과장이 아니라고 말한다.

영국이 슬랑오르를 통치하게 된 과정은 복잡하다. 당시 해협식민지 고위 당국자들의 설명도 제각각일 정도다. 영국군이 슬랑오르에 처음 진출한 것은 영국 해군함정 리날도Rinaldo 호가 슬랑오르 강을 끼고 있는 쿠알라 슬랑오르Kuala Selangor를 공격한 1871년의 일이다.[310] 이에 관한 상세한 이야기는 다음 편지에서 다루기로 한다. 1873년 11월 슬랑오르 술탄궁이 있는 주그라Jugra 강 지역에서 해적소탕법이 처음으로 시행됐다. 이를 계기로 당시 해협식민지 총독이었던 앤드루 클라크 경은 영국 해군 중국 함대 소속 군함을 타고 랑앗으로 가, 슬랑오르의 술탄[311]에게 체포된 해적을 재판할 법정을 개설하라고 강요했다. 영국 해군군함 세 척과 해협식민지 판무관辦務官, commissioner 두 명이 현지에 머물며 재판을 감시했다. 이후 해적 피고인들에 대해 사형이 집행되었고, 영국 해군이 수시로 해안을 순찰하게 되면서 모든 혼란이 수습되었다.

그런데 1874년 해적 출몰설이 나돌면서 새로운 소요가 벌어졌다. 이때 술탄의 사위이자 다른 왕자들을 압도하는 세력을 장악한 부왕副王인 툰쿠 쿠딘[312]이 클라크 총독이 파견한 영국인 판무관 중 한 명을 만나 "술탄도 바라는 바지만, 술탄 곁에 머물면서 술탄이 약속한 사항을 이행할 수 있도록 자문과 지원을 해 줄 수 있겠느냐"고 제안했다. 간단히 말해 해적을 소탕하고 치안을 유지하는 데 영국의 지원을 바란다는 의미였다. 영국 당국으로서는 어려운 과업으로 여겨지지 않았을 테다. 왜냐하면 많은 이들이 떠난 슬랑오르의 말레이 신민은 2000명에 불과했고, 주석 광산의 중국인 이주 노동자 사회는 카피탄 얍아로이Yap Ah Loy[313]가 효율적으로 장악하고 있었기 때문이다.

툰쿠 쿠딘의 요청에 따라 1875년 영국인 주재관이 슬랑오르에 파견됐다. 얼마 뒤 부왕 툰쿠 쿠딘이 고향인 커다로 돌아갔고, 슬랑오르의 술탄도 연금을 받으며 술탄의 지위만 유지한 채 통치에서는 손을 떼는 은퇴를 '권고' 받았다. 슬랑오르의 세금 징수와 재정 지출에 관한 권한은 영국인 주재관에게 넘어갔다. 슬랑오르의 첫 주재관으로 데이비드슨J. G. Davidson을 임명한 것은 해협식민지의 클라크 총독으로서는 매우 다행스러운 일이었다.[314] 모든 자료에는, 데이비드슨이 해박한 지식을 바탕으로 매사에 지혜롭게 대처했으며, 온화한 성품과 양식, 탁월한 업무 수행 능력을 지녔고 슬랑오르 주민을 진지하게 대하는 등 그의 이름이 명예롭게 기억되고 있다 한다. 식민지 법정에서 보여 준 법률 지식으로 높은 평판을 얻은 덕에 그는 비록 재임 기간은 짧았지만, 슬랑오르의 많은 난제들을 푸는 데 큰 기여를 했다. 블룸필드 더글러스는 데이비드슨 후임으로 1876년 부임해 6년째 주재관직을 수행하고 있다.[315]

1881년 슬랑오르의 재정수입은 총 4만 7045파운드인데, 주석 수출 관세와 아편 수입 관세 및 아편 등의 징세청부제 경매 수입으로 이뤄져 있다. 이 가운데 4만 6876파운드가 공공시설 경비, 연금, 공공 공사 등의 명목으로 재정지출됐다. 외관상 슬랑오르는 평온해 보인다. 해협식민지 웰드[316] 총독 정부의 정력적인 통치하에서 슬랑오르의 잠재력이 잘 개발되고, 들쭉날쭉한 법률과 조세 체계가 개혁되며, 공정한 통치를 통해 말레이인과 이주자들 모두 법과 질서의 이점을 누릴 수 있게 될 것으로 기대된다.

Letter 14

말라카, 증기선 '레인보우' 호
1879년 2월 1일, 오후 5시

나는 낡고 작은 중국인 소유의 증기선을 또 다시 타게 됐다. 푹푹 찌는 얕은 바다의 잔물결에도 이 작은 배는 뒤뚱거린다. 예정대로라면 오후 4시에 출발했어야 했다. 하지만 중국인과 말레이인은 물론 닭과 오리, 파인애플, 사탕수수 등을 가득 실은 작은 범선들을 떼어 내느라 시간이 지체됐다. 너무 많은 사람과 화물을 실은 레인보우 호의 만재흘수선[317]은 물 아래로 잠긴 지 오래다. 하지만 선체가 물 위로 25센티미터밖에 남지 않은 이 작은 증기선은 아직도 사람을 더 태우고 화물을 더 싣고 있다. 130명의 승객 대부분은 중국인이고, 자바인과 말레이인이 뜨문뜨문하다. 좁은 갑판 위에는 사람 말고 염소와 물소도 있다. 게다가 40개의 닭장에서는 닭과 오리가 쉴 새 없이 꽥꽥 대고, 중국인은 경쟁하듯 목소리를 높인다. 바벨탑이 따로 없다!

그렇게 한 시간이 흐른 뒤, 포르투갈인과 말레이인의 피가 섞인 선장이 "천천히 앞으로"를 외쳤다. 레인보우 호는 허용된 탑승 인원인 100명을 한참 전에 초과했다. 배가 흔들릴 때마다 배수구로 물이 들어온다. 그런데도 5척의 소형 돛단배가 짐을 싣겠다고 붙어 있다. 선장은 영어로 "전진! 전속력!"을 소리친다. 선장은 흥분하면 펄쩍펄쩍 뛰고, 고함을 지를 땐 말레이어를 쓴다. 중국인 승객들은 고물을 기어오르고, 뱃머리의 울타리舷牆를 넘기도 한다. 이 배에서 중국인이 없는 곳은 없다. 백인 남자나 기독교도는 단 한 명도 없이 150명이나 태운 이 배는 화려한 바다에서 현란한 석양 속으로 증발하고 있다. 그리고 꿈꾸는 듯 아름다운 열대의 말라카, 야자수 그늘의 해안, 알록달록한 시가, 황금의 역사를 간직한 오피르 산, 오래된 객실이 내 것인 양 정들었던 장엄한 스타듀이스, 이 모든 것들이 기억 속으로 사라진다. 하늘을 붉게 물들이던 핏덩이 같은 태양이 갑자기 불타는 바다 속으로 빠져 버리고,

"한달음에 어둠이 닥치네."[318]

이 배에서 나를 위한 공간은 작은 선교船橋뿐이다. 거기서 나는 선장과 함께, 닭장을 의자 삼아 근사한 저녁 식사를 방금 마쳤다. 그 시끄럽던 닭장 속의 닭과 오리는 어둠이 내리자 조용해졌다. 하지만 시끄러운 중국인은 여전히 목청을 높이고 있다. 편지지를 더 메우기에는 너무 어둡다.

슬랑오르의 클랑, 영국 주재관저

클랑Klang이 어디에 있는지 잘 모를 줄로 안다. 나도 세계지도나 백과사전에서 클랑을 찾지 못했다. 어쩌면 슬랑오르가 어디에 있는지조차 모르지 않을까 싶다. 슬랑오르는 말레이의 술탄국이고, 클랑은 슬랑오르 술탄국의 수도 행세를 한다. 간략하게만 설명해 보기로 하겠다.

슬랑오르는 북쪽으로 영국의 보호령인 페락과 국경을 맞대고 있다. 페락은 몇 해 전의 사건 탓에 영국인에게 악명을 얻은 술탄국이다. 말레이인이 페락의 영국인 주재관 버치를 암살하자, 영국은 '작은 전쟁'을 통해 가혹하게 응징한 바 있다. 슬랑오르는 남쪽과 남동쪽으로 소국 숭에이 우종, 젤레부Jelebu,[319] 술탄국 파항Pahang과 인접한다. 그러나 말이 국경이지 그 경계는 분명치 않다. 서쪽으로는 말라카 해협을 따라 190킬로미터의 해안이 이어지고, 바다에서 내륙의 경계까지 대체로 약 80~100킬로미터 폭을 이룬다. 클랑 강을 낀 도시 클랑의 위치는 북위 3도 3분, 동경 101도 29분 30초다. 앞서 클랑을 "수도 행세를 하는 도시"라고 했다. 그 이유는 영국인 주

재관이 주재하는 곳이고, 클랑 강을 따라 수심이 10미터는 되어야 운항할 수 있는 큰 배가 이곳까지밖에 오르지 못하기 때문이다. 그러나 진짜 수도는 클랑에서 내륙으로 58킬로미터 더 들어간 곳에 있다. 중국인 광산업자와 노동자들이 만든 주석의 도시 쿠알라룸푸르가 그것이다. 클랑이 주석과 구타페르카 사업으로 번성하면, 슬랑오르도 덩달아 좋아진다고들 한다. 그러나 나는 이에 동의하지 않는다. 쇠락한 클랑에서 활력이라고는 찾아보기 힘들다.[320] 슬랑오르의 명목상 통치자인 술탄 압둘 사마드는 이곳에서 멀리 떨어진 랑앗에서 연금 생활자로 전락했다. 내가 보기에 동면 상태의 술탄 왕정이 없어지는 건 시간문제다.

말라카의 첫인상은 지금 완전히 바뀌었다. 나는 아쉬움 속에서 말라카를 떠났다. 환대와 친절과 친교, 그리고 열대 속 중세의 분위기가 주는 매력 등은 말라카를 내가 여행해 본 중에서 가장 빛나는 곳의 하나로 기억하게 한다. 숭에이 우종 여행에 동반했던 헤이워드가 경찰관 여섯 명이 노를 젓는 말라카 정부의 '공식 보트'에 나를 태워 증기선 레인보우 호까지 데려다줬다. 섭씨 32도를 넘는 선실 안은 모기 소굴이다. 게다가 언뜻 보기에도 생쥐만 한 바퀴벌레들이 우글거린다. 물론 열대에서 모기 없이 잠을 잘 수는 없다. 해서 나는 중국인이 가득한 갑판 대신 선교로 나와 벤치에 매트리스를 깔고 누웠다. 선교에는 나 말고 말레이인으로 보이는 사내 두 명뿐이다. 여행자들로 북적이는 뻔한 여행지에서 벗어나면 안락함을 포기해야 한다. 하지만 그 손실은 강렬한 즐거움이라는 훨씬 더 큰 보상으로 돌아오는 법이다.

무척이나 기분 좋은 밤이다. 하늘에는 반달이 떠 있다. 나는 왠지 보름달일 때보다 반달일 때 더 밝다는 생각이 든다. 바다 위 밤의 아취에 젖어 잠들지 않고도 쉴 수 있었다. 바벨탑을 떠올리게 하던 중국인과 닭과 오리의 소음도 멈췄다. 잔물결이 뱃전에 찰랑거리고 어쩌다 바닷새들의 울음소리가 들릴 뿐이다. 달이 지면서 장관을 연출한다. 하늘은 자줏빛으로 물들고, 열대의 수평선 위론 별이 빛난다. 나는 남십자성[321]을 좋아하게 됐다. 옛날 뱃사람들이 남십자성을 처음 보았을 때 배의 갑판 위에서 엎드려 절을 했던 심정을 이해할 수 있을 것 같다. 남십자성은 위압적인 별자리가 아니다. 단지 별들이 몰려 있지 않은 곳에서 언제나 그 자리를 지키는 남반구 밤하늘의 일부일 뿐이다. 북반구에서 살아온 나에게 남반구의 남십자성이 이젠 북두칠성만큼이나 친근해졌다.

날이 밝을 무렵 레인보우 호는 클랑 강을 거슬러 오르기 시작했다. 온통 맹그로브 숲으로 덮인 강변을 따라 해가 중천에 이를 즈음 클랑 계곡의 초입에 닻을 내렸다. 언덕에 포대를 갖춘 커다란 요새가 눈에 들어왔다. 요새 뒤에 있는 아탑 지붕의 대형 방갈로가 영국 주재관의 사무소이자 관저였다. 바람 한 점 없고, 영국 국기는 주재관저 정면의 국기봉에 맥없이 늘어져 있다. 그 아래에 마을이 자리 잡았다. 중국인 가옥은 연립주택처럼 서로 벽을 잇대어 지어져 있고, 말레이인의 주상가옥은 저마다 울타리를 쳤다. 그 사이로 식민지 관리들의 커다란 저택이 한두 채 보인다. 강에서부터 돌계단이 부두까지 이어진다. 기둥을 세우고 아탑 지붕을 씌운 부두에는 아탑 지붕을 얹은 배들이 내륙에서 채광한 주석 원석을 가득 싣고 정박해 있다. 이 주석 원석들은 영국 해협식민지의 한 곳인 페낭으로 보내진다. 부두에는 술탄의 요트인 증기 추진 론치선 압둘사맛Abdulsamat[322] 호가 적색과 황색으로 된 깃발을 단 채 정박해 있다.

슬랑오르의 주재관 블룸필드 더글러스가 나를 마중 나왔다. 훤칠한 키에 백발을 한 활력 넘치는 중년의 더글러스는 혈색이 좋았고 목소리도 우렁찼다. 그의 안내를 받아 네 개의 노가 달린 보트로 뭍에 오른 나는 멋진 호주산 말이 끄는 마차를 타고 주재관저에 도착했다. 주재관저는 넓기는 하지만, 강의 만곡이며 정글의 수해樹海, 파란 빛깔의 언덕이 내려다보이는 전망 좋은 곳은 아니다. 말레이식 주상건물인 관저의 개방된 아랫부분은 당구장, 교회, 휴게실, 강당 등의 용도로 쓰인다. 하지만 이곳을 오가는 중국인이나 말레이인에게서는 내가 숭에이 우종의 주재관저에서 보았던 우애의 분위기가 전혀 감지되지 않는다. 사실 이곳 클랑에는 적대적인 주거지 곳곳에 무장 초소들이 있다. 주재관저의 정문에도 6파운드 대포를 배치했다. 포대 뒤에는 무장 수비대 12명이 보초를 서는 경비실과 기혼 사병들을 위한 숙소가 있다. 이들 관저 수비대원들을 경찰이라고 부르기는 하지만, 실상은 군인이다. 현관에 징이 걸려 있다. 비상시 이를 울리면 5분 안에 100여 명의 무장 군인이 출동한다.

주재관의 가족은 단출하다. 기품 있는 그의 아내는 아름다운 얼굴에 슬픔이 가득하다. 딸은 몸이 성치 않다. 더글러스의 아내는 아픈 딸을 돌보는 데 온 힘을 다한다. 잘생긴 검은색 원숭이도 이들의 가족이다. 보통 기둥에 묶여 있는 이 녀석의 이름은 우프ouf다. 소리 지를 때 내는 단모음에서 따왔다고 한다. 더글러스 가족은 꼬리가 없는 이 녀석을 유인원ape이라고 하지만, 내가 보기에는 검은손긴팔원숭이agile gibbon임에 틀림없다.[323] 이 녀석은 너무 예민한 탓에 긴 항해를 견디지 못하기 때문에 영국에서는 구경할 수 없다.

우프는 아주 멋진 녀석이다. 나는 이 녀석과 함께라면 다른 일정을 몇 시간쯤 미룰 용의가 있다. 우프는 사람처럼 뒷다리로 서서 긴 앞다리를 양쪽으로 B 자 형태로 늘어뜨리고 걷는다. 아마도 산책을 함께 한다면 우리 곁에서 조용히 걸을 것이다. 멋진 검은 눈동자와 사람을 닮은 눈꺼풀을 지녔다. 코도 오뚝하고, 하얀 이빨이 가지런한 입도 사람을 닮았다. 웃을 땐 한없이 즐거운 표정이지만, 평상시의 표정은 약간 슬퍼 보인다. 혼자서도 나무 기둥에 매달려 그네를 타며 잘 논다. 손가락과 손톱이 여간 예쁘지 않다. 섬뜩할 정도로 우리 인간과 닮았지만, 그 차이는 엄청나다. 우프는 어디든 기어오르고 멀리 도약할 수 있다. 오늘 아침 우프는 바나나가 걸려 있는 방에 들어가 천장까지 뛰어올라 순식간에 바나나 두 개를 껍질 벗겨 깨끗하게 먹어 치웠다. 우프에게는 꼬리가 퇴화한 흔적조차 없다. 이 녀석이 팔짱을 끼고 앉아 있을 때면 몸에 꼭 맞춘 털옷을 입은 신사를 보는 것만 같다.

클랑의 풍경은 눈길을 끌지 못한다. 좋은 시절이 지나간 한물간 마을로 보인다. 슬랑오르의 번영과 관련해서도 이렇다 할 인상을 받지 못했다. 클랑에서 클랑 강 상류 쪽으로 충적토가 잘 발달해 사탕수수나 벼 등 저지대 열대작물을 재배할 여건은 좋다. 게다가 나중에 대금을 지불하는 연불延拂 조건으로 에이커당 2달러에 땅을 사들일 수 있는 제도도 마련되어 있다. 문제는 이 좋은 땅의 대부분이 원시림으로 덮여 있다는 점이다. 클랑에서 쿠알라룸푸르까지 가려면, 증기 보트나 말레이 평저선으로 30킬로미터 떨어진 촌락 다마르사라Damarsara까지 강을 거슬러 올라가야 한다. 다마르사라에서부터 거대한 중국인의 주석 광산 도시 쿠알라룸푸르까지는 도로가 잘 닦여 있다. 예전 정글 통로에 출몰하던 살인 호랑이들은 신작로가 생기면서 대부분 쫓겨났고, 도로를 따라 담배, 타피오카, 벼 농원이 생겨났다. 쿠알라룸푸르 인근에 중국인이 경영하는 한 농원의 경우 2000에이커의 땅에 타피오카를 기른다. 중국인 농장주는 유럽에서 증기 엔진으로 가동되는 기계를 들여와 타피오카 뿌리를 가공한다. 이곳 내지에서 내가 보고 들은 기업은 업종을 불문하고 모조리 중국인 소유였다. 그런데 이런 중국인에게 클랑은 악마 인큐버스[324]와도 같아 보인다. 중국인은 클랑의 주재관 정부와 가능한 한 거리를 두고 싶어 하는 것 같다. 내 생각에 이곳의 식민 당국은 중국인을 성가시게만 할 뿐이다. 어디를 둘러봐도 클랑은 희망의 싹수가 보이지 않는다. 버려진 집들은 빠르게 허물어지고, 도로와 들판엔 잡초가 무성하며, 길 위엔 인적이 드물다. 클랑의 주민들은 성가시고 불확실한 각종 수수료와 세금 체계에 당혹스러워하며 주재관 정부에 반감을 품는다. 이처럼 여러 가지 원인들이 복잡하게 얽혀 클랑의 미래를 더 어둡게 만드는 악순환이 이어지는 것이다.

중국인 이야기를 너무 많이 한다고 여길지 모르겠다. 그러나 나는 들여다볼수록 이곳 중국인에게 더 많은 감명을 받게 된다. 중국인의 열정과 근면이 없었다면, 말라카뿐 아니라 말레이 반도 술탄국의 형편은 끝없이 펼쳐진 밀림 속에서 먹을 만큼만 벼를 키우는 게 고작이었을 것이다. 쿠알라룸푸르(현재 슬랑오르의 영국 주재관 사무소가 이곳으로 이전했다)는 물론이고 슬랑오르 전체를 실질적으로 통치하는 인물은 얍아로이, 바로 중국인이다! 주재관이 개설되기 이전 슬랑오르 내전 동안 쿠알라룸푸르는 말레이인에 의해 세 번이나 불탔지만, 매번 얍아로이에 의해 재건됐다. 재난이 닥칠 때마다 말레이 왕실은 그에게 도움을 청했다. 주요 주석광과 쿠알라룸푸르를 연결하는 신작로도 그가 주도한 일이다. 이곳 중국인은 얍아로이를 절대적으로 신뢰한다. 슬랑오르의 치안 책임자 사이어스가 내게 들려준 바에 따르면, 얍아로이가 자신의 영향력과 권한을 성공적으로 행사해 치안을 확보함에 따라 최근 몇 년간 쿠알라룸푸르와 인근 지역에서는 단 한 건의 범죄도 일어나지 않았다. 얍아로이는 자신의 소유지에 주석 광산과 벽돌 공장, 농원 등을 경영하며 4000명을 고용하고 있다. 슬랑오르 최대의 타피오카 농장주이자, 주석 채굴 기계화의 선두 주자기도 하다. 그는 벽돌 제조 공장을 세우고, 환자들을 위한 수용시설도 지었다. 영국의 지배에 협조적이며, 인구 밀집 지역을 관할하는 가장 성공적인 행정가로 꼽힌다. 얍아로이는 법 집행을 통해 이곳의 중국인을 모두 만족시키고 있다. 그는 슬랑오르의 상업 이익을 창출하는 경제인이면서, 계몽된 공적 의식을 가진 정치인이기도 하다. 이런 얍아로이에게 수여할 만한 대영제국의 훈장은 없는 걸까?[325] 그러나 지금까지 영국 식민 당국은 그의 노고에 합당하고 적절한 보상은커녕, 그의 손실 보상 요구조차 들어주지 않고 있다.

클랑엔 마음을 끌 만한 게 없다. 이곳 가옥의 절반은 빈집이고, 주민의 절반은 경찰서 순경 등 정부의 녹을 먹는 이들로 보인다. 경제적 활력이라고는 찾아볼 수 없으며, 기괴하게 뒤섞인 주민들은 서로 협력하지 못하고 빈둥거리기만 한다. 심지어 중국인조차 일부는 삶의 무게를 감당하기 힘든 듯 의기소침해 있다. 게다가 요새와 병영이 확대되면서 경찰서도 덩달아 늘어나고 있어, 인구를 억제할 필요까지(나는 그럴 필요가 전혀 없다고 확신한다) 있는 것처럼 보인다.[326] 높은 벽을 둘러친 감옥이 마을 한가운데를 차지한다.

클랑의 지척에 정글이 있다. 호랑이는 물론, 때로는 40마리씩 몰려다니는 코끼리 무리를 볼 수 있는 정글이 마을에서 800미터밖에 떨어져 있지 않다. 숭에이 우종에서 '외톨이 코끼리rogue elephant', 그러니까 무리에서 쫓겨나 혼자 생활하는 바람에 포악해진 코끼리 한 마리가 사람 두 명을 죽였는데, 그 녀석이 강을 건너 슬랑오르로 들어와서는 클랑에서 사람들을 해치고 있다. 며칠 전 클랑의 정글에서 그 녀석이 사고를 쳤다. 정글에서 한 무리의 사람들이 그 외톨이 코끼리와 마주쳤는데, 한 사내가 나무 위로 피하자 녀석이 코로 나무를 부러뜨리고 떨어진 그를 밟아 죽였다. 함께 있던 다른 사람들은 간신히 화를 면했다.

어제 저녁에 우리는 주재관저의 강당에서 예배를 올렸다. 강당에 둘러앉은 남자 7명과 여자 2명 모두 백인이었고, 9명 가운데 3명은 가톨릭 신자였다. 주재관과 나머지 회중이 두 대의 푼카 아래 앉았는데, 푼카꾼 두 명 모두 독실한 무슬림이었다! 예배문집을 낭송한 탁자 위로 영국 국기가 걸려 있고, 앞쪽 타일 바닥 위에 깔려 있는 호랑이 가죽이며, 잘 조율된 하모늄,[327] 훌륭한 찬송 등 주재관 더글러스의 선도로 예배는 깔끔하게 진행됐다. 이 예배에서 우리가 합창한 사은찬미가[328]는 정말 아름다웠다. 호라티우스 보나[329]도 자신이 작사한 찬송가 〈내게로 와서 쉬어라〉[330]를 황금 반도의 황야에서 구교와 신교 신자들이 합창했다는 얘기를 듣는다면 기뻐하지

〈삽화: 적도 정글의 하천〉

않을까 싶다.

매일 소나기가 한차례씩 쏟아진다. 열기를 식혀 주고 대기를 상큼한 향기로 채워 주는 소나기 덕에 나는 지금 적도에서 북위 3도밖에 떨어지지 않은 가마솥 같은 열대에 있다는 사실을 잊는다. 내가 이곳에 온 이래 수은주는 28도 이상 오르지 않았다. 번갈아 부는 육풍과 해풍이 여간 감미롭지 않다. 황금색 하늘을 인 야자나무들, 분홍색 구름, 분홍빛 강물, 꽃향기 가득한 대기, 향기로운 저녁을 위해 진한 꽃향기만 실어 나를 정도의 미풍 등, 이 모든 아름다움이 펼쳐지는 이곳의 오후를 독자들도 언젠가 직접 체험할 수 있기를 바라고 또 바랄 뿐이다. 모기의 등쌀이 유예된 이곳에서 나는 '정말 좋은 시간'을 만끽하고 있다.

그런데 나는 어제 끔찍한 공포(이 또한 '좋은 시간'의 일부일 테지만)를 경험했다. 주재관저의 정원으로 나가던 참이었다. 무장한 경찰 여섯 명이 마치 총격이라도 당한 듯이 내 앞을 뛰어 지나갔다. 뒤이어 빅토리아 십자 무공 훈장[331]을 받은 슬랑오르 토지세 징수관 데일리가 "코브라! 코브라!"

를 외치며 달려갔다. 그때 후드를 펼친 코브라의 머리가 풀 위로 솟아 있는 게 보였다. 공포와 혐오의 코브라는 똬리를 튼 채 졸지에 관저를 공포로 몰아넣었다. 모두가 피했고, 나도 지체 없이 사다리에 올랐다. 잠시 뒤 용기를 낸 순경 한 명이 총 개머리판으로 코브라의 허리를 내리쳤고, 이내 코브라는 꼬리를 떨구며 숨졌다. 몸길이가 120센티미터나 됐다. 요새에서는 하루에 세 마리꼴로 코브라가 잡힌다. 사람에게 위해가 되는 동물에는 보상금이 걸려 있는데, 독이 있는 뱀은 몸길이 30센티미터당 20센트, 악어는 30센티미터당 50센트, 호랑이는 1마리에 25달러의 보상금이 주어진다. 최근에 경찰들이 뱀을 잡아먹는 뱀인 몸길이 5.4미터의 킹코브라 두 종을 잡았다. 이들에게 물리면 즉사한다고 한다. 이곳 경찰은 뱀을 살아 있는 것부터, 죽어 가는 것, 죽은 것, 박제한 것 등 다양한 형태로 수집한다. 밤이 늦어서는 다른 종류의 공포도 겪었다. 두 번에 걸쳐 크게 놀란 나머지 침대에 누웠는데도 내 신경은 곤두서 있었다. 그때 달빛이 야간 순찰병의 총검에 반사되어 두세 번 번쩍거렸고, 그것을 본 나는 말레이인이 주재관을 살해하려고 다가오고 있는 건 아닐까 하는 엉뚱한 생각을 했다. 이곳에서 또 다시 '피의 보복'[332]이 벌어질지도 모른다는 두려움이 내 머릿속을 떠나지 않았던 탓이다.

Letter 14 (계속)

술탄의 요트 '압둘사맛' 호
슬랑오르의 랑앗 강

동이 틀 때 잠에서 깨어날 수 있어 다행이었다. 하늘은 온갖 색깔과 찬란함으로 범람했다. 정글 너머로 은빛 안개가 이리저리 어슬렁거렸다. 우리는 출발하기 전에 차와 스콘, 그리고 신선한 버터로 아침 식사를 했다. 신선한 버터를 맛보기는 열 달 만이다. 우리 일행 40명은 (이른바) 술탄의 요트라고 하는 멋진 증기 추진 론치를 타고 아침 8시에 클랑을 출발했다.

내가 있는 곳이 어딘지 종잡을 수 없다. 지금 나에게 랑앗 강은 그저 지도상의 이름에 지나지 않는다.[333] 오전 8시에 출발해서 오후 3시가 넘도록 우리를 태운 배는 강 위를 지나거나, 아름다운 열대 바다의 섬과 섬 사이를 지났다. 나는 슬랑오르 주재관의 랑앗 출장에 따라나선 참이다. 주재관이 술탄에게 새로운 관복을 증정하는 행사가 예정되어 있기는 하지만, 이번 출장은 정례적인 공무였다. 이번 출장에는 주재관의 사위이자 슬랑오르 징세관인 데일리, 징세 업무를 위해 새로 부임해 술탄을 알현하러 가는 홀리Hawley, 영국 육군 제10연대 사병에서 출발해 슬랑오르 경찰 조직의 책임자가 된 사이어스가 주재관 더글라스를 수행한다. 여기에 내일 술탄의 호위를 맡을 경찰관 30명이 동행했다. 딘딩에서 치안 책임자 로이드가 살해된 이래 경계가 한층 강화됐다. 물론 여기에는 다소 미신적인 요인도 작용하는데, 이곳에서는 그런 것도 예사로 여기지 않는 분위기다. 도색한 캔버스로 지붕을 씌운 술탄의 요트에는 긴 창[334]이 걸려 있고, 앞쪽

작은 돛대 주위에 날이 휜 칼 커틀라스cutlass 네 개와 다량의 탄약이 걸려 있다. 선반 아래엔 소총 여섯 정이 놓여 있고, 경찰관과 경호원은 총검을 꽂은 총으로 무장했다.

이 요트는 모든 게 완벽하다. 선실은 열 명이 둘러앉아 식사할 수 있을 정도로 널찍하고, 천장도 높아 시원하며, 운항 중에 흔들림도 없다. 좁은 공간에 없는 게 없을 정도로 알뜰하다. 선체가 낮은 50톤급의 이 요트는 이곳에서 360킬로미터 떨어진 '프린스 오브 웨일스 섬Prince of Wales Island', 즉 페낭까지도 운항할 수 있다. 배 위의 어느 하나 흠잡을 데가 없다. 심지어 음식도 완벽하다. 특히 고마운 건 뱃머리에 있는 낮은 등나무 의자다. 그늘 속에 앉아 바다의 산들바람을 즐길 수 있기 때문이다.

오늘 하루는 열대에서 꿈을 꾸는 것만 같다. 나는 그걸 즐겼고, 지금도 격렬하게 즐기고 있다. 클랑 강을 내려와, 야자수 그늘이 짙은 작은 섬들 사이로 운하처럼 나 있는 강을 따라 더 내려오자 갑자기 바다가 나타났다. 산호모래의 해변 쪽으론 연한 녹색을 띠던 바다의 물빛은 말라카 해협 쪽으로 수심이 깊어질수록 푸른빛이 짙어진다. 푸른빛이 짙은 청색으로 바뀐 바다는 저 멀리 수평선에서 푸른 하늘과 만난다. 아! 이것 참, "수없이 반짝이는 바다의 미소여!"[335] 이 열대의 태양과 하늘 아래 펼쳐지는 광경을 말로는 전할 길이 없다. 사파이어빛 바다 위로 찰랑대는 은파銀波와 투명한 산호초 사이를 쏜살처럼 헤엄치는 빛나는 물고기들을 말이다. 넋을 잃게 만드는 이 바다는

"비도 진눈깨비도 눈도 내리지 않고,
요란한 바람 소리도 들리지 않네."[336]

압둘사맛 호는 어찌나 매끄럽게 항해하는지, 연기도 내뿜지 않고 증기 빠지는 소음도 없고, 배 뒤에 허연 거품을 만들지도 않을 것 같은 착각이 든다. "비단緋緞 돛과 주단綢緞 로프"[337]라고 했던가. 항해에 대한 이런 시적

표현이 적합한 바다는 오로지 이 사랑스러운 말라카 해협 말고는 없을 테다. 내 평생 호사를 부린 날이 며칠 되지 않는데, 오늘이 그런 날이다. 그리고 바다와 미풍이, 새와 곤충이 별개가 아니며, 자연은 왜 노래하고 미소 짓는지를 깨달은 날이기도 하다.

우리가 탄 배는 새로운 등대의 비품을 실은 밀수 감시정revenue cutter 한 척을 예인한 뒤 닻을 내렸다. 주재관과 데일리가 13명의 경관과 함께 뭍에 올랐고, 나는 사이어스와 대단히 재미있고 유익한 대화를 나눴다. 요트는 관목 숲 해안을 지나 랑앗 강을 거슬러 밀림이 우거진 구릉인 부킷 주그라 Bukit Jugra[338]에 도달했다. 크고 표면이 매끄러운 바위 위에 선착장이 있고, 그 너머 높은 곳에 작은 경찰서가 자리했다. 더 위쪽으로 바나나와 코코스 야자나무 사이로 커다란 방갈로가 보인다. 랑앗의 징세관이자 치안판사인 퍼니Ferney의 관저였다.

사이어스가 뭍으로 가더니 라자 무다Raja Muda,[339] 즉 술탄의 태자를 데리고 돌아왔다. 독실한 무슬림인 태자는 말레이인치고는 외모가 독특했다. 태자는 자신이 술탄에 오르면 "백인들을 바다로 쫓아낼 것"이라고 말했다고 주재관 더글러스가 내게 귀띔했다. 그는 말레이 신민에게 솔선수범하는 모습을 보여 주기 위해 땀 흘려 일을 하며, 일할 때는 쿨리처럼 옷을 입는다. 태자는 말레이인이 즐기는 닭싸움과 같은 놀이를 단호하게 반대하는 개혁가이자 엄격하고 의지가 굳은 인물이다. 그의 술탄 승계는 영국 주재관으로서는 꽤나 염려되는 일일 것으로 보인다. 왜냐하면 태자는 얼굴마담 노릇이나 하는 술탄이 아니라 '다른 술탄'이 될 것이기 때문이다. 그는 메카 순례를 다녀온 하지다. 수 미터나 되는 얇은 비단 모슬린으로 만든 터번을 쓰고, 흰색의 비단에 수를 놓은 바주와 긴 사롱, 긴 바지를 입은 이 동양인의 차림새는 근사하다. 그가 내게 악수를 청했다. 하지만 나는 아시아인이 영국의 인사 방식을 받아들이지 않았으면 하는 바람이 있다. 그들 고유의 방식이 그들의 특성에 훨씬 잘 어울리기 때문이다.

요트는 지금도 닻을 내린 채 진한 커피색의 강물 위에 떠 있다. 야자나무로 둘러싸인 주상가옥들이 강변 가까이에 자리하고 있는 말레이 촌락의 풍경이 마치 그림 같다. 이 마을 근처에서 여러 하천이 서로 교차하며, 밀림과 맹그로브 늪으로 흘러든다. 태양은 여전히 뜨겁다. 남자 네 명과 태자는 사냥을 한다며 뭍으로 갔다. 말레이인은 배 위에서 낮잠을 잔다. 그리고 나는 달콤한 고독을 즐기고 있다.

2월 4일, 오후 4시

요트는 맹그로브 숲이 우거진 슬랑오르 해안을 따라 태양이 작열하는 눈부신 사파이어빛 바다 위로 물살을 가른다. 그늘 아래에서도 수은주가 31도가 넘는다. 덥지만 지칠 정도는 아닌 유쾌한 오후다. 해가 기울 무렵 사냥을 나갔던 사내들이 사냥 가방을 불룩하게 채워서 돌아왔다. 석양을 보며 우리 일행은 다시 랑앗 강을 따라 부킷 주그라, 즉 랑앗으로 향했다. 숲 그늘이 짙게 드리워 온통 검정색인 강물의 한가운데에 레몬색 줄이 쳐져 있다. 숲 사이로 황금빛 노을이 강물에 반사된 것이다. 주재관과 그의 사위는 요트 속에서 왱왱대는 모기 떼를 피해 강변으로 내려갔다. 나와 사이어스, 나를 수행하는 말레이인과 클링 혼혈의 경호원 오마르Omar는 배에서 내려 구릉 위 슬랑오르 치안판사의 관저로 향했다. 어둠 속에서 오른, 야자나무와 바나나가 가득한 고갯길은 멋졌다. 우리를 호위하는 경호원들의 총검에 달빛이 반짝거렸다. 이곳에서는 특별히 경계할 일이 없어도 호랑이가 자주 출몰하는 탓에 늘 경호가 필요하다. 방갈로 관저는 넓기는 해도 어수선했다. 나는 방갈로 가장자리에서 밖으로 돌출해 지어진 방에 묵었다. 나무 블라인드가 쳐진 창문이 6개나 됐다. 그런데 이 관저의 주인 퍼니는 창문 2개를 제외하곤 블라인드를 닫았고, 그나마 2곳도 반쯤만 열어났다. 요즘 호랑이 한 마리가 주변을 떠도는 탓이라고 한다. 혹여 한밤중에 창밖으로 호랑이의 이글거리는 눈빛과 마주친다면 여간 소름 돋는 일이 아니라는 거였다. 이틀 전만 해도 그 호랑이가 술탄궁에 들어가 어린 암소 한 마리를 죽였다. 어젯밤에는 치안판사 관저의 야간 경비원이 내가 묵은 방 밖 베란다에서 닭장을 덮치려는 그 호랑이를 향해 총을 쏘기도 했다.

어제 아침 대소동이 벌어졌다. 호랑이 암컷 한 마리가 덫에 빠져 사살된 것이다. 사지를 늘어뜨린 채 관저로 옮겨진 그 호랑이는 체온이 채 식지도 않았다. 코에서 꼬리까지 몸길이가 245센티미터에 달했다. 꼬리 길이만 75센티미터나 됐다. 호랑이는 새끼를 낳은 지 얼마 되지 않았다. 어미를 잃은 정글 속의 새끼 호랑이들은 오늘 밤이면 굶어 죽고 말 것이다. 호랑이 가죽이 벗겨져 내걸렸다. 중국인과 말레이인 할 것 없이 모든 주민이 관저로 몰려들었다. 어떤 이는 춤을 추기도 했다. 술탄이 징을 울렸고, 호랑이의 주검은 모두에게 나눠졌다. 술탄은 호랑이의 간을 요구했다. 호랑이 간을 말린 가루는 약재로 쓰이는데, 무게로 따지면 금의 두 배 값이다. 중국인은 호랑이의 피를 작은 쟁반에 받아 햇볕에 말렸다. 호랑이 피는 끝내주는 강장제다! 호랑이의 눈알을 서로 차지하려 탐을 냈다. 특히 호랑이 눈알에서 가운데 딱딱한 것은 값비싼 장식용 부적charm으로 쓰이는데, 아마도 금반지 위에 얹힐 테다. 정글 속에서는 간담을 서늘하게 만들던 이글거리는 눈동자가 이처럼 생기를 잃은 모습에 비감해진다. 발려진 호랑이 뼈를 푹 고아 젤리로 만들고 비방의 약재를 첨가해 강장제로 쓴다. 호랑이 쓸개도 아주 귀한 약재다. 사람들은 살코기도 가져갔는데, 어떤 용도인지는 알지 못한다. 나는 삶은 호랑이 고기를 먹어 본 적이 있는데, 오래 쟁기를 끈 늙은 수소 고기 맛이 났다. 그런데 치안판사 퍼니는 호랑이 고기가 송아지 고기만큼 맛있다고 했다. 그날 만찬의 화제는 단연 정글의 짐승들 얘기였다. 게다가 우리가 정글 가까이 있었기에 야수들의 이야기는 한층 흥미진진했다. 나는 달빛을 받으며 거닐고 싶었지만, 호랑이가 돌아다닌다며 퍼니가 만류했다. 이곳의 말레이인도 해가 지면 바깥출입을 하지 않는다는 말도 덧붙였다.

치안판사 퍼니는 귀한 물건이라며 말레이인에게서 받은 뱀 문양이 새겨진 지팡이를 내게 선물했다. 애초 선물한 말레이인 말로는, 그 지팡이를 지닌 사람은 공격당하지 않으며 심지어 보이지 않게 되고, 만약 그 지팡이로 누군가를 때리면, 맞은 사람은 독사에 물린 것처럼 고통을 받는단다! 퍼니는 내게 크리스도 선물했다. 오늘 아침 내가 수행원 오마르에게 그것을 보였더니, 그는 크리스를 코에 갖다 대고 쓱 냄새를 맡더니 이렇게 말했다. "이거 좋은 크리스야. 사람 한 명 먹었어."

어젯밤 야간 경비원이 밤새 순찰을 돌면서 베란다 마룻바닥이 삐걱거리는 바람에 나는 깊은 잠을 자지 못했다. 하지만 기후가 워낙 좋아 잠을 설치고 동 틀 때 눈을 떴는데도 몸은 가뿐하다. 열대의 아침은 찬란하다. 밤새 웅크렸던 자연은 이슬을 흠뻑 뒤집어쓴 채 어느 순간 갑자기 시끄럽게 깨어난다. 장밋빛 하늘은 근사하고, 새벽 공기는 시원하다. 이 달콤한 시간이 길게 이어졌으면 하는 게 모든 이의 한결같은 바람이다. 그 순간 태양이 떠오른다. 일몰 때 순식간에 빠졌듯이, 태양의 둥근 테두리는 눈 깜짝할 새 수평선 위로 빠져나온다. 성경의 말마따나 "신방에서 나오는 신랑처럼 기뻐하며, 제 길을 달리는 용사처럼 즐거워한다."[340] 그리고 정말이지 "그 뜨거움을 피할 자 없다."[341] 쳐다볼 수도 없는 태양이 쏟아 내는 뜨거움은 형언하기 힘들다. 하지만 열대의 나무들과 꽃들은 성난 태양에 주눅 들기는커녕 기뻐 생동한다.

오늘 아침은 장관이었다. 바람 한 줄기 불지 않고, 구름 한 점 없는 하늘 아래 거대한 바나나 잎사귀들은 이곳이 열대임을 웅변했다. 오전 7시 현재 기온은 섭씨 27.8도를 가리킨다. 해가 뜨자 외줄모기가 기승을 부리기 시작했다. 긴 다리에 몸집이 크고, 시끄러운 금속성 소리를 내며 병을 옮기는 낮 모기들 말이다. 밤 모기에 물린 자리는 암모니아를 바르면 진정되지만, 외줄모기에는 약발이 듣질 않는다. 외줄모기 떼가 다녀간 내 몸은 온통 반탐닭 달걀[342]의 반만 한 혹으로 울퉁불퉁하다. 이건 분명 불미스런 일이다. 그러나 내 경험에 비춰 보건대, 낮 모기의 습격과 같은 이런저런 불만들은 이내 잊혀지고, 오늘 내가 보고 느낀 아름다움과 찬란함, 강렬한 즐거움만 기억 속에 남을 것이 분명하다.

꼭두새벽에 슬랑오르의 태자가 나를 찾아왔다. 황금색 비단 바주가 그의 검은 얼굴에 잘 어울렸다. 그는 내 방에서 잡지 『더 그래픽』[343]을 뒤적거리고 있었지만, 속셈은 내가 궁금했던 거였다. 내가 슬랑오르 주재관저에서 원숭이 '우프'를 볼 때처럼 태자는 편지를 쓰고 있는 나를 관찰하고 있었다. 마침내 그가 내게 엉뚱한 질문을 던졌다. 내가 일본인을 몇 명이나 죽였느냐고!!!!

말레이 술탄국에서 왕위는 부계로 승계되는데, 태자는 술탄 압둘 사마드의 장남이다. 술탄과 태자는 매년 연금으로 각각 2000파운드와 960파운드를 영국 식민 당국으로부터 받는다.

주재관은 오전 9시에 멋진 의장용 칼을 차고 리넨 코트의 어깨에 황금색 견장을 단 의전 차림새로 도착했다. 우리 일행은 뜨거운 태양 아래 정글로 난 길을 따라 술탄궁의 연회장으로 갔다. 이번 방문의 목적이 바로 술탄이 베푸는 연회에 참석하는 거였다. 술탄 압둘 사마드의 궁은 아름다운 계곡 끝자락의 목 좋은 터에 자리했다. 세 채로 이루어진 술탄궁은 순수하게 말레이 전통 건축 양식을 따랐다. 서양식 건축 기법은 어디에도 찾아 볼 수 없다. 짙은 암적색의 목재가 쓰였다. 지붕은 매우 높고, 가운데가 살짝 휘면서 가파르다. 단순하고 적당하며 아름다운 건축물이다. 술탄궁은 술탄의 거소와 넓고 개방된 통로, 여인들의 거처인 하렘으로 이뤄져 있다. 위쪽 통로의 끝에 강당이 있고, 연회장으로 쓸 수 있을 만큼 넓은 돌출 현관을 지나면 술탄의 거소로 통하는 정문이 나온다.

정문의 뒤쪽 정원에는 가로대의 간격이 60센티미터쯤 되는 사다리가 있는데, 이를 타고 오르면 술탄의 거소다. 발판이 있는 다른 사다리는 여인들의 거처로 통한다. 사다리 아래에는 생뚱맞게도 거의 벌거벗은 소년 두 명이 앉아 있다. 이 정원 사다리 아래서 우리 일행은 술탄을 기다렸다. 경관들이 통로를 마주 보고 양쪽에 정렬해 의장대 역할을 했다. 술탄이 여인들의 거처에서 활달하게 내려오더니 우리 일행과 일일이 악수를 나눴다(악수는 정말 욕 나오는 관습이다!). 이어 그는 경찰관 의장대의 사이를 통과해 자신의 거소 모퉁이를 돌아 연회가 열리는 현관으로 향했다. 현관에는 발이 고운 돗자리 바닥 위에 손으로 짠 페르시아 카펫이 깔려 있었다.

술탄의 왕좌는 등받이가 높고 조각이 화려했다. 다른 의자들은 평범했다. 술탄의 오른쪽에 영국 주재관이, 왼쪽에 내가 앉았다. 내 왼쪽으로 태자가 앉고 그 옆으로 술탄의 다른 왕자들과 귀족들이 배석했다. 통역은 사이어스가 맡았다. 현관 바깥에는 무장 경찰이 두 줄로 정렬했고, 인근의 경사면에는 술탄의 신하와 말레이인으로 가득했다. 난간이 멋진 강당의 발코니는 밝은 적색과 흰색의 옷을 입은 말레이인이 차지했다. 모든 것이 아름다웠다. 산들바람에 야자나무 잎이 바스락거리고, 존재만으로도 기쁨을 주는 화려한 새와 나비가 머리 위로 날아올랐다.

술탄 압둘 사마드가 술탄만 아니었더라면, 나는 그를 이제껏 본 말레이인 가운데 가장 호감 가는 인물로 꼽았을 것이다.[344] 철회색 머리카락, 숱이 많고 도드라진 눈썹, 앞으로 약간 돌출한 크고 검은 눈동자, 반듯한 코, 멋진 입술 등 노인인 그의 얼굴은 다정하고 지적이다.[345] 그의 키는 크지도 작지도 않다. 주재관이 선물한 새 관복은 술탄에게 잘 맞았다. 처음 입었는데도 아주 편안해 보였다. 그 관복은 재킷인 검은색의 두툼한 벨벳 바주와 바깥쪽으로 넓은 황금색 세로 줄이 난 바지, 빨간색 체크무늬의 두툼한 비단 사롱으로 구성됐다. 재킷은 앞부분에 황금색 실을 꼰 끈을 박아 플로깅 단추를 단 후자르 재킷[346]을 닮았다. 꼭 끼지 않고 약간 헐렁하다는 점이 다를 뿐이다. 술탄은 머리에 날염된 비단 스카프를 두르고 끝을 뾰족하게 매듭지었다. 무슬림은 챙이 있는 모자나, 위가 빳빳한 모자 등 머리를 바닥에 대고 기도를 올리는 데 방해가 되는 일체의 것을 머리에 쓸 수 없도록 되어 있다.

영국인 주재관 더글러스가 전날 있었던 위원회[347]의 의사록을 낭독했고, 술탄은 위원회의 의결 사항을 승인했다. 술탄은 주재관이 발의하고 위원회가 의결한 사항에 관한 형식상의 최종 승인권자다. 또한 사형 집행 등 몇 가지 최종 결정권은 여전히 '술탄 전하'의 권능으로 남아 있다. 이어 차림새가 단정하지 못한 술탄의 왕자 라자 브레안Rajah Brean이 연금에 관한 청원서를 낭독했다. 그 청원은 기각됐고, 술탄은 매우 강한 어조로 왕자의 빈둥거림idleness을 탓했다. 무위도식이 라자 브레안의 큰 결함으로 보였다. 그런데 빈둥거리는 게 왜 비난받을 일인가. 나는 게으름에 크게 동감sympathy하는 바다. 왜냐하면,

"— 왜
한평생 노동해야 하는가? —
안식만 한 기쁨은 없다;
만물의 영장인 인간만 왜 땀 흘려 일해야 한단 말인가?"[348]

연회장에는 화려한 차림의 한 참석자가 바닥에 앉아 다리미처럼 생긴 무쇠 튜브를 들고 다리미질하듯 손을 천천히 움직였다. 나는 빈랑 씹기를 준비하는가 보다 여겼는데, 더글러스는 술탄의 안녕을 비는 주술이라고 일러 줬다. 그 무쇠 튜브가 멈추면 술탄에게 해로운 일이 벌어질 수 있다고 한다. 역시 차림새가 예사롭지 않은 또 다른 참석자는 금실로 수를 놓고 금술을 단 순백의 보자기와, 표면에 정교한 누금세공[349]으로 꽃무늬를 화려하게

새긴 순금 단지 두 개를 들고 나왔다. 단지에는 베텔넛과 시리(베텔후추)의 잎이 각각 들었다. 연회가 벌어지는 동안 도열한 경찰들의 총검이 햇빛을 반사하고, 화려하게 차려입은 검은 피부의 말레이 군중들이 야자나무 그늘 아래 운집한 바깥 풍경도 볼만했다. 내가 가장 흥미 있게 바라본 인물은 미래의 술탄이 될 개혁적 성향의 태자였다. 완고한 무슬림인 그는 황금색 바주를 입고, 서양식의 허접한 장신구는 일절 하지 않았다. 그의 검은 얼굴에선 독특하면서도 뭔가 불길한 느낌의 표정이 읽힌다. 나는 그가 지금 상태로 술탄에 오른다면 영국 식민 당국과 마찰이 생길 수도 있겠다고 생각한다. 그는 "알라를 믿지 않는 이교도의 개"가 입안한 정책을 칙령이란 이름으로 그저 공포만 하는 술탄으로 만족할 것 같아 보이지 않기 때문이다.

술탄에겐 보배가 가득한 '보물 창고'가 있다. 한 무더기의 다이아몬드와 루비, 금은을 상감한 값을 매길 수 없는 보검寶劍 크리스와, 귀금속을 박아 넣은 화려한 순금 칼집 등이 그가 애지중지하는 보배들이다. 주재관의 제안에 따라(나는 그렇게 이해하고 있다) 술탄은 정교한 세공의 금제 칼집이 있는 크리스 하나를 영국 해협식민지의 총독에게 선물하면서 "이것은 술탄이 총독에게 주는 것이 아니라, **친구가 친구에게 주는 것이다.**"라고 말했다. 술탄은 슬랑오르가 번성하기를 갈망하는 것 같다. 그는 자기 돈으로 랑앗에 신작로를 깔고 있다. 뿐만 아니라 술탄은 영국 주재관의 권고를 받아들여 빚 때문에 노예가 되는 사악한 채무노예제를 슬랑오르에서 전면 폐지하는 데 기꺼이 동의했다.

연회가 끝나고 나는 술탄의 왕비Sultana를 알현하게 해 달라고 청했는데, 이것이 받아들여져 술탄의 여인들이 거처하는 하렘으로 갔다. 치안판사 퍼니가 통역을 맡았고, 술탄의 태자도 동행했다. 멋진 건축물이다. 하렘 안에는 매우 넓고 천장이 높은 방이 하나 있다. 두꺼운 비단 커튼이 공간을 둘로 나눴다. 그 방의 한쪽 끝에는 고운 자리가 깔린 높은 단壇이 있고, 그 아래에 페르시아 카펫이 깔린 또 다른 단이 있다. 거기서 왕비가 우리를 맞았다. 태자를 비롯해 우리 일행은 의자에 앉았다. 왕비는 태자의 친모가 아니었다. 나는 그 사실을 뒤늦게 알았던 탓에 태자라면 응당 술탄의 여인들 처소인 하렘을 자유롭게 드나들겠거니 여겼던 거다.[350] 문 안쪽 마루에 경호원 두 명이 앉았고, 왕비의 시중을 드는 여성들은 대부분 흰색 베일로 얼굴을 가린 채 마루에 줄지어 있었다.

술탄비를 '하렘의 빛'이라고 하지만, 솔직히 말해 그녀는 아름답지 않았다. 그녀는 거의 중년으로 보였다. 키도 작고 뚱뚱하다. 코도 납작하고 콧구멍이 넓은 들창코다. 빈랑을 씹어 이도 시커멓게 볼품없다. 하지만 그녀의 표정은 유쾌했고, 매너도 호감을 줬다. 줄무늬의 호사스런 붉은색 비단 사롱을 입고, 다이아몬드 단추가 달린 아주 짧은 녹색 비단 케바야를 걸쳤다. 하지만 나는 그녀의 옷차림이나 얼굴을 자세히 볼 수 없었다. 친아들이 아닌 태자가 함께 있었던 탓에 왕비는 단 앞에 황금색 별무늬가 있는 순백의 고운 모직 베일을 드리우고도, 얼굴을 베일로 가리고 있었기 때문이다. 나는 왕비의 귀에 매달린 아주 커다란 다이아몬드를 언뜻 보았을 뿐이다. 왕비와 우리 일행의 대화는 그다지 활기를 띠지 못했다. 내가 보기에 왕비는 열반nirvana에 이른 듯했고, "아무런 생각이 없고, 생각이 없다는 것조차 의식하지 못하는" 무념무상無念無想의 경지에 있는 것 같았다. 우리 일행은 하렘을 나와 술탄 거처로 돌아온 뒤 술탄과 작별했다. 술탄궁을 나온 뒤 나는 흰색 셔츠와 붉은색 사롱을 걸치고 궁의 뜰을 쉬엄쉬엄 걷는 술탄을 언뜻 보았다. 기품 있는 술탄의 모습은 그렇게 시야에서 사라졌다.

치안판사의 관저로 돌아오자 술탄이 내게 하사한 선물이 도착했다. 순백색 옷을 입은 술탄의 시종 여덟 명이 한 줄로 거실에 들어와 머리를 조아려 절을 하곤 흰색 보자기를 덮은 황동 쟁반 하나를 바닥에 내려놓았다. 이들은 또 다시 절을 하고 나서 보자기를 걷었다. 열대 과일이었다. 싱싱한 코코넛, 술탄이 먹는 황금색 바나나, 파파야, 서양배처럼 생긴 잠부Jambu 등 모든 과일은 흰색 밀랍에 분홍색 물을 뿜어 광을 내기라도 한 듯 빛깔이 그렇게 투명할 수 없었다. 태자도 우리 일행을 찾아와 커피를 나눴다. 관저의 베란다에는 태자의 수행원들로 가득 찼다. 모든 왕족과 귀족은 수행원을 거느리고 거동한다. 수행원의 수가 곧 그들의 권위를 상징한다.

우리는 정오에 이 아름답고 외딴 왕도 랑앗을 떠났다. 잔잔한 바다 위에 떠 있는 섬들을 따라 풍광이 아름다운 강과 바다를 5시간 항해한 끝에 황량하고 쇠락한 클랑에 도착했을 땐 이미 날이 어두웠다.

I. L. B.

Letter 15

클랑의 주재관저
1879년 2월 7일

나는 잊지 못할 랑앗 탐사에서 돌아와 이틀간 클랑에서 편안한 시간을 보냈다. 날씨는 참으로 좋다. 기온은 낮에 섭씨 30.5도나 되지만, 밤에는 23도로 내려간다. 이곳의 기압은 적도 인근 지역이 다 그러하듯, 별로 변동이 없다. 연평균 강우량은 3300밀리미터인데, 주로 계절풍이 바뀌는 1월에서 3월까지 집중된다. 하지만 밀림의 식물들이 자라는 데 부족하지 않을 만큼 비는 연중 고르게 내린다. 이곳에 아쉬운 게 있다면, 어디를 보나 뭍은 숲으로 덮여 있고, 뭍과 물 사이엔 온통 맹그로브 늪이어서 눈길을 끌 만한 곳이 없다는 점이다. 계절의 변화도 없고, 낮에 기온이 섭씨 26.7도 이하로 떨어질 일도 없고, 상쾌한 바람이 불 기약도 없고, 좋든 나쁘든 날씨의 변덕조차 기대할 수 없다. 지독하게 단조롭다.

모기가 극성이다. 모기에 물려 아픈 건 아무것도 아니다. 모기 독[351]에 중독되면 몇 달씩 고열에 시달리며 자리보전을 해야 한다. 모기 때문에 나는 거의 죽을 지경이다. 모기는 보통 해가 진 선선한 저녁, 베란다에 앉아 있는 내 발과 발목을 집중적으로 공격한다. 하지만 외줄모기는 밤낮을 가리지 않고 달려들어 못살게 군다. 저녁이면 주재관저의 사내들은 모기 떼의 공격을 막으려 바지 위로 긴 사롱을 덮고, 여자들은 사롱으로 발과 발목을 감싼다. 이곳의 모기는 사롱의 얇은 비단이나 면 두 겹쯤은 가볍게 뚫는다. 그렇게 조심했는데도 내 발, 발목, 팔은 성한 구석이 없다. 팔뚝은 모기 물린 자리가 부풀어 올라 소매를 걷을 수 없을 정도다. 이틀간 이곳에 머물면서 나는 스타킹을 신는 건 포기하고 발에 아마포를 칭칭 감고 지내야 했다. 물린 자리는 화농이 생겨 벌겋게 부풀어 화끈거린다. 만물의 영장이라는 인간이 이 조그맣고 보잘 것 없는 적敵에게 이토록 무력하다는 사실은 참으로 굴욕적인 일이 아닐 수 없다. 이보다 더 비참해지기는 힘들 것이다.

이곳의 기후는 아주 좋다고 했다. 그러나 모기와 거머리, 지네, 뱀 등을 언급할 때면 나는 이 녀석들을 악마로 간주했다. 이제 고백하건대, 이전 탐사지인 숭에이 우종에서 목욕을 하다 지네에 물린 적이 있다. 나는 곧바로 주머니칼로 물린 자리를 째고 독을 빨아낸 뒤 암모니아 가루를 잔뜩 뿌렸다. 그렇게 하고도 물린 자리의 붓기와 통증은 몇 시간이나 이어졌다.

나는 클랑의 요새와 무장 경찰의 막사를 둘러봤다. 클랑의 치안 책임자인 사이어스가 나를 안내하며 많은 것들을 보여 줬다. 한곳에는 길이가 2.4미터나 되는 커다란 뱀이 죽은 채 널브러져 있었다. 말레이인은 이것을 "머리가 두 개인 뱀"이라고 불렀다. 머리는 분명 죽었는데 꼬리를 세우고 꿈틀거리는 것을 보고서야, 이 말도 안 되는 이름이 왜 생겼는지 고개가 끄덕여졌다. 이 뱀은 온몸에 검은색과 흰색의 넓은 띠무늬가 선명했다. 또 한곳에는 섬뜩한 모양의 악어 해골을 걸어 놓고 말리고 있었다. 이빨 길이가 5센티미터나 됐다. 하루 전날 불쌍하게도 이곳의 말레이인 하지가 악어에 물려 죽었는데, 이 악어를 잡아 배를 가르자 그 안에서 하지의 유해와 옷, 그리고 염소의 흔적이 나왔다. 나는 클랑의 요새 방문 기념물로 호랑이 이빨과 발톱, 악어 이빨, 곰 이빨 등을 가져왔다.

클랑의 주재관 사무소도 둘러봤다. 현관에는 근사한 호랑이 가죽이 깔려 있다. 이 녀석은 남자 6명을 먹어 치운 끝에 인근에서 잡혔다고 한다. 사무소 안의 법정에선 재판이 진행되었고, 나는 두 사건의 재판을 지켜봤다. 첫 번째 형사 피고인은 말레이인이었다. 그는 자기 아내를 초주검이 되도록 두들겨 팬 혐의로 영국법에 따라 처벌을 받게 될 참이었다. 그런데 피고의 아내가 남편의 처벌을 원치 않으며, 이혼하게만 해 달라고 말했다. 피고의 아내는 이 사건을 이슬람 지도자 이맘이 이슬람 율법에 따라 처분해 줄 것을 요청했고, 피고는 반 년 동안 아내에게 폭력을 휘두르지 않는다는 조건으로 풀려났다. 두 번째 재판은 이곳에서는 아주 흔한 사건이었다. 법정에는 중국인 방청객들로 발 디딜 틈이 없었다. 한 중국인 남자가 예전에 한 소녀(그녀는 아주 예쁘장했다)를 돈을 주고 샀는데, 어떤 남자가 나타나 그녀와 혼인을 하겠다고 하면서 발생한 송사였다. 그런데 중국인 주인이 그녀에게 약속어음을 받아내고는 그녀의 몸값으로 165달러를 요구한 것이다! 사람을 돈으로 사고파는 것은 불법이자 비윤리적이라는 점을 그 중국인에게 설득시킨다는 것은 불가능했다. 영국인 주재관은 그 중국인 남자의 행동을 매우 강한 어조로 비난했고, 이는 법정에 모인 청중들도 들으라고 통역되었다.

나는 슬랑오르뿐만 아니라 말레이 술탄국들에서 죄 지은 자를 심판하는 사법 체계에 어떤 명백한 기준이 있는지 도무지 알 수 없다. 살인, 강도, 위조, 폭력을 저지른 자는 영국인, 중국인, 말레이인을 가리지 않고 영국법에 따라 동등하게 처벌되어야 마땅하다. 그러나 이곳에서 중혼重婚에 관해서는 기독교도를 제외하고는 아무도 처벌받지 않는다. 심지어 형사법조차 현지의 관습법에 따라 수정 적용된다. 말레이 관습법에 따르면 아내가 네 명인 무슬림이나 여러 명의 첩을 거느린 중국인은 일부일처제의 영국인과 차이가 없는 것으로 간주된다. 말레이인은 이슬람 율법에 따른다고 말은 하지만, 이슬람 율법도 말레이 관습법 때문에 원칙대로 적용되지 않는다. 특히 혼인과 이혼, 상속에 관한 한 말레이 관습법이 우선한다.

말레이 관습법(아닷 믈라유Adat Melayu)은 애초에는 공정하고 합리적이어서 말레이 신민도 대체로 적합하다고 여겼던 것 같다. 뉴볼드의 책

『말라카』[352]에 잘 나와 있듯이 관습법의 처벌 방식이 무척 가혹한데도 그렇다. 그러나 관습법은 술탄국의 왕위가 승계될 때마다 있던 것이 없어지고, 새로운 관습이 추가되면서 누더기가 되었다. 오늘날엔 원형의 흔적조차 찾기 힘들어졌다. 실제로 술탄들이 저마다 뜯어고치는 바람에 엉망이 되었고, 요즘 수장들은 자기가 하고 싶은 대로 하면서 이를 합리화하기 위한 방편으로 말레이 관습법을 끌어들이는 지경이다. 스웨트넘에 따르면, 소수의 제대로 된 지역 수장들은 이제 말레이 관습법이라고 할 것은 없어졌고, 모두가 자신의 취향에 가장 잘 맞는 관습을 따르는 '제멋대로의 관습법adat suka hate'만 있을 뿐이라고 개탄할 정도다.

말레이 반도에서 영국 지배 지역의 법률 체계는 기이하게 뒤죽박죽인 것처럼 보인다. 이슬람 율법은 타락한 말레이 관습법에 의해 변질되었고, 주재관들에게 용인된 재량권도 이슬람 율법의 변형에 적잖게 영향을 미친다. 한편 '재판의 정의justice's justice'라고 하는 편이 더 정확할 터인 영국의 형법도 이곳에선 불완전하고 부분적으로 적용된다. 이런 상황에서 주재관의 형평법equity 개념이 이 모든 것을 압도하는 것이다.[353] 말레이 술탄국을 실질적으로 확보하고 있고, 술탄국 정부가 잘 운영되도록 할 책임이 있는 이상, 영국은 이곳에 진정한 의미의 말레이 관습법도 참고하고, 인도와 스리랑카 출신 이주자도 만족할 수 있는 단일한 법률 체계를 구축하는 게 마땅하다. 단일 법률 체계 아래서만, 영국의 주재관들은 법령에 대한 책임 있는 해석자로서의 역할을 할 수 있을 것이다.

이곳 법정에서 선서라는 것도 믿을 게 못 된다. 중국인 증인이 거짓 증언을 하는 게 자기 신상에 이롭다고 생각하는 한, 아무리 지독한 방법으로 법정 선서를 하게 한들 위증을 막을 길은 없어 보인다.[354]

나는 클랑의 구치소도 가 보았다. 건물은 괜찮았다. 아래에 쇠창살의 감방이 있고, 위에는 길쭉한 방이 하나 있었다. 높은 담이 둘러쳐져 있고,

담과 옥사 사이의 마당에는 자갈이 깔렸다. 예전에 이곳에는 감옥이란 게 없었다. 죄를 저지른 범죄자들은 그 자리에서 칼로 찌르거나, 총을 쏘거나, 매를 때려 처벌했기 때문이다. 이곳의 수인들에겐 밥과 소금에 절인 생선이 모자라지 않을 만큼 제공되며, 강제 노역도 신작로를 내는 작업이 고작이다. 죄수 42명이 정렬하자, 슬랑오르의 치안 책임자 사이어스가 점호를 하면서 각각의 죄명과 수감 태도를 얘기했다. 수감 태도가 좋은 모범수는 술탄에게 사면 대상자로 추천된다. 주재관 더글러스는 "게으른 자는 몽둥이로 때려라."라고 입버릇처럼 말한다. 하지만 사이어스는 아주 상황이 나빠지지 않는 한 죄수들을 처벌하지 않는다고 한다. 죄수는 대부분 중국인이었고, 죄목은 대체로 살인, 강도, 폭행, 절도 등이었다. 이들의 절반 가까이가 발목에 쇠사슬을 차고 있다. 이상하게도 이곳 감옥은 죄수들의 사망률이 높다. 개연성이 없어 보이기는 하지만, 과도한 아편 흡입 때문이라고 한다. 병원도 가 봤는데, 이용자는 주로 순경들이었다. 길쭉한 병실은 바람이 잘 통했고, 벽 양쪽으로 넓은 선반이 놓여 있다. 혼혈인 약제사 클라인Klyne은 무료 진료소에서 상당히 많은 말레이인 환자를 돌본다.

우리가 일정을 마치고 돌아오자 말레이 여성 네 명이 나를 찾아왔다. 이 중에는 이슬람 지도자 이맘의 아내도 있었다. 이들은 모두 그림처럼 고왔지만, 매너는 꽝이었다. 햇볕에 그을려 거칠고 붉어진 데다 모기에 물린 자리가 부풀어 오른 내 손을 덥석 잡고는 "찬티chanti! 찬티!(예뻐! 예뻐!)"라고 외쳤다. 나는 내 손이 예쁘다는 그들의 저급한 취향에 어리둥절했다. 정말이지 아주 작고 예쁜 손과 아몬드처럼 갸름한 손톱을 가진 건 그들이었기 때문이다.

저녁에 슬랑오르의 영국 정부인사들과 함께 주재관저에서 만찬을 했다. 식사를 마치고 우리 일행이 베란다에 나와 앉자 모기 떼가 미친 듯 달려들었다. 밤 9시 30분경이었다. 요새에서 경계를 알리는 뷰글 나팔이 울렸고,

곧바로 소집을 알리는 북소리가 이어졌다. 5분도 채 안 되어 총검을 꽂고 허리에 14개의 탄창을 두른 무장 경찰들이 주재관저로 통하는 모든 통로를 차단했다. 클랑의 모든 도로를 전초병들이 순찰했다. 하지만 이는 클랑의 무장 경찰이 얼마나 신속하게 움직이는지를 내게 과시하려는 '가짜'라는 걸 직감했다. 곧이어 허위 경보라는 신호가 울렸고, 무장 경찰은 질서 있게 원위치했다. 그런데 허위 경보로 인한 클랑의 흥분은 밤새 가라앉지 않았고, 클링인들은 날이 밝도록 북을 울렸다. 나는 우편 증기선에 맞춰 보내려고 새벽에 이 편지를 쓰고 있다.

I. L. B.

Letter 16

증기 보트 '압둘사맛' 호
1879년 2월 7일

이 편지의 발신 날짜만 보면 내가 줄곧 해상에 있는 줄로 여길지도 모르겠다. 나는 주재관 더글러스, 더글러스의 출가한 딸 데일리, 징세관 홀리와 함께 이틀간의 일정을 소화하기 위해 오늘 아침 8시에 클랑을 출발했다. 이 '무풍지대'에 축복이 있기를! 우리 일행을 배웅하기 위해 부두에 경호원들이 도열했다. 이들은 기강이 잘 잡혀 있어 치안 책임자 사이어스의 통솔력을 엿보게 해 줬다. 이들 경호원 가운데 일부는 우리를 수행했다. 아픈 딸에게서 한시도 눈을 뗄 수 없는 더글러스의 아내는 동행하지 못했다. 힘든 일상 속에서도 품위와 환대를 잃지 않던 상냥한 더글러스 부인을 기억할 때마다, 쇠락한 도시 클랑의 잔교 위에 서서 우리를 배웅하던 그녀의 슬픈 모습을 잊을 수 없다.

오전 11시 반을 지난 지금, 우리를 태운 배는 말라카 해협과 맞닿은 슬랑오르 강 하구에서 수위가 낮은 관계로 멈췄다. 좀 더 쓸 것이 있지만, 잠이 쏟아져 이만 줄이겠다.

슬랑오르의 버르남 강
2월 8일

"인간쓰레기Chilaka!", "멍청이Bodo!" 이곳에서 시도 때도 없이 내 귀에 들리는 말들이다. 벼락같이 소리를 치고 성을 내며, 살 가치도 없는 사람이라는 투로 이런 욕을 해 댄다. 말레이인은 보복심이 강하다. 내가 말레이 반도를 여행하며 줄곧 들은바, 만약 말레이인이 영국인 관리에게 매를 맞거나 모욕을 당하면 그들은 “그래, 두고 보자. 조심해라!”라고 벼른다는 것이다. 하지만 만에 하나 영국인 관리가 칼에 찔리기라도 한다면, 그의 평판이 좋건 나쁘건 관계없이, 영국은 그 마을 어귀에 군함을 파견해 말레이인을 죽이고 마을을 불태우고 파괴할 것이다. 응징은 여기서 끝나지 않는다. 영국은 이를 일종의 ‘작은 전쟁’으로 간주해 과중한 전쟁 배상금을 물린다. 그리고 사건의 진상은 영영 묻혀 버리고 만다.

어제, 우리 일행은 슬랑오르 강 하구에서 수위가 오를 때를 기다려 뿌연 흙탕의 슬랑오르 강을 거슬러 올랐다. 개흙에선 작은 거품들이 뽀글뽀글 일고, 그 위에서 악어들이 뜨거운 햇볕을 견디고 있는 강변을 따라 오른 끝에 쿠알라 슬랑오르[355]에 이르렀다. 쿠알라 슬랑오르의 언덕 꼭대기에 네덜란드가 구축한 요새가 있다. 영국이 이를 파괴했는데, 1871년 7월[356]의 일이다. 당시 페낭의 중국인 소유 정크선이 해적에 납치되어 승객 다수가 살해되고 화물을 약탈당하는 사건이 벌어졌다. 이때 살아남은 중국인이 일부 남아 있을 테지만 찾을 길은 없다.[357] 이 일이 벌어지자, 영국은 쿠알라 슬랑오르의 말레이인 수장들에게 해적의 신병을 인도할 것을 요청했다. 하지만 그들은 중국인 학살 자체는 인정하면서도 증거가 없다는 이유로 해적을 영국에 넘겨줄 수 없다며 거절했다. 게다가 말레이인 수장들은 해적 행위에 가담한 말레이인 한 명을 체포하려던 영국인 경관을 칼로 위협하며 저지했다. 이에 당시 영국 해협식민지 총독 대행[358]은 슬랑오르의 술탄에게 유감을 표명하는 관례를 깨고, 영국 해군전함 리날도Rinaldo 호를 파견해 해적 체포에 나섰다. 해협식민지 총독의 이러한 말레이 내정 간섭에 불만을 품은 쿠알라 슬랑오르의 말레이 수장들이 영국 해군 소형 함정을 향해 발포했고, 이에 리날도 호가 쿠알라 슬랑오르를 무차별 포격하면서 많은 주민이 목숨을 잃었다.

이 사건을 계기로 2년간 커다 술탄국의 왕자인 툰쿠 쿠딘이 부왕副王 자격으로 술탄을 대신해 쿠알라 슬랑오르를 관할하게 되었다. 포격 이전 많은 사람들로 북적이던 쿠알라 슬랑오르의 영화는 온데간데없이 사라졌다. 폐허 속에 누옥 몇 채만 남아 있었고, 농민들이 모두 떠난 농토엔 잡초만 무성했다. 강에서 밀림 쪽으로 더 들어간 곳에 있는 주석 광산들도 광부들이 모두 떠났고, 정글 속에 난 도로에는 굶주린 도적 떼가 출몰했다.[359]

쿠알라 슬랑오르의 사정은 쇠락의 기운이 역력한 클랑보다 더 나쁘다. 슬랑오르 강의 한쪽 편 허름한 어촌에는 맹그로브 늪의 개흙 위에 기둥을 세워 야자나무 잎으로 얼기설기 엮은 남루한 움막들이 모여 있다. 건너편 넓은 개흙 위에는 커다란 주상건물들이 있는데, 중국인 상가로 만들려던 자리에 도박장이 들어섰다. 도박장에는 한낮인데도 도박꾼들로 발 딛을 틈이 없었다. 도박장 옆에는 술을 파는 점포도 있다. 개흙 어디서나 더러운 물이 흐르고, 거품이 일며 악취가 뿜어져 나온다. 햇빛을 무지갯빛으로 반사하는 개흙에는 사람에게 열병과 고통을 가하는 끔찍한 생명체가 번식한다. 밝은 청록색의 참게가 굴을 파고, 주둥이 아래에 커다란 혹이 달린 물고기 같은 파충류와 수많은 갑각류들이 불타는 태양 아래서 버글거렸다.

우리 일행은 강 안쪽으로 뻗어 나온 부두에 배를 댔다. 가파른 사다리를 타고 오르자 부두의 상판은 구두를 신고는 건너기 힘들 정도로 격자가 엉성했다. 나와 징세관 홀리는 언덕 위의 요새로 걸음을 옮겼다. 요새로 오르는 길가에는 멋진 망고나무가 줄지어 있다. 200년 전 네덜란드인이 심은 것이라고 한다. 요새는 타원형에 가깝다. 돌과 흙으로 만든 성벽에 네덜란드인이 벽돌로 만든 성문의 잔해가 남아 있다. 주변의 나무들은 너덜너덜했다. 1871년 영국이 폭격한 상흔이다. 요새 입구 앞에는 엉성한 받침대 위에 크고 평평한 돌이 얹혀 있다. 몇 해 전 어린 소녀가 그 위에서 희생으로 바쳐졌다고 한다. 말레이 수장들이 승리를 기원하며 대포에 소녀의 피를 묻혔다는 것이다. 이는 현지에서 들은 이야긴데, 사실 여부는 확인할 길이 없다.

요새 안에는 야자나무 잎으로 엮어 만든 남루한 집이 한 채 있다. 쿠알라 슬랑오르의 징세원이자 치안판사가 묵는 숙소였다. 나는 거기에 잠시 머무는 동안 네덜란드계 혼혈인 그의 표정에서 어떤 의욕도 찾아볼 수 없었다. 속이 빈 병이나 깡통과도 같은 그의 표정은 참담했다. 보통의 정부 관리라면 이런 상황에서 벗어나려 전력을 다해 직무를 수행하는 열의를 보여야 마땅할 테지만, 그는 전혀 그렇지 않았다. 그가 진급할 가망은 언덕 아래 맹그로브 늪의 수면보다도 더 낮을 것 같다. 그런 그를 보고 있자니 날씨가 더 덥게 느껴졌다.

주재관이 재판을 처리하는 것을 기다려 배에 오른 우리 일행은 다시 바다로 나갔다. 오늘의 뱃길은 정말이지 무미건조했다. 새로운 것이라고 한다면, 수위가 높아 맹그로브 숲의 뿌리가 잠겼다는 점이랄까. 맹수들이 우글거리는 정글로 덮인 티티왕사 산맥이 멀리서 병풍처럼 펼쳐졌다. 말레이인조차 잘 알지 못하는 저 정글은 유럽인에겐 완전한 미지의 땅이다. 우리를 태운 배는 가벼운 바람에도 꽤나 흔들렸다. 나는 저녁을 건너뛰고 선실에 누워 영국 식민 당국의 외교 문서를 훑어봤다. 어둠이 내린 뒤 배는 버르남 강[360] 하구에 닻을 내렸다. 뭍에 득시글거리는 모기를 피할 요량이었지만, 모기는 이미 우리 배 안에 진을 치고 있었다. 나는 또 모기에게 사정없이 뜯겼다. 선실이 부족했던 탓에 나는 주재관의 딸인 데일리 부인과 함께 밤을 보냈다. 완벽한 압둘사맛 호의 옥에 티라면, 쉴 공간이 적다는 점이다. 게다가 작은 배에 너무 많은 사람이 탔고, 더위는 끔찍했다. 배가 습지에 너무 가까이 있었던 것이 아닌가 생각된다. 왜냐하면 데일리 부인과 말레이인 시종이 밤새 고열에 시달렸기 때문이다.[361] 아침에 데일리 부인은 다시 활력을 되찾긴 했지만, 눈은 퀭했고 얼굴도 푸석푸석했다.

날이 밝자 닻을 올리고 흙탕의 버르남 강을 거슬러 올랐다. 맹그로브 숲이 이어졌고 군데군데 니파야자나무 숲도 보였다. 강물에는 뿌리째 뽑힌 야자자무가 무더기로 떠내려왔다. 어제 저녁 말라카 해협에서 야자나무 잎으로 만든 돛을 단 말레이 범선 프라후들이 북적이는 모습을 보았는데, 버르남 강을 떠내려오는 나무들이 그것을 방불케 했다.

배는 오전 9시에 이곳[362]에 정박했다. 이곳의 황량함이 유독 깊은 인상을 남긴다. 우리 일행 가운데 징세 업무를 맡은 홀리가 홀로 남아 있어야 할 곳이기 때문이다. 나는 지난 일주일 내내 그를 가까이서 보았다. 홀리는 상냥하고 예의 바르며, 지적이고 열정적이다. 그런 그를 말라리아가 창궐하는 늪지에 홀로 남겨 둬야 한다고 생각하니 마음이 무거웠다. 홀리의 관할 구역에는 강변의 남루한 말레이인 가옥 몇 채와 역시 살림이 넉넉해 보이지 않는 중국인 주택들이 약간 있을 뿐이다. 나무에 둘러싸인 황폐한 경찰서가 있고, 그 곁의 쇠창살 속에는 짐승 같은 행색의 사람이 돗자리 위에 누워 있다. 징세관 홀리를 위해 신축한 커다란 관저는 늪 한가운데 덩그렇게 자리했다. 관저 가까이에 해충들이 우글거리는 도랑이 흐르고, 악취를 풍길 것 같은 싯누런 액체가 고여 있다. 제방을 따라 200미터 정도 길이 나 있는데, 이것이 이곳에 있는 도로의 전부였다. 강은 폭이 넓고 수심도 깊고, 흙물인 데다 물살도 빠르다. 강을 건너면 말레이 반도에서 가장 형편이 좋은 술탄국 페락[363]이다. 멀리 강 너머로 페락의 영지에 야자나무 잎으로 지은 집들이 촌락을 이룬 모습이 보인다. 말레이 전통 거룻배 삼판Sampan들이 뜨거운 개흙 위에 얹혀 있다. 강의 제방을 따라 코코스야자나무가 그늘을 드리운다. 그 아래 꽃나무들이 넓게 가지를 펼치고 진홍색 꽃을 피웠다. 일전에 본 화려한 불꽃나무도 보였다. 하지만 앞을 보면 늪이고, 뒤를 보면 밀림인 이곳을 매력적으로 보이게 할 만한 것은 아무것도 없다. 어슬렁거리는 하마를 볼 수는 있다고들 한다.

우리 일행은 상륙하기 위해 경찰선에 옮겨 타고 강 위로 돌출한 부두로

가 미끄러운 사다리를 올랐다. 부두의 상판을 니봉야자나무 줄기로 엉성하게 댄 탓에 아래가 훤히 보였다. 발밑으로 빠른 물살이 소용돌이치는 바람에 어지러웠던 나는 정말 치욕스럽게도 부두를 벗어나기 위해 한 중국인의 부축을 받아야 했다. 불타는 태양 아래 반짝이는 강변의 개흙에선 식물들이 부패하는 악취가 풍겼다. 개흙이나 늪 등 소택지의 뽀글거리며 올라오는 거품에서 장독瘴毒이 뿜어져 나온다고들 한다.

홀리 관저의 베란다에는 추레한 몰골의 말레이 수장들이 앉아 있다. 그들의 수행원들 행색 역시 남루했다. 경찰서 앞에도 말레이인 여러 명이 쭈그려 앉아 몇 시간째 꼼짝 않는다. 중국인은 강둑 너머에 상가를 만들었다. 이토록 형편없는 강변에서조차 그들은 의지와 열의를 유감없이 드러내고 있다. 나는 데일리 부인과 홀리 관저의 베란다 한쪽에 앉았다. 우리 발밑의 개흙에서는 끝없이 거품이 일었다. 데일리 부인은 지루한 소설을 읽고 있었는데, 한 손에 연필을 쥐고 독서하는 그녀를 바라보며 나는 여행가로서 내가 느끼는 감동을 그녀에게 어떻게 하면 전해 줄 수 있을까를 생각했다. 주재관은 식량 창고를 채운다며 숲으로 사냥을 나갔다. 페락 쪽에서 배 한 척이 버르남 강을 거슬러 오른다. 말레이인 한 명은 어슬렁거리다 둘러앉아 있는 무리 곁에 쭈그려 앉는다. 강 위를 떠돌던 물수리는 잽싸게 고기를 낚아챈다. 경찰관 한 명은 쇠창살 속에 누워 있는 수감자가 잠들지 못하게 한다. 달아 오른 쇠솥처럼 뜨거운 시간이 그렇게 흘러간다.

이슬이 내리기 시작하고, 바다가 죽어 가는 돌고래처럼 생기 잃은 검은색으로 바뀔 무렵 나는 다시 펜을 잡았다. 주재관은 사냥 주머니를 불룩하게 채워 돌아왔다. 얌전하고 소심해 보이는 말레이인 수장 라자 오두트Raja Odoot와 또 한 명의 라자가 불편한 표정으로 주재관과 함께 탁자에 앉았다. 순경 한 명이 권총을 장전한 채 이들 뒤에 섰고, 다른 순경들이 도열했다. 재판이 열렸다. 말레이인 증인들은 머리에서 발끝까지 사시나무 떨듯했다. 한두 사건이 기각되고 나서 경찰서 옆 쇠창살에 갇혀 있던 불우한 인간이 법정에 섰다. 그는 사람의 형상이 아니었다. 면도를 하지 않은 머리는 헝클어졌고, 땋지 않은 머리카락은 가슴까지 내려왔다. 그는 잔뜩 겁먹은 눈길로 정면을 힐끗 쳐다봤다. 부랑자라는 게 그를 기소한 이유였다. 어떤 말레이인이 바다 위의 보트에서 그를 발견했는데, 당시 그는 왜 거기에 있는지를 설명하지 못했고, 심지어 자기가 누구인지조차 말하지 못했다고 한다. 이로 인해 그는 영국 식민지 딘딩의 치안 책임자 로이드를 살해한 사건에 연루되었다는 혐의를 받았다. 그가 타고 있던 배는 페낭으로 보내졌고, 그는 쇠사슬에 묶여 슬랑오르 법정의 피고석에 앉게 된 것이다. 나는 우리가 인간에 대해 갖고 있는 아주 여러 가지 감정 가운데, 저 가련한 밑바닥 인생의 동양인에 관한 것도 과연 있을까 하는 의구심이 든다! 동양인 대부분은 친절이란 스스로 나약함을 고백하는 것으로 간주한다. 특히 중국인은 속을 알 수 없는데, 아마도 중국인을 진심으로 이해하는 사람은 없지 않을까 싶다. 내가 만나 본 중국 광저우의 유럽인 선교사들조차 중국인이 어떤 사람들인지, 그들의 감정은 어떠한지 도무지 알수 없다고 말했을 정도다. 편지를 쓰고 있는 지금 나는 가증스런 살인 사건에 연루된 혐의로 재판을 받던 그 가련한 중국인 피고에게 깊은 연민을 느낀다. 오후 법정에서 본 그의 모습이 이토록 찬란한 열대의 저녁과 나 사이로 비집고 들어왔다.

우리 일행은 오후 늦게 배에 올라 수위가 높아진 틈을 타고 슬랑오르를 벗어나 바다로 나왔다. 내게 슬랑오르는 먼저 들렀던 숭에이 우종만큼 인상적이지 못했다. 쿠알라룸푸르는 직접 보지 않아 뭐라 할 입장은 아니지만, 슬랑오르의 다른 지역에서 진보나 삶의 활력은 찾아볼 수 없었다. 슬랑오르 술탄국의 신민들은 영국 식민 당국이 도입한 새로운 과세 제도에 대해 혼란스러워한다. 소득은 별로 없는데 세금은 내야 하고, 정부가 걷은 세금보다 세금을 걷는 데 드는 행정 비용이 더 많아 배보다 배꼽이 큰 격이다. 그래서 당국은 신민을 닦달하고, 신민은 슬랑오르를 떠난다. 새로운 세금이 마구 생겨난다. 배를 타고 강을 오르내리거나, 나무를 베는 개인에게도 세금을 물린다. 모든 수입품과 수출품이 종가세 대상이고, 주석과 같은 특정 상품에 대해서는 무거운 수출세가 부과된다. 이런 세금들은 예전엔 없던 것들이다. 이에 따른 송사가 빈발하고 그 비용도 엄청나다. 법적 분쟁을 해결하려면 가장 유리한 조건으로 승소해야 갚을 수 있을 정도의 소송비용을 감내해야 한다. 온갖 문서가 생겨났고, 식민 당국은 모든 법적 문서에 인지대를 물린다. 부처마다 '세금 걷기에 혈안'[364]이 되어 있다고들 한다.

슬랑오르의 주재관은 소규모로 군사력을 과시하는 일이 잦다. 경호원과 의장대가 과도하다 싶을 정도로 총검을 꽂은 소총과 권총으로 무장하고 시가를 행진하는 것도 그 일환이다. 주재관제가 이곳에서 긍정적인 활력을 원하고 있는 것만은 분명해 보인다. 일부 하급 관리들의 칠칠치 못함 탓에 슬랑오르의 거대한 잠재력이 개발되지 못하고, 부존자원도 제대로 파악되지 못하고 있다 한다. 1874년 영국의 주재관제를 수용한 이래 슬랑오르에서는 단 한 건의 소요도 없다. 술탄과 말레이인은 물론 중국인조차 영국인 주재관의 권고에 아무런 반발을 보이지 않는데도, 슬랑오르가 이처럼 낙후되어 있는 현실은 정말 기이하기만 하다.

슬랑오르 치안 책임자인 사이어스는 아주 유능한 인재라 하겠다. 그는 자신에게 부여된 쉽지 않은 임무를 수행하기 위해 미묘하고 세세한 사안에도 충분히 주의를 기울인다. 뿐만 아니라 그는 슬랑오르 전체의 진보를 위한 큰 그림도 그릴 줄 안다. 통상 유럽인은 말레이인을 동정 어린 시선으로 바라보기 십상이지만, 말레이어를 유창하게 구사하는 사이어스는 이 지역과 이곳 사람들을 객관적으로 들여다본다. 그는 중국어도 배우고 중국인을 이해하려 노력한다. 떠벌리지는 않지만 말레이 반도의 동식물과 지리에도 조예가 깊다. 나는 그런 사이어스의 견해를 크게 신뢰한다. 그래서 암묵적으로, 그가 들려준 모든 것들을 사실로 받아들인다. 사이어스와 같은 인물을 만났다는 건 대단한 축복이 아닐 수 없다. 왜냐하면, 낯선 곳을 여행하는 과정에서 직면하는 가장 큰 어려움은 모든 사안마다 다양한 견해가 있는데, 어떤 진술이 보다 진실에 가까운지를 가려내기가 쉽지 않기 때문이다.

I. L. B.

Letter 17

페낭, 호텔 들류로프De L'Europe
1879년 2월 9일

우리 일행이 딘딩 제도에 이른 건 저녁 무렵이었다. 멋진 섬들로 이뤄진 딘딩 제도는 팡코르 조약으로 영국에 할양될 때와는 달리 지금은 아주 악명이 자자한 곳이 되었다. 날이 저물면서 더위도 한풀 꺾였다. 해풍이 잦아들고 섬들 위로 이슬을 머금은 고요가 내려앉았다. 딘딩 제도에서 가장 큰 섬인 팡코르 섬은 마치 우리와 태양 사이에 펼쳐진 황금색 광선 위에 떠 있는 듯하다. 그 아름다움에 말문이 막힐 따름이다. 가파른 산꼭대기까지 온통 숲이고, 깊고 잔잔한 바다 위로 바위 곶의 절벽이 솟아 있다. 바다를 가로막듯 만을 이룬 섬의 해변은 산호모래가 가늘게 흰색 띠를 이루고, 그 뒤로 코코스야자나무 숲이 반들반들한 수면 위로 짙은 그늘을 드리운다. 군데군데 나무 그늘 아래 말레이인의 집들이 보이지만, 인기척은 거의 없다.

높은 절벽 위에 아탑 지붕의 방갈로와 경찰서가 있는데, 황량하기는 마찬가지다. 애초 딘딩 제도에서 초저녁을 보낼 계획이었지만, 우리 일행은 맑은 옥빛 바다 위의 야자나무 그늘 아래서 잠깐 머무는 것으로 만족해야 했다. 속이 훤히 들여다보이는 바닷속에선 진홍색 물고기들이 산호를 헤집고 다녔고, 레몬빛 노을 아래 숲으로 뒤덮인 섬들이 시커멓게 도드라져 보이는 광경은 장관이었다. 평화가 이 조용한 해안을 품었고, 밤에 피는 꽃들은 우리 일행을 진한 향기로 감쌌다. 태양이 한달음에 지고 나자 선선한 기운이 찾아든다. 꿈에서나 그려 보던 열대의 아름다움 그 자체다.

"인간쓰레기", "멍청이". 이 불쾌한 소리들은 저토록 평화로워 보이는 방갈로에서 최근에 벌어진 비극과 관련 있는 것처럼 보였다. 그 비극은 영국에도 전해졌을 테다. 한 무리의 중국인이 딘딩 제도의 치안 책임자 관저를 급습해 징을 울리며 총질을 해 댄 그 사건 말이다. 당시 야밤의 소란으로 잠에서 깨어난 딘딩 제도 치안 책임자 로이드는 사태를 파악하기 위해 침실에서 나왔다가 괴한의 손도끼에 맞아 쓰러졌다. 로이드는 침실에 있는 아내에서 권총을 챙기라고 필사적으로 소리쳤다. 하지만 그의 권총엔 탄창이 비어 있었고, 엽총을 보관하는 거치대 열쇠도 파손되었다. 관저에서 일하던 인도인 하녀가 혼란을 틈타 로이드의 어린 자녀 셋을 데리고 정글로 달아났다. 그때 하녀의 품에 안겨 숲으로 피신한 로이드의 막내는 태어난 지 한 달밖에 안 된 갓난아이였다. 중국인 불한당은 손도끼로 로이드 부인의 머리를 내리쳤고, 마침 이곳을 방문했던 페락 남부 두리안 사바탕Durian Sabatang 치안책임자 이니스Innes의 부인마저 기절시켰다. 이들은 정신을 잃고 쓰러진 두 여인을 침대 아래로 밀어 넣고는 관저에 불을 지르고 달아났다.

이 사건의 진상은 더 이상 규명될 것 같지 않다. 경찰들이 겁을 집어먹고 진실을 파헤치려 하지 않거나 적당히 사건을 덮어 버리려 하는 것 같기 때문이다. 로이드가 피살된 다음 날 해협식민지 정부는 소형 증기 추진선 파이아 페켓Pyah Pekket 호를 딘딩에 급파해 현장 조사를 했다. 당시 중국인 비밀결사들은 로이드가 내린 재판 결정에 불만을 품고 있었던 것으로 알려졌다. 오늘 날이 밝으면 페낭에서 로이드를 살해한 혐의로 사형이 선고된 중국인 한 명이 교수형에 처해진다. 그의 유죄를 입증하는 유일한 증거는 자백뿐이다. 하지만 그 사형수가 진범을 보호하기 위해 중국인 비밀결사가 희생양으로 내세운 인물에 지나지 않는다는 걸 모르는 사람은 없다. 석양 속에선 아름답기만 하던 팡코르 섬의 풍경과 그 안에서 벌어진 끔찍한 만행이 대비되는 순간 소름이 돋았다.

딘딩 제도의 섬들은 말레이 반도에서 얼마 떨어져 있지 않다. 반도의 해안은 슬랑오르 강의 맹그로브 습지와 숲으로 뒤덮여 있고, 마주 보는 섬들의 해안은 산호모래 백사장이 야자나무 그늘 아래 길게 뻗어 있다. 참 멋진 밤이었다. 북동 계절풍이 선선한 기운을 실어 왔고 별들은 하늘을 찬란하게 수놓았다. 배의 아래 선실은 찜통이었지만, 갑판 위엔 바람이 시원했다. 어두운 하늘에 여명이 번질 무렵 우리를 태운 배는 페낭 섬을 향해 출발했다. 막 일출이 시작될 때 배는 페낭과 나환자 섬[365] 사이의 수로를 통과했다. 이곳 섬들은 하나같이 숲이 우거지고 해안엔 바위 절벽이 있다. 말레이 반도로 눈을 돌리면 술탄국 커다의 높은 산들이 보인다. 말라카 해협의 좁은 수로를 사이에 두고 페낭과 마주 보는 영국 식민지 프로빈스 웰즐리[366]에는 코코넛과 사탕수수 농원들이 시야에 들어온다.

아침 이슬에 흠뻑 젖은 나환자 섬은 아름답다. 코코스야자나무 아래 주상가옥들이 드문드문했다. 높은 산과 울창한 숲으로 덮인 페낭 섬의 해안을 따라 야자나무들로 둘러쳐진 말레이 촌락이 들어서 있다. 말레이 소형 선박 프라후들이 해변에 끌어올려져 있는 촌락의 모습은 아주 인상적이다.

그 어느 때보다 장엄한 열대의 일출이 장관을 이룬다. 이곳의 일출은 언제나 시편 19장[367]의 그 태양과 같다. 새벽의 선선함이 감도는 동쪽 하늘 한구석에서 번지던 노란빛이 밝은 장밋빛으로 바뀌면서 "광배光背 같은 둥근 해"[368]가 갑자기 수평선 위로 솟는다. 밤새 이슬에 젖은 땅이 깨어나고, 대기엔 활력이 넘쳐 난다. 햇빛과 햇볕을 반기는 모든 것들은 나오고, 달빛 속을 날던 밤새들과 부엉이들은 들어간다. 그리고 우리 일행처럼 창백한 백인들은 태양이 떠오른 지 10분도 지나지 않아 햇빛을 피해 허겁지겁 양산 속으로 숨는다.

페낭의 본래 이름은 아레카야자나무에서 비롯된 피낭Pinang[369]이다. 영국이 이 섬을 점령하고 나서 한동안 영국 왕 조지 4세[370]를 기려 '프린스 오브 웨일스 아일랜드Prince of Wales Island'로 불렸다. 페낭 섬의 중심 도시는 조지타운Georgetown이다. 그런데 알파벳 'i'가 'e'로 바뀌어 피낭이 페낭으로 표기되는 건 어찌된 영문인지 알 길이 없다.

페낭 섬 인근 해상에 대형 증기선과 정크선이 닻을 내렸고, 그 가운데에는 영국 해운회사 'P&O'의 증기선 페킹Peking 호도 있었다. 그 배에는 임기를 마치고 귀국하는 해협식민지 총독 윌리엄 로빈슨 경[371]이 타고 있어, 식민지 정부와 보호령의 관리들로 북새통을 이뤘다. 나는 에둘러 말하는 사람들의 속내를 알지 못한다. 누구나 속에 묻어 둔 할 말은 있기 마련이다. 누군가는 경쟁자를 밀쳐 내고 그 자리를 차지하려 할 것이고, 누군가는 승진을 바라고, 또 누군가는 떠나고자 할 것이다. 누군가는 솔직하게 드러내놓고 말하기도 하지만, 누군가는 환심을 사려 비굴하게 행동하기도 하며, 이웃의 좋은 평판에 대해 흠집을 내기도 한다. 사실 뭔가를 요구한다는 건 다른 이의 희생을 바라는 것과 다를 바 없어 보인다!

슬랑오르 주재관 더글러스는 수행원들에게 정복을 각 잡아 입게 하고 압둘사맛 호를 페킹 호 가까이에 댔다. 그가 슬랑오르 술탄이 선물한 손잡이와 칼집이 황금으로 된 크리스를 들고 먼저 페킹 호에 올랐다. 잠시 뒤 로빈슨 총독이 사람을 보냈다. 나를 그의 아침 식사 자리에 초대한 것이다. 나는 얼떨결에 여행복을 갈아입지도 못한 채 말끔하게 차려입은 사람들이 운집한 페킹 호에 승선했다. 총독은 내게 페락Perak의 주재관 휴 로[372]와 부주재관 윌리엄 맥스웰을 소개해 줬고, 주재관 로가 나의 페락 탐사 일정을 잡아 줬다. 그곳에 모인 사람들의 불안한 눈빛과 안절부절못하는 표정을 보면서, 나는 내가 총독에게 바라는 게 아무것도 없다는 사실에 홀가분한 기분이 들었다. 로빈슨 총독은 아침 식사 때 나를 자기 바로 곁에 앉혔다. 그는 친절하고 공손했으며, 말레이 술탄국을 탐험하며 내가 보고 느낀 것에 관심을 보이기도 했다. 이곳에 있는 사람들은 우리 일행이 타고 온

'술탄의 요트' 압둘사맛 호에 걸려 있는 술탄국 슬랑오르의 국기가 무엇을 의미하는지 모르는 듯했다. 그 깃발은 빨간색과 노란색의 정사각형 네 개로 이뤄져 있으며, 같은 색이 대각선으로 마주 본다. 좌측 상단의 빨간색 사각형 안에 노란색의 초승달과 별 문양이 있다.[373] 그리고 요트의 후방 돛대에는 초승달과 별이 파란색으로 그려진 같은 깃발이 걸려 있다! 랑앗에서 호화롭게 빈둥거리는 슬랑오르의 술탄이 지금 여기서 그의 요트가 화제가 되고 있다는 걸 알기나 하는지 궁금할 따름이다.

주재관 더글러스는 페킹 호에서 내려와 더위를 피하게 한다며 나를 압둘사맛 호의 뒤쪽으로 안내했다. 요트의 좁은 통로를 지나기 위해 양산을 접어야 했던 나는 그 잠깐 사이에 작열하는 햇볕에 노출됐다. 갑자기 등골이 서늘해지는 어찔한 현기증을 느끼면서 나는 앞으로 고꾸라지고 말았다. 동료들이 나를 자리에 눕히고 머리에 찬물을 끼얹으며 얼음찜질을 해 준 덕에 정신을 차렸다. 내가 아홉 달에 걸쳐 열대를 여행하면서, 양산도 받치지 않고 뜨거운 태양 아래서 말을 타기도 했지만, 햇볕 때문에 쓰러지기는 이번이 처음이다. 열대를 여행하며 나는 크라운과 챙을 두툼하게 덧댄 흰색 밀짚모자를 쓴다. 또한 뜨거운 열기를 차단하기 위해 외투의 등쪽에 너비 10센티미터의 두툼한 헝겊 조각 세 장을 덧댄다. 이렇게 하고도 보통은 물에 적신 수건을 머리와 목에 두른다.

몸을 추스르고 선실로 돌아가자, 기다리고 있던 온유하고 나이 지긋한 페낭의 배석판사 우드가 나를 그의 관저로 데려갔다. 그곳에는 아주 유쾌한 사람들이 모여 있었다. 해협식민지 법무장관 토머스 시드그리브스,[374] 페락의 부주재관 맥스웰, 페락의 시크교도 부대 지휘관(대행) 워커,[375] 페낭의 치안판사 키너슬리, 프로빈스 웰즐리의 치안판사 아이스몽거 등이 자리했다. 이들이 나눈 대화 내용은 장소와 사람만 다를 뿐, 내가 캐나다의 프린스 에드워드 섬[376]에서 싱가포르까지 여행하는 동안 영국인 식민지 관리들에게서 들었던 것과 하나도 다르지 않았다. 예컨대 누가 이임해 귀국할 것인지, 누가 그 빈자리에 오르게 될 것인지, 총독이 되돌아올 것인지, 새로운 자리가 생겨날 것인지 따위였다. 윌리엄 로빈슨 총독이 페낭을 방문한 것을 계기로 부쩍 입방아에 오른 이러한 이야기들은 내게도 유쾌하고 흥미로운 주제였다.

달빛이 창문을 타고 넘어 들어왔다. 오늘 저녁 역시 아름답다. 꽃향기 가득하고 조용한 밤은 보랏빛이며 은빛 바다 위로 바위 곶의 그림자가 검게 드러누웠다.

페낭 섬에 상륙하려는 사람이라면 누구나 해안에 가까워지면서부터, 부두 위에서 북적이는 군중의 화려하고 다채로운 의상에 강렬한 인상을 받기 마련이다. 페낭 섬에는 1만 5000명에 달하는 클링인과 출리아[377] 및 기타 지역 출신의 인도인이 거주한다. 인도인은 용모가 수려하지만 그다지 지적으로 보이지는 않는다. 남자들은 짙은 붉은색 터번을 머리에 쓰며, 남자와 여자 모두 부드러운 모슬린으로 몸을 감싸고 요대를 두른다. 이들의 자태는 화가의 모델이 되기에 모자람이 없다. 이곳의 클링 여인들은 용모도 뛰어나고 옷차림도 여간 아름답지 않다. 단지 무거운 코걸이와 귀걸이가 코와 귀의 형태를 일그러뜨린다는 게 옥에 티다. 이곳에는 아랍인도 적지 않다. 이들은 장사를 크게 벌이거나 금융업을 한다. 아랍인 가운데 누르딘Noureddin이란 이는 페낭의 백만장자로서, 40만 파운드어치의 부동산을 소유하고 있다고 한다. 페낭의 말레이인은 2만 1000명이 넘는다. 비록 말레이인의 촌락은 변두리의 야자나무 숲속에 흩어져 있지만, 붉은색 사롱과 흰색 바주를 걸친 말레이인 남자들은 적잖게 눈에 띈다. 단 말레이 여인을 길거리에서 보기는 쉽지 않다. 페낭 섬과 조지타운에는 유럽인이 모두 620명 살고 있다. 이들 또한 길거리에 모습을 잘 드러내지 않는다. 유럽인은 빵나무와 타마린드나무 그늘 아래의 거대한 방갈로 안에서 부와 고독을 즐긴다.

〈삽화: 클링인〉

조지타운은 아시아계의 도시다. 중국인, 버마인, 자바인, 아랍인, 말레이인, 시크교도, 마드라스인, 클링인, 출리아, 파시교도 등 아시아계 인파가 거리를 가득 메운다. 이들은 정크선이나 증기선, 다양한 아랍 선박을 타고 여전히 페낭으로 몰려든다. 아시아계 이주자들은 아무에게도 종속되지 않고, 궁핍에 빠지지도 않으며, 저마다 고유의 의상과 관습과 종교를 유지한 채 페낭에서 질서를 지키며 경제적으로 번영하고 있다. 홍해에서 중국해까지, 메카에서 광저우까지 아시아의 모든 지역에서 잡다한 유색 인종들이 이곳으로 몰려드는 까닭이 궁금하다면, 클링 선원 한 명이 짧은 영어로 내게 한 말이 답이 될 것이다. "영국 여왕 좋아, 노동자들 돈 벌고, 재산 안전해." 이 말을 해석하자면, 페낭의 아시아계 이주민들은 영국의 지배 아래 생명과 재산을 확실하게 보장받으며, 영국의 식민지 법정에서 공정한 재판을 받는다는 것을 확신하고 있다는 뜻이다. 아울러 이들 아시아계 이주민들에게 '영국 군대의 북소리'와 영국 함대는, 영국에서 효율적인 경찰이 상징하는 것과 마찬가지로 안전을 보장하는 것으로 받아들여지고 있다.

이 낯선 동방의 섬에서 다른 유럽 국가의 움직임이 거의 보이지 않는다는 건 기이한 일이다. 아마도 페낭의 중국인 상당수는 러시아를 들어서 알고는 있을 테다. 하지만 이곳에서 러시아, 프랑스, 독일, 미국 등 거의 모든 열강은 몇 척의 2류 군함이나, 뒷골목의 낡은 영사관으로 상징될 뿐이다. 이와 달리 이곳에서 잉글랜드는 중요하고도 유명한 국명일뿐더러, 번성하는 식민지와 강력한 군사력·법·자유·안전을 상징하는 것이기도 하다. 나는 동쪽에서 서쪽으로 여행을 하면서 이러한 생각을 더욱 굳히게 되었는데, 이런 식으로 글을 쓰면 허풍 떤다는 말을 듣지나 않을까 두려움이 들 정도다. 하여 아시아 식민지의 영국인 고위 관리들이 동양인의 특성과 동양적 사고방식에 대처하는 방법과 관련해, 이 말만은 해야겠다. 그들은 '빅토리아 여왕V. R.'으로도 충분한데 그 뒤에 '여제女帝, Imperatrix'란 라틴어를 덧붙인다고 뒤에서 수군대기나 하는 훼방꾼들보다 훨씬 더 많이 알고, 더 잘 대처하고 있다는 사실을 말이다.[378]

페낭의 조지타운이 밝은 하늘 아래 빛나는 도시라는 사실은 분명하다. 그러나 나는 체질적으로 야생이 더 좋다! 페낭에는 출리아 스트리트[379]라는 거리가 있다. 인도 출신의 출리아와 클링인의 상점들이 줄지어 선 상가다. 길 양쪽의 보도를 따라 엉성하나마 지붕이 있는 연쇄 상가가 형성되어 있다. 두꺼운 커튼을 걷고 그 속으로 들어가면 사람들로 붐비는 좁은 통로가 나온다. 통로 한편의 우묵한 곳에서 바닥에 앉아 물건을 파는, 잘 입고 잘 생긴 클링 상인들을 볼 수 있다. 흥정이 이뤄지는 통로를 따라 머리 위쪽으로는 말레이인 남자들이 머리에 두르는 두건bandanna을 비롯해, 터번에 쓰이는 붉은색 천, 비단과 면으로 된 붉은색 사롱, 흰색과 금색이 점점이 수 놓아진 모슬린 등이 진열된다. 아름다운 전통의상이 늘어선 긴 상가는 일일이 묘사하기 힘든 갖가지 빛깔로 알록달록하다. 클링 상인과 흥정하는 게 중국인 상인과 흥정하는 것보다 더 유쾌하다. 이곳 상인들은 아시아계 민속의상 말고 영국과 독일에서 날염된 직물도 파는데, 가격은 유럽보다 더 싸다. 똑같은 제품이 이곳에선 영국 상점 가격의 반값 이하로 팔리기도 한다.

인도인 상가를 소개한다고 해서 클링인이 페낭의 주류라고 오해하면 곤란하다. 이들은 생김새가 빼어나고 의복이 근사하다는 점에서 두드러질 뿐이다. 페낭 또한 주류는 중국인이다. 중국인은 4만 5000명을 헤아린다. 페낭의 이주민 가운데 상업적으로 가장 중요하다. 마치 중국인들이 아주 오래전부터 이곳에서 터를 잡고 경제력을 다져 온 것처럼 보인다. 조지타운에서 중국인 상인들은 현지와 해외의 상품을 적당한 값에 거래하는 작은 상점뿐 아니라, 역내 교역망을 갖추고 상당한 영향력을 행사하는 대형 무역회사도 운영한다. 이들 중국인 거상巨商은 외국 무역상들과도 트러스트trust를 구축해 시장을 장악하고 있다. 페낭의 중국인이 파업이라도 벌인다면, 우체국은 물론이고 페낭의 모든 업무가 마비될 지경이다. 내가 영국의 무역은행Mercantile Bank 페낭 지점에 들어갔을 때 중국인 은행원만 보였다. 우체국에서도 마찬가지였다. 스리랑카로 가는 배의 침대칸 표를 사러 영국 해운회사 P&O의 페낭 사무실에 들렀을 때 창구를 지키고 있던 이도 중국인이다. 차분하고 말수가 적으며 주관이 뚜렷하고 나무랄 데 없이 말끔한 그 중국인 직원도 피진 영어를 구사했다. 중국인은 어디서나 마찬가지로 예리하고도 민첩하게 기회를 포착하며, 이기적이며, 목적 지향적이고, 부지런하고 알뜰하다. 이들은 대부분 남을 속이지 않는 것을 최상의 상술로 삼으며, 기질만큼이나 행동 방식도 독립적이고, '동양적 노예근성'과도 거리가 멀다.

조지타운
2월 11일

내가 이곳에서 이틀간 본 것은 별로 없다. 아니, 적어도 내 개인적으로는 이곳에 볼만한 것이 있기나 한지 모르겠다. 말라카에는 역사라도 있다지만 페낭에는 그나마도 없다. 숭에이 우종과 슬랑오르처럼 미지의 정글이 주는 신비감도 없다. 페낭은 1786년 프랜시스 라이트[380]의 주도로 영국 식민지가 됐다. 라이트는 영국 동인도회사의 대위 직위를 가진 현지 무역상country trader[381]으로, 커다를 비롯한 말레이 술탄국과 교역을 하면서 말라카 해협 일대에 상당한 정보를 갖고 있었던 인물이다. 영국 동인도회사는 인도 동부에 교역의 거점과 해군 기지를 원했고, 이에 라이트는 페낭 섬을 추천했다. 당시 밀림에 덮여 있던 페낭 섬의 거주민은 현재 조지타운이 건설된 해변에 움막을 짓고 살던 말레이인 어부 2가구뿐이었다. 페낭 섬과 관련해 낭만적인 이야기들이 전해지고, 심지어 최근 백과사전조차 그런 이야기가 실려 있기는 하다. 그러나 사실은 페낭의 명목상 소유자인 커다의 술탄이 라이트 개인에게 하사한 것이 아니라 해마다 2000파운드를 받기로 하고 영국 정부에 페낭 섬을 양도한 것이다. 이 계약은 지금도 유효해 커다의 술탄에게 해마다 2000파운드가 지급된다.

페낭 섬은 남북의 길이가 21킬로미터, 동서의 폭이 8~16킬로미터에 불과하다. 면적은 277제곱킬로미터로 영국 남부의 와이트 섬[382]보다도 작다.

도로 상태는 아주 좋다. 해안을 따라 코코스야자나무와 아레카야자나무 숲이 넓은 폭으로 둘러쳐져 있고, 그 안으로 아름답고 비옥한 평지와 얕은 구릉이 자리한다. 암석은 화강암과 점판암이 주를 이루며, 토양의 표층은 얇지만 식생은 다양하다. 담수가 풍부하며 작은 폭포도 있다. 군데군데 커다란 빌라(대부분 중국인 소유)와 정원이 있고, 벼와 후추, 과일 등이 주로 재배된다. 향료인 정향과 육두구는 평지 재배에 실패해 고지에서만 경작된다. 페낭 섬의 중심부는 대부분 원시 밀림에 덮여 있다. 남부와 남서부 해안에 농원이 개발되어 사탕수수와 커피, 후추가 재배된다. 커피 재배 상태는 아주 양호해 보인다. 페낭 섬 중앙을 차지하는 산 정상인 페낭 피크는 해발 890미터며, 산등성이가 북쪽으로 뻗어 있다. 피크에는 페낭 섬이 한눈에 내려다보이는 전망 좋은 산장이 있다. 산 아래 조지타운의 기온은 섭씨 26.6~32도를 오르내리지만, 피크 산장의 기온은 섭씨 15.5~24도로 쾌적하다. 매일 일정한 시간에 부드러운 해풍이 불며, 1~2월을 제외하곤 연중 비가 내린다. 식생은 무성하지만, 말레이 반도의 그것에 비해 덜 아름답고 열대의 분위가 덜하다. 무엇보다 이곳에선 정원 말고는 꽃을 별로 볼 수 없다.

페낭 섬의 산물은 다양하다. 과일로는 구아바, 망고, 레몬, 오렌지, 바나나, 플랜틴,[383] 포멜로, 빵나무 열매 등이 있고, 사탕수수, 벼, 고구마, 생강, 아레카, 코코넛, 커피, 정향, 육두구, 후추 등이 재배된다. 개리 마부가 나를 중국인 후추 농원으로 안내했는데, 그곳이 무더위 속에서 마차를 타고 페낭을 둘러본 것 가운데 가장 흥미로웠다. 후추는 매우 환금성이 높은 작물이다. 후추 덩굴은 꺾꽂이를 하고 3~4년 뒤 열매를 맺는데, 13년 동안 해마다 두 번 수확할 수 있다. 동남아시아가 원산지인 후추는 매끈하고 부드러운 덩굴이 이리저리 뻗으며 3~3.6미터 높이까지 자라고, 잎은 표면이 거칠고 타원형이다. 후추도 맥주 원료인 홉과 마찬가지로 지지대를 세워 키운다. 수상 꽃차례에 맺힌 열매가 붉어지기 시작할 때 수확한다. 열매가 완전히 익으면 매운 맛이 없어지기 때문이다. 수확한 후추는 돗자리에 펼쳐 놓고, 발로 밟거나 손으로 문질러 수상 꽃차례에서 열매를 분리한 뒤 키로 까분다. 검은 후추는 열매를 그대로 말려 겉에 주름이 생겨 검어진 것이며, 열매의 껍질과 과육을 물에 담그거나 문질러 벗겨 내어 말리면 흰 후추가 된다. 일부 후추 농부들은 색깔을 곱게 내기 위해 염소로 표백하기도 하는데, 이렇게 하면 후추의 향이 나빠질 것으로 여겨진다.

기후 탓에 이곳에 사는 아시아계는 많은 양의 후추를 소비한다. 아시아인은 거의 모든 음식에 매운 향신료를 넣어 맛을 내는데, 유럽인이 아시아인의 식습관을 따라 한다.

농원이 꽤 여럿이지만, 페낭 섬 전체에 얼마나 있는지는 분명치 않다. 페낭 피크에서 내려다보면 섬 전체가 거의 숲이다. 페낭 섬에는 모두 9만 명이 거주하는데, 중국인의 수가 다른 인종을 모두 합친 것만큼이나 된다. 페낭의 교역액은 1860년에 350만 파운드에서 1880년 현재 800만 파운드로 늘어났다. 싱가포르와 마찬가지로 페낭 또한 거대한 집산지entrepot이자 분배소distributing point인 것이다.

자, 그럼 이제 나는 다시 야생으로 간다!

I. L. B.

페락에 관하여

영국의 보호령 페락[384]은 말레이 반도에서 가장 부유하고 중요한 술탄국이다. 해안선은 일부 영국령으로 빠진 부분을 제외하면 200킬로미터쯤 된다. 남쪽에 슬랑오르가 있다. 북으로는 영국 식민지 '프로빈스 웰즐리', 태국의 속국인 술탄국 커다, 파타니와 경계를 접한다. 동쪽에 술탄국 클란탄이 있지만, 양국 사이는 대부분 광대한 미개척 밀림으로, 원주민인 사케이족과 사망족만 거주한다. 남북으로 길쭉한 형태의 페락은 동서의 폭이 좁게는 50킬로미터에서 넓게는 130킬로미터며, 면적은 1만~1만 3000제곱킬로미터[385]로 추정된다. 페락 강이 페락의 대동맥에 해당한다. 북에서 남으로 비스듬하게 페락을 관통하는 페락 강은 대부분 사행천蛇行川이다. 페락 강 하구에서 80킬로미터 상류의 두리안 사바탕까지는 수심이 4미터 이상이어서 큰 배들이 드나든다. 이보다 작은 배들은 하구에서 상류로 200킬로미터까지 운항한다. 쿠알라 캉사르에서부터 총연장 240킬로미터인 페락 강은 강폭이 거의 200미터나 되며, 상류에서는 미국 미시시피 강의 수심이 얕은 곳에서처럼 프로펠러로 움직이는 선미외륜stern-wheel 보트를 이용할 수도 있다. 페락 강 다음으로 큰 강은 킨타Kinta 강으로, 페락 강에 합류된다. 페락을 흐르는 버르남 강과 바탕 파당Batang Padang 강도 소형 선박의 운항이 가능하다. 말레이 촌락은 대부분 이들 하천을 따라 형성되어 있다.

페락의 내륙부는 거의가 장대한 밀림 지역이다. 밀림 사이로 간간이 석회암 돌산이 돌출하고, 산맥을 따라 해발 1500~2400미터에 달하는 높은 산들이 이어지며 아름다운 경관을 자랑한다. 해안가의 낮은 습지는 맹그로브 숲이 덮고 있지만, 강을 따라서는 비옥한 충적토가 형성되어 있고, 하구의 충적평야 지대는 벼농사에 적합하다.

페락에서 가장 풍부한 광물 자원은 여느 술탄국과 마찬가지로 주석이다. 주석 매장량은 한계를 가늠할 수 없을 정도다. 아직까지는 강변에서만 주석이 채취된다. 주석 수출액은 1876년 14만 4000파운드에서 1881년 43만 6000파운드로 늘었다. 주석 광업이 중국인 이민을 꾸준하게 유인한다. 중국인 이주민은 1879년 2만 명에서 1881년 4만 명으로 증가했다. 아프리카 서해안에서는 석유통[386]이 부의 척도라면, 이곳에선 주석괴朱錫塊, tin slab로 부를 측정한다. 최근 한 말레이 수장은 해적 행위의 벌금을 주석괴로 냈다.

금도 말레이 특유의 쉬엄쉬엄하는 방법으로 찾아도 웬만큼은 채굴된다. 다이아몬드와 석류석石榴石, garnet도 꽤 풍부하다. 다양한 충적토에 섞여 있는 금은 광상이 있는 강바닥을 훑는 다소 번거로운 방식으로 채취한다. 순금의 형태로 채취되기는 하지만, 대부분 거친 싸라기의 사금砂金이다. 사금은 산에 가까운 강일수록 더 많다. 이곳의 사금은 붉은색이 짙다. 철광석 매장량도 풍부하다. 석탄은 있기는 하지만 상업적 가치가 없다. 주석과 금의 채굴 기법이 아직은 원시적이어서, 페락의 막대한 광물 자원 채굴을 위해 영국의 기술과 과학적 탐사가 필요할 것으로 보인다.

이곳 사람들은 쌀을 주식으로 삼는다. 예전에는 산지의 건답乾畓에서만 벼를 재배했지만, 인도인이 수마트라에서 이주해 오면서 페락에 논벼 재배 방식이 도입됐다. 하지만 페락은 1881년에만 7만 파운드어치의 쌀을 수입했다. 벼농사에 필요한 인력과 축력 등 자원이 부족한 데다, 농사를 짓지 않고 소비만 하는 중국인 주석 광산 노동자들이 늘어나면서 쌀의 수요가 증가했기 때문이다.

열대에서 나는 산물 가운데 영토가 넓은 페락에서 나지 않는 것은 거의 없다. 구타페르카, 천연고무, 사고,[387] 타피오카, 야자, 얌, 고구마, 정향, 육두

〈삽화: 사탕야자나무〉

구, 커피, 담배, 후추, 감비아가 재배된다. 완벽하게 훌륭한 과일들도 풍성하다. 바나나, 빵나무 열매, 야자, 망고스틴, 두리안, 잭프루트, 캐슈넛, 구아바, 커스터드애플, 포메그란테, 왕귤, 파파야, 파인애플 등이 손꼽힌다. 이곳이 원산지인 과일도 엄청나게 많아, 이를 다 언급하려면 별도로 하나의 장이 필요할 정도다.

영국에 있는 채소들은 이곳에서 잘 자라지 못한다. 재배되는 건 수박, 오이, 박, 칠리 고추, 코코넛 캐비지, 먹는 아룸 정도다. 중국인 이주민 촌락에서는 배추, 무, 콩도 많이 기르며, 말레이어로는 이름이 없는 다른 다양한 채소들이 재배된다.

목재는 크기가 어마어마해 임산물이라는 말이 무색할 정도다. 거대한 목재는 밀림 안에서 거래가 이뤄진다. 페락은 가히 야자나무의 땅이다. 엄청난 상업적 가치를 지닌 코코스야자나무와 빈랑 열매를 맺는 아레카야자나무, 검은색의 강한 섬유로 선박용 로프나 악어 사냥용 올가미 등의 밧줄 재료로 쓰이는 사탕야자나무 등이 지천이다. 재거리야자[388]로는 발효 음료와 야자설탕을 만든다. 집을 지을 때 바닥재나 기둥으로 쓰는 '니봉'야자나무는 말레이 촌락 주변에 널려 있다. 난쟁이야자나무는 높이 자라지 않아 정원의 관상수로 쓰인다. 말레이에서 지붕을 얹는 '아탑'은 강변에 무성하게 자라는 '니파'야자나무의 잎으로 엮은 것이다.

지금까지 도로 건설에 큰 진전을 보이지 못했던 페락에서 최근 철도 부설이 계획되고, 라룻 항에서부터 중국인 이주자들의 거대한 주석 광산촌인 타이핑Taiping, 太平까지 도로 건설이 한창이다. 이 길을 따라 타이핑에서 영국 주재관 사무소가 있는 쿠알라 캉사르까지 50킬로미터 구간에 전보통신을 위한 전신주도 세워진다. 다른 도로도 건설 중이지만, 페락 동부의 내륙으로 가려면 코끼리를 타고 정글을 통과해야만 한다.

페락에서는 여전히 강이 천연의 고속도로 역할을 한다. 핵심 항구는 털룩 안손Teluk Anson[389]과 털룩 커르탕Teluk Kertang 두 곳이다. 털룩 안손은 페락 강 하구에서 상류로 50킬로미터 지점에 있다. 타이핑 주석 광산에서 15킬로미터 떨어진 털룩 커르탕은 라룻 강에서 조금 올라간 곳에 위치한다. 페락의 수출입 교역은 주로 페낭에서 이루어진다. 라룻에서는 몇 척의 작은 증기선 중 하나가 매일 페낭으로 떠난다. 털룩 안손에는 증기선이 정기 운항하는데, 싱가포르와 페낭을 왕복하는 증기선 한 척은 2주마다 이곳에 들른다. 버르남 강과 딘딩 제도를 경유하는 다른 증기선들은 나흘에 한 번꼴로 털룩 안손을 찾는다.

무역은 빠르게 성장 중이다. 1876년 14만 7993파운드였던 페락의 수출액은 1881년 51만 3317파운드로 증가했다. 수입액도 1876년 16만 6275파운드에서 1881년 48만 8706파운드로 늘었다. 1881년 수출입 교역 총액은 100만

2023파운드에 달한다. 4000여 명의 노예와 채무노예를 제외한 페락의 인구는 다음과 같이 추산된다.

말레이인	56,000(명)
중국인	40,000
기타 아시아인	850
유럽인	90
원주민	1,000
합계	**97,940**

페락의 세입은 1876년 4만 2683파운드에서 1881년 13만 8572파운드로 급증했고, 세출 또한 1876년 4만 5277파운드에서 1881년 13만 587파운드로 크게 늘었다. 세입의 주요 원천은 수출입 관세와 아편을 비롯한 각종 징세 청부제의 전매권 판매 수입, 토지세 등이다. 주요 세출 항목은 식민지 정부 운영과 치안 유지, 도로와 교량 등 기반 시설 건설, 페락의 술탄과 왕자의 연금 등이다. 영국 주재관의 재무적 역량과 영민한 분별력 덕에 페락에서는 주민의 불만을 사지 않으면서 별 어려움 없이 세금을 걷고 있다는 점이 특기할 만하다.

각종 공공사업도 시행된다. 다리와 도로, 운하가 건설되고, 항해를 위한 하천 준설 작업도 이뤄진다. 작물의 시험 재배를 위한 농원을 확장하고, 양과 소를 인공 번식시키는 방식을 도입하며, 가금류의 사육 방식도 개선한다. 밀림 지역의 조사와 탄광촌의 재건축 및 하수 시설 사업 등 다양한 공공사업이 열정적으로 이루어지고 있다. 장기간 세심하게 실험한 결과, 페락의 낮은 산악 지역은 이미 재배되고 있는 리베리카 커피뿐만 아니라, 차와 신코나, 아라비카 커피를 재배하기에도 아주 적합한 것으로 확인됐다. 현재 스리랑카에서 커피가 병충해로 거의 고사해 페락의 커피 농장주들은 전망이 밝다. 영국의 인도식민지 정부는 커피 농장의 미래가 보장된다는 전제 아래 실험적인 조치로서 인도인 노동자의 페락 송출을 허용하고 있다.

영국과 페락 술탄국 정부의 관계는 만족스럽다. 이는 의심할 나위 없이 말레이인 스스로 영국의 지배에 만족하며, 경제적으로도 번영하고 있기 때문이다. 말레이인 수장의 관할 구역에서는 범죄가 거의 없다. 촌락 자치 체제가 잘 돌아가고 있고, 지방의 모든 법정은 영국의 식민 법정과 비교해도 손색이 없을 정도로 효율적이고 경제적이다. 점진적으로 도입되고 있는 영국법에 관해서도 말레이 사회는 전반적으로 만족하는 편이다. 말레이 수장들은 말레이의 종교와 관습에 저촉되지 않는 사안을 법률에 따라 공평하게 처리하도록 훈련받고 있다. 페락에서 여전히 허용되고 있는 노예제와 채무노예제는 그 실상을 직접 보지 않으면 알 수 없을 정도로 사악하고 잔인하다. 페락의 노예와 채무노예는 1883년 영국 식민 당국과 페락 술탄 사이에 형평법에 따른 합의가 이뤄져 폐지될 수 있기를 바란다. 이 밖에도 해결되어야 할 다양한 문제가 산적해 있다. 중국인 이주민 사회에서 범죄 성향을 지닌 집단을 규제하는 보다 확실한 방안을 강구해야 하며, 외국 자본과 외국인 노동자를 끌어들일 새로운 방식을 시급히 도입해야 한다. 하지만 전체적으로 페락과 주민의 미래는 밝다고 하겠다. 이는 페락의 영국 주재관 휴 로가 당분간 현직을 유지하면서 페락의 자원을 개발하고, 난제들을 해결해 가며, 주민의 복지를 확대한다는 전제에서 그렇다는 얘기다.[390]

이른 시기의 페락 역사는 그다지 알려진 게 없다. 페락은 말라카 왕국에 이어 수마트라의 아체 왕국에 복속되었으며, 페락의 술탄은 이들 왕국에 금과 은으로 만든 꽃을 공물로 바쳤다. 태국도 종종 페락에 종주권을 주장하며 조공을 요구했는데, 페락은 슬랑오르의 전사인 라자 이브라힘[391]의 도움으로 1822년 태국 세력을 몰아냈다. 영국이 개입하기 이전까지 지난 3세기 동안 페락은 말레이 반도 남부의 조호르 왕조, 수마트라 북

부 아체 왕조와 관련된 술탄이 통치한 전제왕국이었다.[392]

영국과 페락의 관계는 1818년에 영국 동인도회사가 페락의 술탄과 조약을 체결하면서부터 시작되었다. 이 조약의 목적은 네덜란드 동인도회사가 페락의 주석 광산 개발에 영향력을 행사하지 못하게 하려는 것이다. 1826년의 다른 조약[393]을 통해, 페락은 술탄에 의해 자주적으로 통치될 것과 태국이 페락을 위협하거나 공격 또는 교란하더라도 영국은 페락에 군대를 파견하지 않을 것이란 합의가 이뤄졌다. 또한 영국은 이 조약을 통해 태국이 페락을 침공하거나 내정을 교란할 수 없다고 분명하게 선을 긋는 한편, 슬랑오르가 페락을 침공하거나 교란하는 것도 금지했다. 이는 영국이 사실상 말레이 내정에 개입한 것이다.

1871년까지 여러 일들이 일어났다. 술탄[394]이 죽고 왕위 승계 분쟁이 일어나 왕좌에 가장 가까웠던 라자 2명이 살해되었다. 이 일이 있고 나서 나이 많고 소극적인 인물인 이스마일[395]이 술탄에 선출됐다. 이후 3년 동안 계속된 음모와 일단의 복잡한 사건들은 영국이 개입할 빌미를 제공하였다.

술탄국 페락이 영국의 보호령으로 된 건 특이하게도 중국인 사이에 벌어진 일종의 내전[396]에서 비롯됐다. 1871년 당시 라룻 지역에는 주석 광산과 관련된 중국인 이주민이 어림잡아 3만 명에 달했다. 이들 중국인 이주민은 고콴五館과 시콴四館의 두 파로 나뉘었다.[397] 술탄 이스마일이 선출되고 몇 달 뒤에 두 파벌 간에 유혈 분쟁이 벌어졌다. 두 파벌은 서로 포격을 가했고, 무기와 탄약, 식량, 군수품을 페낭에서 원조받았다. 라룻 지역 고콴 세력의 주석 광산에 자본을 투자해 온 페낭의 부자 상인들은 주석 광산이 하루빨리 정상화되기만을 바랐다. 하지만 분쟁은 지속됐고 교역은 위축됐다. 전쟁을 지원한 보상이라고는 라룻의 중국인 2000명이 다치고 굶주린 것뿐이었다. 라룻 지역의 총독 격인 먼트리[398]는 인도인 정예병을 거느린 스피디Speedy[399] 대위의 지원도 받고, 넉 대의 크룹 대포[400]도 보유하고 있었지만, 질서를 회복하기에는 역부족이었다. 라룻은 쑥대밭이 되어 버렸다. 집들이 불에 타 달랑 세 채만 남았다. 말레이인은 모두 떠났다. 초반 승기를 잡은 시콴 세력은 페락 강 하구를 봉쇄하며 고콴 세력을 압박했다.

중국인 두 파벌은 전쟁을 계속하며 공멸의 위기로 치달았다. 양측은 처절한 잔혹 행위를 일삼았다. 전쟁 초기에는 하루에 중국인 비밀결사 회원 3000명이 살해되기도 했다 한다. 식민 당국이 군수품 수출을 금지하는 규정만 제대로 지켰더라도 두 집단의 다툼은 자연스럽게 사라졌을지 모른다. 라룻의 혼란은 걷잡을 수 없이 되어 버렸고, 그 불똥은 페낭으로까지 튀었다. 해협식민지 총독 클라크 경은 영국이 말레이 내정에 관한 불간섭 정책을 포기할 때가 됐다고 생각했다.

페락 강의 상류인 라룻에서 전쟁이 벌어지고 있었지만, 페락 강의 하류 지역 말레이인은 술탄 이스마일의 치하에서 평화를 유지했다. 술탄 이스마일의 정적이자 술탄의 왕좌를 노리는 라자 압둘라는 자금도 추종자도 신망도 없는 도망자에 불과했다. 하지만 라자 압둘라에게는 싱가포르에 킴쳉[401]이라는 중국인 친구가 비빌 언덕이 되었다. 라자 압둘라는 킴쳉에게 식민지 정부를 설득해 자신을 술탄으로 인정하도록 해 준다면 엄청난 이익을 얻게 해 주겠다고 약속했다. 당시 영국 식민장관 킴벌리 백작[402]은 이미 해협식민지 총독에게 모든 말레이 술탄국에 주재관 체제를 도입하는 방안을 지시한 상태였고, 주재관제의 시행은 시간문제였다.

싱가포르의 한 영국인 사업가와 킴쳉이 함께 쓰고 라자 압둘라가 서명한 편지가 해협식민지 총독에게 전달됐다. 이 편지는 페락을 영국의 보호 아래 두고 싶다는 라자 압둘라의 희망과 함께 라자 압둘라가 "훌륭한 지도자가 될 역량이 충분하다."는 주장이 담겨 있었다.[403] 그런 호소가 통한 걸까? 해협식민지 총독 클라크 경은 페락 해안에서 가까운 딘딩 제도의 팡코르 섬으로 분쟁의 당사자들인 중국인 지도자와 말레이 수장들을 소환했다. 클라크 경은 이 자리에서 분쟁을 중단하고 평화를 유지하라는 내용의 최후 통첩을 밝히고 두 세력을 화해시켰다. 총독은 말레이인 수장들과 라자 압둘라가 듣는 앞에서 페락의 술탄 왕위를 적절한 인물이 승계할 수 있도록 하는 것이 영국의 의무라고 천명했다. 이어 클라크 경은 라자 압둘라를 페락의 술탄으로 인정하는 데 이의가 있는지 물었다. 아무런 반대가 없었다. 팡코르 섬에 모인 말레이 수장들은 클라크 경이 작성한 서류에 서명했는데, 이것이 바로 팡코르 조약이다. 조약은 현 술탄 이스마일을 폐위하고 새로운 술탄 압둘라를 옹립하며, 페락의 지방 두 곳을 영국에 양도할 것을 명시했다. 또한 페락의 새로운 술탄은 영국의 주재관과 주재관보를 수용하는 조건으로 봉록과 왕실 경비를 세수에서 우선 지급받을 수 있으며, 종교와 관습법에 해당하지 않는 일체의 사안을 영국 주재관에게 자문을 구하고, 그 자문의 내용을 반드시 실행해야 한다는 조항이 포함됐다. 아울러 모든 세입의 징수와 통제 및 일반 행정도 영국 주재관의 자문하에 이루어져야 한다는 내용도 담겨 있다. 팡코르 조약 체결 이후 페락의 하천에서는 해적 활동이 사라졌고, 라룻은 다시 사람들이 모여들며 번창했다.

지금까지 페락의 술탄과 관련해 쓰면서 나는 벤슨 맥스웰 경[404]의 견해를 따랐다. 그러나 당시 페낭의 치안 책임자였던 스웨트넘은 술탄 압둘라를 부정적으로 평가한다. 명색이 술탄인데도 술탄의 의무를 다하기는커녕 아편을 빨거나 닭싸움에 몰두하는 등 여러 추악한 짓거리에 빠져 있다고 비판한다. 또한 술탄 압둘라는 관용을 베풀어야 할 사람들에게 도리어 고압적으로 굴고, 거들먹거리는 바람에 신망을 잃고 있다는 게 스웨트넘의 평가다. 페락의 영국인 자문관들이 술탄 압둘라를 나쁘게 평가했다는 사실은 특기할 만하다.

팡코르 조약이 체결된 것은 1874년 1월의 일이다. 그로부터 2년이 채 못 된 1875년 11월 2일, 전날 저녁 파시르 살락[405]에 도착한 페락의 영국 주재관 버치가 목욕을 하다 살해되는 사건이 벌어졌다. 그때 버치는 페락 전역을 영국 관리들이 직접 통치하게 될 것이란 포고령을 공표하려던 참이었다.

주재관 암살을 응징하기 위해 영국은 '작은 전쟁'[406]을 벌였고, 이를 계기로 영국에서도 말레이 반도의 술탄국 페락을 알게 됐다. 런던의 언론은 의회의 승인이 없는 상태에서 영국의 식민지 관리들이 식민지 정복과 대영제국의 책무를 다하기 위해 얼마나 애쓰고 있는지를 따져 묻기 시작했다. 당시 영국 식민장관 카나본 백작[407]은 싱가포르 해협식민지 정부에 보낸 전문에서 "합방合邦이나 다른 정치적 목적"을 위한 군사력 사용을 승인할 수 없다고 했으며, 추가로 발송한 전문에서 주재관 제도는 실험적 조치로서 임시로 승인된 것일 뿐이라고 명시했다. 카나본 백작은 "독립적인 주권을 유지하려는" 국가에서 영국 정부가 현지인들에게 영국의 지배를 강요할 목적으로 군대를 주둔시키지는 않을 것이라고 선언했다.[408]

주재관 버치의 피살로 인한 전쟁 이후 일련의 조치가 취해졌다. 전 술탄 이스마일은 영지를 박탈당하고 조호르로 추방되었다. 음모자의 냄새가 물씬한 술탄 압둘라와 라룻의 먼트리인 응아 이브라힘 역시 세이셀[409]로 추방됐다. 그리고 모든 면에서 혐오감을 주는 페락의 태자인 라자 무다 유스프[410]는 술탄을 승계하지 못하고 섭정에 올랐다. 이로써 영국은 사실상 페락을 통치하게 됐다.

페락 전쟁 이전이나 이후에나 페락의 수장들과 인민들에 대한 영국의 관계는 여전히 열정과 편견이라는 짙은 안개로 뒤덮여 있다. 벤슨 맥스웰 경은 『영국의 말레이 정복사*Our Malay Conquests*』에서 영국 식민 당국을 준엄하게 비판했지만, 프레드릭 맥네어 소령[411]은 페락에 관해 쓴 책에서 식민 당국의 모든 절차가 정당했다고 옹호했다. 이 논쟁적인 주제에 감히 내 의견을 피력하자면 이렇다. 현지인을 다루는 식민 당국, 모든 주재관들과 하급 관리들, 그리고 영국과 극동의 힘없는 민족들 사이의 모든 교섭에 관해서는 차라리 "왕좌를 두드리는 강렬한 빛"[412]을 비추는 편이 낫지 않겠냐는 것이다. 잘했다면 빛을 두려워할 일이 없을 테고, 잘못했다면 그 빛 속에서 잘못이 드러날 테다. 어설픈 조언이나 의욕만 앞선 계획은 그 밝은 빛 속에서 저지될 것이기 때문이다. 영국 여론의 관심은 결코 이 열대의 밀림에까지 미치지 않는다. 게다가 대체로 영국인은 동양의 사람들과 그들의 권리에 무지할뿐더러, 영국이 어떤 연유에서 동양의 내정에 개입하게 되었고, 실제 어떤 식으로 개입하는지를 알려고 하지 않는다. 멀리 떨어진 말레이 반도의 술탄국에서 새로운 분쟁이나 또 다른 '작은 전쟁'이 벌어져 한동안 영국인의 이목을 끌지 않는 한, 영국과 영국인의 이러한 고질적인 문제는 고쳐질 것 같지 않다. 그리고 이것이 시정되지 않는다면, 동양의 식민지에는 커다란 손해를 끼치게 될 것이고, 영국이 입을 피해도 결코 작지 않을 것이다.

페락에서 일련의 변화가 마무리되고 나서 라부안[413] 식민지 정부의 관리였던 휴 로가 페락의 영국 주재관으로 임명되었다. 말레이 언어와 물정에 밝은 W. E. 맥스웰이 부주재관으로 주재관을 보좌한다. 주재관과 부주재관 모두 말레이어를 유창하게 구사한다. 맥스웰은 말레이어 전공 학자기도 하다. 두 사람은 모두 단호하면서도 성마르지 않으며, 말레이인과 중국인에게 고루 이익이 돌아가게 하려 노력하는 인물로 정평이 나 있다. 이들은 페락을 안정시켰을 뿐 아니라 말레이 수장들을 다독이고, 인민들로 하여금 새로운 질서를 받아들이도록 노력한다.

Letter 18

라룻의 영국 부주재관저
1879년 2월 11일

나는 어제 페낭의 배석판사 우드의 집을 떠났다. 부두까지 배웅한 우드의 시종이 나를 페락으로 향하는 보트에 태워 줬다. 그 보트는 아탑으로 차양을 하고 클링 뱃사공 여섯 명이 밧줄로 고정한 노를 저었다. 좁은 해협은 거울처럼 잔잔했고, 바다 위에 남아 있는 열대의 석양볕이 뜨거웠다. 바다는 기름처럼 번들거렸다. 페낭의 부두를 떠난 지 30분 만에 번성한 영국 식민지 프로빈스 웰즐리에 도착했다. 산호 해변 위로 위풍당당하게 늘어선 카수아리나나무[414]가 회색의 깃꼴 잎을 드리우고 있다. 그 뒤로 코코스야자나무 숲에 싸인 공터들이 보였다. 작은 돌출부두에서 대기하고 있던 시크교도 경관이 나를 프로빈스 웰즐리 치안판사인 아이스몽거의 관저로 안내했다. 아이스몽거의 아내가 관저의 밝은 녹색 잔디밭에서 나를 맞이했다. 관저인 방갈로에는 사랑스런 아라만다 덤불이 둘러쳐져 있고 야자나무가 그늘을 드리웠다.

날이 저물어 어둑어둑해졌는데도 뭔가를 보여 주겠다는 아이스몽거 부인에 이끌려, 나는 붉은빛 수마트라산 조랑말이 끄는 이륜마차를 타고 주변을 둘러봤다. 프로빈스 웰즐리에는 해변을 따라 코코넛 농원이 수 킬로미터나 이어졌다. 이들 농원의 소유주는 모두 중국인이다. 일자로 심어진 코코스야자나무를 따라 넓은 대로가 길게 뻗어 있다. 그 길은 장대하지만 왠지 울적한 기분이 들게 했다. 코코넛 농원에 이어 사탕수수와 벼논이 있고, 또 다시 코코넛 농원이 이어졌다.

코코스야자나무는 푸석푸석한 땅이든 모래가 많이 섞인 땅이든 가리지 않으며, 소금기가 있는 바닷가에서 제일 잘 자란다. 적합한 환경에서는 아무런 관리나 거름이 필요 없다. 나무들은 사랑스럽게 바다 쪽으로 굽어 있고 잘 익은 과실을 물 위로 떨어뜨린다. 하지만 코코스야자나무를 바닷가에서 200미터 이상 떨어진 곳에서 재배하려면 비옥한 토양과 충분한 거름이 필요하다. 그렇지 않으면 사람이 사는 주거지에서 가까워야 한다. 코코스야자나무는 토양과 장소에 따라 수령이 4~10년이 되면 열매를 맺기 시작한다. 이 후덕한 나무에는 1년에 140~150개의 코코넛이 열린다. 열매는 놀랄 정도로 천천히 자란다. 꽃망울이 보이고 석 달 뒤에야 열매가 나오며, 그 뒤 열매가 자라기까지 반년이 걸린다. 그로부터 다시 석 달 후에 익고, 두 달이 더 지나서야 열매가 땅에 떨어진다. 꽃을 피우고 열매가 땅에 떨어지기까지 무려 14개월이나 걸린다!

통상 아레카야자나무를 비롯한 야자수들은 수형이 근사한데, 프로빈스 웰즐리에서 자라는 것들은 확연히 그렇지 않다. 이곳에서 야자나무의 아름다움을 숭모해 온 나의 신앙이 흔들리고 있다.

관저로 돌아오는 길에 야자나무로 둘러싸인 말레이 캄퐁들이 보였다. 마을마다 주상가옥 아래에 모깃불을 피웠다. 물소 떼 주위에도 모깃불을 피웠는데, 이 못생긴 짐승들은 예외 없이 바람이 불어오는 쪽을 향해 모여 있었다. 모기에 물리는 것보다는 연기를 마시는 편이 나은 모양이다. 덩치는 크고 가죽은 얇은 이곳의 물소는 백인에게 이상한 반감이 있는 것만 같다. 말레이인이 쓰다듬어 줄 땐 얌전하고, 심지어 꼬마들이 장난을 치고 등에 올라타도 가만히 있으면서, 백인만 보면 주둥이를 들어 씩씩거리며 미친 듯이 달려들려 한다. 이 녀석들은 대단히 강인하지만, 햇빛을 싫어하고 강물에서 목욕하거나 진흙탕에 뒹굴기를 좋아한다. 말레이인 주인들은 이런 물소의 비위를 잘 맞춰 준다. 일대일로 공평하게 맞붙으면 물소가 호랑이를 이긴다고들 한다. 물소가 반격하는 모습이 전광석화 같다는 것이다.

이날 저녁 만찬은 정말 유쾌했다. 저녁상을 차린 아이스몽거 부인은 페락 부주재관 맥스웰의 여동생으로, 매우 점잖고 사려 깊으며 박식하고 학구적이다. 그는 이곳의 살림을 영국적인 분위기로 꾸미려 하지 않았다. 그렇게 하는 것은 해외 체류 기간을 아주 비생산적인 시간으로 만들어 버리기 십상이다. 그녀는 말레이인에 관심이 많으며, 말레이의 문물에 해박하고, 말레이어로 쓰인 책을 영어로 번역할 정도의 어학 실력을 갖췄다.

아이스몽거 부인과 함께하면서, 프로빈스 웰즐리에 무지한 나 자신이 부끄러웠다. 사실 나는 말라카에 도착하고서야 프로빈스 웰즐리라는 이름을 들었다. 이곳은 폭 16킬로미터에 길이 56킬로미터의 길쭉한 지역에 불과하지만, 땅이 비옥하고 경작지가 잘 개발되어 있는 부유하고 번성한 곳이다. 페낭에서도 이곳의 광활하게 펼쳐진 사탕수수 밭과 설탕 공장의 높은 굴뚝이 보인다. 프로빈스 웰즐리에서는 벼와 코코넛도 재배된다. 이곳의 인구는 5만 8000명에 달한다. 이는 페낭이나 말라카보다도 많을뿐더러, 숭에이우종과 슬랑오르, 페낭의 말레이인을 모두 합친 것과 맞먹는 수치다! 맥스웰은 페낭의 조지타운에서 증기 론치선 킨타Kinta 호를 타고 밤 8시까지 이곳으로 오겠다고 약속했다. 나는 무척 피곤했지만, 저녁 만찬 자리가 얼마나 유쾌했던지 맥스웰이 온다고 했던 8시가 지나 9시, 10시, 11시가 되도록 지루한 줄 모르고 이야기꽃을 피웠다.

11시 넘어 은빛 바다 위에 킨타 호의 검은 그림자가 모습을 드러냈다. 파도가 제법 센 탓에 킨타 호를 부두에 대는 데 약간 시간이 걸렸다. 곧이어 활달하고 쾌활한 목소리를 앞세우고 맥스웰이 먼저 배에서 내렸고, 페락의 시크교도 무장 경찰[415] 지휘관 워커가 그 뒤를 따랐다. 워커의 풍채는 얼마나 당당한지 보는 이를 주눅 들게 만든다! 마치 잘못을 저지른 이들이 스스로 움츠러들듯이 말이다. 하얀 달빛 아래 이슬 맺힌 잔디 위로 야자나무의 휘어진 그늘과 우아하게 가지를 늘어뜨린 카수아리나나무, 반짝이는 바다, 긴 띠를 이루며 밀려드는 흰 파도가 아름답게 어우러졌다. 파도 때문에 킨타 호의 출발은 쉽지 않았지만, 막상 부두를 떠나자 이내 바다는 잔물결조차 없이 기름처럼 반들거렸다. 길게 띠를 이루며 해변에 부서지는 파도는 해안에서 볼 때는 눈처럼 희던 것이 바다에서는 기다란 녹색의 화염처럼 보인다.

킨타 호는 페락 정부 소유의 증기 론치선이다. 킨타 호의 보일러는 일본식 표현으로 치자면 '오모이 뵤키重い病氣', 즉 중병에 걸린 상태다. 슬랑오르 술탄의 요트 압둘사맛 호에 비교할 바가 못 된다. 하지만 겉치레가 요란하지 않은 대신 조용하고 흔들림이 적다. 사실 잔잔한 말라카 해협에서는 수마트란스Sumatans, 즉 육풍과 해풍의 흐름을 흩트리는 돌풍만 불지 않는다면, 낡은 욕조를 띄우더라도 안전하긴 하다. 밤바다는 아름다웠고, 나는 그 사랑스러움을 만끽하려 잠시 갑판 위에 머물렀다. 내 곁에는 따지기 좋아하지만 밝고 즐겁고 아주 활기 넘치는 페락의 부주재관 맥스웰과, 전 해협식민지 총독 W. 로빈슨 경의 부관이었던 워커 대위가 함께했다. 싱가포르의 안락한 해협식민지 정부 청사에서 근무하던 워커는 시크교도 무장 경찰을 지휘하기 위해 페락의 외딴 정글로 가는 길이다. 나의 세 번째 일행은 페락 강 하류 두리안 사바탕의 치안 책임자인 이니스다. 그의 아내는 팡코르섬에서 일어난 끔찍한 사건으로 거의 죽을 뻔했다. 이니스는 두리안 사바탕의 습지 생활이 버겁기라도 한 듯 의기소침해 보였다.

갑판 아래의 작은 선실은 끔찍하게 더웠다. 선실은 나만의 공간도 아니었다. 추방된 전 페락 술탄 압둘라의 아들로, 말라카에서 학교를 다니는 소년 두 명이 함께했다. 게다가 크고 흉측한 생쥐들과도 선실을 공유했다. 더위와 쥐 떼 때문에 잠을 이룰 수 없었던 나는 붉게 여명이 밝아오는 새벽에 갑판으로 나갔다. 킨타 호가 라룻 강에 막 들어서자, 흙탕물이 밀림과 맹그로브의 습지 사이로 빠르게 흘렀고, 개흙이 번들거리는 강기슭에는 악어들이 볕을 쬐고 있었다. 말레이 반도의 강에 사는 악어들은 입을 크게 벌리지 않는다.

만조를 만난 강물은 최고 수위까지 불어 마치 모든 숲을 잠기게 할 것만 같았다. 맹그로브의 뿌리들은 물속에 잠겼다. 적막하고 외딴 이곳은 온통 짙은 녹음뿐이다. 황금색 이파리와 열매가 주렁주렁 달린 많은 야자나무가 뿌리째 뽑혀 소용돌이치는 강물 위로 떠내려간다. 좁은 수로들은 나무로 뒤덮여 있어 그 속에서 무슨 일이 벌어져도 모를 것만 같다. 맹그로브 숲과 악어들을 보며 라룻 강을 더 거슬러 올랐다. 작은 개활지를 지나자 강과 정글 사이의 지저분한 개흙 위에 부지런한 중국인의 움막들이 보인다. 주상가옥으로 지어진 경찰서에는 경관 여섯 명이 도열해 우리 일행이 탄 킨타 호를 향해 경례했다.

오전 7시에 킨타 호는 털룩 카르탕에 도착했다. 황량한 습지 위에 자리한 항구 털룩 카르탕엔 부두 하나와 길쭉한 창고 한 채, 움막 두세 채, 백인과 말레이인 혼혈의 관리 몇 명이 전부였다. 작지만 매우 쓸모 있는 중국인 소유의 상업용 증기선 스리 사라왁Sri Sarawak 호가 부두를 가로막고 있는 바람에, 우리는 뭍에 오르기 위해 그 증기선의 갑판을 가로질러야 했다. 스리 사라왁 호의 갑판은 웃통을 벗은 중국인과 지저분한 중국 돼지들이 뒤섞여 오물로 범벅이 되어 있었다. 겉보기에는 황량하지만 이 항구에서는 엄청난 수출입 거래가 이루어진다. 이 지역에서 채굴되는 풍부한 주석들은 모두 이 항구에서 페낭으로 송출된 뒤, 페낭에서 세계 각지로 수출된다.

나는 일행이 사무를 처리하는 동안 의자 한 개와 낡은 책상이 놓인 어느 빈 사무실에서 한참을 대기했다. 책상 위에는 해묵은 잉크 얼룩과 케케묵은 잉크병꽂이, 빈 술병 두 개가 놓여 있다. 사무실 바깥의 벽 쪽으로 새조개 껍질들이 수북했다. 무성한 잡초 사이로 실개천들이 흘렀고, 번들거리는 표면 위로 무지갯빛을 반사하는 개흙 위에는 온갖 곤충과 파충류가 뜨거운 햇살 아래서 우글거렸다. 그 혐오스러운 개흙 위의 생물 가운데는 눈부신 파란색 등껍질을 가진 작은 게도 있다. 풀이 무성한 시궁창에서 참을 수 없는 악취가 뿜어져 나왔다. 하지만 나는 너에게 편지도 쓰고 자수도 놓으면서, 이 감옥 같은 사무실에서 지루하고 푹푹 찌는 무더위를 기쁜 마음으로 감내했다.

이륜마차인 개리 세 대가 도착했다. 나는 그중 한 대에 이니스와 함께 탔고, 다른 한 대에는 맥스웰과 워커가, 그리고 세 번째 개리에는 술탄 압둘라의 두 왕자가 탑승했다. 세상에 탈것이 많지만, 라룻의 개리처럼 타고 내리는 데 힘이 드는 건 어디에도 없을 듯싶다. 이곳의 개리는 바퀴가 두 개며, 2인용 좌석이 있고 그 앞쪽에 마부가 말을 끌지 않을 때 올라타는 좌판이 놓여 있다. 마부의 좌판과 마차 전체를 덮고 있는 낮은 지붕 탓에 타고 내리기가 여간 불편하지 않다. 마차의 바닥은 마른 풀과 나뭇잎으로 채워져 있고, 발을 앞쪽 마부의 좌판에 올려놓을 수 있다. 작고 성질 사나운 수마트라산 조랑말들은 잘못 다루면 미친 듯이 달려 위험하다. 이런 개리를 모는 마부는 거의가 클링인이다. 이들은 무더위도 아랑곳 않고 정장을 갖춰 입고 마차를 몬다. 클링인이 모는 개리가 빠르게 늘고 있고, 주석을 가득 실은 물소 수레들도 강 끝까지 길을 가득 메운다. 교통 체증으로 자칫하다간 마차에서 내려 성질 사나운 조랑말의 등에 올라타는 일이 벌어질 수도 있을 것 같다.

항구 근처에서 우리는 느릿하게 걷고 있는 코끼리 세 마리를 봤다. 가운데 것이 덩치가 제일 컸고, 다른 코끼리 머리 위에 코끼리를 부리는 마후트mahout가 앉았다. 이들 세 마리 코끼리는 퇴위한 술탄 압둘라의 시대를 상징하는 유물이다. 코끼리들이 우리 일행 앞에 엎드렸다. 개중 가장 작은 코끼리가 나와 내 여행 보따리인 글래드스톤 백과 캔버스 롤 배낭을 실어 나를 참이다. 길들인 코끼리를 처음 봤을 때의 느낌은 굉장했다. 하지만 이들은 정말 못생겼고 걸을 때 등이 좌우로 크게 흔들렸다. 코끼리를 탈 이번 여정이 편치 않을 것임을 예고했다.

우리 일행은 습지대를 통과했고, 거의가 남자뿐인 분주한 중국인 마을도 지났다. 그곳의 중국인은 개리를 제작했고, 어디서나 그렇듯이 중국인 노동자가 살 만한 모든 것을 팔았다. 중국인은 피부가 누렇고 야위었으며, 깔끔히 면도하고, 눈치 빠르고 부지런하며, 남에게 의존하지 않고 술에 절어 있지도 않는다. 그들은 돈이라면 뭐든 하며, 믿을 만하지만 속내를 알기는 힘들고 아편과 도박을 즐긴다. 혈연과 지연, 방언을 연고로 파벌을 이루며, 결속력이 강해 다른 집단과는 잘 어울리지 않는다. 노동자들은 번 돈을 우체국에 가서 고향으로 송금한다. 최근 대단히 유능하고 고등 교육을 받은 한 중국인이 내게 말하기를, 중국인은 영국을 "잔혹한 부도덕성과 결탁한 폭력의 화신!"으로 여긴다고 했다. 나는 그의 말이 진실이 아니기를 바랄 뿐이다. 여기는 중국인의 지역이고, 그들이 그렇게 느낀다면 달리 뭐라 할 말은 없다.

날씨는 찬란하게 맑았고, 더위는 적도의 열기 못지않았다. 포석이 깔린 길을 지나 맹그로브 숲을 빠져 나오자 멋진 열대의 숲이 펼쳐졌다. 나무들을 칭칭 감은 거대한 툰베르지아 덩굴은 커다란 파란색 꽃을 가득 피웠다. 우리 일행이 배에서 내린 항구 털룩 카르탕에서 영국 부주재관의 관저가 있는 타이핑까지 거리는 13킬로미터 남짓하며, 길은 밋밋했다. 우리는 코끼리 등 위에서 덜컹거릴 때마다 해발 1000미터의 산들이 그림처럼 솟아 있는 히잔 산맥[416]으로 조금씩 다가갔다. 비범한 모양으로 덩그러니 우뚝 솟은 뷰트[417]인 구눙 폰독[418]도 멀리 보인다. 구눙 폰독은 이 지역의 랜드마크 가운데 하나다. 그 오른편에 동쪽으로 정상이 해발 2400미터에 달하는 장대한 산맥이 펼쳐졌다. 푸른색과 녹색을 띤 산맥의 높은 산마다 물보라를 일으키는 장대한 폭포가 적어도 한 개 이상씩 있어, 보기에 시원하다.

우리는 또 다른 중국인 촌락인 퍼르마탕Permatang에 도착했다. 그곳은 인구 구성으로 보나 경제적 능력으로 보나 중국인 촌락이라고 할 만했다. 퍼르마탕 인근에 약간 낡은 커다란 2층짜리 말레이 저택이 있다. 페락 전쟁 이후 쫓겨난 라룻 먼트리인 응아 이브라힘의 부인이 노예를 거느리고 사는 곳이다. 쾌활한 표정의 소녀 노예들이 창문 뒤에 숨어서 우리 일행을 내려다봤다. 우리가 코끼리 등에서 내린 곳은 웨인이라는 식민지 관리의 집 앞이었다. 웨인은 우리를 깍듯하게 환대하며 아침 식사에 대해 물었다. 정말이지 내가 바라 마지않던 말이었다. 그런데 내가 샤워를 하고 나오자 우리 일행은 아침밥을 거른 채 곧바로 출발했다. 먹는 걸 절제하고 배고픔을 잘 견디는 맥스웰이 그저 야속할 따름이다!

퍼르마탕에서부터는 코끼리에서 마차로 옮겨 탔다. 잘 뚫린 도로를 따라 구름을 이고 있는 산 쪽으로 달렸다. 정오쯤에 페락에서 가장 중요한 중국인 도시, 타이핑에 도착했다. 도시 안에는 1.5킬로미터 정도의 도로변에 중국식으로 한껏 화려하게 치장한 상점들과 커다란 시장이 자리 잡고 있다. 여러 중국인 방파幫派가 회합하는 강당, 도박장, 작업장, 재무부(짙은 색 목재로 지어진 튼튼한 건물), 널찍하고 독립된 시크교도 무장 경찰의 병영, 병원, 탄약고, 연병장, 정부 창고, 대형 신축 감옥, 영국인 하급 관리들을 위한 깔끔한 방갈로 등도 갖춘 도시였다. 페락의 영국 부주재관 사무소를 겸하는 관저는 가파른 언덕의 꼭대기에 자리했다. 그 언덕은 마차로 오르기에는 너무 경사가 급했는데, 힘센 조랑말과 클링인 마부가 지그재그로 개리를 끌고 올라갈 때 오금이 저렸다. 그런데도 나는 기뻤다. 우선 시원하고 쾌적한 관저에서 땡볕을 피할 수 있을 것이기도 했거니와, 건너뛴 아침이든 간단한 점심이든 배를 채울 수 있으리라는 기대 때문이었다.

넓은 관저는 천장이 높고 바람이 아주 잘 통했다. 아마도 적도 인근에서 최상의 건물이리라. 폭 9미터, 길이 18미터로 천장의 가장 높은 곳이 6미터며, 양 끝이 개방된 방 하나로 이뤄졌다. 앞쪽엔 유리가 없는 활 모양의 내닫이창을 크게 내고, 그 앞으로 아주 넓은 베란다를 뒀다. 관저의 방과 베란다는 대형 클라이드 증기 여객선[419]의 앞쪽 선실을 닮았다. 방을 가로질러 붉은색 장막을 쳐 앞쪽은 거실로 삼고 나머지 공간은 식당으로 했다. 거실의 한쪽에 내 침실과 거실, 술탄 압둘라의 두 왕자를 위한 침실을 두고, 그 건너편을 부주재관 맥스웰이 침실과 집무실로 쓴다. 욕실과 시크교도 보초들의 경비실은 아래층에 있다. 관저에서 화려한 장식이나 사치를 부린 흔적은 눈을 씻고 봐도 찾을 수 없다. 이곳의 식사는 하루 두 끼며, 그나마도 간단한 음식만 제공된다. 아침 7시에 나오는 바나나와 차, 오후 5시 애프터눈 티가 두 끼 식사의 전부다. 부주재관 맥스웰은 음식에는 대단히 금욕적이지만, 꼭두새벽부터 업무를 볼 정도로 일에는 열정적이다. 말레이인의 출퇴근 시간은 칼같이 지켜진다. 조용히 일만 하는 분위기다. 내가 본 바로 관저에서 시중을 드는 사람은 중국인 가정부 한 명과 말레이인 집사 한 명뿐이다. 그 중국인 가정부는 어제 내 누비이불 아래에서 길이가 1미터나 되는 뱀이 똬리를 틀고 있는 걸 발견했다.

술탄 압둘라의 두 왕자는 내가 본 중에 제일 재밌는 아이들이다. 9살과 12살의 두 소년은 표정이 고스란히 드러나는 원숭이상의 얼굴을 하고 있다. 차분함이라고는 없다. 쉬지 않고 재잘거린다. 개구쟁이면서 위트도 있다. 말라카에서 많은 돈을 들여 영어 교육을 받았는데도, 이 아이들은 혐오스러운 피진 영어로 말한다. 그리고 말레이어는 일절 쓰지 않는다. 적어도 내가 듣기에는 그렇다. 이 소년들은 잠시도 가만있지 않는다. 입을 열어 놓고 살며, 책은 대충 읽는다. 별별 걸 다 물어보지만, 변덕이 하도 심해 내가 무슨 대답을 하든지 상관도 않는다. 재주넘기를 하다 말고, 글을 쓰고 있는 내 어깨에 기대기도 한다. 수수께끼를 내놓고 내가 맞히지 못하면 소리를 지르며 넘어갈 듯이 좋아한다. 때로 맥스웰의 어깨에 올라타 돈을 달라며 조른다. 나는 이 아이들이 좋다. 부산하지만 무례하거나 말썽을 피우지는 않는다. 관저에 활력을 불어넣은 건 이 개구쟁이들이었다. 그런데 이 두 왕자가 섭정을 만나기 위해 코끼리를 타고 쿠알라 캉사르로 방금 떠났다. 이들의 미래는 어떻게 될까? 왕자들의 아버지는 세이셸로 추방됐다. 언젠가 둘 중 한 명이 섭정을 대신해 술탄을 승계할지도 모른다. 하지만 또 다른 라자가 매우 영민한 데다 말레이인의 신망도 두터워 이 두 어린 왕자가 페락의 왕좌에 앉을 가능성은 적어 보인다.

부주재관의 관저가 있는 가파른 작은 언덕에 커피나무를 재배하는데, 누런 잎사귀만 듬성듬성한 걸로 보아 발육 상태가 안 좋은 것 같다. 내 침실이 있는 쪽은 전망이 기막히다. 히잔 산의 아름다운 경관이 그대로 들어온다. 관저에서 800미터쯤 떨어져 있는 그 산의 폭포에선 거대한 물보라가 인다. 낮에 히잔 산에서 불어오는 시원한 산바람이 더위를 씻어 준다. 앞 베란다에서는 타이핑과 다른 중국인 마을들이 내려다보인다. 마을에는 중국인이 경작하는 채소밭들이 가지런하다. 전에 주석을 채취하던 구덩이들은 연못처럼 진흙물로 채워져 있고, 주석을 채취하면서 생긴 흙탕물이 좁은 시내를 이루며 라룻 강으로 흐른다. 라룻 강 인근 지역은 주석 채굴이 거의 끝나 잡초가 무성하다. 강 너머로 끝이 보이지 않는 밀림이 수 킬로미터에 걸쳐 수해樹海를 이룬다. 그 나무의 바다 위로 온종일 구름 그림자가 자주색으로 떠다닌다. 이른 아침이면 무장 경찰이 도열하면서 연병장에는 붉은색 선이 생겨난다. 망원경만 있으면 이 베란다 위에서 온종일 바삐 돌아가는 타이핑의 시가를 볼 수 있다.

타이핑은 번성하고 성장하는 도시다. 인구가 6000명이 넘는다. 소수의 클링인을 제외하면 거의 중국인이다. 클링인은 작은 상점을 운영하거나 사채업을 하며, 개리와 소달구지를 몰거나 세탁업을 한다. 이곳은 1873년 라룻 전쟁의 중심지였다. 그 때문에 이곳 중국인은 여전히 경계 대상으로 여겨지는 것 같다. 타이핑의 중국인은 통행증과 등불이 없으면 밤에 바깥 출입을 할 수 없다. 중국인 대대수가 주석 광부고 나머지는 이들을 상대로 물건을 파는 상인이며, 개중에는 큰돈을 번 부자도 있다. 낮 동안 타이핑은 완전히 텅 빈다. 해질녘 광부들이 돌아오면 온 거리와 도박장은 발 디딜 틈 없이 붐비고, 바벨탑을 방불케 하는 끔찍한 소음이 시작된다. 타이핑의 도심에서 말레이인은 그림자도 찾기 힘들다.

부주재관 맥스웰은 예고도 하지 않고 수행원도 없이 이곳저곳을 걷거나 마차로 돌아다닌다. 관저에는 커다란 파란색 터번을 머리에 두르고 진홍색 코트와 흰색 바지를 입은 시크교도 경비들이 밤낮으로 경계를 선다. 타이핑에는 무장 경찰 450명이 주둔한다. 이들은 영국에 고용된 인도 출신 시크교도와 파탄족[420]으로 구성되어 있다. 이들은 무장 경찰로 불리기는 하지만 실질적으론 군인이며, 군인으로서 훈련받고 명령을 수행하고, 영국군 제80 보병연대 스윈번Paul Swinburn 소령의 지휘를 받는다.[421] 대포를 장착한 산악열차 포대의 절반이 이곳에 주둔하는데, 무장 경찰 상당수가 포병 훈련도 받는다. 이들은 총을 쏘고 약탈을 하는 것이 낙이겠지만 범죄를 저지를 것 같지는 않다. 이들은 잘생긴 얼굴에 수염과 구레나룻을 길게 기른다. 보통 구레나룻은 끝을 땋아 터번 속으로 밀어 넣는다. 인도 출신의 무장 경관은 대체로 선량해 보이며, 술을 멀리하고 고분고분하며 온순하다.

스윈번 소령의 말에 따르면, 이들도 신앙적 주제에 관한 말싸움이 벌어지면 험악해진다고 한다. 이들은 돈을 모으는 데 열심이다. 많은 이들이 인도에 있는 어린 소녀와 약혼한 상태여서 결혼 후 정착할 땅을 사기 위해 봉급의 거의 전부를 저축한다. 이들이 근무가 없을 때 순백색 터번과 외투를 걸친 모습은 그리스의 고전 조각처럼 보인다. 인도 출신의 시크교도와 파탄족은 말레이인을 존중하면서도 자기들을 겁내는 중국인을 깔보는 경향이 있다. 시크교도 경관 한 명이 변발을 포승처럼 묶어 중국인 네댓 명을 앞세우고 가는 광경이 종종 보인다. 나는 밤에 경비가 교대하면서 철커덩거리는 쇠사슬 소리를 낼 때마다 잠에서 깬다. 그리고 경비들의 총검에 달빛이 반사되어 반짝거릴 때마다 내가 지금 페락에 있다는 사실을 깨닫는다.

이곳의 기후는 상쾌하며 열대야도 없다. 나는 아침 7시부터 이곳저곳을 둘러보고 저녁에 타이핑으로 돌아오곤 했다. 이곳 병원의 환자 대부분은 시크교도였는데, 이들은 대체로 고분고분하지만, 종교적인 편견 때문에 음식을 제공하기가 힘들다는 게 병원의 애로사항이다. 어떤 중국인 환자는 온몸이 난도질당한 듯 아주 심한 상처를 입었다. 라룻 강의 지류에서 배를 훔치려다 악어에게 물렸는데, 두 다리와 팔 하나를 물어뜯겼고, 등짝도 크게 다쳤다. 죽지 않고 살아 있다는 게 놀라울 따름이다. 병원의 약사는 마드라스 출신의 젊은 인도인이다. 일본에서 '가케脚氣'라고 하고, 다른 곳에서는 '베리베리Beri-Beri'라고 하는 질병[422]이 한두 건 발생했다.[423] 우리 일행은 맑은 급류가 흐르는 계곡으로 산책을 갔다. 계곡물은 큰 바위 사이를 그르렁거리며 흘러내려 산기슭의 촘촘한 열대의 초목들을 적신다. 열대의 계곡물인데도 어찌나 차갑고 맑은지 마치 보랏빛 헤더[424] 사이를 흐르는 스코틀랜드의 냇물을 보는 듯했다.

이곳에는 나팔수딱정벌레trumpeter beetles라는 게 있다. 몸통은 밝은 초록색이고, 날개는 투명한 막처럼 보인다. 크기는 10센티미터나 되며, 말만 한 크기의 동물이 낼 수 있는 소리를 낸다. 밤에 이 딱정벌레 두 마리가 집 안에 있기라도 하면, 너무 시끄러워 대화를 할 수 없을 정도다. 하지만 그 대신 한동안 모기 걱정은 잊을 수 있다.

스윈번 소령과 워커 대위는 부주재관과 함께 관저에서 식사를 한다. 우리 일행은 양고기 구이로 간단한 만찬을 했다. 내가 양고기 구이 맛을 본 건 열 달 만이다. 꿀맛이었다. 누구나 비쩍 마르고 퍽퍽한 닭고기를 이리저리 요리 방식만 바꿔 삼시세끼 먹게 되면 질리기 마련이다.

말라카를 떠날 때 말라카 총독 쇼는 내게 "폴 스윈번을 만나게 된다면, 당신은 평생 다시 못 볼 사내를 보게 되는 겁니다."라고 말했다. 나는 그 스윈번을 어제 만났다. 런던 팰 맬[425] 가의 사교 클럽에서나 볼 법한, 키 크고 깡마른 귀족풍의 한 사내가 방으로 걸어 들어와서는 내게 대뜸 이렇게 말했다. "빨리 가는 편이 좋을 겁니다. 여긴 볼 것도 할 것도 배울 것도 없습니다." 그가 무척 흥미로워진 건 당연했다. 그의 음색과 행동거지는 독특했다. 대단히 자신에 찬 인물이면서도, 자부심이 강한 이들이 흔히 열등한 이들을 깔보곤 하는 것과 달리 사람들을 배려할 줄도 알았다. 그는 언변이 좋았다. 예술, 문학, 정치, 사회 등 어떤 주제에도 막힘이 없을뿐더러 같은 이야기도 얼마나 재미있게 하는지 지루할 틈을 주지 않는다. 그가 참가한 모임에서 대화의 기회 균등이란 아무런 의미가 없을 터였다. 무엇보다 그는 자신의 휘하에 있는 시크교도에게서 무척이나 존경을 받고 있다.

페낭에서 나는 스윈번에 관한 꽤 믿을 만한 일화를 들었다. 페락의 섭정이 시크교도 무장 경찰을 풀어 달아난 여자 노예를 잡아들이라고 요청했지만 스윈번이 이를 거부했다. 이에 섭정이 아주 상스러운 모욕을 주자, 그가 이렇게 맞받아쳤다. "전하께서 이 땅에서 귀하게 태어나셨다면, 저 또한 제 땅에서 귀하게 태어났습니다. 빅토리아 여왕의 명령을 수행하는 한, 저는 어떤 모욕도 감수할 수 없습니다. 앞으로 저는 전하의 어떤 명령도 받지 않겠습니다." 그리고 스윈번은 실제로 섭정의 명령을 거부했다는 이야기다.

나와 동행하는 주변의 인물들에겐 짜릿한 매력이 많다. 맥스웰은 매우 유쾌하고, 육체적으로나 정신적으로나 매우 강하며, 똑똑하면서도 당당하다.

맥스웰은 해협식민지 법무장관을 지낸 아버지를 두어 해협식민지에서 나고 자랐지만, 교육은 영국의 옥스퍼드 대학과 링컨스 인 법학원에서 받았다. 유능하고 전투적이고 독단적이며, 많이 읽고 많이 안다. 끊임없이 자신을 드러내며, 자기 의존적이고 의지가 강하며 대단히 공정하고 철두철미한 신사다. 그는 엄청난 에너지와 업무 역량뿐 아니라 막강한 권력도 쥐고 있다. 맥스웰 역시 다변가이고 열정적으로 말도 잘한다. 사람들이 은연중에 그의 말을 믿게 만드는 그런 사람이다. 말레이인과 함께 자란 그는 말레이어가 유창하다. 말레이인을 좋아할 뿐만 아니라 그들의 생각과 감정까지 속속들이 이해하려 노력한다. 말레이의 문학과 무속과 관습을 꼼꼼하게 연구해 온 그는 이미 이와 관련해 가치 있는 글을 몇 편 쓴 적 있다. 나는 그보다 말레이인을 더 잘 이해하는 사람은 보기 힘들 거라고 생각한다. 반면 맥스웰은 중국인을 싫어한다. 내가 그에게 흐뭇한 느낌을 갖는 이유는 두 가지다. 그가 적재적소適材適所에 있다는 점, 그리고 유용하고 양심적이며 존경받을 만한 일을 하고 있다는 점이 그것이다. 페락의 주재관 휴 로의 지휘를 받는 부주재관으로서 맥스웰은 사실상 라룻 지역을 쥐락펴락하는 총괄자, 즉 딕타토르[426]다. 맥스웰은 판사로서, 사형까지 선고할 권한이 있다. 물론 사형이 집행되려면 페락 섭정의 영장이 필요하기는 하다. 맥스웰은 이곳 중국인에게 엄격하게 법을 적용한다.

워커 대위는 신참이어서 나보다도 페락을 모른다.

나와 세 사내가 함께한 저녁 식사 자리는 마치 멍청이 스무 명이 떠드는 것만큼이나 시끄러웠다! 빅토리아의 교착[427]이 대화의 주제가 되자 분명하지는 않지만 몇 가지 이유에서 서로 격해졌다. 총독 보좌관 출신답게 그나마 정중함을 잃지 않던 워커 대위마저 흥분하며 위태위태해 보였다. 맥스웰은 논쟁에서 이기려 목소리를 높였다. 스윈번 소령은 그런 맥스웰에 맞섰다. 귀가 먹먹할 정도였다. 이런 논쟁이 과연 무더운 싱가포르나 푹푹 찌는 말라카에서 가당키나 하겠는가! 입장 차이로 인한 왕성한 논쟁은 일상적으로 일어날 수 있으며, 서로 우정을 돈독하게 만드는 필수적인 요소일 수 있다. 분명 기운을 북돋는 이곳의 상쾌한 날씨가 이러한 논쟁과 우정을 가능하게 한 것이리라. 스윈번 소령은 짐짓 성난 목소리로 친구들의 약점이나 별난 습성에 조롱과 야유와 독설을 퍼붓는다. 대꾸할 틈도 주지 않고 상대를 무자비하게 몰아붙인다. 그러고 나서 그는 파르티아인처럼[428] 이렇게 마지막 한 방을 날린다. "이보게, 친애하는 친구들, 억울해하지 마시게. 그대들에게 나 같은 친구가 또 있겠는가. 내가 아니라 다른 사람이 그랬다면 절대 가만히 있지 않았으리라는 걸 그대들이 더 잘 알지 않는가 말이네!" 이 모든 것이 이들의 오락이다. 내가 알고 있는 세상을 이해하기 위해서도 얼마나 다양한 인물들이 요구된단 말인가!

집에 애완동물이 없다는 것이 영 낯설다. 관저 뒤편에 사는 작은 말레이곰 한 마리가 이따금 모습을 드러낸다고는 한다. 때로 저녁에 여우원숭이라 불리는 야생동물이 관저와 베란다 앞을 빠르게 지나간다. 나는 깊은 밤에 내 방을 들여다보는 여우원숭이와 눈이 마주칠 때마다 소스라치게 놀라곤 한다. 이곳도 다른 많은 집처럼 문이 없고, 대신 두툼한 커튼인 포르티에르만 쳐져 있다.

오늘 아침 나는 해가 뜨기 전에 일어나 해돋이를 보러 나무들을 말끔하게 베어 낸 언덕으로 올라갔다. 동틀 무렵은 열대의 하루에서 가장 사랑스러운 시간이다. 이슬이 촉촉하고 하늘은 장밋빛이며, 신선한 공기는 달짝지근하다. 이곳의 일출은 여느 곳보다 길게 느껴졌다. 아마도 해가 동쪽의 산꼭대기를 넘어야 하기 때문이리라. 해가 솟자 순식간에 찬란해졌다. 온갖 새와 짐승과 곤충이 떠들썩하게 합창을 시작했다. 그것은 매일 아침 이곳에 울려 퍼지는, 완벽한 화음의 선율 없는 찬가였다. 이 언덕에선 석양도 여간 화려하지 않다. 단지 이곳 사람들은 그걸 즐길 여유가 없다. 그들은 더

북쪽에 있는 미지의 돈과 권력을 갈망한다. 이곳에 와서 나는 편지도 쓰고, 말레이 술탄국들에 관한 식민지 정부의 외교 자료를 '독파'해야 했기에 잠시도 쉴 틈이 없었다.

I.L.B.

Letter 19

라룻의 부주재관저

나는 여기서 하루나 이틀 더 머물게 됐다. 덕분에 몇 자 더 적을 시간이 생겼다.

라룻 지역은 길이 약 110킬로미터, 폭 40~70킬로미터의 띠 모양이다. 1848년까지만 해도 잘 알려지지도, 거의 개발도 되지 않았던 지역이다. 한 말레이인[429]이 목욕을 하다가 거칠고 검은 모래를 발견했는데, 이를 분석한 결과 주석으로 판명되면서 갑자기 개발되기 시작했다. 그는 중국인 노동자 20명을 데려다가 광산을 열어 큰 재미를 봤다. 중국인은 돈벌이가 될 거라는 얘기를 듣고서 라룻으로 몰려들었다. 하지만 몇 년 뒤 광산 소유권을 둘러싸고 분쟁이 일어났고, 두 패로 나뉜 중국인 파벌 사이에 서로 끝장을 보자는 살벌한 라룻 전쟁Lalut War이 벌어졌다. 마침내 영국이 개입해 페락에 주재관을 설치하는 것으로 마무리됐다. 이후 페낭의 중국인 부자 상인들이 전쟁 기간 버려진 광산의 재건을 위한 자금과 물품을 제공했다. 라룻 지역은 얼마 지나지 않아 새로운 광산 도시를 세워야 할 정도로 인구가 크게 늘었다. 이에 갈등 관계의 두 중국인 파벌이 각각 별도의 광산 도시를 세워, 고콴이 주도하는 도시는 타이핑, 시콴의 도시는 카문팅Kamunting으로 개명하였다.[430]

미국의 광산 기업이 재빨리 라룻의 주석 개발에 뛰어들었다. 1873년 말에 라룻의 인구는 4000명이었고, 모두가 전쟁 중이었다. 그로부터 11개월 뒤 라룻의 두 광산 도시 인구는 9000명으로 늘었다. 이들 가운데 10퍼센트는 상점주다. 당시 라룻 지역 전체 인구는 3만 3000명을 헤아렸다. 해안선 높이에서부터 밀림의 산림 지역까지 내륙으로 32킬로미터 이어진 라룻 지역은 정말이지 따분하다.

우리 일행은 개리를 타고 타이핑에서 5킬로미터 떨어진 카문팅으로 갔다. 4000명 인구의 중국인 광산 도시 카문팅으로 가는 길목에는 아름다운 계곡이 있다. 계곡엔 컵과 뚜껑 있는 물병 모양의 자주색 식물이 가득했다. '원숭이 컵'이라고 불리는 포충식물 네펜테스[431]다. 이 경이로운 식물의 포충 주머니에 내 손을 넣는 즐거움을 상상해 보라. 나는 네펜테스의 주머니 다섯 개를 모아서는 하나쯤은 벌레가 없으리라 기대하며 속을 들여다보았다. 하지만 모든 주머니 안에는 말라 죽은 파리와 개미가 가득했다. 마치 파리가 끈끈이주걱[432]의 잎에 며칠 붙들려 있을 때의 모습이었다. 네펜테스는 주머니의 뚜껑 안쪽에서 분비되는 넥타 같은 것으로 벌레를 유인한다. 주머니의 테두리 아래로 주름이 약간 있고, 그 안쪽은 유리처럼 미끄럽다. 달콤한 넥타의 유혹을 못 이겨 미끄러운 그곳까지 간 파리는 주머니 바닥의 물에 빠져 죽고 만다. 이 기발한 생명 장치가 벌레를 잡기 위해 만들어진 것인 만큼, 네펜테스가 벌레의 육즙을 먹는다는 건 의심의 여지가 없다.[433]

우리 일행이 카문팅에서 처음으로 간 곳은 매우 큰 주석 광산이었다. 이 광산의 소유자인 유쾌한 표정의 중국인 부자가 우리를 맞아 광산을 안내했다. 광산은 거대한 채석장과도 같다. 주석을 채취하는 여러 개의 작은 구덩이에는 물이 차 있다. 중국인은 이 구덩이의 물을 퍼내기 위해 긴 쇠사슬로 작동되는 기발한 펌프를 창안했다. 중국식 펌프 말고도 이 광산에는 두 대의 강력한 증기 펌프가 가동되고 있다. 여위었지만 강인해 보이는 400여 명의 중국인 광부가 주석을 채굴했다. 이들은 저마다 둘랑Dulang이라는, 가운데가 우묵한 작은 대나무 소쿠리[434]를 들고 개미처럼 구덩이에서 두 줄로 기어오른다. 둘랑에는 주석을 함유한 흙이 1.5킬로그램씩 담긴다. 물살이 빠른 인공 수로에 이 소쿠리를 담가 돌리면서 모래와 흙을 씻어 낸다. 이렇게 소쿠리에 남은 주석 알갱이는 굵은 폭약 가루처럼 보인다. 중국인은 변발에 정성을 들이는 것 못지않게 둘랑으로 주석을 채취하는 일에 열과 성을 다한다. 수작업으로 주석을 채취하는 건 여간 품이 많이 드는 일이 아니다. 대나무 소쿠리 말고 평범한 괭이도 사용된다. 주석 광산의 중국인 노동자들은 성과급으로 임금을 받는데, 하루 평균 임금은 1실링 6펜스다. 참고로 클링인이 도로 건설이나 다른 노동으로 받는 일당은 1실링이다.

낮에 채취된 주석은 용광로에서 밤새 제련된다. 주석 용광로는 중국인이 기발한 풀무를 고안하기는 했지만, 매우 조잡한 수준이다. 녹은 주석을 모래 틀에 부어 30킬로그램짜리 주석괴로 만든다. 주석에 수출세가 부과되며, 이것이 페락의 주요 세원이다. 주석 용광로에서 멀지 않은 곳에 바람이 잘 통하는 허름한 숙소가 있다. 숙소의 양쪽으로 침상이 놓여 있고, 숙소에 배정된 중국인 노동자들은 그 침상을 나누어 저마다의 침대로 삼는다. 개인 침대라고 해 봐야 매트와 모기장이 고작이다. 광부들은 저마다 제단을 두고, 향이 타는 것으로 시간을 가늠한다. 야자나무 잎으로 만든 비옷 몇 개가 걸려 있다. 매트와 모기장, 신상과 향을 비롯해 중국인이 소비하는 거의 모든 물품이 중국에서 수입된다.

중국인 광산주는 우리 일행을 시원한 휴게실로 안내했다. 그는 우리의 방문에 대비해 준비한 샴페인과 셰리주[435]는 물론 비터비어[436]까지 내놓았다! 이런 마당에 우리가 차를 달라고 했을 때, 믿기 힘들다며 어리둥절해하던 중국인 광산주의 표정이 아주 볼만했다. 우리가 비싼 술 대신 차를 마시겠다는 고집을 꺾지 않자, 하는 수 없이 그는 잘 우려낸 좋은 차를 중국식 사탕절임, '헌틀리 앤드 파머스'[437]의 코코넛 비스킷과 함께 내놓았다. 중국인 부자 광산주는 우리 일행이 빌려 타고 온 개리와 조랑말이 마음에 들지 않았던지, 돌아갈 땐 호주산 멋진 말 두 마리가 끄는 자가용 부기를 태워 주겠노라고 했다. 부주재관 맥스웰은 중국인 광산주가 이런 호의를 베푸는 것은 예의기도 하지만, 정략적인 이유에서라고 말한다. 그들은 그렇게 함으로써 영국 주재관과 우호적인 관계를 맺는 것이 이득이 된다고 여긴다는 것이다.

카문팅의 집들은 대부분 아탑 지붕이며, 도로와 하수도 시설은 형편없다. 나는 상점에서 중국식 지갑 몇 개를 값을 깎아서 샀다. 도박장의 중국인들은 별별 다양한 표정을 짓고 있다. 그 표정들이란 그저 한몫 잡고 싶다는, 가식을 벗어던진 강렬한 욕망, 그 이상도 그 이하도 아니었다. 노동자들은 저마다 일과 후에 한 모금 빨 아편 파이프와, 두꺼운 누비 바구니로 보온을 한 찻주전자를 갖고 있다. 이는 이곳 중국인에게는 없어서는 안 될 일종의 사치품인 셈이다.

시크교도의 경비 연대에도 들렀다. 외모가 출중한 시크교도 경사 한 명이 자기 아내를 내게 소개했다. 그녀는 이곳 시크교도 경비 연대를 상징하는 여인이었는데, 너무나 철저하게 은둔해 있어서 연대장은 물론, 모르는 게 없는 맥스웰조차 그녀를 본 적이 없다고 한다. 그녀는 정말 아름답고 기품 있었다. 보석을 너무 많이 둘렀다는 게 옥에 티였다. 잘생긴 귀를 늘어뜨릴 만큼 큰 귀걸이를 일곱 개나 하고, 코에도 커다란 코걸이를 했다. 목걸이는 네 개나 됐고, 은팔찌로 양팔 손목에서 팔꿈치까지 덮었다. 그녀의 품에 안긴 갓난아이도 은고리를 했다. 그 갓난아이는 이곳 시크교도 경비 연대의 마스코트라고 한다. 경사는 아내에게서 아기를 받아 내게 보여 주며 자랑스러워했다. 화목한 가족이다.

부주재관저에서 머문 며칠간 나는 대부분 혼자 있었고, 제대로 쉬었다.

수다를 떨 여자도 없다. 맥스웰은 일을 마친 뒤에는 꼭 필요한 말만 했다. 날씨도 힘이 솟게 한다. 불손하게도 책상 위의 편지와 종이를 날려 버리곤 하는 오후의 산바람이 쉬지 않고 불어 대며 모기를 쫓는다.

I.L.B.

Letter 20

쿠알라 캉사르의 주재관저
1879년 2월 16일

이건 차라리 흥분되는 일이다. 나는 평범하지 않은 여행을 해 왔고 내 주변도 그랬다. 주재관 휴 로는 아직 돌아오지 않았다. 나는 정글 한가운데에 있는 쿠알라 캉사르의 주재관저에 홀로 있다. 게다가 이 지역에서 내가 유일한 유럽인이다.

"지난날 모든 나의 거친 모험 중에서
이번의 광적인 위업이 그 최후가 될 것이네!"[438]

왜냐하면 나는 2주 뒤 스리랑카로 가는 길에 페낭에 들르겠다고 했고, 이 사랑스러운 야생을 벗어나게 될 것이기 때문이다.

오늘 새벽 4시 30분에 맥스웰이 우렁찬 목소리로 나를 깨웠다. 나는 라룻에 와서 처음으로 정말 피곤했던 참이다. 어젯밤 디너파티에서 잘 못 마시는 술을 마신 데다, 정신없이 내달리는 여우원숭이와 시끄럽게 울어 대는 나팔수딱정벌레 때문에 밤늦도록 잠을 잘 수 없었다. 더구나 새벽 2시에 야간 경비들이 교대하는 소리에 놀라 잠을 깼고, 심지어 시크교도 무장 경찰들이 반란을 일으켜서 나를 포함한 유럽인을 학살하는 악몽까지 꾸었던 참이니 피곤하지 않을 도리가 없었다. 나와 맥스웰은 아침 식사로 바나나와 초콜릿을 먹고, 동트는 것을 보며 언덕을 걸어 내려왔다. 언덕 아래에서 수마트라산 조랑말이 끄는 작은 이륜마차가 나를 기다렸다. 페락에서 도로 건설 사업을 하는 리본스라는 부유한 호주인 광산업자가 마차에 나를 태우고 마찻길이 끝나는 곳까지 8킬로미터를 달렸다. 늪지대를 건너기 위해 코끼리를 이리로 보내라고 전보를 쳤지만, 전보는 불통이었다. 말을 타고 이곳까지 함께 달려온 맥스웰은 출발 전에 코끼리를 부르러 전령을 보냈었는데, 늪에 도착해서 코끼리들이 정글로 가 버렸다는 소식을 듣고는 실망하지 않을 수 없었다. 운송 수단은 아무것도 없었다. 내 짐 가방을 나르는 작은 코끼리가 한 마리 있지만, 우리보다 2시간쯤 뒤처져 따라오고 있을 뿐이었다.

걷는 것 말고는 달리 방법이 없었다. 우리 일행은 수 킬로미터를 힘들게 걸었다. 내가 등산복을 입었기 망정이지, 그렇지 않았다면 그 늪지대를 건너지 못했을 것이다. 황토색 트위드[439]로 된 그 등산복은 내가 일본 홋카이도北海島의 진흙 밭을 걸어서 통과할 때 입었던 옷이다. 태양이 진홍색 구름 사이로 찬란하게 솟아올랐다. 이내 구름은 회색빛으로 바뀌면서 엷게 햇볕을 가렸다. 적도에서 위도로 5도밖에 떨어져 있지 않은 걸 감안한다면 이곳의 대기는 건조한 편이며, 더위도 숨이 막힐 정도는 아니다.

그렇게 우리 일행은 중국인 지역을 벗어나 도로변 여기저기에 말레이인만 뜨문뜨문 살고 있는 곳에 이르렀다. 모든 집들은 아탑 지붕이고, 말뚝 위에 격자 모양의 나무 바닥을 깐 말레이식 작은 주상가옥이다. 커다란 말레이 저택은 경사가 가파른 뾰족한 갈색 지붕 아래 처마와 현관이 깊고, 야자나무 잎을 엮거나 대나무를 밝은색과 어두운색이 엇갈리게 네모로 짜 벽을 세웠다. 마당에서 방으로 오르는 사다리는 가로대의 간격이 50센티미터나 돼고, 신을 신고는 오르기 어렵다.

정글의 나무와 풀을 보면 흥분하지 않을 도리가 없다. 아! 식물원의 열대 온실이나 책에서만 볼 수 있던 풀과 나무를 원산지에서 보다니, 어찌 들뜨지 않을 수 있겠는가! 오늘 하루 내가 본 것만 해도 교목과 관목을 합쳐 나무 126종, 덩굴식물 53종, 착생식물 17종, 양치류 28종에 달한다.

밀림 속을 걷는 바람에, 코끼리를 타고 높은 곳에서 관찰할 때보다 키 작은 관목과 착생식물들을 더 잘 볼 수 있었다. '새둥지고사리'로 불리는 아스플레니움 니두스Asplenium nidus 한 포기는 중앙에 잎사귀 같은 엽상체 37장이 완벽하게 방사형으로 뻗어 있다. 길이가 1~1.6미터나 되는 엽상체의 색깔은 도금양[440]의 짙은 녹색에서 밝은 연두색까지 다채롭다!

잎이 거의 보이지 않는 난도 있는데, 붙어 자라는 나뭇가지 가까이에 여섯 개의 덩어리를 이루며 꽃을 피웠다. 각 꽃 뭉치들은 연한 녹색으로 끝이 뾰족하고 점점이 붉은 산호색을 띤 작은 꽃들로 이뤄져 있다. 숲속 후미진 공터에는 에리트리나[441]를 닮은 멋진 꽃을 피우는 관목과, 새빨간 베고니아, 빨간색 백합, 트럼펫 모양의 노란색 꽃을 피우는 덩굴식물이 가득했다. 더 작은 덩굴식물은 높지 않은 것은 무엇이든 타고 올라가 파란색 툰베르지아 꽃으로 뒤덮어 버리고, 줄기마다 앵초꽃 모양에 주홍색 꽃을 한 송이씩 피우기도 한다. 어떤 곳에서는 식충식물인 네펜티스를 네 종류나 봤다. 습한 곳에는 시퍼런 고사리와 바위손이 무성하다. 나무 위에는 흰색 꽃을 피우는 캘로지네스caelogynes와 덴드로비움 같은 난이 자란다. 다홍색 줄기의 바우히니아와 칼라디움, 생강풀, 토란 등 어느 하나 탄성을 자아내게 하지 않는 것이 없다. 별의별 열대 식물이 얼마나 빽빽하게 자라는지 영국인은 상상도 하지 못할 것이다. 이토록 무성한 열대식물은 뿌리를 내릴 땅이 모자란다. 그래서 이들의 절반은 튼튼하고 장대한 나무 꼭대기에 터를 잡고 햇빛을 받는다. 그 높은 나무 위로 올라야만 밀림에서 피는 꽃의 대부분을 볼 수 있다.

상하常夏의 식물, 아낌없이 베푸는 자연의 넉넉함, 온실의 초목을 자생지에서 보는 즐거움, 거대한 나뭇잎의 화려함, 야자수와 대나무와 고사리나무의 아름다움과 우아함, 어느 하나 찬란하지 않은 게 없다. 꽃은 새의 화려한 깃만큼이나 경이롭다. 나는 어떤 단어로도 열대 정글의 아름다움과 위엄을 전달할 수 없다고 확신한다. 그러나 불변의 아름다움이란 말이야 말로 대개가 거짓이다. 열대의 한가운데서 나는 이내 부드러운 녹색의 새순이 돋고 꽃망울을 터뜨리는 봄이 그리워질 테다. 길가에서 흙탕물을 뒤집어쓴 채 다소곳하게 꽃을 피우는 미나리아재비와 프랑스국화oxeye daisy와 민들레의 봄을 말이다. 그리고 붉고 노란 단풍으로 물들고, 히스의 보라색 꽃 무더기가 만발하는 가을의 찬란한 향연도 갈망하게 될 것이다.

화려한 난과 착생식물은 단독으로 자란다. 멀리서도 볼 수 있을 정도로 커다란 군락을 이루지는 않는다. 난향은 너무 진하고 강해, 무더기로 있다면 머리가 지끈거릴지도 모르겠다. 나는 지금 난향 속에 파묻혀 있고, 그 안에서 기뻐한다. 그것들은 나를 취하게 만든다. 하지만 나는 열대를 열망하고 열대를 즐기면서도, 앵초와 아네모네가 점점이 피어 있는 이끼 낀 강둑과, 용담으로 파란 빛을 띤 시냇가, 미나리아재비꽃이 황금색으로 물들인 초원과, 진홍색 양귀비꽃이 만발한 영국의 들판을 잊은 적이 없다. 앨프리드 러셀 월리스[442]를 비롯해 여러 사람들이 특정 온도대의 꽃이 더 오래 지속되는 즐거움을 줄 수 있다고 했다. 나는 이에 동의한다.

도로 양쪽의 땅에는 아주 예민한 신경초神經草, sensitive plant, 즉 미모사가 카펫처럼 촘촘하게 자라 있다. 끝이 셋으로 갈라진 잎사귀의 윗면은 녹색이고 아랫면은 갈색이다. 매력적인 식물을 처음 마주하게 되면 눈으로 보는 것 이상의 행동을 취하게 되는데, 그것이 그 식물에게 잔인한 짓이라는 죄책감이 드는 건 당연하다. 그렇지만 이곳의 모든 사람들이 그러하듯, 나도 그 민감한 식물에 상처를 줘서 얻는 즐거움을 배우고 말았다. 미모사 잎의 아무 데나 살짝 건드려도 잎사귀가 재빨리 닫힌다. 이파리의 세 갈래 중 가운데 것을 건들면 잎과 줄기가 갑자기 축 처진다. 가지를 건드리면 모든 잎이 닫히고, 줄기가 마치 끝에 납덩이라도 달려 있는 듯 꼬꾸라진다. 그 위를 걸으면, 불붙은 바퀴가 굴러간 것처럼 모든 것이 드러누워 버린다. 풀들은 바닥에 깔리고, 잎들은 닫혀 적갈색의 뒷면만 보이면서 아름다움이 사라진다. 하지만 불에 댄 듯 시들어 보이는 대지는 다음 날이면 아무 일도 없었다는 듯 아름답게 생기를 되찾는다.

6킬로미터쯤 걷자 길이 굽어지는 곳에서 눈부시게 아름다운 풍광이 펼쳐졌다. 작은 호수 뒤로 숲으로 뒤덮인 산이 있고, 그 산자락 비탈의 코코스야자나무 숲속에 추방당한 라룻 먼트리의 말레이 저택이 우아하게 자리 잡았다. 내가 호수라고 했지만, 물은 보이지 않았다. 헤아릴 수 없는 연잎이 양탄자처럼 수면을 덮고 있었기 때문이다. 지름이 50센티미터 정도인 둥글고 짙은 녹색의 연잎 위에 파란색 얼룩이 있어, 흡사 불타는 태양 아래 시원한 이슬방울이 맺힌 것처럼 보였다. 연잎 위로 수천 송이의 연꽃이 피고, 꽃봉오리와 과피가 솟아 있다. 모든 연꽃이 탱탱하고 싱싱하며, 완벽하게 아름답다. 연꽃잎은 짙은 심홍색에서 연한 분홍색까지 다채롭다. 어떤 것은 막 벌어지고 있고, 어떤 것은 반쯤 피었고, 어떤 것은 만개했다. 연꽃의 한가운데에는 황금색 꽃술이 가득하다. 멀리서 진분홍색 연꽃을 보며 일본의 기억을 떠올렸다. 일본의 에도江戸 성 해자와 근칠한 여러 사당의 연못에 피어 있던 연꽃을 말이다. 일본인은 연꽃을 순수와 정의와 불멸의 상징으로 여긴다. 일본에서와 같은 의미를 부여하지는 않지만, 이곳 말레이인도 연꽃을 신성하게 대한다. 연꽃처럼 사람들을 기쁘게 해 주는 사교적인 꽃을 보는 건 언제나 즐거운 일이다.

연못 너머 그림처럼 아름다운 말레이 촌락인 마탕Kampong Matang에는 멋진 집들과 이슬람 사원이 있다. 우리 일행은 벽돌로 된 초소의 관문을 지나 넓게 담이 둘러쳐진 촌락 안으로 들어갔다. 코코스야자나무와 멋진 나무들이 그늘을 드리운 거기에 세이셸로 추방된 라룻 먼트리의 아름다운 거소가 있다. 이 거소는 말레이 반도에 있는 말레이 주택 가운데 상당히 규모가 큰 것에 속한다. 나무로 지어졌고, 흰색과 녹색으로 칠을 했다. 창문을 원형으로 내고, 흰색의 둥근 창틀 위에 화려하게 꽃문양을 새겼다. 현관은 수행원들이 대기할 수 있도록 아주 넓직했다. 물론 사다리를 타고 올라가야 한다. 헛간에는 개리 세 대가 있고, 거소의 뒤편에 노예가 거처하는 작은 집이 여러 채 있다. 아마도 대개 노예일 것 같은 어린아이들이 바닥의 돗자리 틈새로, 지나가는 우리 일행을 몰래 훔쳐보았다.

말레이 상류층의 주택은 실제로 매우 뛰어난 건축 솜씨를 보여 준다. 가파른 지붕은 야자나무 잎으로 아름답게 엮어 얹었다. 벽과 바닥의 돗자리는 가장자리를 바둑판무늬로 곱게 짜고, 그 사이를 격자 세공과 대나무 세공으로 변화를 준다. 그늘진 내실의 입구는 조각한 문틀을 세우고 문짝 대신 두툼한 커튼인 비단 포르티에르를 건다. 바닥의 곱고 우아한 돗자리 위에 금실로 수를 놓은 베개와 쿠션이 놓여 있다. 창에는 블라인드 같은 창살을 두어 커튼이 바람에 흔들릴 때마다 햇살이 방안 여기저기를 비춘다. 모든 것들이 이 지역의 특성에 더없이 적합하다.

나는 휑한 라룻 먼트리의 처소에서 코끼리가 오기만을 기다렸다. 그런 내게 말레이인이 코코넛 밀크를 건내고, 연꽃과 과피로 만든 크고 멋진 부케와 연 씨앗을 연잎에 받쳐 내왔다. 연 씨앗은 모양이나 맛이 헤이즐넛과 비슷하다. 씨 한가운데 타원형 틈에는 나중에 연으로 자랄 씨눈이 있는데, 껍질 밖으로 나온 선명한 녹색의 씨눈은 엄청나게 쓴맛이 난다.

마침내 코끼리가 도착해 현관 아래에 대기했다. 코끼리는 정말 흉측하게 생긴 짐승이다. 몸 색깔은 회색이고, 주름이 가득한 가죽에 털은 없다. 귀를 덮고 있는 크고 남루한 '지느러미'로 계속 몸에 부채질을 해 댄다. 눈은 작고 야비해 보이며, 두터운 거죽으로 된 기다란 코는 모든 것을 뱀처럼 휘감는다. 볼품없는 다리는 통나무 같고, 돼지 등짝처럼 생긴 등은 작은 꼬리 쪽으로 급하게 경사를 이룬다. 인간에게 익숙한 짐승과 생김새가 전혀 딴판이다. 지금 나는 제대로 글을 쓸 수 없는 형편이다. 아주 활달한 작은 민꼬리원숭이인 와와wawa가 길고 가는 팔을 내 목에 두르고 매달려 있기 때문이다. 이 녀석은 다른 팔로는 내 펜을 빼앗아서 잉크를 묻혀 편지지에 낙서를 한다. 정말 매력 덩어리다. 그런데 만약 와와가 그렇게 하지 못하게 했더라면, 나는 그 녀석이 어떤 행동을 할지 알 수 없었을 것이고, 다른 펜으로 바꾸었을지 모른다. 이는 코끼리도 마찬가지다. 나는 지금 그 동물이 무엇을 할 수 있을지 아무것도 모르고 있지 않은가!

이곳에 오기 전만 해도 나는 코끼리의 등에 금으로 장식된 매트가 덮여 있고, 닫집이 있는 가마처럼 생긴 코끼리 안장인 하우다howdah가 얹혀 있는 모습을 상상했더랬다. 그러나 내가 탈 코끼리에겐 그런 게 전혀 없었다. 정말이지 못생긴 것 말고는 내세울 게 없는 녀석이다. 코끼리 등에는 가죽 몇 조각과 매트 여러 장이 덮여 있고, 삐쭉하게 솟은 등뼈의 양옆으로 등나무 밧줄에 묶인 바구니가 매달려 있다. 신선한 나뭇잎과 잔가지로 속이 채워진 바구니가 내가 타고 앉을 의자인 셈이다. 나는 라룻 먼트리의 처소 현관에서 곧바로 코끼리의 바구니 위로 뛰어내렸다. 다른 한쪽 바구니에는 말레이인 청년이 앉았다. 내 짐 가방들은 바구니 뒤에 밧줄로 묶었다.

코끼리를 부리는 마후트는 말의 등자처럼 생긴 밧줄 고리를 이용해 올라탔다. 말레이인 마후트는 머리에 두건을 쓰고 웃통은 벗은 채 사롱만 걸쳤다. 조심성 없고 끼어들기 좋아하는 그는 틈만 나면 말참견을 하곤 했다. 마후트는 끝에 구부러진 못이 박힌 막대기로 코끼리를 조종했다. 코끼리가 한눈을 팔거나 말을 듣지 않을 때면 막대기의 쇠못을 코끼리의 펄럭이는 귀에 찔러 넣는다. 그러면 코끼리는 코를 들어 올려 휘두르거나 2킬로미터 떨어진 곳에서도 들릴 만큼 큰 소리를 지른다. 마후트는 코끼리의 머리에 자리를 잡고, 다리를 꼬거나 귀 뒤로 벌려 앉는다. 맥스웰은 완벽하게 안전하지 않은 한 나를 유럽인이 없는 지역으로 보내는 일은 없을 것이라고 다짐했더랬다. 난 그의 말을 철석같이 믿는다. 혹여 안전과 관련해 염려

〈삽화: 페락에서 처음으로 코끼리를 탄 이사벨라 버드〉

되는 게 있다면, 코끼리에 관한 것 말고는 없다.

이런 식으로 코끼리를 탄다는 건 편치 않은 일이다. 탑승자는 앞쪽을 바라보며 다리를 바구니 밖으로 걸쳐 놓고 앉아야 한다. 바구니의 가장자리에 걸친 다리에 통증이 생기고, 발이 저린다. 옆으로 몸을 돌려 코끼리의 등에 기대 보지만, 등짝이 좌우로 크게 흔들리는 코끼리의 걸음걸이 탓에 앞뒤로 흔들리는 어지러움을 참기 힘들다. 그래서 이내 앞쪽을 향하도록 자리를 고쳐 앉게 된다. 옆을 향했다 앞을 향했다를 반복해야 하는 것이다. 코끼리가 운반해야 할 것들이 요령 있게 실리지 못했다. 코끼리 등에 짐을 싣는다는 건 일본에서 말에게 짚신[443]을 신기는 것만큼이나 힘들고 성가신 일이었다. 내가 앉은 바구니는 코끼리가 움직일 때마다 기울어졌다. 내 몸무게가 옆 바구니에 탄 말레이 청년보다 많이 나갔기 때문에 서로 이어져 있는 바구니는 내 쪽으로 미끄러져 내려갔고, 나는 바구니가 더 내려가지 않도록 안간힘을 써야 했다. 소용이 없었다. 마후트는 여러 번 코끼리를 멈추고 밧줄을 당겨 기울어진 바구니를 바로잡았지만, 상황은 나아지지 않았다.

출발한 지 두 시간도 안 돼 코끼리가 아무런 예고도 없이 뒷다리를 굽히더니 크고 못생긴 앞다리를 천천히 앞쪽으로 뻗으며 몸을 낮췄다. 마후트는 내게 손으로 내리라는 신호를 보냈다. 나는 마후트가 이용하는 등나무 등자를 타고 내려오기 위해 코끼리 머리 쪽으로 올라가야 했는데, 내가 탄 바구니 의자에서 코끼리 머리까지 일종의 계단이 마련되어 있었다. 그 계단은 무릎으로 기는 이상한 자세를 취해야 하기는 했지만, 오르내리기에 불편하지 않았다. 바구니를 정리해서 다시 묶고 있는 동안 나는 말레이 하층민의 주상가옥을 구경했다. 사다리를 타고 올라가자 집주인은 예의를 다해 나를 맞았으며 바나나와 코코넛 밀크를 대접했다. 환대는 말레이인의 중요한 덕목이다.

이 집은 앞채와 뒤채가 통로로 이어져 있는 구조다. 여느 주상가옥처럼 방에 오르려면 높은 사다리를 타고 올라야 한다. 야자나무로 기둥을 삼고, 탄력 있는 격자 모양의 바닥은 줄기가 여러 갈래로 자라는 니봉야자의 윗가지를 쪼개 만들었다. 벽면은 갈대를 엮어 짜고, 지붕은 다른 집들처럼 대나무로 높다랗게 서까래를 세운 뒤 그 위에 니파야자의 마른 잎(아탑)을 얹었다. 말레이 주택에서는 목재를 고정시키기 위해 못을 사용한 흔적을 찾아볼 수 없다. 모든 것이 등나무 줄기로 묶여 있다. 가구라고는 격자 바닥을 덮고 있는 돗자리가 전부다. 그 위에서 앉고 잔다. 돗자리 위에는 끝에 자수 장식을 단 작고 딱딱한 둥근 베개 몇 개가 놓여 있다. 머스켓 총과 창, 낚싯대와 물소의 멍에가 응접실 벽에 걸려 있다. 뒤채는 부녀자와 아이들의 공간이다. 거기엔 쇠 주전자와 바나나 꾸러미, 조롱박 두 개가 보였다. 여자들은 사롱만 걸쳤고, 아이들은 벌거숭이다.

말레이인은 애완동물을 좋아한다. 새와 동물을 길들이는 기술이 탁월하다고 한다. 분명 그들의 조용한 목소리와 점잖고 유연한 움직임이 소심하고 예민한 동물을 놀라게 하지 않아서일 테다. 게다가 말레이 아이들은 어른에게 매우 공손하며, 새나 짐승을 괴롭히기보다 동물의 신뢰를 얻는 게 더 바람직하다고 배운다. 말레이인은 새소리를 흉내 내어 새들을 꾀어낸 뒤, 구타페르카로 만든 끈끈이를 나뭇가지에 바르거나, 말총으로 만든 올가미로 새들을 생포한다. 이 작은 집에도 대나무 새장에 새가 스무 마리나 있다. 말하는 구관조와 녹색 깃의 작은 비둘기가 대부분이다. 주인이 부르면 새들은 새장에서 나와 주인의 팔에 일렬로 앉는다. 구관조가 얼마나 많은 단어를 배울 수 있는지는 모르지만, 사람 목소리를 너무나 잘 흉내 낸다는 건 알고 있다. 하와이에서 구관조가 내게 영어로 말했을 때 나는 진짜로 사람이 말을 거는 걸로 착각했던 기억이 생생하다. 이곳의 구관조는 말레이어를 너무 또박또박 소리 내는 바람에, 나는 구관조와 말레이인의 소리를 구분할 수 있었다. 정교하게 만든 대나무 새장의 작은 새 네 마리도 사랑스럽다. 부리는 붉은색이고, 깃은 파란색과 녹색을 띠었다. 아이들은 작은 메뚜기를 잡아 등나무로 만든 숟가락에 담아 모이로 주었다. 가축으로 기르는 가금류 몇 종과 꼬리가 거의 없는 고양이도 있다. 지금까지 본 것이 이 가족이 갖고 있는 눈에 보이는 재산의 전부다. 서까래에 매달려 있는 갈색의 작은 대나무 요람과 쌀을 저장하는 것으로 보이는 작은 헛간이 이들의 재산 목록에 추가될 수 있겠다.

격자 바닥의 구멍이 숭숭한 건 장단점이 있다. 바람이 잘 통하고 환기가 잘되는 건 장점이다. 하지만 구멍으로 고체든 액체든 쓰레기를 너무 손쉽게 버릴 수 있기 때문에 집 아래에 쓰레기가 쌓여 썩기 쉽다는 게 단점이다. 게다가 복수하러 온 자객이 격자 위에 돗자리를 깔고 잠자는 집주인을 크리스로 찌르는 일도 종종 벌어진다고 한다.

집 아래의 쓰레기를 얘기한대서 말레이인이 불결하다는 인상을 주려는 건 결코 아니다. 말레이인은 옷을 자주 빨아 입고, 목욕도 가능한 한 자주 한다. 이들은 물가에 집을 짓고, 작은 목욕간을 이용한다.

나는 다른 집으로 갔다. 이 집은 앞에서 본 집보다 더 궁벽했지만, 환대는 감동적이었다. 집주인은 내가 코코넛을 좋아하는지 손짓으로 물었다. 내가 그렇다고 하자 주인 남자가 일어나더니 옆에서 아이들과 놀고 있던 원숭이를 불렀다. 키가 1미터 정도인 원숭이는 주인과 함께 밖으로 나가 곧바로 높다란 코코스야자나무 꼭대기에 올라갔다. 주인이 뭐라고 명령하자 이리저리 둘러보며 열매를 살핀 뒤 덜 여문 녹색의 코코넛 하나를 골라 이빨과 손을 이용해 비틀어 땄다. 살짝 신맛이 나는 코코넛 밀크는 상큼했다. 하지만 딱딱하고, 5분쯤 삶은 달걀의 흰자와 같은 맛이 나는 그 과육은 잘 익은 것만큼 맛있지는 않았다.

나는 말레이 집들을 둘러보느라 꽤 많이 걸었다. 그 바람에 코끼리가 있는 곳으로 되돌아오기 위해 그만큼의 발품을 팔아야 했다. 신맛 나는 열매를 찾으려 관목 덤불을 여기저기 헤집고 돌아다녔는데, 길로 돌아와서 보니 내 부츠가 피로 가득 차 있는 게 아닌가! 원인은 거머리였다. 발목에 예쁜 노란 줄무늬 거머리가 다섯 마리나 붙어 피를 빨았던 것이다. 페락에 와서 나는 거머리 피해에 대해 들어 본 적이 없었고, 그 때문에 더 걱정이 됐다. 마후트는 내가 쩔쩔매는 모습을 보더니 담배 즙을 내어 거머리 위에다 뿌렸다. 그러자 거머리는 고통스럽게 몸을 비틀더니 발목에서 떨어졌다. 거머리를 떼어 내고도 나는 몇 시간 동안 피를 더 흘려야 했다. 처음에 물릴 때는 아무런 감각이 없었다. 나중에 듣기로 거머리들이 나뭇잎과 풀밭에 우글거리며, 사람이나 동물이 지나가는 소리가 나면 몸을 최대로 늘려 몸이든 옷이든 닿을 수 있는 아무 곳이나 잡고서 옮겨 붙어 피를 빤다고 한다.

나는 느릿한 여행만큼이나 이야기도 천천히 풀어 가고 있다. 그렇지만 편지에 쓰는 것들은 내게도 새롭다. 구름 한 점 없는 새파란 하늘에서 수직으로 햇볕이 내리쬐는 정오에 카펫처럼 펼쳐진 미모사를 밟고 서 있는 경험이 그랬다. 영어를 한마디도 모르는 말레이인 두 명과 코끼리 등에 타고 온순하게 땅에 엎드려 있는 정글의 야수를 보는 건 처음이다. 식민 당국이 펴낸 일곱 권짜리 외교백서에 쓰여 있고, 수많은 불법과 폭력의 이야기들이 여전히 회자되고 있듯이, 얼마 전까지만 해도 전쟁의 한가운데였던 이곳에서 내가 무장도 하지 않고 경호도 받지 않은 채 있다는 건 또 얼마나 새로운 일인가.

나는 코끼리를 타는 여행이라면 분명 뭔가 멋진 일이 생길 거라고 꿈꾸어 왔다. 그러나 코끼리 타기에서 막판까지 최소한의 품격도 느끼지 못했다. 코끼리를 잡는 방법은 아주 비열하고 야만적이다. 그렇지만 이곳에서의 진실은 코끼리가 사람의 평판을 가늠하는 수단에 불과하다는 점이다. 코끼리를 몇 마리 가지고 있느냐로 그 사람이 얼마나 중요한 인물인지를 판단하는 것이다. 짐을 고정하고 마후트가 코끼리 등에 올라탔다. 그가 손을 내밀어 나를 코끼리 머리 위로 끌어 올려 주었고, 코끼리는 천천히 몸을 일으켰다. 그렇게 여정이 재개됐다.

코끼리 타기는 무서운 즐거움이었다. 물론 즐거운 구석이 있기나 하다면 말이다! 출발하고 얼마 지나지 않아 마후트가 담배를 핀다며 코끼리에서 뛰어내렸다. 나를 태운 코끼리는 마후트가 없는 채로 제멋대로 하도록 방치된 것이다. 2킬로미터 가까이 길 위를 이리저리 돌아다니던 코끼리는 정글로 들어가 나무들을 찢어발기고, 진흙 구덩이의 물을 빨아들여서는 요란한 소리를 내며 제 몸뚱이와 그 위에 탄 우리들에게 뿜었다. 내 옷들도 젖었다. 다시 길에 들어선 코끼리는 여러 차례 발길을 멈추고, 코에 힘을 주고는 물구나무를 서려는 것 같은 행동을 취했다. 그때 내가 우산으로 때리자 코끼리는 여태 들어 본 적이 없는 큰 소리를 질렀다. 이에 함께 탄 말레이인이 뛰어내려 마후트를 찾으러 달려갔다. 그 바람에 균형이 깨지면서 양쪽에 두었던 바구니가 모두 내 쪽으로 쏠렸고, 나는 간신히 매달리는 신세가 됐다. 뭔가 예기치 못한 일이 벌어질지 모른다는 불길한 예감이 들었다. 긴 코로 뭐든 할 수 있는 이 야수가 나를 코로 감아 끌어 내려서는 진흙 구덩이에 던져 버리지 않는다고 누가 장담하겠는가 말이다.

마후트가 돌아왔고, 나는 다시 내려야만 했다. 이왕 이리된 김에 코끼리를 강으로 데려가 제대로 목욕을 하게 해 줬다. 녀석은 엄청난 양의 물을 제 몸 위에 뿌렸다. 짐을 내려 홀가분해진 탓인지 더 많은 물을 빨아들였다. 코끼리의 주름진 가죽은 두꺼워 보이지만, 실제로는 아주 작은 곤충도 거기에 붙어 피를 빨 수 있다. 홀로 내버려 두면 코끼리는 물소가 그러는 것처럼 온몸에 진흙을 발라 해충으로부터 보호한다. 나는 코끼리에 다시 올랐고, 두 시간을 더 탔다. 코끼리는 시속 1마일 속도로 기어가다시피 했다. 누워 쉬고 싶은 것처럼 보였다. 빨리 걸으라고 재촉할 때마다 으르렁거렸다. 때로는 분노에 찬 포효였고 때로는 애처로운 불평이었다. 코끼리가 갑자기 꼼짝 않고 멈춰 섰다. 마후트가 내려 코끼리의 큰 귀에 고리가 달린 막대기를 걸고 끌어당기려 했다. 하지만 이는 코끼리의 울부짖음만 키웠지 아무런 효과가 없었다. 마후트는 다시 코끼리 머리에 올라탔고, 그 후 코끼리는 몇 차례 크게 휘청거렸을 뿐이다. 상황이 나아지지 않자 마후트는 체념한 표정으로 다시 내렸다. 나도 내리겠다고 마후트에게 신호를 보냈지만 코끼리가 주저앉지 않아 줄을 타고 내려와야 했다. 마후트는 내가 발을 디딜 수 있게 그의 어깨를 내주었다. 바구니를 풀어내려 인근의 집에 맡겼다. 코끼리는 풀려나 정글로 들어갔다. 나는 쿠알라 캉사르까지 남은 몇 킬로미터를 걸었고, 마후트가 내 여행 가방을 지고 날라 줬다! 나의 첫 번째 코끼리 타기는 이렇듯 우스꽝스럽게 끝이 났다. 전부해서 13킬로미터 정도 걸었는데, 뻗어 버릴 정도로 지치지는 않았다. 이는 페락의 날씨가 그만큼 좋다는 방증이다. 내가 탄 코끼리를 두고, 나와 함께 탄 말레이 청년은 이곳 사람들에게 "말을 듣지 않는 못된 녀석"이라고 했다. 하지만 나는 그 코끼리가 죽을 정도로 아프고 지친 상태였다는 말을 들었다. 그 고약했던 행동의 진실이 후자일 것이라고 믿고 싶다.

코끼리 얘기로 언급을 못했지만, 이번 여정에서 본 열대의 밀림은 실로 장엄했다. 코끼리 길은 거대한 산을 가로질러 나 있고, 모든 열대식물의 찬란함을 죄다 모아 놓은 것만 같았다. 과연 어떤 새로운 풍광이 이보다 더할 수 있을까라는 생각이 든다. 멋진 나무고사리, 잎에 흠집 하나 없는 바나나, 온갖 야자나무, 밝은 빛의 꽃을 피우는 리아나, 우아하게 감아 올라가는 덩굴, 주홍색 난 등 이루 헤아릴 수 없다. 태양새와 벌새, 일찍이 본 적 없는 화려한 빛깔의 나비가 날갯짓한다. 수정처럼 맑은 급류는 바위들 위로 내달리며 부서지고, 형언할 수 없는 음악을 연주하며 밀림의 신비에 더 빠져들게 만든다. 아침에 멀리서 보기에 부킷 버라핏Bukit Berapit 협로[444]는 쓸쓸한 느낌을 줬다. 그런데 가까이 다가가자 비로소 찬란함을 드러낸다. 왜 세상은 돌아다닐 가치가 있는지를 새삼 일깨우기라도 하듯이…….

부킷 버라핏 협로에서 만난 또 다른 경이로움은 거대한 뷰트인 구눙 폰독이다. 그것은 평지에 불쑥 솟은 붉은색과 흰색의 거대한 석회암 덩어리다. 오랜 세월 풍화되어 표면에 밝은 빛을 반짝이는 원광석들이 점점이 드러나 있다. 대부분 근접하기 힘들지만, 입구마다 거대한 종유석이 달려 있는 석회암 동굴들의 구멍이 숭숭하다. 일부 접근 가능한 동굴의 경우 천장 높이가 20미터나 된다. 구눙 폰독은 스코틀랜드의 배스 록[445]을 닮았고, 높이가 365미터에 이른다. 울퉁불퉁한 정상의 숲은 왕관 같다. 뷰트의 측면은 희거나 붉은 바위가 거의 수직을 이루고 있어 나무가 뿌리 내리기 힘들다. 구눙 폰독은 내륙의 밀림으로 덮인 산들과 동떨어진 채 상대적으로 숲이 빈약한 지역에 우뚝 솟아 있다.

내가 말레이 사람들을 다시 보게 된 건 열 시간이나 걸은 뒤였다. 코끼리 아홉 마리가 세 개로 무리 지어 지나갔다. 코끼리 등에는 남자와 여자, 아이들이 올라타 바람을 쐬고 있었다. 하지만 아직 갈 길은 남았다. 정글을 통

〈삽화: 캉사르 강변의 중국인 가옥과 말레이 목욕간〉

과해야 한다. 호랑이와 코끼리, 코뿔소가 출몰하고, 조악하게 바나나와 사탕수수 농사를 짓는 말레이인 경작지가 드문드문 있는 그런 정글을 말이다. 해가 서산에 걸릴 무렵, 마침내 넓고 아름다운 강이 내려다보였다. 강 너머로 언덕과 산이, 그리고 강의 흐름이 꺾여 곶처럼 된 강변에 형성된 마을도 시야에 들어왔다. 마을 위편의 잔디밭 언덕에 방갈로가 보였다. 정문에 진홍색 유니폼을 입은 경비가 있는 걸로 미루어 주재관저임에 틀림없었다. 캉사르 강 위로 작은 다리가 하나 놓여 있고, 주상가옥으로 된 경비실과 관사 몇 채가 있다. 가파른 언덕 꼭대기의 방갈로는 현관 아래의 긴 층계를 통해 베란다로 통한다. 베란다의 앞쪽에 안락한 가구가 마련된 주재관 집무실과 거실이 있다. 베란다 중앙의 양쪽에 침실이, 뒤편에 식당이 있다. 이 주재관저에는 허세를 찾아볼 수 없다. 햇볕과 비를 막고, 이곳 기후에서 요구되는 모든 안락함을 갖췄다. 그러나 딱 거기까지다. 더 호사를 부리지 않았다. 53킬로미터[446]를 여행한 끝에 나는 페락의 내지로 들어왔다. 페락 강은 하구에서 240킬로미터 거슬러 올라온 이곳에서 캉사르 강과 만난다. 그리고 나는 지금 야생 속에 홀로 있다!

Letter 20 (계속)

나는 겪은 일과 날짜를 헷갈리지나 않을까 걱정하며 이 편지를 쓴다. 쿠알라 캉사르에 있는 주재관저의 집사인 아쌈Assam은 아주 위엄 있는 동양인이다. 내가 개운하게 목욕을 마쳤을 때 저녁상이 "차려졌다." 아쌈은 아침상을 흡족하게 차려 놓고서도 "차려졌다."고 했다. 그가 "(상이) 차려졌다."고 말할 때는 모든 게 깐깐하게 준비됐다는 의미다. 테이블보, 식기, 크리스털, 꽃 장식에서 요리까지 모든 것이 흠잡을 데 없이 훌륭해야 하는 것이다. 인도 남동부 마드라스 출신인 아쌈은 말라카 총독 관저의 집사 바부Babu보다 얼굴도 더 잘생기고, 체격도 더 당당하다. 똘똘한 말레이인 청년이 아쌈의 상차림을 도왔고, 중국인 한 명은 계단참에 앉아 푼카를 당겼다. 모든 것이 조화로웠다. 아름다운 야자나무와 빛나는 녹색의 언덕, 호수 같은 강을 황금빛으로 물들이는 석양, 시나브로 자줏빛으로 멀어지는 초록의 숲과 산, 까무잡잡한 얼굴과 진홍색 유니폼의 시크교도 경비병들, 시원한 공기 속을 떠도는 풍부하고 감미로운 향기, 작열하는 태양의 찬란함, 그리고 형언할 수도 설명할 수도 없는 그 모든 것들까지!

내 여행 가방이 아직 도착하지 않았다. 코끼리가 난동을 부리는 바람에 진흙 얼룩이 진 트위드 등산복을 갈아입지 못한 것이다. 그 때문에 나는 세 명을 위한 저녁상이 차려진 것을 보고 잔뜩 기분이 상했더랬다. 저녁 식사를 같이 할 두 명의 정부 관리가 말끔한 만찬 복장을 하고 오는가 보다 싫어 마지못해 베란다에서 서성거리기도 했다. 옷 때문에 가뜩이나 기분이 상한 나는 혼자 있고 싶은 바람이 이곳에서도 이뤄지지 않는구나 하는 생각에 짜증이 났다. 그때 아쌈이 저녁상이 "차려졌다."며 더 단호하게 채근했고, 나는 고개를 갸웃거리며 잘 차려진 식탁의 내 자리에 앉았다.

그때였다. 아쌈이 커다란 유인원을, 말레이인 시종이 작은 유인원을 데리고 나오더니 식탁에 앉혔다. 이어 시크교도 경비원이 송아지만 한 리트리버 개 한 마리를 끌고 와 목줄을 내 의자에 묶었다! 이 모든 일들이 대단히 엄숙하게 이뤄졌다. 식탁의 세 자리가 모두 채워지자 저녁 만찬이 장중하게 시작됐다. 카레와 처트니,[447] 파인애플, 계란 요리가 도자기 접시 위에 담겨 두 유인원에게도 제공됐다. 내게도 똑같은 요리가 나왔음은 물론이다. 중요한 차이라면 나는 음식이 나올 때까지 기다리지만, 유인원 녀석들은 그렇지 않다는 점이다. 큰 녀석의 경우 버릇없게도 집사가 식탁에 요리를 놓는 틈을 타 남의 음식을 슬쩍 낚아채 간다. 작은 녀석은 아예 의자에서 식탁 위로 올라와선 내 접시 옆에 자리를 잡고 알아서 음식을 먹는다. 이 얼마나 기이한 디너파티인가! 이보다 더 유쾌할 순 없다! 나의 '옆 손님들'은 정말 조용했다. 그들은 대화를 위한 수고를 내게 요구하지 않았다. 그들은 함께 식사하기에 더없이 흥미로운 동료였다. "침묵은 금"이라는 걸 새삼 느꼈다. 이런 만찬을 언제, 어디서 또 할 수 있을까?

저녁 만찬을 같이 한 녀석들과 내가 안면을 튼 것은 이곳에 막 도착해서였다. 당시 녀석들은 현관 위의 베란다 난간에 긴 줄로 묶여 있었다. 그 모습이 좋아 보이지 않는 데다, 편지를 쓸 요량으로 나는 녀석들에게서 멀찍이 떨어진 곳으로 갔다. 큰 녀석은 키가 120센티미터나 되고 아주 강했지만, 작은 녀석은 키가 50센티미터에 불과했다.[448] 큰 녀석의 이름은 마흐무드Mahmud고, 작은 녀석은 에블리스Eblis다. 얼마 지나지 않아서였다. 고통으로 울부짖는 소리가 들렸다. 덩치 큰 마흐무드가 에블리스를 괴롭힌 것이다. 에블리스는 달아날 수도 없었다. 난간에 긴 줄로 묶여 있는 데다, 마흐무드가 그 줄을 쥐고 있었기 때문이다. 마흐무드는 에블리스가 달아날 때마다 줄을 당겨 가까이 끌어다 놓고는 느슨해진 줄을 채찍처럼 휘둘러 에블리스를 때렸다. 나는 작은 녀석을 구해 주려 두 녀석 가까이 다가갔다. 에블리스도 내게 오려고 안간힘을 썼다. 하지만 에블리스가 달아나려 할 때마다 마흐무드는 줄을 당기면서 만면에 사악한 승리의 기쁨을 드러냈다. 마침내 마흐무드는 굵은 등나무 지팡이를 집어 들고는 에브리스를 끌어당겨 무자비하게 때렸다. 작은 유인원 에블리스의 비명이 내 마음을 후벼 팠다. 나는 시크교도 경비더러 마흐무드를 말리라고 했지만 허사였다. 아마도 그가 내 말대로 경비 위치를 벗어나 마흐무드에게 달려갔더라면 규율을 위반하는 꼴이 되었을 테다. 하지만 그 순간만큼은 그가 마흐무드에게 달려가 총검으로 찌르면 좋겠다고 생각했다. 그냥 두면 에블리스가 죽을 수도 있겠다 싶어 나는 에블리스를 묶어 둔 곳으로 달려가 줄을 잘라 버렸다. 마흐무드는 나의 갑작스런 행동에 깜짝 놀랐던지 에블리스를 놓아줬다. 죽도록 두들겨 맞고 풀려난 에블리스는 내 어깨로 뛰어올라 공포에 떨며 내 목을 꽉 끌어안았다. 녀석 못지않게 나도 무서워 떨었다.

나는 에블리스를 베란다 반대편에 있는 안락의자로 옮겼다. 녀석은 내 품에 안겨 매혹적이고 애처로운 표정으로 올려다보며, 부드럽게 "우프! 우프!"라고 웅얼거렸다. 이 녀석은 잠을 자려 지붕 위로 올라갈 때 빼고는 내 곁을 떠나지 않는다. 에블리스는 그 어떤 피조물보다 사랑스럽고, 사랑스러워하지 않을 수 없는 존재다. 하루 종일 녀석만 쳐다보라고 해도 그럴 수 있겠다. 내가 글을 쓸 때면, 에블리스는 가끔 책상 위로 올라와 나를 뚫어져라 보곤 한다. 펜을 쥐고 잉크를 묻혀 종이 위에 휘갈길 때도 있다. 어떤 때는 책을 펴고 책장을 넘기기도 한다. 한번은 주재관의 공문서 보관함을 들고 와서는 상자에서 봉투를 하나씩 꺼내, 마치 읽기라도 할 것처럼 편지지를 일일이 펼쳐 보기도 했다. 물론 에블리스는 편지와 봉투와 공문서 보관함을 항상 제자리에 돌려놨다.

녀석은 붙임성이 여간 아니다. 글을 쓰고 있는 내게 다가와 내 펜을 부드럽게 빼앗아 옆에 내려놓고는 앙증맞은 손을 내 손 위에 올려놓는가 하면, 내 무릎 위에 누워서 한 팔로 내 목을 감고는 이따금씩 감정이 풍부한 자그마한 얼굴을 내 얼굴에 가볍게 부비며 "우프! 우프!"라고 속삭인다. 녀석은 이 단음절 소리에 여러 가지 음색을 담아 아주 많은 의미를 전달할 수 있다. 마흐무드도 얌전하기는 하지만, 내게 곁을 줄 기색이 없다. 나는 그게 좋다. 내가 에블리스를 그에게서 멀찌감치 떨어뜨려 놓자, 마흐무드는 우리를 향해 등나무 지팡이를 집어 던지고는 춤을 추기 시작했더랬다.

내가 이곳에 온 첫날 밤 호랑이들이 관저 가까이에서 화난 듯이 으르렁거렸다. 나는 새벽 4시에 시끄러운 소리 때문에 잠에서 깼다. 밖으로 나가 보니 장관이었다. 하늘에는 별이 쏟아지고, 코코스야자나무의 근사한 깃꼴 잎이 밤하늘에 사진처럼 박혀 있다. 관저 문 앞에는 쫓겨난 페락 술탄의 유물인 코끼리 네 마리가 서 있다. 넷 중 가장 덩치가 큰 녀석이 술탄을 태우던 술탄의 코끼리다. 마후트들이 횃불을 들고 바삐 움직였다. 흔들리는 횃불 탓에 실제보다 훨씬 우람해 보이는 시크교도가 일부는 흰색 일상복을 입고, 일부는 진홍색 유니폼과 파란색 터번을 갖춰 입고 무리 지어 이 광경을 지켜보았다. 횃불의 불빛이 경비들의 총검에 반사됐다. 반딧불이 떼의 출렁이는 녹색 불빛이 어둠 속을 부드럽게 흘렀다.

이 텅 빈 주재관저에서 사흘째 밤을 나 홀로 맞고 있다! 나는 유인원들만 둘러앉는 식탁에서 지금까지 다섯 끼를 먹었다. 녀석들은 나를 진정으로 웃게 해 준다. 이곳 경비병들은 입도 뻥끗하지 않는다. 그러니 사람 목소리는 거의 들리지 않는다. 가식의 세상, 수다와 설전舌戰의 사회에서 벗어나 유인원과 코끼리들만의 물정 모르는 사회로 잠시 물러나 있는 것도 좋은 일이다. 지루함을 차치한다면 말이다. 녀석들은 늘 새로운 무언가를 하고 있다. 사람 흉내를 내는 게 아니라, 스스로 주도적으로 뭔가를 한다. 방금 편지 뭉치에서 편지 하나를 뽑아 든 에블리스는 읽어 보려는 것인지 편지지를 펴서 들고 있다. 주재관저의 지붕에 사는 야생의 긴팔원숭이 한 마리가 오늘은 무슨 맘을 먹었는지 베란다로 내려왔다. 그 녀석은 리트리버의 등에 악마처럼 뛰어올라 걸터앉더니 막대자로 개를 때리고 있다. 귀엽고 사악한 마흐무드는 의자에서 쿠션을 빼내어 바닥에 일렬로 늘어놓았다. 이어 식탁에서 식탁보를 벗겨 내더니 돌돌 말아 베개를 만들었다. 지금 마흐무드는 의자 쿠션으로 만든 침대에 누워 식탁보 베개를 베고 오불관언吾不關焉의 자세를 취하고 있다. 이따금 파인애플을 따 먹으면서…….

녀석들은 화가 나면 끔찍한 소리를 질러 댄다. 예컨대 식탁에서 남의 접시에 손을 뻗는다고 야단을 치면, 어린애처럼 화를 내며 새된 소리를 지른다. 그러고는 일본의 아이누가 기분 나쁠 때 내는 것 같은 소리를 중얼거린다. 마흐무드는 작고 귀여운 에블리스를 심하게 질투한다. 녀석은 내가 곁에 없을 때면 언제나 에블리스를 때리고 괴롭힌다. 마흐무드가 에블리스의 먹을 것을 빼앗으면, 에블리스가 화를 내며 소리를 지른다. 그러면 마흐무드는 하얀 이빨을 드러내고 웃는다. 오늘 아침 마흐무드는 베란다에 있는 의자를 전부 뒤집어 놓았다. 내가 야단을 치려 하자 녀석은 껍질을 벗기고 있던 바나나를 내게 던졌다. 마흐무드가 영어를 말할 수만 있다면, 녀석의 입에서는 분명 거친 위트가 술술 나올 것이다.

주재관 휴 로의 휘하에 스리랑카 출신의 서기가 있는데, 나는 밤에 그를 찾아가 탐사 일정을 짰다. 이튿날 이른 아침, 내가 유인원들과 아침 식사를 마치자 그가 술탄의 코끼리를 데리고 관저로 왔다. 타고 싶다는 생각이 들 정도로 잘 길들여지고 품격 있는 술탄의 코끼리는 키가 무척 커서(사람들 말로는 3미터!), 엎드렸는데도 등에 오르려면 꽤 큰 사다리가 필요했다. 집사 아쌈이 나를 위해 코끼리의 바구니에 쿠션으로 쓸 베개 몇 개와 근사한 점심 도시락을 넣어 주었다. 하루 종일 날씨는 쾌청했고, 탐사는 더없이 즐거웠다.

우리 일행은 곧바로 밀림으로 들어가, 페락 강의 왼편을 따라 7시간 숲 속을 돌아다녔다. 넋이 나갈 것만 같았다. 나무들은 높고 웅장했다. 생전 처음 보는 나무들이 즐비했다. 지상에서 30미터 위를 쳐다봐야 가지가 보이는 나무들이 많았다. 녹색의 밀림 속은 어두침침했다. 꽃 한 송이 보이지 않고 나무와 풀만 빽빽한 곳도 종종 있었다. 하지만 숲을 덮고 있는 무성한 잎들 사이로 환한 창공이 언뜻언뜻 비쳤고, 햇빛도 틈을 비집고 파고들었다. 이따금씩 거대한 나무들이 쓰러지면서 생긴 밀림 속의 공터가 있는데, 거기로 찬란한 열대의 햇빛이 폭포처럼 쏟아졌다. 거대한 꽃나무 위로, 난초의 순백색 꽃잎 위로, 리아나 덩굴의 노란색 꽃 무더기 위로 쏟아지는 그 햇빛 속에서 태양새의 깃은 무지갯빛으로 빛났다. 온갖 나비들, 그러니까 온통 황금색의, 호박색과 검정색의, 호박색과 파란색의, 보라색 띠를 두른 녹색의, 주홍 또는 선녹색 반점이 있는 검정색의 나비들이 밀림 속에서 햇빛을 받으며 날갯짓을 했다. 때로 청록색이나 샛노란 색의 나비 떼가 요정처럼 떠돌기도 한다. 태양새의 반짝임과 나비의 날갯짓은 기쁨의 의미를 되새기게 해 준다. 기쁨은 모든 살아 있는 생명체가 태어날 때부터 부여받은 것이라는 점을 말이다. 이 밀림의 공터에서 지금 이 순간, 내가 조류학자나 곤충학자가 아니어서 얼마나 다행인지 모른다. 나는 이 다채로운 피조물 모두가 저마다의 생명과 아름다움을 기뻐할 수 있도록 그저 보기만 해도 되니까.

해가 드는 밀림의 공터에서 빛나는 건 나무와 덩굴만이 아니다. 양치류, 이끼류, 난, 바위손, 진홍색 반점이 있는 드라세나, 진홍색 잎맥의 칼라듐도 멋지다. 대형 식충식물 네펜테스의 벌레잡이 통은 속이 비치는 물병 모양이다. 낭상엽囊狀葉, 즉 잎이 주머니 모양을 한 착생식물들은 작은 나무의 가지를 연녹색의 낭상엽으로 덮어 버린다. 나무고사리 위에 고사리와 난, 이끼가 착생한다. 이곳에선 나무가 쓰러지면, 이내 새로운 녹색이 덮어 버린다. 밀림의 작은 늪에는 토란과 처녀이끼류, 녹색과 황금색의 관엽식물이 군락을 이룬다. 어떤 곳에서는 생강풀이 180센티미터 높이까지 자란다.[449]

깊은 숲 녹색의 어둠 속에서는 이슬이 오전 10시까지 보석처럼 반짝인다. 해가 드는 공터에는 도가니 같은 열기가 뿜어져 나온다. 숲 한가운데는 고요하고 단조로운 녹색이지만, 공터와 높은 나무 꼭대기는 이와 극명하게 대비된다. 알록달록하고, 생명이 약동하며, 밝고 부산하다. 원숭이는 나무 꼭대기에 무리 지어 산다. 녀석들은 완벽하게 공중에서 살도록 생겨 먹은 것 같다. 절대 땅에 발을 딛지 않는다고 하며, 나무와 나무를 타고 숲을 이동하는 것으로 알려져 있다.

말레이인 촌락인 캄퐁은 대체로 강변에 자리 잡고 있다. 우리 일행은 낮에 말레이 촌락을 여러 곳 지나쳤다. 이슬람 사원도 여럿 보였다. 말레이 촌락의 가옥은 앞서 언급했던 집들이 집단을 이루기는 하지만, 집과 집 사이가 멀찍하다. 집 주위에는 코코넛, 잭프루트, 두리안, 빵나무, 망고, 육두구 등 과일나무를 심는다. 캄퐁 인근의 농원에서 바나나를 재배한다. 강변 캄퐁의 말레이인은 집집마다 소형 보트나, 통나무 속을 파내서 만든 카누를 갖고 있다. 어떤 캄퐁에는 마을 목욕간이 있고, 어떤 캄퐁에서는 벼농사를 짓는다. 말레이 촌락의 삶을 두고 유럽인은 무지한 언사를 늘어놓기도 하고, 목가적으로 바라보기도 한다. 말레이 촌락은 아름답고 이곳 말레이인의 삶에 적합하다. 식량은 나무 위나 밀림과 강변에서 얻을 수 있다. '원시의 저주'[450]라고 하는 굶어 죽는 경우를 이곳에서는 거의 찾아 볼 수 없다. 말레이인은 최소한의 노동으로 원하는 것을 모두 얻을 수 있다. 경작권이 보장되고(치안이 불안하다는 것이 이곳의 중대한 사회 문제 중 하나다), 세금이

과도하게 부과되지만 않는다면, 행복하다고까지는 할 수 없을지라도 말레이인의 삶은 안락할 수 있을 것이다. 이곳 사람들은 언제나 상대에게 깍듯하다. 나를 안내한 스리랑카 출신의 서기는 캄퐁에 들를 때마다 사람들과 긴 얘기를 나눴다. 정글 사람들의 주상가옥은 기둥을 아주 높이 세우고 집을 얹는다. 그렇게 하는 데는 밀림에 출몰하는 호랑이도 한몫한다. 빵나무 열매의 친척뻘인 잭푸르트[451]와 두리안이 촌락 주변에 풍부하다. 잭푸르트는 과일이라기보다는 식량에 가깝다. 잭푸르트 나무는 수간樹幹에 곁가지가 나오지 않고 수형이 아주 멋지다. 잭푸르트는 열매 하나 무게가 27~30킬로그램까지 나간다. 다 자란 두리안은 크기가 어른 머리통만 하며, 단단하고 날카로운 가시가 촘촘하게 덮여 있다. 두리안이 머리나 어깨에 떨어지면 큰일이 날 수도 있다. 말레이인은 이를 예방하기 위해 집 지붕 위에 튼튼한 그물을 쳐 놓는다.

나는 이곳에서 완전하게 자란 육두구를 처음 보았다. 책으로 익히 알고 있던 나무나 꽃을 두 눈으로 직접 본다는 건 정말 대단한 경험이 아닐 수 없다. 수형이 근사한 육두구 나무는 10~15미터까지 자란다. 잎은 윤기가 나며 월계수 잎과 약간 닮았다. 열매는 천도복숭아를 크게 확대한 것 같다. 일행이 완전히 익은 육두구 열매 하나를 내게 건네줬다. 열매를 가르면, 진한 갈색 껍질의 씨가 나온다. 이 씨로 만든 것이 향료 너트멕nutmeg이고, 이 씨를 둘러싸고 있는 그물 모양의 씨껍질을 말린 향료가 메이스mace다. 열매의 과육은 순백색이다. 열매도 아름답다.

캄퐁에 사는 말레이인은 집에 틀어박혀 빈랑을 씹는 것 말고는 하루 종일 아무것도 안하는 것처럼 보인다. 집에서 남정네들은 머리에 두건을 동여매고 웃통은 벗은 채 아래에 사롱만 걸친다. 여자들도 위는 벗고 지내는 것 같다. 왜냐하면 낯선 남자 둘이 집으로 다가가자 집 안의 여인들이 황급히 다른 사롱으로 어깨와 머리와 얼굴을 덮어 가리며, 눈만 내놓고 있는 것을 내가 직접 보았기 때문이다. 어린아이들은 벌거벗은 채 은장식 가리개만 하는 게 보통이다. 이들이 집에서 속옷 차림으로 지내는 것은 단지 관습과 기후의 문제일 뿐이다. 말레이인이 유럽인보다 미개한 건 결코 아니다. 유럽 문명에 아무런 영향도 받지 않은 이곳 열대 주민들의 삶을 들여다보는 것은 흥미진진하다.

캄퐁에서는 말레이의 음악과 노래, 전설, 게임 등과 더불어, 가장 중요한 말레이인만의 종교 의례가 행해진다. 페락의 말레이인이 말레이 반도의 여느 지역 사람들과 종교 의례가 다르다는 말은 들어 보지 못했다. 이슬람 사원이 설치되는 교구를 이루려면 최소 44가구가 있어야 한다. 캄퐁마다 적절한 규모의 이슬람 사원을 두고 있으며, 매주 금요일에 종교 행사를 주관하는 말레이인 관리가 연단에서 신과 마호메트와 그의 대리인들을 찬양하는 설교를 한다. 그 관리가 혼례도 주관한다. 제례祭禮와 관련된 것은 다른 말레이인 관리가 주관하며, 시신을 안장하고 나서 망자를 위한 기도를 올린다. 사원에는 하급 관리가 배속되어 있어, 사원을 청소하고, 예배 불참자를 이슬람 종교 지도자인 이맘에게 보고하며, 마을을 돌면서 기도 시간을 알리는 일을 한다. 아울러 장례도 돕고 사원의 큰북을 치는 것도 그들의 몫이다. 최고 성직자인 이맘은 신성한 이슬람 의례를 주관한다. 이슬람과 사원에 관여하는 이들에게는 봉사에 상응하는 보수가 정기적으로 지급된다. 이들은 장례를 주관한 대가를 받기도 한다. 나는 이슬람 사원 안에 들어가기가 두려웠다. 사원은 모두 원뿔 모양을 하며 나무 기둥을 세우고 아탑으로 지붕을 얹었다. 이슬람 사원은 통상 캄퐁에서 약간 떨어진 얕은 둔덕에 위치한다. 첨탑은 없지만, 규모가 큰 모스크는 신자들에게 기도 시간을 알리기 위한 북과 징을 두는 별도의 건물이 있다.

종교적인 행사에 물소가 희생犧牲으로 쓰인다. 생일이나 할례, 결혼, 부잣집 아이들의 머리를 미는 잔치 때도 물소를 잡는다. 종교 의례의 희생으로 쓸 소를 잡을 때는 정결하게 도살해야만 한다. 소의 뼈를 부러뜨리지 않아야 하며, 쇠뿔을 공용으로 쓰는 것도 금지된다. 물소의 도축은 모스크 인근에서 엄숙한 의식에 따라 이루어진다. 희생으로 잡은 소는 그 자리에서 절반이 요리되고 교구의 신자들이 나누어 먹는 것이 일반적이다.

종교 의례를 쓰는 김에 이슬람 장례식도 잠깐 언급해야겠다. 나는 오늘 멀찍이서 무슬림의 장례를 보았다. 독실한 부자 무슬림은 저마다 커다란 무덤을 만들지만, 보통의 무슬림은 공동묘지에 묻힌다. 무덤을 파는 데도 정해진 규칙이 있다. 깊이는 보통 남자가 섰을 때 귀 높이 정도며, 바닥은 평평해야 한다. 유럽의 무덤 파기와 크게 다르지 않지만, 한 가지 중요한 차이는 시신을 안치할 관처럼, 무덤 바닥에서 아래로 깊이 60센티미터의 공간을 따로 만든다는 점이다.

그 장례에서 망자는 남성으로 짐작됐는데, 면으로 된 수의壽衣가 입혀진 시신은 헝겊으로 덮여, 두 장의 널빤지로 된 상여에 실려 왔다. 남자 유족들이 상여를 뒤따랐다. 무덤에 도착하자 이슬람 종교 지도자인 이맘이 높낮이가 없는 목소리로 장례 기도문을 낭독했고, 시신은 무덤 바닥 아래의 관처럼 생긴 공간에 안치됐다. 상여로 운반해 온 널빤지 두 장을 무덤 바닥에 걸쳐 시신을 덮었다. 그 위로 꽃과 나뭇잎을 던지고 흙을 덮었다. 무덤이 메워지자 그 위로 물을 약간 뿌린 뒤 한 남자가 메카 쪽을 향해 무덤 위에 앉았다. 나와 동행한 스리랑카 출신의 주재관 서기가 일러 주기로, 그 남자는 메카를 향해 일종의 신앙 고백을 낭송했다고 한다. 유족들도 그 남자와 같은 방향으로 절을 하고 무덤을 떠났다. 안장을 한 뒤에도 추모 기간 무덤에 향료와 꽃이 봉헌된다. 장례는 경건하고 품위 있었다. 아마도 내가 일본에서 본 불교식 장례보다 더 그런 것 같다. 하지만 일본에 비해 묘지는 조성이 엉성하고 좀 더 울적한 느낌을 준다. 무덤 위로 흙을 돋워 봉분을 하고, 말라카에서 보았듯이 앞과 뒤 네 모서리에 체스판의 졸처럼 생긴 땅딸막한 기둥을 세운다. 이곳 무슬림은 장례식 참석자들이 무덤에서 일곱 걸음 물러날 때, 하늘에서 천사 둘이 무덤 속으로 들어가 망자를 심문한다고 믿고 있다. 이슬람에서는 죽음이 임박해지면, 죽어 가는 사람은 신의 유일함에 관한 짧은 고해를 반복해야 한다고 가르치고 있다. 만약 그가 그렇게 할 수 없을 때에는 다른 이가 대신 고해를 낭송한다. 시신을 염하고 수의를 입히는 염습斂襲은 종교 의례며, 따라서 모스크의 관리 가운데 한 명이 수행한다. 아라비아의 위대한 예언자, 마호메트가 이곳 밀림 속에서도 영향력을 행사하고 있다는 사실이 경이롭다.

이 편지는 태양새와 나비의 환상적인 아름다움으로 시작되었지만, 장례 이야기가 이어지면서 우울한 쪽으로 흘렀다. 이야기의 분위기를 바꾸어야 할 텐데, 그게 뜻대로 잘 되지 않는다. 매력 덩어리인 유인원 에블리스가 내 공책 위에 앉아서 속삭이듯 "우프! 우프!" 하면 그것이 무엇이든 하던 일을 계속할 수 없기 때문이다. 이 녀석이 내 펜을 빼앗아 공책에 낙서를 하는 바람에 그동안 쓴 것도 알아볼 수 없게 될까 걱정이다. 그런데도 녀석은 나더러 계속 자기만 봐 달라고 한다.

술탄의 코끼리는 고상한 동물이다. 녀석은 완벽하게 명령을 수행했다. 혈통 좋은 말조차 헉헉거릴 가파른 곳을 오르내렸다. 명령만 하면 나무를 뽑아 버린다. 나무가 머리 위로 위험하게 기울어져 있으면, 우리가 그 아래를 통과할 때까지 안전하게 잡고 있기도 한다. 길 위에 커다란 나무가 쓰러져 있으면, 들어 옮기거나 다리를 높이 들어 안전하게 타 넘는다. 그리고 페락 강으로 이어진 가파른 강둑도 아주 능란하게 미끄러져 내려간다.

술탄의 코끼리에게 저녁거리로 바나나 한 그루를 줬다. 그러자 녀석은 마치 막대기 분지르듯 단단하고 두꺼운 기둥을 꺾어 버렸다. 2.5미터나 되는 잎줄기를 하나하나 깔끔하게 밑동에서 뜯어내더니, 줄기의 두꺼운 끝부분을 발로 밟고, 원숭이가 바나나 껍질 벗기듯이 능숙하게 줄기 양쪽에서 잎사귀를 분리했다. 줄기의 두꺼운 껍질을 벗기고는 안쪽 연한 부분의 즙을 먹었다. 내가 마당에 앉아 있을 때 좁은 곳 사이로 술탄의 코끼리가 지나가려 했다. 하지만 녀석이 노련하고 다감하다는 걸 잘 알고 있던 터라, 그 엄청난 발이 내게 스쳤을 때조차 나는 비키지 않고 그대로 있었다. 녀석은 코를 뻗으면 닿을 거리에서 내가 점심을 먹고 있는데도, 가만히 서서 귀만 펄럭이고 자기 몸에 물을 뿌릴 뿐 나를 방해하지 않았다. 코끼리마다 전용 마후트가 있고, 코끼리와 마후트가 소통하는 어휘는 상당히 많다. 마후트는 파랑parang이라는 칼을 가지고 있다. 그들은 칼끝이 넓고 무거운 파랑으로 나뭇가지를 쳐 내며 정글을 통과한다. 무기로도 쓰이는 파랑은 상당히 굵은 나뭇가지도 힘들이지 않고 자를 수 있다.

우리 일행은 몇 시간 밀림을 헤치고 나간 끝에 야자나무와 육두구나무로 둘러싸인 캄퐁에 도착해 코끼리에서 내려 짙은 나무 그늘 아래서 점심을 먹었다. 눈부신 오후의 햇살을 받으며 발 아래로 강이 아름답게 굽이치고, 강둑에 새와 나비가 날아다니는 풍경을 만끽했다. 마후트는 이 캄퐁에서도 친구를 여러 명 만나 인사를 나눴다. 이곳 사람들은 코를 비비며 인사를 한다고 들었지만 실제로 보지는 못했다. 내가 본 바로는 어떤 이가 누군가에게 다가가거나 누군가의 집을 방문할 때면, 합장하듯 두 손을 모은다. 그러면 그를 맞이하는 이는 두 손을 그 합장한 손등에 살짝 댄 뒤 자신의 입과 이마에 갖다 댄다. 정중한 인사 방식이다.

점심을 먹는 자리에서 스리랑카 출신의 서기가 원주민의 말을 내게 전하기로, 페락 강을 코끼리를 타고 건널 수 있다는 거였다. 코끼리가 헤엄을 잘 치는 '잠수부'며, 물에 들어가도 그 위에 타고 있으면 온몸이 물에 젖는 것 말고는 전혀 위험하지 않다는 마후트의 말도 통역해 줬다. 나는 페락 강 건너편을 탐사해 보고 싶었다. 우리는 코끼리를 타고 가파른 강둑 아래로 내려가 넓은 페락 강 속으로 들어갔다. 강 안쪽으로 들어가자 코끼리는 완전히 물에 잠긴 채 당당하게 앞으로 나아갔다. 물 위로는 물뱀처럼 동그랗게 만 코만 내놨다. 콧구멍이 코끼리의 일부라는 느낌이 들지 않았다. 물론 우리는 물속에서 코끼리를 타고 있었다. 강물도 대기처럼 뜨듯했다. 그렇게 우리는 뜨거운 햇볕을 받으면서 코끼리를 타고 건너편의 아름다운 풍광을 즐기며 맑게 빛나는 페락 강을 건넜다. 강변에는 넓지는 않지만 숲 그늘이 드리운 황금색 모래사장이 있고, 그 너머의 산 위로 쪽빛 수해가 펼쳐졌다.

나는 지금 네가 여기에 함께 있었더라면 좋았을 거라는 생각 말고는 더 이상 바랄 게 없을 만큼 만족스럽다. 물론 네가 여기에 있었다면, 코끼리가 물속에 잠긴 채 세 인종을 등에 태우고 열대의 강을 헤엄쳐 건너는 광경을 매일 보려 했을 테지만 말이다!

스리랑카 출신 서기가 이렇게 말했다. "저는 지금 당신을 코토라마Kotolamah로 안내하고 있습니다. 1875년 페락 전쟁 이래로 유럽인은 아무도 그곳에 발을 들여놓은 적이 없습니다. 저도 거기에 간 적이 없고, 주재관도 마찬가집니다." 나는 이미 해협식민지 외교백서를 통해 코토라마가 최근의 분쟁에서 악명을 얻었고 "해적, 무법자, 반도叛徒의 소굴"로 지목되고 있다는 걸 익히 알고 있었다. 우리가 페락 강을 대각선으로 비스듬하게 건너던 중에 스리랑카 출신 서기는 "몇 달 전이었다면, 코토라마 사람들은 강안 양쪽에서 우리를 향해 총격을 가했을 겁니다."라고 말했다. 그곳의 경치는 아름다웠다. 강이 크게 굽어 흐르고, 강둑 위에 자리 잡은 캄퐁에는 야자나무와 두리안나무로 둘러싸인 큰 집들이 보였다.

절벽 위에 꽤나 많은 사람들이 모여 있었다. 어떤 이들은 머스캣 총을 지녔고 어떤 사람들은 창을 들고 있다. 스리랑카 출신 서기는 "오지 말 걸 그랬나 봅니다."라고 말했다. 하지만 코끼리가 강둑을 기어올랐을 때 그 사람들은 우리에게 우호적인 것처럼 보였다. 나는 코끼리에서 내려 확 트인 마루가 있는 큰 집으로 올라갔다. 여기저기에 곱게 짠 돗자리가 놓여 있었다.

내가 들어간 방에는 여자와 아이들이 많았는데, 앞쪽의 한 명이 나를 위해 쌀부대 위에 고운 방석을 깔아 줬다. 바닥에 39개의 돗자리 방석이 원형으로 깔려 있는 그 방에 사람들이 꾸역꾸역 몰려들었다. 남자들 중 일부는 자리에 앉지 않고 서 있었다. 무리 가운데에 지저분한 녹색 터번과 붉은색 사롱을 걸친 한 하지는 악당의 풍모가 물씬했다. 다른 사내들은 머리에 두건을 두르고 웃통은 벗은 채 아래에 사롱만 걸쳤다.

이곳 사람들은 겉으로 보기에 야만인 같았다. 모두 파랑이나, 골로golo라는 짧은 크리스를 허리춤에 찼다. 이곳 말레이인이 무장해제됐다는 말을 들었던 나로서는 머스캣 총과 소총, 약 서른 개의 창이 벽에 걸려 있는 것을 보고 놀라지 않을 수 없었다. 식민 당국이 왜 이곳을 "강도와 살인자의 소굴", "폭동과 민란의 중심" 따위로 부르는지가 이해됐다. 이곳이 누구의 집인지 궁금증이 일 줄로 안다. 미리 밝히자면, 페락 주재관 버치의 암살 공모 혐의로 처형된 악명 높은 반란 지도자 마하라자 렐라Maharajah Lela[452]의 집이다. 내가 듣기로 이곳에 있는 여자들 가운데 마하라자 렐라의 정실부인도 있다고 한다. 영국인인 나는 이곳에서 결코 환영받지 못할 걸로 생각했다. 하지만 그들은 원숭이를 올려 보내 코코넛 두 개를 따 와서는 내게 맛있는 코코넛 밀크를 내주었다. 그리고 내가 문을 나설 때 그들은 집 입구의 사다리 가운데 하나를 떼어 내 내가 코끼리에 올라타는 걸 도와주기도 했다.

나중에 주재관 휴 로는 내가 코토라마에 다녀왔다는 말을 듣더니, 스리랑카 출신 서기가 나를 그곳으로 데리고 간 것은 무지하고 어리석은 행동이었다며 불평했다. 하지만 로는 서기를 문책하지는 않겠다면서, 이번 방문이 무탈하게 끝나 다행이라고 말했다. 그는 그 지역의 치안이 아직 불완전하다는 걸 확인한 건 다행이지만, 코타라마에 들어간 최초의 유럽인이 숙녀라는 점이 마음에 걸린다고 덧붙였다.

〈삽화: 페락 강의 말레이식 통나무배〉

캄퐁 코토라마를 떠나 우리 일행은 온 길보다 초목이 더 우거진 코끼리 길을 탐사했다. 길을 헤쳐 가기 위해 마후트는 끊임없이 파랑을 휘둘러야 했고, 코끼리의 힘과 지혜는 더 절실했다. 매우 경사가 급한 언덕을 넘는 도중에 호랑이 굴이 여러 개 보였는데, 최근 호랑이가 지나간 흔적도 적지 않았다. 몇 시간을 힘들여 고개를 넘은 뒤에야 아름다운 페락 강으로 내려올 수 있었다. 우리 일행은 통나무의 속을 파낸 말레이식 카누인 '통나무배'를 타고 강을 건넜다. 통나무배는 수면과 거의 수평이 될 정도로 가라앉아 있어, 배 앞머리에 웅크린 원주민 사공이 노를 저을 때마다 강물이 배 안으로 넘쳐 들어왔다.

"석양의 찬란한 아름다움과,

저녁의 자줏빛 안개 속에,"[453]

우리는 쿠알라 캉사르에 도착했다. 그곳에는 알프스처럼 장엄한 자주색의

〈삽화: 쿠알라 캉사르의 거리〉

큰 산이 불타는 석양의 구름 위로 솟아 있다. 강둑 옆을 따라 용선龍船과 대나무를 네모나게 엮어 강 위에 띄워 놓은 목욕 배가 있다. 1875년 영국 주재관 버치는 그 목욕 배의 통나무 사이로 칼에 찔려 목숨을 잃었다.

우리 일행이 뭍에 오르자 매우 명석하고 유식해 보이는 젊은 말레이인이 많은 수행원을 대동하고 우리를 마중했다. 그 젊은이는 아래엔 흰색 바지 위에 붉은색 짧은 사롱을 걸치고, 위에는 금색 단추와 시곗줄이 달린 검정색 바주를 입었다. 머리에는 빨간색 두건을 쓴 멋쟁이다. 날카롭고 약간 오만한 인상의 이 말레이인 청년이 쿠알라 캉사르의 재판관이자, 페락 술탄의 왕위를 승계할 가장 유력한 인물인 라자 드리스Raja Dris[454]다. 휴 로는 그의 성품과 능력을 높이 평가한다. 그는 페락 신민들에게도 신망이 두텁다. 라자 드리스는 우리 일행과 모스크까지 함께 걸으면서, 주변 사람들에게 나에 대해 물었다. 기도를 올리기 위해 모인 많은 무슬림이 모스크 주변을 서성거렸고, 개중에는 하지도 여러 명 보였다. 무슬림은 기도를 올리기 전에 몸을 정결하게 하는 세정 의식을 치러야 하는데, 강에 떠 있는 목욕 배가 목욕재계를 하는 이들의 공동 목욕탕이다. 쿠알라 캉사르의 상업 활동은 소수의 클링인을 제외하면 중국인이 장악한 것 같다. 거리를 따라 줄지어 선 상점의 주인은 죄다 중국인이다.

Letter 20 (계속)

1879년 2월 17일

어제는 다행스럽게도 일요일이었고, 나는 아무 일도 하지 않고 하루를 편히 쉬었다. 전날 코끼리를 타고 12시간 가까이 정글을 돌아다녔더니 몸이 결리고 잠이 쏟아졌던 터다. 지난 사흘간 나는 유인원들과 함께 밥을 먹었고, 당일치기 코끼리 여행도 했다. 맑고 탁 트인 대기 속을 혼자 거닐기도 하고, 편하고 호화롭게 열대의 생활을 누려 보기도 했다. 지난 사흘간의 고독은 실로 매혹적이었다. 밤에 하인들이 숙소로 물러가고 유인원들도 잠자러 지붕에 올라가면, 주재관저에는 나만 덩그렇게 남는다. 베란다 밑에서 말없이 꼼짝 않고 서 있는 동양인 파수꾼들은 나의 고독을 전혀 방해하지 않는다. 더구나 이 방갈로에는 구속감을 줄 수도 있는 문이나 창문이 하나도 없다. 해서 나는 "내가 바라보는 모든 것을 지배한다."[455]는 느낌을 받았던 터다. 그런데 북과 나팔이 울리고 시크교도 경비가 모습을 드러내면서 관저의 주인인 휴 로가 나타났다. 나는 유인원과의 식사와 '나 홀로 왕국'을 주재관에게 넘겨주기 싫다는 생각이 들었다. 그것들이 오래전부터 나의 세계였던 것처럼 느껴졌기 때문이다.

주재관이 늘 그러하듯 수행원을 대동하지 않고 관저의 계단참에 도착하자, 그의 애견 리트리버가 한달음에 뛰어 내려갔고, 에블리스와 마흐무드는 공중그네를 타듯 리트리버의 머리 위로 괴성을 지르며 날아갔다. 야생의 긴팔원숭이는 멀찍이서 주재관의 귀환을 반겼다. 처음 한동안 나는 주재관의 얼굴을 볼 수가 없었다. 개와 유인원들이 온갖 애교를 부리며 주인에게 매달려 있었기 때문이다. 리트리버는 좋아서 펄쩍펄쩍 뛰었지만, 어쩌면 유인원들에 대한 질투 때문에 제정신이 아니었는지도 모른다. 이곳의 개와 유인원들은 사람들이 오랜만에 만난 사람에게 하는 것과 비교도 할 수 없을 정도로 뜨겁게 주인을 맞았다. 이들이 보여 주는 단순하고 사랑스럽고 격식 따지지 않는 관계가 사람들 사이에서는 불가능한 일일까?

주재관이 돌아오면서 나는 뼈아픈 좌절감을 맛봐야 했다. 마흐무드에게서 구해 준 이래 내 곁을 떠나지 않았던 에블리스가 이젠 내게 눈길조차 주지 않는 것이다. 녀석은 지난 며칠의 우정조차 없었던 일로 만들어 버릴 것만 같다! 나는 아이들이 똑같이 하는 것을 본 적이 있다. 그렇게 해서 더 강한 유대감이 형성된다. 에블리스는 주인에게 할 수 있는 모든 애교를 떨고 있다. 작은 손으로 주재관의 손을 어루만지고, 부드럽게 "우프"를 속삭인다. 주재관이 글을 쓸 때면 어깨 위나 무릎 위에 앉아 예전에 보이지 않던 아쉬움이 가득한 눈빛을 띤다. 마치 단음절로 된 "우프" 소리보다 표정으로 더 많이 표현할 수 있기라도 하다는 듯…….

주재관저의 생활 패턴은 특이하다. 주재관 로는 베란다 끝 쪽의 책상에서 업무를 본다. 에블리스는 그의 곁에서 주인을 쳐다본다. 내 책상은 베란다의 다른 쪽 끝에 있다. 긴 업무 시간 동안 우리는 말 한마디 나누지 않는다. 마흐무드가 가끔 멋있게 재주를 부리고, 야생의 긴팔원숭이가 반신반의하는 표정으로 지붕에서 아래를 훔쳐본다. 리트리버는 바닥에 누워 자기 발 위에 머리를 얹고 한쪽 눈을 뜬 채로 잠을 잔다. 갈망해 마지않는 주인의 눈길이나, 산책 기회를 놓치고 싶지 않다는 뜻일 테다. 간단한 점심과 저녁 만찬은 베란다의 휴게실에서 한다. 문 앞에는 진홍색 코트와 파란색 터번을 쓴 보초가 경계를 선다. 보초의 교대가 워낙 소리 없이 이뤄지는 바람에 늘 혼자서 경계를 서는 줄로 착각할 정도다. 앞마당 쪽으로 강이 조용히 흐르고, 부드러운 바람이 살랑거리지만 야자나무 잎을 흔들거나 지붕의 아탑을 바스락거리게 할 정도는 못 된다. 덥고 조용하다. 낮의 정적을 깨는 건 주재관의 바쁜 펜 놀림 소리뿐이다. 너무 조용해서 날마다 소나기가 처음 지붕에 떨어질 때 나는 소리에 놀랄 정도다.

주재관 로는 평판이 아주 좋다. 해협식민지 공직자 사회에서도 행정관의 전범으로 여겨진다. 그는 30년을 동아시아에서 주로 말레이인과 함께 지냈다. 관용 표현까지 통달할 정도로 말레이어가 유창하며, 말레이인의 특성을 헤아리는 통찰력도 갖췄다. 페락의 주재관 자리에 오른 것도 이러한 경험과 능력 덕분이다. 로는 말레이인을 이해하며 또한 좋아한다. 그는 짙은 피부색에 아무런 편견이 없다. 주재관이 인종 편견을 갖고 있다면, 휘하의 영국인 관리들과 아시아인들 사이에 건널 수 없는 깊은 골이 만들어질 수 있다. 로는 유럽의 문명인과 있을 때보다, 말레이인과 유인원과 애견 사이에 있을 때 더 행복해지는 사람이라는 생각이 든다!

주재관은 하루 14시간 일한다. 내가 보기에 그는 일을 열정이라고 생각하며, 새로운 일을 시작하는 걸로 스스로 재충전하는 인물이다. 페락의 이익을 증진하는 데 열중하는 그가 분명하게 지향하는 바는 이곳의 말레이 라자들을 교육해 인민을 공평하게 다스리도록 하는 것이다. 그는 식민지 제도 자체에 돈이 낭비되는 걸 극도로 꺼린다. 이 작고 오래된 방갈로를 관저로 쓰는 것도 그런 이유에서다. 특정 지역에 불만이 생기면, 주재관은 비무장 상태로 달려간다. 관저의 보초들은 낮에는 총 대신 몽둥이만 든다. 그는 가능한 한 조용하고 가식 없이 일을 처리하며, 말레이인에게도 유럽인에게 하듯 정중하게 대한다. 말레이인의 체면을 존중하지만, 그렇다고 자신의 품위를 떨어뜨리지도 않는다.

말레이인은 업무 시간 중에 아무 때나 자유롭게 주재관을 면담할 수 있다. 내가 편지를 쓰거나 책을 읽다 보면, 고양이처럼 조용하게 관저의 계단을 올라와서는 주재관에게 다가가는 말레이인의 그림자가 수시로 편지지와 책장 위로 지나간다. 말레이인이 찾아오면 주재관은 만사를 제쳐 두고 사정 얘기를 듣고 조용히 일을 처리한다. 페락의 섭정인 라자 무다 유수프와 그의 사위인 라자 드리스는 한 무리의 수행원을 대동하고 매일 주재관을 찾는다. 관저 밖 그늘에서 붉은색 사롱을 입고 느긋하게 대기하고 있는 말레이인 수행원을 보노라면, 내가 좋아하는 '토착의' 분위기가 느껴졌다. 최소한 '그 땅의 사람들'이 내가 생각하는 마땅한 대우를 받고 있다고 여겨지는 그런 분위기 말이다. 덧붙이자면, 내가 마땅히 그러해야 한다고 여기는 분위기의 기준은 아주 엄격하다!

성급하게 부적절한 판단을 내리거나, 부분적인 것을 전제로 일반적인 결론을 끌어내는 오류를 범할 위험성은 어디에나 있다. 이곳에서도 그럴 위험이 다분하다는 걸 잘 안다. 게다가 나의 이번 여정은 식민지 관리들의 관점에서 사물을 바라보게 될 수도 있다는 추가적인 위험 요인이 없지 않다. 그러나 이미 분명하게 드러난 일들이 있을 때, 여행자가 그에 관해 최대한 공정하게 자신의 논점을 정하지 못한다면, 그건 대단히 멍청한 일이 될 것이다. 예를 들어 보자. 말레이 반도의 내륙 깊숙한 곳, 그러니까 유럽인이 거의 찾지도 않고, 유럽인 고문관들도 없으며, 영국 여론의 영향도 받지 않고, 여차하면 신민에게 무자비한 탄압을 가하는 나약한 지도자가 군림하는 지역에서, 주재관이란 직책은 혼자 선택하고 결정하고 책임져야 할 것이 아주 많은 자리라는 걸 깨닫는 것쯤은 어렵지 않다. 그리고 영국인 식민지 관리와 현지인이 서로 소통하고 진심 어린 관계인지, 데면데면하고 불신하는 관계인지, 또는 주재관이 자신의 지위를 이용해 사리사욕을 채우거나 말레이인 앞에서 거들먹거리며 위세를 부리는지, 아니면 확고한 신념으로 말레이인의 번영과 안녕과 진보를 위해 모든 열과 성을 다해 헌신하는지를 파악하는 데 무슨 대단한 어려움이 있는 것도 아니다.

해질녘에 나는 주재관과 라자 드리스를 만나러 나갔다. 주재관은 무슬림이 개를 좋아하지 않는다는 점을 고려해 애견을 데리고 가지 않았다. 개를 둘러싼 생각의 차이와 같은 사소한 문제는 기독교도와 이슬람교도의 뿌리 깊은 견해차를 보여 주는 많은 예 가운데 하나다. 라자 드리스의 집은 멋지기는 했지만, 유럽화로 인해 천박해졌다. 그는 계단에서 아주 정중하게 우리를 맞았다. 거실에는 유럽의 물건들이 잡다했다. 무뚝뚝하고 살집이 있는 라자 드리스의 정실부인이 거실로 들어왔다. 그녀는 페락의 섭정을 맡고 있는 라자 무다 유수프의 딸이다. 그녀 뒤로 많은 여자 노예가 아이들을 데리고 들어와 방을 가득 채웠다. 라자 드리스는 우리에게 차와 코코넛 밀크, 바나나를 대접했다. 그런데 유감스럽게도 흰색 테이블보는 때가 꼬질꼬질했고, 도자기 찻잔과 우유를 담은 유리잔은 내 취향이 아니었다. 라자 드리스의 집과 집기들은 숭에이 우종에서 다투 반다르의 그것들이 말레이 전통 방식을 고수한 것과 극명하게 대비됐다. 라자 드리스는 우리가 관저로 돌아올 때 하인을 딸려 보내 등불로 밤길을 밝히도록 했다.

오늘은 수은주가 몇 시간 동안 섭씨 33도를 가리켰다. 하지만 밤이 되자 잠을 방해하지 않을 정도로 시원해졌다. 나는 요즘 바닥에 돗자리를 펴고 자는 말레이식으로 잠자리를 바꾸었다. 말레이식 돗자리가 아주 딱딱한 침대 매트보다 더 시원하기는 했다. 하지만 나는 잠을 잘 이루지 못했다. 내 침실에 쥐와 도마뱀이 너무 많았던 탓이다. 밝은색 눈을 가진 작은 도마뱀들이 파리를 찾아 벽을 기어오른다. 녀석들은 엄청난 속도로 파리를 사냥하는데, 흥미롭게도 파리를 겨냥한 채 1~2초 정도 멈추었다가 덮친다. 나는 도마뱀이 잠깐 멈칫하는 듯한 사이에 도망가는 파리를 본 적이 없다. 마치 도마뱀이 파리에게 마법을 걸어 돌처럼 굳어지게 만드는 것처럼 보인다. 이를 두고 "도마뱀도 파리에게 기도할 시간은 준다."는 속담이 생겼다. 소음도 잠을 방해한다. 호랑이로 여겨지는 들짐승이 관저에 너무 가까이다가오는 바람에 가금류와 말들이 겁에 질려 한참을 울어 댔다. 이어 야간 경비병이 관저에 다가오는 두 사람을 검문하는 소리가 났고, 전령이 주재관 로에게 슬픈 부고를 전하는 소리가 들렸다.

2월 18일

아침에 스윈번 소령과 워커 대위가 도착해 정오의 오찬 자리가 제법 커졌다. 유인원 마흐무드는 식탁의 한자리를 차지하고 소시지와 포멜로, 바나나, 파인애플, 닭고기 카레를 먹었다. 녀석은 목이 긴 샴페인 잔을 잡더니 뻗길 때까지 꽤 마셨다. 술에 만취하는 게 인간에게 혐오스러운 악덕이어서 그렇지, 마흐무드의 취중 소동은 보는 이를 정말 즐겁게 했다. 녀석은 정신을 차려 일어나려 했지만 몸이 말을 듣지 않았다. 비틀비틀 의자 쪽으로 가며 똑바로 걸으려 무진 애를 썼다. 제 딴에는 괜찮다는 듯이 머리를 끄덕여도 보지만, 정말 눈앞이 핑핑 도는 모양이었다. 똑바로 일어나 앉을 수 없다는 것을 깨달은 마흐무드는 쿠션에 몸을 뻗고 조신하게 눕더니, 팔꿈치로 머리를 받치고 멀쩡한 듯 보이려 용을 쓰다 이내 잠들어 버렸다.

점심을 마쳤을 때 말레이 라자가 찾아오더니 나를 자기 집으로 초대했다. 나는 그 라자와 그의 수행원, 그리고 나를 시중드는 말레이인과 함께 그의 집으로 걸어갔다. 색이 조화를 잘 이루고 나무 그늘도 짙은 멋진 집이었다. 이내 사람들이 모여들었다. 그중 여자가 두 명 있었지만, 나는 통역이 없어 그들이 수장의 부인인지 누이인지 물어볼 수가 없었다. 말레이인 수장은 나에게 귀한 크리스와 창, 파랑 등을 보여 줬고, 두 숙녀는 셔벗과 사탕 절임 과일을 내왔다. 이 집 식구들은 모두 아주 쾌활했다. 내게 여러 물건들을 말레이어로 발음해 보라고 했고, 내가 이상하게 발음하면 큰 소리로 밝게 웃었다. 그들은 붉은색의 '오피르 황금'으로 아름답게 세공한 멋진 다이아몬드 장신구 몇 개를 내게 보여 줬다. 말레이에서 나는 붉은빛 황금에 견준다면 서양의 노란빛 황금은 황동으로 만든 모조품 같은 느낌을 준다. 그들도 분명히 그렇게 생각했던지, 오팔이 박힌 내 금반지를 빼 자기들 금에 대어 보더니 이상하다는 몸짓을 했다. 그 몸짓은 보는 각도에 따라 색깔이 달라지는 오팔을 처음 보고 좋아했던 것일 수도 있겠다.

이슬람 율법은 부녀자의 권리를 매우 엄격하게 보장한다. 말레이인은 결혼을 하면 모든 저축과 자산을 남편과 아내가 공동으로 소유하며, 이혼하면 둘이 균등하게 나누어 갖는다. 남편이 이혼을 요구할 경우, 자기 자산의 절반을 아내에게 주어야 할 뿐만 아니라, 결혼하며 아내가 가져온 지참금도 모두 돌려줘야 한다. 말레이 사회에서 라자나 지역 수장들 말고는 일부다처가 드문 것 같다.

결혼 준비는 절차가 복잡하다. 보통은 신랑과 신부의 양쪽 지인들이 모여 약혼을 한다. 약혼이 이뤄지면 신랑의 지인들이 신부의 아버지를 찾아가 지참금과 혼수품, 결혼 비용 등을 상의한다. 일반적으로 상위 계층일수록 신랑은 혼례 당일까지 신부가 될 여자의 얼굴을 보지 못한다. 종교 의례를 마치면 결혼은 법적 효력을 갖는데, 신부가 충분히 성장한 뒤에야 남편은 처가로 가서 그녀를 자기 집으로 데려간다. 여자들은 열넷이나 열다섯 살에 결혼을 하며, 마흔 살이 되면 노인처럼 보인다.

신랑이 결혼 비용을 지불하기 전날, 예비 신부의 치아를 줄로 갈아 버리는 의식이 치러진다. 어릴 적엔 그렇게 예쁜 말레이 여성이 혼인을 하면서 무척 흉한 모습으로 바뀌는 건 이 때문이다. 일본인이 치아를 검게 물들여 웃는 모습을 흉측하게 만든다면, 말레이 여성들은 멀쩡한 이를 줄로 갈아 버리는 것이다. 말레이 여성은 어려서는 빈랑 씹기가 금지되어 있어 치아가 희고 반짝인다. 그런데 말레이인은 흰 이를 짐승의 이빨로 간주한다. 예비 신부의 고운 이를 딱딱한 수마트라산 숫돌이나 쇠줄로 갈아 원래 치아의 4분의 1만 남긴다. 이를 가는 건 한 시간 정도 걸리지만, 부은 잇몸과 통증은 며칠 계속된다. 통증이 가시면 빈랑을 씹어 이를 검게 물들인다. 더 빨리 검게 물들이기 위해 코코넛 껍질을 태워서 만든 먹물을 덧바른다. 혼례사흘 전에는 손톱과 발톱, 손바닥을 헤나[456]로 검게 염색한다. 머리카락은 이마까지 짧게 자르는데, 마치 띠 아래로 매듭을 가지런하게 이은 '게인즈버러 술 장식Gainsborough fringe'을 닮았다.

혼례의 피로연은 매우 성대하다. 염소와 물소를 잡고 신부의 친구와 친지가 음식을 나른다. 혼례 장식은 가족마다 고유한 것으로, 어머니에게서 딸에게로 대물림된다. 신랑과 신부는 꽃과 보석, 화려한 자수 장식으로 뒤덮인다. 신부는 눈부시게 차려입고 앉아 하객을 맞는다. 모든 혼례 의식이 끝나면 신랑 신부는 하객들 앞에 별도로 마련된 높은 연단[457]에 앉아 베텔넛을 시리에 싸서 빈랑 씹기를 한다. 이때부터 꽃잎이 뿌려지고 풍악이 울리면서 피로연이 시작된다. 결혼 피로연에는 누구든 참가할 수 있다. 젊은 사내들은 게임을 즐기는데, 그중 닭싸움이 가장 인기 있다. 미혼의 젊은 여성들은 집 한쪽에 다른 사람들이 못 보도록 커튼을 치고 자기들끼리

〈삽화: 젊은 말레이인 남녀〉

흥겨운 시간을 보낸다.

종교 의식이 혼인과 장례를 주관하듯, 아기가 태어날 때도 마찬가지다. 아이의 아버지는 갓난아이의 귀에 입을 대고 이슬람의 기도 용어인 아잔Azan, 즉 "알라후 아크바르"[458]를 엄숙하게 선언한다. 아이는 태어나서 첫 소리로 이 기도를 듣고, 이승을 떠날 때도 마지막으로 듣게 된다. 아기가 갓 태어났을 때의 기도문이 있고, 아기의 머리를 깎는 생후 7일째의 기도문이 따로 있다. 산파는 40일 동안 산모의 곁을 지키는데, 산모가 해산한 지 40일째 되는 날에 정화 의식을 올리고 관례에 따라 기도를 한 뒤 일상으로 돌아간다. 아기는 말하기 시작하면서부터 기도문과 코란의 경구를 낭송하는 법을 배운다. 말레이인은 이렇게 아주 일찍 이슬람의 독특한 율법을 체득하게 된다.

남녀를 불문하고 말레이 아이들은 모두 예쁘다. 낯선 사람을 보면 매우 수줍음을 타고 소심해진다. 무척 순수해 보이며, 유순하고 얌전하며 순종적이다. 말레이 아이들은 동물을 길들이거나 함께 놀기를 즐기며, 또래들과 어울려 논다. 숭에이 우종에서 예외적으로 한두 건 발생한 적이 있지만, 이곳의 아이들이 눈병이나 피부 질환을 앓는 것을 보지 못했으며, 어떤 형태의 기형아도 본 적이 없다.

온종일 주재관저의 베란다는 말레이 라자들 차지였다. 관저의 계단에는 수행원들이 앉아 있다. 주재관 로는 관저를 찾는 라자들을 조용하고 정중하게 맞이하고, 차나 커피, 담배를 함께 했다. 조금 전에 범상치 않아 보이는 페락의 섭정이 한 무리의 수행원을 거느리고 주재관을 찾아왔다. 수행원 가운데는 웃통을 드러낸 채 아래에 사롱만 걸친 자도 있었다. 섭정은 애지중지하는 자기 손자와, 앞서 언급했던 쫓겨난 술탄 압둘라의 어린 두 아들을 데리고 왔다. 그런데 두 어린 왕자는 말레이식 옷을 입었고, 예전의 활달함을 보이지 않았다. 활달함을 잃어버리지 않았다면, 적어도 잠시 억제되고 있는 것 같다. 나는 페락에 오기 전에 섭정이 크게 신망을 잃은 인물이라는 말을 많이 들었다. 벤슨 맥스웰 경조차 『영국의 말레이 정복사』에서 그렇게 말했다. 맥네어는 페락에 관해 쓴 책에서 섭정을 이렇게 언급했다. "중년의 섭정은 능력이 출중하고, 말레이 수장들이 경원敬遠하며, 성정이 잔인·포악하다고들 말하지만, (영국의 이익에 관한) 충성심만큼은 검증된 인물"이며, "영국이 술탄국 페락을 해협식민지의 일부로 합병하려 하지 않는 한, 그를 섭정으로 옹립한 것은 현 상황에서 내릴 수 있는 가장 현명한 결정이었다." 이것이 영국의 페락 진출을 가장 적극적으로 옹호했던 맥네어가 하려는 얘기의 요지다.

그렇다고 해서 내가 이곳에 오기 전부터 섭정에 어떤 선입견을 갖고 있었던 것은 아니다. 그의 잔인한 성정에 관해 내가 들은 여러 이야기들 가운데는 '절대적 진실'이라는 이런 일화도 있다. 3년 전 섭정은 도망쳤다가 붙잡힌 여자 노예의 등에 끓는 물을 붓고, 그 위에 붉은개미 집을 얹어 놓았다는 것이다. 만약 '해적질'이라는 말이 강압적으로 세금을 물리는 것에도 적용된다면, 그는 해적이 분명하다. 섭정은 그가 관할하는 지역의 강을 통과하는 모든 선박에 선적 화물의 10퍼센트를 세금으로 징발했기 때문이다. 그런데 강 상류 지역의 다른 한 지역 수장도 그렇게 했다. 섭정은 성격이 매우 강하며, 통제하기를 좋아하고 야수와 같다고들 말한다. 하지만 주재관로는 그런 섭정과 아주 잘 지낸다. 나이가 지긋한 섭정은 회색 콧수염을 기르고, 면도한 민머리에 챙이 없는 모자인 페즈fez를 썼다. 눈썹은 반듯하며 얼굴은 전체적으로 강인한 인상이지만, 하관이 약간 투박하고 둔탁한 느낌을 준다. 날이 더운 탓인지 섭정이 페즈를 벗어 부채질을 하기에, 나는 베란다를 가로질러 그에게 부채를 갖다 줬다. 그런데 그는 내게서 부채를 건네받고도 아무런 감사의 표시도 하지 않았다. 마치 내가 노예이기라도 한 듯이 말이다. 주재관이 섭정에게 내가 코토라마에 다녀왔다는 말을 하자, 섭정은 내가 방문했던 집의 주인, 즉 초대 주재관 버치의 암살을 주도했던 마라하자 레아가 총살당할 짓을 했고, 총살당해 마땅하다고 잘라 말했다! 섭정은 주재관과 한 시간 동안 정책에 관해 논의했지만, 중요한 사안의 결정 여부는 말레이 평의회로 넘겨졌다.

나는 앞서 쿠알라 캉사르에서 내가 유일한 유럽인이라고 썼지만, 그 글을 쓸 당시 나 말고 다른 유럽인이 이곳에 있었다는 사실을 나중에 알게 됐다. 좋은 집안의 한 젊은이가 영국 식민지 정부의 관리 자리를 얻으려 이곳에 왔던 거였다. 그는 사흘 전 일사병에 걸려 극심한 고열로 환각에 시달렸다. 병이 심해지자 그는 자신을 돌보던 시크교도 네 명을 힘으로 밀쳐 내고 밖으로 뛰쳐나갔다. 한참을 달리다 지쳐 쓰러졌고, 집으로 옮겨졌지만 오늘 새벽 4시에 숨을 거두고 말았다. 그가 본 마지막 환각은 도박판을 크게 벌려 돈을 왕창 잃는 것이었다.

해그림자가 수그러든 저녁에 비통한 장례가 진행됐다. 그의 생애는 이렇게 요약된다. 방탕, 21살에 맞이한 죽음, 조잡한 관, 그리고 아무도 그의 부재를 애도하지 않았다라고. 나는 이 자리에 있었으면 더 비통해했을 그의 어머니 생각에 마음이 아렸다. 우울한 운구 행렬이 언덕 꼭대기의 황량한 공동묘지로 느리게 움직였다. 1876년 페락 전쟁 중에 사망한 영국인 관리와 군인이 묻힌 이 묘지에는 흰색 나무 십자가 주위로 잡초가 무성했다. 영국 국기가 덮인 관을 시크교도 무장 경찰 6명이 운구했고, 주재관과 스윈번 소령, 라자 드리스와 수행원, 폐위된 술탄 압둘라의 어린 두 왕자가 뒤를 따랐다. 장지에 이르렀을 땐 횃불을 밝혀야 했다. 내 기도서로 추모 기도문을 읽는 것으로 장례 예배를 대신했다. 모든 것이 슬펐고, 모든 것이 서글프게 했다.

날씨는 여전히 찬란하다. 잔물결도 없이 굽이굽이 흐르는 페락 강이 눈부신 창공을 거울처럼 파랗게 반사한다. 바람은 결코 소리 내어 불지 않지만 부드러운 대기의 흐름에 나뭇잎이 바스락거린다. 원숭이와 코끼리가 야자나무 아래에 있고 수은주는 섭씨 26도와 32도 사이에 머문다. 열대의 삶을 만끽하기에 이보다 더 나은 곳이 과연 있을까! 새와 나비와 꽃이 정말 환상적이다. 하지만 불이 붙은 듯 붉게 피었던 에리트리나와 불꽃나무의 꽃잎이 바닥에 흩어진 걸 볼 때면, 나는 하늘하늘한 기생꽃과, 뾰족하게 진홍색을 내미는 이끼와, 보일 듯 말 듯 피어 은은하게 향을 흩날리는 앵초와, 자줏빛 황무지에 무더기로 피는 헤더가 정말 사무치게 그리워진다. 집에 있는 너를 떠올리게 하는 소박하고 향긋하고 수수한 모든 꽃들이 말이다! 뼛속까지 파고드는 추위를 좋아하게 될 것만 같다!

오늘은 유인원들과 노느라 시간 가는 줄 몰랐다. 날이 갈수록 나는 이 녀석들에게 더 깊이 빠져든다. 이 녀석들은 심부름 마귀[459]를 꼭 닮았다. 200년 전이라면 이 녀석들과 함께 있다가는 마녀사냥을 당해 불 속에 던져졌을지 모른다. 주재관이 베란다에서 걸어 내려가면, 이 두 녀석은 그 뒤를 살금살금 따라간다. 에블리스는 지금 라자들과 공적인 대화를 하는 주재관의 어깨 위로 올라가 목을 감싸고 있다. 또 다른 악마 마흐무드는 탁자에 앉아 편지들을 들춘다. 야생 긴팔원숭이는 서까래에 앉아 얼굴을 찡그린 채 아래를 내려다본다. 에블리스가 오늘은 선심이라도 쓰듯 내게 아는 체를 한다. 이따금 내 어깨 위로 올라와서는 "우프, 우프" 하며 웅얼거린다. 녀석은 이 한 가지 소리로도 애정과 행복의 다양한 뉘앙스를 다 드러낸다. 또 "와와"라고 분명하게 소리를 내며, 화가 나면 아이처럼 비명도 지른다. 유인원에게 의미 없는 수다란 없다. 녀석들이 입을 닥치고 조용히 있을 때면 아주 좋은 동료처럼 느껴지기도 한다. 그러나 동이 틀 때면, 숲속의 동족들처럼 다시 떠오르는 태양을 반기며 몇 분 동안 괴성을 질러 댄다. 그 괴성은 낮에는 들을 수 없는 소린데, 마치 인간의 발성 기관에서 나오는 것처럼 크고 음악적이며 무척이나 명료하고 유쾌하다.

점심 식사 때 여느 때처럼 두 녀석도 식탁에 앉았다. 나는 아직도 마흐무드가 많이 겁나는데, 워커 대위는 오히려 그 녀석에게 푹 빠졌다. 막무가내로 까부는 모습과 심술궂은 장난기가 워커 대위를 사로잡은 것이다. 관저의 집사인 아쌈이 나에게 커피 한 잔을 내어 왔을 때였다. 마흐무드가 장난기 가득한 얼굴을 하고 긴 팔을 뻗어 내 커피 잔을 집어 매트 위로 던져 버렸다. 그러고는 긴 맥주잔을 집어 들더니 벌컥벌컥 마셨다. 주재관이 두 번 다시 술 취하는 걸 허용하지 않겠다며 맥주잔을 빼앗았다. 그러자 이 녀석은 화난 표정을 짓더니 찜닭 요리로 나온 닭 가슴살을 집어 주재관에게 던졌다. 이 악당은 온갖 종류의 터무니없는 짓을 해 댔다. 그러고는 이맘때면 늘 그러하듯 우리 모두를 바깥으로 따라 나오게 했다. 우리가 모두 나온 것을 보자 이 녀석은 한달음에 높은 나무 꼭대기로 올라갔다. 나뭇가지 사이를 훌훌 날아다니던 녀석은 키 작은 커피나무 위로 뛰어내렸다가는 나뭇가지를 잡고 몸을 빙글 돌려 그 반동으로 다시 올라갔다. 이럴 때의 녀석은 민첩하고 강하고 행복해 보인다. 일상적으로 관저에는 아침마다 라자들과 그들의 수행원, 클링인과 시크교도가 모이는데, 이들이 유인원 녀석의 까부는 짓거리에 깔깔대는 유럽인을 보고 멍청하다 여기지나 않을까 걱정이 된다.

라자의 수행원 중 한 명이 바분[460]을 데리고 왔다. 코코넛을 따도록 훈련된 바분은 얼굴이 흉측하게 생겼고, 길쭉한 네 다리로 다니지만 두 발로 걸을 수도 있다. 이곳 사람들은 이 녀석을 "개코 바분"이라고 불렀지만, 그건 맞지 않다는 게 내 생각이다. 바분은 짧은 꼬리가 위로 휘었으며, 등을 따라 짙은 검정색 털이 나 있다. 얼굴은 정말이지 혐오스럽고 못 미덥고 흉포하게 생겼다. 녀석이 주인을 좋아하는지 아닌지 분명치 않지만, 어쨌거나 녀석은 주인의 명령을 어김없이 따른다. 길이가 15미터나 되는 긴 목줄에 묶여 있다. 완전히 길들여지지 않은 녀석은 줄을 풀어 주면 당장이라도 정글로 되돌아갈지 모른다. 주인이 녀석더러 코코넛을 따 오라고 시켰다. 나무 위에는 익은 정도가 다른 코코넛이 뒤섞여 있었다. 녀석이 퉁명스럽게 나무 위로 올라가고 나서 잠시 뒤 갑자기 밧줄이 마구 흔들렸다. 녀석이 나무 꼭대기에서 가지를 흔들어 익은 코코넛을 떨어뜨리려 했던 것이다. 하지만 뜻대로 되지 않자 녀석은 잘 익은 것을 하나 골라 빙빙 돌리면서 꼭지를 비틀어 땄다. 코코넛 하나를 아래로 던지고는 임무를 수행했다고 여긴 녀석은 나무를 내려오기 시작했다. 그런데 주인이 다시 나무 위로 올라가라고 명령했다. 녀석은 다시 씩씩거리며 올라가더니 익은 코코넛을 죄다 비틀어 따 버렸다. 완전히 기분이 상해 잔뜩 찌푸린 얼굴을 하고 내려온 녀석은 두 발로 서서 걸었는데, 이는 마치 자기를 다시 나무 위로 올라가게 한 것은 무례한 일이며, 코코넛을 따는 수고에 모두들 고마워하라며 시위라도 하는 것처럼 보였다.

나는 편지를 쓰면서, 검은색 유인원 세 마리가 지붕 아래에 앉아 있는 황홀한 광경을 보고 있다. 녀석들의 얼굴만 보이는데, 모두 나무 기둥에 뺨을 기댔고, 하나같이 주름투성이고 회색 수염이 있다. 완전히 길들여졌든 아니든 포획된 상태가 아닌 야생동물과 어울려 지낸다는 것, 그리고 녀석들의 대단한 영리함이나, 인간과의 유사점과 차이점을 눈으로 확인할 수 있다는 것은 흥미진진한 일이 아닐 수 없다. 그렇기는 해도 나는 파충류만큼은 가까이하고 싶지 않다. 간밤에 내 방에 도마뱀이 17마리나 우글거렸고, 두 마리는 내 슬리퍼 속에 있었다. 모두가 잠든 새벽 3시의 어둠 속에서 사람들이 소리를 지르며 종을 울렸다. 이어 코끼리 떼가 바나나 농장에 들어가 부수고 찢는 소리가 들렸다.

이곳 관저에서는 유인원과 코끼리, 개 말고도 멋진 정글의 새도 기른다. 알락꿩[461]이라고 하지만 내가 보기에 푸른목도리꿩인데, 정말 눈부시게 아름답다. 아니, 눈부시다는 말로도 그 아름다움을 형언할 수 없다. 꽁지깃에 있는 수백 개의 눈동자 무늬는 하나하나 갈색 물감으로 그린 것만 같다. 이 새들을 한 중국인이 돌보고 있다. 그는 아편에 중독되어 모은 재산을 탕진하고 완전히 폐인이 되었다. 피골이 상접했다는 말은 그를 두고 하는 말이리라. 나는 중병에 걸린 사람도 보았지만, 그렇게 야윈 사람은 일찍이 본 적이 없다.

방금 나는 마흐무드와 에블리스가 내 방 안으로 들어가는 것을 보고 바로 따라갔다. 마흐무드가 베개 하나를 침대의 발치로 던지더니 머리를 대고 편하게 누웠고, 에블리스는 그 반대쪽에 자리를 잡는 거였다. 내가 유인원 얘기를 너무 늘어놓는다고 불평하지 않기를 바란다. 녀석들이 하는 짓이 너무나 흥미로워 쓰지 않고는 못 배기겠다. 에블리스가 며칠간 고열에 시달리고 있다. 내가 이곳에 막 도착했을 때 마흐무드에게 당한 매질에서 완전히 회복되지 못한 탓인 것 같다. 에블리스는 수척해졌고, 점점 야위고

〈삽화: 아편 폐인〉

있다. 바나나만 간신히 몇 입 먹을 뿐 통 먹으려 하질 않는다. 주재관은 에블리스가 며칠 못 버틸 것이라고 한다. 녀석들에게서 발견되는 흥미로운 사실은 유럽인과 살면서 길들여진 탓인지 말레이인을 아주 싫어한다는 점이다.

2월 19일

어제 내가 외출한 사이에 에블리스의 상태가 더 나빠졌다. 나는 녀석이 죽을 것만 같아 두렵다. 손이 싸늘하고 힘이 하나도 없어 아무것도 잡지 못한다. 전혀 먹지도 못한다. 에블리스는 예전과 달리 넋이 나간 사람 같은 표정을 하고 있다. 마치 이 세상에 아무런 미련도 없는 어린아이의 눈동자를 보는 듯하다.

오늘은 아주 덥다. 바람도 그다지 불지 않고, 수은주는 32도를 넘었다. 모기가 없고, 파인애플과 바나나가 있다면 그럭저럭 견딜 수야 있겠다. 그러나 모기란 놈들은 지독하게 물어 대며 일을 할 수 없게 방해한다. 모기에 물리고도[462] 멀쩡할 사람은 있을 수 없다. 이곳 사람들도 실제 그러한데, 말레이인이든 중국인 노동자든 누구나 오두막이나 합숙소에 모기장을 갖고 있다. 앞서 언급했듯이 모기를 쫓기 위해 말레이인은 집 아래에 모깃불도 피운다. 간밤에는 몸길이가 3센티미터나 되는 흉측한 해충도 나타났는데, 물리면 말벌에 쏘인 것만큼 통증이 심하다.

정글에는 야수들이 우글거린다. 특히나 마을에서 멀지 않은 곳에 호랑이가 어슬렁거리고, 코뿔소도 낯설지 않다. 코뿔소의 뿔 하나가 15달러에 거래된다. 페락의 섭정인 라자 무다 유수프는 코뿔소 뿔 거래를 독점하고 싶어 한다. 특이한 무늬가 있는 코뿔소 뿔은 중국인에게 하나에 500달러를 받고 팔 수 있다고 말한다.[463] 코뿔소 뿔 가루가 중국인에게 귀한 약재로 쓰이기 때문이다. 야생 코끼리도 아주 많지만, 코뿔소처럼 깊은 정글 속에 산다. 이곳의 길들여진 코끼리들도 한때는 야생이었다. 페락의 왕권을 상징하는 검과 용, 종, 황금 칼집의 크리스 등으로 장식한 50살 먹은 술탄의 코끼리도 그랬다. 야생에서 무리 지어 사는 코끼리를 생포하는 데는 명령을 완벽하게 수행하는 길들여진 코끼리를 활용한다. 길들여진 코끼리로 야생의 코끼리 한 마리를 무리에서 떼어 낸 뒤 천천히 울타리 안으로 몰아넣는다. 우리에 갇힌 야생 코끼리를 길들여진 코끼리 중에서도 경험 많은 늙은 코끼리와 튼튼한 등나무 밧줄로 묶어 몇 주 동안 최소한의 먹이만 준다. 그러고 나서 사탕수수나 달콤한 케이크 같은 맛있는 먹이를 주고, 우리 밖으로 나가 진흙 목욕도 할 수 있게 해 준다. 물론 등나무 밧줄로 연결된 길들여진 노련한 코끼리와 모든 걸 함께해야 한다. 붙잡힌 녀석은 달아나려 안간힘을 써 보지만 번번이 실패하고 우리에 갇히게 된다. 가끔씩 조련사가 그 녀석을 올라타 머리에 앉거나 등 뒤를 걸어 다닌다. 이곳에서는 코끼리가 완전히 순종하거나 길들여지기까지 보통 2년이 걸린다고들 한다. 여느 곳에서처럼 코끼리가 조련사가 살해했다는 이야기도 들린다.

다 자란 코끼리는 하루 100킬로그램 정도를 먹어 치운다. 기회만 되면 녀석들은 코코스야자나무도 해치워 버린다. 기둥 줄기에 머리를 갖다 대고 체중을 실어 흔드는 동작을 반복해 나무를 쓰러뜨리는 것이다. 그런 뒤 이 사치스런 괴물은 꽃 무더기와 코코넛 열매만 맛있게 먹어 치운다. 말레이인은 코끼리를 애완동물처럼 아끼고 보살피며, 물소에게 그러하듯 코끼리에게도 말을 건다. 코끼리는 금속이나 부피가 많이 나가지 않는 화물은 500킬로그램까지 실어 나를 수 있고, 부피가 큰 경우에는 한 번에 200~300킬로그램을 나른다. 배가 운항하는 강이나, 마차나 소가 다닐 수 있는 길이 아니라면, 페락에서 거의 모든 화물은 정글을 관통하는 '코끼리 길'을 따라 코끼리들이 실어 나른다. 코끼리는 항상 다른 코끼리의 발자국을 밟고 걷는다. 그래서 왕래가 잦은 코끼리 길이라고 해 봤자 코끼리가 밟고 지나간 진흙탕의 웅덩이만 이어져 있을 뿐이다. 나는 코끼리 길을 한번 따라가 보려 했지만, 도무지 어디가 코끼리 발자국인지 알 수가 없었다.

정글의 코끼리 길 양편에는 도저히 뚫고 들어갈 수 없는 식물의 벽이 견고하게 서 있다. 덤불과 나무들이 서로 뒤엉키고, 등나무나 덩굴식물이 그 빈틈을 메우며, 심지어 가시 끝이 구부러져 있어 말레이인이 '호랑이 발톱'이라고 부르는 가시나무까지 빽빽하다. 나는 정글 트래킹의 맛보기로 2미터쯤 길을 만들어 보았다. 말레이인은 정글에서 나무 두세 그루를 베어 낸 뒤 나무 기둥을 길 위에 가로질러 놓아 통행을 어렵게 만든다. 짐작건대, 말레이인은 이런 방식으로 영국 군대가 특정 지역에 진입하는 것을 다소 지체시켰을 것이다.

사람들은 코끼리가 넓은 지역을 돌아다니기 때문에 주변에서 농사를 지을 수 없을 것으로 생각하기 쉽다. 그런데 코끼리는 강력한 방책도 부수어 버릴 만큼 강한 힘을 지녔지만, 울타리처럼 생긴 모든 것을 무척이나 두려워한다. 벼논과 사탕수수나 옥수수 밭 주위에 갈대로 엉성하게 울타리만 쳐 놓아도 코끼리가 농사를 망치는 일을 피할 수 있다.

페락에 말레이인의 유입이 꾸준히 늘고 있다. 최근 슬랑오르의 말레이인이 대거 페락으로 이주하고 있다고 한다. 페락의 말레이인은 5만 7000명 정도며, 남성 인구가 압도적으로 많다. 이에 비해, 영국 해협식민지인 프로빈스 웰즐리에 거주하는 말레이인은 5만 8000명에 달하며, 말라카의 말레이인은 6만 7000명이나 된다. 페락의 말레이인 인구가 줄어든 데에는 천연두도 그렇지만, 노예제와 일부다처제도 관련이 있을 것으로 추측된다. 예전 같았으면 말레이 술탄국에는 대규모 말레이 군대가 있었겠지만, 지금은 그렇지 않다. 이슬람교는 민족국가의 진보에 항상 적대적이다. 이슬람교는 개인을 특정 국가의 애국적인 시민이나 특정 국적의 구성원이 아니라, 순수하게 신정국가의 일원으로 간주한다. 이 때문에 무슬림은 스스로 민족국가의 국민이란 인식이 희박해지는 것 같다. 말레이 술탄국에서 법과 정부와 사회

관습은 종교와 불가분의 관계며, 실제로 이슬람에 뿌리를 두고 있다.

이슬람교로 개종하고, 아랍과 페르시아의 문명을 받아들인 말레이인이 아무런 항구적인 기념물도 건축하지 않았다는 것은 이상한 일이다. 말레이인이 만약 내일 지구상에서 사라진다면, 일부 금속 공예품을 제외하곤 그들을 기억하게 해 줄 어떤 자취도 찾을 수 없을 것이다. 말레이인은 문명화되기는 했지만, 그들이 남겨 놓은 문명의 흔적은 아메리카 원주민의 그것보다도 못하다. 이곳은 문명이 파괴될 정도로 대규모 전란이 벌어지지도, 끔찍한 역병이 창궐하지도, 음주飮酒의 참화[464]를 겪지도 않았다. 일부 민족들처럼 유럽인과 접촉하고 나서 불가사의하게 멸망했다고 할 수도 없다. 말레이 문명이 여러 세대에 걸쳐 쇠락의 과정을 밟고 있다는 점은 분명하다.

I.L.B.

Letter 21

쿠알라 캉사르
1879년 2월 20일

나는 사람의 발길이 닿지 않는 곳을 탐사하는 걸 워낙 좋아하는데, 어제 오후에 바로 그런 탐험을 했다. 비록 출발이 늦어지는 바람에 다소 황당해지긴 했다. 워커 대위가 관저에서 꽤 떨어져 있는 연꽃 호수로 사냥을 하러 가면서 나를 동행자로 초대한 것이다. 우리는 점심을 먹고 나서 말레이인 두 명과 함께 출발했다. 통나무 카누를 타고 페락 강을 건너 1.5킬로미터쯤 숲 그늘이 드리운 강변을 따라 걷다가 정글 속으로 들어갔다. 무릎 깊이의 개울도 건넜는데, 우리가 돌아올 때 그 개울은 허리춤까지 물이 불었다. 우리는 정글 속에서 폭우를 만나, 큼직한 말레이인 집에서 비를 피했다. 그 집은 격자 바닥 위에 돗자리를 깔지 않아 아래가 훤히 보였다. 세 가구가 어울려 사는 그 집의 남자들은 덩치가 아주 컸으며, 여자들은 돗자리 발로 모습을 가렸다. 집 안 분위기는 휑했다. 어린 바분 한 마리가 밧줄에 묶인 채 우리에 갇힌 야생동물처럼 안절부절못하고 아래위를 오르내렸다. 새를 가둬 놓은 새장이 여럿 있었고, 집 아래의 쓰레기 더미에서 닭들이 모이를 쪼았다. 벽에는 낚시 도구가 많이 걸려 있다. 이 집 사람들은 남녀를 불문하고 바늘 낚시를 아주 즐기는 모양이다. 집주인은 우리에게 싱싱한 코코넛을 내왔고, 코코넛에 구멍을 내고 마신 코코넛 밀크는 아주 달콤했다.

유리나 자기로 된 잔을 구비할 만큼 세련된 생활을 하지 않는 말레이인은 박을 말린 바가지를 그릇으로 사용한다. 말레이인에게 코코넛은 없어서는 안 될 귀한 산물이다. 최고의 음료인 코코넛 밀크를 코코넛에서 얻는다. 일상적으로 먹는 카레도 코코넛 과육을 바탕으로 여러 향신료를 넣어 만든다. 나는 이 집의 여자들을 보기 위해 발 뒤로 갔다. 한 명은 영국에서 와인크림[465]이라고 하는 것과 비슷한 음식을 만들고 있었다. 그녀는 사고야자의 열매로 만든 사고녹말에 설탕을 넣고 끓인 뒤 식혀 젤리처럼 된 것을 토기 접시 위에 올려놓았다. 그러고는 코코넛 밀크에 설탕을 넣고, 잔가지를 묶은 거품기로 빠르게 휘저어 거품을 낸 다음, 미리 만들어 놓은 젤리 위에 부어 요리를 완성했다.

비가 멎었다. 나무숲을 지나자 휑한 벼논이 펼쳐졌다. 물은 발목 높이였지만, 어떤 곳은 너무 뜨거워 발을 담그기 꺼려졌다. 정말이지 벼논이라기보다 별 볼 일 없는 습지에 지나지 않았다. 차라리 갈대와 잡초 사이로 벼가 드문드문하다고 하는 편이 나을지 모른다. 이곳에 괴이쩍은 모양의 허수아비들만 없었다면, 휴경지休耕地로 여겼을 터였다. 허수아비들은 그저 넝마를 뭉쳐 놓은 것도 있고 새, 인형, 고양이 그림을 걸어 놓은 것도 있다. 새를 쫓으려면 허수아비들이 흔들려야 한다. 그런데 이곳엔 바람도 거의 불지 않고, 허수아비의 넝마는 비에 흠뻑 젖어 있다. 나의 궁금증은 허수아비에 연결된 긴 줄을 보고서야 풀렸다. 긴 줄의 또 다른 끝에 원두막이 있었고, 그 안에 여자아이와 사내아이가 앉아 줄을 잡아당기며 새를 쫓는 거였다. 참새를 비롯해 수도 많고 빛깔도 고운 습지의 새들이 벼논의 이삭을 훔치고 있다.

말레이인은 확실히 부지런하지는 않다. 그럴 필요가 없기 때문이기도 하겠지만, 농사 짓는 방식도 조잡하다. 말레이인은 벼논을 갈 때 길이가 2.5미터 정도 되는 쟁기를 쓴다. 쟁기의 한쪽 끝에 돌출된 갈퀴가 있어 쟁기 날의 역할을 한다. 커다란 물소가 끄는 이 쟁기는 쟁기 날 위로 약간 비스듬하게 나무 막대를 꽂아 손잡이로 삼는다. 쟁기질을 하고 나서는 무거운 나무 기둥을 물소 뒤에 달아 끌며 흙덩이를 부수고, 쇠못이 박힌 써레로 땅을 고른다. 씨를 뿌리고 농사를 짓는 건 여자의 몫이다. 파종 후 넉 달이면 벼를 수확한다. 익은 벼는 작은 낫이나 가위처럼 생긴 농구를 이용해 이삭만 짧게 자른다. 수확한 벼 이삭은 두툼한 막대로 두드려 낟알을 터는데, 타작 과정에서 겉껍질인 왕겨도 떨어지게 된다. 탈곡한 낟알은 바구니에 담아 3미터 높이에서 아래로 뿌려 왕겨를 바람에 날려 버린다. 절구로 쌀을 찧는데, 낟알이 으스러지지 않게 하는 기술이 요구된다. 이 모든 작업을 여자들이 한다.

페락의 말레이인은 다른 사람을 위해서 노동하는 걸 좋아하지 않는다. 시장에 내다 팔기 위해 사탕수수와 옥수수를 재배하기도 하지만 일부에 지나지 않는다. 그래서 이곳에선 정글을 개간하고 길을 내는 일조차 외국 노동자의 힘을 빌려야 한다.

아, 습지엔 뭔지 모를 애잔함이 감돈다! 늪이 어디까지 이어질지, 정글은 또 어디서 시작될지 도무지 알 길이 없다. 시커멓고 불길해 보이는 먹구름이 무겁게 내려앉아, 가까이 있는 산마저 뒤덮어 버렸다. 초목은 지나치게 우거졌고, 곤충과 파충류도 지겨울 정도로 많다. 살아 꿈틀대는 무리들이 물속에서 불쑥불쑥 튀어 오른다. 어디에 있는지 보이지도 않는 덩치 큰 생물들이 곳곳에서 텀벙대며 물을 튀긴다. 민달팽이처럼 생긴 검은색 벌레 몇 마리가 내 발목에 달라붙어 몇 시간째 피를 빤다. 나는 워커 대위가 이곳에는 거머리가 없다고 좋아하는 걸 보고 헛웃음이 나왔다. 거머리는 없을지 몰라도 피를 빠는 다른 녀석들이 얼마든지 있었기 때문이다. 논두렁을 따라 걷다가 물에 잠긴 곳에서 발을 헛디뎌 두 번이나 논 위로 넘어졌다. 난로를 피우고 더운 물에 목욕하는 것과 다를 바 없이 물도 대기도 뜨듯했다. 적어도 감기 걸릴 염려는 없다는 게 다행이라면 다행이었다.

온통 풀이 뒤덮고 갈대가 무성한 실개천이 나왔다. 거기엔 물이 반쯤 찬 낡은 통나무 카누가 있었고, 우리 일행이 간신히 탈 수 있을 정도는 됐다. 자칫 카누의 어느 한쪽이 기울어 물이 들어오지 않도록 애써 균형을 맞추어야 했다. 카누가 더디게 나아가자 풀숲에서 무수한 벌레들이 놀라 날아오르거나 물속으로 뛰어들었다. 실개천은 갈대가 무성한 넓은 습지로 이어졌다. 습지에는 분홍빛이 도는 흉한 물소들이 놀고 있었다. 공포탄을 쏘자 녀석들은 물속으로 몸을 숨기곤 황급하게 헤엄쳐 달아났다. 물소는 커다란 뿔만 아니라면 소보다는 하마에 가까워 보인다. 코뿔소만큼이나 생김새가 기이하다. 선천적으로 색소가 결핍된 모든 알비노 동물은 보기가 흉한데, 물에 젖었을 때 이들의 거죽은 연어의 살색 같은 연한 분홍색을 띤다.

습지가 연꽃 호수와 합쳐졌다. 호수에는 무수한 연잎 위에 붉은 연꽃이 만발했다. 그 사이를 카누로 지나면서, 혹여 연잎과 연꽃에 작은 흠집이라도 낸다면 신성모독일 것 같은 기분이 들었다. 아마도 이곳보다 더 울적하고 고독한 풍경은 없을 듯싶다. 내가 이토록 자연에 압도된 적이 있기나 한지 의문이 들 정도다. 먹구름이 낮게 깔리고 호수에는 후끈한 안개가 피어올랐다. 호수 한쪽은 늪과 정글이고, 다른 쪽은 나무와 덩굴이 철벽처럼 가로막고 있다. 무거운 말레이 칼인 파랑을 휘두르지 않고는 그 벽 안으로 한 걸음도 내딛을 수 없다. 이 견고한 정글의 벽은 우리가 사람 사는 곳에서 수백 킬로미터쯤 떨어져 격리되어 있다는 느낌을 준다. 아무도 여기에 와 본 적이 없을 것 같고, 다시는 이곳을 찾을 것 같지도 않다. 짙은 물안개가 산 쪽으로 피어오른다. 앞에 보이는 산등성이는 말레이 반도의 대간을 이루는 산맥으로 이어진다. 산 정상은 해발 1500미터지만, 체감하기로 3000미터는 되어 보인다. 해수면 높이에서 곧바로 솟아오른 데다, 우울한 잿빛 하늘을 배경으로 양털 같은 안개가 산 밑자락을 휘감고 있는 산세가 그런 느낌을 줬다.

워커 대위는 호수 위로 가지를 뻗은 키 작은 나무 위로 올라가, 떼 지어 나는 쇠오리와 붉은머리오리를 사냥할 채비를 했다. 동행한 말레이인은 입을 굳게 다문 채 조용히 장대를 움직여 저녁이 내려앉고 있는 어둑한 호수 위로 카누를 몰아갔다. 머리 위로 오리 떼가 길게 무리 지어 날았다. 총소리가 울릴 때마다 꽥꽥거리는 소리가 요란했고, 갈대밭에서 새들이 날아올랐다. 물고기들이 튀어 올라 텀벙거리는 소리도 들렸다. 총구에서 나온 연기가 호수 위로 흩어지면 다시 모든 것이 조용해졌다. 이보다 더 적막하고 외딴 곳을 상상조차 할 수 없겠다. 실로 심금을 울리는 광경이 아닐 수 없다. 아서 왕이 죽어 가며 누워 있던 호수의 짙은 안개가 지금 내 눈앞에 펼쳐지고 있는 것만 같다. "금실로 짠 신비하고 훌륭한 옷"을 입은 "세 명의 아름다운 여왕들"[466]이 아서 왕을 태우고 가는 배를 내가 거기서 보았더라도 결코 놀랄 일이 아닐 터였다. 지금 내가 있는 이 호수가 설령 춥고 무채색의 어둠 속을 흐르는 스틱스Styx, 즉 저승의 강으로 변한다고 해도 전혀 이상할 게 없을 것만 같았다. 우리는 낡은 통나무 카누로 이 비극의 물 위를 떠다녔다. 오싹함을 넘어 공포가 엄습했다.

날은 더 어두워졌고, 우리는 워커 대위가 있던 곳으로 되돌아갔다. 사냥에 흠뻑 취한 워커 대위는 날이 저무는 것도 몰랐다. 그를 만나 다시 인간의 목소리를 듣자 다소 위안이 됐다. 그때였다. 일찍이 들어 본 적 없는 쌍소리가 들렸다. 워커 대위가 나뭇가지에서 카누로 올라타려다 발을 헛디뎌 턱까지 차는 물속에 빠진 것이다. 하필 그때 카누의 장대도 부러졌다. 그 바람에 우리가 다시 벼논이 있는 곳까지 왔을 땐 이미 어둠이 한달음에 닥친 뒤였다. 나는 우리가 앞으로 3킬로미터쯤 더 걸어야 하고, 한밤중에 강도 건너야 하니 주재관저의 만찬 시간에 도착하기는 어렵겠다고 생각했다. 게다가 나와 워커 대위가 말레이어를 전혀 하질 못해 주재관의 걱정이 이만저만이 아닐 것 같았다. 하지만 워커 대위는 그렇게 생각하지 않는 듯 태평했다.

비가 많이 온 탓에 벼논의 진흙탕은 걷기가 힘들었다. 정글에 이르렀을 땐 완전히 깜깜해졌고, 밀림의 바닥은 비에 젖어 미끄러웠다. 어둠 속에서 불어난 개울을 걸어서 건너며 어렵사리 페락 강변까지 갔다. 강변의 숲을 따라 반딧불이의 불빛이 아름답게 반짝거렸다. 우리가 강을 건널 때 타고 왔던 카누가 있는 강둑에 이르자, 말레이인 여럿이 환하게 웃으며 격렬하게 우리를 반겼다. 말레이인이 여간해선 큰 소리를 내지 않는다는 점을 감안한다면, 이들이 우리를 맞이하면서 낸 환호는 아주 예외적인 것이었다. 어둠 속에 가파르고 미끄러운 강둑을 내려가기도, 카누에 타기도 쉽지 않았다. 한 치 앞도 볼 수 없던 나는 카누의 걸침대 위가 아니라 물이 차 있는 걸침대 사이에 앉고 말았다. 그 바람에 물속에 엉거주춤 앉은 상태로 페락 강을 건너야 했다. 흐름을 거슬러야 했던 탓에 강을 건너는 데 꽤나 시간이 걸렸다.

배에서 내린 우리를 보자 시크교도 경위는 무척 흥분했다. 말레이어로 그가 한 말 가운데, 내가 알아들은 몇 마디 말만으로도 주재관저가 발칵 뒤집혔음을 짐작하고도 남았다. 밖에서 신나게 놀다 집에 돌아왔는데 식구들이 안절부절못하며 걱정하고 있는 모습을 보게 될 때, 순식간에 흥이 식어 버린 경험이 다들 있을 줄로 안다. 게다가 나는 다른 사람들에게 민폐를 끼치지 않는 걸 여행의 원칙으로 삼고 있는 터라 여간 민망한 일이 아니었다. 나와 워커 대위는 관저의 분위기가 평소와 다르다는 걸 직감했다. 스윈번 소령은 베란다에 삐딱하게 기댄 채 우리를 호되게 나무란 뒤, 주재관이 엄청 걱정하며 찾으러 나갔다고 일러 줬다. 머리부터 발끝까지 젖은 데다 진흙 범벅을 한 나는 몸을 씻는 게 급했다. 무척이나 늦은 저녁 식사 자리에 앉았을 때, 주재관은 아무 말도 없이 굳은 표정이었다. 그건 주재관이 단단히 화가 났다는 뜻이다. 하지만 주재관은 이내 굳은 표정을 풀었고, 우리는 늦은 저녁 식사를 하며 떠들썩하게 이야기꽃을 피웠다. 나는 늪에서 흡혈충에 물린 자리가 화끈거리는 걸 참아야 했다.

만찬 때 듣기로 말레이인이 여러 무리의 수색대를 꾸려 구석구석을 뒤졌고, 라자 드리스도 직접 우리를 찾아 나섰다고 한다. 수색견이 없었던 까닭에 시크교도 무장 경찰들은 만약의 사태에 대비해 비상대기 중이었다는 얘기도 들었다. 스윈번 소령은 페락 강을 건넜다는 것만으로도 걱정이었다며, 밤에 통나무 카누로 페락 강을 건너는 건 위험한 일이라고 말했다. 주재관은 우리가 악한의 공격을 받거나, 정글에서 호랑이와 마주치면 어떻게 하나 걱정했다 한다. 심지어 호랑이를 만나면 나무 위로 피해야 하는데, 내가 과연 나무에 오를 수나 있을까 등등의 오만 가지 생각을 했다는 것이다!

에블리스는 죽어 가고 있는 게 분명했다. 녀석은 지붕으로 올라갔는데, 거기서 긴팔원숭이의 극진한 보살핌을 받았다. 완전히 길들여지지 않은 긴팔원숭이는 에블리스가 아프기 시작하면서 마치 어미가 새끼를 돌보듯 한다. 나와 함께 잠깐 밖에 나갔던 주재관은 관저로 오자마자 에블리스를 불렀다. 지붕에서 내려올 기력조차 없는 녀석은 가늘게 울음소리만 냈다. 그러자 긴팔원숭이가 에블리스를 안아 아래에 있는 주재관의 의자에 뛰어내릴 수 있도록 지붕 끝에까지 데려다주고는 제자리로 돌아갔다. 낮에도 내내 에블리스를 돌본 주재관은 새벽 6시 업무를 시작하면서도 걱정이 이만저만이 아니었다. 에블리스는 주재관의 의자 뒤 창틀에 앉아 있었고, 주재관은 녀석에게서 눈을 떼지 못했다. 뼈만 앙상해진 이 작은 매력 덩어리는 주인의 곁을 떠나질 않는다. 제 몸이 아프면 어딘가로 숨어들어 가는 여느 동물들과는 대조적이다. 이 녀석은 가늘고 힘없는 팔을 주인에게 내밀면서, 측은하기 짝이 없는 얼굴에 형언할 수 없는 애정을 가득 담아 힘없이 "우프! 우프!"라고 웅얼거릴 뿐이다. 주재관은 30분마다 녀석의 목에 우유 몇 방울을 흘려 넣어 준다. 주재관이 안고 있다가 바닥에 내려놓으면, 녀석은 아기처럼 칭얼거리며 여윈 손을 내민다.

주재관 휴 로가 말레이인과 관계를 맺는 방식은 아주 흥미롭다. 내가 편지를 쓰고 있는 지금 라자 세 명은 베란다에 누워 있고, 수행원들은 베란다로 통하는 계단 주위에 모여 있다. 그는 어떤 말레이인에게도 목소리를 높이는 법이 없으며, 말레이인은 그런 그를 좋아하는 것 같다. 대화하면서 박장대소하는 것으로 미루어, 말레이인은 주재관을 아주 편하게 대하고 있는 게 분명하다. 그는 오로지 페락의 이익을 위해 헌신하며, 정책 지침을 철저하게 이행한다.[467] 지침에 따르면, 주재관은 "페락을 궁극적으로 말레이 라자들에 의해 통치될 말레이 술탄국으로 간주"하며, "말레이의 종교와 관습을 침해하지 않는 범위에서" 말레이 라자들의 교육과 권고에 열중한다는 것이다. 주재관이 추구하는 바는 라자에게 좋은 정부의 원칙과 관행을 가르치고 훈련시켜, 이들이 페락을 견고하고도 정의롭게 통치할 수 있도록 하는 것이다. 페락은 말레이 반도에서 가장 중요한 술탄국이 될 것이다. 나는 휴 로의 현명하고도 멀리 내다보는 노력이 궁극적으로 라자 드리스를 통해 좋은 결실을 맺게 되기를 진심으로 바란다.

주재관 로는 이제 50대에 들어섰다. 그가 처음 이곳에 왔을 때 라자들은 "여왕께서 우리에게 **나이 많은** 신사를 보내 주셔 기쁘다!"고 말했다고 한다. 동양인을 오래 겪어 본 유럽인이 그러하듯, 휴 로도 지나치리만치 신중하면서, 한편으로는 사람을 완전히 믿지 않는 듯해 보이기도 한다. 그는 신중함과 함께 진심 어린 호의와 관용도 겸비하고 있다. 특히 그는 자신과 관련된 타인의 행위에는 과도할 정도로 관대하다. 예컨대 이런 일도 있다. 그는 집 안 물건을 훔친 시종들을 감옥에 집어넣는 데 반대하며 "딱한 사람들아! 그러면 안 된다는 걸 알았어야지."라고 했다 한다. 유인원들에게 보이는 그의 인내심도 보통이 아니라며 어떤 인사가 이런 일화를 내게 들려줬다. 하루는 주재관이 영국 식민장관에게 보낼 서한을 공들여 작성했는데, 그때 마흐무드가 나타나 손가락을 잉크에 담가 편지에 낙서를 하는 사건이 벌어졌다. 그런데도 휴 로는 마흐무드를 안으면서 이렇게 말했다고 한다. "딱한 녀석아, 너 때문에 큰일 났다. 그러면 안 된다는 걸 알았어야지."

이곳에서의 마지막 밤을 맞았다. 떠나려니 왜 이리도 서운한지 모르겠다.

이곳이야말로 진짜 '야생'이다. 진정한 휴식도 맛봤다. 유인원들과 유쾌한 만찬도 했다. 코끼리를 비롯해 온갖 들짐승과 날짐승과 길짐승이 넘쳐 난다. 주변의 경치와 식생은 아름답고, 말레이인의 조용한 일상은 한 폭의 그림 같다. 사리사욕과 관료주의를 완전히 배제한 채, 현명하고 도덕적인 지배가 실현되는 현장을 기쁜 마음으로 지켜봤다. 말레이인에게 자치를 훈련시키는 모습은 결코 잊지 못할 것이다. 나는 이곳 쿠알라 캉사르를 내가 가 보았던 아시아의 그 어떤 곳보다 좋아하게 됐다. 그런 만큼 이곳을 떠나기가 더 서운하다. 아마도 내가 여기 며칠 더 머물 수 있었다면, 주재관은 내게 페락 강에서 용선을 타 보게 해 주고, 코끼리를 타고 산을 넘어 킨타Kinta에도 다녀올 기회를 줬을 테다. 하지만 너의 편지[468]를 받지 못한 지 너무 오래됐고, 나는 더 이상 견딜 수가 없다. 정말 애석하게도, 네가 보낸 편지가 지금 스리랑카의 콜롬보에 있다!

주재관 로는 나를 떠나보내기 섭섭하다고 말했다. 그는 내가 여기 머무는 것에 꽤나 익숙해졌다며 이렇게 덧붙였다. "당신은 말하지 말아야 할 때 말하는 법이 없더군요. 나를 찾아오는 사내들은 입을 다물어야 할 때도 모르고, 다른 사람과 대화하는 도중에 불쑥 끼어들기 일쑤랍니다." 이 대목에서 웃음이 나왔다. 왜냐하면 흔히 "여자는 결코 언제 조용해야 하는지를 모른다."고들 말하기 때문이다. 페락의 부주재관 맥스웰은 언젠가 이런 말도 했다. 그가 남자들과 함께 있으면, "그들과 수다를 떠는 것 말고는 할 수 있는 게 없다."는 거였다. 나는 뜨거운 해를 피해 시원하게 가려고 내일 새벽 4시에 떠나기를 바랐다. 하지만 내가 지나야 할 정글에 요즘 호랑이가 너무 많이 출몰한단다. 호랑이가 잠자리에 드는 새벽 6시 이전에 길을 떠나려던 나의 계획은 무산되고 말았다.

I.L.B.

Letter 22

타이핑의 부주재관저
1879년 2월 21일

나는 바람 부는 산등성이에 다시 섰다. 밀림과 맹그로브 위로 자줏빛 구름 그림자가 떠다니는 광경이 내려다보인다. 쿠알라 캉사르의 주재관저에서 이곳 산등성이까지 4시간밖에 걸리지 않았다. 닷새 전에는 무려 12시간 넘게 걸렸더랬다. 나는 오늘 새벽 동이 트기 전에 주재관의 영국제 말안장을 얹은 훌륭한 조랑말을 타고 쿠알라 캉사르의 주재관저를 떠났다. 말을 탄 말레이인 한 명이 길 안내를 하고, 술탄의 코끼리가 내 짐을 날랐다. 커다란 코끼리 등에 실린 거라고는 내 여행 가방과 배낭, 그리고 말라카 지팡이와 돗자리, 크리스, 호랑이 이빨과 발톱, 상아 등을 담은 꾸러미가 고작이었다. 500킬로그램의 짐을 나르는 커다란 짐승이 겨우 이걸 싣자고 엎드린 모습이 영 어색했다. 내 짐은 다 합쳐도 50킬로그램이 안 됐다.

주재관 로는 내가 출발하기 전에 이미 업무를 시작했다. 서류를 정리하면서 아픈 에블리스도 돌봤다. 긴팔원숭이는 베란다 난간에 앉아 에블리스와 주재관을 지켜봤다. 나는 관저를 나서면서, 출발하는 게 아니라 도착하는 것이었으면 좋겠다는 아쉬운 마음을 떨칠 수 없었다. 30킬로미터의 여정은 순탄하고 쾌적했다. 조랑말은 걸음이 아주 빨랐고, 다루기도 쉬웠다. 유럽인 여자가 무장하지 않은 말레이인 시종 한 명과 이렇게 정글을 지날 수 있다니! 몇 해 전과 견줘 지금의 페락이 얼마나 평화로운가 말이다. 맥네어 소령은 쓰기를, "보통의 말레이인은 소박하고 예의 바르며, 단출한 가정과 식구에 관한 한 깊은 애정과 유대를 갖고 있으면서도 한편으론 속박에서 벗어나려는 자유에의 강렬한 열망을 품고 있다."고 했다. 나는 그의 말을 전적으로 신뢰한다. 아목의 광란이나 해적질, 배반, 복수, 독 묻은 크리스, 암살 따위에 관한 이야기들이 그간 숱하게 만들어졌고, 지금도 입에 오르고 있다. 그리고 말레이 술탄국 내부에서 어떤 범죄나 아주 작은 폭동만 일어나도 영국의 해협식민지는 공황 상태에 빠지곤 했다. 이러한 이유에서 영국은 3년 전 페락에 해군과 육군 병력을 대규모로 투입했던 것이 분명하다. 말레이 술탄국에서 말레이인 수장이 관할하는 지역의 범죄 발생률은 아주 낮은데, 중국인만 없다면 치안 유지를 위해 소수의 경찰만으로도 충분해 보인다. 지역의 수장과 관리들이 관할하는 전통적인 말레이 지배 방식인 촌락 제도는 한때 타락하기도 했지만, 영국의 주재관 체제에서 새롭게 잘 작동되고 있다. 말레이인은 전통적으로 촌락 제도를 통해 자치를 익히고, 법과 질서를 유지해 왔다. 말레이어를 구사하고 말레이인을 정당하게 대하는 영국인 식민지 관리들이 말레이 세계를 무척 좋아한다는 사실을 나는 이곳에서 확인했다. 그들이 현지인을 대하는 태도에서 그것이 그대로 드러났다.

갈 때와는 달리 쿠알라 캉사르에서 타이핑으로 돌아오는 여정은 돌발 상황도 모험도 없이 순탄했다. 해가 중천에 오르기 전에 나는 좋은 조랑말을 타고 수 킬로미터를 힘들이지 않고 달렸다. 장밋빛으로 번지던 아침 안개가 서서히 걷히면서 아름다운 부킷 버라핏 협로가 나타났다. 원숭이들이 아침 찬가를 합창하고, 환희의 새소리가 숲에 메아리친다. "여호와여, 주께서 지으신 모든 것들이 주께 감사하네."[469]

나비들이 환상적이다. 몸통 윗부분과 날개 위쪽에 검정색 벨벳 줄무늬가 있고, 몸통 아래와 날개의 아래쪽에 청록색 반점이 있는 나비도 보였다. 같은 종의 다른 녀석은 반점이 청록색이 아니라 황금색이다. 또 다른 녀석의 경우, 몸통 위와 날개는 선홍색 점무늬의 검정색, 몸통 아래는 선홍색, 날개 윗면은 선홍색 점들이 흩어져 있는 흰색이다. 날개를 활짝 펴면 날개 끝에서 끝까지 13센티미터나 된다. 내가 밀림의 공터 한 곳에서 관찰한 나비만 37종에 달한다. 수백 마리 정도가 아니라 수천 마리의 나비 떼가 파란색과 진홍색의 잠자리나 무지갯빛 파리들과 뒤엉켜 정글의 햇살 속에 팔락거린다.

수정처럼 맑은 물이 계곡을 가득 채운 채 요란한 소리를 내며 흐른다. 냇물은 커다란 회색 화강암 바위들을 따라 곳곳에 옥빛의 깊은 소를 이루었다가 흰 거품을 내며 힘차게 흘러내린다. 계곡의 나무와 풀은 냇물 쪽으로 기울어져 있고, 어떤 것들은 물에 닿을 정도로 구부러져 있다. 축축한 걸 좋아하는 모든 예민한 식물들, 부드러운 이끼류와 부처손속 양치류, 응달을 좋아하는 모든 양치류와 토란과 풀들이 아름다운 녹색으로 냇가를 장식한다. 냇물 위로는 새와 나비가 햇살을 받으며 날고, 아레카야자나무와 대나무는 바위들 사이의 좁은 틈바구니에 서로 뿌리를 내리겠다며 몸싸움을 벌인다. 장밋빛 진홍색의 꽃차례와 짙은 녹색의 바나나 잎, 그리고 햇빛과 이슬만으로 자라난 모든 식물의 이파리가 냇물 위에 부드럽게 매달려 있다. 장대하게 치솟아 하늘을 가린 거목들 아래로는 잎사귀 사이로 흘러든 햇살이 잔잔한 웅덩이 위에서 춤을 추듯 흔들린다. 냇물 바닥의 모래는 햇살을 받아 황금색으로 빛난다. 거대한 나무고사리, 기품 있는 와링한나무의 가지 위에 뿌리를 내린 여린 풀고사리, 빵나무의 볼품없는 줄기를 아름답게 장식하는 실고사리, 그리고 생강과 참마 등 덩굴식물과 착생식물의 잎 위에도 햇살이 깃든다. 키 큰 나무의 꼭대기까지 타고 오르는 거대한 리아나 덩굴은 오렌지색과 분홍색의 꽃과 열매로 거대한 꽃줄을 연출하며, 나무들 사이를 가로질러 숲을 그물처럼 엮는다. 부처손, 린드사야lindsayas, 좀처녀이끼, 트리코마네스 라디칸스trichomanes radicans 등 양치류와 구분이 어려운 이끼류가 녹색의 깃꼴 잎으로 바위를 장식한다. 덤불을 따라 흰 거품과 함께 요란한 고음을 내며 쏟아져 내리는 실개천들은 계곡을 관통하는 급류의 깊은 저음과 화음을 이룬다. 잎이 무성해 햇살이 전혀 흐르지 못하는 어둡고 축축한 곳도 있다. 그곳을 흐르는 강물이 연주하는 음악은 너무나 달콤하고 황홀할 정도로 사랑스러워, 서글픔마저 들게 한다. 모든 강렬한 즐거움 속에 내재하는, "아픔이라고는 할 수 없는 서글픔"[470] 말이다.

구농 폰독은 거의 수직으로 365미터나 솟은 석회암 뷰트로, 화려한 다채로움을 자랑한다. 구농 부부[471]는 페락에서 매우 높은 산 가운데 하나며, 밀림에 덮인 산등성이 위로 화강암 산마루가 솟아 있다. 산간의 말레이 촌락인 부킷 간탕[472]의 연꽃 호수는 전날 잿빛 하늘 아래서 보았던 연꽃 호수와는 비교가 되지 않을 정도로 환상적이었다. 수천 송이의 장밋빛 연꽃이 쏟아지는 햇살을 듬뿍 빨아들였고, 수만 장의 우아한 연잎은 꽃을 수호하는 청록색의 방패와도 같았다. 자연의 모든 것이 웃고 노래했다.

나는 멋진 조랑말과 헤어지기가 싫었지만 하는 수 없이 이륜마차 개리로 갈아탔다. 심홍색 면포를 헐렁하게 몸에 두르고 개리 앞에 앉은 클링인 마부는 조각 같은 몸매와는 달리 표정은 유인원 마흐무드나 에블리스보다도 인간적이지 못했다. 한낮의 햇볕 속에서 쪽빛으로 물든 히잔 산맥에선 폭포들이 흰 물보라를 날리며 시원하게 쏟아졌다. 나는 아름답고 조용한 쿠알라 캉사르와 달리, 타이핑에 가까워지자 다시금 '가식의 세상'이라 할 어떤 기운에 압도되는 느낌을 받았다. 타이핑은 뭔가를 획득하기 위해 땀 흘리고 분투하며 갈망하는 세상의 모든 것들을 집약적으로 드러내 보여 주는 곳이기 때문이다. 천박한 간판을 내건 상점들이며, 노점들과 중국인 종친회관들이 즐비하다. 쇠뿔이 너무 커 멍에를 따로따로 씌운 두 마리 물소가 끄는 소달구지, 계피색의 거세한 수소가 끄는 수레, 붉은색 수마트라산 조랑말이 끄는 이륜마차 개리 따위가 거리를 가득 메운다. 그리고 중국인 노동자들이 웃통을 벗은 채 쉴 새 없이 일하며 엄청난 소음을 만들어

낸다. 타이핑은 바로 그런 곳이다.

그러나 중국인 노동자들은 분명 본받을 만한 미덕을 지니고 있음을 언급하지 않을 수 없다. 어떤 면에서 중국인 노동자들은 보통의 영국 노동자보다 훨씬 자존감이 강해 보인다. 그들은 경기가 나빠져 살기 팍팍하다고 해서 남을 탓하지 않는다. 예컨대 주석의 국제 시세가 그렇듯, 자신이 생산한 상품의 가격이 폭락할 때에도 중국인 노동자들은 파업을 하거나, 다른 이들에게 잘못을 돌리지 않는다. 대신 이들은 담담하게 현실을 받아들이고 상황이 나아질 때까지 더 검약하며, 더 낮은 임금을 받고 일을 계속한다. 하지만 이런 말을 한다고 해서 내가 타이핑의 중국인이 다른 측면에서도 이런 미덕의 전형이라고 치켜세우려는 것은 아니다. 사실 타이핑의 중국인은 그렇지 않다. 그들은 종잡을 수 없고 격렬하다. 하나라도 더 가지려는 강한 물욕에서 기인하는 범죄가 중국인 사회에 만연해 있다. 내가 타이핑에 돌아오자마자 들은 이야기는 끔찍했다. 한 중국인 깡패[473]가 좁은 수로에 숨어 있다가 세무 공무원을 습격했고, 칼에 난자당한 세무 공무원의 시신이 강을 따라 떠내려가 퍼르마탕에서 오늘 아침 발견되었다는 것이다.

페락의 부주재관 맥스웰은 나를 타이핑까지 안내해 주고 부킷 간탕으로 돌아갈 때 있었던 일이라며 내게 이런 이야기도 들려줬다. 맥스웰은 길을 걸어가던 한 말레이인 남성을 만나 그를 말에 태우고 달려, 그의 아내가 탄 개리를 따라잡았다. 그리고 그 남자를 내려 줬는데, 아내를 보고도 아무런 말을 하지 않았다. 그 남자가 오늘 맥스웰에게 털어놓은 사연인즉, 자기 아내가 집에 돌아온 그날 밤에 자다가 깨어나서는 무아지경에서 계속 비명을 질렀다는 것이다. 그는 아내가 악령에 씌었다고 판단하고 사람을 보내 무당인 파완Pawan(현인 또는 주술사)을 불러왔다. 그의 집을 찾은 파완은 악귀를 향해 질문을 하고, 악귀의 답변을 아내의 목소리로 말했다. "여기 어떻게 왔느냐?" "저 남자분과 함께 왔지." 남자분이란 맥스웰을 말한다. "그와 어떻게 함께 왔느냐?" "그의 회색말 꼬리를 붙잡고 왔지." "어디서 왔느냐?" "창앗 저링Changat-Jering에서." 그 남편의 말에 따르면, 창앗 저링의 귀신은 아주 나쁜 악령이다. 파완은 퇴마 의식을 벌이고, 아주 고약한 냄새가 나는 약초를 태워 아내의 코 밑에 갖다 댔다. 그러자 악귀가 빠져나가 그녀는 잠이 들었고, 그 현인은 사례를 받았다는 줄거리다.

나는 악귀나 요정, 징조, 유령, 주술, 마법 따위를 이처럼 보편적으로 받아들이는 사람들이 이곳 말고 또 있다는 얘기를 들어 보지 못했다. 말레이인은 호랑이에 관해서도 이상한 관념을 가지고 있다. 이들은 호랑이를 입에 올릴 때면 작은 소리로 속삭이듯 말한다. 육신을 떠난 인간의 영혼이 호랑이 몸에 들어간다고 여긴다. 그래서 말레이인은 먼저 공격하지 않는 한 호랑이를 죽이지 않는다. 게다가 말레이인은 밤이면 호랑이가 되는 사람도 있다고 믿는다!

맥스웰의 말 꼬리를 붙잡고 왔다던 악령 '펄리싯pelisit'은 어려서 죽은 여자가 귀신이 된 것이라고 한다. 말레이인은 커다란 새의 형상을 하고 새된 울음소리를 내는 악령 펄리싯이 숲속이나 공동묘지를 떠돌면서 어린아이들의 몸속으로 들어간다고 믿는다. 또 말레이인이 믿는 유령 가운데 폴롱[474]이라고 하는 병 속에 든 작은 도깨비가 있다. 폴롱은 주인의 피를 먹고 살며, 그 대가로 주인의 복수를 돕는다. 부엉이는 아무런 해를 끼치지 않는데도 이상한 미신 탓에 '유령새'로 불린다. 앞서 편지 11에서 말레이인이 부엉이와 마주치는 걸 얼마나 싫어하는지에 관해 썼던 걸 아마도 기억할 것이다. 슬랑오르 여행 때 퍼르마탕 파사르의 사람들이 밤에 우리 일행과 함께 정글을 통과해 라사까지 가는 것을 꺼렸던 이유 가운데 하나가 바로 유령새, 즉 부엉이에 대한 두려움 때문이었다.

퍼낭갈란[475]이라는 아주 고약한 악귀도 있다. 여자가 마녀로 바뀐 퍼낭갈란은 머리가 몸통과 분리된 채 밤하늘을 날아다니며 인간의 피를 탐하는 흡혈귀다. 이는 『천일야화』에 등장하는 시체 먹는 귀신 시식귀屍食鬼, ghoul 이야기와 아주 흡사하다. 이 밖에 악마의 개를 데리고 숲을 배회하는 사냥꾼 귀신과, 회오리바람을 타고 다니는 폭풍우 귀신 등 페르시아와 아랍에서 차용한 귀신들도 있다. 이는 이슬람으로 개종한 말레이인이 하나의 신만을 믿고 따르게 되자, 방대한 귀신 이야기를 만들어 낸 것이 아닌가 여겨진다.[476]

이상하기는 해도 해롭다고는 할 수 없는 말레이 미신도 많다. 예를 들어, 말레이인은 영적인 도움을 받으면 천하무적의 힘을 얻을 수 있게 된다고 하며, 술탄의 상징들이 초자연적인 힘을 지닌 것으로 믿기도 한다. 호랑이 발톱을 몸에 지니면 병이 예방되고, 나무에 에올리언 하프[477]를 걸어 두면 숲의 도깨비들이 말썽을 부리지 않는다고도 한다. 잡귀를 물리치려 호신용 장신구를 몸에 지니거나 부적을 집에 붙여 놓는다. 강의 급류를 건널 때는 빈랑 열매와 바나나를 던져 신령을 달래고, 빈랑을 씹을 때면 반드시 왼쪽으로 침을 뱉어야 복이 온다고들 믿는다. 집을 수리하거나 부수면 불운이 닥친다고 한다. 촌락 어귀에 야자 잎과 새장을 걸어 두어 귀신을 달래고 병을 쫓는 등 미신이 아주 많다. 말레이인도 중국인이 상서롭거나 불길한 날에 그러하듯이 주문이나 마술, 점성술의 효험을 믿는다. 페락의 부주재관 맥스웰은 이러한 말레이의 민속 신앙을 연구해 왔는데, 그의 책이 하루빨리 출간되기를 고대해 마지않는다.

광란의 폭주, 즉 아목은 귀신 들림 때문이라고 여겨지고 있다. 하지만 요즘 말레이 술탄국에서 아목 현상은 예전만큼 흔치 않다. 말레이인은 자신의 명예와 관련해서는 극도로 민감하다. 그래서 명예를 훼손한 자를 죽여 오명을 씻는 것은 정당한 행위로 간주된다. 예전에 영국에서 결투가 관습이었던 것처럼 말이다. 그런데 명예를 손상시킨 자가 체면을 구긴 사람보다 사회적으로 신분이 높다면 얘기가 달라진다. 이 경우 명예를 손상당한 이들은 낙담해서 아편의 환각에 빠지기도 하고, 분을 못 이겨 거리로 뛰쳐

나가 닥치는 대로 살인을 저지른다. 아목이란 이렇게 무차별 살육을 저지르는 것을 두고 하는 말이다. 질투심이나 복수심에서 비롯된 광기에 사로잡혀 아목을 행하는 경우도 있다. 뉴볼드에 따르면, 말레이인이 모욕에 관해 쓴 편지에는 "나는 구겨진 체면을 만회하기 위해 그의 피를 간절하게 원한다."거나 "그는 내게 돼지고기를 문질렀고, 그 더러움을 씻어 내기 위해선 그자의 피가 절실하게 필요하다!"고 적혀 있었다고 한다.

말레이인은 예절에 대단히 깐깐하며, 남을 대할 때 그렇게 정중할 수가 없다. 이들에 견준다면 영국인 가운데 아주 세련된 이들조차 거칠다는 느낌을 받을 정도다. 또 영국인의 매너는 말레이인에 비해 얼마나 야만적인가. 말레이 여인은 얼굴을 가리거나 바깥출입을 삼가는데, 이러한 외국의 관습을 존중하지 않는 우리 유럽인 선원들은 또한 얼마나 무지한가. 이런 상황을 감안할 때 말레이인의 피의 복수가 흔치 않다는 건 참으로 다행이라 하겠다.

'아목'은 격분한 나머지 막무가내가 된 상태를 뜻한다. 페락의 주재관 버치가 살해될 당시 "아목! 아목!"이라는 아우성과 함께 온통 살인의 정념에 휩싸였다고 한다. 불과 1년 전에 이런 일도 있었다. 페락의 섭정인 라자 무다 유수프의 스무 살 먹은 젊은 왕자가 갑자기 아목의 편집증에 사로잡혀, 크리스를 뽑아 들고 6명을 죽이고 2명을 다치게 하고는 정글로 도망친 사건이 벌어졌다. 맥네어 소령의 책에 따르면, 아목을 경험한 한 말레이인은 "눈앞이 캄캄해졌고, 나는 그냥 달렸다."라고 말했다.

말라카 총독 쇼는 아목의 폭주가 예전에는 아주 흔했다며 내게 이런 일화도 들려줬다. 쇼가 탐사에 나섰을 때 수행원 가운데 한 명이 갑자기 아목 광란에 빠졌고, 한명의 아목 광란자로 인해 40명이나 다쳤다는 것이다. "아목! 아목!"이라고 외치는 소리가 들리면, 주위에 있던 사람들은 좌고우면할 것도 없이 어디로든 몸을 날려 피한다. 눈에 뵈는 게 없는 아목 광인의 손에 들린 크리스가 한번 '피 맛'을 보면, 광기는 더 걷잡을 수 없어지고, 오로지 살인을 위해 날뛰기 때문이다. 광인은 닥치는 대로 공격하고, 그가 지나간 길에 사람들이 쓰러진다. 도망가는 사람들의 등에 칼을 꽂고, 칼에서는 핏물이 뚝뚝 떨어진다. 점점 더 야수같이 폭주하고, 피가 튀고 시체가 늘어나고, 비명과 신음이 뒤섞인다. 눈이 튀어나올 듯이 핏발이 선 광인은 초인적인 괴력을 휘두른다. 그러다 어느 순간 광란이 끝난다. 총알이 광인의 심장을 관통했거나, 광인이 갑자기 기진맥진했을 때다. 광인은 마치 삶을 포기하기라도 하듯 갑자기 움켜쥐고 있던 피 묻은 크리스를 놓아 버린다.

폭주할 때 아목 광인의 바람이 오로지 모두를 죽이는 것이라면, 다른 모든 이의 바람은 광인을 죽여 폭주를 멈추게 하는 것이다. 광인은 등 뒤에서 찔리거나 총에 맞게 되고, 자신의 피로 길 위에 붉은 핏자국을 남길 때도 있다. 영국이 통치하게 되면서 아목 광란자를 생포해 일반 형사법정에서 살인죄목으로 재판하는 것이 경찰의 주요한 목표가 되었다. 광란자를 궁지에 몰아넣게 되면, 경찰은 끝이 두 갈래인 커다란 갈퀴 같은 것을 이용해 광인을 벽에다 고정시킨다. 가끔 그런 경우가 있다고 하며, 나는 말라카에서 그렇게 하는 것을 직접 목격하기도 했다. 그러나 대개의 경우, 아목 광란자의 운명은 죽음으로 끝난다. 사람들은 광란자를 죽이는 것에 아무런 양심의 가책도 느끼지 않는다. 심지어 식인 호랑이를 죽일 때의 주저함조차 없다.

내가 듣기로 이런 광란은 말레이 반도뿐만 아니라 말레이 제도의 모든 섬에 사는 말레이인에게서 나타난다고 한다. 이를 두고 어떤 이들은 아편을 지나치게 많이 피운 탓이라고 하고, 소화 장애에서 비롯된 비정상적 형태의 편집증 탓으로 보는 이들도 있다. 하지만 이는 아목이 유독 말레이인에게 두드러진 까닭을 설명해 주지는 못한다. 나는 차라리 다음과 같은 맥네어 소령의 견해가 설득력 있다고 생각한다. "아목이 절박해진 말레이인의 행동에서 기인했다는 점은 의심의 여지가 없다. 그러한 전통이 극도로 예민한 후손들에게 전승되었다. 그래서 심각한 불안을 느끼거나, 치명적이라고 여길 만한 모욕을 당해 광분한 말레이인은 불안과 모욕을 씻기 위해 피를 보는 행위가 정당하다는 전례를 따랐고, 지금도 따르고 있다."

나는 글을 쓰는 중에 뜻하지 않은 방문객을 맞았다. 커피 농사가 전망이 있다고 보고 스리랑카에서 페락으로 이주한 커피 농장주 두 명이 찾아온 거였다. 그런데 이들은 벌레 씹은 표정을 했다. 한 명은 스코틀랜드 에딘버러 시의원의 아들이다. 그는 페락 강 너머 내지에서 커피 농원을 준비하고 있는데, 노동자 문제로 '발을 빼려' 하는 중이었다. 노동력과 관련된 문제는 인도의 노동자를 끌어들여야 풀릴 터였다. 말레이인은 타인을 위해 노동을 하려 하지 않기 때문이다. 중국인은 노다지의 꿈이 살아 있는 광업과, 퇴근 후 광산촌의 여흥은 좋아하지만, 인적이 드문 오지에서 아무런 연고도 없는 사람들의 관리를 받는 커피 농원에서 일하는 건 달가워하지 않는다.

이곳에선 정글을 개간하는 일에도 해외 노동자의 힘을 빌려야만 한다. 페락의 기후는 사람이 살기에도, 작물을 재배하기에도 좋다. 저지대는 설탕과 타피오카, 담배 재배에 적합하고, 산지에서는 커피와 신코나, 바닐라, 차, 정향과 육두구 농사를 지을 수 있다. 그러나 페락이 약속의 땅이지만, 지금은 약속만 있다! 내가 알기로는 농원을 하나 시작하려면 자본금이 2500~3500파운드가 필요하다. 정글을 개간하는 비용이 에이커당 25실링 정도다. 자바인 일꾼의 급료는 하루 1실링이며, 50명이 묵을 수 있는 숙소 하나를 짓는 데 5파운드가 들어간다. 토지는 3년간 무상으로 임차할 수 있고, 무상 임차 기간이 끝나면 에이커당 1달러로 영구 임차할 수 있다. 수출품에는 2.5퍼센트의 수출세가 부과된다. 이런 일련의 제도는 만족스러운 상태는 아니지만, 향후 개선될 것으로 보인다. 실행력이 뛰어난 아들을 둔 스코틀랜드의 시의원에게 내 말을 동생이 대신 전해 주시게.[478] 이곳에선 머리보다 근육이 더 중요하며, 페락의 정글에는 개간할 수 있는 공터들이 널려 있다고! 물론 좋은 사업 감각과 인내심, 꾸준함, 농사짓는 기술 등이 전제 조건이긴 하지만…….

전망만 보고 뛰어든 두 젊은이는 마치 석유가 묻혀 있다는 얘기는 들었지만 아직 유정油井[479]을 찾지 못한 처지의 사람처럼 보인다. 이들은 호텔과 포장도로를 기대했던 모양이다. 하지만 강 근처의 농지가 아니라면, 이곳에선 농원을 열기에 앞서 길부터 닦아야 한다.

나는 노예와 채무노예를 여러 번 언급한 바 있다. 페락에서 채무노예제는 끔찍한 저주다. 노예 문제는 말레이 관습에서 다룰 사안으로 간주된다. 영국은 말레이 술탄국들과 조약을 통해 관습법을 존중하기로 했기 때문에 이 문제에 개입하기 힘들다. 숭에이 우종과 슬랑오르처럼 말레이인 인구가 적은 곳은 노예제를 폐지하기가 상대적으로 수월했다. 하지만 페락의 경우 말레이인 인구가 많은 데다 노예가 4000명에 달해 노예제 폐지는 결코 간단한 문제가 아니다.

말레이 술탄국들이 쇠퇴하고, 많은 말레이인이 영국의 식민지로 탈주하는 원인 가운데 하나가 노예제라는 사실에는 이론이 없다. 어떤 이들은 말레이의 노예 제도가 "집안일에 종사하는 덜 가혹한 노예제 방식"이라고 두둔하기도 한다. 그러나 살해된 전 페락 주재관 버치는 노예 제도에 관해 이런 글을 남겼다. "현행 페락의 노예제는 이곳에 살아 보지 않고는 전혀 알 수 없는 사악함과 잔혹함을 지닌 제도라고 나는 확신한다."

남자든 여자든 빚을 지는 순간, 빚을 갚지 못하게 되면 채권자에게 끌려가 노예로 부려진다. 이렇게 되면 빚을 진 사람은 채권자가 정한 방식으로 일을 하도록 강요당하며, 채권자는 채무자의 소득을 제 것으로 가로챌 뿐만 아니라 채무자가 빚을 줄일 수 있는 어떤 것도 허용하지 않는다. 페락의 채무노예제에서 더 고약한 대목은 채무자의 친지나 친구가 빚을 대신 갚으려 해도, 채권자는 돈을 받지 않고 채무자를 노예로 붙잡아 둘 수 있는 권리가 보장되어 있다는 점이다. 따라서 채무노예의 사정이 다소 나아질 수 있는 유일한 희망은 채권자, 즉 자신의 주인이 제3자의 변제를 받아들이는 것이다. 그래 봤자 채무노예는 자신의 몸값을 지불한 다른 사람의 노예가 될 뿐이겠지만…….

채무노예제의 악랄함은 여기서 그치지 않는다. 결혼한 남자가 빚을 지게 되면, 그의 아내와 자식은 물론 앞으로 태어날 자식들과 그 후손까지 노예가 된다. 남자든 여자든 모두가 주인을 위해 일을 해야 한다. 여자의 경우 성인이든 소녀든 주인을 위해 굴욕적인 삶을 강요당하기 일쑤다. 심지어 채권자의 아내들은 이 가련한 채무노예 여인들이 일해서 버는 돈을 가로채는 걸 즐긴다. 만약 미혼의 남자나 여자가 빚을 졌다면 나중에 그/그녀와 혼인하는 배우자와 그 사이에서 태어나는 아이들도 모두 채무노예가 된다. 채무노예제는 채권자가 라자일 경우 최악의 양상을 보인다. 왜냐하면 라자는 채무의 변제를 받아들이거나 채무노예를 풀어 줄 마음이 눈곱만큼도 없기 때문이다. 정치권력인 라자로서는 자신이 거느리는 사람이 채무노예든 여자와 소녀든 상관없이 그 수만 많다면 정치적 영향력을 키울 수 있다. 더구나 라자는 채무자가 권속眷屬, household에 포함되는 순간부터 소나 코끼리 같은 재산으로 간주해 버린다. 스웨트넘은 "페락에서 채무자에게 자행되는 잔혹함에 관해서는 다른 술탄국의 말레인조차 비난한다."는 기록을 남겼다.[480]

슬랑오르에서는 비교적 조용하게 노예제가 폐지되었지만 불과 5년 전만 해도 이런 일이 있었다. 평소 큰 소리를 내지 않는 술탄 압둘 사마드의 둘째 왕자가 어느 날 그저 그러고 싶었다는 이유로 채무노예 3명을 살해하는 사건이 벌어졌다. 술탄의 채무노예인 소녀 두 명과 소년 한 명이 달아났는데, 피에 굶주린 둘째 왕자가 그들을 잡아다 죽인 것이다. 왕자는 노예 소년을 들판으로 끌고 가 직접 크리스로 찔러 죽였다. 왕자의 아내는 랑앗 강에 목욕을 하러 간다고 말하면서, 달아났다 붙잡힌 노예 소녀 둘을 가까운 강가의 물에 떠 있는 통나무로 데려갔다. 왕자를 수행하는 한 소년이 다가가 두 소녀의 머리채를 잡아채 물속으로 밀어 넣고는 숨이 끊어질 때까지 머리를 발로 밟았다. 두 소녀의 주검은 강변의 개흙 위에 버려졌다. 이에 술탄 압둘 사마드는 왕자를 재판에 회부하기로 했는데, 왕자가 다가와 "저는 그 아이들이 달아나려 해서 없애 버렸을 뿐입니다."라고 말하는 바람에 조용한 술탄이 불같이 화를 냈다고 한다.

페락에서는 밀림에 사는 자쿤족 여성과 아이들을 산 채로 사냥해 노예로 삼는 오래된 악습도 있다.

영국이 페락에 영향력을 행사하면서부터 노예제와 관련된 잔혹한 사례는 크게 줄어들고 있다. 나는 페락의 주재관 휴 로가 머지않아 모든 노예를 해방시키기 위한 정책을 마련할 것으로 생각하고 싶다.[481] 채무노예와 관련해 나는 오늘 아침 특이한 사례를 접했다. 라룻의 한 말레이인 순경의 고모가 인근 마을을 지나다 생긴 일이다. 길에서 아는 사람을 만난 그녀는 길 위에 돌을 가져다 놓고 앉아서 이야기를 나누었다. 그 후 돌을 치우지 않고 그 자리를 떠났는데, 한 시간 뒤에 마을의 한 소년이 그 돌에 걸려 넘어져 이마를 약간 다치는 사고가 발생했다. 이에 누가 길에 돌을 갖다 놓았는지를 수사하는 과정에서 경관의 고모는 체포되어 25달러의 벌금형이 선고됐다. 벌금을 낼 여력이 없었던 경관의 고모와 그 자녀들은 다친 소년 아버지의 채무노예가 되고 말았다. 이 소식을 들은 라룻의 치안 책임자 스피디 대위는 경관에게 고모의 벌금을 내라고 돈을 빌려주었지만 채권자, 즉 이마를 다친 아이의 아버지는 그 돈을 받기를 거부하며 경관의 고모 가족을 자신의 합법적인 노예로 삼고자 했다는 것이다.

노예제와 일부다처제가 이슬람을 믿는 지역에서 일상적인 양상이기는 하지만, 말레이 반도의 경우 술탄국의 쇠퇴 원인으로 지목될 만큼 지나친 측면이 있다.

나는 말레이인이 무슬림으로서 얼마나 종교적인지를 알고 싶었다. 말레이인이 완고한 무슬림이며, 기독교로 개종시키려는 무수한 시도들을 모조리 물리쳤다는 것은 사실이다. 아울러 말레이인이 이슬람의 교리를 깊이 알지 못하며 지나치게 미신을 믿는다는 것 또한 분명하다. 내가 들어본바, 말레이인의 기도는 주로 유일신에게 신앙 고백을 반복하는 것이며, 현재의 삶과 죽을 때의 자비를 구하는 단순한 내용으로 이뤄져 있다.

여유 있는 사람들은 메카 순례[482]를 두세 번이나 한다. 메카의 대사원에는 하자르가 황야에서 헤맬 때 나타났다고 전해지는 성스런 잠잠우물[483]이 있다. 순례자들은 자신이나 친지들이 저세상으로 갈 때 쓰기 위해 잠잠의 성수를 값비싼 토기에 담아 돌아온다. 이슬람의 사탄인 에블리스[484]는 죽음을 앞둔 무슬림에게 나타나 정수淨水를 담은 그릇을 내밀면서 유일신의 믿음을 버리라고 유혹한다고 한다. 성수는 이때를 대비한 것이다. 메카 순례자들은 순례 의향을 선서하고 주로 이런 기도를 낭송한다. "오로지 유일하신 신, 그분의 언약은 진실되며, 그분을 섬기는 자 승리할지어다. 유일하신 그분, 대등한 자가 없다. 그분의 왕국에서 그분을 찬양하네. 그분은 전능하시다."[485] 이 기도는 우울하게도 절반의 진실에 지나지 않기는 하지만, 대체로 구약성경의 진실을 담고 있다.

이곳 사정을 잘 아는 영국인들은 메카 순례자들을 "신에게 간택된 자"로 보지 않는다. 사실 그들은 게으르고 "동족의 고혈을 빠는 거머리처럼 사는" 자들이며, 사람들로 하여금 "반란을 일으키거나 아목에 빠지게 할" 빌미를 제공하는 자들이다. 순례를 다녀온 무슬림은 아랍의 옷을 입고 하지 복장을 할 수 있는 특권이 평생토록 주어진다. 그러나 그들이 메카에서 카바 신전을 돌며 다음과 같은 기도문을 낭송할 때, 어쩌면 헌신과 회개의 의미를 새기며 마음의 동요가 일지도 모를 일이기는 하다. "오 신이시여! 알라께 제 손을 내미옵니다. 알라를 향해 뜨겁게 열망합니다. 알라여, 제 간청을 받아 주소서. 장애물을 없애 주시고, 비굴을 긍휼히 여기시고, 자비를 베풀어 죄를 사해 주소서." 그리고 "알라여, 진정으로 우상숭배와 불복종, 모든 위선, 사악한 대화, 재산과 자녀와 가족에 관한 사악한 생각으로부터 벗어나오니 부디 거두어 주소서." 혹은 "알라여, 제 믿음이 사라지지 않도록, 제 확신이 소멸되지 않도록 예언자 마호메트의 — 축복하고 그를 지켜 주소서! — 선한 도움을 간절히 바라옵니다. **알라여, 오로지 알라의 그림자만 드리우는 날 알라의 그림자로 제게 그늘을 주시고**, 당신의 사도 마호메트의 — 축복하고 그를 지켜주소서! — 잔으로 목을 축이게 해 주시어, 그 기쁜 한 모금으로 영원토록 목마르지 않도록 해 주소서."[486]

나는 이 편지를 쓰면서 타이핑을 우상숭배에 빠진 사람들의 도시로 얕잡아 보고 있다. 단언컨대 말레이 반도는 암흑의 반도The dark Peninsula다. 신교와 구교 모두 말레이인을 기독교로 개종하려고 시도했으나 실패했다. 어쩌면 이슬람교에 맞서 포르투갈이 줄기차게 십자군 전쟁을 벌이지 않았더라면, 말레이인이 기독교를 덜 멀리했을지도 모른다. 이 지역에서 요즘 기독교 선교사들은 싱가포르와 말라카, 페낭 등 해협식민지에 개설된 여학교들을 통해 중국인의 개종에 힘을 쏟고 있다.

타이핑에서는 다섯 가지의 중국어 방언[487]이 쓰이며, 방언이 다르면 의사소통이 안 되는 까닭에 이곳 중국인은 자기들끼리도 말레이어로 대화한다. 중국인은 아편을 엄청나게 소비하는데, 타이핑에서만 아편 징세청부제의 전매권 수입이 연간 4000파운드에 달한다!

말레이 반도엔 속담이 아주 다양하고 재미도 있다고 맥스웰이 내게 일러 줬다. 나는 말레이 속담에 담긴 의미가 영국이나 일본의 속담과 닮은 것에 눈길이 갔다.[488]

예컨대 상황이 더 나빠졌다는 뜻의 영국 속담 "프라이팬에서 불구덩이로"는 말레이 속담 "악어 주둥이에서 호랑이 아가리로"와 호응한다. 불행조차도 누군가에겐 이득이 된다는 뜻의 영국 속담 "모두에게 나쁜 바람은 병든 바람이다."는 말레이 속담 "배가 난파되면 상어가 배를 채운다."와, 영국 속담 "솥이 주전자 검다 한다."는 말레이 속담 "통발이 바구니더러 올이 성기다 한다."와 통한다. 말레이 속담 "귀신 무섭다며 시체 움켜쥔다."는 내가 좋아하는 음산한 아이러니를 담고 있다.

성경 속의 격언과 상응하는 말레이 속담도 있다. 성경에서 "구스인이 그의 피부를, 표범이 그의 반점을 변하게 할 수 있느냐?"[489]고 했는데, 말레이인은 "황금접시에 모이를 줘도 멧닭은 정글로 간다."고 한다. "진주를 돼지 앞에 던지지 말라."[490]는 것과 말레이인의 "멋만 부리는 공작새는 아무짝에도 쓸 데 없다."가 호응한다. "이 돌들로 떡덩이가 되게 하라."[491]와 말레이 속담 "흙이 날알이 될 수 있나?"가 어울린다. 성경이 "짠 물이 단 물을 내지 못하느니라."[492]라고 했다면, 말레이인은 다음과 같은 아주 정교한 경구를 준비했다. "여주[493]를 사고녹말에 씨 뿌리고, 꿀로 거름 주고, 당액으로 물 주고, 사탕수수 위로 덩굴을 올릴 수는 있지만, 그래도 여주는 여주일 뿐이다." 그리고 "흙탕의 샘에서 맑은 물을 길을 순 없다."라는 속담도 있다.

말레이 특유의 속담도 있다. 겁쟁이를 가리킬 땐, 박차를 달고 죽기 살기로 싸우는 쌈닭에 빗대 "박차 단 오리"라고 한다. 배신을 일삼는 사람을 두고 "앉아서는 고양이, 뛸 때는 호랑이"라고 하며, 말이 많은 사람을 가리켜서는 "거북이는 많은 알을 낳고도 조용한데, 암탉은 한 개를 낳고도 온 세상에 떠벌린다."고 빗댄다. "날아가는 새를 보고 후추부터 간다."는 말레이 속담은 영국 속담 "요리하려면 토끼부터 잡아라."와 일맥상통한다. "입술마다 사탕수수 심기"라는 말레이 속담은 누구에게나 마음에 들도록 행동한다는 뜻이다. 운명론을 드러내는 속담도 있다. "깊은 바다에 사는 고기도 언젠가는 그물에 걸린다."거나 "지금은 촉촉해. 이제 됐어."라고 하면, 복수의 날이 멀지 않음을 암시한다. 비밀에 대해서는 냉소적인데, "쌀을 찧었으면, 벼 아래에 감춰라."라고 하고, "제아무리 인색해도 곰팡이 못 막는다."는 깔끔한 격언도 있다. 그리고 "바나나는 두 번 열리지 않는다."는 격언은 말레이인이 "인생사 밀물도 있고 썰물도 있다." 따위의 서양 격언도 알고 있음을 암시한다.

나는 깊은 동류의식을 가지고 말레이인을 연구하는 페락의 부주재관 맥스웰과 같은 이에게 손님 자격으로 응접 받는다는 게 이토록 흥미진진한 것인지 예전엔 몰랐다. 그저 맥스웰이 너무 빨리 승진하지 말았으면 하고 바랄 뿐이다.[494]

I.L.B.

Letter 23

페낭 섬의 피크, 배석판사 우즈의 저택
1879년 2월 24일

사람들이 아무리 친절하고 따뜻하게 맞아 주더라도, 꽉 짜인 인습의 틀에 또 다시 길들여지는 과정은 언제나 가혹하기 마련이다. 나는 조용하고 자유로운 야생의 세계를 벗어나선 도무지 마음이 편치 않다. 쾌적하기로야 페낭 섬 산꼭대기인 이곳 피크만 한 곳이 없는데도 그렇다. 피크에서의 이틀 동안 밤 기온은 섭씨 20도를 가리켰다. 담요가 포근했다!

나는 마지막 편지를 끝내고 나서 곧바로 맥스웰과 함께 타이핑을 떠났다. 도중에 살해된 징세원의 시신이 발견된 퍼르마탕에 들러 살인범의 단서를 찾아보았지만 소득이 없었다. 이 사건을 맡은 수사관은 살해된 시신들을 많이 보았지만 이번처럼 무자비하게 훼손된 것은 일찍이 보지 못했다고 말했다. 중국인 '살인 갱단'은 대부분 돈을 벌기 위해 살인을 저지른다. 이 때문에 잔인하게 도끼질을 하거나 특별한 원한도 없으면서 난도질하기 일쑤다. 이와 달리 대부분 질투에 의해 암살을 자행하는 말레이인은 거의가 단칼에 목숨을 끊고 끝낸다.

나는 맹그로브 습지를 따라 만들어진 둑길을 마차로 달렸다. 이번 여정에서 마지막으로 탄 마차 위에서 바라본 맹그로브 습지는 한층 애절하게 다가왔다. 수백 제곱킬로미터에 달하는 이곳 해안은 온통 늪과 개흙이다. 잡초가 우거지고 쓸모없는 나무가 무성한 이 해안은 아름답지도 않거니와 악어와 뱀과 언제든 사람에게 달려들려는 동물만 우글거릴 뿐이다. 바람

한 점 없는 늪지에서 이미 뿌리가 나와 있어 떨어지기만 하면 곧바로 착근할 만반의 태세를 갖춘 맹그로브의 뾰족한 열매가 개흙 속으로 떨어지는 모습을 보면 비통함마저 든다.[495]

진홍색 제복을 입은 50명의 시크교도 의장대가 부두에 도열해 스윈번 소령을 환송했다. 이임하는 스윈번 소령은 출발하기 앞서 2시간에 걸쳐 휘하의 무장 경찰 대원들이 그의 발에 입맞춤을 하는 동양식 송별회를 마친 뒤였다. 그에게 작별의 소감을 물었다. 스윈번 소령은 부하들에게 "너희는 진짜 나쁜 놈들이다. 절반은 교수대에 세워야 마땅하단 말이다. 그런데 너희들, 내가 돌아올 때까지 털끝 하나 다치면 안 된다. 그래야 너희 목을 매달 때 내 기분이 훨씬 좋을 테니까."라고 했다는 말로 답을 대신했다. 말은 그렇게 했지만, 스윈번 소령은 그들을 진심으로 좋아한다. 그는 자신의 임무를 대행할 워커 대위를 불러서는 "자, 늙은 양반, 저 친구들을 너무 거칠게 다루지는 마시게!"라고 당부했다. 새롭게 바뀐 지휘 체계를 누가 어떻게 운영할 것인지가 그 친구들의 가장 큰 걱정거리라는 얘기다. 말레이인은 모든 유럽인에게 저마다의 특성에 따라 별명을 붙인다. 스윈번 소령더러 "미친 놈", "함부로 말하는 자"라 했고, 워커 대위에게는 "흑표범"이란 별명을 붙였다. 맥스웰의 별명은 "고양이 눈"과 "새끼 호랑이"다.

배에 오르기 전에 쿠알라 캉사르에서 반가운 전보가 날아왔다. "에블리스가 오늘 아침 약간 좋아 보여요. 메뚜기 두 마리와 우유도 먹었답니다. 그래도 너무 쇠약합니다."[496]

배는 우리 일행과 모기 떼를 함께 태우고 오후 5시 30분에 출발해, 아름다운 밤바다를 지나 새벽 2시가 되어 페낭의 조지타운 앞바다에 닻을 내렸다. 그런데 이 짧은 항해는 터무니없는 이유로 편치 않았다. 배에는 제 딴에 숙녀입네 하는 영국인 '얼치기 숙녀' 한 명이 승선했다. 내가 아무런 동류의식을 느끼지 않는, 문명의 불량품이라고 할 그 숙녀는 증기 론치선 킨타 호에서 우리 배로 옮겨 타겠다고, 부탁이 아니라 당연하다는 듯이 요구했던 것이다. 그녀와 함께 어린아이와 인도인 유모, 남자 하인도 동승했다. 작은 선실에 앉을 것이라곤 2인용 소파 두 개뿐인데, 그 숙녀가 소파 하나를 독차지하고, 그것도 모자라 다른 소파 위에 여행 가방과 온갖 잡동사니를 얹어 버렸다. 선실 바닥에도 짐이 널렸고, 짐 사이에서 아기가 유모와 함께 누워 잤다. 남자 하인은 사다리의 아래 가로대에 걸터앉았다. 나는 그 숙녀와 아이, 유모, 하인, 그리고 모기 떼와 좁은 선실을 공유해야 했다. 호롱불의 그을음이 메케하다. 선실의 수은주는 섭씨 31도. 우유병이 엎질러져 쏟아진 우유에서 썩는 냄새가 났고, 깨진 브랜디 병에서도 악취가 풍겼다. 아이는 줄기차게 울어 댔다. 유인원 에블리스가 고통을 참으며 소리 죽여 "우프, 우프"라고 웅얼거리던 것과 대비된다.

배가 닻을 내리기 전이었다. 그 숙녀가 나더러 선실 밖의 남자들을 깨워 브랜디 한 잔 가져다 달라고 부탁했다. 아무리 봐도 그건 부탁이 아니라 내가 마땅히 들어줘야만 하는 요구였다. 하는 수 없이 나는 밖으로 나갔다. 그런 나를 보고 밖에 있던 일행들이 너무나 깔깔대고 웃는 바람에 브랜디를 들고 다시 선실로 들어가기가 머쓱할 정도였다. 스윈번 소령은 여자와 아이가 싫다고 대놓고 얘기할 정도로 못 말리는 인물이다. 아기가 큰 소리로 울 때마다 하인더러 "저놈의 목을 비틀어 버려."라고 소리 질렀다. 물론 그 하인은 스윈번 소령이 영어로 한 말을 한마디도 알아듣지 못한다. 새벽 2시. 갑판에 코코아가 준비됐고, 선실에선 가련한 아기가 발길질을 하며 울어 댈 때였다. 스윈번 소령은 선실에 있는 나더러 "헤롯[497]을 떠올리며 코코아 한 잔 하지 않겠습니까?"라며 갑판으로 나오라고 했다. 네 아이의 아버지인 맥스웰은 이런 상황이 익숙하다는 듯이 별다른 반응을 보이지 않았다. 위로 올라간 나는 갑판에서 혹여 사내들이 흉보는 얘기가 선실에 있는 그 숙녀의 귀에 들어가지나 않을까 싶어 과도하게 고개를 끄덕이며 그들의 시시한 대화가 샛길로 새지 않게 애를 썼다. 여간 고역이 아니었다!

새벽 6시에 나는 맥스웰과 함께 프로빈스 웰즐리에 상륙했다. 열대의 태양이 찬란하게 떠올랐고, 웅장한 카수아리나나무들이 모래 해안 위로 애도하듯 가지를 늘어뜨리고 있다. 호박색으로 물든 말라카 해협의 좁은 바다를 사이에 두고 프로빈스 웰즐리 쪽으로 코코스야자나무 숲의 짙은 그늘이 끝없이 이어지고, 건너편 페낭 섬의 산들이 환하게 태양과 입 맞추는 모습은 장관이었다. 진정 열대에선 "아침이 되는 것을 기뻐한다."[498] 우리는 차를 마시며 간단하게 아침 요기를 했다. 정오에 여섯 개의 노가 달린 보트인 리그[499]를 타고 건너편 페낭의 조지타운으로 갔다. 페낭 당국이 제공한 그 작은 보트는 이번 여행에서 내가 마지막으로 공식 지원을 받은 '식민지 정부의 소유물'이었다. 조류를 거스르는 바람에 뜨거운 햇살을 받으며 한 시간이나 노를 저어야 했다. 그렇게 말레이 반도를 떠났다.

증기선 말와 호
2월 25일

오늘 오후 일찌감치 태양이 눈부신 페낭을 출발했다. 잔물결이 반짝이는 호수 같은 말라카 해협을 벗어나 굵은 파도가 느리게 일렁이는 벵골 만으로 들어갔다. 배는 기수를 북서로 향했다. 저 멀리 말레이 반도의 산들이 붉은 석양 아래 안개처럼 누워 있다. 나는 열대의 꿈에서 깨어나고 있고, '황금 반도'는 추억이 된다.

I. L. B.

미주

1 이사벨라 버드의 세 살 아래 여동생 헨리에타(Henrietta Amelia Bird, 1833~1880). 여행을 즐겼던 이사벨라와 달리 헨리에타는 집에 틀어박혀 있기를 좋아했다고 한다. 이 책에서 버드가 '너'라고 지칭한 것은 편지의 수신인이기도 한 동생 헨리에타를 가리킨다.

2 말레이 반도는 아시아 대륙에 속한 반도를 지칭하는 반면, 말레이 제도는 아시아 대륙과 오스트레일리아 사이에 흩어져 있는 동남아시아의 여러 섬을 가리키는 용어다.

3 〔원주〕 이들 장은 여러 가지 보고서와 다른 공식 문서들을 근거로 삼았으며, 정확하고 가치 있는 정보를 담고 있는 토머스 존 뉴볼드(Thomas John Newbold, 1807~1850)의 『말라야와 영국 식민지』, 존 크로퍼드(John Crawfurd, 1783~1868)의 『인도 제도에 관한 사전』에서 많은 도움을 받았다.

4 Dominic Daniel Daly. 지도 제작자로, 페락의 상세한 지도를 작도해 1776년 인쇄한 바 있다. 서호주 총독을 지낸 도미니크 데일리 경(Sir Dominic Daly)의 조카로, 스코틀랜드에서 태어나 서호주에서 조사관을 거쳐, 말레이 반도로 이주해 슬랑오르의 공공사업 감독관으로 일했다. 데일리는 이 책 후반부 슬랑오르에 관한 편지에서 등장하는 슬랑오르 주재관 블룸필드 더글러스의 사위이기도 하다.

5 〔원주〕 플라톤의 『파이돈(*Phaedo*)』, 10장.

6 安南人, Anamites. 인도차이나 반도 동쪽 베트남 지역에 살고 있는 남방계 몽골족의 한 갈래. 安南, Annam. 중국 당조가 베트남의 하노이에 안남도호부를 둔 이래 중국이 베트남을 가리켜 부른 명칭. 19세기 후반 프랑스가 인도차이나를 식민지화하면서 베트남을 3개 구역으로 나누었는데, 반보호령인 북부 하노이 지방을 '통킹', 직할령인 남부 사이공(오늘날 호치민) 지방을 '코친차이나', 그리고 보호령인 중부를 '안남'이라 했다. 버드가 말하는 '안남인'은 '베트남인'을 지칭하는 것으로 보인다. 이하에서 안남은 베트남, 안남인은 베트남인으로 옮긴다.

7 *The Journal of the Straits Branch of Royal Asiatic Society(JSBRAS)*. 영국 왕립아시아학회(RAS)는 1823년 산스크리트어 전문가인 헨리 콜브룩(Henry Colebrook, 1765~1837)의 주도로 설립되어, 이듬해인 1824년 영국왕 조지 4세로부터 '아시아와 관련된 과학, 문학 및 예술을 증진하는 주제를 탐구'하는 학회로서 칙허장을 받았다. 이 학회는 여러 지역에 지부를 두었는데, 1877년 해협식민지의 수도였던 싱가포르에 RAS 지부를 두고, 이듬해부터 학회보인 *JSBRAS*를 발행했다. 이 지부는 1923년 왕립아시아학회 말레이 지부로 명칭이 바뀌면서 회보도 현재의 *The Journal of the Malaysian Branch of Royal Asiatic Society(JMBRAS)*로 변경됐다. 1964년 왕립아시아학회 말레이 지부는 싱가포르에서 말레이시아의 쿠알라룸푸르로 본부를 옮겼다. 영국 왕립아시아학회의 한국 지부는 1900년에 설립되었으며, 널리 알려진 『하멜 표류기』 등이 이 회보에 게재됐다.

8 Klaudios Ptolemaios, 2세기 중반 그리스의 천문학자 겸 지리학자. 150년에 『지리』에서 세계 지도를 작성한 것으로 알려져 있는데, 현전하는 프톨레마이오스의 지도는 13세기 이후 재구성된 것이다.

9 John Milton(1608~1674). 『실낙원』을 쓴 영국의 시인. 셰익스피어에 버금가는 대시인으로 평가받는다. 밀턴은 『실낙원』에서 '황금 반도'를 언급했다.

10 the Ophir of Solomon, 구약성경에 따르면 솔로몬 왕이 황금을 비롯한 귀금속을 '오피르'에서 배로 조달했다고 한다.

11 Pliny the Elder(23~79). 로마시대 정치가이자 박물학자로, 고대 세계의 자연학적 지식을 집대성한 백과사전인 37권짜리 『박물지』를 편찬했다.

12 Manuel I(1469~1521). 재위(1495~1521) 중 바스코 다 가마가 인도 항로를 개척하는 등 해상무역이 크게 확대되었다. '행운왕'이라고도 불린다.

13 Affonso de Albuquerque(1453~1515). 포르투갈 군인이자 항해 정복자로 제2대 포르투갈의 인도 총독을 지냈다. 고아를 점령하고 식민 근거지로 삼고, 스리랑카(실론)와 말라카를 점령했다.

14 carbuncle, 둥글게 다듬은 석류석으로, 동남아시아에서 주요 조공품으로 쓰였다.

15 버드의 원문에는 영국이 페낭을 1755년에, 프로빈스 웰즐리를 1798년에, 싱가포르를 1823년에 각각 확보한 것으로 되어 있다. 이는 역사적 사실과 다른 것이어서 원문을 고쳐 번역한다.

16 '네그리 슴빌란'은 말레이어로 '아홉 개의 왕국'이라는 뜻이다. 오늘날 슬랑오르, 말라카, 조호르, 파항에 속하는 지역의 9개 소왕국이 1773년에 네그리 슴빌란이란 느슨한 연합체를 이루었다.

17 laterite. 열대 지방에 널리 분포하는 적갈색 풍화토.

18 clay ironstone, 철을 함유한 물질이 점토질과 더불어 퇴적 침전된 것.

19 William Edmond Logan(1798~1875). 로건은 캐나다 몬트리올에서 태어나 스코틀랜드의 에딘버러 대학에서 지리학을 공부했다. 지리학자인 그는 캐나다 지질조사국을 창설하고, 초대 장관을 지냈다. 캐나다에서 두 번째로 높은 산인 유콘 주의 로건 산은 그의 이름을 딴 것이다.

20 〔원주〕 몬순(monsoon)은 '계절(season)'을 뜻하는 아랍어 '무심(musim)'이 포르투갈어와 영어로 변형된 것이라 한다.

21 malacca cane. 여기서 '말라카'는 지명이 아니라 수마트라 해안이 원산지인 등나무의 일종으로, 길고 곧게 자란 말라카 줄기는 가볍고 튼튼한 지팡이 재료가 된다.

22 gutta-percha. 구타페르카나무의 수액을 건조시킨 물질로 '구타'라고도 한다. 고무와 비슷한 특성을 지녔으나, 고무보다 더 딱딱하고 부식에 강하다. 19세기 중반 전보통신이 확산되면서 전신 해저 케이블 설치 붐이 일었는데, 이때 전신 케이블 피복 소재로 구타페르카가 쓰였다. 고무와 달리 구타페르카는 밀림에 자생하는 거대한 쿠타페르카나무를 베어 낸 뒤 수액을 채취했던 탓에 말레이 반도 일대의 구타페르카나무가 멸종 위기를 맞았다. 오늘날 치과용 충전제로 쓰이는 '레진'의 원재료기도 하다.

23 cinchona. 나무껍질에서 말라리아 치료제인 키니네를 얻는다.

24 artichoke. 엉겅퀴과 다년초로, 꽃봉오리는 고급 식재료로 쓰인다.

25 Malayan tapir. 말레이 반도와 수마트라 섬 일대에 분포한다. 몸길이 약 2.4미터, 어깨높이 약 1미터, 몸무게 약 230킬로그램이며, 야행성으로 단독생활을 하거나 두세 마리씩 무리 지어 생활한다.

26 말레이시아 태양곰(Malaysia Sun Bear). 열대 지역에 서식하며, 몸길이 1미터~1.4미터로 곰 가운데 가장 몸집이 작다.

27 digitigrada. 포유류가 걷는 방식 가운데 하나로, 두 발의 발가락 마디만 땅에 대고 걷는 것을 이른다. 예컨대 개나 고양이는 앞발에 5개, 뒷발에 4개의 발가락이 있는데, 땅에 발끝만 대고 걷는다.

28 musang. 사향고양이는 약 14~20종이 있으며, 항문선 꼬리 아래의 커다란 주머니에 사향노루의 사향과 같은 분비물이 쌓이는데, 이 분비물을 가리켜 시베트(civet)라고 한다.

29 John Crawfurd(1783~1868). 스코틀랜드 출신 학자이자 싱가포르 영사를 지낸 식민지 행정관료로, 아시아 언어를 연구하는 등의 업적을 남겼다.

30 Thomas John Newbold(1807~1850). 영국 동인도회사의 군인이자 탐험가며, 말라카 해협과 말레이 반도에 관해 많은 저작을 발표한 학자다. 1841년 영국 왕립학회 회원에 선출됐다. 1832년부터 1935년까지 3년간 동인도회사의 군인으로 말라카에 거주하며 말레이 반도 일대를 탐험한 뉴볼드는 이 일대의 지질과 다양한 문헌자료들을 발굴해 저널에 논문을 발표했다. 이를 바탕으로 『말라카 해협 영국 해협식민지에 관한 정치적·통계적 고찰—말레이 반도의 말레이 술탄국들의 역사(*Political and Statistical Account of the British Settlements in the Straits of Malacca, viz. Pinang, Malacca, and Singapore; with a History of the Malayan States on the Peninsula of Malacca,* Vol. Ⅱ)』(London: J. Murray, 1839)를 펴냈다. 버드가 『말라카』라고 한 것은 이 책을 가리킨다.

31 〔원주〕 토머스 존 뉴볼드는 아주 세심하고 정확한 학자인데, 이들 새에 관련된 진술은 터무니없다 하겠다. 그는 이들 새의 원산지에 관해 원주민에게 듣기는 했지만, 자신이 직접 관찰해 확인하지는 못했다고 모호하게 기술했다.

32 Point Romania. 말레이 반도 남부 조호르 해안의 갑(岬).

33 〔원주〕 나는 운 좋게도 자쿤족 성인 남성 2명과 여성 1명을 직접 봤다. 그러나 자쿤족의 정보는 주로 슬랑오르 치안 책임자 사이어스(H. C. Syers)와 페락의 부주재관 맥스웰(William George Maxwell)에게서 얻은 것이다.

34 Harry Charles Syers(1853~1897). 사이어스는 1875년부터 영국 보호령 슬랑오르의 치안책임을 맡아 경찰조직을 구축·운영했다. 1896년 술탄국 슬랑오르를 비롯해 페락, 파항, 네그리 슴빌란 등 영국 보호령 네 곳으로 구성된 연방말레이국(FMS)의 초대 경찰총장을 역임했다. 사이어스는 1897년 사냥 중 말레이 들소에 받혀 사망했는데, 그 들소의 박제된 머리가 현재 말레이시아경찰박물관에 전시되어 있다.

35 Sir William Edward Maxwell(1841~1897). 해협식민지 초대 법무장관을 지낸 피터 벤슨 맥스웰 경(Sir Peter Benson Maxwell, 1817~1893)의 아들로, 1860년 이후 페낭과 싱가포르에서 치안판사로 활동했으며, 1878년 페락의 부주재관에 임명됐다. 맥스웰은 슬랑오르 주재관과 해협식민지 총독 대행(1893. 9.~1895. 1.)을 역임했으며 말레이어 교본과 말레이 풍습에 관한 책을 낸 학자기도 하다. 그의 장남 (윌리엄) 조지 맥스웰 경(Sir George Maxwell, 1871~1959)은 페락 주재관을 지냈다. 맥스웰 3대(피터-윌리엄-조지)가 말레이 반도에서 식민지 행정관을 지낸 셈이다.

36 Rayet. 이는 사람, 인민, 신민을 뜻하는 말레이어 '라캿(Rakyat)'의 오기가 아닌가 싶다.

37 Dammar Gum. 식품의 촉감을 살리고 윤기를 더해 주는 식품첨가제는 물론, 그림을 그릴 때 화용액이나 마무리용 바니시로 널리 쓰이는 천연재료로서, 동남아시아에서 많이 생산된다.

38 영국은 페낭과 싱가포르를 1786년과 1819년에 각각 점령했다. 버드가 이 글을 1882년에 쓴 것으로 보면, 싱가포르에 중국인이 거주한 지 63년이 된 것은 맞다. 그러나 페낭의 경우 93년이라고 한 것은 중국인의 페낭 이주 시점을 1789년으로 잡았다는 뜻인데, 어떤 근거인지 분명치 않다. 중국인이 페낭에 이주한 것은 1786년 영국의 점령 직후였다는 것이 정설이다. 그렇다면 96년이 맞겠다.

39 바바뇨냐(Baba-Nyonya, 峇峇娘惹)라고도 한다. 바바가 남성을 가리킨다면, 뇨냐는 여성을 가리킨다. 바바는 본디 페르시아어에서 어른이나 현인 또는 종교 성인에 대한 경칭으로 쓰이던 것으로, 인도의 힌디어에서도 비슷한 의미로 쓰인다. 인도네시아에서는 정착한 이주민의 후손을 가리켜 페라나칸(Peranakan)이라고 하는데, 중국인 이주자의 후예를 페라나칸 시나라고 부른다.

40 신커(新客)는 말 그대로 갓 이주한 중국인을 뜻하는 것으로, 이주한 지 오래된 중국인을 지칭하는 라오커(老客)와 대비되는 말이다. 하지만 1867년 페낭, 말라카, 싱가포르가 '해협식민지'란 이름의 영국 직할 식민지로 바뀌면서 영국 식민지에서 태어나 영국 신민이 된 중국인을 '해협화인(海峽華人, Straits Chinese)'으로 칭하게 됐고, 신커는 중국 국적의 이주민을 가리키는 용어가 됐다.

41 말레이시아 문학의 고전으로 간주되는 영웅 서사시다. 15세기 초 말라카 왕국의 성립에서부터 1641년 네덜란드의 침략을 받기 전까지의 시대를 다루는 이 서사시에서 주인공 항투아는 말라카 왕국 출신의 영웅으로 그려진다.

42 '말레이 연대기'라고 불리는 『세자라 믈라유(*Sejarah Melayu*)』를 가리킨다. 이 책은 17세기 말레이 반도의 교역 중심지가 된 조호르 시대에 편찬된 것으로, 15~16세기 초까지 말레이 술탄국의 역사를 기록한 현전하는 저술이다. 이에 따르면, 말라카 왕국의 건국자는 수마트라 팔렘방의 한 왕자인 파라메시바라(Paramesvara, 『명사(明史)』에는 拜理迷籬刺)이며, 15세기 초 팔렘방이 자바의 공격에 무너지자 추종자들을 거느리고 새 정착지를 찾아 말레이 반도로 이동했다. 이 연대기는 말레이 해상 제국의 기원과 발전, 그리고 종말에 관한 역사적 서사를 담아낸 역사문학으로 평가받는다. 이 책은 포르투갈인 토메 피레스(Tome Pires)가 16세기에 쓴 『수마 오리엔탈(*Suma Oriental*)』(동방제국기)과 함께 말레이 세계에 관한 중요한 역사 자료로 꼽힌다.

43 John Leyden(1775~1811). 라이덴은 스코틀랜드 출신 학자로, 힌디어와 말레이어에 능통했으며, 1807년 인도 캘커타에서 힌디어 교수를 지냈다. 1811년 자바에서 열병에 걸려 숨져 그곳에 묻혔다. 그가 생전에 번역을 시작해 미완으로 남아 있던 『세자라 믈라유』 영역본은 1821년 싱가포르 건설자인 스탬퍼드 래플스가 서문을 달아 출간했다.

44 활로 켜는 현악기 레밥(rebab)을 가리키는 것 같다. 레밥은 아랍에서 기원해 이슬람을 따라 동남아시아에 전해졌다고 한다. 전통 레밥은 현이 1~3개로, 우리나라의 해금과 비슷하다.

45 4줄의 현을 손으로 튕기는 현악기로, 아랍에서 전래되어 말레이 민속 악기로 자리 잡은 감부스(gambus)를 가리키는 것 같다.

46 flageolet. 플루트 계통의 목관악기로, 대나무 관의 앞뒤로 소리 구멍을 내고 세로로 부는 말레이 민속 악기를 통칭한다.

47 말레이시아와 인도네시아의 민속 관악기인 술링(suling)을 가리키는 것 같다.

48 아이누는 일본 홋카이도와 러시아의 사할린, 쿠릴 열도 등에 분포하는 소수 민족을 지칭한다. 아이누란 말이 보편적으로 쓰이기 시작한 19세기 후반 메이지 시대 이전만 해도 혼슈(本州)의 일본인이 홋카이도 지역에 사는 아이누를 이민족으로 차별하며 에조라 하고, 이들이 사는 지역을 '에조시마(蝦夷島)', '에조치(蝦夷地)'로 불렀다. 버드는 이 책에 앞서 펴낸 일본 여행기 『일본, 미답의 길』(1880)에서 "아이누에겐 1000 이상의 수를 세는 단위가 없다."(p. 255)고 했다. 예컨대 빈대가 들끓는 것을 두고 '1000의 1000마리 빈대'라고 한다는 것이다.

49 태양이 황도를 따라 연주운동을 하는 길에 있는 주요한 별자리 12개를 말하는데, 이것은 예로부터 점성술에 쓰였다.

50 이슬람의 안식일은 금요일 해 질 때부터 토요일 해 질 때까지다.

51 빈랑 씹기는 동남아시아의 전통적인 관습으로, 아레카야자나무의 열매인 빈랑자(檳榔子, betel nut)를 베텔후추의 잎에 싸고 석회를 발라서 같이 씹는다.

52 Sir Thomas Stamford Raffles(1781~1826). 싱가포르를 건설한 영국의 식민지 정치가. 14세에 영국 동인도회사의 사환으로 취직해 능력을 인정받은 래플스는 23살 때 페낭 식민지 정부의 사무관보가 되었다. 그는 1811년 영국이 자바를 점령하면서 자바 부총독에 임명되었고, 네덜란드가 시행하던 강제 경작 제도와 의무 공출 제도를 폐지하고, 새로운 토지 조세 제도와 사법 제도를 제정하는 등 자유주의적인 정책을 시행했다. 그의 시도는 결실을 맺지는 못했지만, 이후 자바를 재점령한 네덜란드에 의해 수용되면서 대부분 실현되었다. 1819년 싱가포르에 자유항을 건설했다.

53 the glorious uncertainty of the law. 영국 맨스필드 공작이자 영국 최고 재판관을 지낸 윌리엄 머레이(William Murray, 1705~1793)는 1756년 노예제와 노예무역을 폐지하며 예전의 판례를 기각하고, 법원의 관행에 혁신을 도입했다. 머레이의 이러한 계몽적 개혁이 실시된 뒤 열린 한 만찬에서 윌 브래엄이라는 이가 건배를 제의하며 "법의 찬란한 불확실성"이라고 했다

고 전해진다. '법의 찬란한 불확실성'은 법 자체는 불확실하지 않지만, 상황 변화에 따라 불확실하다는 의미로 쓰이며, 한편으로는 비슷한 사건에 같은 법 조항을 적용해 다른 판결이 내려지는 경우처럼 법 조항이 상황에 따라 다르게 해석될 여지가 있다는 뜻으로 풀이되기도 한다. 버드는 말레이 술탄국에서 법의 취지와 적용 사이에 큰 괴리가 있다는 것을 설명하기 위해 이 말을 인용한 것으로 보인다.

54 말레이 여성은 전통적으로 '히잡'의 일종인 투동(tudong)을 쓰고, 팔다리를 가리는 긴 옷인 바주 쿠룽(baju kurong)을 입는다.

55 toddy palm, 인도와 말레이 반도에 서식하는 야자과의 상록교목으로, 팔미라야자(palmyra palm)라고도 한다. 달걀 모양 열매의 수액으로 종려주를 담근다. 또한 패다라 또는 패엽(貝葉)이라 불리는 이 나무의 잎사귀는 수분이 적고 두꺼우며, 바짝 말랐을 때 단단해지는 특성이 있어 오래전부터 철필을 이용하여 경문을 새기는 데 쓰였다. 폭 6센티미터, 길이 30~60센티미터의 잎을 직사각형으로 잘라 앞면과 뒷면에 송곳으로 글자를 새기고 기름을 바르면, 기름이 스며들면서 글자가 나타난다. 이 조각들의 위에 구멍을 뚫어 옆으로 길게 꿰맨 불경을 패엽경(貝葉經)이라 한다.

56 1875~1876년 영국과 페락 사이에 벌어진 전쟁을 가리키는데, 버드는 본문에서 '작은 전쟁'으로 부르기도 한다. 페락 북부의 수장들이 외세를 밀어내기 위해 당시 영국인 주재관 제임스 버치를 살해하는 사건이 벌어졌다. 영국이 해군과 육군을 동원해 무력으로 진압하는 바람에 말레이인의 저항은 무위로 돌아갔다.

57 이슬람교에서 종교적으로 최고 권위자인 칼리프가 수여한 정치적 지배자의 호칭. 말레이 반도에서는 대체로 혈연으로 세습되는 술탄이 최고 지배자인 체제였다.

58 본디 인도의 군주나 토호를 의미하며, 이슬람에서는 일부 시아파와 그 관련 종파에서 영적 지도자인 이맘이 지상으로 재림한 군주를 가리키기도 한다. 말레이 술탄국의 경우, 대체로 왕자나 왕족에게 '라자'의 칭호를 붙인다. 특히 왕좌를 승계할 태자를 가리켜 '라자 무다(Raja Muda)'라 했다. '마하라자'는 '대(大)라자'라는 뜻이다.

59 말레이 술탄국에서 최고 행정 책임자이자 입법가, 재판관, 군사지배자로서 대부분의 권한을 독점한 지도자를 가리킨다. 본문의 숭에이 우종에 관한 편지에 나오는 '다투 클라나(Datu Klana)'의 경우, 클라나 지역의 최고 책임자를 의미한다.

60 븐다하라는 힌두 전통에 따른 명칭이다. 영국 식민지 관료를 지낸 동남아시아 역사가인 빅터 퍼셀은 말레이 술탄국의 통치체계에서 이슬람 군주가 힌두 전통의 최고 관료를 둔 것에 관해, 앞서 전래된 힌두 전통과 나중에 들어온 이슬람 전통이 융합한 예라고 풀이한다. 말레이 이슬람 군주들이 아랍문자가 아닌 인도의 산스크리트어로 비문을 남긴 것도 같은 맥락이라는 지적이다. 븐다하라와 더불어 최고 관료의 하나인 락사마나(Laksamana)도 힌두 전통의 흔적에 해당한다. Victor Purcell, *South and East Asia since 1800*, Cambridge University Press, 1965, p. 9 참조.

61 Sir Andrew Clarke(1824~1902). 1873~1875년 싱가포르의 영국 해협식민지 제2대 총독을 지냈다. 영국 육군 중장으로 호주와 뉴질랜드에서 주로 근무하며 해협식민지 총독에 앞서 서호주 총독을 역임했다. 그는 해협식민지 총독으로서 1874년 팡코르 조약을 체결하고, 말레이 술탄국을 주재관이 상주하는 보호령으로 만들며 영국의 간접 지배를 시작했다.

62 Mississippi Bay. 오늘날 요코하마 인근, 미 해군 주택단지가 있는 네기시(根岸) 일대를 지칭한다. 미시시피 베이라는 지명은 미국의 동인도 함대사령관 페리 제독(Mattew Calbraith Perry)이 1853년 기함 미시시피 호와 4척의 군함을 이끌고 우라가(浦賀)에 도착해 일본을 개항한 데서 기인한다. 페리 제독이 상륙한 현재의 가와가나 현(神奈川縣) 일대 해안 지역을 영어권에서는 지금까지도 '미시시피 베이'라고 한다.

63 고트족(Goth)은 스칸디나비아 남부에 살던 게르만족의 분파로, 3~5세기 동서 로마 제국을 침략해 이탈리아, 프랑스, 스페인에 왕국을 건설했으며, 반달족(Vandal)은 5세기 로마를 약탈한 게르만의 한 종족이다. 훈족(Hun)은 4~5세기 유럽을 침공한 아시아 유목 민족이며,

서고트족(Visgoth)은 4세기 후반부터 로마 제국을 침략한 고트족의 한 분파다. 버드가 이들 네 종족을 언급한 것은 선장의 생김새가 야만적이고 위협적인 느낌이 강하다는 것을 독자들에게 전하기 위한 것으로 보인다.

64 버드는 요통으로 평생을 고생했다. 그의 일대기를 그린 『이사벨라 버드—19세기 여성 여행가, 세계를 향한 금지된 열정을 품다』의 저자 이블린 케이는 버드가 심한 요통을 앓으면서도 험한 여행을 마다하지 않았고 아주 훌륭하게 수행했다며, 요통이라는 그녀의 육체적 고통은 물리적 병증이라기보다는 창의력을 발휘하지 못하게 막는 현실과의 정신적 마찰에서 기인한 것이라 풀이했다. 이 편지에서도 요통을 호소한 것은 여행 중 아무것도 할 수 없었던 당시의 상황에 버드가 느꼈던 불만과 분노를 엿보게 해 준다.

65 北回歸線(Tropic of Cancer). 북위 23도 27분의 위도선으로, 태양이 천정을 통과하는 위선이자 북반구에서 열대와 온대를 구분하는 경계선이기도 하다.

66 영국은 아편전쟁에서 승리해 1842년 중국 청조와 난징조약(南京條約)을 맺고 홍콩을 점령했다. 이듬해 영사재판권과 관세권까지 확보하며 홍콩을 '영구 할양' 받았다.

67 Peninsular and Oriental Stream Navigation Company의 약칭. P&O는 19세기 초 세계에서 처음으로 대륙 간 증기 여객선을 운항한, 영국의 대표적인 해운사다.

68 Messageries Maritimes(메사제리 마리티므)의 약칭. 1851년 설립된 프랑스의 대표적인 상업해운 회사로, 19세기 유럽과 아시아를 잇는 무역항로의 강자였다. 약칭인 MesMar 또는 M. M.이 더 널리 쓰였다.

69 launch. 소형 보트 가운데 하나. 예전 범선 시대에는 대형 모선에 크기와 용도가 각기 다른 보트를 탑재했는데, 론치도 그중 하나다. 증기선 출현 이후 소형 보트들의 쓰임새도 달라지고 크기도 다양해지면서 구분이 의미가 없어졌지만, 이름은 그대로 남아 지금도 쓰인다. 19세기 후반 버드가 여행할 당시 론치선은 증기로 추진되는 중형 보트를 가리킨다.

70 Varenna. 이탈리아 북부 롬바르니아 지역의 작은 도시로, 코모 호수를 끼고 산자락에 아름답게 도시가 형성되어 있다.

71 John Pope Hennessy(1834~1891). 아일랜드 출신의 영국 정치가로, 1877년부터 1883년까지 홍콩 총독을 지냈다. 중국식 이름은 헌니시(軒尼詩)다.

72 John Burdon(1826~1907). 영국 국교회 선교사로, 1874년 홍콩 빅토리아에 있는 영국 국교회 남중국 교구의 주교로 부임했다. 버드가 홍콩 방문에서 만난 버든 주교의 아내 피비 에스더(Phoebe Esther)는 버든 주교의 세 번째 아내다.

73 Babel. 바벨탑은 주지하듯 『구약성경』 창세기(11장 1~9절)에 나오는 탑이다. 대홍수 후 노아의 후손들이 하늘에까지 닿는 탑을 쌓으려 하자, 하느님이 그들 사이에 방언을 쓰게 하여 서로의 말을 알아듣지 못하게 만들었고, 그 탑을 쌓으려던 곳을 바벨이라고 했다는 줄거리다. 성경에서 바벨은 하느님을 저버린 사회를 상징한다고 해석되곤 한다. 버드는 아시아인들, 특히 중국인들을 묘사할 때 시끄럽다며 바벨의 비유를 종종 든다. 이는 실재의 시끄러움과 기독교를 믿지 않는다는 중의적인 표현으로 쓴 것 같다.

74 Genova. 제노바 만(灣)에 면한 이탈리아 제1의 항구로, 밀라노·토리노와 더불어 북부 이탈리아 공업지대의 중심을 이룬다.

75 Pidjun/Pidgin English. 1630년대 영국인 상인들이 중국 남부로 진출하면서 교역에 쓰인 중국화된 영어를 뜻한다. '피진'은 중국인들이 영어 'business'를 잘못 발음한 데서 비롯됐다고 한다. 피진 잉글리시는 다른 나라 말과 혼합되어 현지화한 영어를 가리키는 말로 그 의미가 확대되어 쓰인다.

76 "난롯불 피워, 빨리빨리 여기로, 불 잘 피워."의 의미다. makee는 영어 make에 해당하는데, 피진 영어는 muchee(much), takee(take)처럼 영어 단어 뒤에 '-ee'를 붙이는 경우가 많다.

77 대략 "한 남자가 찾아왔다."는 의미다. 피진 영어는 영어의 관사나 시제를 무시한다. 'one

piecey manee'는 'a man'이다.

78 'sabe'는 포르투갈어 'saber'에서 온 것으로, 영어의 'know'에 해당한다. '노 사베'는 모른다는 뜻이다.

79 afternoon tea. 차 문화가 보급된 이후 영국인의 전통으로 자리 잡은 관행으로, 점심과 저녁 사이(오후 3~5시)에 밀크 티와 시나몬 토스트를 간식으로 먹으며 잠깐 휴식을 취하는 것을 뜻한다.

80 극동(極東)이란 말은 동아시아로 바뀌어, 이젠 더 이상 쓰이지 않는다. 하지만 19세기 후반 제국주의가 극성을 부리던 그 시절, 유럽중심주의적 사고를 드러내는 표현이라는 점에서 이 글에서는 필자의 표현대로 '극동'으로 번역한다.

81 '잉어의 길'이라는 뜻으로, 빅토리아 항 동쪽 출구이자, 홍콩 섬 동부와 주룽 반도 동부를 가르는 수로다.

82 제2차 아편전쟁(1856~1860) 후 맺은 베이징조약(1860)에서 주룽 반도의 추가 할양이 확정됐다.

83 Pacific Mail Company. 1848년 Pacific Mail Steamship Company란 이름으로 설립된 미국의 민간 해운회사로, 애초에 미국 정부로부터 파나마 지협(이 지협에 1914년 파나마 운하가 개통됐다)과 캘리포니아 주 사이의 우편물 운송 권리를 확보하면서, 우편선 해운사로 출발했다. 1849년 골드러시가 시작되면서 화물과 여객 해운사로 바뀌었다. 1851년 대서양 해운 부문을 매각하고 태평양 노선에 집중했으며, 1867년 미국에서 최초로 샌프란시스코와 홍콩, 요코하마, 상하이를 잇는 태평양 횡단 증기선 정기 노선을 시작했다. 중국인 쿨리의 대대수가 이 회사의 배를 타고 캘리포니아로 건너갔다.

84 Eastern and Australian Mail Company. 1873년 싱가포르와 네덜란드 동인도(지금의 인도네시아), 호주 퀸즐랜드와 시드니를 잇는 우편물 독점 운송권을 확보해 출범한 호주의 해운사. 이후 우편물 운송권 계약이 갱신되지 않아 파산하고, 1880년 회사명을 Eastern and Australian Steamship Company로 바꿔 호주와 홍콩, 상하이, 일본 사이의 화물과 여객 노선에 집중했다.

85 郵便汽船三稜會社. 미쓰비시그룹의 모태인 미쓰비시상회의 설립자 이와사키 야타로(岩崎彌太郎)가 1875년 국유회사인 일본국우편증기선회사의 경영을 맡으면서 미쓰비시상회를 우편기선미쓰비시회사로 바꾸었다. 당시 일본은 영국과 미국의 거대 해운사가 국제 해운업을 장악하자 이에 위기감을 느껴 국유 해운사의 경영을 미쓰비시에 위임했다. 1885년 우편기선미쓰비시회사는 교도(共同)운수회사를 인수해 일본우선회사(日本郵船會社)로 명칭을 바꾸었다.

86 영국의 식민정책 또는 영국 제국주의를 은유하는 것으로 보인다. 영국의 식민지 정책은 이른바 '분할 통치'의 간접지배 방식을 채택한 것으로 알려져 있다. 홍콩에서도 영국은 현지 이민자 사회의 협조를 이끌어 내는 정책을 취했다. 이 과정에서 특히 중국인 방파(幇派) 및 비밀결사와의 야합이 불가피했다. 버드는 이러한 상황을 은근히 지적한 것으로 보인다.

87 free port. 중계 무역을 촉진하기 위해 항구를 출입하는 화물에 대해 관세를 물리지 않는 항구를 가리킨다. 이탈리아의 자유도시에서 유래했는데, 영국은 18세기 후반 뒤늦게 동아시아로 진출하면서 이 지역을 선점하고 있던 포르투갈과 네덜란드의 독점무역에 대항하기 위한 방책으로 자유항 정책을 채택했다. 자유항은 무역상들을 쉽게 불러 모을 수 있는 장점에도 불구하고, 관세 수입이 없는 탓에 항구 및 식민지 경영을 위한 재정수입을 다른 방식으로 확보해야 한다는 단점이 있다. 영국은 해협식민지와 홍콩 등 자유항 식민지에서 부족한 세수를 아편과 술, 도박장 등의 전매권을 판매하는 징세청부제로 매웠다.

88 "네 주위를 둘러보라."란 뜻의 라틴어. 1710년 완공된 영국의 세인트 폴 성당의 지하에는 이 성당의 건축가인 크리스토퍼 렌(1632~1723)의 무덤이 있다. 'circumspice'는 렌의 라틴어 묘비명 "Lector, si monumentum requiris, circumspice(읽는 이여, 그의 유적을 찾는 거라면, 주위를 둘러보라)"를 통해 널리 알려졌다고 한다. 1666년 9월 2일부터 나흘간 영국 런던에 대

화재가 발생해 도시의 80퍼센트가 폐허가 됐다. 옥스퍼드 대학 천문학 교수였던 렌은 대화재 이후 런던 재건을 주도했다.

89 Parsee. 불을 신의 아들로 여겨 경배하는 고대 페르시아 종교인 조로아스트교를 따르는 수행자들로, 인도와 이란, 파키스탄에 주로 거주하며, 인도의 뭄바이가 최대 거점이다.

90 중국과 동남아에서 쓰이는 범선의 일종으로, 바닥이 평평한 소형 평저선을 가리킨다. 기본적으로 정크선이 돛이 세 개인 대형 범선이라면, 삼판은 돛이 하나다.

91 slipper boat. 배 모양이 슬리퍼처럼 앞쪽에 덮개가 씌워진 소형 선박을 가리킨다. 중국어로는 샨반(舢板)이라 한다. 샨반은 소형 평저선을 가리키는데, 중국 남부와 동남아시아에서는 삼판(sampan, 三板)이라고도 한다.

92 광저우 동북쪽에 있는 해발 382미터의 낮은 산이다. 산이 온통 구름에 싸여 있다고 하여 '백운(白雲)'이란 이름을 얻었다고 한다.

93 shot tower. 17~18세기, 굴뚝같이 높은 탑을 세우고 그 위에서 녹인 납을 떨어뜨려 둥근 탄환을 만들었다. 탄환타워는 영국과 호주에 일부 원형이 남아 있다.

94 20세기 초 영국에서 발행된 광저우 여행 안내서 『사진으로 보는 광저우 핸드북(*A Pictorial Handbook to Canton*)』(England: Hood&Co., 1905, p. 22)에는 1~2층짜리 집들이 있는 주택가 한가운데에 6~7층 높이로 우뚝하게 솟은 '전당포' 건물 사진이 실려 있다. 버드가 말한 전당포 '창고'는 이를 가리키는 것 같다.

95 沙面島. 모래로 덮여 있다고 해서 붙은 이름이다. 19세기 청나라 정부는 샤미엔 섬을 영국과 프랑스에 할양했다. 현재 광저우 리완구(荔灣區)에 있다.

96 Jardine Matheson & Co. 1832년 스코틀랜드 출신의 윌리엄 자딘과 제임스 매터슨이 광저우에 설립한 무역회사다. 홍콩이 영국에 할양되자 1844년 본사를 홍콩으로 옮겼다. 아편과 면화, 차, 비단 등을 교역한 자딘 매터슨은 해운, 금융, 보험 등으로 사업을 확장하며 19세기 말 동아시아 최대의 무역회사 그룹으로 성장했다.

97 Dents. 1777년 존 덴츠가 영국에 설립한 회사로, 장갑 등 가죽 패션 상품을 제조·판매하였다. 19세기 상품 품목을 확대하며 미국과 아시아로 교역망을 확대했다. 덴츠는 현재 영국에서 역사가 가장 오래된 패션 제조회사로 꼽힌다.

98 Deacons. 1851년 영국인 변호사 윌리엄 브리지스가 홍콩에 설립한 법률회사로, 1880년 변호사 빅터 디콘이 합류하면서 회사명이 디콘스로 바뀌었다. 디콘스는 오늘날 홍콩에서 가장 역사가 오래된 최대 로펌으로, 중국어 명칭은 '的近律師行'이다.

99 croquet. 나무망치인 맬릿(mallet)으로 공을 쳐서 정해진 순서와 방향으로 6개의 후프(hoop, 기둥문)를 통과시킨 뒤 마지막에 나무 말뚝(peg)를 맞히면 이기는 구기 종목이다. 주로 잔디가 깔린 운동장에서 하며 프랑스에서 생겨나 17세기에 영국으로 전해졌다. 게이트볼의 원형에 해당한다.

100 John Henry Gray(1823~1890). 영국 국교회 홍콩 빅토리아 교구의 부주교를 지냈고, 『광저우 산책(*Walks in the City of Canton*)』(Hong Kong: De Souza&Co, 1875)을 펴낸 바 있다. 이 책은 본문 695쪽에 부록 61쪽 등 총 777쪽의 방대한 분량이다.

101 오늘날 광저우 박물관으로 쓰이는 진해루(鎭海樓)를 가리킨다. 그레이 부주교의 『광저우 산책』에는 "오층루(五層樓, Pagoda of Five Stories)"로 표기되어 있고, 버드도 이를 원용하고 있다. 진해루는 1380년 외적의 침입을 감시하기 위해 높이 28미터의 5층 누각 형태로 축조됐다. 파고다는 본디 불탑을 가리키는 것인데, 불교와 무관한 누각을 '파고다'라고 한 것이 흥미롭다.

102 버드는 만주족을 '타타르(Tartar)'로 표기한다. 20세기 초 영국인의 기록에 베이징의 자금성이 '타타르의 성(City of Tartar)'으로 언급되기도 했다. 특별한 언급이 없는 한 여기서는 타타르를 만주족 또는 청조로 번역한다.

103 gingall, jingal. 구경이 크고 총신이 긴 화승총의 일종. 중국에서는 명 대에 도입되었으며, 구

두조총(九頭鳥銃) 또는 태창(抬槍)으로 불렸다.

104 그레이 부주교는 앞서 언급한 책『광저우 산책』1쪽에서 주(周) 왕조 시대에 지금의 광저우를 "남방의 군사도시(the martial city of the south)"라는 의미로 남무성이라고 불렀다고 했는데, 버드는 이를 인용하고 있다. 남무성은 다섯 신선이 벼 이삭을 입에 문 양 다섯 마리를 데리고 나타나 벼 재배 방법을 일러 줬다고 해서 양성 또는 수성(穗城)이라고도 불린다고 했다.

105 『구약성경』 예레미야 33장 11절. 이 인용문의 경우 "(황폐한 예루살렘 거리에서) 즐거워하는 소리, 기뻐하는 소리, 신랑의 소리, 신부의 소리"에서 따온 것으로, 영국 성공회 신부의 딸인 버드는 이 편지의 곳곳에 인용 부호를 달아 성경의 구절들을 인용하는데, 적절성 여부를 떠나 흥미로운 대목이라 하겠다. 이는 버드의 어떤 의도를 반영하는 것으로 생각되어, 가능한 한 출처를 확인해 우리말 성경 구절로 번역한다.

106 『신약성경』 마태복음 27장 7절.

107 willow pattern. 18세기 중국의 의장을 본떠 영국에서 발달한 것으로, 다리 밑에 버드나무가 있는 도안을 흰 바탕에 남빛으로 그린 도자기의 무늬를 가리킨다.

108 거지들이 모여 있던 지역을 가리키며, 그레이 부주교의『광저우 산책』에는 '걸개지방(乞丐地方, Begger's Square)'으로 기록되어 있다. 중국 명청 시대에는 거지를 화자(花子)로 칭하고, 화자 사회를 개방(丐幇)이라 했으며, 개방의 우두머리를 단두(團頭)라 했다. 단두는 지역에 따라 향급, 현급, 부급의 위계를 두었고, 이들 전체를 총괄하는 최고위 단두는 황제가 임명했다.

109 청조에서는 도교, 불교, 티베트 불교, 이슬람교만이 종교로 공인됐다.

110 19세기 중국인들은 서양인을 가리켜 서양 귀신이란 의미로 통상 '양귀(洋鬼)', '양귀자(洋鬼子)'라고 했는데, 광둥 지역에서는 '번귀(番鬼)'라는 표현이 널리 쓰였다고 한다.

111 정크선(junk)은 중국 송 대(960~1279)에 시작된 범선으로, 아시아 지역에서 다양한 형태로 변용되며 널리 쓰였다. 정크선의 특징은 돛에 있는데, 서양의 범선과 달리 정크의 돛은 가로대(batten)를 둔다는 점이다. 정크는 돛의 개수와 위치에 따라 크게 다섯 가지로 분류된다. 돛이 한 개인 소형 정크(cat)가 있는데, 이를 '삼판(sampan)'이라고도 한다. 돛이 두 개인 경우 돛의 위치에 따라 다시 세 가지로 나뉘는데, 커다란 주 돛이 배의 앞쪽에 있는 것(ketch), 주 돛이 배의 뒤쪽에 있는 것(schooner), 주 돛이 앞쪽에 있지만 작은 보조 돛이 추진력을 내기보다는 방향을 잡는 데만 활용되는 것(yawl) 등이다. 그리고 대형 정크(ship)는 돛이 총 세 개로, 가운데에 주 돛이 있고 배의 앞뒤로 작은 돛이 하나씩 있다.

112 〔원주〕 정크선의 눈 모양은 정말 매력적이다. 하지만 그 이상을 설명하는 건 '그리핀' 이야기가 되고 만다. *그리핀(griffin)은 사자의 몸통에 독수리의 머리와 날개와 앞발을 가진 전설상의 동물이다. 전설에 따르면 그리핀의 눈은 몇 천 리 밖에 있는 것도 볼 수 있다고 한다 – 역주.

113 함선에 장착되는 대포의 일종으로, 포탄의 무게에 따라 6파운드, 12파운드, 18파운드, 24파운드 등의 대포가 있다. 6파운드 대포는 포신의 구경이 57밀리미터(2.2인치)며, 2.7킬로미터(6파운드) 무게의 포탄을 쏠 수 있다.

114 중국의 관청을 일컫는 말로 청 대에 널리 쓰였다. 청 대의 아문은 중앙과 지방 정부의 종합청사와 같은 곳으로, 지역 아문의 경우 곳에 따라 규모는 달라도 대체로 정문과 정원, 행정을 집행하는 청사와 감옥, 상점 및 지방관과 식솔들이 머무는 숙소로 이루어진다.

115 광저우 시 육용사(六榕寺) 경내에 있는 것으로, 537년 남조(南朝)의 양(梁)나라 무제(武帝) 때 건립된 누각식(樓閣式) 탑이다. 원래는 4각형의 목탑(木塔)이었으나 10세기에 불에 탔고, 1097년 북송(北宋) 철종(哲宗) 때 목재와 벽돌을 섞은 전목탑(塼木塔)으로 재건되었다.

116 이 글은 버드 일행이 점심 식사를 위해 간 곳에서 오리엔탈리즘에 취해 5시간이나 식사를 하지 않았다는 내용을 암시한다. 아울러 사실상 점심을 걸렀지만, 버드는 스미스 형제와 달리 바나나를 틈틈이 먹은 까닭에 심한 허기를 면했다는 이야기로 보인다.

117 brocade. 본디 무게감 있는 중국산 비단에 금실, 은실로 무늬를 넣은 고급 견직물을 가리킨다.

비단은 누에고치에서 뽑은 견사로 짠 섬유를 통칭하는 것으로, 직조 방법(평직, 능직, 수자직)에 따라 새틴, 시폰, 타프타 등 다양한 종류가 있다.

118 중국의 지배층은 시대별로 변모했는데, 은주 시대 봉건귀족인 세족(世族), 진한 시대의 호족(豪族), 수당 시대의 문벌귀족, 송 대의 사대부(士大夫), 명 청 시대의 신사(紳士)로 구분된다. 신사는 진사(進士)를 포함한 관직 경력자[紳]와 아직 관료가 되지 못한 학위소지자[士]를 포함하는 개념이다. 사대부와 신사는 과거제와 밀접한 관계가 있지만, 이를 구분하는 중요한 시대적 차이의 하나는 이전에는 별개이던 과거제와 학교제가 명 대 이후 결합했다는 점이다. 학위가 없으면 신사 축에 끼지 못했고, 관직을 얻지 못했더라도 학위를 가지고 있으면 지배층이 되었던 것이다. 청 대의 학위 소지자는 생원(生員), 공생(貢生), 감생(監生), 거인(擧人), 진사(進士) 등이 있다. 명 대에는 지방마다 중등학교 격인 유학(儒學)이 설립되었는데, 입학시험인 동시(童試)에 합격해야 유학의 학생인 생원이 되며, 생원에게만 과거를 볼 수 있게 했다. 동시는 3단계로 나눠지는데, 현에서 치는 현시(縣試)와 부에서 치르는 부시(府試)에 이어 마지막 단계인 원시(院試)에 합격해야 생원 학위를 얻는다. 공생과 감생은 생원 가운데 성적이 좋아 수도에 있는 대학 격인 국자감(國子監)에 입학한 학생을 가리킨다. 감생 자격을 갖추면 관료로 추천될 수 있다. 거인과 진사는 과거 합격자를 가리킨다. 3년마다 실시되는 1차 과거인 향시(鄕試)의 합격자가 거인이며, 진사는 거인 가운데 수도에서 예부가 주관하는 과거인 회시(會試)에 합격한 뒤 궁전에서 황제가 직접 주관하는 전시(展試)를 통과한 자를 말한다. 전시는 회시 합격자를 대상으로 성적을 매기는 시험이다. 진사가 되면 관료로 임명된다. 『명청시대 사회경제사』(오금성 외, 이산, 2007) 참조. 이하 청 대의 사회경제에 관한 주의 내용은 별도의 언급이 없는 한 이 책의 내용을 참조한 것이다.

119 그레이 부주교의 『광저우 산책』에는 "乞丐地方, Begger's Square"로 기록되어 있다.

120 광둥어의 영문 표기로 'cumsha'라는 표현이 있는데, 이것은 "감사하다"는 의미의 푸젠어 'kum-seah'와 선물을 뜻하는 '금사(金砂)'의 광둥어 발음인 'kumsha'에서 비롯된 것이라 한다(Kingsley Boton, *Chinese English: A Sociolinguistic History*, 2006). 큼샤는 선심이나 자선의 의미를 내포하지만 이 책에서는 뒷돈으로 번역한다.

121 광저우의 성황묘는 명나라 건국 초기인 1370년에 조성됐다. 명 태조 주원장은 "짐은 백성들에게 두려움을 일깨워주기 위해 성황신의 사당을 세운다. 두려움을 알면 감히 망령된 일을 저지르지 않는다(朕立城隍神, 使人知畏, 人有所畏, 則不敢妄爲)."는 칙령을 내리고, 각지에 지역의 수호신을 보시는 성황묘 건립을 추진했다. 1882~1885년 미 해군 수병으로 중국과 일본 해역을 항해한 내용을 일기로 남긴 제이 플로이드 콜(Jay Floyd Cole)도 1883년 광저우 방문 중에 성황묘를 둘러보고 '공포의 사원'이란 기록을 남겼다.

122 본디 이 사원에는 신이 악마를 고문하는 형상을 한 18개의 조각상이 있었다고 한다. 권선징악을 표현한 것이지만, 명 태조의 사원 건립 취지에 따라 죄를 지으면 국법에 따라 가혹한 처벌을 받는다는 것을 일깨워 주기 위한 조각상이다. 하지만 20세기 들어 이 사원과 조각상은 훼손되고 잊혀졌다. 그러다가 2010년 광저우 아시안 게임을 계기로 전면 복원되었는데, 이 과정에서 콜과 버드가 보았던 '공포의 사원'의 이미지는 사라졌다.

123 본디 네 개의 패방(牌坊)이 있어 붙여진 이름으로, 광둥어를 영문으로 표기하면 Sze-P'aai-Lau다. 오늘날 광저우의 중심가인 하이팡중로(解放中路) 일대를 가리킨다.

124 광저우는 진시황이 영남을 평정한 뒤 난하이 군(南海郡)을 설치했던 곳이다. 청 대의 지방행정 체제는 성(省) 아래 부(府)를 두고, 그 아래 주(州)와 현(縣)을 설치했는데, 광저우의 지위는 부였지만 워낙 도시 규모가 컸던 탓에 난하이와 판위(番禺)의 두 개 현으로 행정구역을 양분하였다. 성의 최고 책임자는 순무(巡撫, Governor)며, 두 개 이상의 성을 총괄하는 지방행정의 최고 책임자로 총독(總督, viceroy)을 뒀다. 부·주·현은 각각 지부(知府), 지주(知州), 지현(知縣)이 다스렸다. 광저우의 경우, 광둥과 광시(廣西)의 양 성을 총괄하는 양광총독과 광저우 순무, 광저우 지부 그리고 난하이 지현과 판위 지현의 아문이 있었다.

125 『구약성경』 잠언 13장 15절. "선한 지혜는 은혜를 베푸나 사악한 자의 길은 험하니라."

126 여기서 감옥[獄, 牢獄]은 재판에서 징역형과 금고형의 언도를 받은 기결수의 형을 집행하는

형무소(prison)이자 재판이 확정되지 않은 형사피의자 또는 형사피고인을 수용하는 구치소(lockup)이기도 하다. 당시에는 민사 소송의 당사자들도 재판을 위해 옥에 가두기도 했다. 고소장이 접수되면 관련자를 조사하고 심문하는 데 여러 날이 걸리기 마련이어서, 규정에 따라 피고는 물론 원고도 심리가 끝날 때까지 옥에 가뒀던 것이다.

127 버드는 감옥의 실상을 묘사하면서 뇌물과 뒷돈이 노골적으로 오가는 점을 비판적으로 지적하고 있다. 이는 청 대 지방관의 봉급 관행과도 무관하지 않아 보인다. 청 대에는 '누규(陋規)'라는 관행이 있었다. 행정제도의 말단인 주와 현의 지방관들이 "법률로 정해진 봉급 외에 공적인 업무를 처리하는 과정에서 추가적으로 징수하는 일체의 수입"을 가리키는 것으로, 말 그대로 '비정규적'이며 '비루한' 것이었지만, 관례로 통용되었다. 여기에는 여러 요인이 복합되어 있다. 청 대 들어 중국 인구는 명 대에 비해 2배 가까이 늘어났지만, 지방관의 수는 늘지 않았다. 그만큼 지방관의 업무 부담이 커졌고, 공무상의 지출도 늘어났다는 뜻이다. 청 대 지방관은 행정에 소요되는 여러 비용도 자신이 부담해야 했다. 행정을 보좌하는 막우(幕友)라는 민간 고문의 봉급을 지방관이 자신의 봉급에서 지급했다. 정부 재정이 부족하거나, 관할 지역의 세금이 덜 걷히거나, 상급관을 접대하거나 할 때도 그 비용을 지방관이 제 호주머니를 털어 감당해야 했다. 그래서 누규라는 관행이 생겨났고, 이는 뒷돈이 오갈 수 있는 토양이 된 것으로 보인다. 게다가 지방의 각종 행정 업무를 담당하는 서리(胥吏)는 봉급이 없었다. 무보수인 데다 서류 작성에 필요한 지필묵도 개인 비용으로 충당했다. 19세기 말 큰 현의 경우 서리의 수가 2000~3000명이었던 것으로 추산되는데, 이들도 지방관과 마찬가지로 누규에 의존했다. 업무와 관련된 모든 일에서 비정규적이고 비루한 방식으로 누규를 징수한 것이다. 공인된 수입원인 누규와 불법적인 뇌물의 경계는 뚜렷하지 않은 것으로 보인다. 서리들의 최대 누규 수입원은 소송 절차와 관련된 것이라고 한다. 소송의 등록이나 고소장을 전달해 주는 비용을 누규 명목으로 챙겼다. 반면 사건 심리를 늦춘다거나 소송 기록을 고친다거나 무고한 사람을 소송에 연루시키는 부정 행위를 통해서는 뇌물을 챙겼다. 말하자면 소송 당사자는 사법행정 과정에서 합법적인 누규 또는 불법적인 뇌물로 돈을 뜯길 수밖에 없었던 셈이다. 버드가 청대 지방행정에 대해 어떤 정보를 갖고 있었는지는 알 수 없지만, 누규와 뇌물을 구분하지 못했을 수도 있고, 굳이 구분하려 하지 않았을 수도 있다.

128 피렌체 출신의 시인 알리기에리 단테(Alighieri Dante, 1265~1321)의 거작『신곡』(1308~1321)에 나오는 유명한 문구.『신곡』에서 단테는 길 안내를 맡은 고대 로마의 시인 베르길리우스와 지옥으로 들어가려 할 때, 지옥문 위에 어두운 글씨로 적힌 이 글을 마주하게 된다.

129 〔원주〕 나는 선교사 헨리가 1881년에 1년 동안 얼마나 열정적으로 선교 활동을 펼쳤는지를 이처럼 주석으로라도 덧붙이지 않을 수 없다. 활동 내역만 보자. 중국어로 190번, 영어로 5번 설교를 했고, 성경 연구 모임을 52번이나 열었으며, 지역 봉사 활동을 3번 했다. 성인 45명과 아동 8명에게 세례를 주었다. 선교를 위해 1년간 배로 4000킬로미터, 가마로 130킬로미터, 걸어서 1000킬로미터를 다녔다. 280개의 도시와 마을을 방문했고, 1만 4000권의 성경도 기증했다. 외부의 지원을 받은 것은 성경 기증을 위한 한 번의 짧은 여행뿐이다. 헨리는 미국인의 에너지와 기독교인의 열정이 잘 어우러진 삶을 살고 있다.

130 『구약성경』 이사야 61장 1절.

131 고대 로마 유대 지방의 총독으로, 예수를 십자가형에 처한 인물이다. 로마식 이름은 폰티우스 필라투스(Pontius Pilatus).

132 유대의 왕(기원전 73~기원전 4)으로, 예수가 탄생할 당시 유대를 통치했다. 구약성경에 따르면, 동방박사에게서 메시아의 출현을 전해 들은 헤롯(herod)은 베들레헴 일대에서 2세 이하의 모든 남자아이를 학살했다. 버드는 빌라도 총독과 헤롯 1세를 언급함으로써, 난하이 현의 재판이 정의롭지 못하다는 것을 암시하고 있다.

133 명청 대엔 법정에 출두한 피고가 엎드려 심문을 받았는데, 재판관의 허락이 있어야 머리를 들고 질문에 대답할 수 있었다. 청 말 변법 시기에 와서야 피고가 선 채로 심문을 받는 방식으로 바뀌었다.

134 청 대 형법에 따르면, 10~50대의 매질을 당하는 태형과 60~100대의 곤장을 맞는 장형의 경

우, 각각 다섯 등급으로 나뉜다. 예컨대 10대를 맞을 수도 있고 30대, 50대를 맞을 수도 있다. 대나무 표찰은 그 등급을 표시한 것이다. 이 표찰은 형의 집행뿐 아니라, 심리 중에 고문을 명할 때에도 사용됐다고 한다.

135 청 대의 풍습을 화보로 남긴 〈점석재화보(點石齋畫報)〉의 죄인 심문이나 재판 장면은 재판관이 죄인을 정면에서 보며 심문을 하거나 판결을 내리는 것으로 그려져 있다. 대만에서 TV 드라마로 제작되어 우리나라에도 방영된 중국판 법정 드라마 〈판관 포청천〉에도 앞쪽이 개방된 법정의 한가운데 판관이 앉는 것으로 묘사된다. 하지만 버드가 삽화로 보여 주거나 묘사한 내용은 이와 다르다. 판관인 지현이 법정 탁자의 정중앙에 죄인과 마주 앉지 않고, 죄인과 어긋나게 한쪽 모서리에 앉아 있다는 점이 특이하다. 보통 심리와 재판은 지방관의 집무실로 쓰이는 아문의 정당에서 진행되는데, 뒤에 나오는 법정 구내에 웅덩이가 있다거나, 더럽고 지저분하다는 버드의 설명도 일반적인 모습과는 다르다. 난하이 현의 경우 지현의 집무실과 심리나 재판을 여는 법정이 별도로 있었던 것인지, 그리고 버드가 본 광경이 광둥 지역의 보편적인 모습인지, 아니면 난하이 현의 특징인지는 분명치 않다.

136 지방관의 가장 중요한 업무는 사법 행정과 세금 징수였다. 지방 아문은 행정기관인 동시에 사법기관이었기에 현의 책임자인 지현은 관할지역 내의 민사와 형사 소송을 모두 심리했으며, 재판관의 역할뿐 아니라 검사, 경찰서장, 검시관의 역할까지 겸했다.

137 버드의 설명은 청 대 일반적인 사법 절차와 충돌한다. 현은 가장 낮은 단계의 법정이었다. 민사 사건이나 심각하지 않은 형사 사건은 지현이 재판관으로 판결을 내릴 수 있다. 하지만 징역형 이상에 해당하는 중범죄의 경우 지현은 상급관의 승인을 얻어야 했다. 중범죄는 지현의 재판을 받은 다음 지부의 재판을 다시 받도록 되어 있다. 지부가 사건을 재심하여 승인하게 되면 성 당국에 보고하고, 성의 순무는 이를 재심리한 뒤 중앙의 형부에 보고했다. 사형 등 중죄 판결의 최종 승인은 중앙의 형부 소관이었다. 절차상 상급관의 재심을 받도록 되어 있는 것이다.

138 대체로 과거를 거쳐 임명되는 지방관들은 연고지에 배치되지 않도록 하는 회피제가 적용되는 까닭에 지방 방언을 알아듣지 못하는 경우가 많았다.

139 강도는 통상 위협을 가해 타인의 물건을 빼앗는 행위를 지칭한다. 서양에서는 강도의 유형을 총기 등 살상용 무기를 사용하는 무장강도(armed robbery), 흉기를 소지하거나 사용하는 가중강도(aggravated robbery), 거리나 공공장소에서 강도 행위를 하는 노상강도(highway robbery) 등으로 구분한다.

140 중국은 전통적으로 법에 의한 분쟁 해결을 최선으로 여기지 않았다. 사회질서와 전통윤리, 도덕관념을 지키려는 것을 중시해 재판까지 가지 않고 조정과 화해가 이뤄지는 것을 더 높이 평가했다. 소송 처리는 지방관의 고과에 중요한 요인이었으며, 민사 소송의 경우 소송을 취하하게 할수록 유능한 관료로 인정받았다. 명청 시대 관료들은 "법에 있어서는 옳고 그름, 선악을 명확하게 구별해야 하지만, 정에 있어서는 그 구별을 좀 접어 두어도 무방하다."는 인식이 있었다고 한다. 재판은 법으로 하고, 중재는 정(情)으로 한다는 것이다. 따라서 명확한 법률적 근거 없이 정리(情理)에 따라 적절하게 판단하기 때문에 같은 사건이라도 재판관에 따라 전혀 다른 판결을 내릴 가능성이 많았다. 이러한 중국적 사법 관념이 버드에게는 낯설어 보였을 수도 있다.

141 영국 런던의 중심부로, 청과물과 꽃을 파는 시장이 있었다. 이곳은 오페라 극장 '코벤트 가든 시어터'로도 유명한데, 이 극장이 지금의 '로열 오페라 하우스'다.

142 pommeloe. 동남아시아가 원산지인 귤속의 나무 열매다. 자몽으로 불리는 '그레이프프루트'는 포멜로와 오렌지를 교배한 것이다.

143 citron. 운향과의 상록 활엽 관목에 열리는 끝이 뾰족한 긴 원형의 노란색 열매로, 과육은 신맛과 쓴맛이 나고 향기가 있어 주스의 재료로 널리 쓰인다.

144 rose apple. 갯복숭아라고도 하고, 중국에서는 포도(蒲桃)라고 한다. 열매는 지역과 종에 따라 다양한데, 대체로 3~5센티미터 크기로 붉은빛이나 누런빛을 띤다. 달고 신맛이 있어 그대로

먹기도 하고, 젤리로 만들거나 술을 담그기도 한다.

145 custard apple. 번여지속 나무와 그 열매의 총칭으로 슈가 애플, 또는 부처의 머리를 닮았다고 해서 '석가두(釋迦頭)'라고도 불린다. 과육이 커스터드처럼 부드럽다.

146 guava. 생김새는 구형, 타원형, 서양배 모양을 하며, 젤리나 주스 재료로 쓰인다.

147 carambola. 동남아시아 원산의 괭이밥과 나무의 열매로, 길이 13센티미터 정도의 이 과일을 가로로 자르면 별 모양의 5각형 단면이 나온다 하여 오렴자(五斂子)란 이름을 얻었다. 맛은 달고 시다.

148 loquat. 중국이 원산지인 아열대 과일로, 모양은 악기인 비파를 닮았고 노랗게 익는다. 단맛이 나며 통조림, 잼, 과일주, 파이 등의 재료로 이용된다. 우리나라에서는 온실에서 재배된다.

149 버드는 처형장 마타우에서도 성경을 인용하고 있다. '피밭(field of blood)'과 '토기장이의 밭(potter's field)'이 그것이다. 마태복음(27장 3~8절)에 따르면, 예수를 배신한 유다는 양심의 가책을 느껴 대제사장과 장로들에게 예수의 몸값으로 받은 은화 서른 닢을 돌려주고 스스로 목 매달아 죽었다. 대제사장들은 그 돈으로 토기장이의 밭을 사서 나그네들의 묘지로 삼았다. 하여 "그 밭은 오늘날까지 피밭이라고 한다."는 것이다. 성경의 '토기장이의 밭'은 '신원 미상의 주검을 묻는 공동묘지'라는 뜻으로 쓰인다. 버드는 광저우의 마타우가 성경에 나오는 '피밭'과 '토기장이의 밭'을 동시에 보여 준다는 점에 묘한 인상을 받았던 것 같다.

150 원문은 'the trench for the bones of ten thousand men'으로, 직역하면 '만 명의 뼈를 묻은 구덩이'다. 중국에서는 집단 학살 등으로 시신을 구분하지 않고 파묻은 매장지를 '천인갱', '만인갱'으로 부른다. 버드가 말한 광저우의 만인갱이 어딘지는 확인되지 않지만, 여기서는 참수된 사형수를 무차별적으로 묻었다는 의미에서 그 공동묘지를 '만인갱'으로 번역한다.

151 Aceldema 혹은 Akeldama. 『신약성경』 마태복음에 나오는 "피밭(field of blood)"을 뜻하는 아람어 '하칼데마'의 헬라어 음역이다.

152 『신약성경』 빌리보서 2장 8절.

153 litany. 일련의 탄원이나 기원으로 되어 있는 기도의 형식으로, 사제가 선창하면 신자들이 응답하는 형태를 갖추고 있다.

154 東華醫院. 표준 중국어로는 '둥화'이나 홍콩식 발음과 표기(Tung Wah)에 따른다. 퉁와의원은 1870년 3월 착공해 1872년 2월 개원한 홍콩 최초의 중의원이다. 당시 중국인들은 외국인 의사나 양약은 물론 외과수술을 꺼려했던 탓에 중국식 병원이 필요했다. 중국인 부호들이 설립을 주도했지만, 영국 식민지 정부도 당시 1만 5000홍콩달러 상당의 토지를 무상 증여하고, 4만 5000홍콩달러의 보조금을 지급했다고 한다.

155 버드는 홍콩 총독의 퉁와의원 방문에 '국빈 방문'이라는 표현을 썼다. 국빈 방문은 정상회담의 한 형태를 가리키는데, 일국의 정상이 방문국 정상의 공식 초청을 받고, 특별한 의전절차에 따라 접대받는 것이 관례다. 버드는 영국을 대표하는 홍콩 총독이 중국식 병원의 공식 초청을 받아 공식 방문한 것을 두고, 국가 정상회담에 준하는 의미를 부여하고자 이 용어를 쓴 것으로 보인다.

156 응초이(伍才)는 본명이 우팅팡(伍廷芳, 1842~1922)으로, 변호사이자 정치인이다. 영국의 해협식민지 말라카에서 태어난 '해협 화인'인 그는 홍콩의 세인트 폴 칼리지를 졸업하고 영국으로 건너가 런던 대학에서 법학을 전공, 링컨스 인 법학원을 거쳐 영국 역사상 최초의 중국인 변호사가 됐다. 1877년 홍콩에서 변호사로 개업한 응초이는 영국 식민지 홍콩의 의회격인 입법원에서 중국인 최초로 민간인 의원(1880~1882)을 지냈다. 1911년 신해혁명으로 2000년간 지속된 전제정치가 끝나고 쑨원을 대총통으로 하는 중화민국이 탄생했는데, 이 과정에 깊이 관여한 그는 법무장관과 외무장관, 총리 서리를 역임했다.

157 Lincoln's Inn. 영국에서 가장 오래된 법학원 내지 일종의 법률을 가르치는 기숙학교로서, 14세기 초에 설립된 것으로 보인다. 이너 템플, 미들 템플, 그레이스 인과 함께, 최고의 권위를 자랑하는 런던 4대 법학원으로 꼽힌다.

158 사향(麝香, musk)은 사향노루 수컷의 생식기 분비선 부근에 있는 달걀 모양의 분비샘으로, 여기에 향료의 주성분인 무스콘(muscon)이 들어 있다. 한의학에서 사향은 기를 소통시켜 주고 중추신경 기능을 증진해 불안, 초조감을 없애 주며, 장기나 혈관에 맺힌 혈전 등을 치료하는 약리 작용이 있다고 한다.

159 lard. 돼지고기의 지방조직을 정제하거나 녹여서 얻는 식용 유지를 가리킨다. 라드는 쇠고기 지방인 우지보다 불포화지방산 함량이 많아 부드럽고 녹는점도 낮다.

160 ambergris. 용연향은 향유고래가 토해 낸 토사물이 오랫동안 바다 위를 떠돌다 돌처럼 굳어진 것으로, 고급향수를 만드는 데 쓰인다. 조개와 대왕오징어, 커다란 물고기 등을 가리지 않고 먹는 향유고래는 뼈나 조개껍질 등 소화하기 힘든 것에 끈적끈적한 물질을 분비해 덩어리로 만든 뒤 토해 낸다. 이 토사물은 대부분 지방질로 되어 있어 처음에는 고약한 냄새가 나지만, 10년 이상 바다 위를 떠다니는 과정에서 염분과 햇빛에 의해 형태와 성분이 변하게 되며, 주된 향 성분인 앰브레인(ambrein)을 생성한다. 용연향은 그 자체의 향기를 이용하기보다는 앰브레인의 보향성을 이용한다. 나쁜 냄새를 희석시키고 향기를 오랫동안 유지시켜 주는 역할을 해 고급향수의 필수 재료로 꼽힌다.

161 중국인들이 많이 쓰는 축원에 "동해 같은 만복이 깃들고, 남산 같은 만수를 누리라(福如東海, 壽比南山)"는 구절이 있다.

162 Francis Snowden(1827~1883), 스노든은 홍콩에서 빅토리아 감옥의 교도소장을 지냈다. 1881년 존 잭슨 스마일 경이 은퇴하고 이듬해 후임 조지 필리포 경이 부임하기 전까지 법무장관 대행을 맡았다. 버드가 만났을 당시에 스노든은 법무장관 대행이 아니었으며, 따라서 책으로 내기 위해 편지들을 정리하는 과정에서 버드가 스노든의 직함을 추가한 것으로 보인다.

163 18~19세기 중엽까지 유럽에서 활약한, 돛을 단 목조 군함을 가리킨다. 미 해군은 구축함보단 크고 순양함보다 작은 군함을 프리깃함으로 분류하고 있다.

164 nipah. 학명 *Nypa fruticans*. 인도와 태평양 연안의 해안가와 강변에 자생하는 야자나무의 일종으로, 야자나무 중에서 맹그로브 생물군계(biome. 기후 조건에 따라 나누어진 생태계에 포함되는 생물 집단)로 분류되는 유일한 종이다. 니파야자나무 잎은 말레이 주택의 지붕을 얹는 데 쓰이며, 이를 '아탑(atap)'이라 한다.

165 Cochinchina(交趾支那, 프랑스어 Cochinchine). 유럽인들이 프랑스 식민지 시대에 베트남 남부의 사이공(지금의 호치민시)을 중심으로 한 지역을 지칭하던 이름이다. 프랑스는 1859년 사이공을 점령하고 1862년 이 지역 전체를 할양받았다.

166 Kling/Keling. 영국 식민 당국은 말라야에 이주한 인도 남동부 코로만델 해안의 마드라스(Madras, 오늘날의 첸나이) 출신 인도인 힌두교도를 가리켜 클링이라고 했다. 한편 인도인 이슬람 교도에 대해서는 출리아(Chulia)라고 했다. 현재 말레이시아와 인도네시아에서는 인도 출신 이주자를 '클링'으로 통칭한다.

167 헬멧형 모자인 피스 헬멧(pith helmet)을 가리키는 별칭이다. 솔라라는 인도산 콩과 식물의 심(pith)으로 만든 가벼운 헬멧으로, 19세기 중반부터 인도 주둔 영국군이 썼던 것에서 시작되었다. 힌디어로 모자를 의미하는 토피(topee)라고도 불린다.

168 대나무를 길고 둥글게 얼기설기 엮어 잠잘 때 어깨나 다리를 괴는 죽제품인 '죽부인'을 가리키는 것 같다.

169 coconut palm. 학명 *Cocos nucifera*. 말레이 제도가 원산지로, 열대와 아열대에 분포하며 코코넛야자나무라고도 한다. 코코스야자나무의 열매가 코코넛이다. 코코넛의 배젖은 두 가지다. 배젖의 안쪽 우유 같은 과즙은 야자유라고도 하며, 음료로 쓰인다. 가장자리의 딱딱한 배젖을 코프라(copra)라 한다. 코프라 가루는 우유 대용품으로 쓰이고, 기름을 짠다. 코코넛의 겉껍질을 감싼 섬유층에서 바닷물에 매우 강한 섬유인 코이어(coir)를 뽑아내는데, 이는 밧줄, 방석, 바구니 등을 만드는 데 쓰인다.

170 portiere. 문에 다는 무거운 커튼을 가리킨다. 문(door)을 뜻하는 프랑스어 포르테(porte)에

서 왔다. 문 대신 커튼을 치는 방식은 아시아에서 유럽으로 전해진 것이라고 한다.

171 〔원주〕 커다란 시장이란 뜻의 촐렌에는 최소 3만 명에서 최대 8만 명까지 거주한다고 하는데, 나는 3만 명 쪽이 근사치라고 생각한다.

172 11실링은 약 0.5파운드에 해당한다. 1971년 화폐 개혁 이전 영국의 화폐 단위는 1파운드=20실링, 1실링=12펜스로 운영되었다.

173 에비스다이코쿠(惠比壽大黑)라고도 한다. 일본 어민들은 바다에서의 행운과 풍어를 가져다 주는 '기적의 신'으로 모신다. 통상 불룩한 배와 환한 웃음을 짓는 신상 두 개가 한 쌍을 이루고 있는데, 하나는 낚싯대와 고기를 들고, 다른 하나는 한 손에 나무망치를 들고 한쪽 어깨에 자루를 멘 형상을 한다.

174 Nouvelle Caledonie. 남서태평양 멜라네시아에 있는 프랑스의 해외 영토. 영어식 표기인 뉴칼레도니아(New Caledonia)로 더 잘 알려져 있다. 프랑스인 루이 앙투안 드 부겐빌이 1768년 처음 발견했고, 영국 탐험가 제임스 쿡 선장이 1774년 처음 상륙해 뉴칼레도니아라고 이름 붙였다. 프랑스는 1853년 누벨칼레도니 제도를 공식적으로 식민지로 병합했으며, 지금도 프랑스 해외 준주로 남아 있다.

175 베트남에는 1802년 응우옌푹아인(阮福暎, 1762~1820)에 의해 베트남에서 명실상부한 통일 왕조인 응우옌 왕조(1802~1845)가 수립된다. 베트남 중부 후에를 수도로 하고 중부를 황제 직할령으로, 남부와 북부는 반자치령으로 지배해 온 응우옌 왕조는 남부에서 일어난 레반코이의 반란(1833~1835)을 진압한 여세를 몰아 1835년 메콩 강 아래의 캄보디아 영토를 병합했다.

176 중국인이 식민지 베트남인의 엄지발가락이 유독 크다는 것을 빗대 '교지'라 했다고 한다. 이는 베트남을 가리키는 명칭이기도 했는데, 16세기 이곳을 방문한 포르투갈인이 '교지'를 '코친'으로 부르면서 '코친차이나'라는 명칭이 생겼다고 한다.

177 응우옌 왕조의 세 황제, 즉 건국자 응우옌푹아인인 1대 쟈롱(嘉隆), 2대 민망, 3대 띠에우찌를 가리킨다. 버드의 설명과 달리 쟈롱제 시기에는 기독교를 탄압했다기보다 우호적인 관계였다고 하는 편이 온당할 것으로 보인다. 최병욱, 『동남아시아-전통시대』 개정판, 산인, 2015 참조.

178 응우옌 왕조의 제2대 황제 민망(明命, 1820~1841). 민망제 시기 베트남의 남부 개발이 적극적으로 추진됐다. 메콩 강 유역의 캄보디아 영토를 병합한 것도 이때다. 응우옌 왕조 창건 당시 기독교도와 프랑스 선교사의 도움을 받기는 했지만, 민망제는 서세동점의 흐름에 맞서기 위해 기독교를 탄압하는 쪽으로 방향을 선회한다. 비록 탄압책을 구사했지만, 민망제 시기의 기독교 정책은 조심스러웠다고 한다.

179 응우옌 왕조 제3대 황제 띠에우찌(紹治, 1841~1847). 띠에우찌 황제는 초기에는 기독교 정책이 온건했으나, 프랑스 군함 두 척이 구속된 선교사의 석방을 요구하며 발포하여 베트남에 손실을 입히자 기독교에 대한 탄압 강도를 높였다.

180 〔원주〕 코친차이나의 주산물은 쌀이며, 총 수출의 절반을 차지한다. 젓갈, 소금, 순면, 가죽, 후추 등도 수출한다. 사이공 항을 드나드는 선박은 연간 700척 규모다.

181 Cap St. Jacques, 생자크 곶. 오늘날 베트남 지명은 붕따우다. 응우옌 왕조 시절 쟈롱 황제는 이곳에 군사를 보내 말레이 해적들을 소탕했다. 프랑스 식민지 시기 총독과 고관들의 휴양지였으며, 베트남전 당시 한국군과 미 주월사령부의 휴양소가 있었다. 호치민에서 130킬로미터 떨어진 붕따우는 베트남 남부의 유명 관광지이자 원유와 천연가스가 산출되는 산업지역이기도 하다.

182 Jules Verne, 1828~1905. 프랑스 소설가이자 근대 공상 과학소설의 선구자로, 『해저 2만리』나 『80일간의 세계 일주』 등을 썼다.

183 Cecil Clementi Smith(1840~1916). 1864년 홍콩 식민지 정부에서 공직을 시작해 해협식민지 13대 총독 윌리엄 로빈슨 경(재임 1877~1879)과 14대 총독 프레드릭 웰드(Frederick Weld, 1823~1891, 재임 1880~1887) 정부에서 식민장관(재임 1878~1887)을 지냈다. 중국어와 중국 문화에 해박한 그는 웰드 후임으로 해협식민지 총독(재임 1887~1893)을 역임했다.

184 이는 영국의 성공회 신부이자 작가인 시드니 스미스(Sydney Smith, 1771~1845)가 한 유머로 널리 알려져 있다. 스미스는 덥다고 투정하는 한 숙녀더러 "내가 알기로 더위에는 살가죽을 벗겨내 뼈만 남기는(take off my flesh and sit in my bones) 거 말고는 달리 방법이 없더군요."라고 말했다 한다.

185 Resident. 영국은 팡코르 조약을 계기로 말레이 반도의 영역 지배를 본격화하면서, 보호령이 된 말레이 술탄국에 주재관(Resident)를 상주시키는 독특한 식민 지배 방식을 시행했다. 이 'Resident'를 '판무관(辦務官)'이나 '통감' 등으로 번역하기도 하는데, 여기서는 '주재관(駐在官)'으로 옮긴다. 주재관을 상주시키는 지배 방식으로서 'Residency'는 '주재관제', '주재관 체제' 또는 문맥에 따라 '주재관 사무소'나 '주재관저'로 옮긴다. 주재관의 역할과 기능에 대해서는 이후의 편지에서 비교적 소상하게 소개된다.

186 아메리카 원주민들이 살던 곳에 1776년 스페인이 샌프란시스코 요새를 세웠고, 1821년 스페인에서 독립해 멕시코의 일부가 됐다. 멕시코-미국 전쟁 당시인 1846년 미국은 캘리포니아가 미국의 영토라고 주장했다. 이후 골드러시가 전개되면서 샌프란시스코는 1850년대부터 군사 기지이자 금융과 무역의 중심지로 급성장했다.

187 호주 빅토리아 주의 주도. 18세기 말과 19세기 초 영국의 꾸준한 호주 탐사가 진행되었는데, 1837년 당시 영국 총리의 이름을 따 오늘날의 이름인 '멜버른'으로 불리게 됐다. 처음에는 하구에 오두막 몇 채로 출발했지만, 이내 목축업의 중심지로 자리 잡았으며, 1850년대 골드러시 덕에 급성장하면서 1880년대 대영 제국에서 런던에 이어 두 번째로 큰 도시로 성장했다. 1927년 캔버라로 천도하기 전 호주 연방의 임시수도기도 했다.

188 gambier. 학명 *Uncaria gambir*. 말레이 반도와 인도네시아가 원산지인 덩굴식물이자, 그 잎에서 추출한 물질을 가리킨다. 감비아는 본디 약으로 쓰이거나 베텔을 씹을 때 첨가제로 쓰였으나 동남아에 이주한 중국인이 가죽 무두질과 염료로 쓰기 시작하면서 상업적으로 붐을 이루게 됐다. 18세기 말부터 면직물과 가죽 제품 교역이 확대되면서 감비아의 수요가 급증했으며, 19세기 들어 싱가포르와 조호르에 대규모 감비아 플랜테이션이 성업을 이뤘다. 감비아 잎을 물에 끓이면 갈색으로 변하는데, 이 잎을 압착한 추출물을 건조시켜 고체나 반고체 상태로 만든 것을 감비아라고 한다.

189 〔원주〕 싱가포르의 수출과 수입 총액은 1823년 212만 파운드에서, 1859~1860년에 1037만 1000파운드, 1880년에는 2305만 파운드로 늘었다! 1880년 싱가포르 항구의 선적 물량은 300만 톤에 달했다. 싱가포르에 수입된 물량의 대부분은 다른 지역으로 수출된다.

190 징세청부제(revenue farming system)란, 특정 거래의 독점권을 특정 개인 또는 집단에 판매하고, 그 수입을 정부의 재정으로 삼는 방식을 말한다. 1786년 페낭을 점령하면서 말레이 반도로 진출한 영국은 자유항 정책에 따라 무역 관세를 물리지 않는 대신 아편, 술, 돼지고기 판매와 도박장이나 매춘굴 운영 등 거의 모든 거래의 독점적 판매/운영권을 경매에 부쳐 식민지 정부의 운영비를 조달했다. 이처럼 식민지 정부가 전매권을 판매하는 형태로 조세 행정을 민간에 위탁하는 것을 징세청부제라 한다. 이를 줄여 '팜(farm)'이라 하고, 징세청부권을 확보한 개인 또는 집단을 '파머(farmer)'라 했다. 프랑스어로 farm은 징세청부를 뜻한다. 예컨대 징세청부 품목에 따라 '아편 팜', '도박 팜'이라 하고, 이를 확보한 집단을 '아편 파머', '도박 파머'라 하는 것이다. 도박 팜의 경우 통상 3년마다 열리는 경매에서 가장 높은 금액을 쓴 응찰자가 특정 지역의 도박 파머가 되며, 도박장 수입 가운데 경매에서 약정한 일정 금액을 정부에 납부하고 남는 것이 도박 파머의 이윤이 된다. 징세청부제 가운데 핵심 품목은 아편이었으며, 19세기 영국 해협식민지 정부 세수의 40~60퍼센트가 아편 징세청부에서 나왔다. 아편 파머는 모두 중국인이었으며, 중국인 상인들은 아편 팜을 통해 자본을 축적했다. 아편 파머들이 술, 도박, 매춘 팜을 겸하는 경우가 많았다. 징세청부제는 근대 국가의 행정 체계가 정비되기 이전 유럽에서 널리 행해졌고, 그 방식이 동남아시아의 유럽 식민지에 적용됐다.

191 캔버스 천으로 된 배낭으로, 배낭의 윗부분을 둘둘 말아 여미는 방식이다.

192 19세기 후반 영국에서 널리 유행한 소형 여행 가방으로, 글래드스톤 백이라는 이름은 영국 총리를 네 차례 지낸 윌리엄 에와트 글래드스톤(1809~1898)에서 유래한다고 한다. 철제 프

레임에 두꺼운 소가죽을 두른 것으로, 가방의 상단에 손잡이가 있고, 그 아래의 고리를 열면 양쪽으로 벌어지는 형태다.

193 Sir William Cleaver Francis Robinson(1834~1897). 1877년부터 1879년까지 2년간 싱가포르에서 해협식민지 총독을 지냈다. 주로 호주에서 활동하며 남호주와 서호주 총독을 역임한 로빈슨은 작곡가기도 하다.

194 후아카이(胡亞基, 1816~1880). 중국 광저우 인근의 항구 황푸(黃浦, 황포아)에서 태어나 1830년대 싱가포르로 이주한 사업가이자 정치인. 그의 고향 이름을 따 황포아라는 별칭으로 불렸다. 싱가포르 최초의 중국인 입법의원이 됐다. 부친이 시작한 식료품 상회를 이어받아, 뛰어난 영어 구사력을 바탕으로 영국군 기지에 식료품을 납품하면서 사업을 키웠다. 일본과 러시아, 중국의 명예 영사를 지내기도 했다. 후아카이는 영국의 6번째 기사 작위인 '오더 오브 세인트 마이클 앤드 세인트 조지(C. M. G.)'를 받았다.

195 Chinese Protectorate, 華人護民官署. 중국계가 주민의 다수를 차지하는 해협식민지 정부에 설치된 행정부처로, 중국계의 안전과 안녕을 보장하는 임무를 수행했다. 이 제도는 1877년 싱가포르와 말라카, 페낭의 중국계 이주민에 관한 업무를 처리하기 위해 만들어졌으며, 수장인 화인호민관(Chinese Protector)은 쿨리 무역의 인권 문제와 화인 비밀결사의 폭력 사태 등을 중재하는 역할을 했다.

196 Sheriff Department. 영국에서 비롯된 지방 행정 제도며, 셰리프는 국왕의 대리인으로서 카운티의 사법·행정·재정·군사 등을 장악한 지방관이다. 16세기 이후 사법과 행정 권한이 분산되면서 카운티의 '보안관'으로 역할이 축소됐다.

197 Royal Botanic Gardens, Kew. 영국 런던 남서부에 있는 것으로, 1759년 정원형 식물원으로 시작되었으며, 19세기 중반 체계적인 식물학 연구를 위해 '야자나무 온실(Palm House)'과 '온대식물 온실' 등 철골 구조의 유리 온실 2곳이 지어졌다. 버드가 이 글에서 말한 열대 온실은 '야자나무 온실'을 가리킨다.

198 Caladiums. 외떡잎식물인 천남성목 천남성과의 칼라듐속 식물의 통칭이다. 원예용 분재로 많이 재배된다.

199 넓은 의미로는 그리스와 이집트 사이의 동지중해 연안 지역을 가리키며, 좁은 의미로는 시리아와 레바논을 지칭한다.

200 〔원주〕 1881년에 실시된 싱가포르 인구센서스는 이 섬이 지닌 중요성을 한눈에 보여 준다. 이 센서스의 조사원 434명 가운데 유럽인은 단 7명이다!
이 인구센서스에 따르면, 싱가포르 섬의 주택은 20,462채, 총인구는 139,208명이다. 전체 인구에서 남성이 105,423명이고 여성은 33,785명에 불과하다. 지난 10년간 인구 증가분을 인종별로 나누어 살펴보면 다음과 같다.

유럽인 및 미국인	823(명)
유라시안 혼혈	930
중국인	32,194
말레이인 및 말레이 제도 원주민	637
기타 국적	559

'기타 국적' 증가분의 대부분은 아랍인이며, 이들은 10년 새 거의 두 배로 늘었다. '말레이인 및 말레이 제도 원주민'은 아체인, 바웬족*, 부기스족, 자위-페칸, 필리핀인 등을 포함한다.

유럽인 거주자는 군인을 제외하면 1,283명이다. 중국인 86,766명, 말레이인 22,114명, 타밀족 10,475명, 자바인 5,881명, 유라시안 혼혈 3,091명. 유럽인은 아주 적지만 그 안에 19개국의 국적이 포함되어 있다. 유럽인으로는 독일인이 영국인 다음으로 많다. 가사 일을 돕는 시종 15,368명 가운데 여성은 844명뿐이다.

*바웬족은 인도네시아 자바 섬의 동북쪽에 있는 바웬 섬(Pulau Bawean) 출신자들로, 보얀인(Boyanese)으로도 불렸다. 19세기 바웬족 남성들이 일자리를 얻어 섬 밖으로 나가는 바람

에 바뀐 섬은 여자들의 섬으로 불리기도 했다-역주.

201 조호르의 술탄 시르 아부 바카르(Sultan Sir Abu Bakar, 1833~1895, 재위 1885~1895)를 가리킨다. 술탄 아부 바카르는 술탄의 혈통이 아닌 귀족 최고관료 트뭉공(Temenggong)으로서 술탄에 올랐다. 조호르의 21대 술탄이자 '근대 조호르'의 초대 술탄이며, 트뭉공 출신의 조호르 초대 마하라자이기도 하다. 아부 바카르는 1862년 부친인 트뭉공 다잉 이브라힘(Daing Ibrahim)이 사망하자 트뭉공을 승계했고, 1872년 트뭉공에서 '마하라자'로 승격한 데 이어 1885년 영국의 승인 아래 공식적으로 술탄에 올랐다. 트뭉공은 말레이 술탄국에서 븐다하라(Bendahara)와 더불어 술탄을 보좌하는 최고위 관료이자 최고위 귀족이다. 버드가 싱가포르를 방문했을 당시 아부 바카르는 사실상 조호르의 수장이었지만 공식 직위는 '마하라자'였다. 마하라자는 대(大)라자, 즉 '라자 위의 라자'라는 의미다.
아부 바카르가 트뭉공으로서 술탄에 오른 데는 조호르 술탄국 내부의 사정과 1819년 스탬퍼드 래플스의 싱가포르 점령이 복잡하게 맞물려 있다. 래플스는 인도-중국의 아편 무역을 위해 말라카 해협에 영국 식민지가 필요하다고 역설했고, 영국 동인도회사를 대표해 싱가포르를 확보했다. 그런데 당시 싱가포르는 조호르의 영지였고, 조호르의 술탄은 말라카 해협을 지배하던 네덜란드의 영향권 아래 있었다. 이에 래플스는 조호르 술탄 대신 싱가포르 섬의 지배권을 갖고 있는 조호르의 트뭉공과 손을 잡는 변칙적인 방법을 동원했다. 래플스는 리아우에 망명해 있던 트뭉공 압두르 라흐만(Abdur Rahman)의 큰 형 툰쿠 후세인(Tunku Hussein)을 몰래 데려와 조호르 술탄으로 옹립하고 싱가포르의 영국 할양 조약에 서명하게 했던 것이다. 이로써 조호르는 원래의 술탄과 영국이 옹립한 술탄, 두 명의 술탄이 공존하는 형태가 됐다. 이를 두고 오랫동안 논란이 빚어졌는데, 마침내 조호르 20대 술탄인 술탄 알리는 조호르의 주권이 트뭉공에 있음을 인정하는 것으로 논란이 마무리됐다.

202 heathenish. 버드는 기독교도의 입장에서 싱가포르의 아시아계 이주민 사회를 '이교도'라고 통칭했다. 영어 'heathen'은 '기독교의 신뿐 아니라 유대와 이슬람 등의 유일신을 믿지 않는 자'를 의미하기도 하는데, 이 글에선 다인종·다종교 사회라는 뜻과 함께 기독교를 믿지 않는 비기독교 사회라는 의미도 내포하고 있는 것으로 보인다.

203 1758년 이탈리아 남부 에르콜라노에서 발견된 '앉아 있는 헤르메스' 동상. 신의 형상이라기보다는 평범한 청년의 모습을 하고 있다는 점이 특이하다. 헤르메스는 그리스 신화의 올림포스 12신 가운데 신과 인간의 소통을 담당하는 전령의 신으로, 로마 신화에서는 메르쿠리우스라는 이름으로 불린다. 헤르메스의 도상적 특징은 챙이 넓고 날개가 달린 모자와 마법의 지팡이, 날개가 달린 샌들이다. '앉아 있는 헤르메스' 동상은 모자도 쓰지 않고, 지팡이도 들지 않은 평범한 인간의 모습으로 오른손을 바위에 얹은 채 걸터앉아 있다. 뒤꿈치에 달린 작은 날개만이 헤르메스임을 상징할 뿐이다. 미술사가들은 이 '앉아 있는 헤르메스' 동상을 18세기 폼페이 발굴 유물 가운데 최고로 꼽는다.
1750년대에 설립된 나폴리국립고고학박물관은 폼페이, 에르콜라노, 스타비아 등 유적지에서 발굴된 고대 그리스·로마의 유물을 대거 소장하고 있다. 특히 79년의 베수비오 화산 폭발로 화산재에 묻혔던 고대 로마 도시인 폼페이의 유적들을 모아 놓은 '비밀의 방'이 유명하다.

204 Stadthuys. '시청'을 뜻하는 옛 네덜란드어. 현대 네덜란드어로 Stadthaus(스타트하우스)로 표기되기도 한다. 네덜란드가 말라카를 점령한 1650년에 총독과 부총독의 집무실로 건설됐다. 19세기 초 네덜란드로부터 말라카의 관할권을 넘겨받은 영국은 1826년 스타듀이스 인근에 말라카자유학교를 세웠다. 도심 한가운데 있는 이곳은 현재 역사인류박물관으로 쓰이며, 이 일대는 진한 붉은색 벽돌 벽과 시계탑으로 인해 '붉은 광장'으로 불린다.

205 말라카는 페낭, 싱가포르와 함께 영국 직할 식민지인 해협식민지를 구성하는데, 해협식민지를 총괄하는 총독이 싱가포르에 주재하고, 페낭과 말라카에는 해협식민지의 부총독(Lieutenant-Governor)이 주재한다. 해협식민지 정부 직제상으로는 '부총독'이지만, 여기서는 버드도 "총독(Governor)"이라고 했을뿐더러 말라카의 수장이란 의미에서 '총독'으로 옮긴다.

206 Sleepy Hollow. 미국 작가 워싱턴 어빙이 1820년 발표한 단편소설「슬리피 할로의 전설」에 나오는 가상의 지명이다. 소설은 1790년을 배경으로, 슬리피 할로라는 을씨년스런 네덜란드인

정착촌에 안개 끼는 날이면 목 없는 기병(騎兵)이 출몰한다는 내용을 담고 있다. 버드는 슬리피 할로의 음울하고 쇠락한 이미지를 끌어들여 네덜란드의 말라카 지배를 비유적으로 폄하하고 있는 셈이다. 슬리피 할로 이야기는 애니메이션과 영화, 드라마로 만들어지고 있으며, 실제로 미국에는 슬리피 할로라는 이름의 도시와 동네가 여럿 있다.

207 그리스 신화에 나오는 축복받은 사람들이 죽은 뒤에 사는 낙원. 엘도라도, 샹그릴라, 유토피아 등과 마찬가지로 이상향을 의미한다.

208 German Shutter. 위로 감아 올렸다 내렸다 하며 차광하는 롤 블라인드. 앞서 싱가포르의 세인트 앤드루 성당에서 언급된 '나무 블라인드'는 베니스 블라인드(Venetian Shutter)라고 하는 것으로, 얇은 나무 판을 끈으로 이어 위아래로 걷어 올리거나 나무 판을 수평과 수직으로 움직여 차광하는 방식이다. 블라인드의 차이는 말라카의 네덜란드 건축 방식이 영국의 그것과 다르다는 것을 의미한다.

209 E. W. Shaw. 아일랜드 출신의 영국 해군 대위. 버드가 동생인 헨리에타에게 보낸 편지 모음인 『헨리에타에게 쓴 편지』에 따르면, 쇼 대위는 안티구아 총독을 지낸 스티븐 힐(재임 1863~1869)의 사위로, 말라카를 관할하는 해협식민지 부총독으로서 말레이인과 중국인 모두에게 존경을 받았다고 한다.

210 〔원주〕 내가 동생에게 보낸 편지에 썼던 이 단락은 만약 쇼 대위가 살아 있었더라면, 책에서는 빠졌을 것이다. 그러나 그는 내가 방문한 지 5주 만에 그의 가족은 물론 그를 진심으로 아꼈던 말라카 사람들에게 형언할 수 없는 슬픔을 남긴 채 갑자기 세상을 뜨고 말았다.

211 Francis Xavier(1506~1552). 예수회 소속의 에스파냐 선교사. 예수회를 공동 설립하였으며, 1542년 이후 인도의 고아를 중심으로 당시 아시아의 포르투갈 제국에 기독교 포교를 힘써 '동양의 사도'로 불린다. 1545~1547년 말레이 반도의 포교에 이어, 1549년 일본에 최초로 기독교를 전했으며, 1552년 중국에서 선교 활동을 하기 위해 광저우에 도착했다가 열병으로 죽었다. 성 바오로 이후 가장 많은 사람을 기독교에 입교시킨 인물로 알려져 있다.

212 Oahu. 하와이 제도에서 3번째로 큰 북부의 섬. 하와이 주 인구의 75퍼센트가량이 살며, 남동쪽 해안에는 주도인 호놀룰루가 있다.

213 〔원주〕 1881년 해협식민지의 인구센서스에 따르면, 말라카의 유럽인 거주 인구는 남성 23명, 여성 9명으로 총 32명이다! 포르투갈인 혼혈이 대부분인 유라시아인은 2213명이다. 중국인은 1만 9741명이며, 이 가운데 여성은 4020명이다. 말레이인은 6만 7488명으로, 여성이 남성보다 2000명 더 많다. 타밀족 또는 클링인은 1781명, 아랍인은 227명, 말레이 반도의 원주민은 308명, 자바인 399명, 바웬족 212명, 자위-페칸(아랍/인도 무슬림의 후손)은 867명이다. 이 밖에 아체인, 아프리카인, 베트남인, 벵골인, 부기스족, 디야크족, 필리핀인, 태국인, 스리랑카인 174명이 체류하는 것으로 조사됐다. 영국 식민지 말라카에 거주하는 총인구는 9만 3579명으로, 남성이 5만 2059명이고 여성은 4만 1520명이다. 10년 전과 비교하면, 말라카 총인구는 1만 5823명이 증가했다. 이 기간 말라카의 유럽인 거주자 수는 31.9퍼센트, 인도인은 42퍼센트, '기타 국적인'은 48.9퍼센트나 각각 감소한 반면, 중국인은 6259명이 늘어나 46.4퍼센트 증가했으며, 말레이인은 1만 1264명이 늘어 19.3퍼센트의 증가율을 보였다. 주택 수는 말라카 시에 5538채, 교외에 1만 1177채 있는 것으로 조사됐다. 말라카 영국 식민지의 총면적은 640제곱마일이며, 1제곱마일당 인구밀도는 146명이다. 정신이상자는 전체 인구에서 12명에 불과하다.

214 영국 식민 당국은 아편을 비롯한 징세청부제의 도급인을 경매로 결정했다. 응찰 액수에 따라 징세청부제의 도급인이 결정되고, 식민지 정부의 세금 수입도 달라진다. 버드가 말한 하루 50파운드로 계산된 금액이란 그 당시 경매에서 결정된 금액이 그렇다는 것이며, 고정된 것은 아니다. 아편 등의 징세청부제를 위한 경매는 통상 3년마다 열렸다.

215 학명 *Peristeria elata*. 중미 파나마의 국화로도 유명한 난이다. 성령난, 비둘기난이라고도 불린다. 난의 꽃잎은 바깥의 주판과 부판 3장과, 안쪽의 봉심 2장, 설판 1장 등 6장으로 이뤄지는데, 이 꽃의 봉심과 설판, 그리고 가운데 꽃가루 덩어리의 모양이 비둘기가 날아가는 모습을 하고 있다. 해발 1100미터 고지의 습한 나무줄기에 자생하는 난으로, 개량을 통해 관상용

으로도 많이 재배된다.

216 심비디움, 캐틀야 등 잎이 좁고 11월에서 1월에 꽃이 피는 난을 가리킨다.

217 cashew. 학명은 *Anacardium occidentale*. 열대 상록수로, 하나의 열매가 캐슈와 캐슈애플이란 두 가지 이름을 갖는 특이점이 있다. 캐슈는 캐슈넛이라고 불려 견과류의 일종으로 오해되고 있지만, 생물학적으로 견과류가 아니라 씨앗이다. 열매의 모양이 특이한데, 보통 과일은 과육 안에 씨앗이 들어 있지만, 이 열매는 가지 끝에 과육인 캐슈애플이 열리고, 그 과육 아래에 씨앗인 캐슈가 맺힌다. 캐슈는 견과류가 지방을 많이 함유하는 것과 달리 10퍼센트의 녹말 성분이 있어, 카레나 스프 요리에 쓰인다. 캐슈의 껍질은 독성이 있어 그 기름으로 의약품이나 개미 살충제 등을 만드는데, 캐슈가 반드시 껍질을 벗긴 상태로 팔리는 것은 그 때문이다. 캐슈애플은 과즙이 많고 단맛을 내지만, 톡 쏘는 맛이 있어 끓이거나 해서 먹는다. 캐슈애플은 보존성이 나빠 원산지에서만 식용으로 쓰인다.

218 nibong. 학명은 *Oncosperma tigillarium*이며, *Oncosperma filamentosum*이라고도 한다. 뿌리에서 가는 줄기가 여러 개 뻗어 나와 자라며, 줄기에 가시가 나 있는 야자나무의 일종. 말레이시아와 인도네시아 등 동남아시아 일대의 저지대 습지에서 자란다. 인도네시아에서는 '가시'라는 뜻의 니붕(nibung)이라 하고, 필리핀에서는 아니붕(anibung)이라고 한다.

219 frangipani, 학명 *Plumeria sp*. 흰색과 붉은색의 꽃을 피우는 협죽도과 꽃나무. 하와이를 대표하는 꽃으로 유명한데, 하와이의 꽃목걸이 '레이'는 이 꽃을 엮어 만든 것이다.

220 running amuck. 말레이어 'mengamuk'에서 생겨난 말로, "격렬하고 필사적인 공격"을 의미한다. 영어식 표기는 amok과 amuck으로 표기되곤 하는데, 요즘에는 아목(amok)으로 널리 쓰인다. 버드는 amok과 amuck을 혼용하고 있지만, 이 책에서는 아목으로 통일해 옮긴다. 말레이 문화에서 아목은 영적 신앙에 뿌리를 두고 있는데, 사악한 호랑이의 영혼이 멀쩡한 사람에게 들어가 잔인무도한 광란과 살육 행위를 하게 만든다고 믿는 것이다. 아목은 이후 정신의학과 심리학의 용어로 자리 잡으면서 해당 문화와 깊은 관련이 있는 특별한 소시오패스 증후군으로 설명되고 있다.

221 블라우스에 해당하는 인도네시아와 말레이시아 등 동남아시아 여성들의 전통의상으로, 바주 케바야(baju kebaya)라고도 한다. 버드는 원문에서 카바야(kabaya)라고 표기했으나, 이는 케바야의 오기인 것으로 보인다. 말레이/인도네시아어의 케바야는 '옷'을 의미하는 아랍어 '아바야(abaya)'에서 비롯됐다. 본디 인도네시아 자바에서 13세기 말부터 15세기 말까지 번성한 마자파히트 왕국에서 귀족 여성들이 입던 상의를 지칭하는 말이었다. 16세기 이전에는 왕족과 귀족의 의상이었으나, 교역이 확대되면서 말라카를 비롯한 동남아시아 일대로 확산되면서 일반 여성들도 착용하게 되었다. 지역에 따라 소재와 양식은 다양하다. 자바와 발리 등에서는 속이 비치는 소재로 허리춤까지 내려오는 것이 보통이나, 말레이의 무슬림 지역에서는 헐렁하고 무릎까지 내려오는 '바주 쿠룽(baju kurung)' 스타일이 주를 이룬다. 이 책에서 버드가 말하는 케바야는 바주 쿠룽 스타일을 가리킨다. 케바야는 19세기 말라카와 페낭, 싱가포르 등 영국 해협식민지의 중국인 이민사회에서 동남아적 전통과 중국적 전통이 합쳐진 '뇨냐 케바야(nyonya kebaya)'라는 독특한 양식을 추가하게 된다.

222 버드의 원문은 "the likeness of anything in heaven of earth"로 되어 있으나, 우상숭배를 경계한 성경(출애굽기 20장 4절)의 구절을 염두에 둔 인용으로 보인다. 우상숭배를 금지하는 이슬람은 일체의 신상을 조성하지 않는다.

223 이슬람이 "이슬람을 믿지 않는 자는 개와 같다."고 하는 말을 염두에 둔 표현으로 보인다. 요컨대 말레이인은 영국인을 기본적으로 이교도라고 인식하는 경향이 강하다는 의미다.

224 형평법(衡平法, equity). 영국의 독특한 봉건제도 아래서 형성된 불문법으로, 보통법(common law)과 양대축을 이룬다. 보통법과 형평법의 형성은 왕권과 봉건영주의 권한에 관한 역관계에서 비롯되었다. 왕권이 지방자치의 영주 권한을 침해하는 것에 반발해, 영주와 귀족들이 왕권을 제한하기 위해 관습법이 왕권에 우선한다고 주장한 것이 보통법이다. 문제는 보통법이 말 그대로 보통의 경우, 일반적이고 정형적인 사건에만 적용되는 한계를 가졌다는 점이다. 귀족의 사법권 남용을 막고, 개별적이고 비정형적인 사건을 다루기 위해서는 특

수성을 고려해 형평에 맞는 재판이 요구되었고, 이러한 필요에서 생겨난 것이 형평법이다. 형평법은 봉건영주와 귀족이 주도하는 보통법과 달리 구체적이고 개별적인 상황에 관해 왕이 행사하는 사법권의 근거인 것이다. 버드가 말한 형평법은 영국 식민 당국이 영국 왕의 이름으로 해협식민지와 말레이 보호령에 행사하는 구체적이고 개별적인 사안에 관한 사법권이란 의미를 지닌다.

225 원문은 성경(출애굽기 10장 21절)을 인용해 한 치 앞이 안 보이는 칠흑 같은 어둠을 강조하고 있다.

226 학명은 *Delonix regia*. 콩과의 교목으로 붉은색 꽃을 가득 피워 영어로는 flamboyant tree, flame tree, peacock tree, royal poinciana 등으로 불리며, 우리나라에서는 불꽃나무 또는 봉황목(鳳凰木)이라 한다.

227 중국에서는 불꽃놀이를 옌화(煙花)라 한다. 폭죽은 일반적으로 바오주(爆竹)나 비엔파오(鞭炮)라 하며, 처마나 장대에 묶어 터뜨리는 연발 폭죽은 바오장(爆仗) 또는 파오장(炮仗)이라 한다.

228 버드는 달러라고만 표시하고 특기하지는 않았다. 당시 동남아 교역에 널리 쓰인 스페인 달러를 가리키는 것으로 추측된다. 영국 해협식민지에서 해협 달러를 발행했는데, 해협 달러도 스페인 달러와 같은 무게의 은화를 썼다. 동남아시아 일대에서 스페인 달러와 영국 파운드의 19세기 환율은 '1스페인 달러=4실링 2펜스'였다. 파운드화는 '1파운드=12실링, 1실링=20펜스'인데, 대략 1파운드가 약 3스페인 달러라고 볼 수 있다. 4만 스페인 달러는 약 1만 3000파운드에 해당한다. 뒤에 언급되겠지만, 1879년 현재 인구 1만 2000명인 숭에이 우종에서 연간 수입하는 쌀의 총액이 약 1만 8000파운드였다는 것에 견줘 보면, 4만 달러의 가치가 어느 정도인지 가늠해 볼 수 있다.

229 뒤에서 자세히 언급되지만, 숭에이 우종은 네그리 슴빌란을 구성하는 9개 소왕국의 하나로서 술탄이 아닌 지역 수장이 통치했는데, 다투 클라나(Datu Kelana)와 다투 반다르(Datu Bandar/Shahbandar)란 직위의 두 수장이 경쟁하다 다투 클라나가 영국의 지지를 받으며 사실상 숭에이 우종의 지배자가 됐다. 버드가 숭에이 우종을 탐사했을 당시 다투 클라나인 시에드 압둘라흐만은 아직 다투 반다르를 완전히 압도하지 못하는 상황이었다.

230 〔원주〕 얀 하위헌 판 린스호턴*(Jan Huyghen van Linschoten, 1563~1611)은 지금부터 270년 전 『포르투갈인 동양 항해기』에서 이렇게 언급했다. "이곳은 인도와 중국, 몰루카 제도 및 인근 도서들의 장터며, 반다, 자바, 수마트라, 샴, 벵골, 코로만델, 인도에서 무수한 상품을 끊임없이 실어 나르는 배들이 기항하는 곳이기도 하다."
*린스호턴은 16세기 네덜란드의 상인이자 역사가로, 포르투갈에 가서 사제의 비서가 되어 아시아의 포르투갈 식민지를 여행했다. 이때 보고 들은 포르투갈 식민지와 그곳의 무역 실태를 기록한 책 『포르투갈인 동양 항해기』(1595)를 썼다–역주.

231 버커니어라는 말은 원래 사냥한 고기를 훈제하는 데에 쓰인 석쇠를 가리키는 프랑스어 '부캉(Boucan)'에서 비롯되었다. 버커니어의 주류는 서인도 제도의 섬들에서 살아가던 프랑스 개척민들이며, 여기에 영국과 네덜란드계 사람들도 참여했다. 1620년 카리브 해의 해상권을 장악하고 있던 스페인(에스파냐)이 이들을 추방하자, 이에 맞서 스페인과 스페인 식민지의 선박들을 공격하며 해적 활동을 펼친 것이 버커니어다. 1670년 마드리드 조약에 따라 스페인이 영국의 카리브 해 소유권을 인정하고 해적 행위를 중단하기로 하면서 버커니어의 세력이 위축됐다. 영국은 영국계 버커니어를 후원하면서 카리브 해 소유권을 확보한 셈이다. 미 하버드 대학의 역사학자 닐 퍼거슨 교수는 『제국』(2006)에서, 해적질은 영국의 적대자인 스페인에 맞서 적은 돈으로 전쟁을 수행하는 방법이었다고 일갈한 바 있다. 버드는 포르투갈의 말라카 점령을 사실상의 해적 행위로 평가한 셈이다.

232 하비에르는 전도를 위해 중국으로 가던 중 1552년 12월 2일 중국 남부 광둥성의 상촨 섬(上川島)에서 열병으로 숨졌다. 그의 시신은 처음에 포르투갈이 점령하고 있던 말라카에 매장되었다가 2년 뒤 고아로 옮겨졌다.

233 인도의 고아에 있는 봄 제수스 성당(Basilica of Bom Jesus)에 프란시스코 하비에르의 유골이 안치되어 있다. 1594년에 착공해 1605년에 완공된 이 성당은 인도 최초의 예수회 교회로, 인도에서 가장 전형적인 바로크 양식 건축물로 알려져 있으며, 유네스코 세계유산에 등재되어 있다.

234 18세기 말과 19세기 초에 동남아시아의 판세가 요동쳤는데, 이는 프랑스 대혁명(1789년 7월~1794년 7월)과 나폴레옹 전쟁(1797~1815)으로 인한 유럽의 격변과 맞물려 있다. 프랑스 혁명 세력이 1793년 루이 16세를 처형하자 위기감을 느낀 유럽의 왕국들은 프랑스 혁명 정부 타도를 위한 제1차 대프랑스 동맹을 결성하는데, 네덜란드도 여기에 참가했다. 1795년 5월 프랑스군이 네덜란드를 공격해 남부에 위성국인 바타비아 공화국을 건설했다. 프랑스와의 전쟁으로 식민지 경영에 힘을 쏟을 여유가 없었던 네덜란드를 대신해 영국이 말라카와 지금의 인도네시아를 점유했다.

하지만 영국과 네덜란드의 관계는 미묘했다. 동남아시아에서는 교역과 식민지 쟁탈의 경쟁자였지만, 유럽에서는 우방이었다. 특히 루이 보나파르트가 네덜란드의 왕위를 차지한 1806년 이래 영국과 네덜란드의 경쟁 구도는 복잡해졌다. 영국은 네덜란드가 유럽의 세력 균형을 위해서는 강력해야 한다는 전통적인 이해관계를 갖고 있었다. 나폴레옹 전쟁이 끝나고 1818년 영국 정부가 점유했던 네덜란드의 식민지를 다시 네덜란드에 돌려준 것은 바로 영국의 유럽 중시 외교 전략의 결과였다.

이러한 영국과 네덜란드의 복잡하지만 균형을 이루는 관계에 변화를 초래한 사건이 스탬퍼드 래플스에 의한 싱가포르 건설(1819)이었다. 영국이 말라카를 돌려주는 한편으로 말레이 반도의 남단에 영국의 식민지를 추가로 건설하자, 네덜란드는 무력 사용도 불사하겠다며 발끈했다. 서류 전쟁이 벌어지며 시끄러웠던 양국은 1824년 영국-네덜란드 조약을 체결하고, 동남아시아에서의 새로운 경쟁 구도의 구획을 획정했다. 영국은 자바와 수마트라에 개입하지 않고, 네덜란드는 말레이 반도에 관여하지 않기로 한 것이다. 물론 네덜란드는 영국의 싱가포르 점령에 반대하지 않겠다고 선언했다. 이 조약으로 양국은 영국이 말레이 반도를, 네덜란드가 지금의 인도네시아를 관할하는 것으로 행동 반경을 정한 것이다.

235 인도 타밀나두 주의 벵골만 연안의 도시. 영국 식민지 시절 마드라스라고 불렸던 이 도시의 현재 인도 이름은 첸나이(Chennai)다.

236 〔원주〕 술탄국의 지위를 얻지 못한 여러 소국들이 '네그리 슴빌란'이란 일종의 연방을 구성했다. 이들 소국의 경계는 물론 각 소국의 지위와 내부 통치에 대해서는 알려진 바가 없다. 이들은 영국이 자신들의 영도를 합병하시나 않을까 하는 두려움으로 유럽인의 영지 통과를 거부하고 있다.

237 네그리 슴빌란은 9개(실제로는 9개 이상이었다) 소국으로 이뤄진 일종의 연방인데, 전통적으로 수마트라의 미낭카바우 제국의 왕자 또는 왕족을 데려다 연방의 수장인 '양 디 퍼르투안(Yang di-pertuan)'으로 삼는 것이 관행이었다. 하지만 이러한 관행은 점차 사라졌고, 연방의 내분은 더 심해졌다. 이 때문에 1830년대 이후 양 디 퍼르투안을 부활하려는 시도를 둘러싸고 분쟁을 벌였고, 숭에이 우종과 롬보우 등 네 곳이 독자적으로 자신들의 양 디 퍼르투안을 추대했다. 양 디 퍼르투안은 지역 수장들에 의해 선출되는 통치자라는 점에서 혈통으로 세습되는 술탄과 차이가 있다.

238 페락의 내분에 개입해 1874년 팡코르 조약을 체결하면서 말레이 반도 개입을 확대하기 시작한 영국은 1875년 숭에이 우종의 분쟁(Malay Turbulence)에 군사적으로 개입했다. 버드가 말한 '작은 전쟁'은 이를 가리킨다.

239 카피탄(Capitan)은 포르투갈어 'Kaitan'에서 온 것으로, 영어의 'Captain'에 해당한다. 16세기 동남아 일대의 패권을 장악한 포르투갈은 특정 지역의 이주민 지도자를 카피탄으로 임명해 치안 유지 등의 자치권을 부여하는 간접지배 방식을 채택했다. 이를 네덜란드가 승계했고, 다시 영국이 이어받아 식민지 제도의 일부로 차용했다. 포르투갈어는 '카피탄 시나(Kapitan Cina)'지만, 영국은 이를 변형해 '카피탄 차이나(Capitan China)'로 표기했고, 중국인들은 이를 음차해 '갑필단(甲必丹)'이라고 했다. 영국은 페낭과 싱가포르, 말라카를 1826년 해협식민지로 통합하면서 카피탄 제도를 공식적으로 폐지했지만, 말레이 반도에서는 19세기 말까지 유지했다. 카피탄 차이나는 중국인 사회가 콩시나 비밀결사의 지도자 가운데서 선출하면, 식

민 당국이 승인하는 방식으로 임명됐다. 버드의 말처럼 카피탄의 선출 방식은 잘 알려져 있지 않고 지역마다 달랐다. 19세기 말레이 반도의 경우 주석 노동자 이민이 많았고, 지역의 주석 광업권을 장악한 부자 광업주가 주로 카피탄을 맡았다. 하지만 '쿠알라룸푸르의 건설자'로 불리는 객가 출신 얍아로이(葉亞來)는 쿵푸 고수로 알려진 비밀결사의 지도자로서 카피탄이 됐고, 이를 통해 거대 주석광업주로 성장했다.

240 吐根, ipecacuanha. 남미산 꼭두서닛과의 관목과 그 뿌리를 가리키는 것으로, 아메바 이질 치료제의 원료가 된다.

241 索具. 돛이나 닻 등 배에서 쓰는 로프와 관련된 장비들을 가리킨다.

242 버드는 맹그로브 숲에 대해 그다지 우호적이지 않은 듯하다. 여느 나무와 풀은 입에 침이 마르도록 경탄을 아끼지 않으면서도 맹그로브에 관해서는 마치 자연이 괜한 수고를 하는 것처럼 언급하고 있다. 특히 맹그로브가 목재로서 쓸모가 없다는 표현은 19세기의 세계관을 엿보게 해 준다. 해박한 버드지만, 아직 맹그로브 숲의 환경적 가치에 대해서는 생각이 이르지 못한 역사적 한계를 드러낸다고 하겠다.

243 極樂鳥, Birds of Paradise. 수컷의 깃이 특히 아름다운 이 새는 말레이 반도와 동남아시아 제도의 열대우림에 서식하는데, 원주민이 수컷의 깃을 장식용으로 사용했다. 원주민은 수컷의 다리를 잘라 길렀는데, 이를 본 16세기 유럽인들이 다리가 없는 새로 믿고 죽을 때까지 땅에 내려앉지 않는 것으로 오해하면서 극락조라 불렀다고 한다.

244 Argusianus Argus. 공작을 닮은 닭목 꿩과의 조류로, 말레이 반도와 수마트라 일대의 열대우림에 서식한다. 번식기에 수컷이 암컷을 유혹할 때 깃을 활짝 펴는데 그 모습이 아주 인상적이다.

245 스코틀랜드 서안의 이너헤브리디스 제도에서 두 번째로 큰 섬이며, 영국인들의 여름철 휴양지로 유명하다.

246 hoya carnosa. 박주가리과의 다년생 덩굴식물로, 두툼한 잎이 마치 왁스를 바른 듯 반짝거리며, 줄기 끝에서 작은 꽃이 무더기로 원형을 이루며 핀다. 원예용으로도 널리 재배되며 '호야'로 불린다.

247 "The best laid schemes o'mice and o'men gang aft aglee." 스코틀랜드의 시인 로버트 번스(Robert Burns, 1759~1796)의 시「새앙쥐에게(To a Mouse)」에 나오는 유명한 스코틀랜드 방언의 시구. 스코틀랜드 태생의 번스는 농장을 돌고 농사를 지으면서, 스코틀랜드 방언으로 서민의 소박하고 순수한 감정을 표현한 스코틀랜드를 대표하는 시인이다. 연말에 널리 불리는 노래 〈올드랭사인(Auld Lang Syne)〉의 가사도 번스가 민간에서 채록해 발표한 시다.

248 Sam Slick. 19세기 캐나다 동부의 영국 식민지 노바 스코시아(Nova Scotia) 주 정치인이자 법조인인 작가 토머스 챈들러 핼리버튼(Thomas Chandler Haliburton, 1796~1865)이 1835년 신문에 '인간 본성'을 주제로 정기 칼럼을 게재하면서 창조해 낸 가상의 인물이다. 핼리버튼은 '슬릭의 편지'라는 이름으로 쓴, 1836년 식민지 시대 북미 사회의 유머와 위트를 담은 33편의 서간체 칼럼을 모아『시계제조공(Clockmaker)』이란 제목의 책을 펴냈다. 이 책의 두 번째 편지 칼럼 '시계제조공'에는 "모든 농가가 필수적으로 구비하는 세 가지가 있는데, 나무로 틀을 짠 벽시계, 벽난로의 열을 모아 음식을 조리하는 양철 오븐(tin reflector), 그리고 이중 언어로 쓴 성경이다."며, "(슬릭이란 시계제조공의 성공 비결을 알아보니) 사람들에게 '시간'의 가치를 일러 준 게 아니라 '시계'의 가치를 성공적으로 설파한 거였다."고 꼬집는 내용이 있다. 버드가 말한 '슬릭의 시계'는 19세기 초 대량 생산된 평범한 가정용 벽시계를 가리키는 것으로 보인다.

249 버드는 "durance vile"이란 표현을 썼다. 이는 영어의 고어에서 '감옥' 또는 '옥살이'를 뜻하는 말이다. 16세기 영어에서 durance는 옥살이의 기간을, vile은 '저급한, 박탈당한'을 뜻한다. 버드는 16세기 '지하 감옥(dungeon)'을 연상시킬 정도로 상황이 나쁘다는 걸 드러내려 한 것으로 보인다.

250 버드의 이 글은 이른바 '이이제이(以夷制夷)' 수법을 설명하고 있다. 앞서 이곳 말레이인은

밤에 배를 몰고 링기 강 상류로 가려 하지 않는다고 했는데, 헤이워드는 이를 해결하기 위해 직접 나서지 않고, 뱃사공 한 명을 골라 주민들에게 돌려보낸 뒤 분란을 일으키게 하고, 분란을 조정한다는 명목으로 말레이인 순경을 보내 주민들 스스로 운항을 결정하도록 일을 꾸몄다는 뜻이다. 이 대목은 눈여겨볼 필요가 있는데, 영국이 말레이 반도의 독립적인 술탄국들을 하나둘씩 보호령으로 만들고, 마침내 반도 전체를 영국령으로 만든 과정도 이와 유사하기 때문이다. 버드는 헤이워드가 말레이인의 특성을 잘 알고 있기에 이런 지략을 꾸몄다고 말하고 있지만 역사적으로 보자면, 헤이워드의 지략은 말레이인의 특성에서 비롯했다기보다는 영국 제국주의의 속성이 그러했다고 보아야 하지 않을까 싶다.

251 miasma. 더운 지방의 산과 숲, 안개가 짙은 곳에서 습열(濕熱)이 위로 올라올 때 생기는 나쁜 기운을 가리킨다. 악성 학질이라고도 하는데, 장독이 들면 두통과 오한 증상이 나타난다고 한다.

252 "Cooee". 호주 사람들이 황무지나 숲에서 길을 잃은 사람을 찾을 때나, 자신의 존재를 다른 이에게 알리고 싶을 때, 또는 도움을 청할 때 지르는 소리. 본디 '쿠이'는 호주 시드니 인근의 원주민 다룩족의 말로 "여기로 오라."는 의미라고 한다.

253 『구약성경』 시편 104장 20절.

254 번개의 일종. 번개가 칠 때 빛줄기, 즉 방전로가 보이지는 않고 공중 일대가 잠깐 밝게 보이는 전광 현상을 가리키며, 막전(幕電, intracloud lightning) 또는 시트 방전(sheet lightning)이라고도 한다. 번개는 구름과 지면, 구름과 구름 사이에서 주로 방전이 일어나지만, 판번개는 한 덩이의 구름 내부에 고인 전기가 방전되는 경우다.

255 cajeput. 호주 원산의 상록수로서, 이 나무에서 약으로 쓰이는 카유푸트 기름을 얻는다.

256 upas. 인도네시아 자바 섬이 원산지인 뽕나뭇과의 열대성 교목. 우파스는 자바어로 '독'을 뜻하는데, 이 나무의 껍질 유액(乳液)의 맹독을 원주민들은 독화살에 사용한다.

257 cotton tree bombax, kapok tree. 벵골보리수와 비단목화나무의 일종으로, 캄보디아에서는 스펑나무라고도 한다. 영화 〈툼 레이더〉의 촬영 장소로 유명한 캄보디아의 타 프롬에 자라는 나무가 판야나무다. 이 나무는 속이 비어 목재로는 부적합하지만, 열매에서 얻은 밝은 노란색의 판야나무 기름은 식용이나 비누 재료로 쓰인다.

258 chumpaka. 학명 *Michelia champaca*. 인도 원산의 상록 교목. 향기로운 오렌지색 꽃을 피우며, 열매의 기름은 향수 제조에 쓰인다.

259 kamooning. 학명 *Murraya exotica*. 운향과 열대상록 활엽관목으로, 흰색의 향기롭고 작은 꽃을 피운다. 오렌지 자스민이라 불리기도 한다.

260 말레이시아에 자생하는 무화과나무(ficus)의 일종.

261 Charles Robert Darwin(1809~1882). 그 유명한 『종의 기원』(1859)으로 진화론의 토대를 마련한 영국의 생물학자.

262 학명 *Selaginella*. 부처손속의 양치식물로 700여 종이 있다. 잎이 붙은 모양이 주먹을 쥔 것 같고 잣나무 잎을 닮았다고도 하여 '권백(卷柏)'이라 부르기도 한다.

263 학명 *Lycopodium*. 석송속 양치식물로 950여 종이 있다. 잎이 소나무를 닮아 석송이란 이름을 얻었다.

264 학명 *Platycerium bifurcatum*. 열대 양치식물로 'bifurcatum'은 '갈래가 뻗는다'는 의미다. 잎사귀의 생김새가 사슴 뿔을 닮아 사슴뿔고사리(elkhorn/ataghorn fern)라고 하며, 우리말로는 '박쥐란'이라 부른다.

265 학명 *Asplenium nidus*. 꼬리고사리속의 여러해살이 양치식물로서, 관엽식물로 취급하기도 한다. 제주도에 자생하는 파초일엽과 생김새가 비슷해 '새둥지 파초일엽'이라 부르기도 한다.

266 외떡잎식물 마속(Dioscorea)의 덩굴성 식물로 열대와 아열대에 600여 종이 있다. 희고 점액

질 성분이 많은 원주형 뿌리는 식용으로 쓰인다.

267 쥐꼬리망초과의 덩굴성 열대 상록관목. 여러 종이 있으며, 나팔꽃을 닮은 푸른 보라색 꽃을 피우는 툰베르지아 에렉타는 '아프리카 나팔꽃'으로 불린다.

268 학명 *Vanilla planifolia*. 난초과의 여러해살이 덩굴 풀. 잎이 어긋나며, 공기뿌리가 잎과 마주나와 다른 물체를 감아 올라간다. 다 자라면 땅속뿌리는 말라 죽고, 공기뿌리로 살아간다. 길이 15~20센티미터의 다육질 열매를 발효시켜 향료인 바닐린을 얻는다. 버드는 자신이 본 식물이 바닐라인지 확신이 들지 않는 듯 의문부호를 달았다.

269 착생식물은 바위나 나무에 붙어 살아가는 식물을 가리키는데, 나무에서 영양을 취하는 기생식물과 달리 공기뿌리로 스스로 양분을 얻는다.

270 열대우림에서 주로 자라는 리아나는 목질의 긴 줄기를 뻗는 다양한 덩굴식물을 가리킨다. 땅에 뿌리를 뻗어 바닥을 기거나 나무를 감아 올라가기도 하고, 나무에 착생하기도 한다. 길쭉한 선형 구조로 뻗으며 자라는 리아나는 나무의 가지가 갈라지는 부위에 마구 엉켜서 자란다.

271 학명 *Phalaenopsis*. 꽃 모양이 나비(나방)를 닮았다고 해 붙여진 이름[胡蝶蘭]으로, 영어로는 'moth/butterfly orchid'라고 한다. 원예용으로 널리 재배되는 양란으로 종류가 30여 종에 이른다. 꽃의 크기에 따라 대(greater)호접란과 소(lesser)호접란으로 구분한다.

272 학명 *Trientalis europaea*. 영어로는 chickweed wintergreen, arctic starflower라고 한다. 기생꽃은 우리나라를 비롯해 북미, 유럽 등 북반구 아한대 및 한대의 고산에 서식하는 앵초과 식물이다. 일본에서는 꽃이 갑옷의 소매 끝부분을 붉은색으로 여미는 것과 닮았다고 해서 쓰마토리소(褄取草)라 하고, 중국에서는 꽃잎이 7개라는 뜻의 치반롄(七瓣蓮)이라고 한다. 기생꽃이란 작명에 대해서는 기생의 화관을 닮았기 때문이라는 풀이가 있기는 하지만, 정설은 없다.

273 '너'는 버드의 동생. 원문은 '우리(we)'라고 되어 있다. 이 편지의 수신인은 버드의 동생이지만, 특별한 경우를 제외하고는 원문의 'you'를 '독자'라고 번역했다. 그러나 여기에서는 버드가 동생과 함께 여행했던 추억을 떠올리며 이처럼 멋진 열대의 정글을 함께 보지 못한 동생을 생각하는 마음을 드러내고 있다고 보아 '나'와 '너'로 번역한다.

274 luminous fungi. 균사와 포자, 자실체 등이 스스로 빛을 내는 능력이 있는 버섯 등 고등균류의 총칭으로 50여 종이 알려져 있는데, 화경버섯과 뽕나무버섯이 대표적이다.

275 새우를 갈아서 소금을 넣어 발효시킨 젓갈과 비슷한 것으로 동남아시아의 대표적인 전통음식 재료다. 나라마다 부르는 이름이 다른데, 말레이인은 블라찬(belacan) 또는 블라창(belachang)이라고 하며, 인도네시아에서는 '트라시(terasi)', 태국에선 '카피(kapi)'라고 한다. 말레이시아의 블라찬은 증기로 찐 크릴 새우를 체에 받쳐 여러 달 발효시켜 굳힌 덩어리 형태다.

276 sirih, betel pepper. 학명 *Piper Betle*. 베텔(betel)은 후추속 덩굴식물의 잎을 가리키며, 아레카야자나무의 열매인 베텔넛과는 관계가 없다. 말레이인이 시리라고 부르는 베텔후추는 하트 모양의 그물맥잎으로, 베텔넛보다는 자극이 덜하며 약으로 쓰인다.

277 P. J. Murray(?~1881). 1874년부터 1881년까지 숭에이 우종의 초대 영국인 주재관을 지낸 머레이의 출생 연도와 출생지는 알려진 바가 없다. 싱가포르의 세인트 앤드루 성당에 있는 그의 묘비(Memorial:M496)에 따르면, 머레이는 1881년4월12일 말라카에서 숨졌다. 사인은 밝혀지지 않았다. 머레이의 기록은 버드의 이 책이 아마도 유일한 자료일 것으로 보인다. 버드는 숭에이 우종 여행에서 만난 머레이를 연민과 애정을 담아 기술하고 있는데, 이는 책을 출간하면서 원래 편지에 없던 내용을 추가한 것으로 보인다.

278 드레스덴 자기(Dresden china) 또는 독일 작센 주 마이센에서 제작된 까닭에 마이센 자기(Meissener Porzellan)라고도 한다. 마이센은 유럽에서 처음으로 자기를 만든 도요지가 있는 곳으로, 1710년 드레스덴에 궁정 공방이 설립됐다. 마이센 도요지는 중국 자기를 모방할 목적으로 만들어져 처음에는 청나라 오채자기(五彩瓷器)를 흉내 내었으나 18세기에 회화적 요소와 조각적 요소를 가미하면서 큰 인기를 모았다.

279 파로스 자기(Parian porcelain/ware)는 유약을 바르지 않고 구운 무유백자를 가리킨다. 그리스·로마 시대의 대리석 조각상들을 흉내 내어 표면을 매끈하게 다듬어 유약을 바르지 않고 구운 도기를 '비스크'라고 하는데, 파로스 자기는 비스크의 19세기 변형인 셈이다.

280 시계꽃속(granadilla, 학명 *Passiflora ligularis*) 시계풀의 열매로, 오렌지색과 노란색의 중간색을 띠며 길이가 7센티미터 안팎의 과일로 부드러운 단맛이 난다.

281 soursop, 말레이시아에서는 durian blanda, 포르투갈어로는 graviola라고 한다. 중앙아메리카가 원산으로, 과즙은 주스, 스무디, 사탕, 셔벗 등의 향신료로 사용된다. 가시여지의 변종이 커스터드애플이다.

282 bugle. 색소폰류의 금관악기며 코넷, 트럼펫과 같은 음색으로 고음부를 맡는다.

283 misanthropy. 인간과 인간 본성에 대한 총체적인 증오와 불신을 가리킨다. 이 단어는 '증오'를 뜻하는 그리스어의 '미소스(misos)'와 '인간'을 뜻하는 '안트로포스(anthrppos)'가 더해진 것으로, '염세'로 번역되기도 한다. 17세기 프랑스의 희곡작가 몰리에르(1622~1673)는 희곡 『인간 혐오자(*Le Misanthrope*)』(1666)에서 주인공 알세스트를 사막으로 도망가 인간과의 모든 인연을 끊고 싶은 충동에 사로잡힌 인물로 묘사했다.

284 열대 지방에 주로 나타나는 감염병으로, 매독과 유사한 증상을 보이지만 성교가 아닌 접촉에 의해 소아에게 감염된다. 요오스(yaws)라고도 하는데, 온난 다습한 열대 지역에서 15세 미만의 어린이에게 흔히 나타나며, 얼굴과 손발, 음부 등에 만성적으로 재발한다. 페니실린으로 치료한다.

285 앞서 언급했듯 형평법과 보통법으로 나뉘어 있는 영국 법률 체계에 따른 것으로, 일반적으로 형평법정은 "피해보다는 구제에 관한 송사를 처리하는 법정"으로 정의된다. 오늘날에도 파산법정이 형평법에 근거한 것이며, 영장심사나 집행명령 등이 형평법정의 유산이다.

286 Surveyor of Taxes. 영국 조세 체계로 보자면, 엄밀하게 말해 주로 부동산에 매기는 재산세의 징세 책임자를 가리킨다. 재산세는 지방세인 까닭에 지방정부의 소관이지만, 여기서는 편의상 국세청장으로 번역한다. 19세기와 20세기 초 영국령 말라야의 징세에서 가장 핵심적인 쟁점은 토지에 어떻게, 얼마의 세금을 물리고, 그 세금을 어떻게 걷을 것인가였다.

287 巖屑, detritus. 풍화 작용과 하천 침식 등으로 형성된 다양한 크기의 암석 파편을 가리킨다. 말레이 반도 서안 일대는 주석을 함유한 암설이 잘 발달해 있는데, 19세기 중반 이후 뒤에서 살펴볼 페락에서 당시 세계 최대의 주석 매장량이 확인되면서 말레이 반도는 영국의 콘웰과 수마트라의 방카를 능가하는 세계 최대 주석 생산지로 떠올랐다.

288 토마스 존 뉴볼드(T. J. Newbold, 1807~1850)가 1839년에 펴낸 『말라카 해협 영국식민지의 정치와 통계(*Political and statistical account of the British settlements in the Straits of Malacca*, Vol. II)』(London, 1839)에 따르면 1828년 중에이 우종의 루쿳(Lukut) 지역에서 주석을 채취하던 중국인 노동자 1000여 명이 말레이 수장의 공격을 받아 거의가 살해되는 대량 학살이 있었으며(p. 96), 1834년 9월에는 중국인 노동자 300~400명이 폭동을 일으켜 고용주인 말레이 수장 툰쿠 부수(Tunku Boosu)를 살해하기도 했다고(p. 33) 전한다.

289 19세기 말레이 반도 일대에서 영국 식민지 시기에 조성된 도시의 중국인 이주자 집단 주거지 건축의 특징은 상점과 주거지가 결합된 연립주택 '숍하우스(shop-house)'로 요약된다. 숍하우스는 도로를 따라 폭 5~6미터에 길이 15~30미터짜리 2층 건물을 벽과 벽 사이를 떼지 않고 짓는다. 대부분 1층은 상점과 주거 공간으로 하고, 2층에 침실을 둔다. 특히 1층은 도로에서 1.5미터 정도 들여 짓고, 2층은 도로 경계까지 나오도록 짓는데, 이러한 주택이 길을 따라 연이으면서 자연스럽게 뜨거운 햇볕을 가리는 보도가 만들어진다. 숍하우스의 원형으로 17~18세기 말라카에 생겨난 '테라스하우스(terrace-house)'가 꼽힌다. 포르투갈인과 네덜란드인이 창안한 테라스하우스를 중국인 이주자들이 중국적 요소를 가미해 숍하우스로 변용했다고 보는 것이다. 버드가 묘사한 스람방 중국인 거리의 '상점을 겸한 주택'은 이 숍하우스를 지칭하는 것 같다. 19세기의 숍하우스는 대부분 지역에서 급속한 도시화로 자취를 감췄지만, 말레이시아 페낭의 조지타운에는 그 원형이 잘 보존되어 있다. 페낭의 조지타운은

2008년 유네스코 '세계문화유산'에 등재됐다.

290 kongsi, 公司. 동남아시아 중국인 이주민 사회에서 콩시(公司)는 여러 가지 의미로 쓰인다. 다양한 종친회나 동향회도 콩시로 통칭되며, 동업자 경제조직이나 주식회사를 가리키기도 한다. 예컨대 대표적인 교향(僑鄕: 중국인 이주자들의 출신 지역)인 차오저우(潮州) 출신자 동향조직인 '조주회관(潮州會館)'도, 푸젠성 출신 구(邱)씨 종친회인 페낭의 '용산당(龍山堂)'도, 아편 거래 독점권을 확보한 '아편 팜' 신디케이트도, 주석을 채취하는 주석광업회사도 콩시라 불리며, 넓게는 비밀결사도 콩시에 포함된다. 일종의 사회경제적 공동체와 조직을 통칭하는 용어인 셈이다. 중국인 이주민 사회와 관련해 콩시가 역사적인 의미를 갖는 이유를 크게 세 가지로 꼽을 수 있다. 첫째, 영국 식민지에 이주한 중국인들의 자율적·자조적인 일종의 자치 정부였다는 점이다. 영국은 19세기 후반 말레이 반도 전역을 지배하기 전까지만 해도 상업적 이익을 앞세운 탓에 식민지 행정 체계가 엉성했다. 중국인들은 이런 상황에서 지연, 혈연, 방언에 따라 공동체를 형성해 스스로 문제를 해결할 수밖에 없었다. 둘째, 사회 조직으로서의 콩시가 상업적·경제적 이해와 밀접하게 얽혀 있다는 점이다. 상인이나 주석 광업주, 농원주 등 부자 엘리트가 콩시를 주도하였는데, 콩시의 사회적 영향력을 활용해 각종 상업적 이권을 획득하며 부를 늘렸다. 특히 아편 팜 등 징세청부제와 콩시는 불가분의 관계였다. 셋째, 콩시와 비밀결사 모두 중국인 이주민 사회의 사회정치적 자치 조직으로서, 콩시는 공개 조직이고 비밀결사는 비공개 조직이라는 것 말고는 큰 차이가 없다는 점이다. 혈연, 지연의 다양한 콩시 회원들이 두세 개 비밀결사의 회원이었다. 영국 식민 당국은 비밀결사를 '깡패 집단', 콩시를 '자조조직'으로 구분했지만, 최근 연구는 이러한 구분 방식이 중국인 이주민 사회의 역동성을 제대로 파악하지 못하게 한다고 지적한다.

291 중국인의 결사체 '회(會)'를 영국인은 비밀결사(Secret Society)라 했다. 말 그대로 비밀스러운 지하조직이라는 의미를 내포한 표현이다. 말라야를 비롯한 동남아시아의 비밀결사는 18세기 말 중국 남부에서 반청의 기치를 내걸고 결성된 천지회(天地會)에 뿌리를 두고 있는 것으로 알려졌다. 정치적 결사 성격이 강한 천지회는 이주자들과 함께 동남아로 이식되면서 사회경제적 결사로 성격이 바뀌었다. 말라야에선 18세기 말부터 천지회에 뿌리를 둔 의흥회(義興會, Ghee Hin Hoey)가 활동했다. 중국인 이주자들이 늘어나 의흥회 내에 출신 지역별 분파가 생기면서 19세기 중반 몇 개의 비밀결사로 나누어졌다. 의흥회는 광둥성 출신이 주도하기는 했지만 지역과 방언집단을 구분하지는 않았다. 그러나 페낭의 푸젠성 출신이 건덕당(建德堂)이란 이름으로 지연을 강조한 별도의 비밀결사를 꾸려 분가했고, 객가(客家)들도 해산회(海山會) 등의 이름으로 갈라섰으며, 지연을 강조하지 않는 개방적인 화승(和勝)이란 비밀결사도 생겼다. 영국 식민 당국이 1890년 법령으로 금지하기 전까지만 해도 중국인 '비밀결사'는 불법이 아니었다. 오히려 영국은 비밀결사를 식민지 경영의 불가결한 조직으로 용인했다. 비밀결사는 식민 당국이 세수를 의존하는 징세청부제를 떠받치는 조직이었다. 전매제에 바탕을 둔 징세청부제가 유지되려면 허가를 받지 않은 거래를 강력하게 차단해야만 한다. 그러나 당시 식민 당국은 그럴 만한 행정 조직을 갖추지 못했다. 전매권을 따내지 못한 상인들은 불법거래로 이득을 보려 했고, 중국인 '파머'들은 이를 필사적으로 막아야 했다. 여기에 비밀결사가 동원됐다. 또한 비밀결사는 중국인 노동자 관리의 필수 조직이기도 했다. 주석광이나 농원의 중국인 노동자들은 대부분 선박 운임 등의 이주 및 정착 비용을 특정 기간 일해 갚기로 하고 이주한 계약 노동자들이다. 노동자 조달은 물론 중도 이탈을 막는 등의 관리를 실질적으로 대행하는 조직이 비밀결사였다. 비밀결사를 깡패나 무뢰배 집단으로 보는 것은 이러한 식민지의 정치경제 상황을 고려하지 않은 제국주의적 관점이며, 비밀결사 간의 유혈 분쟁은 중국인 비밀결사의 조직폭력배적 속성 때문이라기보다는 19세기 식민지 상황에서 중국인의 경제적 이권 경쟁의 결과라는 측면이 강하다 하겠다.

292 학명 *Lonicera*. 영어로는 Honeysuckles. 인동과의 덩굴식물의 총칭. 겨울을 잘 이긴다[忍冬]고 하여 인동덩굴, 인동초라 한다. 국내에 서식하는 인동덩굴은 로니세라 자포니카 종으로 6~7월에 길이 3~4센티미터의 꽃이 핀다. 줄기와 꽃, 열매는 식용이나 약용으로 쓰인다.

293 버드는 18세기 영국 시인 토머스 그레이(Thomas Gray, 1716~1771)가 1750년에 발표한 32연 128행의 장시「시골 묘지의 엘레지(Elegy Written in a Country Churchyard)」에서 14연의 구절을 인용했다. "수많은 보석들 고요한 빛 머금은 채/ 햇빛 들지 않는 바다 동굴에 있고/

수많은 꽃들 눈길 닿지 않는 곳에 피어/ 인적 없는 대기에 꽃향기 허비하네"(14연). 버드는 물음표를 달아 허비되는 꽃향기, 나아가 허비되는 삶은 없다고 반론을 제기하는 듯하다.

294 Liberian Coffee. 아라비카, 로부스타와 더불어 세계 3대 원두로 꼽힌다. 꼭두서니과 상록소교목인 커피속의 식물은 아프리카와 아시아 열대 지방에 약 40종이 있다. 향이 강하고 카페인이 적은 아라비카 커피나무가 상업적으로 가장 많이 재배되며, 쓴맛이 강하고 카페인 함량이 높은 로부스타 커피나무, 향은 약하지만 병충해에 강한 리베리카 커피나무가 있다. 동남아시아의 커피 재배는 17세기 후반 네덜란드가 지금의 인도네시아에 아라비카 커피나무를 대규모로 재배하면서 시작돼 19세기 중반 전성기를 맞았다. 그러나 1869년 커피나무가 말라 죽는 병이 돌아 아라비카 커피나무가 거의 다 죽었다. 이에 병충해에 강한 로부스타와 리베리카 커피나무 재배로 돌파구를 모색했다. 주재관 머레이가 당시 숭에이 우종의 고산에 리베리카 커피나무 재배 실험을 한 것은 이러한 정황을 고려한 것으로 보인다.

295 Sir John Lubbock, 1834~1913. 영국의 은행가이자 정치인, 인류학자, 고고학자, 생물학자이기도 하다. 1842년 9살의 러벅은 이웃에 이사 온 찰스 다윈을 만나면서 다윈의 가장 나이 어린 벗이자 진화론의 지지자가 되었다. 그는 10대 후반에 가업을 이어 은행가의 길을 걷고 40대 초반 의회에 진출하지만 진화론과 고고학, 인류학, 생물학 등 다방면에 걸쳐 학문적 연구도 게을리하지 않았다. 그는 1865년 펴낸 『선사시대』에서 구석기(Paleolithic)과 신석기(Neolithic)란 용어를 창안했으며, 곤충의 감각기관 등을 연구해 『곤충의 기원과 변태에 관하여』(1872), 『개미, 꿀벌과 말벌: 사회적 곤충의 습성의 관찰 기록』(1884) 등을 저술했다.

296 전투를 위해 부대원을 넓게 벌려서 만든 대형으로, 사격에 유리하며 적의 화력으로부터 아군의 피해를 줄일 수 있다는 장점이 있다. 상대어는 밀집대형으로, 부대원들이 간격 없이 종대로 정렬한 대형을 가리킨다. 버드는 산개대형이란 군사 용어를 통해, 덩치가 큰 속껍질 채취 개미들이 운반 개미들과 부딪히는 혼잡을 피하기 위해 대오의 간격을 넓게 벌린 것을 표현한 것으로 보인다.

297 딘딩 제도(Dindings)라고도 한다. 현재 말레이시아 페락 주 서남쪽의 만중(Manjung) 지역을 가리키며, 1973년까지 딘딩으로 불렸다. 딘딩은 영국의 말라야 지배의 신호탄이 된 팡코르 조약(Pangkor Treaty)이 체결된 팡코르 섬을 포함하는 지역이다. 1874년 팡코르 조약으로 당시 술탄국 페락은 영국의 주재관을 받아들이고, 팡코르 섬을 비롯한 딘딩 제도를 영국에 할양하기로 했다. 딘딩은 영국 해협식민지 페낭의 관할 아래 치안 책임자(superintendent)가 배속됐는데, 1878년10월 26일 초대 딘딩 제도 치안 책임자인 캡틴 로이드(Lloyd)가 중국인 비밀결사 회원에게 살해되었다. 말레이 반도에서 영국 식민지 관리가 살해된 것은 로이드가 두 번째다. 앞서 팡코르 조약에 따라 1874년 11월 페락의 초대 영국인 주재관으로 임명된 제임스 버치(James Wheeler Woodford Birch, 1826~1875)가 부임 1년 만인 1875년 11월 영국의 내정 개입에 반발하는 말레이 수장들에 의해 살해됐다. 버치의 암살이 정치적 이슈가 된 것에 견줘, 로이드의 살해는 세간의 이목을 끌지 못했다. 그로부터 1년 뒤 버드가 말레이 반도를 여행하면서 이 사건을 접하고 이 책을 통해 본격적으로 공론화한 셈이다. 딘딩의 로이드 사건은 이 책 뒷부분의 페낭에 관한 편지에서 다시 소상하게 언급되므로 자세한 사건의 내막은 뒤에서 다루기로 한다.

298 〔원주〕 숭에이 우종의 주재관 머레이는 1881년, 장시간 햇볕에 노출되어 병을 얻었고, 말라카에서 친구인 헤이워드 집에 며칠 머물다 숨졌다. 당시 해협식민지 총독 F. A. 웰드 경은 영국 식민장관 킴벌리 경에게 보낸 서한에서 머레이에 대해 이렇게 썼다. "나는 숭에이 우종에 관한 보고에 앞서, 최근 사망한 숭에이 우종 주재관 머레이의 추모부터 하고자 한다. 숭에이 우종의 국익과 그곳의 신민을 위해 헌신한 머레이는 목적이 공명정대했으며, 진심 어린 친절함이 몸에 밴 인물이었다. 그는 숭에이 우종의 성공적인 통치를 위해 요구되는 많은 자질을 갖추었으며, 말레이어를 모르는 상황에서도 그만의 방법으로 사람들로부터 존경을 받았다. 지난 6년간 머레이는 치안과 통치를 안정화하고 왕국의 개방 및 자원 개발을 확대하는 등 숭에이 우종 정부의 행정에 성공적인 조언을 했다. 그의 이름은 숭에이 우종의 번영과 함께할 것이며, 숭에이 우종 신민들은 두고두고 그를 기억할 것이다."

299 〔원주〕 슬랑오르에 대한 간략한 사전 설명 글을 준비하면서 나는 슬랑오르 공공사업 및 조사

책임자인 데일리에게 특별한 감사를 전하고자 한다. 나는 데일리의 귀중한 논문「말레이 반도의 술탄국에 관한 조사와 탐사」에서 많은 도움을 받았는데, 이 논문을 1882년 5월 8일 왕립지리학회 회보에 실리기 전에 읽어 봤다. 또한 왕립아시아학회 해협지부 회보에 실린 해협식민지 식민부 차관 스웨트넘이 작성한 말레이 술탄국에 대한 간략한 보고서도 참조했다. 아울러 작고한 해협식민지 법무장관 벤슨 맥스웰 경의『영국의 말레이 정복사』도 참조했음을 밝힌다.

300 말레이 반도 서안의 도시와 촌락은 강을 따라 형성되고, 이에 따라 정치체 또한 강과 밀접한 관련을 맺는다. 이들 지역의 술탄국명이나 도시명에 포함된 '쿠알라(Kuala)'나 '숭에이(Sungei)'가 모두 강(river)을 뜻하는 말레이어다. '슬랑오르 강'의 정치체가 슬랑오르, 우종강의 정치체가 숭에이 우종이며, 오늘날 말레이시아의 수도인 쿠알라룸푸르는 룸푸르 강의 도시인 셈이다.

301 유기물과 철황화물로 인해 푸른색을 띠는 바다의 침전물.

302 heavy clay. 찰진흙이라고도 한다. 토양은 모래와 실트, 점토로 구성되는데, 국제토양학회는 식물을 재배할 수 있는 토양[埴土]을 점토 함량을 기준으로 중식토와 경식토로 나눈다. 나라마다 기준은 다르지만, 통상 점토 함량이 60퍼센트 이상인 토양을 중식토라 한다.

303 말레이시아 슬랑오르 주 곰바르크(Gombark) 현에 있는 도시로서 '바투 동굴'로 유명하다. 지명은 인근을 흐르는 바투 강(Sungai Batu)에서 유래했다. 약 4억 년 전에 형성된 것으로 추정되는 바투 동굴은 1860년대 이전부터 중국인들이 농원의 비료로 쓰기 위해 이 동굴 바닥에 쌓여 있는 박쥐 배설물이 퇴적된 것을 채취했다는 기록이 있다. 1890년 한 인도인 무역상이 이 동굴에 인도 힌두 신앙의 신인 무루가(Muruga) 사원을 세우면서 바투는 힌두 성지가 됐다.

304 guano. 열대 대륙 연안이나 섬에 모이는 바닷새의 배설물이 퇴적되어 돌덩이처럼 굳어진 것으로, 조분석(鳥糞石) 또는 분화석(糞化石)으로 불린다. 인산이 풍부한 것은 인광석으로, 질소가 많은 것은 비료로 쓰인다.

305 District. 말레이 술탄국에서 귀족 수장이 관할하는 지역을 가리킨다. 말레이 세계의 가장 전형적인 양상은 정착지가 해안과 강을 따라 집중된다는 사실이다. 이러한 도읍 형태는 술탄의 직할지와 귀족 수장의 관할지인 디스트릭트, 지역 토호들의 영지인 향촌(mukim)으로 나뉜다. 말레이 왕국의 정상에는 양 디 퍼르투안(신이 만든 이), 라자(힌두 지배자), 술탄(이슬람 지배자)이라 불리는 왕이 자리했다. 이들의 역할은 "왕국의 통일성을 상징하고 어느 정도 그 통일성을 보지"하는 것이었다. 말레이 왕국의 실질적인 통치자는 "일반적으로 계곡의 한쪽이나, 왕국을 흐르는 주요 강의 계곡 지역과 그곳의 모든 신민을 통치"하는 디스트릭트의 수장이다. 술탄은 실제 권력을 거의 행사하지 않으며, 디스트릭트의 수장이 주도하는 분권화된 지방정부 체계를 따른다. 향촌은 "따로 살면서도 같은 집단이라는 정체성을 지닌 한 개 혹은 여러 개의 친족 집단"으로 구성되며, 향촌의 수장이 펑훌루(penghulu)다.

306 오늘날 술라웨시의 주도인 마카사르(Makassar)를 가리키는 것으로, 인도의 포르투갈 식민지 고아(Goa)와는 무관하다. 술라웨시 제도는 1699년 이래 셀레베스(Celebes)라는 이름으로 네덜란드의 지배를 받았다. 1800년 네덜란드 동인도회사의 식민지였고, 동인도회사가 해산된 이후 네덜란드 식민지인 네덜란드동인도의 일부로 편입됐다. 아울러 셀레베스 시절의 주도는 마카사르와 고아(Goa/Gowa)로 불렸는데, 네덜란드가 점령하기 이전 이곳에 '고아 술탄국'이 있었던 데서 유래한다.

307 부기스족은 17세기 말부터 말레이 반도 서안에 정착했는데, 셀레베스의 귀족을 자처하는 부기스족 수장 라자 루무(Raja Lumu, 1705~1778)가 쿠알라 슬랑오르에 새로운 부기스족 왕조를 열고 1774년 술탄 살레후딘(Sultan Sallehuddin, 재위 1774~1778)이란 이름으로 슬랑오르 초대 술탄에 올랐다. 술탄 살레후딘은 페락과 커다의 술탄과 인척 관계를 맺었다.

308 슬랑오르의 3대 술탄 무하마드 샤(Sultan Muhammad Shah, 재위 1826~1857)를 가리킨다. 술탄 무하마드는 2대 술탄인 술탄 이브라힘(재위 1778~1826)의 정실부인 자식이 아니었지만, 권력 갈등을 이용해 술탄에 선출됐다. 하지만 그의 재위 기간 슬랑오르는 버르남(Bernam), 쿠알라 슬랑오르(Kuala Selangor), 클랑(Klang), 랑앗(Langat), 루쿳(Lukut)의 다섯 개 디스트

릭트로 분할되었고, 술탄은 쿠알라 슬랑오르만 관할할 뿐, 나머지 지역은 지역 수장이 독립적으로 지배했다.

309 술탄 무하마드의 아들로, 라자 부수(Raja Busu)라고도 한다. '편지 13'의 주석에서 인용한 뉴볼드의 책에는 툰쿠 부수(Tunku Boosu)로 되어 있다. 참고로 버드는 '투안쿠 봉수(Tuanku Bongsu)'로 표기했다. 말레이 인명과 지명의 영문 표기가 들쭉날쭉하지만, 여기서는 '툰쿠 부수'로 통일한다. 툰쿠 부수는 1824년부터 루쿳 강 유역에서 주석 채광 사업을 벌였다. 이 과정에서 그는 말라카의 중국인 자본과 노동력을 끌어들였다. 1834년 그는 루쿳 지역에서 채취해 수출되는 주석에 10퍼센트의 세금을 부과하기로 결정했다. 이는 말라카의 중국인 자본가는 물론 루쿳 주석광의 중국인 노동자들의 반발을 샀다. 그해 9월 중국인 노동자 300~400명이 자신들의 고용주이자, 루쿳 지역 수장인 툰쿠 부수에 반기를 들었다. 버드는 툰쿠 부수의 죽음에 편향적 관점을 취하고 있는데, 앞서 언급된 말레이인에 의한 중국인 학살과 견줘 본다면, 당시의 사회경제적 배경도 고려해 볼 가치가 있겠다. 1834년 봉기 때 궁을 에워싸고 세금 부과 결정 철회를 요구하는 중국인 노동자를 향해 툰쿠 부수는 "무슬림은 죽음을 두려워하지 않는다. 할 테면 해 봐라."라고 소리쳤다고 하지 부용 아디(Haji Buyong Adi)의 『슬랑오르 연대기(*Sejarah Selangor*)』(1981)는 전한다. 이는 주석 개발 초기부터 말레이인과 중국인 이주 노동자들 사이에 경제적 이해뿐만 아니라 사회적·종교적·정치적 갈등이 복잡하게 얽혀 있었음을 시사한다.

310 영국은 해적 소탕을 명분으로, 1871년 7월 슬랑오르 내전의 한쪽 당사자인 라자 마흐디의 근거지 쿠알라 슬랑오르를 공격했다. 이는 영국이 슬랑오르 내전에 관여한 첫 군사 개입이다.

311 슬랑오르 4대 술탄인 시르 압둘 사마드(Sultan Sir Abdul Samad, 1804~1898, 재위 1857~1896). 3대 술탄 무하마드의 조카이자 사위. 슬랑오르는 술탄 무하마드가 1857년 태자를 임명하지 않은 상태에서 사망하면서 왕위 계승을 둘러싸고 내전 상태에 돌입했다. 말레이 술탄 승계의 관행상 태자를 지명하지 않은 경우, 정실부인의 아들에게 승계의 우선권이 주어진다. 그에 따라 술탄 무하마드의 정실부인의 소생인 라자 마흐무드(Raja Mahmud)가 술탄을 승계해야 했지만, 그의 나이가 너무 어렸다. 술탄 무하마드의 서출 왕자들과 사위들이 왕위를 노리는 가운데, 압둘 사마드가 술탄 무하마드의 사위 라자 압둘라와 손을 잡고 술탄에 올랐다. 압둘 사마드의 술탄 승계로 슬랑오르는 라자 압둘라 진영과 라자 마흐디 진영으로 양분됐고 여기에 중국인 주석 광산업자와 노동자들의 경쟁 집단이 결합되며 혼란이 커졌다. 술탄 압둘 사마드는 1866년 클랑 지역을 통치해 온 라자 마하디(클랑의 수장 라자 술라이만의 아들)를 제치고 라자 압둘라를 클랑의 수장에 임명하였는데, 이를 계기로 이른바 '클랑 전쟁'으로 일컬어지는 슬랑오르 내전이 벌어졌다.

312 Tunku Kudin. 본명은 툰쿠 지아우딘 자이날 라시드(Tunku Ziauddin Zainal Rashid)며 툰쿠 쿠딘으로 알려져 있다. 말레이 반도 북서안 술탄국 커다(Kedah)의 왕자로, 1867년 슬랑오르 술탄 압둘 사마드의 사위가 됐다. 술탄은 두 진영으로 나눠어진 슬랑오르의 내분을 진정시킬 요량으로 툰쿠 쿠딘을 슬랑오르 강 지역을 관할하는 부왕으로 임명했다. 툰쿠 쿠딘은 슬랑오르 내전에서 라자 압둘라의 아들 라자 이스마일과 손을 잡았고, 여기에 카피탄 차이나인 얍아로이를 끌어들였다. 툰쿠 쿠딘은 내전 수습을 위해 말레이 술탄국 커다와 파항은 물론 영국 해협식민지의 지원을 이끌어 내는 데 중요한 역할을 했다. 툰쿠 쿠딘은 내전을 수습하고, 영국 주재관이 개설된 이후 슬랑오르 정치에서 손을 떼고 페낭으로 거처를 옮겨 여생을 마쳤다.

313 葉亞來, Yap Ah Loy(1837~1885). 말레이시아 수도 "쿠알라룸푸르의 건설자"로 일컬어지는 입지전적인 말레이 화인 지도자. 중국 광둥성 후이저우(惠州)의 객가인 얍아로이는 17살 때인 1854년 말라야의 말라카로 이주했다. 주석 광산에서 노동자로 일하던 얍은 말라카에서 동향 사람을 만나 작은 상점의 점원이 됐다. 이후 슬랑오르 루쿳(Lukut)에서 주석 광부로 일하며 돈을 모아 돼지 무역을 시작했고, 이 과정에서 비밀결사 '해산회'의 후이저우 객가 출신 지도자와 교분을 쌓았다. 1860년 24살의 얍아로이는 숭에이 우종의 카피탄이 됐고, 1866년에는 쿠알라룸푸르의 카피탄에 올랐다. 한편 당시 슬랑오르 술탄 승계를 둘러싼 말레이 수장들의 권력 다툼이 본격화되면서 1867부터 6년에 걸친 슬랑오르 내전이 전개됐다. 1873년 얍아로이가 툰쿠 쿠딘과 함께 라자 마흐디 세력을 몰아내며 쿠알라룸푸르를 탈환하면서 얍의 정치적 입지는 강화됐고, 슬랑오르 내전은 새로운 국면을 맞았다. 얍아로이는 중국 무술의 달

인으로 알려져 있으나 경제적·정치적 리더십은 기존의 동남아시아나 말라야 화인사회의 그것과 비교되는 새로운 것이었다는 평가를 받는다. 얍은 영국은 물론 중국과도 우호적인 관계를 유지했다. 버드가 방문했던 당시는 얍아로이의 전성기로, 그가 언급했듯이 얍을 빼놓고는 슬랑오르와 쿠알라룸푸르를 설명할 수 없는 시대였다. 하지만 1874년 팡코르 조약 이후 영국의 말라야 정책 기조는 직접 지배를 강화하는 것이었고, 1880년대 들어 식민 당국은 얍아로이를 비롯한 중국인의 영향력을 견제 내지 축소하는 움직임을 구체화했다. 이러한 전환기에 슬랑오르를 방문했던 버드는 얍아로이를 긍정적으로 평가하는 한편, 영국 식민 당국의 슬랑오르 정책에는 부정적인 견해를 드러내고 있다.

314 영국 해협식민지 정부는 1874년 12월 30일자로 데이비드슨을 슬랑오르 주재관으로, F. A. 스웨트넘(F. A. Swettenham)을 부주재관으로 각각 임명했다.

315 이는 버드가 책을 발간할 1883년 당시에도 더글러스가 슬랑오르의 주재관이었다는 것을 뜻한다.

316 Sir Frederick Aloysius Weld(1823~1891). 영국 식민지 뉴질랜드의 6대 총리(재임 1864~1865)를 역임한 정치인으로, 1880년부터 1887년까지 7년간 해협식민지 총독을 지냈다.

317 滿載吃水線, load line. 선박의 안전을 위해 선박 중앙부에 표시한 눈금으로, 화물의 최대 적재 중량을 나타낸다. 흘수선은 배와 수면이 만나는 선을 가리키는데, 흘수선이 잠길 경우 배는 항해에 필요한 부력을 확보하기 힘들다.

318 버드는 영국 낭만주의 시인이자 비평가인 새뮤얼 테일러 콜리지(Samuel Taylor Coleridge, 1795~1834)의 「노수부의 노래(The Rime of the Ancient Mariner)」의 일부를 인용했다. 이 시의 3부에서 콜리지는 "태양의 둥근 테가 물에 잠기고, 별들이 뛰쳐나오네/ 한달음에 어둠이 닥치네(The Sun's rim dips; the stars rush out:/At one stride comes the dark)"라고 노래했다.

319 숭에이 우종과 더불어 '네그리 슴빌란'에 속한 9개 소국 가운데 하나로, 내륙에 위치한다. 오늘날 말레이시아 네그리 슴빌란에서 두 번째로 면적이 크다.

320 〔원주〕 쿠알라룸푸르는 현재 슬랑오르에서 가장 중요한 주석 중계항이며, 1880년에 영국 주재관과 그 참모들이 클랑에서 쿠알라룸푸르로 이주했다.

321 남십자성은 북위 30도 이남에서만 볼 수 있는 별자리다.

322 '압둘사맛'은 슬랑오르 4대 술탄인 압둘 사마드(Sultan Abdul Samad)의 이름을 영문으로 표기하는 과정에서 변형된 것으로 보인다.

323 꼬리가 없는 긴팔원숭이과의 영장류로, 날쌘긴팔원숭이라고도 한다. 털은 검은색에서 붉은 갈색 등 다양하며, 눈썹은 모두 희다. 평균 몸무게는 5.5킬로그램에 키는 40~60센티미터다. 통상 원숭이와 유인원은 꼬리의 유무로 구별하는데, 더글러스 가족은 꼬리가 없는 이 원숭이를 유인원으로 여겼던 것 같다.

324 incubus. 잠자는 인간을 타락시키는 악마의 일종으로, 몽마(夢魔)라고도 한다. 통상 남성의 모습을 하고 여성을 관능적으로 타락시키는 악마를 인큐버스, 여성의 모습을 한 것을 서큐버스(succubus)라고 한다.

325 〔원주〕 내가 슬랑오르를 방문하고 나서 석 달 뒤 얍아로이는 슬랑오르 술탄을 초대해 아주 성대하게 접대했다. 그리고 1880년 7월에는 특별히 공연장을 신축하고 해협식민지 총독을 초대해 화려한 연회를 베풀었다. F. A. 웰드 총독은 얍아로이의 연회에 참석한 뒤 이런 기록을 남겼다. "카피탄 차이나의 저택에서 연회와 만찬을 접대받은 것 말고도, 쿠알라룸푸르에서 중국식 연극 공연도 보았다. 술탄과 라자들이 싸움을 벌이고, 한 '총독'이 나타나 분쟁이 종식되고 왕국에 평화가 찾아온다는 줄거리의 연극이었다. 무대 위에서 나(웰드 총독)를 위한 환영사와 송시(頌詩, ode)를 낭송하면서, 유명 인사로 분장한 배우들은 몸을 굽혀 존경을 표했다. 배우들은 짙은 색의 두꺼운 비단에 손으로 일일이 금사와 은사로 수를 놓은 의상을 입었다. 극중 왕자들을 수행하는 무사들은 깃발과 깃털로 장식된 화려한 투구를 썼고, 그에 상응해 무기 장식이 돋보이는 위엄 있는 분장을 했다. 숙녀들도 목마를 타고 등장하는데, 프리마

돈나, 즉 여주인공 한 명 이외의 여배우들은 비단과 황금 구름 속에 가려 얼굴만 보인다. 어릿광대들은 익살을 떨고, 파란색의 헐렁한 셔츠와 통이 넓은 심홍색 바지를 입은 곡예사들은 대포 속에 들어가 무대 위 빈자리를 향해 발사되는데, 그 속도가 별똥별처럼 빨라 과연 사람이 하는 것인지 의심스러울 정도였다. 나는 일전에 런던에서 찰스 킨*이 연출한 셰익스피어의 야외극을 본 적이 있다. 하지만 내가 말레이 반도 한가운데인 이곳에 오기 전만 해도 중세의 야외극이 이처럼 대단한지 미처 알지 못했다. 나는 색채와 무대 효과가 환상적으로 조화를 이룬 연극을 보기는 이번이 처음이다."

*Charles Kean(1811~1868). 셰익스피어의 희곡『햄릿』에서 주인공 햄릿을 연기하는 등 연극 배우로 출발해, 영국 런던의 '프린세스 극장(Princess's Theatre)' 지배인을 역임했다. 킨은 희곡이 쓰인 시대의 역사적 상황을 정확하게 재현해야 한다는 입장에서 셰익스피어 희곡을 연출한 연출가로 유명하다—역주.

326 주민들은 클랑을 떠나는데, 식민지 정부의 관리와 피고용인만 늘어나고 있는 것을 이처럼 빗대서 얘기하고 있다.

327 Harmonium. 풀무로 바람을 보내 프리 리드를 진동시켜 소리를 내는 소형 오르간의 총칭.

328 Ambrosian Hymm, Te Deum. 성부와 성자를 찬양하는 찬미가. 떼데움은 라틴어로 되어 있는데, 17세기 영국의 작곡가 올란도 기본스(1583~1625)는 성공회 예식에 맞게 영어 번역 가사에 곡을 붙인 떼데움을 작곡하기도 했다.

329 Horatius Bonar, 1808~1887. 19세기 스코틀랜드의 전도사이자 찬송가 작사자. 그는 600여 편의 찬송시를 작사했으며, 스코틀랜드 최고의 찬송가 작사가로 꼽힌다.

330 "I heard the Voice of Jesus Say"

331 Victoria Cross(V. C.). 영국 및 영연방의 군인에게 수여하는 훈장.

332 vendetta. 예전 이탈리아의 코르시카 섬과 여러 지방에서 행해진 원수 갚기의 악순환을 의미한다. 오랜 세월에 걸친 반목과 분쟁을 뜻하기도 한다. 버드는 1874년 팡코르 조약에 따라 말레이 술탄국에 주재관제가 도입된 이래 페락의 주재관 버치(1875)와 딘딩의 치안 책임자 로이드(1878)가 살해된 사건이 슬랑오르에서도 재연될 것을 염려하고 있다.

333 랑앗 강은 클랑 강에서 남쪽으로 내려온 곳에 있다. 그러니까 버드는 말라카에서 북쪽으로 올라가 슬랑오르의 영국 주재관저가 있는 클랑 강의 쿠알라 클랑으로 갔다가, 다시 남쪽으로 배를 몰아 술탄이 거처하는 왕도인 주그라, 즉 쿠알라 랑앗으로 향하고 있는 것이다.

334 pike. 중세까지 서양에서 무기로 쓰인 창(spear)의 하나다. 길이가 3~5미터에 달하는 긴 창으로, 보병들이 기병을 상대할 때 쓰던 무기다. 파이크는 찌르기 위한 것이지 던지는 용도로는 쓰이지 않는다. 이와 달리 기병들이 든 긴 창은 랜스(lance)라고 한다. 파이크는 17세기 이후 총기가 보급되고, 총에 꽂는 총검이 나오면서 자취를 감추었다. 버드가 말한 이 요트의 파이크들은 해상에서 해적들이 다가오는 것을 방어하기 위한 무기로 짐작된다.

335 "Many twinkling smile of ocean." 이 표현은 그리스의 3대 비극 작가로 꼽히는 아이스킬로스(Aeschylos, 기원전 525?~기원전 456?)의 희곡『결박된 프로메테우스』에 나오는 바다의 묘사를 영역한 것이라고 한다.

336 19세기 영국 빅토리아 시대를 대표하는 계관 시인 앨프리드 테니슨(Alfred Tennyson, 1837~1895)의 시「아서왕의 죽음(Morte D'Arthur)」에 나오는 구절. 테니슨은 깊은 상처를 입어 죽음을 앞둔 아서가 아빌리온(Avilion/Avalon)으로 떠나는 이 시의 마지막 부분에서 "(To the island-valley of Avilion:/) When falls not hail, or rain, or any snow,/ Nor ever wind blows loudly;"라고 읊었다. 흥미로운 대목은 버드가 이 시를 다른 책에서도 인용하고 있는데, 'hail'과 'rain'의 순서를 바꾸어 쓰고 있다는 점이다. 이뿐만 아니라, 버드는 이 책에서 인용 부호를 달고도 원문과 다른 표현을 예사로 쓰고 있다.

337 19세기 미국 시인 헨리 워즈워스 롱펠로(Henry Wadsworth Longfellow, 1807~1882)의 시「바다의 신비(The Secret of the Sea)」의 싯구.

338 주그라는 랑앗 강 하구에서 내륙으로 조금 들어간 곳에 있지만, 말라카 해협으로 손쉽게 나아갈 수 있는 전략적으로 중요한 위치에 있어, 오래전부터 말라카 해협을 오가는 유럽과 아시아 무역상들에게 널리 알려져 있던 도시였다. 슬랑오르의 4대 술탄 압둘 사마드가 1875년 주그라에 술탄궁(Istana Jugra)을 짓고 왕도로 삼았다. 5대 술탄은 1905년 인근 반팅(Banting)에 술탄궁 이스타나 반다르를 짓고 천도했다. 주그라에 있는 산이 부킷 주그라며, 쿠알라 랑앗의 중심이 주그라다.

339 슬랑오르의 5대 술탄에 오른 라자 술라이만(Raja Sulaiman, 1863~1937)을 가리킨다. 라자 술라이만은 술탄 압둘 사마드의 태자로, 그의 사후 술탄 시르 알라에딘 술라이만 샤(Sultan Sir Alaeddin Sulaiman Shah, 재위 1898~1935)가 됐다. 말레이 술탄국의 왕위는 통상 정실부인의 장남에게 승계되는데, 적법한 태자(太子)를 '라자 무다(Raja Muda)' 또는 '라자 무사(Raja Musa)'라고 한다. 참고로 버드는 'Raja Moussa'로 표기했다.

340 『구약성경』 시편 19장 5절.

341 『구약성경』 시편 19장 6절. "하늘 이 끝에서 나와서 하늘 저 끝으로 돌아가니, 그 뜨거움을 피할 자 없다."

342 오늘날 가축용 닭의 조상으로 여겨지는 반탐닭의 암컷은 한 해 평균 150개의 알을 낳는데, 알은 보통 달걀에 비해 3분의 1 내지 절반 크기로 작다.

343 1869년 영국의 성공한 목판화가이자 사회 개혁가인 윌리엄 루손 토머스가 창간한 주간 신문으로, 주요 현안을 만평이나 삽화 형식으로 다뤘다.

344 앞에서 버드는 술탄 압둘 사마드가 왕위 승계 문제와 슬랑오르의 내분을 해결할 의지도 역량도 부족한 인물이라고 평한 바 있다. 이를 감안한다면 버드의 이 표현은, 용모는 호감이 가지만 술탄으로서는 그렇지 않다는 의미를 담고 있는 것으로 보인다.

345 술탄 압둘 사마드는 1804년생으로, 버드가 방문했던 1879년 당시 75세였다.

346 huzzar jacket. 16세기 초 맹위를 떨친 폴란드 경기병(輕騎兵, huzzar)의 유니폼이 18~19세기 유럽 전역에서 후자르 재킷이란 이름으로 유행했다. 후자르 재킷은 몸에 꽉 끼는 짧은 상의로, 앞부분에 여러 개의 끈과 플로깅(flogging, 기다란 나무 단추와 고리로 이뤄진 장식용 외투 단추)을 단 것이 특징이다. 여러 줄의 끈이나 쇠줄로 어깨 장식을 하고, 어깨에 걸쳐 입는 돌먼 재킷(dolman jacket)을 후자르 재킷 위에 걸쳤다.

347 버드는 단순히 위원회(council)라고 했으나, 이는 국가위원회(state council)를 가리키는 것으로 보인다. 영국은 주재관제를 시행하면서, 기존 술탄국의 의사결정 방식을 바꿔, 국가위원회에서 의결하도록 제도를 바꾸었다. 술탄도 이 위원회의 일원이며, 명목상 술탄이 최종 승인을 하는 방식이었지만, 사실상 의사결정은 영국의 주재관과 위원회에서 이뤄졌다.

348 버드는 앨프리드 테니슨의 시 「연(蓮)을 먹는 사람들(The Lotus-Eaters)」(1832)을 인용하고 있다. 이 시는 호메로스의 『오디세이아』에 나오는 '연을 먹는 사람'의 나라 이야기를 바탕으로 쓰였다. 『오디세이아』에 따르면, 트로이아를 출범한 일행은 폭풍을 만나 아흐레 동안 해상을 표류하던 끝에 '연을 먹는 사람'들의 섬나라에 도착한다. 오디세우스가 정탐을 위해 보낸 부하들은 그곳 사람을 만나 연을 먹어 보라는 권유를 받는다. 그 연은 고향을 깡그리 잊고 언제까지나 그 나라에 살고 싶게 만드는 힘을 지닌 불가사의한 음식물이다. 이를 소재로 테니슨은 이 시에서 인간의 노동과 쉼에 관해 이야기했다. 인간은 쉬고 싶어 하지만, 쉬지 못하고 노동을 불평만 한다는 내용을 담고 있다. 버드는 이 시의 시행을 바꿔 자신의 견해를 드러냈다. 인용문 앞의 것은 이 시의 86~87행[(Death is the end of life: Ah,) why/ Should life all labour be?]이며, 뒤의 것은 68~69행["There is no joy but calm!"/ Why should we only toil, the roof and crown of things?]이다.

349 鏤金세공, filigree. 가는 금실이나 금 알갱이를 금속 바탕에 붙여 섬세한 무늬를 표현하는 금속 세공 기법. 세금세공(細金細工), 감석누금세공(嵌石鏤金細工)이라고도 한다. 우리나라도 삼국시대에 누금세공이 성행했다.

350 하렘은 이슬람 세계에서 가까운 친척 이외의 일반 남자들의 출입이 금지된 장소를 가리킨다. 코란의 예언자(마호메트) 아내들에 대한 수칙에 따르면, 예언자의 아내들이 맨얼굴을 보여도 죄가 되지 않는 경우는 그들의 아버지나 자녀들, 형제자매, 가까운 친척 및 같은 여신자와 자신의 노예뿐이다. 따라서 태자는 왕비의 친자가 아닌 까닭에 왕비의 처소 출입이 제한되며, 왕비의 맨얼굴도 볼 수 없는 것이다.

351 모기가 옮기는 말라리아나 뎅기열 같은 열병의 원인을 가리키는 것으로 보이는데, 버드는 그것을 '독(poison)'이라고 표현했다. 이러한 열병이 모기가 매개하는 바이러스 감염증이라는 것을 몰랐던 19세기의 지식인 버드가 모기의 독이 열병을 일으킨다고 여겼다는 사실이 흥미롭다.

352 이는 앞서 언급한 토마스 존 뉴볼드(Thomas John Newbold)의 『말라가 해협 영국식민지의 정치와 통계(*Political and statistical account of the British settlements in the Straits of Malacca, Vol. II*)』(London, 1839)를 가리킨다. 이 책(237~238쪽)에서 뉴볼드는 나닝(Naning)의 치안 최고 책임자 웨스터하우트(Mr. Westerhout)에게서 전해 들은 것이라며, 재판과 크리스(Kris) 처형 장면을 자세하게 묘사하고 있다. 요약하자면 이렇다.
"향촌을 관장하는 세습지방관인 펑훌루의 주재로 '처형장' 부킷 퍼니알랑(Bukit Penialang)에서 형사피고인에 대한 재판이 열렸다. 이슬람 율법에 따라 피고의 유죄가 인정되자 말레이 관습법(Adat Minangkabau)에 따라 1브하르(Bhar: 스페인달러로 24달러 30센트)의 벌금, 또는 즉결 처형의 선고가 내려졌다. 벌금을 낼 수 없는 피고는 사형에 처해졌다. 묶인 채 앉아 있는 사형수 옆에 무덤 구덩이가 파였다. 그 양쪽에 무장인 팡리마(Panglima) 두 명이 섰다. 한 명의 팡리마가 떨고 있는 사형수의 숨을 끊기 위해 칼을 뽑았다. 팡리마는 날카로운 칼끝에 부드러운 면 보자기를 덮은 뒤, 사형수의 가슴을 압박하며 오른쪽 쇄골 약간 위에 크리스를 갖다 댔다. 팡리마는 왼손 손가락으로 면 보자기를 단단히 누르고, 오른손에 든 크리스를 왼편으로 비스듬하게 천천히 찔러 넣었다. 칼날이 손잡이까지 들어가자 팡리마는 크리스를 천천히 뺐다. 왼손 손가락으로 면 보자기를 계속 눌러 피가 분출되는 것을 막았다. 사형수는 온몸을 떨었다. 요식 행위로 코코넛 껍질에 물을 담아 사형수의 입에 가져다 대었지만, 사형수는 마지막 물 한 모금 마실 겨를도 없이 숨이 멎었다. 사체는 무덤 구덩이로 굴러 떨어졌고, 흙이 덮이면서 재판과 처형은 끝났다."

353 〔원주〕 영국 식민지에 있는 한 친구가 내게 이런 얘기를 들려줬다. 그는 어떤 죄인들에게 3년형을 선고한 말레이 술탄국의 한 영국인 치안판사에게 형량을 영국법과 식민지법, 말레이법 등 어떤 법령에 근거해 선고한 것인지를 물었다. 그러자 그 영국인 치안판사는 어깨를 으쓱하더니 "그 악당은 3년 형이 적절했다."고만 대답했다 한다.

354 〔원주〕 나는 해협식민지 법무장관을 지낸 벤슨 맥스웰 경(Sir Peter Benson Maxwell, 1817~1893, 재임 1867~1871)에게서 많은 도움을 받은 바 있는데, 그가 중국인의 선서와 관련해 다음과 같은 내용의 글을 최근 보내 왔다. "나는 중국에서는 선서라는 것을 채택하기 힘들 것이라고 믿는다. 중국인은 저주를 내리는 방식으로 선서를 한다. 중국인 증인은 닭의 목을 자르는 시늉을 하면서 자신의 증언이 거짓이라면, 자기 목을 자르라고 한다." "내가 한번은 믿을 수 없는 진술을 한 중국인 증인에게 '그 증언대로 당신은 닭의 목을 자를 건가'라고 묻자, 그는 '나는 코끼리 머리도 자를 수 있다'고 대답했다. 식민지 법정에서 중국인은 진실을 말하지 않는다면 자신에게 저주를 내리라는 글이 적힌 종이를 불태우는 방식으로 선서를 한다."

355 말레이 반도 서안의 경우 지명이 강과 밀접하게 연관되어 있음은 앞서 언급했다. 슬랑오르도 그러한데, 슬랑오르는 강의 이름이자 술탄국의 국명이며, 디스트릭트(Kuala Selangor)와 도시의 이름이기도 하다. 여기서 '슬랑오르'는 슬랑오르 술탄국을 의미하고, 슬랑오르 강의 디스트릭트와 도시를 가리킬 때는 '쿠알라 슬랑오르'로 통일한다. 우리나라에서 '제주'라는 말로 '제주도'와 '제주시'를 아우르는 것과 같은 이치다.

356 버드는 1871년 8월이라고 표기했는데, 이는 7월에 대한 오기거나, 사실 확인을 충분히 할 수 없었던 사정에서 비롯된 착오로 보인다.

357 이른바 1871년의 '슬랑오르 사건'의 발단이 된 해적 사건을 가리키는 것으로, 영국이 말레이 술탄국 내정 불간섭 정책을 파기하고, 개입 정책으로 전환하는 과도기의 상징적인 사건이다.

더구나 이 사건은 1868년부터 시작된 슬랑오르 내전과 맞물려 있어 복잡하게 전개됐는데, 개요는 아래와 같다.
먼저 정크선 피랍 사건부터 보자. 영국 식민지 페낭의 중국인 옹홍부안(Ong Hong Buan)이 소유한 정크선 '킴셍청(Kim Seng Cheong)'이 1871년 6월 14일 페낭에서 승객과 화물을 싣고 페락의 라룻(Lalut)으로 출발했다. 하지만 8일이 지난 6월 22일에도 배가 라룻에 도착하지 않자 해적에 피랍됐다는 소문이 돌았다. 싱가포르의 해협식민지 정부는 선주의 요청을 받아들여 해협식민지 정부의 증기함정 '플루토(Pluto)'와 해경을 파견해 수색에 나섰다. 6월 28일 슬랑오르 강 하구에서 문제의 정크선이 발견되었다. 당시 페낭에서 발행되던 영어 신문 『페낭 가제트』에 따르면 정크선 '킴셍청'의 승객 34명이 살해되고 생존자는 6명뿐이었다. 물론 화물은 약탈됐다. 식민 당국의 경찰이 쿠알라 슬랑오르에 상륙해 수사한 결과, 정크선에 실렸던 화물이 그곳 중국인 상점에 있는 것으로 확인되었고, 중국인 소행의 해적 사건임이 분명했다.
한편, 영국과 슬랑오르 술탄이 1825년 체결한 조약에 따르면, 슬랑오르 술탄은 영국 식민 당국이 요청하면 해적 행위 용의자를 영국에 인도해야 한다. 영국은 슬랑오르 태자에게 범인 체포와 인도를 요청했지만, 태자는 그럴 힘이 없었다. 클랑을 거점으로 슬랑오르 내전을 전개하던 라자 마흐디(Raja Mahdi)가 1870년 3월 술탄의 사위이자 부왕인 툰쿠 쿠딘에게 패퇴해 쿠알라 슬랑오르를 새 거점으로 삼고 있었던 탓이다. 이에 영국 당국의 군경이 7월 1일 직접 해적 체포에 나섰지만, 말레이 수장들에 의해 저지됐다.
해협식민지 정부는 7월 3일 증기함정 '플루토'와 영국 해군함정 '리날도'를 쿠알라 슬랑오르로 급파했다. 라자 마흐디 세력의 말레이 수장들이 플루토에 포격을 가해 해군 1명이 숨지고 5명이 부상하는 사건이 벌어졌다. 식민 당국은 즉각 군사 보복에 나섰다. 1871년 7월 4일 함정 '리날도'는 쿠알라 슬랑오르의 언덕 요새와 촌락을 향해 12시간 무차별 포격을 가했다. 이틀 뒤 다시 포격을 가한 뒤 해병대가 상륙해 쿠알라 슬랑오르를 접수했고, 라자 마흐디 세력은 정글로 패주했다.

358 1871년 '슬랑오르 사건' 당시 영국 해협식민지 총독은 해리 오드 경(Sir Harry St. George Ord, 1819~1885, 재임 1867~1873)이었지만, 페낭을 관할하던 해협식민지 부총독 에드워드 앤슨 경(Sir Archibald Edward Harbord Anson, 1826~1925, 재임 1867~1882)이 1871년 3월부터 1872년 3월까지 총독 대행을 맡고 있었다. 앤슨은 영국 육군 장교로서 소장으로 예편했으며, 사건 당시 계급은 대령이었다. 앤슨은 이후에도 총독 교체기에 여러 번 총독 대행을 맡았다. 한편 오드 경은 영국 육군 공병대 출신으로, 당시 영국 정부 공식입장이 말레이 술탄국 내정에 간섭하지 않는다는 기조가 유지되고 있었음에도 말레이 반도에 적극적인 개입 정책을 폈다. 영국 식민부는 오드 총독의 개입 정책을 승인하지 않았을 뿐 아니라, 말레이 술탄국 내정에 개입하지 말라는 훈령을 내리기도 했다.

359 〔원주〕 쿠알라 슬랑오르에 관한 정보는 현지에서 보고 들어 취합한 것이 아니라, 내가 해협식민지 고위 관리 2명으로부터 받은 공식 기록에 의거한 것이다.

360 Sungei Bernam. 티티왕사 산맥에서 발원해 슬랑오르와 페락의 경계를 이루며 말라카 해협으로 흐르는 강.

361 버드는 데일리 부인의 고열이 습지에서 뿜어져 나오는 장독(瘴毒) 탓이라 여기는 것 같다. 중국 남부의 덥고 습한 곳에서는 소택지에서 식물이 부패하면서 뿜어져 나오는 아지랑이 같은 기운을 장독 또는 장기(瘴氣)라 하고, 그것이 장티푸스(염병)와 유사한 열병을 일으킨다고 알려져 있다.

362 버드는 지명을 밝히지 않고 있다. 오늘날 말레이시아 슬랑오르 주 북단의 디스트릭트인 사박 버르남(Sabak Bernam)을 지칭하는 것으로 보인다.

363 〔원주〕 버르남 지역(디스트릭트)은 최근 페락의 영지로 편입되어 유능한 페락의 주재관 휴 로(Hue Low)의 관할 아래 있다.

364 원문은 "hugger-mugger"다. hugger는 뒤에서 껴안는 사람, mugger는 등 뒤에서 습격하는 노상강도를 가리킨다. 등 뒤라는 의미를 공유하는 두 단어를 합쳐 "은밀하게"라는 뜻으로 쓰이지만, 여기서는 영국 식민지 정부가 세수를 확보하기 위해 온갖 명목의 세금을 걷는 행태로

번역한다. 참고로 영국 식민지 정책의 기조는 행정 비용을 현지에서 조달한다는 것이었고, 정부 세수를 마련하기 위해서는 물불을 가리지 않았다. 대표적인 것이 앞서 보았듯이 징세청부제를 통한 아편 판매다.

365 Leper Island. 페낭 섬의 남동쪽에 있는 작은 섬으로, 지금은 '제레작 섬(Pulau Jerejak)'으로 불린다. 이곳은 1868년 해협식민지의 나환자 수용 시설이 들어서고, 나병 방역소(1875)가 개설되면서 '나환자 섬'이란 명칭을 얻었다. 이곳의 나환자 수용 시설은 1960년대에 폐쇄됐다. 페낭의 식민지 개척자인 영국 동인도회사의 캡틴 프랜시스 라이트(Francis Light)는 1786년 페낭에 상륙하기 전, 이 섬(당시 말레이인은 '풀로 제라자pulo jeraja'라 불렀다)에 먼저 첫발을 디딘 것으로 알려졌다.

366 Province Wellesley. 오늘날 말레이시아 커다 주의 '스버랑 페라이(Seberang Perai)'를 가리킨다. 본디 커다 술탄국의 영지였던 이곳은 1798년 커다 술탄이 영국 동인도회사에 할양되어 페낭의 관할 아래 영국 식민지가 됐다. 1797~1805년 인도 총독을 지낸 리처드 웰즐리 후작(Richard Colley Wellesley, 1st Marquess, 1760~1842)의 이름을 따 프로빈스 웰즐리로 불렸다. 나폴레옹 전쟁을 승리로 이끌었고 영국군 총사령관을 지낸 웰링턴 공작 아서 웰즐리(Arthur Wellesley, 1st Duke of Wellington, 1769~1852)는 리처드 웰즐리의 동생이다.

367 『구약성경』 시편 19장은 '하느님의 율법'을 태양에 비유한 것으로 유명한데, 5~6절에서 "해는 그의 신방에서 나오는 신랑과 같고, 그의 길을 달리기 기뻐하는 장사와 같아서, 하늘 이 끝에서 나와서 하늘 저 끝까지 운행함이여 그의 열기에서 피할 자가 없도다."라고 했다.

368 "Like a glory the broad sun". 아일랜드의 시인 토머스 무어(Thomas Moore, 1779~1852)의 페르시아 설화시 『랄라루크(*Lalla Rookh*)』(1817) 가운데 '낙원과 요정(Paradise and the Peri)'에 나오는 시구. "장미의 땅 시리아 위로/ 밤의 어둠이 시나브로 물러나고, / 광배 같은 둥근 해가/ 성스러운 레바논 위로 솟네"(348~351행)

369 버드는 페낭(Penang)을 피낭(Pinang)으로 표기했지만, 여기서는 오늘날의 이름인 '페낭'으로 통일한다.

370 조지 4세(George IV, 1762~1830, 재위 1820~1830). 부왕 조지 3세가 정신착란으로 국정을 돌볼 수 없게 되자, 1811년부터 왕세자(Prince of Wales)로서 국왕의 일을 대행했다. 60년을 재임한 조지 3세는 포르피린증이란 정신분열병을 앓았다.

371 Sir William Cleaner Francis Robinson(1834~1897). 영국 식민지 관료이자 작곡가. 포클랜드, 서호주 총독을 거쳐 1877년 8월부터 1879년 2월 10일까지 영국 해협식민지 총독을 지냈다.

372 Sir Hugh Low(1824~1905). 1877년부터 12년간 페락의 주재관을 지내면서, 말라야에서 영국의 주재관제를 성공적으로 정착시킨 인물로 평가된다. 페락 주재관에 임명되기 이전 말라야와 보르네오의 영국 식민지에서 30년간 관리로 일했으며, 말레이어에 능통하고 특히 식물학자로서 명성을 얻었다. 그가 말레이 반도에 고무나무를 들여와 처음으로 재배한 것으로 알려져 있다.

373 버드가 묘사한 슬랑오르 기는 오늘날의 그것과 다소 차이가 있다. 당시 정사각형이었던 기는 오늘날 가로와 세로의 비율이 2:1인 직사각형으로, 좌측 상단의 빨간색 사각형 안에 그려진 초승달과 별은 1965년 이후 노란색에서 흰색으로 바뀌었다. 초승달을 별의 오른쪽에 배치해 그믐달처럼 보이는 게 특이하다.

374 Thomas Sidgreaves(1831~?). 1867년 말라카, 페낭, 싱가포르가 해협식민지로 통합된 뒤 1871년부터 1886년까지 해협식민지 2대 법무장관을 지냈다.

375 Robert Sandilands Frowd Walker(1850~1917). 영국 육군 제28 보병연대 소속 군인이자, 말라야 식민지 관리. 영국 왕립사관학교 시절 유명한 럭비 선수였던 워커는 싱가포르의 해협식민지 정부에서 로빈슨 총독의 부관으로 근무하다, 스윈번 소령이 창설한 페락의 시크교도 무장 경찰 조직의 운영과 지휘를 1879년 인계했다. 1884년 시크교도 무장 경찰 조직을 '페락 시크교도 제1 군경대대(Military Police Battalion)'로 재편했다. 워커는 맥스웰이 이임함에 따라 1882년 페락 부주재관으로 승격되었으며, 1900년 페락 주재관 대행을 역임했다. 오늘날 페

락의 타이핑에 있는 페락박물관 앞에 워커의 동상이 있다.

376 Prince Edward Island, 캐나다 동부 대서양 연안 세인트로렌스 만에 있는 섬.

377 Chulia. 영국 식민 당국은 말레이 반도에 이주한 인도인 가운데 힌두교도는 '클링(Kling)'으로, 무슬림은 '출리아(Chulia)'로 구분했다.

378 빅토리아 여왕을 VRI(Victoria Regina et Imperatrix)라고 하며, 이는 영어로 'Victoria, Queen and Empress'를 뜻한다. 통상 리자이나(Regina)는 여왕의 공식 서명에 사용하는 칭호며, 임페라트릭스(Imperatrix)는 여제, 즉 제왕의 여성성을 강조하는 용어다. 버드는 이 글에서 아시아 식민지의 영국인 총독 등 식민지 고위관리들의 역량이 식민지 경영을 성공적으로 이끌고 있다는 입장을 취하고 있는 것으로 보인다.

379 Chulia Street/Lebuh Chulia. 출리아 스트리트는 영국이 페낭 섬을 점령하고 조지타운을 도시계획 할 때부터 있었던 오래된 거리다. 영국 식민 당국은 도로를 격자형으로 배치하고 각 거리마다 아시아계 이주민들이 거주하도록 도시를 설계했다.

380 Francis Light(1740~1794). 페낭의 건설자로 불린다. 1759년 영국 해군 장교 후보생으로 입대해 해군으로 활동한 라이트는 1765년부터 말레이 반도 일대에서 현지 무역상(country trader)으로 일했다. 페낭의 전략적 가치를 예견한 라이트는 페낭 점령 15년 전인 1771년 영국 동인도회사 총독 워런 헤이스팅스에게 페낭을 영국 식민지로 삼을 것을 건의한 바 있다. 라이트는 1786년 영국 동인도회사를 대신해 커다의 술탄 압둘라 무카람 샤로부터 페낭 섬을 임대해 영국의 식민지로 삼았다. 라이트는 1794년 10월 21일 말라리아로 페낭에서 사망했다.

381 아시아에서 유럽 상업의 행태를 가리키는 것으로, 네덜란드와 영국의 동인도회사가 채택한 사업 방식이다. 아시아의 어느 한 지역에서 구입한 상품을 아시아의 다른 지역에 가서 처분하고 그 돈으로 그곳의 상품을 사서 다시 다른 곳에 판매하는 식의 연쇄적인 거래 관계를 '현지 무역(country trade)'이라 한다. 동인도회사와의 관계 속에서 이러한 현지 무역을 담당한 유럽 상인이 현지 무역상이다.

382 Isle of Wight. 잉글랜드 남부 포츠머스 앞바다의 작은 섬.

383 plantain. 바나나의 일종으로 바나나보다 덜 달아 쿠킹 바나나라 불리기도 하는데, 바나나와 플랜틴을 구분하기 쉽지 않다.

384 버드는 페락(Perak)의 발음에 대해 특별히 '페이라(Payrah)'라고 언급했다. 당시에도 표기와 발음에 혼선이 있었던 것으로 보인다. 일본에서는 '페라'라고 표기한다. 하지만 19세기 초 영국 문헌에는 페이락(Payrak)으로 표기되기도 해, 'h'와 'k'가 혼동되기도 한 것으로 보인다. 여기서는 '페락'으로 표기한다.

385 오늘날 페락의 면적은 21,035제곱킬로미터다.

386 호그스헤드(hogshead). 액량 단위로 238.5리터가 들어가는 큰 통이다.

387 Sago. 사고야자나무에서 나오는 쌀알 모양의 흰 전분으로, 흔히 우유와 섞어 디저트를 만든다.

388 jaggary-palm. 야자나무 수액으로 만든 설탕을 '야자설탕(palm-jaggary)'이라고 한다. 인도와 동남아시아에서는 사탕수수로 설탕을 만들기 이전부터 야자나무의 수액을 추출·응고시켜 단맛을 내는 재거리를 만들었고, 지금도 이용하고 있다. '재거리야자나무'는 별도의 종이라기보다 설탕을 만들 수 있는 야자나무들을 가리키는 것으로 보인다.

389 말레이어 털룩(teluk)은 만안(灣岸, gulf)을 가리킨다.

390 버드는 페락의 주재관 휴 로를 높이 평가하고 있다. 20세기 태국과 말라야에서 영국 식민지 관료를 지냈고, 동남아시아 전문 학자이기도 한 빅터 퍼셀도 『1800년 이후의 동남아시아』에서 영국의 동아시아 식민지 관료 가운데 최고로 휴 로를 꼽는다. 특히 퍼셀은 영국이 해협식민지의 거점 지배에서 말레이 반도 영역 지배로 전환하는 과정에서 도입된 주재관제가 중요한 역할을 했으며, 휴 로가 말라야의 영국 주재관 제도 정착에 지대한 공을 세웠다고 평가했다.

391 Rajah Ibrahim, 슬랑오르의 2대 술탄 무하마드 샤(Sultan Muhammad Shah, 재위 1778~1826)를 가리키는 것으로 보인다. 커다를 수중에 넣은 태국이 페락도 합병하려 하자, 내정 불간섭 정책을 고수하던 영국은 태국의 페락 점령에 이례적으로 개입해 이를 저지했다. 슬랑오르 왕국은 앞서 보았듯이 부기스족의 왕국으로, 말라카 왕국의 계보를 잇는 페락의 말레이 왕국과 갈등 관계였다. 버드는 1822년 슬랑오르의 도움으로 페락이 태국군을 몰아냈다고 했는데, 슬랑오르가 태국이라는 공동의 적을 두기는 했지만 페락을 지원했다는 표현은 무리가 있어 보인다.

392 페락 술탄의 계보는 16세기 초로 올라간다. 1511년 포르투갈이 말라카 왕국을 점령하자, 말라카의 마지막 술탄인 마흐무드 샤(Sultan Mahmud Shah, ?~1528, 재위 1488~1511)는 수마트라로 망명했다. 마흐무드 샤는 두 명의 왕자를 뒀다. 둘째 아들인 알라우딘 리아얏(Alauddin Riayat, ?~1564)은 1528년 마흐무드 샤가 사망하자 말레이 반도로 건너가 조호르 왕국을 세우고 조호르 초대 술탄 알라우딘 리아얏 샤 2세(Alauddin Riayat Shah II, 재위 1528~1564)에 올랐다. 이로써 조호르 왕국은 말라카 왕국을 승계했다. 페락은 마흐무드 샤의 또 다른 왕자 무자파르(Muzaffar)를 모셔 가 술탄에 옹립했는데, 술탄 무자파르 샤(Sultan Muzaffar Shah, 재위 1528~1549)가 페락의 초대 술탄으로 기록되어 있다.

393 1826년 영국과 태국이 체결한 조약을 가리킨다.

394 페락의 24대 술탄 알리 알-무카말 이나얏 샤(Sultan Ali Al-Mukammal Inayat Shah, 재위 1865~1871).

395 페락의 25대 술탄 이스마일 무아비딘 리아얏 샤(Sultan Ismail Muabiddin Riayat Shah, 재위 1871~1874). 24대 술탄이 사망했을 당시 이스마일은 페락의 총리에 해당하는 븐다하라(Bendahara)였고, 관례에 따라 태자(Raja Muda)인 압둘라(Abdullah)가 술탄을 승계해야 했다. 하지만 병약한 압둘라는 이에 응하지 않았고, 페락의 수장들은 븐다하라인 라자 이스마일을 25대 술탄으로 옹립했다. 이후 라자 압둘라가 술탄 승계권을 주장하면서 말레이 권력 투쟁의 양상을 띠게 되었다.

396 말레이시아 역사에서 '라룻 전쟁(Larut War)'이라 불린다. 라룻 전쟁은 1861년부터 1874년 팡코르 조약으로 전쟁이 종식될 때까지 3차에 걸쳐 벌어진 분쟁을 말한다. 처음엔 중국인 파벌 간의 주석 광산 개발권 다툼에서 비롯됐다. 1861년의 1차 전쟁, 1865년의 2차 전쟁은 뒤에서 버드기 얘기하는 고콴 세력이 시콴 세력에 승리했다. 이후 페락의 술탄 승계와 맞물린 말레이 수장들의 권력 투쟁이 결합되면서 내전의 성격을 띠게 되었다. 1872년부터 그 이듬해까지 전개된 3차 라룻 전쟁은 앞서 두 차례 전쟁에서 패한 시콴 세력이 초반 전투에서 압도적인 승리를 거뒀다. 하지만 고콴 세력이 페낭의 자본가와 해협식민지 정부의 지원 덕에 전세를 역전시켰다. 그러나 막판에 시콴 세력과 라자 압둘라는 싱가포르 상인, 신임 해협식민지 총독을 움직여 전쟁 이전의 주석 개발 기득권을 인정하는 형태로 타협했다. 이 글에서 버드는 3차 라룻 전쟁을 이야기하고 있지만, 사실 관계에 혼선이 있다. 아래에서는 본문의 오류를 바로잡아 옮긴다.

397 라룻 지역의 주석 광산 개발을 주도한 중국인 이주민들은 출신 고향이 다른 객가(客家) 집단으로 나뉘었다. 먼저 개발된 클리안 파우(Klian Pauh. 지금의 타이핑Taiping)는 광둥성 쩡청(增城) 현 객가인을 중심으로 광저우부(廣州府)의 난하이(南海)·쉰더(順德)·판위(番禺)·둥관(東莞)·샹산(香山)의 5현(縣) 출신이 집단을 이루었다. 고콴(Go Kuan, 五館)은 이들 5현 출신을 가리킨다. 쩡청 현은 앞서 버드가 방문했던 광저우 난하이 현에 속한 곳으로, 지금은 광저우 시의 구(區)로 편입됐다. 반면 인근의 클리안 바루(Klian Baru, 지금의 카문팅 Kamunting)의 주석 광산은 신닝(新寧)·은핑(恩平)·신후이(新會)·카이핑(開平)의 4읍(邑) 출신의 객가인이 주축을 이뤘는데, 이들을 시콴(Si Kuan, 四館)이라 했다. 북에서 남하해 광둥성과 푸젠성 일대에 거주하는 객가는 독자적인 언어와 고유의 문화를 지녀, 지역은 광둥성이나 푸젠성이어도 별도의 방언 집단으로 분류된다. 중국인 비밀결사 해산회(海山會, Hai San)는 고콴을, 의흥회(義興會, Ghee Hin)는 시콴을 각각 대표했다. 청켕퀴(鄭景貴, Chung Keng Quee)가 이끄는 고콴은 클리안 파우 지역을, 친아얌(陳亞炎, Chin Ah Yam)이 이끄는

시콴은 클리안 바루 지역의 주석 개발권을 각각 나눠 가졌다.

398 응아 이브라힘(Ngah Ibrahim)을 가리킨다. 응아 이브라힘은 1840년대 페락 강의 상류인 라룻 지역에서 주석을 개발한 선구자 롱 자파르(Long Jaafar)의 아들로, 1856년 롱 자파르의 사후 라룻 지역을 총괄하는 먼트리(Mentri)를 승계했다.

399 Tristram Charles Sawyer Speedy(1836~1911). 영국 군인이자 인도와 에티오피아를 비롯한 아프리카, 뉴질랜드 등을 탐사한 빅토리아 시대를 대표하는 탐험가. 스피디는 1871년 페낭의 치안 책임자가 되었고, 1873년에는 페락의 라룻 전쟁을 종식시키기 위해 인도인 부대를 이끌고 라룻의 먼트리 응아 이브라힘을 지원했다. 팡코르 조약 이후 스피디는 페락의 주재관을 보좌하는 라룻 행정관을 맡았다.

400 Krupp gun. 총구로 탄약을 장전하는 전장식 대포. 크룹 포는 프러시아의 주철회사인 프리드 크룹사(Fried. Krupp A. G.)가 1856년 구경 90밀리미터의 전장식 주철 대포를 개발하면서 19세기 세계 각국의 육군과 해군의 주력 포로 자리 잡았다.

401 탄 킴 칭(陳金鐘, Tan Kim Ching, 1829~1892). 영국의 해협식민지 싱가포르의 사업가이자 아편 징세청부인이며 정치인으로, 버드가 표기한 것처럼 '킴쳉(Kim Cheng)'으로 불리기도 했다. 그는 쌀 정미업으로 큰 부를 쌓은 뒤 부두 항만업과 해운업 등으로 사업을 넓히고 태국, 베트남, 홍콩 등으로 교역망을 확장했다. 탄 킴 칭은 페락의 분쟁을 이용해 그동안 페낭의 거대 상인들이 독점적 지위를 누려 온 페락의 주석 광산 개발의 주도권을 빼앗으려 했다. 그는 일본, 태국, 러시아 영사를 지냈으며, 말라야의 중국인 비밀결사 삼합회(三合會, Triad)의 지도자로 알려져 있다.

402 1대 킴벌리 백작, 존 우드하우스(John Wodehouse, 1st Earl of Kimberley, 1826~1902). 1870년 영국 자유당 글래드스톤 내각에서 식민장관을 지냈다.

403 〔원주〕 라자 압둘라가 "우리의 친구" 윌리엄 제보아 경(Sir William Francis Drummond Jervois, 1821~1897, 해협식민지 총독, 재임 1875~1877-역주)에게 이르기를, 자신과 페락의 지위는 "매우 개탄스러운 상태"에 있으며, 서로 양보할 수 없는 두 명의 술탄이 존재하고, 세금은 잘 걷히지 않으며, 법은 정의롭게 시행되지 않는다고 했다. 라자 압둘라가 말한 "이러한 이유들로 인해", "우리(킴쳉과 영국인 사업가-역주)는 페락이 매우 큰 곤경에 처해 있다고 보며, 우리의 친구(라자 압둘라-역주)를 가장 위대하고 고결한 빅토리아 여왕의 대리자로서 강력하고 적극적으로 보장해 주지 않는 한 페락의 사태를 해결할 수 없다는 게 우리의 생각이다. …… 우리는 우리의 친구가 페락에 완벽한 도움을 주고, 통치할 수 있기를 간곡하게 요청한다. 이는 페락이 안전하고 행복해지며, 세금이 적절하게 걷히고, 법이 정의롭게 시행되며, 모든 주민이 편안한 삶을 영위하게 하기 위해서다."

404 영국 해협식민지 법무장관(1867~1871)을 역임한 피터 벤슨 맥스웰 경은 1875년에 펴낸『영국의 말레이 정복사』에서 주재관제를 영국의 말레이 반도 합방(合邦, annexation)이라고 보았으며, 페락의 주재관 버치가 살해된 사건에 관해서도, 합병 정책을 수행하는 과정에서 발생한 불상사라고 비판적인 입장을 견지했다.

405 Pasir Salak. 파시르 살락은 앞서 버드가 언급한 페락 강의 항구인 털룩 안손 인근의 강변 촌락이다. 강경한 동화주의자였던 버치는 말레이 술탄국에 영국의 제도를 강제하고, 사실상 직접 지배하려 했다. 이는 페락의 말레이 수장들의 반발을 샀다. 이러한 긴장관계 속에서 버치는 영국 해군 증기함 드래곤(SS Dragon) 호를 타고 1875년 11월 1일 파시르 살락에 도착했다. 말레이인은 강물 속에 나무 울타리를 두르고 목욕간으로 이용하는데, 이를 '목욕 배'라고 한다. 버치는 이 목욕 배에서 목욕을 하던 중, 말레이 수장들이 보낸 자객에 의해 살해됐다.

406 말레이시아 역사는 이를 '페락 전쟁(Perak War)'이라 부른다.

407 Henry Herbert, 4th Earl of Carnarvon(1831~1890). 영국 보수당 정치인으로, 킴벌리 백작에 이어 벤자민 디즈레일리 내각에서 식민장관(재임 1874~1878)을 역임했다. 그의 아들 조지 허버트(George Herbert, 5th Earl of Carnarvon, 1866~1923)는 이집트의 투탕카멘 무덤과 왕들의 계곡 발굴을 후원한 인물로 유명하다.

408 1870년대 영국 정부의 정권 교체와 식민지 정책 변화를 본다면, 앞서 자유당 정권의 킴벌리 백작은 말레이 내정 개입으로 정책 변화를 시도한 반면, 보수당 정권의 식민장관 카나본 백작은 내정 불간섭으로 회귀하는 입장을 취하고 있다는 점이 흥미롭다. 요컨대 식민지 확장 정책이 보수파의 전유물만은 아님을 보여 주는 사례라 하겠다.

409 Seychelles. 아프리카 동부 인도양에 있는 90여 개의 작은 섬으로 이뤄진 제도. 1976년 영국 식민지에서 독립했다.

410 Raja Muda Yusuf. 25대 페락 술탄인 술탄 압둘라의 장남이자 태자로, 영국은 그의 술탄 승계를 인정하지 않고 '섭정(攝政, Regency)'으로 삼았다. 그러나 페락 술탄 계보 상으로 보자면 라자 무다 유수프는 페락 26대 술탄인 술탄 유수프 사리후딘 무자파르 샤(Sultan Yusuf Sharifuddin Mudzaffar Shar(?~1887)에 해당한다. 그의 사후 페락의 27대 술탄 왕좌는 유수프의 사위인 라자 드리스에게 승계됐다.

411 Frederick McNair. 1878년 『페락과 말레이 사람들(*Perak and the Malays*)』을 펴냈다. 『브리스번 쿠리어』 1878년 9월 28일자는 이 책을 소개하며 "맥네어는 말레이인에게 우호적이지 않다."고 논평했다.

412 "the fierce light which beats upon a throne". 영국의 계관 시인 앨프리드 테니슨이 아서왕의 전설을 소재로 쓴 장시 「국왕목가(國王牧歌, Idylls of the King)」에 나오는 구절.

413 Labuan. 라부안은 보르네오 북서 해안의 제도로, 부루나이 왕국의 일부였으나 1846년 제임스 브룩이 부루나이 술탄과 조약을 맺어 영국의 식민지로 삼았다.

414 casuarian tree. 호주와 태평양 제도(諸島)가 원산인 목마황속(木麻黃屬, Casuarina)으로 '호주 소나무'라고도 한다. 가지는 가늘고 길며, 잎은 퇴화하여 잔 비늘 모양을 한다.

415 버드는 페락의 시크교도 병력에 대해 military police, soldier, armed police 등을 혼용하고 있다. 뒤에 약간 언급되기는 하지만, 치안 유지 명목으로 주둔하는 사실상의 군대로 보인다. 따라서 여기서는 헌병이나 군대 대신 무장 경찰로 번역한다.

416 버드는 'Hijan Mountains'라고 했다. 그는 『헨리에타에게 쓴 편지』라는 또 다른 책에서도 히잔 산맥을 언급했는데, 말레이시아에서 히잔 산맥은 검색되지 않는다. 페락의 타이핑 인근에 해발 1448미터의 '구농 히자우(Gunung Hijau)'가 있는데, 버드가 히자우의 'u'를 'n'으로 오기했을 가능성이 의심된다. 구농 히자우 인근에 해발 1000미터 이상 되는 높은 산들이 자리한다. 말레이어로 '구농'은 산을, '히자우'는 푸른색을 뜻한다. 따라서 구농 히자우는 우리말로 청산(靑山) 혹은 벽산(碧山)인 셈이다.

417 butte. 메사(mesa)가 주변으로부터 침식되어 평원에 우뚝 솟은 고립된 산을 가리키는 지학 용어다. 메사는 스페인어로 '탁자'란 뜻인데, 수평한 경암층이 연암층을 덮고 있는 대지에 침식이 생길 때 형성되며, 메사에 다시 침식이 진행되면 뷰트가 된다.

418 Gunung Pondok. 페락의 쿠알라 캉사르에서 타이핑 사이에 있는 거대한 석회암 뷰트. 말레이어로 '폰독'은 오두막을 뜻한다. 산의 생김새가 오두막을 닮은 데서 비롯된 것으로 보인다.

419 Clyde steamer. 1812년 스코틀랜드의 클라이드 강에서 글라스고와 그리녹을 오가는 증기 여객선이 운항을 시작하면서 호화 증기 여객선 경쟁이 본격화되었는데, 이를 '클라이드 증기선 시대'라 부른다.

420 Pathan. 오늘날 아프가니스탄과 파키스탄 지역에 거주하는 종족 집단을 가리킨다. 아랍어로는 아프간인을 파쉬툰(Pashtuns)이라고 한다. 이란 동부의 파쉬토 언어를 쓰는 종족 집단으로 분류된다.

421 페락에서 시크교도의 '무장 경찰'이 창설된 것은 1879년의 일이다. 무장 경찰이 창설되기 이전에는 페낭에서 파견된 경찰이 페락의 치안을 담당했다. 앞서 해협식민지는 페락 전쟁 직후인 1876년 10월 페락의 무장 경찰 창설을 승인했다. 폴 스윈번 소령이 무장 경찰 창설 책임을 맡았다. 페락에는 무장 경찰 500명과 더불어 200명의 주재관 경호대가 별도로 구성됐다. 무

장 경찰 500명은 라룻에 250명, 쿠알라 캉사르에 150명, 반다르 바루에 100명이 각각 배치됐다. 식민 당국은 무장 경찰(5만 7000달러)과 주재관 경호대(2만 6220달러)의 월급 등 치안 담당 인력 유지 비용으로 연간 약 8만 3000달러를 지불했다. Arnold Wright, *Twentieth century impressions British Malaya,* Lloyd's Greater Britain Publishing Company, 1908, p. 298 참조.

422 각기병(脚氣病). 티아민(비타민 B1) 부족으로 인한 영양결핍증의 하나다. 한때 쌀을 주식으로 하는 지역에서 많이 발생한다고 해서 쌀밥이 병의 원인인 것처럼 과장되기도 했다. 'beri-beri'로 불리는데, 이는 "나는 할 수 없어, 나는 할 수 없어(I can't, I can't)"란 뜻의 스리랑카 원주민 말에서 유래된 것으로 알려져 있다.

423 〔원주〕 내가 방문하고 나서 이 지역에서만 이 치병적인 질병이 세 차례나 발생해, 인근의 주석 광산 광부들과 노동자들 3000명이 목숨을 잃었다. 그 질병이 지속적으로 발생하자 중국인 광산주들과 영국 식민지 정부가 합작해 대형 상설 병원을 설립했다. 병원의 운영 주체가 지금은 영국 정부로 바뀌었고, 운영 경비는 모든 중국인 성인에게서 연간 1인당 1달러씩 걷는 세금으로 충당한다. 대규모 병상과 충분한 의료 인력을 갖춘 이 병원은 인근 지역의 각기병 환자들도 수용한다. 이 질병은 감옥의 죄수들에게 매우 치명적이어서 일단 발병하면 대부분 사망한다. 이 때문에 죄수들에게 질소가 많이 함유된 음식을 공급하도록 하고 있다. 주석 광산 노동자들에게도 이 같은 대처 방법을 취하도록 광산주들에게 압력을 넣어야 한다는 제안도 나왔다. 이 질병이 라룻의 번영에도 나쁜 영향을 끼치기 때문이었다.

424 heather. 학명 *Calluna vulgais*. 스코틀랜드를 비롯해 유럽과 북아메리카의 광야에서 자라는 키 60센티미터 정도의 상록성 소관목으로, 보라색, 분홍색, 흰색의 작고 낮은 종 모양의 꽃이 핀다.

425 Pal Mall. 영국 런던 웨스트민스터의 거리 이름. 지명은 16~17세기 유행한 '펠멜'[잔디 위에서 막대로 공을 굴리는 게임으로, 오늘날 크로케(croquet)의 원형]에서 유래했다고 한다. 이후 18세기 상류층의 쇼핑 명소로, 19세기에는 신사들의 사교 클럽 거리로 유명했다.

426 dictator. 독재관으로 번역되며, 로마 공화정 시대에 비상시 절대 권력을 부여받은 임시 집정관을 가리킨다.

427 빅토리아의 교착(The Deadlock in Victoria). 버드는 특별한 설명을 하고 있지는 않지만, 여기서 언급한 빅토리아는 호주의 영국 자치령인 빅토리아를 의미하는 것 같다. 영국은 다양한 형태의 식민지를 운영했는데, 빅토리아 자치령의 경우 상하 양원을 두고 정부를 견제하게 했다. 그런데 상원이 정부의 예산안을 승인하지 않아 예산 집행이 되지 않는 '교착' 상태가 유독 호주의 빅토리아에서 여러 차례 발생했다. 1865~1867년 네 차례 교착이 있었고, 버드가 말레이 반도를 방문하기 전인 1877년 12월에도 의회 의원의 보수 지급을 둘러싸고 다섯 번째 교착이 발생한 바 있다. 추정컨대 버드 일행의 논쟁은 의원의 보수 지급 여부를 둘러싼 것으로 보인다.

428 Parthian-like. 파르티아는 기원전 3세기 이란계 유목민이 카스피 해 동남쪽에 세운 고대국가로, 500여 년간 존속하며 로마 제국과 자웅을 다투었다. 전장에서 파르티아인 병사들은 말을 타고 전속력으로 퇴각하면서 갑자기 몸을 돌려 추격하는 적에게 화살을 쏘는 전술을 썼는데, 이를 '파르티아인의 화살(Parthian shot)'이라 한다. 버드는 스윈번 소령이 마무리로 던진 한 마디를 퇴각하는 파르티아인들이 쏜 화살에 비유하고 있다.

429 라룻 지역에서 주석 광산을 발견하고 개발한 롱 자파르(Long Jaafar)를 가리킨다. 롱 자파르는 라룻 지역을 총괄하는 세습직인 먼트리에 임명되었다. 롱 자파르의 주석 발견에 대해서는 여러 설이 있다. 널리 통용되는 이야기로는, 롱 자파르에게 '라룻'이라는 이름의 코끼리가 있었는데, 어느 날 정글에서 사라졌다 3일 만에 집으로 돌아왔다. 코끼리의 몸에 주석 알갱이가 묻어 있는 것을 보고 주석을 개발하게 됐고, 이 지역의 이름도 코끼리의 이름을 따 라룻으로 부르게 됐다는 이야기다. 하지만 이는 어디까지나 말레이인의 관점에서 만들어진 신화일 뿐, 자파르 이전부터 라룻 지역에서 중국인들이 주석을 채굴했다고 한다.

430 타이핑은 라룻 지역의 클리안 파우(Klian Pauh), 카문팅은 클리안 바루(Klian Baru)에서 바뀐

이름이다. 말레이어로 클리안은 '광산'을, 파우는 '작은 망고 모양'을, 바루는 '새로운'을 뜻한다.

431 nepenthes. 벌레잡이풀과 네펜테스속 식충식물의 총칭이자, 좁게는 벌레잡이통풀을 가리킨다.

432 sun dew. 학명 *Drosera*. 끈끈이주걱과 끈끈이주걱속 식충식물의 총칭.

433 〔원주〕 이 식물이 벌레를 잡아먹는다는 것이 확인되었고, 나는 네펜테스가 식충식물의 일종임을 나중에 알게 됐다.

434 말레이어로 둘랑(Dulang)이라고 하며, 하천변에서 사금 채취에 쓰이는 금속 원반(pan)과 닮았다. 모래나 불순물을 물에 흘려보내면서 사금을 거르는 것을 영어로 패닝(panning)이라 하는데, 19세기 중국인들의 주석 채굴 방식도 이와 흡사했다. 이를 '둘랑 방식'이라고 하며, 둘랑으로 주석을 채취하는 노동자를 가리켜 영어권에서는 '둘랑 워셔(Dulang washer)'라 부른다.

435 sherry. 스페인 남부 헤레스데라프론테라 지역에서 자란 백포도로 만든 강화 포도주로, 식사 전에 마시는 식전주로 많이 쓰인다.

436 bitter beer. 홉으로 씁쓸한 맛을 강하게 낸 영국식 맥주.

437 Huntley & Palmers. 1822년 조지프 헌틀리가 영국 버크셔에서 창립한 비스킷 제조 전문 회사로, 1841년 조지 파머가 가세했다. 헌틀리 앤드 파머스는 세계 최초의 글로벌 브랜드로 꼽힌다. 특히 20세기 초 헌틀리 앤드 파머스의 비스킷 깡통 포장은 일대 히트를 치며, 미국의 코카콜라처럼 대영제국을 상징하는 상품으로 자리 잡았다.

438 영국 스코틀랜드 시인이자 소설가 월터 스콧(Walter Scott, 1771~1832)의 장시 『호수의 여인(*The Lady of The Lake*)』 가운데 4부 '예언'의 28절에 나오는 구절. 『호수의 여인』은 더글러스 엘렌이라는 한 여인과 세 남자(엘렌이 사모하는 맬컴 그레임, 하일랜드의 족장 로데리크, 스코틀랜드 왕 제임스 5세가 분장한 피츠 제임스)의 이야기를 골격으로 한다. 4부 28절은 왕 제임스 5세가 로데리크를 처단하기로 결심하는 장면을 그리고 있다. 시의 원문은 "Of all my rash adventures past/ This frantic feat must prove the last!"며, 버드는 앞 행의 '무모한'이란 의미의 'rash'를 거친 야생과 자연의 의미를 함축한 'wild'로, 뒤 행의 'must'를 'will'로 바꾸어 인용했다.

439 tweed. 다른 색깔의 올이 간간이 섞여 있는 두꺼운 모직 천.

440 myrtle. 도금양과 상록 관목으로, 잎이 윤기가 나는 진한 녹색을 띤다.

441 erythrina. 에리트리나속 콩과 나무로, 붉은 꽃을 피운다.

442 Alfred Russel Wallace(1823~1913). 영국의 박물학자이자 탐험가, 지리학자, 인류학자, 생물학자다. 찰스 다윈과 독립적으로, 자연선택을 통한 진화의 개념을 창안했다. 아마존 강 분지와 말레이 제도에서 동물군의 단절 현상을 발견하고, 이를 '월리스 선'으로 명명했다.

443 일본에서는 말의 발에도 사람이 신는 짚신과 같은 방식으로 짠 짚신(와라지, 草鞋)을 신겼는데, 이를 '우마 와라지(馬草鞋)'라 한다.

444 타이핑에서 쿠알라 캉사르를 잇는 협로.

445 Bass Rock. 영국 스코틀랜드의 퍼스 협만에 있는, 높이 107미터의 섬. 세계 최대의 북양가마우지 군락지로 유명하다.

446 버드는 이날 '타이핑-마탕-부킷 버라핏 협로-쿠알라 캉사르'를 여행했다. 오늘날 타이핑에서 쿠알라 캉사르로 가는 길은 마탕까지 내려가지 않는다는 게 다를 뿐 버드가 밟은 길과 크게 다르지 않으며, 약 40킬로미터 구간으로 표시된다.

447 chutney. 과일, 설탕, 향신료와 식초로 만드는 걸쭉한 인도산 매운 소스로. 차게 식힌 고기나 치즈와 함께 먹는다.

448 〔원주〕 안타깝게도, 나중에 이들 유인원의 외형을 기술한 편지지 한 장을 분실하고 말았다. 나는 내 기억이 정확한지 확신할 수 없다. 편지 14에서 언급한 유인원의 내용이 내가 기억하고 있는 두 유인원과 유사하다.

449 생강은 뿌리줄기로 땅속에서 옆으로 뻗어 자라며, 뿌리줄기마다 '잎집'으로 만들어진 가짜 줄기가 땅 위로 올라와 자란다. 생강풀의 밖에 자란 부분은 줄기가 아니라 잎집이 길게 자란 것이다. 보통 생강풀의 입집은 30~50센티미터 높이로 자란다고 한다.

450 "The primal course". 여기서는 앞뒤 문맥을 고려해 기아(饑餓), 굶어 죽는 것으로 번역한다.

451 잭푸르트(Jak fruit)의 학명은 *Artocarpus incisa*, 빵나무(Breadfruit)의 학명은 *Artocarpus altilis*로, 모두 뽕나무과 빵나무속에 속하는 속씨식물 나무의 일종이다. 잭푸르트와 빵나무는 친척뻘로, 겉으로 보기에 구분이 쉽지 않다.

452 말레이시아 역사에서는 다토 마하라자렐라 판닥 람(Dato Maharajalela Pandak Lam), 다토 마하라자렐라(Dato Maharajalela) 혹은 판닥 람(Pandak Lam)으로 불리기도 한다. 마하라자렐라는 술라웨시 출신의 부기스족 왕손의 후예로 알려져 있다. 버치 암살 사건 당시 마하라자 렐라는 페락의 디스트릭트들을 관할하던 8명의 수장 가운데 한 명이었다. 주재관으로 부임한 버치는 말레이 수장이 장악하던 징세권을 박탈하고, 새로이 세금을 부과하는 조세 개혁을 단행하는 한편, 관행이었던 노예제 폐지를 밀어붙이는 등 강경한 동화주의 정책으로 말레이 술탄 및 수장들의 불만을 샀다. 당시 페락의 술탄 압둘라는 마하라자 렐라를 비롯한 반영 항쟁론자 수장들과 여러 차례 비밀 회동을 했으며, 1875년 10월 30일 마하라자 렐라의 집에서 열린 비밀 회동에서 버치를 파시르 살락에서 살해하기로 최종 결정했다. 이 자리에서 마하라자 렐라는 자객인 판닥 인둣(Pandak Indut)에게 검을 하사했다고 전한다. 마하라자 렐라는 버치를 암살 교사한 혐의로 1877년 1월 20일 사형 선고를 받았다.

453 19세기 미국 시인 헨리 워즈워스 롱펠로(Henry Wadsworth Longfellow, 1807~1882)의 장시 『하이어워사의 노래(*The Song of Hiawatha*)』(1855)에 등장하는 구절. 『하이어워사의 노래』는 미국 슈피리어 호 남부 연안에 거주하던 아메리카 원주민 추장의 이야기를 노래한다.

454 페락의 28대 술탄에 오른 술탄 이드리스 샤 1세(Sultan Idris Shah I, 1849~1916, 재위 1887~1916). 라자 드리스는 페락의 '섭정'인 라자 무다 유수프의 사위다.

455 18세기 영국 시인 윌리엄 쿠퍼(William Cowper, 1731~1800)의 시 「알렉산더 셀커크의 고독(The Solitude of Alexander Selkirk)」에 나오는 구절.

456 henna. 열대성 관목인 로소니아 이너미스(*Lawsonia inermis L.*)의 잎을 따서 말린 다음 가루로 만든 염색제다.

457 신랑과 신부를 위해 단을 세우고 왕좌처럼 앉을 수 있게 만든 것으로, 말레이어로는 펠라민(pelamin)이라고 한다.

458 Allahu Akbar. "신은 위대하시다."라는 뜻의 아랍어로, 이슬람 세계에서 무슬림은 신앙 고백을 비롯해 다양한 상황에서 이를 사용한다. 이 표현은 하루 다섯 번 기도를 드릴 때마다 반드시 기도문에 포함되며, 무에진이 기도 시간을 알리기 위해 첨탑 위로 올라가 '아잔'을 부를 때도 사용된다.

459 familiar demon/spirit. 유럽 전설 속에 등장하는, 마녀의 심부름을 해 주는 정령 또는 마귀를 가리킨다. 주로 고양이나 새의 모습을 하며 마력을 지녔다고 한다.

460 baboon. 비비(狒狒), 개코원숭이라고도 한다. 영장류 긴꼬리원숭이로 분류되는 구세계원숭이다. 바분과 유사한 구세계원숭이로 맨드릴과 드릴원숭이가 있는데, 이들은 영장류의 원숭이들 가운데 가장 덩치가 크다. 바분의 두목급 수컷은 몸무게가 50킬로그램까지 나간다. 대가리의 주둥이가 돌출되어 있으며, 아가리에는 길이 5센티미터의 송곳니가 있다. 무리를 지어 생활하는데, 큰 무리는 1000마리가 넘기도 한다. 영어에서 'baboon'은 속어로 "야비하고 꼴사나운 사람"을 지칭한다.

461 fireback pheasant. 학명 *Lophura ignita*. 닭목 꿩과의 조류로 태국, 말레이시아, 보르네오 등 열대 산림 지대에 서식한다. 몸길이 55~77센티미터로 깃은 검은색, 청록색, 진한 남색 등으로 광택이 난다. 얼굴의 눈 주위 양 볼에 붉은색, 푸른색, 흰색 등의 둥근 무늬가 있다.

462 앞서도 언급했지만, 버드는 여기서도 말라리아나 뎅기열과 같이 모기에 물려 생기는 질병을 모기의 독(poison)에 의한 것으로 여기고 있다.

463 〔원주〕 이는 과장된 것 같다. 실제로 그 코뿔소 뿔 하나의 가격은 50달러다.

464 "음주의 참화"는 19세기 영국 자유주의 정치가 윌리엄 글래드스턴(William Ewart Gladstone, 1805~1898)이 금주(禁酒)를 강조하며 한 말에서 따온 것으로 보인다. 글래드스턴은 "음주의 참화는 전쟁과 역병과 기근의 폐해를 합친 것보다 더 심하다(The ravages of drink are greater than those of war, pestilence, and famine combined)."는 유명한 말을 남긴 바 있다. 19세기 영국에서 노동자의 음주가 사회악의 하나로 지목되었다. 글래드스턴은 1867년 영국 자유당 당수가 되어 이듬해 1차 자유당 내각을 조직한 이래 20여 년간 보수당의 디즈레일리와 전형적인 정당정치를 전개했다. 버드는 보수당 디즈레일리 내각 기간에 '황금 반도'를 여행했고, 글래드스턴의 제2차 내각(1880~1885) 때 『황금 반도』를 출간했다.

465 syllabub. 크림에 포도주, 설탕, 과일 주스 등을 넣어 거품이 일도록 재빨리 휘저어 차게 먹는 디저트.

466 영국 시인 앨프리드 테니슨이 아서 왕의 전설을 바탕으로 쓴 장시 『국왕목가』에 나오는 구절로, 아름다운 세 여왕은 아서 왕을 보필하는 일종의 수호 여신과도 같다. 『국왕목가』에 따르면, 세 여왕은 아서의 왕좌 곁을 조용히 지키며, 필요할 때면 언제나 나타나 아서를 돕는다. 아서가 심하게 부상해 죽어 가고 있을 때에도 이 세 여왕이 나타나 아서를 배에 태워 아빌론/아빌리온 섬으로 데리고 간다.

467 〔원주〕 부록 A 참조. (버드는 책 말미에 주재관과 말레이 채무노예에 관한 영국 식민 당국의 문헌 자료를 부록 A, B, C로 나누어 싣고 있다. 부록 A는 「주재관(Residents)」이란 제하의 영국 식민 당국의 자료다. 여기서는 별도의 부록으로 싣는 대신 축약해 '원주'로 처리한다.-역주)

「주재관」: 자문(諮問, advice) 정책은 영국 식민부가 심사숙고해 온 바다. 하지만 자문 정책의 절차나 선례가 없는 탓에 주재관이 파견된 말레이 왕국들의 정부는 애초부터 주재관들에 의해 경영되고 있다. 그 주된 이유는 페락과 슬랑오르, 숭에이 우종의 경우, 라자와 지방 수장들이 주재관에게 저항하는 상황에서 주재관의 권고를 실행에 옮길 만큼 강력한 군주가 없기 때문이다. 질서와 안녕이 유지되고, 지위고하를 막론하고 범법자를 재판에 회부하고, 안정적인 징세 기반이 갖춰지고, 행정이 제대로 이뤄질 때 자문이 행해질 수 있다. 하지만 어떤 군주라도 주재관의 권고를 실행에 옮기려 한다면, 재정수입을 주재관이 폐기한 낡은 관행에 의존하는 라자들과 취약한 군주의 지배 아래서 존립하는 해적 무리들의 반발에 직면하고 만다. 팡코르 조약에는 주재관의 자문이 "반드시 실행에 옮겨져야" 한다고 명시되어 있다. 주재관은 군대 편성, 과세와 징세, 민원 수렴, 재판 시행, 범법자 처벌, 범죄 예방, 무장강도 진압 등의 공적 업무를 관할한다. 사실상 주재관은 말레이 군주들의 자문관이라기보다는 해협식민지 총독의 대리인에 훨씬 가까우며, 말레이 종교와 관습에 관계되지 않는 모든 사안에 재정을 집행하는 실질적인 군주(virtual ruler)다. 영국 식민장관 카나본 백작은 "주재관의 특별한 목적은 법과 안녕을 유지하고, 건전한 조세 제도를 마련하며, 왕국의 부존자원을 개발하고, 징세를 감독함으로써 해협식민지 정부(Government)가 관여하는 핵심적인 사안을 수행하고, 그것을 위해 필요한 영국인 관리와 제도에 소요되는 비용을 충당하기 위한 재원을 확보하는 것이어야 한다."고 지침을 내린 바 있다. 이와 더불어 카나본 백작은 "합방이나, 말레이 술탄의 이름으로 영국인 관리가 왕국을 통치(government)하는 것(합방과 다를 바 없는 조치)은 허용될 수 없다."고 언명했다. 그는 다른 서한에서 "현 단계에서 영국의 정책은 역량 있고 계몽된 말레이 수장들을 발굴하고 훈련시켜 문명화된 정부를 경영하도록 하며, 말레이 왕국 정부에 실질적인 도움을 주는 것이어야 한다."고 밝혔다.

468 버드의 동생이자 이 책에 실린 편지의 수신인인 헨리에타가 버드에게 보낸 편지를 가리킨다. 버드는 말레이 반도 탐사를 마치고 스리랑카로 떠나기로 하고, 동생에게 콜롬보에서 머물 곳의 주소를 알려 줬던 것이다.

469 『구약성경』 시편 145장 10절.

470 헨리 워즈워스 롱펠로의 시「하루가 끝나고(The Day Is Done)」의 한 구절인 "서글픔과 그리움의 느낌/ 아픔이라고는 할 수 없고/ 그냥 슬픔과 비슷한 어떤 것/ 안개가 비와 닮았듯이"를 인용했다.

471 Gunung Bubu. 구눙 부부 정상은 해발 1974미터다. 그 인근에 해발 2167미터의 구눙 용얍(Gunung Yong Yap)과 1904미터의 구눙 톡네넥(Gunung Toknenek) 등 고산이 몰려 있다.

472 Bukit Gantang. 타이핑에서 쿠알라 캉사르로 가는 길목에 위치한 작은 산간 촌락으로, 1848년 라룻 지역 주석 개발을 시작한 라룻의 먼트리인 롱 자파르가 부킷 간탕을 거점으로 삼았다.

473 중국인 비밀결사(Secret Society)의 소속원을 지칭하는 것 같다. 영국 식민 당국은 초기엔 중국인 비밀결사를 식민 지배 체제의 일부로서 용인했으나, 18세기 후반 팡코르 조약을 전후해 말레이 반도 전역으로 식민 지배를 확대하기 시작하면서, 중국인 비밀결사를 깡패 집단 또는 갱단 등으로 노골적으로 폄하하며, 법령을 통해 불법단체로 규정하는 쪽으로 정책 방향을 전환했다. 버드가 여행하던 시기는 그런 정책 전환의 과도기였다.

474 polong. 말레이 전설에 따르면, 병 속에 가둬 노예처럼 부리는 도깨비를 가리킨다. 폴롱은 피살된 자의 피를 병 속에 담아 1~2주 두었다가 주술을 외면 도깨비로 화한다고 한다. 2주일 정도 지나 병에서 울음소리가 들리면, 주인은 자기 손가락을 베어 피를 병 속에 흘려 넣어 도깨비에게 먹이는데, 그러면 주인과 도깨비는 피로 맺어진 주종 관계를 형성하게 된다는 것이다.

475 penanggalan. 말레이시아 민속에 전해지는 흡혈귀의 일종이다. 보통 퍼낭갈란은 악마와의 계약을 통해 초능력을 얻어 변치 않는 미모를 갖게 된 여자 귀신을 가리킨다. 여러 설이 있지만 퍼낭갈란은 피를 빠는 흡혈귀며, 몸통과 분리된 채 머리만 돌아다니는데, 머리에 내장이 달려 있는 기괴한 모습이라는게 공통점이다.

476 이슬람은 마법과 요술을 금지한다. 어떠한 좋은 목적을 위해서라도 행해서는 안 된다고 한다. 코란 113장 알 팔라크(여명의 장)에는 "저는 여명의 주님께 가호를 구합니다./ 그분께서 창조하신 것 가운데 악으로부터,/ 어두워졌을 때 캄캄한 밤의 악으로부터,/ 매듭에 숨을 불어넣어 (마법하는) 자들의 악으로부터,/ 그가 질투할 때 질투하는 자의 악으로부터"라고 명시 되어 있다. 한국이슬람교중앙회(koreaislam.org)의『꾸란 선』해설에 따르면, 고대 아라비아에서는 끈의 매듭에 입김을 불어넣으면서 주문을 외우고 주술과 마법을 거는 마술사, 마법사에 의존했고, 점을 치는 여인들이 많았으며, 비밀스런 주문이나 행동들로 남이 잘못되게 하는 다양한 형태의 요술과 마법이 성행했다고 한다. 이슬람은 이러한 마술과 마법의 해악을 금지했다는 것이다. 그렇다면, 버드의 해석처럼 말레이인이 이슬람 개종 이후에 다양한 악마와 마법, 마술을 만들어 냈다기보다, 그 이전부터 전래된 다양한 귀신과 마법 이야기가 이슬람과 병존했다고 보는 편이 더 온당하지 않을까 싶다.

477 aeolian harp. 굵기와 장력이 다른 몇 개의 현을 같은 음 높이로 울림통에 고정해, 바람이 부는 곳에 걸어 두어 바람결에 따라 자연히 울리게 한 풍금으로, 17~19세기 유럽에서 유행했다. 명칭은 그리스 신화에 나오는 바람의 신 아이올로스에서 유래했다.

478 이 글은 갑자기 명령문으로 되어 있다. 원문은 "우리의 친구들에게 말하라."라고 되어 있는데, 버드가 편지의 수신인인 동생 헨리에타에게 그리하라고 한 것이다. 문맥으로 보아, 버드가 자기를 찾아온 두 젊은이의 아버지들과 친분이 있는 게 아닌가 싶다. 버드는 헨리에타와 함께 15년간 스코틀랜드에서 산 적이 있으며, 스코틀랜드의 황무지를 여행하기도 했다.

479 "struck ile". 19세기 후반 미국에서 석유 개발 붐이 일었을 때, 뚫은 유정에서 시커먼 석유가 솟구치는 걸 가리키는 표현으로, "유맥을 찾다", "크게 성공하다"라는 의미를 지닌다. 'ile'은 'oil'을 뜻한다.

480 〔원주〕스웨트넘의 보고서「말레이 왕국의 노예제」. 부록 B 참조. (부록 B는 당시 해협식민지 식민부 차관 프랭크 스웨트넘(Frank A. Swettenham)이 해협식민지 총독의 지시로 채무노예의 실상을 조사해 보고한 서한이다. 본문에서 언급된 말레이 술탄국의 노예와 채무노예에 관한 언급의 상당 부분은 이 스웨트넘의 서한에 근거한다. 여기서는 본문과 중복되지 않는 범

위에서 축약하기로 한다.-역주)

「말레이 왕국의 노예제(Slavery in the Malay States)」(1875년 6월 30일자): 말레이 왕국에서는 잘사는 신민을 찾아보기 힘들다. 남자든 여자든 돈을 갖고 있다는 소문이 나면 곧바로 라자들에게 강탈당하고 말기 때문이다. 라자나 지역 수장들은 돌려준다는 기약도 없이 돈을 빌리는 방식으로 그들의 재산을 빼앗는다.
신민은 돈이 필요해지면 돈을 빼앗아 간 라자나 수장에게 손을 내밀 수밖에 없는데, 돈이나 물건을 빌리고 두세 달에서 반년 정도 지날 때까지 채무를 변제하지 못하면 채권자의 집으로 끌려가 빚을 갚을 때까지 채권자가 하라는 대로 하는 처지가 된다.
페락에서 일부 수장들은 데리고 있는 여자들에게 음식과 의복을 제공하지 않고 각자 벌어서 해결하라고 한다. 그 결과 채무자 여성은 매매춘에 내몰리게 된다. 이들에게 매매춘은 선택이 아니라 필수인 경우가 대부분이다.
라자들은 저마다의 디스트릭트에서 사법권을 갖고 있어 사소한 일로도 신민에게 벌금을 물리고, 이를 감당하지 못하는 신민을 채무노예로 만든다. 라자들이 채무노예에게 음식을 주지도 않고 아무런 이유도 없이 가혹 행위를 하거나 살해할 경우 채무노예들이 야반도주하는 일이 잦다. 나의 진술은 전혀 과장이 아니며 만연한 실상을 전하는 것이다.
특히 페락에서는 정글에 사는 원주민인 자쿤족 여성을 마치 들짐승을 사냥하듯 붙잡아 대대손손 노예로 만든다. 내가 울루 슬랑오르라는 곳에 있을 때 그곳 수장이 불평하기를, 슬림(Slim)이란 지역의 수장이 울루 슬랑오르에서 자쿤족 14명과 말레이인 1명을 포획했다고 말했다.
문제는 이러한 라자들의 무소불위의 권력을 어떻게 빼앗느냐는 것과, 채무노예와 빚 때문에 매매춘을 강요당하는 여성들, 살해 위협을 받는 무고한 신민을 어떻게 풀어 줄 것인가다.
여느 왕국과 달리 페락에서 채무노예제는 주요 관습의 일부이자 "술탄국을 지탱하는 지주(pillars of the State)"의 하나다. 내가 말레이인과 채무노예에 대해 얘기해 본바, 라자들의 지배를 끝내지 않는 한 이 악의 열차를 멈추게 할 방도는 없다.

481 〔원주〕 그러한 계획이 현재 고려되고 있다. 부록 C 참조. (부록 C는 당시 페락의 주재관인 휴 로(Hugh Low)가 해협식민지 식민장관에게 보고한 채무노예의 실태와 폐지를 위한 진행 과정을 밝힌 두 건의 서한이다. 첫 번째 서한(1878년 12월 14일)과 두 번째 서한(1882년 4월 26일)은 3년 4개월의 시차가 있어 진행 경위를 짐작할 수 있게 해 준다. 첫 번째 서한은 휴 로가 술탄국 슬랑오르에서 채택한 채무노예 해방 방안을 페락에 적용할 수 있을지 확인해 보라는 지시를 받고 조사한 사항을 장관에게 보고한 내용이다. 슬랑오르의 채무노예제 폐지 방안은 부채 원금을 고정하고, 채무자인 채무노예가 제공하는 서비스(노동)의 가치를 평가해 일정 기간 유급 노동을 통해 빚을 변제하는 방식이다. 두 번째 서한은 페락의 노예제 및 채무노예제 폐지를 위한 3년여의 진행 사항을 보고하고 있다. 여기서는 이들 서한의 개요를 간추려 정리하기로 한다.-역주)

1. 첫 번째 서한(1878년): 페락에서는 치안판사들에게 훈령을 내려 채무노예가 소송을 제기한 경우 채권자도 동의할 수 있는 선에서 슬랑오르의 방식을 적용하고 있다. 하지만 말레이 채무자, 즉 채무노예가 빚을 갚을 때까지 정기적으로 노동하게 하는 것이 불가능해 위 방식의 적용 여부가 불투명하다는 점을 보고하지 않을 수 없다. 왜냐하면 페락의 채무노예는 여러 지역에 흩어져 자유롭게 살아가고 있으며, 빚을 지고 있다는 사실을 알면서도 노동을 제공해 빚을 청산하기를 마다하기 때문이다.
채권자, 즉 채무노예의 주인들도 위에서 언급한 채무노예 해법이 통하지 않을 것으로 여긴다. 어떤 이들은 채무자에게 제공할 유급의 일자리가 없다며 반대한다. 또 최근의 내전으로 영지가 파괴된 채권자는 채무노예를 고용할 수 있게 광산이나 농원을 열기 위한 해협식민지 정부의 자금 지원을 요구하는 한편, 채무자가 노동 제공에 동의한다면 모를까 그 해법을 받아들일 수 없다는 입장이다. 채권자 거의 대부분은 왕국 정부가 자신들의 채권을 인수하고, 채무자가 공공근로를 통해 빚을 청산할 수 있도록 해 주기를 바라고 있다.
페락과 슬랑오르는 상황이 크게 다르다. 슬랑오르는 말레이 인구도 훨씬 적고, 계몽 군주가 지역 수장들을 장악한 상황에서 영국 주재관의 자문을 실행에 옮기고 있다. 따라서 현 상황에서 페락에 슬랑오르의 방식을 적용할 경우 조직적인 무장 봉기까지는 아니더라도 매우 혼란스런 결과가 초래될 수 있을 것으로 생각된다. 급진적인 조치는 영국인 관리와 페락의 지배층(principal people) 사이에 형성된 신뢰 관계를 훼손할 것이고, 이를 회복하려면 상당한 시간이 소요될 것으로 보인다.
본 관은 고백건대 채무노예 사안에 관해 약자인 노예계급을 동정하는 입장이 아니다. 본 관은 애초의 계약에 없던 어떤 조치를 도입하는 것은 실질적으로 자산을 몰수하는 것과 진배없으며, 노예 계급의 노동 가치란 명목상으로만 존재할 뿐이라는 페락 지배층의 견해에 동조한다. 따라서 본 관이 구상하는 공정하고 합리적인 과정은 다음과 같다. 추후 노예와 채무노예가 확대되거나 새롭게 생겨나는 것을 금지하고, 채권자가 노예 계급의 처우 개선을 위한 방안을 이행하지 않을 경우 강제로 채무노예를 해방시키며, 채무노예가 소송을 제기할 때 채권자도 받아들일 수 있는 수준으로 요구 수위를 낮추고, 농업 부문에 유럽의 자본 투자가 확대되어 일자리가 늘어남으로써 빈곤 계급 스스로 채무에서 벗어날 수 있는 여건이 마련되도록 때를 기다리며, 공정한 등가물로 간주되는 수준보다도 훨씬 낮은 수준에서 부채의 채권을 (정부가) 구입하는 것이다.

2. 두 번째 서한(1882년): 법원에 보호를 요청한 모든 채무노예는 채권자도 불만이 없는 수준에서 최대한 관대한 판결을 받았으며, 채무노예 상당수가 그들을 위해 제공된 시설에서 생활하고 있다. 채무노예의 잔혹성은 현격하게 감소했으며, 배상 없는 해방(manumission without compensation)이 진행되고 있다.

1879년 페락에서 인구조사(cencus)를 실시한 결과, 말레이인은 총 4만 7359명으로 집계됐다. 이 가운데 16세를 기준으로 그 이상과 미만을 구분하자면, 남자는 1만 4875명과 9313명, 여자는 1만 4761명과 8410명이다. 노예 1670명(남자 775명, 여자 895명), 채무노예 1380명(남자 728명, 여자 652명) 등 노예 계급은 총 3050명으로 확인됐다. 물론 이 수치가 속박 상태에 있는 모든 신민을 포괄한다고 자신할 수는 없다.
채무노예를 부리는 채권자는 부채에 상응하는 노동 기간을 전제로 채무노예를 해방할 수 있다는 입장이다. 본 관은 1883년까지는 페락에서 채무노예제 폐지를 위한 절차가 마무리되기를 희망한다.
이를 위한 본 관의 구상은 다음과 같다. 각 디스트릭트마다 지역 수장 한두 명과 영국인 관리로 구성된 위원회를 두어 명시된 지침에 따라 채무노예 해방을 위한 실태를 조사하고, 채무노예의 부채에 상응하는 돈을 정부가 채권자에게 선지급한다. 해방을 위해 소요되는 부채 총액의 전부 또는 일부는 페락 정부로 넘어간다. 채무자는 채권자인 정부에 빚을 다 갚을 때까지 공공근로에 참여하고, 임금의 일부로 채무를 변제한다. 이 절차가 완료되면 페락의 모든 인민은 자유로워지고, 불법적인 노예제와 채무노예제는 영원히 폐지된다. 본 관은 페락의 채무노예 해방을 위해 6만~8만 달러면 충분할 것이라 보고한 바 있다.

482 이슬람에서 순례는 매년 이슬람력 12월 순례의 달(핫즈)에 메카에 있는 카아바 신전(바이트 알라 알하람)을 방문하는 것을 가리킨다. 순례는 이슬람의 다섯 가지 기둥(신앙 고백, 기도, 종교 구빈세, 금식, 순례) 가운데 하나다. 순례의 달이 아닌 때 메카를 방문하는 것은 소순례(오므라)라 하여 대순례(핫즈)와 구분한다.

483 Zamzam well. 메카의 대사원에 있는 우물로, 검은 돌이 박혀 있는 카바(Kaaba)에서 20미터쯤 떨어진 곳에 있다. 이슬람의 전설에 따르면, 잠잠우물은 신의 은총으로 생겨났다. 이브라힘이 부인 사라와 이집트에서 5년간 살고 헤브론으로 돌아갈 때, 이집트 파라오가 부인 사라에게 자신의 하녀 하자르(Hagar, 코란에는 등장하지 않고, 기독교 성경에서는 '하갈'이라고 한다)를 선물로 줬다. 아들을 낳지 못했던 사라는 하자르를 이브라힘과 동침하게 해 아랍의 아버지라 불리는 이스마일을 얻게 된다. 그런데 나중에 사라가 아들을 갖게 되자 하자르와 이브라힘은 한 살 된 아들 이스마일을 데리고 광야로 떠난다. 사막에서 갈증으로 사경을 헤맬 때 신의 은총으로 이브라힘의 발밑에서 샘이 솟았는데, 이것이 잠잠우물이라고 한다.

484 Eblis. 이블리스(Iblis) 또는 할리스(Halis)라고도 한다. 이슬람에서 에블리스는 기독교식으로 보자면 '타락천사'에 가까운 사탄이다. 코란에 따르면, 알라가 점토로 인간을 창조한 뒤 주위의 천사들에게 무릎 꿇고 인사할 것을 명했는데, 유독 에블리스만 자신은 불로 만들어져 흙으로 만들어진 인간보다 우월하다며 알라의 명령에 복종하지 않았다. 신의 분노를 산 천사 에블리스는 지옥으로 내쫓겨, 인간을 악의 길로 유혹하는 사탄이 된다.

485 이 기도문의 내용은 버드가 뒤의 〖원주〗에서 밝히듯이 『선데이 앳 홈(*The Sunday at Home*)』

(Vol. 30, 1883, p. 58)의 '메카'에 관한 기사에서 인용한 것이다. 하지만 기도문의 근거는 분명치 않다. 『이슬람 율법』(공일주 저, 살림출판사, 2010)을 보면, 순례자들은 이슬람 율법에 따라 순례의 의향("알라여! 명하신 대로 당신께 왔습니다. 순례하고자 당신에게 왔습니다.")을 선언하고 나서 기도를 하는데, 이때 코란의 109장(알-카피룬)과 112장(알-이클라스)을 암송한다고 한다. 이 두 개의 장은 짧지만 중요도에서 각각 전체의 4분의 1과 3분의 1에 해당한다고 한다. 코란의 114개 장 가운데 35개 장을 골라 우리말로 옮기고 주해한 『꾸란 선』(손주영 역주, 한국외국어대학교출판부, 2009)의 번역에 따르면, 112장은 "그분은 알라, 유일하신 분!/ 하나님이시며, 영원하신 절대자[앗 싸마드]이시다./ 그분께서는 아무것도 대등한 것이 없도다."의 짧은 세 절을 통해 신의 유일성에 관한 믿음을 강조한다. 109장은 "불신자들이여!/ 나는 너희가 숭배하는 것을 숭배하지 않으며,/ 너희는 내가 숭배하는 분을 숭배하지 않는다./ 그리고 나는 너희가 숭배하고 있는 것을 숭배하지 않을 것이며,/ 너희는 내가 숭배하는 분을 숭배하지 않을 것이다./ 너희에게는 너희의 종교가 있고 내게는 나의 종교가 있노라."와 같이 여섯 절로 이뤄져 있다. 이는 무슬림에게 비록 불리하고 남과 대적해야 하는 역경이 닥치더라도 올바른 신앙을 굳게 지켜야 한다는 가르침을 주는 것이라고 한다.

486 〔원주〕 나는 말라카에서 메카 순례 무슬림의 기도문 영어 번역본을 입수했지만, 캐논 트리스트람(Canon Tristram)이 『선데이 앳 홈—안식일의 독서를 위한 가정 매거진』(1883년 2월)에 게재한 메카에 관한 뛰어난 기사를 인용하는 것으로 대체한다.

487 말레이시아의 중국인도 여느 동남아시아와 마찬가지로 중국 남부 푸젠(福建)성과 광둥(廣東)성 출신이 주를 이룬다. 이들 지역은 다양한 방언이 쓰이고 있는데, 말레이시아 중국인 사회는 크게 다섯 가지 방언 집단(幇派)으로 구분된다. 푸젠성 남부 방언인 민난어(閩南語), 광둥 방언인 광둥어, 독자적인 문화와 언어를 지닌 객가(客家)의 방언인 하카어(Hakka, 客家語), 광둥성 동부 차오저우(潮州)를 중심으로 민난어에 가까운 방언인 차오저우어, 그리고 하이난(海南) 섬을 중심으로 한 하이난어 등이 5대 방언으로 꼽힌다.

488 〔원주〕 맥스웰은 영국 왕립아시아학회 해협지부 회보에 말레이 속담에 관한 논문을 게재했다. 나는 그 회보를 받아 보지 못했지만, 맥스웰의 논문이 속담에 담긴 말레이인의 철학을 엿보게 해 주는 귀중한 자료라는 것은 충분히 알고 있다.

489 『구약성경』 예레미야 23장 23절. 구스는 에티오피아를 가리킨다.

490 『신약성경』 마태복음 7장 6절.

491 『신약성경』 마태복음 4장 3절.

492 『신약성경』 야고보서 3장 12절.

493 bitter cucumber. 동남아시아 등 아시아 열대 지방에 분포하는 박과의 한해살이 풀. 열매는 긴 타원형이고 양 끝이 좁으며 혹 같은 돌기가 있고 황적색으로 익는다. 열매가 여지(荔枝)와 비슷해 여주라는 이름을 얻었다.

494 〔원주〕 내가 이 편지들을 편집하고 있는 동안 맥스웰은 페락의 부주재관에서 더 많은 보수를 받는 직위에 올라 페락을 떠났다는 소식을 들었다. 그가 떠날 때 말레이인은 진심으로 서운해했고, 그의 빈자리를 몹시 아쉬워했다는 얘기를 들었다. 말레이인은 맥스웰을 좋아했을 뿐만 아니라 신뢰했던 것이다. 거대한 중국인 사회의 한가운데에서 페락의 부주재관으로 재임하는 동안 맥스웰은 중국인에게 단호한 입장을 취했으며, 때로는 가혹할 정도로 엄격하게 대했다. 그러나 페락의 중국인은 그가 이임할 때 붉은 비단에 황금 자수를 놓은 근사한 우산을 선물함으로써, 관리로서 맥스웰이 보인 공정성에 감사의 뜻을 표시했다. 맥스웰이 받은 우산은 '만인산(萬人傘, A ten thousand man umbrella)'이라고 하는 것으로, 전통적으로 중국에서 지방관이 임기를 마치고 떠날 때 말 그대로 1만 명의 지역민이 마음을 모아 감사를 전하는 명예로운 이임 선물이다.

495 버드는 아무 쓸모도 없는 맹그로브나무들이 왕성한 번식력으로 해안을 더 쓸모없게 만들 것을 안타까워하고 있다. 앞서도 언급했듯이 19세기 말 지식인 버드는 맹그로브 숲이나 환경적 가치에 대해 생각이 미치지 못했다. 이는 시대적 한계일 수도 있지만, 한편으로는 버드가 자

연과 야생을 찬양하면서도 인간 중심적 자연관에 경도되어 있음을 보여 준다.

496 〔원주〕 사람의 혼을 쏙 빼놓는 이 유인원에 큰 관심을 가진 독지들이 몹시 서운해할 소식을 전해야겠다. 많이 아팠던 에블리스는 건강을 회복해 재롱을 부렸지만, 녀석을 아는 이들에게 큰 슬픔을 남기고 저세상으로 가고 말았다.

497 로마제국 시대 유대 지방에 분봉된 왕으로, 헤롯 1세, 헤롯 대왕이라 하고, 성경에는 헤롯으로 표기되어 있다. 헤롯은 예수가 태어날 당시 유대를 통치했다.『신약성경』의 마태복음에 따르면, 헤롯은 동방박사의 말을 듣고 베들레헴 일대의 두 살 이하 사내아이를 모조리 죽였다. 스윈번 소령은 이를 빗대 짓궂은 농담을 한 것으로 보인다.

498 인용 부호로 보아『구약성경』시편 65장 8절의 "주께서 아침 되는 것과 저녁 되는 것을 기뻐하게 하시며"를 염두에 둔 것으로 보인다.

499 rig. 긴 노로 젓는 소형 보트로, 선장이 주로 이용한다고 해서 '선장의 택시'란 별명을 얻었다. 범선 시대에는 대형 모선에 크고 작은 보트를 매달고 다녔다. 리그는 네 명이 노를 젓고, 배 뒤에서 한 명이 키를 잡는 것이 일반적이었다. 이후 동력선이 나오면서 범선 시대의 보트의 크기와 용도에 따른 구분은 무의미해지고, 그 명칭만 남았다.

역자 후기

이 책은 1883년에 출간된, 이사벨라 루시 버드(1831~1904)의 『황금 반도와 그 쪽으로 가는 길*The Golden Chersonese and the way thither*』을 우리말로 옮긴 것이다. 『조선과 그 이웃 나라들*Korea and her Neighbours*』을 통해 우리에게 '비숍 여사'로 널리 알려진 버드는 순종적 여성상을 미덕으로 삼던 빅토리아시대에, 단신으로 지구촌을 누비며 무려 열다섯 권의 책을 저술한 걸출한 여행 작가이자 영국 왕립지리학회 최초의 여성 회원이기도 하다.

버드는 1854년 23살의 청년 때 미국 여행을 시작으로 1901년 70살의 고령에 모로코를 경유하는 1000마일 탐사에 나서기까지, 주체할 수 없는 '역마살'을 발품으로 풀어냈다. 47살의 그가 말레이 반도의 밀림을 헤치며 열대의 속살을 여실히 드러낸 이 책은 그의 50년 여행 작가 인생의 전환점에 해당한다. 일곱 달의 일본 여행을 마치고 영국으로 돌아가던 그는 사전 준비도 없이 황금 반도로 행로를 바꿔 또 다시 미답未踏의 길로 들어섰다. 1878년 성탄절 전야에 일본을 출발해 1879년 2월 25일 페낭에서 스리랑카로 떠날 때까지 두 달의 우여곡절과 감흥을 늘 그랬던 것처럼, 집에 홀로 있는 여동생 헨리에타에게 글로 전했다. 이 책은 그렇게 열대의 정글에서 부친 편지들이다. 하지만 여행의 정신적 동반자였던 동생이 1880년 세상을 떴고, 버드는 "내가 죽은 것 같다."며 고통스러워했다. 이듬해 동생의 주치의였던 10살 연하의 존 비숍과 결혼했으나 5년 뒤 사별했다. 이후 그는 시나이 반도, 카슈미르, 티베트, 페르시아, 한국, 중국을 여행하지만, 혼자 남겨진 여동생을 위해 마음에서 우러나와 쓴 재치와 생동감 넘치는 여행기는 사실상 이 책이 마지막이었다.

버드는 중국 광저우의 처형장에서 피 튀기는 참수 광경을 지켜보고, 유럽인의 발길이 닿지 않은 말레이 반도에서 한밤중에 작은 보트로 정글 속의 강을 탐사했다. 코끼리 등에 올라타 밀림을 통과하고 페락 강도 건넜다. 영국 지배에 반대하는 말레이 촌락을 방문하고, 유인원과 저녁 만찬도 함께 했다. 그러나 그의 성취는 19세기 유럽인 중년 여성이 보인 용기와 별남에 있지 않다. 버드는 방문한 현장을 마치 그와 함께 여행하는 듯한 착각이 들 정도로 자신의 느낌을 손에 잡힐 듯이 생생하게 글로 남겼다. 역사상 버드만큼 세상 구석구석을 두루 여행하고, 지금도 읽히는 뛰어난 여행기를 많이 남긴 사람은 찾아보기 힘들다.

이 책의 미덕은 여전히 각별하다. 우선 19세기 후반 아시아를 여행하면서 영국 제국주의 팽창의 현장을 목격한 흔치 않은 사료라는 점이다. 1870년대 후반은 영국의 식민지 전략이 18세기 후반 페낭 점령에서 시작된 '거점 지배'에서 말레이 반도 전체를 장악하는 '영역 지배'로 이행하던 무렵이었다. 버드는 짧은 일정에도 영국 식민지 관료와 말레이 술탄이 무슨 생각을 하는지, 중국인과 인도인 등 아시아계 이주자와 말레이 민중의 삶이 어떠한지를 꼼꼼하게 기록했다. 물론 제국주의적 글쓰기라는 비판에서 자유로울 수 없고, 역사적 사실에 오류가 적지 않다는 문제도 있다. 그러나 화교사 대가인 왕궁우王賡武(1930~)의 말마따나, 역사와 정치를 설명하는 일은 버드가 잘하는 분야가 아니다. 버드는 정글 속의 나비와 새의 날갯짓을 바라보며 "내가 조류학자나 곤충학자가 아니어서 얼마나 다행인지 모른다. 나는 이 다채로운 피조물 모두가 저마다의 생명과 아름다움을 기뻐할 수 있도록 그저 보기만 해도 되니까."(332쪽)라고 했다. 다채로운 피조물을 채집한 다윈(1809~1882)과 윌리스(1823~1913)의 진화론을 염두에 둔 표현인 셈이다. 새로운 지역을 찾고 그곳에 사는 이들의 삶을 다른 관점에서 바라본 버드는 관찰자의 색다른 통찰을 보여 준다.

무엇보다 이 책은 가히 '열대 예찬'이자 '열대로의 초대'라 할 만하다. 무한한 애정이 넘친다. 버드는 정글을 살피면서도 '이름 모를 꽃' 따위로 무성의하게 넘어가는 법이 없다. 나무와 풀과 새와 곤충을 하나하나 호명한다. 6년 전인 1873년 하와이에서 반년을 더 머물면서 열대의 풍부한 식생과 원주민의 삶을 탐사하며 익힌 경험과 지식이 바탕이 됐다고 한다. 아울러 정글은 일출을 어떻게 환호하는지, 황홀한 열대의 일몰은 어떻게 어둠을 한달음에 달려오게 하는지, 밤의 꽃향기는 해풍을 타고 어떻게 흩어지는지, 이슬은 밤새 열대의 자식들을 어떻게 보듬는지, 그리고 그 속에서 사람들은 어떻게 살아가는지를 세밀화처럼 펼친다. 이보다 근사한 황금 반도로의 초대장을 어디서 찾겠는가.

그런데도 버드는 밀림의 찬란함을 글로 옮길 수 없다며 자신의 문재文才를 한탄한다. "이 새로운 경이의 세계는 무척이나 매혹적이고, 애타게 하며, 흠뻑 빠져들게 만드는 까닭에 나를 절망하게 한다. 왜냐하면 나는 내가 본 것을 독자들도 볼 수 있게 할 재간이 없기 때문이다!"(193쪽)

역자는 1992년 동남아시아 역사 공부를 시작하며 이 책을 접했다. 오랜 시간이 흘렀지만, 버드의 한탄이 역자를 절망하게 만든다. 그의 문재를 우리말로 온전히 옮길 재간이 없기 때문이다. 그 안타까움과 부끄러움을 조금이라도 달래 보려 길고 복잡한 원문을 가능한 한 단문으로 바꾸고, 책 말미에 역주를 달았다. 황금 반도로 이끈 버드의 진심이 우리 독자들에게도 전해졌으면 하는 소박한 바람을 가져 본다.

유병선